DROEMER

Oliver Plaschka

Marco Polo

Bis ans Ende der Welt

Roman

DROEMER

Besuchen Sie uns im Internet:
www.droemer.de

FSC
www.fsc.org
MIX
Papier aus verantwortungsvollen Quellen
FSC® C083411

Originalausgabe November 2016

Ein Imprint der Verlagsgruppe
Droemer Knaur GmbH & Co. KG, München

Redaktion: Haus der Sprache / Momo Evers
Covergestaltung: NETWORK! Werbeagentur, München
Coverabbildung: Gettyimages / NoDerog, Tetra Images / Corbis
Karte: Computerkartographie Carrle
Satz: Daniela Schulz, Puchheim
Druck und Bindung: CPI books GmbH, Leck
ISBN 978-3-426-28138-3

2 4 5 3 1

Vereinfachter Stammbaum der Dschingisiden

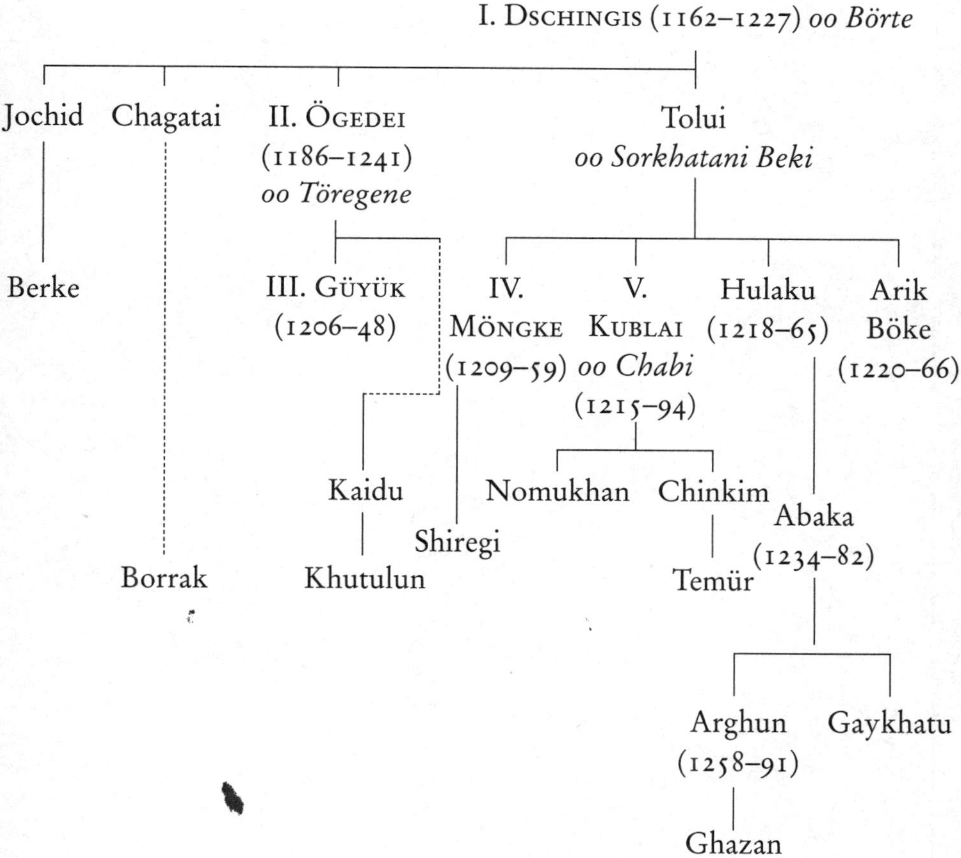

Goldene Horde
Sarai
Genua
Venedig
Pisa
Rom
Soldaia
Trapezunt
Konstantinopel
Tabriz
Balk
Laias
Candia
Bagdad
Persien
Akkon
Jerusalem
Yazd
Hormuz
Scotra
N
1000km
Marco Polo

Karakorum
agatai-Khanat
Xanadu
Jadetor
Khanbalik
Kashgar
Campichu
Kauli
amir
Khotan
Kithai
Kaifeng
Fancheng
Tebet
Quinsai
Cipangu
Saianfu
Manzi
Indien
Zayton
Cambay
Annam
Champa
Seilan
Ferlek
Drachenzahntor
Klein-Java

Inhaltsverzeichnis

DAS BUCH DER HEIMKEHR

ANHÄNGE

In den Gärten funkelt manch emsiger Lauf
Wo Bäume reich vor Weihrauchduft erblühen
Und alt wie die Hügel die Wälder darauf
Umschließen sonnenhelles Grün

– Samuel Taylor Coleridge,
Kubla Khan; or, A Vision in a Dream

Auf dem Bambus, gleich Jade zwischen dem Fels,
schimmern Regentropfen
Und am Gebirgspass spielt der Wind in den Zedern
wie auf einer Zither

– Kublai Khan, *Eingebung während des*
freudigen Aufstiegs zum Frühlingsberg

Das Buch der Reise

1264–1273

* * *

Oktober bis Dezember 1298

I
Der Venezianer
Genua, Oktober 1298

Als Rustichello da Pisa im Herbst des Jahres 1298 einen neuen Zellennachbarn bekam, hatte er die Hoffnung, in seinem Leben noch etwas anderes als das Gefängnis zu sehen, längst aufgegeben. Gewiss, der Palazzo del Capitano del Popolo war ein anständiges Gefängnis. Vielen tausend seiner Gefährten, die man nach der Schlacht von Meloria gefangen genommen hatte, war es schlechter ergangen. Dennoch ertappte er sich immer öfter bei dem Wunsch, den Palazzo lieber heute als morgen zu verlassen, und wenn schon nicht lebend, so doch wenigstens als toter Mann.

Beide Wünsche würden ihm verwehrt bleiben. Die Zukunft, die Rustichello da Pisa beschieden war, sollte eine seltsame und wunderbare sein.

Der Mann, der ihm die fast vergessene Welt jenseits der Mauern des Palazzos wieder vor Augen rief, in Farben leuchtender noch als die Träume, die in den grauen Wänden zu ihm kamen, wurde eines Montagmorgens in die Zelle neben seiner geworfen. Rustichello wusste, welcher Tag es war, weil das Essen montags immer spät kam und aus den aufgewärmten Resten vom Sonntag bestand. Das Jahr kannte er, weil man es ihm gesagt hatte, als sein letzter Zellennachbar gestorben war. Nur mit dem Monat war er sich nicht sicher – er hatte lange aufgehört, einen Kalender zu führen, denn die vielen in das Mauerwerk geritzten Striche hatten ihn an die Kratzspuren einer eingesperrten Bestie erinnert. Er musste aber bei gesundem Verstand bleiben. Das sagte er sich immer wieder, obwohl er kaum noch den Grund dafür wusste.

Die Palastdiener schleppten den Gefangenen in Ketten

durch den Gang vor Rustichellos Zelle, schlossen die Tür zu seiner Linken auf, die seit dem Frühling nicht mehr geöffnet worden war, und warfen den Fremden unter zahlreichen Flüchen hinein. Dann schlugen sie die Tür wieder zu und schlurften missmutig davon. Die Palastdiener mochten den Keller nicht, weil es hier stank. Das wiederum wusste Rustichello noch aus eigener Erfahrung. Als er damals verlegt worden war, hatte sich ihm der Magen umgedreht von dem Geruch nach Unrat und Verzweiflung. Die Erinnerung daran war geblieben, auch wenn seine Sinne den Gestank nicht mehr wahrnahmen.

Früher, in den ersten Jahren, hatte er eine kleine Zelle im Erdgeschoss gehabt und man hatte ihm gelegentlich sogar Bücher zum Abschreiben gebracht. In dieser Zeit hatte er auch den spöttischen Namen aufgeschnappt, den die anderen Gefangenen den Wachen gaben: Palastdiener. Der Palazzo hatte einst dem für seine Volksnähe bekannten Guglielmo Boccanegra gehört. Doch nur zwei Jahre nach der Fertigstellung seines geschmackvollen Domizils hatte der tüchtige Capitano del Popolo sein Heil in der Flucht suchen müssen. Seither hatte man begonnen, den Palazzo als Gefängnis zu nutzen. Ein paar der Bediensteten waren noch dieselben wie zuvor, nur dass die Ansprüche an ihre Arbeit gesunken waren – und die Gefangenen sich einen Spaß daraus machten, sie als ihre Diener zu bezeichnen.

Rustichello liebte solche Anekdoten. Sie waren alles, was er noch besaß, und kostbarer denn je, seit er seine alte Zelle verloren und seine Reise abwärts in den hintersten Winkel des Kellers angetreten hatte, wo er von den anderen Häftlingen kaum noch etwas mitbekam. Er war ein Sammler des seltensten Guts, das den heutigen Bewohnern dieser Residenz geblieben war: Geschichten.

Einst, daran erinnerte er sich noch, hatten die Leute Gold und Silber dafür gezahlt, seine Geschichten zu hören. Und er hatte sie alle erzählt: Meliadus, Tristan, Palamedes. Heute war er mittellos, ein Trödler ohne Stand, der dankbar sein musste, dass man ihm noch das Gnadenbrot gab. Manchmal fragte er sich, was geschehen würde, wenn man ihn hier unten einfach vergaß.

Der Gefangene in der Zelle nebenan rasselte mit seinen Ketten.

»Messere?«, fragte Rustichello an die Wand zu seiner Linken gerichtet, in der sich auf Bodenhöhe ein kleines, verwinkeltes Loch befand. Das Mauerwerk des Kellers war weich und mit den Jahren löchrig geworden. Leider war es dennoch dick genug, dass die versteckten Verbindungen den Ratten des Palasts als ihre höchsteigenen Flure durch die Gemächer dienten. »Könnt Ihr mich hören?«

Ein undeutliches Stöhnen war die Antwort.

»Messere?«

»Wo … bin ich?« Der Mann hatte eine ruhige und angenehme Stimme, auch wenn ihm fast die Kraft zum Reden fehlte.

»Im Palazzo del Capitano del Popolo.«

Wieder das Stöhnen. »Dann habe ich den tiefsten Höllengrund erreicht.«

»Glaubt Ihr?«, fragte Rustichello interessiert. Er hatte den Palazzo in Gedanken von vielen Seiten betrachtet, doch die Idee, dass sein Gefängnis in Wahrheit die Hölle sein könnte, war ihm all die Jahre noch nicht gekommen.

»Heißt es nicht, die Gefangenen würden hier bei lebendigem Leibe verhungern? Ich hörte, man stecke sie in ein Loch und werfe den Schlüssel weg. Gute christliche Tradition.«

»Messere, noch seid Ihr nicht tot, und Ihr solltet nicht lästern«, tadelte Rustichello. »Wahrscheinlich seid Ihr Venezianer, nicht wahr?«

»Wie kommt Ihr darauf?« Die Stimme nebenan klang nun wacher.

»Weil niemand sonst solche Probleme hat, Leben und Tod voneinander zu unterscheiden. Und auch am rechten Glauben mangelt es Euch häufig, wie man sagt.«

Ein undeutliches Grunzen war die Antwort.

»Habe ich recht?«, fragte Rustichello erfreut. »Ihr kommt aus Venedig?«

»Wie steht es mit Euch?«

»Ich bin Pisaner«, stellte er sich vor. »Rustichello, zu Euren Diensten.«

»Dann scheint es, wir haben einander im Herzen unseres gemeinsamen Feindes gefunden, Rustichello da Pisa.« Er glaubte eine gewisse Befriedigung in der Stimme seines Nachbarn zu hören.

»Nun, Ihr gewiss ...« Rustichello räusperte sich. Es schickte sich nicht, dass sein Nachbar sich noch nicht vorgestellt hatte, aber von einem Venezianer war unter diesen Umständen wohl nicht mehr zu erwarten. »Wahrscheinlich werdet Ihr bei Eurer Ankunft die Löwen bemerkt haben, die die Außenmauer des Palazzos zieren. Diese Löwen stammen von der venezianischen Botschaft in Konstantinopel ... Ich wünsche Euch, dass das Wahrzeichen Eurer Heimat Euch einen kurzen Aufenthalt im Palazzo beschert.«

»Das ist sehr freundlich«, murmelte der Venezianer. »Insbesondere, da Euch dieses Glück anscheinend verwehrt blieb – so wie vielen Eurer Landsleute. Wahrscheinlich wisst Ihr, was man sich dort draußen lange Zeit über Pisaner erzählte?«

»Aber sicher doch.« Rustichello seufzte. »Dass sie keinen geraden Glockenturm bauen können, nehme ich an.«

»Das auch«, gab die Stimme zu. »Ich meinte aber etwas anderes.«

»Was?«, fragte Rustichello. »Was erzählte man sich über Pisaner?«

»Dass man schon nach Genua gehen müsse, um welche zu treffen.«

Rustichello schnaubte. »Es ist nicht sehr freundlich, Scherze mit einem Verdurstenden zu treiben.«

»Einem Verdurstenden?«

»Aber ja.« Er fühlte sich auf einmal sehr müde, trotz der unverhofften Gesellschaft. Vielleicht ängstigte ihn, was dieser Venezianer ihm noch alles erzählen könnte. Lange Jahre war die Zeit an ihm vorbeigeeilt. Sein Leben zerrann ihm unter den Fingern, als versuchte er, mit bloßen Händen den feinen Sand aus einem Stundenglas zu schöpfen. Manchmal wusste Rustichello nicht mehr, wie alt er eigentlich war. Dieser Fremde mochte es ihm in Erinnerung rufen.

»Ihr könnt es Euch vielleicht nicht vorstellen, denn Ihr seid erst seit kurzem hier. Doch mit der Zeit werdet Ihr erkennen, dass Euer ärgster Feind an diesem Ort Ihr selbst seid. Ihr seid alles, was Euch bleibt. Und Ihr werdet Euch zur Last fallen. Ihr werdet Euch danach verzehren, etwas anderes kennenzulernen als Euch selbst. Vielleicht wird Euch das Angst machen, und vielleicht werdet Ihr Euch selbst darüber verlieren, so dass Ihr irgendwann gar nichts mehr habt. Alles, was bleibt, ist diese Wüste aus Stein, in der man eines Tages Eure Gebeine finden wird. Das meinte ich, als ich von einem Verdurstenden sprach.«

Er hatte sich währenddessen auf den Rücken gedreht, die Hände hinter dem Kopf verschränkt, unter ihm das schmutzige Stroh, über ihm die Decke mit ihren Landschaften aus Schatten und Schimmel.

»Wisst Ihr, wovon ich rede?«

Doch sein Mitgefangener gab keine Antwort mehr, und bald darauf war Rustichello eingenickt.

»Ich weiß sehr gut, wovon Ihr sprecht«, sagte der Venezianer, als Rustichello erwachte. Graues Licht fiel durch das schmale, vergitterte Fenster auf Kopfhöhe, das ihm zwar eine Ahnung des Wechsels von Tag und Nacht bescherte, aber lediglich den Blick auf ein paar Pflastersteine im Hof zuließ. Wie viel hätte er an manchen Tagen dafür gegeben, auch nur zwei Fingerbreit blauen Himmel zu sehen! Doch solange die Glocke der Kathedrale San Lorenzo nicht schlug, hatte er keinen Anhaltspunkt, wie viel Zeit er verschlafen hatte. Das passierte ihm immer öfter: Er döste ein und dämmerte wie unter einem Zauberbann dahin, bis er nicht mehr wusste, was Traum und was Wirklichkeit war.

Rustichello rieb sich die Augen und schaute sich um. Es hatte kein neues Essen gegeben, also konnte es noch nicht Dienstag sein. Das Dienstagsessen war einen Hauch frischer und weniger furchtbar als das vom Montag, doch auch das half nicht, die Erinnerung an richtige Mahlzeiten wach zu halten. Früher einmal hatte er den Geschmack von Honig oder Feigen gekannt. Vor ein paar Jahren noch hätte er in dunklen Stunden sein Seelenheil dafür verpfändet, diese Genüsse noch einmal zu kosten. Heute, da er vergessen hatte, was ihm einst so besonders daran erschienen war, kam ihm das alles sehr kindisch vor.

»Wovon haben wir denn gesprochen?«, fragte er benommen.

»Davon, dass ich mir zu Last falle«, sagte der Venezianer. »Dass ich mir selbst zu viel sei und gleichzeitig fürchten müsse, nichts anderes mehr zu haben. Und davon, dass man meine Gebeine dereinst in einer Wüste finden würde.«

»Ich muss mich für meine Worte entschuldigen«, murmelte Rustichello. »Es ziemt sich nicht, seinem Nachbarn so etwas zur Begrüßung zu sagen, und es ergibt auch wenig Sinn. So wie das meiste in meinem Leben.«

»Wieso seid Ihr hier?«, fragte der Venezianer.

»Man nahm mich in der Schlacht von Meloria gefangen.« Er winkte ab, auch wenn sein Nachbar es nicht sehen konnte. Es war eine jener Gesten, die er sich im Laufe langer

Selbstgespräche angewöhnt hatte. »Ihr werdet davon gehört haben.«

»Das habe ich tatsächlich, aber nicht so ausführlich, wie Ihr vielleicht glaubt. Ich war lange fort, wisst Ihr.«

»Die Schlacht von Meloria«, murmelte Rustichello zerstreut und suchte nach den rechten Worten, bis sie ganz plötzlich über ihn hereinbrachen. Auch das passierte ihm immer häufiger. Manchmal kam er sich vor wie ein Mann, der auf seiner Suche nach einem bestimmten Weizenkorn auf einmal merkt, dass seine Schritte ihn in die Kornkammer geführt haben und dass er nicht zu wenig, sondern viel zu viel von dem Gesuchten hat.

»Die Schlacht von Meloria hätte die Entscheidungsschlacht zwischen Pisa und Genua werden sollen. Zwei alte Rivalen, in tödlicher Umklammerung – wie Drachen, die übereinander herfallen, die Fänge im Fleisch ihres Feindes ...« Unwillkürlich hatten seine Arme einander gepackt, und seine Fingernägel bohrten sich in die Ballen. Er lockerte seinen Griff und holte Luft.

»Fahrt fort«, bat der Venezianer.

»Zweiundsiebzig Galeeren hatte Pisa aufgeboten. Es war der sechste August ...«

»Der Sankt-Sixtus-Tag ...«

»Der Nationalfeiertag meiner Heimat, ganz recht. Der Tag, an dem wir unsere Siege auf den Balearen und im Heiligen Land errangen. Geschichte schreibt man nicht an irgendeinem Tag. Heute zum Beispiel, wo nur die Konsistenz eines faden Breis mir Aufschluss über den Kalender zu geben vermag ...« Er kratzte sich im Nacken. »Wo war ich?«

»Zweiundsiebzig Galeeren«, half der Venezianer aus.

»Dank Euch. Also hier drei Geschwader, und auf der anderen Seite nur zwei. Der Sieg hätte ein leichter sein sollen ...«

»Und doch seid Ihr heute hier.«

»Wir wurden verraten«, sagte Rustichello bitter. »Es war eine große Schlacht – die Steine und die Pfeile flogen, als verdunkle eine biblische Plage den Himmel, und wir konnten mehrere Schiffe des Feindes aufbringen oder versenken. Dann griff auf einmal ein drittes Geschwader in den Kampf ein, das sich bis dahin hinter einer Landzunge versteckt gehalten hatte. Es traf uns völlig unvorbereitet, und im Handumdrehen hatte es unser Flaggschiff gekapert. Das war, wie Ihr Euch denken könnt, ein schwerer Schlag für die Moral. Schlimmer noch aber war, dass sich eines unserer eigenen Geschwader auf einmal zurückzog.«

»Es ließ die Flotte im Stich?«

Rustichello spuckte aus. »Dieses Geschwader stand unter dem Befehl von Ugolino della Gherardesca, Conte di Donoratico. Unsere restlichen Schiffe wurden geentert oder in Brand gesteckt. Fünftausend Tote, über zehntausend Gefangene! Ein schöner Sieg für den genuesischen Admiral, Oberto Doria. Nun wisst Ihr, weshalb ich mit solchem Gram auf Euren gestrigen Scherz über Pisaner in Genua reagierte. Man nahm unserer Stadt ihre Söhne – fünfzehntausend auf einen Streich.«

»Das war vor vierzehn Jahren«, sagte der Venezianer. »Viele hat man seither wieder freigelassen. Pisa hat sich erholt. Im Gegensatz zu Euch, wie mir scheint.«

»Vierzehn Jahre«, murmelte Rustichello.

»Ich würde Euch mein Mitgefühl aussprechen, doch fürchte ich, Euch damit zu beleidigen. Seid gewiss, ich weiß, wie es ist, seinen Mut an die Hoffnungslosigkeit der See zu verlieren. Ich habe ihn mehr als einmal verloren.«

»Ihr seid Seefahrer?«

»Ich habe ein Schiff kommandiert. In der Schlacht von Curzola. Eigentlich aber bin ich ein Kaufmann.«

»Curzola«, flüsterte Rustichello, und der Name war wie Honig auf seiner Zunge. »Von dieser Schlacht habe ich noch nie gehört – werdet Ihr mir davon erzählen?«

Der Venezianer zögerte. »Bedenkt, worum Ihr da bittet. Wie Ihr gestern so treffend bemerkt habt, ist mein Leben schon für mich selbst zu viel.«

»Dann lasst mich helfen, diese Last zu schultern.«

»Das ist ein Angebot, das unermesslich viel wertvoller ist, als Ihr zu diesem Zeitpunkt ahnt«, sagte der Venezianer. »Dennoch widerstrebt es mir, Euch in Eurer Geschichte zu unterbrechen.«

Rustichello schüttelte den Kopf. »Über mich ist längst alles gesagt ...«

»Aber mitnichten. Ihr habt mich gefragt, ob ich Seefahrer sei – dasselbe möchte ich Euch fragen.«

»Ich bin ebenso wenig ein Seefahrer wie Ihr.«

»Und doch fanden wir beide unser Schicksal zur See.«

»Vielleicht wäre es anders gekommen, wenn wir unser Handwerk besser verstanden hätten ...«

»Ein berechtigter Einwand. Was seid Ihr denn, wenn kein Seefahrer?«

»Eigentlich bin ich Dichter. Ein Geschichtenschreiber und Erzähler.«

»Und wieso hält man Euch gefangen?« Der Venezianer klang verwundert. »Ist es so gefährlich, was Ihr zu erzählen habt?«

»Ich?« Rustichello lachte. »Ich habe gar nichts mehr zu erzählen. Nichts, aus dem sich noch schöpfen ließe ... Dieser Brunnen ist vor langer Zeit versiegt.«

»Weshalb hat man Euch dann an diesem grimmen Ort eingesperrt und füttert Euch mit fadem Brei, wohingegen man so viele Eurer Landsleute von ihren Leiden erlöste oder wieder in die Heimat ziehen ließ?«

»Auch dafür gebührt die Ehre Conte Ugolino, nehme ich an. Seht Ihr, sein Verrat hat diesem Hund nicht geschadet, im Gegenteil. Pisa war am Boden, doch Pisas neue Herren waren seine Freunde. Aus Dank für seinen Verrat machte man ihn zum Podesta, und er regierte meine Heimat fünf lange Jahre.«

»Eine bittere Wendung. Doch was hat es mit Euch zu tun?«

»Man nahm wohl an, dass ich einen gewissen Wert für den Conte darstellte und er mich vielleicht zurückhaben wollte.«

»War dem denn so? Es klang, als wäre er ein ausnehmend übler Zeitgenosse gewesen. Auch von anderer Seite hörte ich Geschichten dieser Art.«

»Die Geschichten sind alle wahr.«

»Was verband Euch dann mit ihm?«

»Mit ihm war ich nie verbunden.« Rustichello seufzte. »Aber mit seiner Tochter.«

Der Venezianer schwieg.

»Wisst Ihr, wie das ist, eine Dame von Stand zu lieben?«

»Das weiß ich wohl«, sagte der Venezianer. »Glaubt mir, das weiß ich sogar sehr genau.«

»Ihr sagtet, Ihr hättet von Conte Ugolino gehört, und Ihr spracht in der Vergangenheit von ihm. Stimmt es denn, was ich vor langen Jahren hörte? Dass er tot sei?«

Der Venezianer zögerte. »Ich hörte, dass man ihn in einen Turm warf, gemeinsam mit seinen Söhnen. Dann warf man den Schlüssel fort.«

»Gute christliche Tradition«, murmelte Rustichello. »Und seine Tochter?«

»Wenn ich mich nicht täusche, hieß es, dass sie klug genug war, ihren eigenen Weg zu gehen und sich bald darauf zu vermählen. Mit einem Herrn von Stand, wie man sagt.«

Ein leichter Stich fuhr Rustichello ins Herz. »Ich danke Euch für Eure Offenheit. Nun, das erklärt so einiges, nicht wahr? Bitte habt Verständnis, dass ich kurz darüber nachdenken muss.«

»Natürlich«, sagte der Venezianer.

Kurz darauf war Rustichello abermals eingenickt.

Als er seine Augen das nächste Mal aufschlug, schien es ihm, als wäre sehr viel Zeit vergangen. Er hatte Hunger, und tatsächlich stand vor ihm eine Schale mit Brei. Allerdings stand sie dort wohl schon so lange, dass sie ebenso gut der kalte Rest des Dienstags wie der wenig hoffnungsvolle Bote des Mittwochs sein konnte. Rustichello war verwirrt. Er hatte geträumt, lebhafter als sonst, und schuld daran konnte nur die Erinnerung sein – an jene Schlacht vor vierzehn Jahren, an den, der daraus als Gewinner hervorging – und an dessen Tochter.

»Dieses Mal bin ich es wohl, der sich entschuldigen muss«, sagte der Venezianer, als er auf die Geräusche aus der Nachbarzelle aufmerksam wurde. »Ich hätte Euch nicht derart überrumpeln dürfen. Nach vierzehn Jahren muss es schwer für Euch sein, Euch der Vergangenheit zu stellen.«

»Habe ich im Schlaf geredet?«, fragte Rustichello.

»Das habt Ihr«, bestätigte der Venezianer.

»Ich habe es befürchtet. Manchmal wache ich auf und glaube, eben noch eine Stimme gehört zu haben, fast wie meine eigene. Ich hoffe, ich habe nicht zu viel Unsinn erzählt …«

»Im Gegenteil. Ihr habt mir einiges zum Nachdenken gegeben.« Der Venezianer klirrte mit seinen Ketten. Wahrscheinlich war er aufgestanden oder hatte sich gegen die Wand gelehnt. »Ihr sagtet, dass Ihr ein Geschichtenerzähler seid. Das ist ein ehrenwerter Beruf in vielen Ländern, die ich gesehen habe.«

»Dann müssen es sehr glückliche oder sehr verzweifelte Länder sein.«

»Beides«, gab der Venezianer zurück.

»Von welchen Ländern sprecht Ihr?«

Der Venezianer räusperte sich. »Ihr habt Euch als einen Verdurstenden bezeichnet«, wich er aus. »Und ich habe lange überlegt, ob ich nicht etwas habe, was Euren Durst stillen könnte. Wenn Ihr ein Dichter seid, dann sagt Euch sicherlich der Name Dante Alighieri etwas?«

»Natürlich tut er das. Er ist ein großer Dichter, einer der Größten vielleicht, selbst wenn er die alten Sprachen zugunsten seines toskanischen Dialektes verschmäht.«

»Ein glücklicher Umstand, denn sonst hätte ich seit meiner Rückkehr vielleicht noch gar nicht von ihm gehört. Dieser Vers aus seinem jüngsten Werk blieb mir im Gedächtnis.« Er holte Luft und zitierte mit seiner ruhigen, warmen Stimme:

»Des Weges ritt ich jüngst und dacht' im Leide
Dass ich die Fahrt nur ungern unternommen.
Da sah ich meine Liebe mir entgegenkommen
Den Leib umhüllt mit leichtem Pilgerkleide …«

Er räusperte sich erneut. »Mag sein, dass ich es nicht ganz richtig wiedergebe.«

Rustichello schwieg. Er hatte Tränen in den Augen.

»Messere?«, fragte der Venezianer.

»Verzeiht.« Rustichello wischte sich die Tränen weg und schluckte schwer. »Mag sein, dass Eure Erinnerung Euch wirklich einen Streich spielt, denn das Versmaß Eurer dritten Zeile geht nicht auf. Dennoch danke ich Euch. Es bedeutet mir sehr viel, diese Worte zu hören.«

»Das freut mich. Aber wie steht es mit Euch? Gibt es nichts aus Eurer Feder, das ich auf meinen Reisen gehört haben sollte?«

Peinlich berührt stocherte der Pisaner in seinem Brei herum. »Sicher gibt es andere, die meine Geschichten mittlerweile besser erzählen als ich. Dichter wie Alighieri, die alte Legenden in moderne Worte kleiden …«

»So habt Ihr die alten Legenden erzählt? Ihr solltet Euer Licht nicht unter den Scheffel stellen.«

Doch Rustichello winkte ab. »Dieses Licht brennt schon seit langer Zeit und längst nicht mehr so hell wie früher. Achthundert Jahre ist es her, dass König Artus es entzündete. Ich lebte in diesem Licht und trug es vor mir her: Artus und seine Tafelrunde, Meliadus und der edle Guiron, die Geschichte des Sarazenen Palamedes …«

»Als Knabe habe ich diese Geschichten geliebt«, warf der Venezianer ein. »Wer weiß, vielleicht hätte ich ohne sie nie lesen und schreiben gelernt?«

»Es ist gütig, dass Ihr das sagt, aber wie Ihr schon bemerktet, sind es Geschichten, denen der Glanz des Knabenalters anhaftet. Sobald wir diesem Alter entwachsen, stellen wir fest, dass die Könige nicht wie die Könige in den Geschichten sind, nicht jede Schlacht so ruhmreich ist wie jene von einst. Und die großen Romanzen bleiben in der Wirklichkeit vor allem eines: unerfüllt.«

»Ihr klingt, als sprächet Ihr aus Erfahrung«, stellte der Venezianer fest.

»Tatsächlich hatte ich in meiner kurzen Zeit der Freiheit die Ehre, einige Herrschaften von königlichem Geblüt kennenzulernen. Und ich habe gelernt, dass sie sich ebenso nach dem Glanz der alten Tage verzehren wie wir. König Edward I. von England zum Beispiel – er lebt doch noch, nehme ich an?«

»So sagt man.«

»Edward war genauso groß, wie alle behaupten. Und das schon als Prinz! Wenn ich vor ihm stand und von Lancelot sprach, fühlte ich mich stets wie ein Kind, das seinen Vater mit Kunststückchen beeindrucken will. Doch was geschah, als er auszog, um große Taten zu vollbringen? Was wurde aus seinem Kreuzzug, seinem Versprechen, das Heilige Land zu befreien?«

Der Venezianer rasselte zustimmend. »Er wurde Vater und bald darauf König. Damit gab es Wichtigeres, um das er sich kümmern musste, nehme ich an. Also ging er wieder nach Hause.«

»Ihr sagt es.« Kopfschüttelnd schob Rustichello seine Schale mit Brei von sich fort. »Ihr habt Euch also mit der Geschichte Outremers befasst?«

»Ich war erst sechzehn, als Prinz Edward auszog; und im Gegensatz zu Euch habe ich ihn auch nie getroffen. Ich machte aber die Bekanntschaft seiner Frau – und die von Tebaldo Visconti, der, so leid es mir tut, hinter seinem Rücken nicht gut von ihm sprach.«

Rustichello schluckte. »Ihr kanntet die Prinzessin … und Visconti?«

»Gregor X., wie er sich dann später nannte. Aber ja. Ich habe gewissermaßen für ihn gearbeitet.«

»Seid Ihr ein Guelfe?«, fragte Rustichello vorsichtig. Venedig schlug sich politisch gerne auf die Seite des Papstes, denn die Gräben zwischen den neureichen Händlerfamilien und den alten Adelsgeschlechtern des Kaiserreichs waren zu groß.

»Dieser Konflikt hat mich nie interessiert«, wehrte der Venezianer ab. »Die Dienste, die wir für den Papst verrichteten, führten uns weit fort aus allen Ländern, in denen man von Ghibellinen oder Guelfen je hörte.«

»Mir scheint, ich habe unsere Zeit damit verschwendet, Euch von Dingen zu erzählen, die Euch längst bekannt sind. Es ist an der Zeit, dass Ihr mir etwas von Euch erzählt. Werdet Ihr das tun?«

Wieder das unverständliche Zögern seines Nachbarn. Wieso tat er das – ihm erst Hoffnung auf eine große Geschichte zu machen, nur um diese Hoffnung kurz darauf zu zerschlagen? Rustichello kam nicht umhin, Respekt für diesen Mann zu empfinden. Er hätte es verstanden, die Aufmerksamkeit der Damen bei Hofe zu fesseln.

»Ihr habt mich nun zweimal gebeten, mein Leben mit

Euch zu teilen«, sagte der Venezianer. »Als Geschichtenerzähler solltet Ihr wissen, wie gefährlich es sein kann, einen Wunsch zum dritten Mal zu äußern. Um dieser Gefahr vorzubeugen, werde ich Euch einen kurzen Einblick in mein Leben geben. Vielleicht überlegt Ihr es Euch dann noch anders und schließt die Tür, die Ihr aufgestoßen habt, bevor es zu spät ist.«

»Weshalb sollte ich das tun?«

»Weil mir scheint, dass der Quell, nach dem Euch dürstet, nicht dort draußen zu finden ist, sondern in Euch selbst. Nicht die Geschichten sind es, die versiegt sind – sondern Euer Glaube daran.« Die Stimme des Venezianers war weiterhin freundlich, duldete jedoch keinen Widerspruch. »Ihr habt von Wahrheit und Dichtung gesprochen und wie die eine der anderen nicht gerecht werden könne. Doch Ihr täuscht Euch. Die Wahrheit, die ich gekannt habe, wurde von keinem Dichter des Abendlands je erahnt.

Ihr habt gesagt, es gebe keine wahrhaft großen Könige mehr, keine ruhmreichen Taten. Ihr habt gesagt, der Glanz der alten Tage sei vergangen.

Aber so ist es nicht – dieser Glanz strahlt noch hell. Ich sage, es gibt Länder jenseits der Levante, in denen Könige herrschen, gegen die unsere Kaiser sich wie Kinder ausnehmen. Und ob unerfüllt oder nicht – die Liebe, die ich gekannt habe, muss sich nicht scheuen, sich mit der Liebe eines Tristan oder Lancelot zu messen.«

Als der Venezianer diese Worte sprach, begann Rustichellos Herz heftig zu schlagen. Wer war dieser Mann, der sich in einem Atemzug mit Kaisern und Päpsten und den Heroen von einst nannte und so tat, als ob die Welt keine Geheimnisse vor ihm kannte? Hatte man seine Gebete erhört und ihm diesen Fremden geschickt, um ihm ein Fenster in die äußere Welt aufzustoßen, die er so lange vermisst hatte? Oder machte sich der Venezianer nur über ihn lustig und sprach von Dingen, die nur in seiner Einbildung existierten?

»Ihr scheut Euch nicht, die großen Namen in den Mund zu nehmen«, sagte er vorsichtig, denn er wollte seinen Nachbarn nicht erneut verprellen. »Doch noch habt Ihr mir nicht Euren eigenen Namen genannt. Alles, was ich von Euch weiß, ist, dass Ihr ein Kaufmann seid – und doch wollt Ihr ferne Länder bereist und Unglaubliches erlebt und gesehen haben. Sagt mir, Messere, mit wem habe ich die Ehre?«

»Mein Name ist Marco Polo«, sagte der Venezianer. »Und ich bin weiter gereist als je ein Mensch zuvor.«

II
Bilder der Serenissima
Venedig, 1264–1269

Ich habe mein Leben nicht gewählt. Mein Leben wählte mich; und es kam an einem Tag zu mir, da alle Wege in die Zukunft vor mir ausgebreitet lagen wie das Wasser auf den Straßen der Serenissima.

Niemand, der nicht in Venedig geboren ist, kann wissen, was es heißt, ein Venezianer zu sein. Die Stadt ist ein Spiegel ihrer Bewohner: weltoffen, von keinen Mauern geschützt, verwinkelt und vielschichtig und untrennbar mit der See verbunden.

Wie keine andere Republik hatten wir es verstanden, kirchliche und weltliche Macht wie Gold und Edelsteine auf einer Waage zu balancieren. Seit die Reliquien meines heiligen Namensvetters, des Evangelisten Markus, ihren Weg von Alexandria an die Adria gefunden hatten, war unsere Stadt zu einer der wichtigsten Pilgerstätten der Christenheit geworden. Noch heute hält der Doge ein waches Auge auf die Basilika neben seinem Palast. Den Dogen wiederum behält der Große Rat im Auge. Dieser rekrutiert sich aus den nobelsten und angesehensten Familien, darunter auch meiner. Doch Ansehen und Noblesse unserer Stadt sind so groß, dass unser stetig wachsender Rat sie kaum mehr zu fassen vermag. Manche sagen, der Große Rat sei wie der Karneval – zu viele Augen und keine Gesichter; und auch das mag ein Spiegel unserer Stadt sein.

Venedig erhebt sich aus den Wassern wie die Gegenwart aus den Trümmern der Vergangenheit. Kaiserreiche erstehen und versinken wieder, Venedig aber bleibt. Wir bezwangen Byzanz und schufen an seiner statt für lange Zeit das Lateinische Kaiserreich – und wir werden noch da sein, wenn alle anderen Reiche längst vergessen sind. Ihre Säulen und Statuen schmücken unsere Straßen und Häuser, ihre einstigen Ländereien versorgen uns mit einem steten Fluss an Reichtümern, Geschichten und Sklaven.

In meiner Kindheit glaubten viele das lange kaiserlose Heilige Römische Reich dem Untergang geweiht. Sarazenen und Tartaren bedrängten das Abendland von Land und zu Wasser. Nie aber gab es einen Zweifel daran, dass die Serenissima bestehen würde, denn das Geld regiert die Welt, und alle Fiorini, Hyperpyra, Dinare und Bezanten fanden über früh oder lang ihren Weg durch unsere Banken und Wechselstuben, wo sie zu venezianischen Grossi wurden.

Als kleiner Junge schien mir diese Weisheit häufig bittere Wirklichkeit zu sein. Zu meinen frühesten Kindheitserinnerungen gehört, wie ich mit meinem Onkel Giordano Trevisan an einem Tisch im Hinterzimmer unseres Hauses sitze und er mir die hohe Kunst beibringt, aus der Vielfalt von Münzen, die das Meer uns zutrug, echten Wert herauszulesen. Draußen glitzerte die Sonne auf den Kanälen Cannaregios, vor uns auf dem Tisch aber, stumpf und leblos im Vergleich, stapelten sich Gold und Silber und Edelsteine, die fremden Prägungen geordnet, das wilde Funkeln von Onkel Giordanos Rechenschieber und Waage gezähmt. Jeder Hafenjunge kann sich als Händler bezeichnen, wenn er jemandem einen Korb voll Fische für eine Handvoll Piccoli verkauft. Die wahre Macht des Händlers aber liegt weder in seinen Gütern noch seinem Geld, sondern in den Zahlen, die er in seine Bücher schreibt. So wie das geschriebene Wort Fundament von Glaube und Gesetz ist, ist die geschriebene Zahl das Mark der Serenissima. Jede Insel und jedes Haus in ihr ist Teil der großen Gleichung, die ihre Zukunft weissagt; jede Brücke, die sich über die Kanäle schlägt, ein Federstrich in ihrem Buch.

Der Zehnjährige, der damals an Giordano Trevisans Tisch saß, träumte natürlich nicht von Zahlen oder der Zukunft seiner Stadt. Er träumte vom Sonnenschein vor dem Fenster, und er vermisste seine Mutter.

Meine Mutter starb, als ich noch ganz klein war. Sie ist für mich nicht mehr als eine Wolke aus duftendem Haar und ein Lächeln im Sonnenschein; eine freundliche Seele, die über mich wachte und die Nächte nach ihrem Weggang finsterer und kälter werden ließ. Dann waren da nur noch Tante Bepina, ihre Schwester, und deren Mann Giordano, der Fattore unseres Unternehmens. Außerdem natürlich meine Cousinen Fiordelisa und Flora und ihre Schwestern sowie die Bediensteten und entfernten Verwandten, welche die Familiengeschäfte fortführten wie eine Maske, die nach dem Tod ihres Trägers weitergereicht wird, immerzu, bis das letzte Glied der Kette erreicht ist.

Wir Polos hatten uns den Platz im Großen Rat lange und redlich verdient. Vor knapp dreihundert Jahren aus Dalmatien eingewandert, hatte es unsere Familie durch geschickte Heiratspolitik verstanden, in die Reihen der *Nobiluomini* und *Nobildonne* aufzusteigen, und das ohne die Skandale anderer Familien oder deren Blut an unseren Händen. Dank des Geschäftssinns meines verstorbenen Großvaters hatten wir Niederlassungen in Konstantinopel und Soldaia gegründet.

Ich malte mir häufig aus, wie das Leben an diesen fernen Orten wohl aussehen mochte, doch erreichten uns von dort nur die Schiffe mit Waren und natürlich die Zahlen, die auf magische Weise ihren Weg von jenen fernen Büchern in unsere eigenen fanden; Wege und Wasserstraßen wie die Stäbe an Onkel Giordanos Abakus. Das große Netzwerk der Welt, das sich in Venedig zu einem lebendigen Teppich verwob …

»Hör auf zu träumen, und hör mir zu!«, schalt mich der Fattore. »Eines Tages wirst du die Geschäfte übernehmen müssen wie vor dir dein Vater und dessen Vater zuvor. Es sei denn, du hast vor, wie er dort draußen in der Welt verlorenzugehen!«

Mein Vater.

»Wieso sagst du, er sei verlorengegangen? Mutter sagte immer, dass er eines Tages zurückkommt …«

Mein Vater, die Legende, die ich nie kennengelernt hatte. Er hatte Venedig vor meiner Geburt verlassen, und hätten die Familien meiner Freunde mich nicht eines Besseren belehrt, ich hätte nicht gewusst, dass Kinder Mütter *und* Väter besitzen.

»Woher soll ich wissen, ob er je wiederkommt? Vielleicht war er nicht vorsichtig genug.« Giordano Trevisan rümpfte die Nase, dann nieste er vernehmlich. Der Fattore schätzte es nicht, wenn Leute unvorsichtig waren. Unvernunft bereitete ihm Unwohlsein wie anderen Leuten kaltes Wetter.

»Was kann ihm denn zugestoßen sein?« Natürlich kannte ich die Antwort. Für mich war das Leben meines Vaters ein einziges Abenteuer, eine Gutenachtgeschichte, die ich beliebig oft hören konnte, und allemal besser, als Dinare und Bezanten über den Tisch zu schieben.

»Das letzte Mal hörte man von ihnen, als sie unsere Niederlassung in Soldaia verließen, um Geschäfte mit den Tartaren zu treiben. Das war vor über drei Jahren.«

Sie: Mein Vater Nicolò und sein Bruder Maffeo. Ein Heldengespann in meiner kindlichen Vorstellung, so wie Aeneas und Hector, Gawain und Parsifal, Markus und Lukas. Die frommen Brüder in der Schule schalten mich stets, wenn ich so redete, aber für mich stand außer Frage, dass der Schutzpatron unserer Stadt und die anderen Evangelisten noch viel größere Taten vollbracht hatten, als uns vom Leben unseres Herrn Jesu Christi zu berichten. Wieso sonst hätten sie sich in einen Löwen, einen Stier, einen Adler verwandeln können?

»Wahrscheinlich sind sie tief in den Orient vorgedrungen«, fuhr Giordano Trevisan fort. »Und dort lauern alle möglichen Gefahren. Vielleicht fielen sie den Sarazenen in die Hände, wer weiß? Und die Tartaren sind die wildesten und grausamsten Menschen, die man sich denken kann.«

»In der Schule heißt es, sie kämen direkt aus der Hölle …«

»Das kann gut sein, denn schließlich liegen auch die Tore zur Hölle im Osten. Vielleicht sind deine Verwandten aber auch einem Fieber zum Opfer gefallen.«

Ich senkte betrübt den Kopf. Doch es ließ sich schwerlich etwas dagegen anführen – selbst Alexander der Große war angeblich einem Fieber erlegen.

»Sie wären nicht die ersten Händler, die den Weg in die Serenissima nicht mehr wiederfinden«, schloss der Fattore.

»Sie wären aber auch nicht die ersten, die wiederkommen, oder?«

»Auch das ist richtig.« Der Fattore nieste wieder. Dann räumte er seufzend die Münzen zurück in ihre Fächer. Offenbar hatte er eingesehen, dass meine Gedanken wieder einmal woanders waren. »Die Frage ist, was soll aus dir werden? In der Schule ist man unzufrieden mit dir. Du sollst doch eines Tages das Geschäft der Polos übernehmen! Deine Tante Bepina und ich, wir haben die Aufgabe, unser Bestes zu geben, dass aus dir einmal etwas wird. Dein Vater soll stolz auf dich sein – wo immer er ist.«

Ich nickte zögerlich. In Wahrheit hatte ich meine Zweifel. Ich sah die Sonne auf der Halbglatze meines Onkels schimmern, sah seine gepflegten Finger, mit denen er geschickt die Münzen sortierte, so flink wie ein Taschenspieler. Ich sah den Bauch, der ihm gewachsen war und den er mit teurer kalabrischer Seide garnierte. Giordano Trevisan ging es gut bei uns; so lange ich denken konnte, war er de facto das Oberhaupt der Polos in Venedig gewesen, und wenn ich tatsächlich einmal jemandes Nachfolger werden würde, dann wohl der seinige. Denn das Einzige, was Giordano Trevisan trotz seiner vier Töchter nicht besaß, war ein Sohn.

Ich wollte aber nicht sein Sohn sein.

Mit dreizehn Jahren hatte ich mich beinahe damit abgefunden, niemandes Sohn zu sein. Selbst den Karneval verbrachte ich zum ersten Mal nicht bei meiner Familie. Was ich von der Zukunft zu erwarten hatte – oder sie von mir –, das stand immer noch in den Sternen.

Der Karneval in Venedig ist eine alte Tradition, bei der man nicht nur des Sieges über den Patriarchen von Aquileia gedachte; natürlich nutzte man die verbleibenden Tage bis Aschermittwoch auch, um das Leben noch einmal in vollen Zügen zu genießen. Die Schlachttiere, die an diesen Tagen vom Dogen und seinen ausgesuchten Gästen verzehrt wurden, hatte Aquileia auch nach über hundert Jahren noch zu entrichten.

Mich faszinierten am Karneval weniger die üppigen Bankette als vielmehr die Tänzer und Masken, welche die Piazza San Marco in ein gefährlich-schönes Zauberland verwandelten. Schon damals konnte mir niemand eine einfache Antwort darauf geben, was hinter diesem Brauch stand: Die Zünfte hatten mit den Masken angefangen, die Edelleute hatten sie aus Spaß oder Höflichkeit übernommen, und die Diebe, Betrüger und Meuchelmörder der Serenissima hatten sehr schnell ihre praktische Seite erkannt. Während des Karnevals waren alle gleich, Doge, Ratsmitglieder und Gossengesindel.

Ich verbrachte den Abend auf Einladung meines Freundes Andrea in der Ca' Dandolo. Die Dandolos waren eine der edelsten Familien und machten sich Hoffnung darauf, nach dem Ableben Reniero Zenos den nächsten Dogen zu stellen, der uns gegen den erstarkenden Einfluss Genuas verteidigen sollte. Hatte nicht ein Dandolo einst mit fast hundert Jahren, weise und doch blind, noch den entscheidenden Schlag gegen Byzanz geführt? Von den oberen Stockwerken des prunkvollen Hauses aus hatte man einen guten Blick auf die goldenen Pferde San Marcos, die Konstantin der Große einst aus Rom und Enrico Dandolo im vierten Kreuzzug aus Konstantinopel geholt hatte. Angeblich waren die vier Pferde mehr als tausend Jahre alt.

Ich hatte Andrea auf der Klosterschule kennengelernt, und der Fattore lag mir oft damit in den Ohren, dass ich mich glücklich schätzen solle, in Kreisen zu verkehren, die so erlesen waren wie die meines Freundes. Für mich hingegen war Andrea vor allem der ungeduldige Junge mit dem lockigen schwarzen Haar, der die sieben freien Künste mit derselben Verbissenheit zu meistern versuchte wie der Fattore seine verschiedenen Münzen und doch für die Musik nicht mehr Talent besaß als die Katzen an der Piazza.

Dieses Talent war dafür seiner Schwester Beatrice zugefallen – ganz ohne Schulbildung, wie ihr Bruder oft grimmig bemerkte –, und sie stellte es in eben diesen Stunden unter Beweis, als eine wilde Carola durch die Gemächer der Ca'

Dandolo zog, angeführt von einer maskierten Schönheit mit einem Tamburin. Wir jungen Söhne lümmelten am Fenster herum und versuchten, hinter die Masken der singenden Gäste zu schauen. Beatrice zu erkennen fiel uns trotz ihrer farbenfrohen Verkleidung nicht schwer, sobald ihre glockenhelle Stimme sich wie Silberfäden durch die Luft spann. Ein lebendiger Teppich wie die Wasserwege der Stadt, und die Schläge des Tamburins ein Weberschiffchen, das darunter hindurchtauchte …

Ich hatte Mädchen bislang nie als Teil dieses Netzwerks gesehen, aus dem ich meine Zukunft deuten sollte. Beatrice war die Erste, die mir dieses Versäumnis vor Augen führte.

»Siehst du, wie sie die Carola von einem Moment auf den nächsten anführt?«, riss mich Andrea aus meinen Tagträumen. In seiner Stimme mischten sich grenzenlose Liebe und grenzenloser Neid. »Wenn mir nur alle folgen würden wie ihr, ich würde den nächsten Kreuzzug befehligen.«

Peinlich berührt wandte ich den Blick von seiner Schwester ab. Ich vermutete, dass Männer sich von Frauen mit ihren Reizen einen Lohn für ihre Gefolgschaft versprachen, den Andrea nicht zu zahlen bereit wäre, hielt es aber für unklug, meinen reichen und angesehenen Freund darauf hinzuweisen.

»Ist es das, was du willst?«, fragte ich stattdessen. »Ein Heer befehligen?«

Erst gab er keine Antwort, und ich brauchte einen Augenblick, um zu begreifen, dass ihm die Frage unangenehm war. »Ich möchte, dass mein Vater stolz auf mich ist«, sagte er dann. »Ich weiß nicht, ob du das verstehen kannst.«

Tatsächlich verstand ich das nur zu gut, konnte meine Gefühle aber schwer in Worte fassen. Schließlich hatte man von meinem Vater vierzehn Jahre lang außer ein paar knappen Briefen – erst aus Konstantinopel, dann aus Soldaia – nichts mehr gesehen oder gehört.

»Woher weißt du, was dein Vater von dir erwartet?«, fragte ich.

Andrea schnaubte. »Glaub mir, das lässt er mich spüren – jeden einzelnen Tag. Er wird vielleicht der nächste Doge. Das Mindeste, was ich tun kann, ist, seinem Vorbild zu folgen. Vielleicht gehe ich nach Bologna und studiere die Rechte. Was hältst du davon?«

Ich zuckte die Schultern. Ich wusste nicht, ob ein solches Studium für mich als Kaufmann allzu vorteilhaft wäre. Genauso wenig vermochte ich zu sagen, ob es ihm als Dogen nützen würde. »Zumindest unterrichten sie dich dort wahrscheinlich nicht in Musik.«

Er lachte. »Da hast du wohl recht! Der Punkt ist: Ich werde alles tun, um eines Tages, falls das Los mich trifft, zum Führen bereit zu sein – so wie er.« Er deutete mit dem Kinn in Richtung der ausgelassenen Tänzer. »Das bin ich ihm und ihnen allen schuldig. Findest du nicht?«

Und ich schaute in die maskierten Gesichter der Feiernden, eine fröhliche Geisterschar, und stellte mir vor, ich wäre für jedes dieser Leben verantwortlich. Ich merkte, dass mir diese Verantwortung nicht zusagte. Dann schaute ich aus dem Fenster auf die Piazza, auf welcher der Karneval in vollem Gange war, all die Laternen und Stimmen und Gesichter, jedes einzelne von einer Maske verdeckt, und stellte mir vor, ihr Doge zu sein und die schwerste Maske von allen zu tragen. »Ich finde nicht, dass ich meinem Vater irgendwas schuldig bin«, sagte ich schließlich. »Wenn überhaupt, dann ist er mir etwas schuldig.«

Andreas Vater wurde nicht der nächste Doge. Um Betrug und Bestechung vorzubeugen, hatte man ein kompliziertes System eingeführt, bei dem ein kleiner Junge auf der Piazza durch Loswahl Wahlmänner bestimmte, die wiederum durch das Los reduziert wurden, neue Wahlmänner bestimmten und immer so fort; und als die endgültigen Wahlmänner zum Höhepunkt des Spektakels ihre Stimmen abgaben, ging Lorenzo Tiepolo als Sieger hervor.

Die meisten Familien sahen seine Wahl als eine glückliche an, obwohl er zu dem Zeitpunkt nicht einmal in der Stadt weilte. Kurz nach seiner Amtseinführung fachte er einen Konflikt mit einer Allianz konkurrierender Städte an, der schließlich in einen Seekrieg mit Bologna mündete und Andreas Studienpläne bis auf Weiteres hinfällig machte. An Andreas Überzeugung, sich seinem Vater beweisen zu müssen, änderte es jedoch nichts.

Ich traf mich nun regelmäßig mit ihm, und gelegentlich tauschte ich bei meinen Besuchen auch ein paar freundliche Worte mit seiner Schwester. Viel mehr ergab sich allerdings nicht – bis Christi Himmelfahrt, der Festa della Sensa.

Ich denke, es sagt einiges über unsere Stadt aus, dass es sich hierbei um den wichtigsten Feiertag im Jahr handelt, und zwar nicht aufgrund der Himmelfahrt selbst, sondern wegen der traditionellen Vermählung des Dogen mit dem Meer. An diesem Tag war ganz Venedig auf den Beinen, Bürger, Klerus, Kaufleute, und gedachte jenes Tages im Jahre 1000, an dem Pietro Orseolo die dalmatinischen Küstenstädte von der Schreckensherrschaft der Piraten befreit und Venedig damit zur unangefochtenen Herrin der Adria gemacht hatte. Und dieses Jahr war das Fest prunkvoller denn je. Es war die erste dieser Vermählungen für unseren neuen Dogen – und für mich das erste Treffen mit Beatrice ohne ihren Bruder.

Ursprünglich hatte ich Andrea gefragt, ob er mich zum Fest begleiten wolle, doch als er mir überraschend absagte, während seine Schwester fast im selben Augenblick meine Einladung annahm, war ich mir selbst nicht mehr sicher, was eigentlich Grund und was Vorwand für meine häufigen Ausflüge zur Ca' Dandolo war.

Vielleicht wusste Beatrice es damals schon besser. Wir waren jetzt vierzehn, sie und ich.

Dank ihrer Eltern hatten wir für das Spektakel einen der besten Plätze am Rande der Piazzetta ergattert, fast direkt am Ufer zwischen den Säulen des Heiligen Markus – in Gestalt eines geflügelten Löwen, der angeblich älter war als der Evangelist selbst –, und der des Heiligen Theodorus, des Drachentöters und ehemaligen Stadtpatrons. Die beiden Granitsäulen – die eine rötlich, die andere grau – waren gerade erst errichtet worden, an genau dem Ort, der seit jeher als Hinrichtungsstätte diente und an dem künftig auch Glücksspiel erlaubt sein sollte. Es war ein magischer Ort, an dem Vergangenheit und Zukunft einander trafen und gleichsam eine sonderbare Hochzeit eingingen.

Aus dem dichten Gedränge heraus verfolgten wir, Beatrice und ich, wie der Doge seine Goldene Barke bestieg, ein strahlendes Chimärenschiff, das unter der Last des Prunks beinahe zusammenbrach. Auf diesem wurde er samt seinem Hofstaat zum Lido hinausgerudert, um dem Meer dort einen goldenen Ring zu überantworten. So war es seit beinahe hundert Jahren Tradition. Der erste dieser Ringe war dem Dogen vom Papst als Dank für den Sieg gegen Kaiser Barbarossa geschenkt worden, der an derselben Stelle seine Niederlage eingestanden hatte. Siege zu Land aber galten dem Dogen nichts. Also warf er den Ring ins Wasser mit den Worten: »Wir heiraten dich, oh Meer, zum Zeichen unserer wahren und beständigen Herrschaft.«

»Es ist ein seltsamer Brauch«, sagte Beatrice kopfschüttelnd, während die Barke hell wie die Sonne davonfuhr und sich die ersten Schiffe aus dem Canal Grande lösten und ihr nachfolgten – die Seeleute ganz in Weiß, jungfräulich wie die Stadt am Tag der Vermählung; die Vertreter der Zünfte in goldbesetzten Gewändern und mit Olivenkränzen gekrönt; und scharlachrot die Glasbläser, denen der Tod drohte, falls sie ihre Geheimnisse jemals einem Fremden verrieten – sie alle schlossen sich der großen Prozession an. »Siehst du die Dogaressa, dort drüben?«

Ich folgte ihrem Fingerzeig und entdeckte tatsächlich Agnese Ghisi vor dem Palast. Die Zeremonie war ihr noch fremd, und so hatte sie sich entschlossen, der Hochzeit ihres Mannes mit einer anderen nicht beizuwohnen. Stattdessen blickte sie der Goldenen Barke hinterher, als bräche diese zu einer Fahrt ohne Wiederkehr auf. Die Venezianer liebten sie schon jetzt für ihre Bescheidenheit und nannten sie La Donna Misericordia – denn sie hatte den Krankenhäusern der Stadt viel Geld geschenkt. Nichts aber verschaffte ihr in dieser Stunde mehr Respekt, als dass sie ihren Mann kampflos ziehen ließ.

Dann schlug auf dem fernen Lido die Glocke der Kirche von San Nicolò, und wir wussten, dass der Doge den Ring in die Fluten geworfen und seinen Eid auf ein weiteres Jahr erneuert hatte. Die Menschen brachen in Jubel aus, das Gesicht der Dogaressa aber war wie aus Stein gemeißelt.

»Was nützt einem ein Mann, der mit dem Meer verheiratet ist?«, fragte Beatrice.

»Immerhin ist sie die Dogaressa«, gab ich zu bedenken. »Sie wohnt im Palast, hat Kleider und Gold …«

»Und du glaubst, das macht es leichter?« Sie sah mich herausfordernd an. »Menschen sind wichtiger als Gold, Marco. Meinst du nicht?« Sie hatte dieselben dunklen Augen wie ihr Bruder, aber es lag von Jahr zu Jahr mehr Leben darin.

Mit klopfendem Herzen sah ich hinaus auf die See, die an diesem Tag friedfertig, fast erwartungsvoll in der Lagune schimmerte – eine Braut, die sich zurechtgemacht hatte.

»Ich glaube, es ist für keinen von beiden leicht«, wand ich mich. »Er hat sich diese Hochzeit nicht ausgesucht …«

»Aber er ist der Doge«, gab sie zurück.

»Ich möchte nicht mit ihm tauschen.«

Sie hob erstaunt die Brauen und rückte etwas näher. Auf einmal schien mir die Maisonne noch heißer als zuvor.

»Damit du dich nicht mit der See vermählen musst?«, hakte sie nach.

»Wer sagt, dass ich mich überhaupt vermählen muss?«, gab ich im Übermut zurück, und da hätte sie mich fast in die Lagune gestoßen.

»Was erwarte ich von einem Polo!«, rief sie mit gespielter Verzweiflung. »Einer Familie, die mit der ganzen Welt verheiratet ist! Weißt du eigentlich selbst, was du willst?«

Sie sagte es im Spaß, doch ich kam nicht umhin, an das starre Witwengesicht der Dogaressa zu denken und mich zu fragen, ob meine Mutter, als sie noch lebte, mit demselben Blick auf das Meer hinausgesehen hatte.

»Komm, gehen wir uns die Fiera anschauen«, sagte ich und nahm sie an der Hand.

Auf der Piazza, im Schatten des dreihundert Fuß hohen Campanile, wurde zur Stunde ein großer Markt eröffnet. Später, wenn die Goldene Barke von ihrer Reise zurückkehrte und der Doge seine Gäste und die Ruderer aus der Werft zu einem großen Festmahl lud, würde der Platz so überfüllt sein, dass man keinen Schritt mehr tun konnte. Ich versuchte, Beatrice zu versöhnen, indem ich einige exotische Zuckerwaren und kandierte Früchte mit ihr teilte und ihr deren Ursprungsländer benannte. Später schauten wir uns noch die Regatta an. Doch obwohl es mir gelang, Beatrice noch das eine oder andere Lachen zu entlocken, das ich so an ihr liebte, behandelte sie mich den Rest des Tages mit derselben skeptischen Distanz, mit der mich sonst nur Flora, meine jüngste Cousine, bedachte.

Die kommenden Wochen und Monate versuchte ich, es allen recht zu machen: in der Schule den frommen Brüdern, zu Hause Tante Bepina und Onkel Giordano und in den wenigen Stunden, die mir dazwischen blieben, ganz besonders Beatrice Dandolo – was vielleicht genau ihre Absicht gewesen war. Mehr denn je fühlte ich mich gefangen in einem Netz widerstreitender Erwartungen – und auf seltsame Weise schienen sie allesamt so willkürlich zu sein. Eine Zukunft war nicht besser als die andere, kein Leben plausibler als der Rest. Ich war immer Venezianer und werde immer Venezianer bleiben; dennoch fühlte ich mich fremd in meiner eigenen Stadt, als fehlte mir die besondere Gabe, die meine Mitmenschen befähigte, sich im Labyrinth der Kanäle und Gassen zu verlieren, die Welt da draußen zu vergessen und einfach dazuzugehören.

Eines Tages, ich war inzwischen fünfzehn, war ich in San Polo unterwegs, um ein Geschenk für Beatrice zu erstehen. Ich hatte gründlich über ihre Frage nachgedacht – *weißt du eigentlich selbst, was du willst?* – und hielt es für geboten, meine Absichten zu unterstreichen. Ich wusste bloß noch nicht, wie.

»Für wen soll es denn sein?«, fragte der Blumenhändler, vor dessen Stand ich innegehalten hatte.

»Für ein Mädchen«, brachte ich hervor und wurde rot, als der Händler ein verschmitztes Grinsen aufsetzte.

»Wie wäre es hiermit?« Er präsentierte mir einen Strauß prächtiger Lilien.

»Ich bin mir nicht einmal sicher, ob sie Blumen mag …«

»Das wird sie, vertrau mir! Schon die alten Griechen kannten Blumen als Liebesbeweis, und Könige schätzen die Lilie bis heute. Da sollte sie auch deiner Teuren gut genug sein, oder nicht?«

»Sie ist nicht wie andere …«

»Ein besonderes Geschenk für ein besonderes Mädchen, ich verstehe schon. Aber siehst du, hiermit beweist du einen gleichermaßen anständigen wie ausgefallenen Geschmack: Einerseits gilt die Lilie als Symbol der Reinheit, andererseits …« Er wies bedeutungsvoll auf den enormen Stempel der Blume. »Die Kirche hat ihr abschließendes Urteil in dieser Angelegenheit noch nicht gefällt. Aber gerade darin liegt doch der Reiz, oder nicht?« Er drückte mir den Strauß in die Hand. »Außerdem sind die Blumen unvergleichlich günstig, wenn du dich schnell entscheidest.«

Der Preis spielte für mich keine Rolle; mir gefiel vor allem der Duft des beeindruckenden Gebindes, mit dem ich mich nun auf den Rückweg machte. Ich hoffte, dass mein Geschenk Beatrice freute, und stellte mir ihr silberhelles Lachen vor.

Ich überquerte gerade die hochklappbare Holzbrücke über den Canal Grande, die den Rialtomarkt mit den Handelszentren der östlichen Sestieri verband, als mir meine Cousine Flora entgegengerannt kam.

»Marco!«, keuchte sie. Sie war ganz außer Atem.

»Was ist denn los?«, fragte ich besorgt. »Ist etwas passiert?«

Sie wedelte ungeduldig mit den kleinen Armen. »Du musst sofort kommen! Marco – sie sind zurück!«

»Wer?«, fragte ich verständnislos. »Wer ist zurück?«

»Dein Vater!«, rief sie. »Dein Onkel! Dein Vater! Sie sind …«

Doch da hörte ich schon kaum noch zu. Alles, was ich hörte, war das Klappern meiner Schritte auf der Brücke, das sich mit dem dumpfen Schlag meines Herzens verband, als ich Flora bei der Hand nahm und rannte.

»Sie waren bei den Tartaren am Ende der Welt! Sie waren beim Papst und im Krieg, und es gab Hochwasser und Edelsteine, und sie sind auf wilden Tieren geritten, bis nach Kithai – das ist das größte Königreich der Welt, wo es Städte größer als Venedig gibt, und Berge aus Gold, und Löwen und Elefanten …«

Das Blut rauschte mir in den Ohren. Konnte es wirklich

wahr sein? War mein Vater nach all den Jahren – meinem ganzen Leben! – zurückgekehrt? Wieso gerade jetzt? Was war ihm widerfahren? Wenn er wirklich in Kithai gewesen war, wie Flora behauptete, war er weiter gereist als je ein Mensch zuvor. Konnte man so weit überhaupt reisen?

Auf einmal kamen mir die Gassen meiner Heimatstadt so winzig vor. Ich stieß mit mehreren Händlern und Einkäufern zusammen, die mir hinterherschimpften, doch ich beachtete sie nicht. Sie schienen gar nicht real zu sein – wie die Maskenträger zum Karneval.

Wie von selbst trugen mich meine Füße vor die Tür unseres Hauses. Noch ehe ich oder die atemlose Flora klopfen konnten, schwang die Tür auf. Drinnen standen meine Tante und mein Onkel. Tante Bepina war ganz bleich. Sie erinnerte mich an die Dogaressa. Giordano Trevisan machte ein grimmiges Gesicht und rieb sich nervös die Nase.

Dann sah ich die beiden Männer hinter ihnen, die nun langsam vortraten und mich mit ernster Miene musterten.

Auf einmal merkte ich, dass ich immer noch Beatrices Lilien in der Hand hielt. Die Blumen waren von der wilden Rennerei ganz zerrupft. Mir war, als ob ich mich in einem Traum wiederfände, und alles, was zur Welt des Wachens gehört hatte, verblasste: die Schule, die Ausbildung zu einem tüchtigen Kaufmann, Andreas Welt der Politik, selbst Beatrice … all das war nicht länger Teil meiner Wirklichkeit. Ich würde weder ein Unternehmen führen noch eine Universität besuchen. Hier war mein Vater, der sich meiner erinnert hatte, der zurückgekehrt war, um mir einen anderen, neuen Weg zu weisen. Und nun trat er näher und lächelte mich an.

Er allein war wirklich. Er war ich.

Ich löste meine verkrampften Finger. Eine nach der anderen fielen die Lilien zu Boden.

Ich habe mein Leben nicht gewählt – mein Leben wählte mich.

III
Nicolò und Maffeo

Ihr sprecht fast wie ein Mann des Glaubens oder ein Ritter, nicht wie ein Kaufmann«, merkte Rustichello nach einer Weile an. »Auch verfügt Ihr über eine feine Beobachtungsgabe und ein großes Geschick im Umgang mit Worten, Messere.«

»So sagt man.«

»Man macht Euch dieses Kompliment nicht zum ersten Mal?«

Er hörte leises Kettenrasseln. »Ich mache mir nichts daraus. Es ist keine Leistung, die ich erbracht, keine Befähigung, in der ich mich geübt hätte.«

»Glaubt Ihr das wirklich?«, hakte Rustichello nach. »Dass den Menschen bestimmte Gaben einfach zufliegen? Dass dem einen ein Leben als Seefahrer bestimmt ist und dem anderen das eines Zimmermanns? Dass der eigene Lebensweg von höheren Mächten gelenkt wird?«

»Wollt Ihr mich wieder auf meinen Glauben hin testen?«

»Vielleicht habe ich mir die letzten vierzehn Jahre bloß zu viel Gedanken darüber gemacht, was Gott wohl mit mir vorhat oder welche meiner Entscheidungen mich an diesen Ort führte. Wurde der Mensch von Gott nicht mit einem freien Willen ausgestattet, damit er falsch und richtig unterscheiden kann?«

»Wenn Ihr mich danach fragt, was mich die Erfahrung hierzu gelehrt hat, so muss ich sagen: Es nimmt selten ein gutes Ende, wenn der Mensch seinen Willen über alles andere stellt.«

Rustichello brummte zustimmend. »Und doch heißt es, der Herr helfe denen, die sich selbst helfen.«

»Wenn es sich so verhält«, sagte der Venezianer, »dann sind wir verloren.«

»Seid versichert, ich war bereits mehr als einmal kurz davor, alle Hoffnung zu verlieren. Und doch verirrt sich immer wieder ein Lichtstrahl in diese Finsternis.« Er holte tief Luft. »Ihr zum Beispiel! Wisst Ihr, was es mir bedeutet, endlich wieder ein gutes Gespräch mit einem anderen Menschen zu führen? Zu lange habe ich darauf gewartet, dass irgendein Edelmann sich meiner erinnert, sich ein Herz fasst und mich aus diesem Verlies befreit. Doch vielleicht seid Ihr in Wahrheit die Hilfe, die mir bestimmt ist. Schon spüre ich meine Lebensgeister zurückkehren. Und ich beschwöre Euch: Gebt nicht auf! Lasst mich Euer Licht in der Nacht sein, so wie Ihr das meine seid. Und hört nicht auf, zu erzählen. Da habt Ihr's – nun habe ich Euch ein drittes Mal darum gebeten. Damit seid Ihr gemäß allen Regeln der Kunst daran gebunden, meinem Wunsch Folge zu leisten. Ihr steht nun in meinen Diensten, Messere.«

Da lachte der Venezianer, und Rustichello brauchte einen Moment, bis er sicher war, dass er richtig gehört hatte, denn er hatte schon so lange nicht mehr das Lachen eines anderen Menschen vernommen. Dann stimmte er ein. Er spürte, dass es ihm endlich gelungen war, zu seinem Zellennachbarn durchzudringen. Der unsichtbare Damm, den der Venezianer um sich errichtet hatte, war gebrochen.

»Keine Sorge, ich bin mir meiner Pflicht bewusst – denn seht Ihr, das passiert mir nicht zum ersten Mal. Und ich werde nicht aufhören. Nicht, wenn mich ein großer Geschichtenschreiber wie Ihr so wortgewandt darum bittet. Was haben wir anderes als Worte, nachdem man uns unser Leben nahm? Seid gewiss: Ich habe genug Geschichten für viele Jahre.«

»Als ich meinen Vater an jenem Tag das erste Mal traf«, fuhr der Venezianer fort, nachdem die Palastdiener ihnen ihr freudloses Mahl gebracht hatten, in dem Rustichello nun deutliche Anzeichen des Mittwochs erkannte, »begriff ich wohl zum ersten Mal, was ich all die Jahre vermisst hatte. Man muss etwas erst kennen, um es missen zu können – so wie meine Mutter.

Mein Vater dagegen war für mich stets eher eine Idee gewesen, das vage Gefühl, dass mir etwas zustand – so wie Andrea spürte, dass ihm eines Tages das Erbe der Dandolos zuteilwürde, ob er es wollte oder nicht. Mir hatte das Leben einen Vater bislang vorenthalten, und manchmal, wie an jenem Abend in der Ca' Dandolo, war ich wütend darüber und machte ihm Vorwürfe, so wie andere Menschen mit Gott hadern, wenn sie sich von ihm im Stich gelassen fühlen.

Als er aber endlich vor mir stand …« Er suchte nach den passenden Worten. »Da begriff ich zum ersten Mal, dass er ein echter Mensch war, so wie Ihr und ich, mit seinen eigenen Gefühlen und Ansichten – und was es bedeutete, einen solchen Menschen in seinem Leben zu haben. Der einen beschützen oder bestrafen konnte, stolz oder enttäuscht sein mochte. Und in diesem ersten Moment wusste ich nicht, was davon der Wahrheit näher kam. Da waren so viele widerstreitende Gefühle in seinem Blick …«

»Ich erinnere mich noch, wie es war, einen strengen Vater zu haben«, pflichtete Rustichello ihm bei.

»Ich würde nicht sagen, dass er streng war«, sagte der Venezianer. »Das ist es ja: Ich wusste es nicht. Ich wusste gar nichts über ihn, weil er ja nicht da gewesen war …«

»Fahrt fort«, ermunterte ihn Rustichello, denn er hatte Angst, dass der Venezianer es sich anders überlegen könnte. »Was war er denn für ein Mann?«

»Ihr redet von ihm, als wäre er tot«, stellte der Venezianer fest.

»Bitte verzeiht«, sagte Rustichello erschrocken. »Ich ging davon aus … Er lebt also noch?«

»Nein«, sagte der Venezianer. »Er ist tot.«

»Ich verstehe nicht …«

»Grämt Euch nicht, denn manchmal verstehe ich es selbst nicht ganz. Dann kommt es mir vor, als ob er lebte und doch tot wäre. Sucht es Euch aus.«

»Aber Messere!«, protestierte Rustichello.

Nur das Rasseln von Ketten aus der Nachbarzelle antwortete ihm.

»Eure Verwirrung ist nur verständlich«, versuchte Rustichello die Wogen zu glätten. »Für uns Kinder sind unsere Eltern wie Helden oder Könige. Um sie zu verstehen, müssen wir erst lernen, uns selbst zu verstehen … und ihr Dahinscheiden trifft uns schwer.«

»Da habt Ihr recht.« Abermals verging ein Moment. Dann fuhr der Venezianer fort. »Mein Vater sah damals noch recht jung aus. In jedem Falle war er deutlich jünger als Giordano Trevisan und wirkte auch ein wenig jünger als sein Bruder. Der Eindruck wurde auch dadurch verstärkt, dass er sich frisch rasiert hatte und ein schlichtes, sauberes Hemd trug. Er und mein Onkel mussten bereits länger in der Stadt geweilt haben, als man uns Kinder hatte wissen lassen, oder sie hatten erst gebadet und sich umgezogen, ehe sie nach Hause gingen. Ergibt das für Euch Sinn? Wohin würde Euch Euer Weg zuerst führen, wenn Ihr nach sechzehn Jahren endlich in Eure Heimatstadt zurückkehrt?«

»Ich weiß es nicht«, gestand Rustichello.

»Er wirkte neugierig, aber gefasst. In seinem Blick lag eine tiefe Ruhe, wie ich sie erst bei wenigen Menschen gesehen hatte. Eine Ruhe, die von innerer Stärke und Selbstbeherrschung herrührt. Als Erwachsener weiß man eine solche Tugend zu schätzen, als Kind hat sie eine einschüchternde Wirkung, weil man noch nicht versteht, weshalb Menschen so werden. So … verschlossen.«

»Er wirkte verschlossen?«

»Sagen wir: vorsichtig. Von dem leisen Lächeln, mit dem

er mich bedachte, bis zum Umgang mit seinem Bruder und mit Giordano Trevisan war jede seiner Gesten sparsam, kontrolliert, als wäre er ein Schauspieler, der eine neue Rolle probte.«

»Was er ja in gewisser Weise auch tat.«

»Sicher tat er das«, bestätigte der Venezianer. »Und wir alle waren sein Publikum: sein Bruder, der Fattore, Tante Bepina, meine Cousinen und ich. Dabei waren wir Kinder verständlicherweise nervöser als alle anderen im Raum. Doch auch Giordano Trevisan wirkte grimmig, als missfiele ihm diese Darbietung. Vielleicht machte er sich auch Sorgen um seine Position als Fattore, jetzt, da erstmals seit sechzehn Jahren wieder jemand da war, um seine Geschäfte zu kontrollieren. Und Onkel Maffeo … Maffeo in seiner prunkvollen Kleidung stand etwas abseits wie der reiche Mäzen dieser bunten Truppe.

Schließlich legte mir mein Vater die Hand auf die Schulter, und da brach der seltsame Bann, alles wurde auf einmal wirklich – greifbar. Und es war nicht länger wichtig, wie ich mir meinen Vater oder unser erstes Treffen bis dahin vorgestellt hatte.

›Hallo, Marco‹, sagte er. ›Wir haben viel, über das wir reden müssen.‹«

* * *

Auch ich hatte tausend Fragen an ihn, doch ich musste mich in Geduld üben. Die ersten Tage nach seiner Rückkehr vergingen für mich wie im Taumel: Die Zimmer mussten neu verteilt werden, denn natürlich stand außer Frage, dass mein Vater in seinem eigenen Haus wohnen würde. Onkel Maffeo bezog zu meiner Überraschung eine Bleibe in einer Herberge, bis wir anderen uns einig waren. Mein Vater und der Fattore protestierten nicht.

Wie um seine Befürchtungen zu bestätigen, brachte sich mein Vater vom ersten Tag in die Geschäfte ein. Er nahm Einblick in die Bücher des Fattores und informierte sich genau über den Stand der Dinge: unsere wichtigsten Handelspartner, die laufenden Kosten, das Familienvermögen. Mit derselben sachlichen Wissbegierde erkundigte er sich nach meiner Bildung und meiner Gesundheit und machte sich mit dem Rest der Verwandtschaft und des Haushalts vertraut. Selbst die Bediensteten waren nicht mehr dieselben wie vor sechzehn Jahren, und abgesehen von Onkel Giordano und Tante Bepina war meine Cousine Fiordelisa die Einzige, die ihn vielleicht noch kannte; doch war sie zum Zeitpunkt seiner Abreise sehr jung gewesen. Sie begegneten einander mit höflicher Reserviertheit, und wenn sie sich seiner noch erinnerte, so zeigte sie es nicht. Es war für uns alle eine große Umstellung, obwohl sich mein Vater größte Mühe gab, es uns so leicht wie möglich zu machen.

Über alldem ergab sich lange keine Gelegenheit für ein echtes Gespräch mit ihm. Alles, was man uns Kindern sagte, war das, was Flora bereits überall erzählt hatte: dass er und sein Bruder in Kithai gewesen waren, wo sie die fantastischsten Dinge gesehen und Handel mit dem mächtigen Herrscher dieses Reichs getrieben hatten. Mich faszinierten und ängstigten diese Geschichten gleichermaßen – denn ich fühlte eine starke Verbindung zwischen meinem Vater und mir und ahnte vom ersten Moment an, dass dieses Leben auch mir bestimmt war. Ungeduldig wartete ich, dass er mir endlich Einlass gewähren würde.

Dann, eines Tages – es musste etwa eine Woche nach seiner Rückkehr gewesen sein – fragte er mich überraschend, ob ich ihm nicht die Stadt zeigen wolle. Mein Herz schlug höher, denn natürlich kannte er Venedig mindestens so gut wie ich, und der Fattore und unsere Handelspartner hatten ihm bereits mehr als einmal Rede und Antwort über die

Neuerungen der letzten sechzehn Jahre gestanden. Was er in Wahrheit wollte, war, dass ich ihm *mein* Venedig zeigte.

Ich führte ihn auf seinen Wunsch zur Klosterschule und zu einigen meiner liebsten Orte am Canal Grande, und er besah sich alles höflich und hörte sich an, was ich zu sagen hatte. Dann schließlich, als wir schon müde zu werden begannen, fanden wir uns auf der Mitte der Rialtobrücke wieder.

»Als ich wegging«, sagte er, während wir den Booten unter uns zuschauten, »war hier noch keine feste Brücke. Erst recht nicht eine so ausgeklügelte Konstruktion wie diese.« Damit meinte er den hochklappbaren, dachlosen Mittelteil der Brücke. »Wir hatten nur eine schwimmende Verbindung zur Münze, die Ponte della Moneta.«

»Ich mag die Brücke, weil man so viel von ihr sieht«, sagte ich. »Und so weit.« Zwar herrschte wie auf den meisten Verkehrswegen Venedigs drangvolle Enge, und die Straße verlor sich beiderseits des Kanals rasch zwischen den engen Häuserwänden, dennoch konnte man von hier aus ungewöhnlich weit den Kanal hinaufblicken.

Mein Vater erfasste intuitiv, worauf ich hinauswollte. »Manchmal kann die Serenissima einen erdrücken, nicht wahr? Wenn du einmal die offene See gesehen hast, werden dir die vielgerühmten Wasserwege Venedigs wie Pfade in einem engen Garten vorkommen. Ich habe Wüsten durchquert, in denen man diese ganze Stadt hätte verlieren können …«

»Vermisst Ihr es, Vater?«, fragte ich, unsicher, wie ich ihn anreden sollte.

Er nickte kurz. »Ein wenig.« Dann lächelte er und fuhr mir durchs Haar. Es war das erste Mal, dass er das tat. »Aber jetzt bin ich hier.«

»Und als Ihr weg wart?«, fragte ich. »Habt Ihr da nicht Euer Zuhause vermisst?«

»Als ich wegging, wusste ich nicht, dass deine Mutter ein Kind erwartet. Wenn sie es wusste, hat sie es mir nicht gesagt. Und leider blieben wir nie lange genug an einem Ort, um Antwort auf unsere Briefe abzuwarten.«

»Aber weshalb wart Ihr beide so lange fort? Weshalb seid Ihr nicht eher zurückgekehrt?«

Da lachte er traurig, und zuerst dachte ich, dass er sich über mich amüsierte, weil ich mir keine Vorstellung von der wahren Größe der Welt machte.

Doch er sah meine Verwirrung und schüttelte den Kopf. »Glaub mir, das wollten wir. Lange Zeit haben wir nichts anderes versucht – doch das Schicksal hatte andere Pläne. Ursprünglich wollten wir nur unseren Verwandten in Konstantinopel beistehen. Sicher weißt du, dass wir eine Niederlassung dort haben. Die Zeiten waren schwierig …«

Ich wusste nur, dass dort ein zweiter Zweig unserer Familie wohnte, auch wenn ich diese fernen Polos nie kennengelernt hatte. Die Zustände im Byzantinischen Reich waren mir stets zu unübersichtlich erschienen, um mir von Venedig aus ein Bild davon zu machen.

»Der letzte Lateinische Kaiser war so glücklos, dass er seinen eigenen Sohn verpfändete. Zuvor hatte er sogar die Dornenkrone unseres Herrn an den König von Frankreich, Louis IX., verkauft – für über dreizehntausend Hyperpyra.« Er schüttelte den Kopf. »Der Fall seines Reichs war nur noch eine Frage der Zeit, und unsere alten Feinde in Genua arbeiteten fleißig daran, dass diese Zeit so bald wie möglich anbrach.

Wir halfen unseren Verwandten also, ihr Geschäft aufzulösen und die Stadt zu verlassen, ehe es zu spät für sie war. Wir brachten sie nach Soldaia, unserer kleinen Niederlassung am Schwarzen Meer, die sie mit unserer Hilfe weiter aufbauen wollten. Immer noch hatten wir vor, sobald sich die politische Lage geklärt hatte, nach Hause zurückzukehren – aber der Rückweg war einfach zu unsicher.« Sein Blick ging in die Ferne, wo der Kanal in einer weiten Schleife außer Sicht verschwand. »Manchmal ist der Weg nach vorne einfacher als der zurück …«

Ich erwiderte nichts, sondern wartete gespannt darauf, dass er fortfuhr, dankbar, dass er sich mir endlich öffnete.

»So verschlug es uns nach Sarai, um Geschäfte mit den Mongolen zu machen. Dort trafen wir Berke Khan, den Khan des Westens, wie er manchmal auch genannt wurde, einen gebildeten und für Mongolen ungewöhnlichen Herrscher. Sarai war nach Karakorum eine der ersten Städte, die Mongolen überhaupt gründeten. Vorher lebten sie nur in gigantischen Heerlagern, die sie *Ordu* nennen. Daher nennt man Berkes Reich auch das der ›Goldenen Horde‹ – golden vielleicht aufgrund ihres Reichtums. Wir taten, was wir am besten konnten, und handelten mit Seide, Damast und Musselin …«

»Wie kamen die Mongolen denn an diese Dinge, wenn sie keine Städte hatten?«, fragte ich vorsichtig. »War es Beutegut?«

Mein Vater schüttelte den Kopf. »Handelswaren aus Persien und sogar Kithai. Das Mongolenreich ist nicht nur riesig, sondern dank ihrer Herrschaft auch relativ sicher für Händler wie uns.« Er sah meinen skeptischen Gesichtsausdruck und fuhr mir wieder durchs Haar. »Du darfst nicht alles glauben, was man sich über die sogenannten Tartaren erzählt. Sicher haben sie schreckliche Kriege geführt, aber viele von ihnen sind weitsichtiger als die Dummköpfe, die an unseren Höfen nur ihren kurzfristigen Profit verfolgen. Zu wenige Menschen sehen das größere Bild.«

»Das größere Bild?«

»Im fernsten Osten hatte sich gerade ein Enkel des großen Dschingis zum neuen *Khagan* oder Großkhan ernannt. Sein Name war Kublai, und obwohl wir nur vom Hörensagen von ihm wussten, bekamen wir die Auswirkungen seiner Herrschaft zu spüren. Er führte seine eigene Währung ein, baute das Straßennetz aus und unterhielt ein tüchtiges System von Kurieren und Boten. Nur so war es möglich, ein Reich so gigantisch wie das seine zusammenzuhalten.

Leider hieß das aber nicht, dass es keine Feindschaften zwischen den anderen Khanen gab. Dschingis Khan hatte sein Reich für seine Söhne in vier *Ulus* oder Herrschaftsgebiete aufgeteilt, aus denen die heutigen Khanate entstanden. Deren Grenzen hatten sich seitdem freilich mehrfach verschoben. Auch von diesen Konflikten erhielten wir eine Kostprobe.

Kublais wichtigster Verbündeter war sein Bruder Hulaku in Persien, der sich als Ehrenbezeugung an Kublai als *Ilkhan* – untergebener Khan – bezeichnete. Nun schickte sich Hulaku gerade an, gegen die Mameluken ins Feld zu ziehen, denen er eine frühere Niederlage nie verziehen hatte …« Die Mameluken, das wusste ich aus zahlreichen Geschichten, waren ehemalige Armeesklaven, die vor gut zwanzig Jahren in Ägypten die Macht ergriffen hatten und nur morden und brandschatzen konnten.

»Berke aber stellte sich seinem Vetter Hulaku entgegen«, fuhr mein Vater fort. »Denn Berke bekannte sich als einziger Khan zum Glauben an Mohammed und trug Hulaku die Zerstörung Bagdads und die Ermordung des Kalifen nach. Es drohte ein offener Krieg zwischen beiden, und die riesigen mongolischen Heere hinderten uns daran, wie eigentlich geplant von Sarai nach Konstantinopel zurückzukehren. Stattdessen wichen wir weiter nach Osten aus und entfernten uns immer mehr von der Heimat.«

»Wie lange dauerte Eure Reise?«, fragte ich ehrfürchtig. Ich hatte Schwierigkeiten, mir diesen gepflegten, beherrschten Mann in der wilden, von Reiterscharen durchzogenen

Wüstenei vorzustellen, die in meiner kindlichen Fantasie gleich östlich des Mittelmeers und des Heiligen Lands begann und sich für unbestimmte Zeit bis ans Ende der Welt hin erstreckte.

»Lang«, sagte mein Vater. »Seit unserem Aufbruch in Venedig waren mittlerweile fast acht Jahre vergangen. Glaub mir, hättest du uns damals gesehen, du hättest uns nicht wiedererkannt. Wir kleideten uns wie die Mongolen, wir tranken Airag wie die Mongolen – das ist vergorene Stutenmilch –, was hätte ich an manchen Tagen für ein Glas venezianischen Wein gegeben! Wir gaben auch unser Bestes, ihre Sprache zu meistern. Man ist in fremden Ländern immer willkommen, wenn man die Sprache der Einheimischen beherrscht. Wahrscheinlich rochen wir damals auch wie sie …« Er grinste. »Und nun kamen wir nach Bukhara, an der Grenze des Chagatai-Khanats, wo Borrak Khan gerade an die Macht gekommen war. Auch er empfing uns freundlich, und wir fanden viele Handelspartner in der Stadt, durch die Gewürze, Elfenbein und kunstvolle Teppiche flossen. Doch Borraks Herrschaft war nicht unumstritten, und so saßen wir abermals fest, bis sich die Spannungen zwischen den verschiedenen Khanen und Prinzen geklärt hatten.

Dann starb Hulaku, und die Gesandten seines Bruders Kublai kehrten zurück an ihren Hof. Auf ihrer Reise gen Osten machten sie Station in Bukhara. Vielleicht hilft es dir, dir ein Bild von der Größe der Khanate zu machen, wenn ich dir sage, dass manche Mongolen noch nie einem Lateiner – so nennen sie uns – begegnet waren. Bayan, der Anführer der Gesandtschaft, überzeugte uns, mit ihnen zu kommen. Er glaubte, dass Khagan Kublai sehr daran interessiert wäre, unsere Bekanntschaft zu machen, und versprach uns einträgliche Geschäfte. Also zogen wir mit ihnen: erst nach Samarkand, dann weiter nach Osten bis in Kublais Reich.«

»Und behielten sie recht?«, fragte ich.

»Es war vielleicht die beste und sicherlich die wichtigste Entscheidung unseres Lebens«, sagte mein Vater. »Kublai Khan ist ein weiser und auf seine Art auch gerechter Herrscher, der offen für alles ist, was seinen Horizont erweitert und Wissen und Wohlstand in seinem Land mehrt. Wir trafen ihn nach einer langen Reise in seinem Lager. Er hatte gerade einen Konflikt mit seinem jüngsten Bruder Arik Böke beigelegt und war auf dem Rückweg von Karakorum in den Osten, wo er das sagenhafte Xanadu gegründet hatte. Und wie von Bayan prophezeit, war er sehr interessiert daran, was wir ihm über unsere Heimat und die Länder westlich seiner Welt zu erzählen hatten. Außerdem gab er uns dies.«

Er griff unter sein Hemd und zeigte mir eine große, goldene Tafel mit fremdartigen Schriftzeichen, die er an einer Kette um den Hals trug.

»Was ist das?«, fragte ich fasziniert. »Ist das Gold?«

Mein Vater lächelte. »Das ist eine Paiza, und ja, es ist Gold. Denk es dir als eine Art Passierschein: Der Träger einer solchen Plakette darf unbehelligt durch Kublais Reich reisen. Jedem, der ihm etwas antut, wird der Tod angedroht. Das ist mehr oder weniger auch das, was die Schriftzeichen sagen.«

Ich konnte mich vom Anblick der unverständlichen Gravuren kaum losreißen.

»Sie schreiben von oben nach unten«, murmelte ich.

»So wie die Bewohner Kithais«, bestätigte mein Vater.

»Seid Ihr auch bis dorthin gereist?«

»Nicht ganz, wenn du damit die Länder an der Küste des östlichen Meers meinst. Wir konnten schließlich nicht ewig weiter, und auch wenn wir mittlerweile viele Jahre unterwegs waren und viele wundersame Dinge gelernt hatten, so vermochten wir doch nicht ganz allein eine dauerhafte

Handelsbeziehung oder gar ein Bündnis mit diesem machtvollen Herrscher zu vereinbaren. Uns war klar, dass ein solches Unterfangen Zeit und Vorbereitung erfordern würde.«

»Ist es denn das, was Ihr wollt?«, fragte ich. »Ein Bündnis mit diesem Khan?« Der Gedanke schien mir ebenso absurd wie atemberaubend.

»Ja und nein«, sagte mein Vater. »Wir sind keine Könige, und es steht uns nicht zu, die Geschicke der Welt lenken zu wollen. Aber wir sind Händler und verfügen über ein paar unschätzbare Vorteile: einen unverstellten Blick auf die Bedürfnisse der Menschen beispielsweise, gerade in unsicheren Zeiten wie diesen. Vielleicht sahen wir Venezianer die Welt auch immer schon mit anderen Augen – allein unsere Stadt mitten im Meer ist Zeugnis dafür, was wir vollbringen können, wenn wir nur an uns glauben. Und wir fanden uns natürlich in der überaus günstigen Situation, den Khagan als Erstes von unseren Vorzügen zu überzeugen. Zur richtigen Zeit am richtigen Ort zu sein ... das ist das größte Geschenk, das einem zufallen kann. Was wir wollen, Marco, ist, dieses Geschenk weiterzugeben: an die Menschen, an unsere Kinder – an dich. Es geht nicht bloß darum, dass wir in den Mongolen vielleicht einen Verbündeten gegen die Mameluken, den gefährlichsten Gegner der Christenheit, gefunden haben. Oder darum, der Serenissima neue Reichtümer zuzuführen. Wir haben die Chance, die Welt ein Stück kleiner zu machen ... und diese Chance sollten wir nicht ungenutzt verstreichen lassen.«

Damals verstand ich kaum, was er mit alldem meinte, und doch ahnte ich, dass es mein Leben verändern würde.

»Und der Khan sieht das ebenso?«, vergewisserte ich mich.

»Kublai Khan sieht weiter als wir alle, und keiner weiß genau, was er sieht. Aber wir gelangten rasch zu einer Übereinkunft. Er sandte uns zurück in die Heimat, unter dem

Schutz seines Worts und einiger tüchtiger Krieger, um dem Papst ein Angebot zu machen: Wenn er ihm hundert seiner weisesten Gelehrten entsende, würde er sich genau anhören, was sie zu sagen hatten – und wenn sie ihn überzeugten, würde er den christlichen Glauben annehmen.«

»Hundert Gelehrte!«, schnappte ich.

Mein Vater lächelte. »Das mag nach einer großen Bitte klingen, doch es ist ein gutes Beispiel dafür, wie Kublai denkt. Mit Kleinigkeiten gibt er sich nicht ab, aber einem klugen Wort schenkt er immer sein Ohr. Und ein christlicher Khan, kann man sich so etwas vorstellen! Dein Onkel und ich hoffen, dass der nächste Papst erkennt, was für eine unglaubliche Möglichkeit sich da bietet. Das sollte ihm hundert weise Männer und etwas Öl aus dem Heiligen Grab durchaus wert sein. Das war das Zweite, um das Kublai bat: Öl aus dem Grab unseres Herrn in Jerusalem. Das sollen wir ihm bringen, und dann …« Er machte eine weite Geste den Kanal hinab, als sei er die Straße direkt in die Zukunft. »Alles ist möglich.«

»Ihr wollt also zu ihm zurückkehren«, sagte ich. Bei der Vorstellung, meinen eben gewonnenen Vater so bald schon wieder zu verlieren, wurde mir schwer ums Herz.

Er legte mir die Hand auf die Schulter. »So einfach ist das nicht – aber lass mich erst zu Ende erzählen. Unsere Rückreise dauerte fast ebenso lang wie die Hinreise, denn über die Mächte der Natur gebietet selbst der Khagan nicht. In jedem Land, in das wir unseren Fuß setzten, schien uns eine Überschwemmung oder eine andere Katastrophe den Weg zu versperren. Der Anführer unseres Geleitschutzes erkrankte, und bald kämpften sich dein Onkel und ich wieder auf uns allein gestellt durch unwirtliche Gebiete und aufgeschwemmte Flüsse.

Als wir endlich Akkon erreichten, bestätigte sich, was wir gerüchteweise schon gehört hatten: Die Welt war nicht mehr dieselbe wie zur Zeit unseres Aufbruchs. Der letzte Papst war tot, die Wahl eines Nachfolgers längst nicht in Sicht, und jede Aussicht darauf, den Wunsch des Khans beizeiten zu erfüllen, dahin. Also brachten wir über ein paar Landsmänner in Erfahrung, wie es um Venedig und unser Unternehmen bestellt war. Da erst erfuhr ich vom Tod deiner Mutter – und endlich auch von dir. Das änderte natürlich alles: Ich hatte meine Frau verloren, doch ich hatte einen fast erwachsenen Sohn! Ich drängte deinen Onkel, dass wir so bald wie möglich nach Venedig heimkehrten.« Er lachte auf. »Ich glaube, Giordano Trevisan hätte nicht damit gerechnet, uns je wiederzusehen.«

»Ich auch nicht mehr«, gestand ich, und da umarmte er mich. Eine Weile standen wir nur so da, auf der Brücke über den Canal Grande, während unter uns die Boote dahinfuhren. Die Arme meines Vaters waren stark, seine Haut von fremden Winden und heißer Sonne gegerbt. Und vor meinen Augen funkelte die goldene Paiza an seiner Brust, ehe er sie wieder unter sein Hemd steckte.

»Wenn Ihr wieder geht, will ich mit«, sagte ich. »Ich will diese Dinge mit eigenen Augen sehen. Und ich will lernen, was mich die Welt dort draußen zu lehren hat.«

»Gesprochen wie ein echter Polo«, flüsterte er und strich mir durchs Haar. »Dein Mut ehrt dich. Doch das hat keine Eile. Es gibt keinen Kaiser, es gibt keinen Papst, und uns sind die Hände gebunden. Außerdem haben wir so viel nachzuholen … Ich hatte nie eine Familie, weißt du.«

»Ich auch nicht … Vater.«

Er küsste mich auf die Stirn. »Nenn mich Nicolò.« Und da erkannte ich, dass meine Angst ohne Grund gewesen war: Weder hielt er mich auf Abstand, noch begegnete er mir mit Strenge oder mit Ablehnung. Ich hatte endlich einen Vater. Zum ersten Mal seit dem Tod meiner Mutter war jemand wirklich für mich da.

»Ich werde wieder heiraten«, sagte er da.

»Wen wirst du heiraten?«, fragte ich überrascht.

»Giordano Trevisans älteste Tochter«, sagte er. »Deine Cousine Fiordelisa.«

Schon am nächsten Tag wurden die für die Hochzeit nötigen Dokumente aufgesetzt, doch ich wollte von alldem möglichst wenig mitbekommen.

Zugegeben, es ließ sich nichts Anstößiges daran finden, dass mein Vater die Tochter seines Schwagers heiratete. Ihre Mutter und meine Mutter waren Schwestern gewesen, sie und mein Vater aber waren keine Blutsverwandten. Auch der Altersunterschied war akzeptabel: Mein Vater war sechsunddreißig; Fiordelisa Trevisan über zwanzig, und bis auf Flora hatten ihre Schwestern bereits alle einen Mann oder einen Verlobten.

Jedoch schien es mir, als profitiere einzig Giordano Trevisan von dieser Heirat. Und ich fragte mich, ob Fiordelisas Ehelosigkeit nicht gar ein lange gehegter Plan des Fattores gewesen war, um die Verbindung zwischen seiner und unserer Familie zu erneuern. Eine Rückversicherung für den Fall, dass mein Vater und mein Onkel doch nicht tot waren, sondern eines Tages zurückkehrten. Giordano Trevisan war Mitte vierzig und hatte keinen männlichen Erben. Also konnte er nur darauf hoffen, seine zahlreichen Töchter möglichst vorteilhaft zu verheiraten, und er wusste besser als jeder andere um das Vermögen, das die Polos zwischen Venedig, Konstantinopel und Soldaia gehortet hatten.

Was ich nicht verstand, waren die Beweggründe meines Vaters. Ungeachtet der guten Beziehungen, die wir von jeher zur Familie Trevisan unterhielten, hätte es aussichtsvollere Bräute gegeben. Und falls es ihm darum ging, mir wieder eine Mutter zu schenken, wäre jede andere Wahl besser gewesen als diese, denn Fiordelisa war genau wie Flora wie eine Schwester für mich gewesen; und sie als Frau meines Vaters zu sehen, verwirrte mich.

Nein, Sinn ergab dieser Schritt von seiner Warte aus nur, wenn er bereits wusste, dass er bald wieder aufbrechen und ich ihn auf seiner Reise begleiten würde. Dann brauchte er nämlich ebenfalls einen Erben vor Ort und einen Vormund, dem er sein Haus und seine Habe für weitere sechzehn Jahre oder länger anvertrauen konnte. Anscheinend war die Hochzeit aber bereits unmittelbar nach seiner Rückkehr arrangiert worden – lange ehe er und ich von der Zukunft sprachen.

Eines Nachts, kurz vor dem Gelöbnis, kam Fiordelisa zu mir, als ich gerade schlafen gehen wollte. Sie hatte eine Kette mit einem kleinen Medaillon bei sich.

»Das hier wollte ich dir geben«, sagte sie.

»Was ist das?«

»Es hat deiner Mutter gehört. Meine Mutter hat es verwahrt und mir gestern gegeben – aber ich will es nicht. Vielleicht willst du es ja. Oder du gibst es deinem Vater zurück.«

Ratlos nahm ich das Schmuckstück entgegen. Es war eine kunstvolle Silberarbeit und ließ sich öffnen. Darin befand sich eine kleine Holzscheibe mit dem Bild eines Mannes. Die Farben waren blass und die Zeichnung nicht sehr sauber. Dennoch runzelte ich die Stirn bei dem Anblick. Man sah nicht häufig die Gesichter gewöhnlicher Menschen, die keine Heiligen oder Könige waren. Die alten Römer und Griechen hatten ihr Antlitz noch gerne der Nachwelt hinterlassen, aber das waren auch eitle Menschen gewesen. Es wunderte mich nicht, dass ich dieses Medaillon nie am Hals meiner Mutter gesehen hatte. Man hätte auch sie eine eitle Person genannt.

»Das ist nicht mein Vater«, sagte ich.

Fiordelisa schaute mich abwartend an.

»Vielleicht irre ich mich auch.« Tatsächlich hätte das Bild beinahe jeden jungen Venezianer darstellen können. Aber irgendwas an dem stolzen Blick und dem herrischen Kinn passte nicht zu dem sanften Mann, der mich auf der Rialtobrücke in die Arme geschlossen hatte. »Wenn überhaupt erinnert es mich an Onkel Maffeo.«

»Du kannst damit tun, was du willst«, sagte Fiordelisa.

»Was willst du damit andeuten? Dass Onkel Maffeo meiner Mutter ein Bild von sich schenkte?«

Sie zuckte die Schultern. »Meine Mutter sagt, er war immer der Hübschere von den beiden, und er wusste das auch.«

»Bitte lass mich allein«, sagte ich, denn was für ein Spielchen das auch sein sollte, ich hatte selbst mehr als genug Probleme.

Das Größte dieser Probleme hieß Beatrice. Die Rückkehr meines Vaters hatte meinem Werben um sie ein jähes Ende bereitetet – einerseits all der Umstellungen wegen, die mir kaum noch Zeit für sie ließen, andererseits, weil es mir ernst war mit meinem Wunsch, meinen Vater und meinen Onkel zu begleiten und das fantastische Versprechen, das sie diesem fernen Kublai Khan gegeben hatten, zu erfüllen. Ich wollte meine Familie nicht abermals verlieren. Und ich spürte, dass sich mir hier eine Gelegenheit bot, wie sie nur wenigen Menschen einer Generation geschenkt wird.

Wenn ich aber ginge, so hieße das, Beatrice zurückzulassen; und trotzdem um sie zu werben hieße, ihr weh zu tun. Ich sah, wie es meinen Vater schmerzte, dass er nicht für mich da gewesen war, mich nicht hatte aufwachsen sehen. Ich wollte Beatrice keinen Kummer bereiten, und ganz bestimmt wollte ich nicht denselben Fehler begehen wie er. Deshalb kaufte ich Beatrice keinen zweiten Strauß Blumen, ich suchte sie auch nicht mehr auf, und wenn wir einander zufällig begegneten, ging ich ihr aus dem Weg.

Leider hatte ich meine Rechnung ohne sie gemacht. Beatrice Dandolo mochte es nicht, vor vollendete Tatsachen gestellt zu werden, und sie tanzte nicht nach der Pfeife anderer Leute – wenn überhaupt, dann war sie es selbst, die den Tanz anführte. Daran hatte sich seit jenem Karneval, als selbst ihr Bruder sie um ihre Macht beneidet hatte, nichts geändert. Die Dandolos waren immer schon stolze Leute gewesen.

Eines Tages, nach der Schule, versperrte sie mir unerwartet den Weg. Die Gassen Venedigs sind so eng, dass ein junges Mädchen sie ebenso mühelos kontrollieren kann wie drei Räuber. In dieser Hinsicht erfüllen sie wohl eine ähnliche Funktion wie die Masken des Karnevals: Sie machen uns alle gleich mächtig und gleich gefährlich.

»Wo hast du gesteckt, Marco Polo?«, fragte sie und stemmte die Fäuste in die Hüfte. Sie sah furchterregend aus, wie sie da stand, und wunderschön zugleich: das Haar wie eine sternenlose Nacht, die Augen streng wie der Herbst.

»Sicher hast du gehört, dass mein Vater zurückgekehrt ist«, sagte ich lahm.

»Natürlich habe ich das. Die halbe Stadt spricht davon, was er angeblich getan hat und noch tun wird, sofern wir irgendwann die Wahl eines neuen Papstes erleben. Die Frage, die ich dir stelle, lautet: Wann kehrst *du* je zurück?«

Ich versuchte mich herauszureden. Beschwerte mich über die harte Arbeit in der Schule und die Unbarmherzigkeit der frommen Brüder. Zählte die vielen Pflichten auf, die daheim auf mich warteten, jetzt, da wir uns vergrößert hatten und vielleicht schon bald Geschäfte mit dem Herrscher der Mongolen treiben würden.

»Das«, sagte Beatrice, »ist vielleicht das Dümmste, was ich je aus deinem Mund gehört habe. Du hattest noch nie Probleme mit dem Lernen, und daheim hast du es doch besser denn je. Schließlich hast du wieder einen Vater. Und sogar eine Mutter, selbst wenn sie gleichzeitig deine Cousine ist.«

»Ich werde mitgehen«, platzte es aus mir heraus.

Sie schaute mich skeptisch an.

»Mit wohin?«, hakte sie nach.

»Nach Kithai. Wenn mein Vater und mein Onkel dorthin zurückkehren.«

»Du hast dich also doch mit der See vermählt«, neckte sie mich. »Oder sagen wir eher, verlobt. Und deshalb hast du auf einmal keine Zeit mehr für mich.«

»Wir sind vielleicht viele Jahre unterwegs«, versuchte ich mich zu rechtfertigen. »Vielleicht kehren wir nie mehr zurück. Oder wir geraten in Gefangenschaft, werden verschleppt und …«

Sie winkte ungeduldig ab. »Ich habe mich geirrt – die Dummheit deiner Worte ist unermesslich. Lass mich dir erklären, weshalb.« Sie trat auf mich zu. »Wenn ich es recht verstehe, dann wartet ihr doch darauf, dass die Kardinäle in Rom eine Entscheidung treffen, damit der neue Papst eurem Khan eine Legion weiser Männer mitschickt? Sofern er in Rom so viele findet, meine ich. Aber erst brauchen wir einen neuen Papst, stimmt's?«

Ich nickte verunsichert.

»Dieser Tag wird niemals kommen«, sagte sie siegessicher und küsste mich auf den Mund.

Und so kam es, dass ich wenige Stunden später wieder am Rande der Piazzetta saß, wo vielleicht das ganze Unglück seinen Anfang genommen hatte, und aufs Meer hinaussah. Der Anblick der ablegenden Schiffe, der Geruch der See und das Geschnatter zahlloser Sprachen lenkten mich von dem Aufruhr ab, der in mir tobte. Ich merkte nicht, wie die Stunden verstrichen, bis auf einmal mein Onkel Maffeo neben mir saß. Ich fuhr zusammen, denn ich hatte ihn nicht kommen sehen. Fast wäre ich von der

Kaimauer gerutscht, doch seine Hand schoss vor und hielt mich an der Schulter.

»Du hast getrunken, Junge«, stellte er fest. Seine dunklen Augen funkelten amüsiert, und unter seinem dicken Schnauzbart verbarg sich ein Grinsen.

Ertappt wischte ich mir den Mund, doch der Geschmack auf meinen Lippen war schon nicht mehr der des sauren Traubensafts, den ich zuvor herabgewürgt hatte, sondern der von Beatrices Lippen.

»Verzeiht mir, Onkel.«

»Lass den Unsinn. Mein Name ist Maffeo.« Er winkte einen kleinen, barfüßigen Jungen herbei, der damit beschäftigt war, die letzten Fische aus einem verhedderten Netz zu zupfen, und drückte ihm eine Münze in die Hand.

»Damit läufst du jetzt in diese Taverne dort hinten« – er zeigte die Riva degli Schiavoni hinab, den langen, belebten Kai mit seinen Anlegestellen – »und sagst ihnen, dass Maffeo Polo eine Flasche ihres besten Weins wünscht. Ich erwarte kein Wechselgeld. Aber wenn der Wein nichts taugt, werde ich sein Geschäft ruinieren, und dich hänge ich an beiden Ohren auf. Ich weiß, wo du schläfst. Und nun los.«

Beeindruckt schaute ich dem Kleinen nach, der rannte, als wäre der Leibhaftige hinter ihm her. »Woher kennst du ihn?«, fragte ich.

»Ich habe ihn nie zuvor gesehen«, bekannte mein Onkel. »Aber das weiß er nicht.«

»Habt ihr so die letzten sechzehn Jahre Geschäfte getrieben?«

Mein Onkel grinste und gab mir einen Klaps hinter die Ohren. »Hüte deine Zunge und höre auf jene, die weiser sind als du. Von den Mongolen kannst du dir eine Menge abschauen. Sei gerecht, aber lass die anderen immer wissen, was ihnen blüht, wenn sie dich hintergehen.«

Innerhalb kürzester Zeit war der Kleine zurück. Mein

Onkel warf einen prüfenden Blick auf die Flasche, dann roch er an ihrem Inhalt und trank einen Schluck.

»Du kannst gehen«, sagte er dem Jungen. Dann reichte er mir die Flasche. »Nun erzähl mal, weshalb du betrunken hier am Wasser sitzt wie jemand, der im Gegensatz zu dir einen Grund dazu hat.«

Der Wein war tatsächlich der beste, den ich jemals gekostet hatte. Mein Onkel wusste, wie man eine Zunge löste.

»Es gibt da ein Mädchen«, begann ich diese älteste Geschichte, die sich Männer erzählen, und obwohl ich der Sage keine nennenswerten Neuerungen beizufügen hatte, dauerte es fast eine halbe Stunde, bis mein Redefluss endlich versiegte und mein Onkel mir die Flasche abnahm.

»Mag sie dich denn?«, wollte er wissen.

»Sehr«, seufzte ich.

»Und ist sie schön?«

»Furchtbar!« Hatte er mir denn nicht zugehört?

»Dann bist du ein Dummkopf, Junge«, sagte er ernst.

»Das höre ich heute nicht zum ersten Mal.«

»Weil es stimmt. Ich werde dir nun ein Geheimnis verraten: Du lebst nur einmal. Und das Einzige, auf das es ankommt, ist, was du mit diesem Leben anstellst.«

Die Bestimmtheit seiner Worte überraschte mich. In der Schule hätte man eine solche Rede als Frevel geahndet.

Mein Onkel schien genau zu wissen, was mir durch den Kopf ging.

»Du kannst glauben, woran du willst. Die Priester in unseren Kirchen sagen dir, dass Gott dich nach deinem Tod richten wird. Die Lamas am Hofe des Khans glauben, dass wir alle in unserem nächsten Leben die Konsequenzen unseres Handelns zu tragen haben. Wenn du mich fragst, macht das keinen Unterschied. Handle jetzt, solange du lebst! Vielleicht präsentiert Gott dir die Rechnung, wenn es vorbei ist. Vielleicht bist du in deinem nächsten Leben das Kamel unter dem

Arsch eines Mameluken. Eines ist sicher: Wenn du dieses Mädchen jetzt wegschickst, ist der Einzige, der sich freut, der Kerl, der sie stattdessen nimmt. Du bist ein Dummkopf, wenn du ausschlägst, was das Leben dir bietet.«

Er klopfte mir auf die Schultern und trank. »Habe ich deine Gefühle verletzt, Junge?«

»Nein«, sagte ich, aber betrunken, wie ich war, wusste ich nicht mehr, was ich fühlen sollte. Wie von selbst glitt meine Hand unter meine Kleider und schloss sich um das Medaillon, das ich seit ein paar Tagen bei mir trug, ohne recht zu wissen, weshalb. Nun zog ich es heraus und zeigte es meinem Onkel.

Sein Gesicht nahm einen undeutbaren Ausdruck an. Dann griff er nach dem Medaillon und klappte es auf. Ich nahm dafür wieder die Flasche.

»Jetzt willst du wissen, ob ich auch vor sechzehn Jahren schon nach dieser Lehre lebte«, sagte er und studierte das kleine Bild in dem Schmuckstück. »Du bist entweder deutlich gerissener oder deutlich betrunkener, als ich dachte. In jedem Falle bist du ganz schön unverschämt. Das gefällt mir.« Er schaute mich an. »Weiß dein Vater davon?«

»Das bist also wirklich du auf dem Bild«, stellte ich fest. »Nein, Vater weiß nichts davon. Sollte er denn?«

»Es ist einerlei«, sagte mein Onkel. »Nicolò und ich, wir haben dem Tod ins Auge gesehen, mehr als einmal. Wir haben uns geschlagen, und wir haben uns in den Armen gehalten. Wir haben keine Geheimnisse voreinander.«

»Das ist gut«, sagte ich unsicher.

»Woher hast du das?«, wollte er wissen.

»Fiordelisa hat es mir gegeben. Wieso besaß meine Mutter ein Bild von dir?«

»Deine Mutter war eine sehr schöne Frau. Und ich war ein ansehnlicher Mann, ließ ich mir sagen.« Er zwinkerte mir zu. »Du kannst mir nicht vorwerfen, dass ich mein

Glück bei ihr versucht habe – aber du weißt, wie es ausging. Sie hat nicht mich geheiratet, sondern ihn.«

In meinem Kopf drehte sich alles, und mein Herz hämmerte wie wild. Wie er da von meiner Mutter sprach …

»Und doch hat sie dein Bild aufbewahrt«, zwang ich mich zu sagen.

»Weshalb sie das tat, weiß nur sie«, sagte mein Onkel und schaute eine Weile aufs Meer hinaus. Dann musterte er mich prüfend. »Aber bevor du auf dumme Gedanken kommst, lass dir eines gesagt sein: Zum Zeitpunkt deiner Empfängnis weilte ich längst in Konstantinopel. Dein Vater ist Nicolò Polo, niemand sonst – ist das klar? Es gibt keine Händel zwischen ihm und mir, und zwischen uns beiden sollte es auch keine geben. Das wäre eine schreckliche Verschwendung nach all dieser Zeit, findest du nicht?«

Ich nickte stumm. Die Offenheit, mit der er sprach, war entwaffnend, und wenn es sich so verhielt, wie er sagte, konnte ich damit leben. Außerdem war alles andere undenkbar. Meine Mutter war keine Ehebrecherin gewesen – davon war ich überzeugt.

»Du kannst es behalten«, sagte ich und zeigte auf das Medaillon.

»Was soll ich mit einem Bild von mir selbst? Fiordelisa hat es dir geschenkt. Also kannst du damit tun und lassen, was du willst.« Maffeo legte das Schmuckstück neben mich. »Was im Übrigen genau das ist, was ich dir die ganze Zeit schon predige. Behalt es also als Erinnerung, wenn du möchtest – daran, dass du dich deiner Taten nie schämen solltest, solange du nur dem Ruf deines Herzens folgst. Danach richte dein Leben aus.«

Mir erschien das immer noch ein äußerst gefährlicher Ratschlag, doch in Bezug auf Beatrice begann ich zu spüren, dass er recht haben könnte. Vielleicht war es auch nur der Wein, den ich spürte. Das Medaillon steckte ich wieder ein.

»Es ist gut, dass du mich danach gefragt hast«, sagte Maffeo nach einer Weile. Die Sonne stand nun tief über den Dächern und glitzerte auf dem Wasser der Lagune wie altes Blattgold. Die letzten Fischer legten an und luden ihren Fang aus, ehe sie sich auf den Weg zu ihren Familien machten. »Auch wir sollten keine Geheimnisse voreinander haben.«

»Das finde ich auch«, sagte ich mit schwerer Zunge.

»Nicolò hat mir erzählt, dass du uns begleiten möchtest. Das ist gut.«

»Findest du?«

»Aber natürlich.« Er legte mir wieder die Hand auf die Schulter. »Du bist ein aufmerksamer Junge und sollst eines Tages die Geschäfte weiterführen. Es sei denn, du willst, dass alles, was dein Vater und ich die letzten Jahrzehnte aufgebaut haben, an unseren tüchtigen Fattore fällt. Und den Gefallen solltest du ihm nicht tun.«

»Ich möchte die Welt sehen«, sagte ich und war selbst überrascht, wie einfach sich mein Wunsch in Worte fassen ließ, jetzt, da ich ihn endlich erkannt hatte.

»Dann gibt es eine Menge, was du lernen musst. Bereite dich besser heute als morgen darauf vor.«

»Meinst du denn, es wird bald einen neuen Papst geben?«

»Frag das die Kardinäle«, sagte er mit einem Schulterzucken. »Ich werde jedenfalls bestimmt nicht ewig warten. Wir haben hier eine einmalige Chance, Marco: Wenn wir es schaffen, eine Allianz mit dem Khan zu schmieden, verändern wir das Gesicht der Welt. Venedig und Kithai werden die Säulen dieser neuen Welt, und wir werden die ersten sein, die davon profitieren. Der Handel wird aufblühen und eine Zeit des Friedens und des Wohlstands anbrechen. Diese Gelegenheit dürfen wir uns nicht entgehen lassen. Die Geduld des Khans hat ihre Grenzen – und meine auch. Wenn wir nicht mit dem Segen eines neuen Papstes gehen, dann gehen wir eben ohne ihn. Der Glaube ist nur ein Werkzeug, das die Pforte zur Zukunft aufschließt – und es gibt mehr Möglichkeiten als eine, eine Pforte zu öffnen.«

* * *

»Euer Onkel …«, sagte Rustichello.

»Ihr braucht es nicht auszusprechen. Er ist ein gottloser Mann.«

»Das habt nun Ihr gesagt, Messere. Ich hatte sagen wollen: Er ist ein Venezianer, wie er im Buche steht.«

»Klingt das für Eure Ohren denn besser?«

»Ich will Euch keineswegs zu nahe treten«, versicherte ihm Rustichello. »Mir fiel jedoch auf, dass Ihr dieses Mal ›ist‹ sagtet. Lebt er denn doch? Ich dachte, Maffeo sei der ältere der beiden Brüder.«

»Das ist er auch. Aber vielleicht wäre es besser, wenn ich die Geschichte der Reihe nach erzähle …«

»Selbstverständlich«, pflichtete Rustichello ihm bei. »Bitte verzeiht, wenn ich vorpresche. Eine gute Geschichte braucht ihre Ordnung.«

»Natürlich mag das heißen, dass sich Dinge, die ich zunächst als wahr ansah, im Nachhinein als falsch erweisen.«

»Oh.« Rustichello dachte darüber nach. »Nun, die Pflicht eines Geschichtenerzählers ist aber in erster Linie, aufrichtig zu sein.«

»Meint Ihr?«

»Unbedingt.«

»Aber so sind die Menschen nicht«, sagte der Venezianer. »Man könnte sagen, die Wahrheit über Menschen und ihre Geschichten ist, dass sie manchmal voller Lügen stecken.«

»Das ist eine sehr dunkle Meinung von den Menschen, die Ihr da habt, Messere.«

»Ich habe sie mir nicht ausgesucht.« Der Venezianer

schien zu überlegen. »Jedoch könnte ich, um dem vorzubeugen, der Geschichte auch vorgreifen oder hin und wieder zurückgehen, wenn Ihr das wünscht …«

»Ich bitte Euch.« Rustichello gab auf. Wenn das Leben dieses Venezianers wirklich so kompliziert war, dann war Ordnung oberstes Gebot. »Solche Techniken verwirren die Leser doch nur unnötig.«

»Die Leser?«, wiederholte der Venezianer verblüfft, und Rustichello zuckte zusammen. Die Erzählung seines Zellennachbarn hatte ihn wohl so in ihren Bann geschlagen, dass er sich unwillkürlich schon als Autor gesehen hatte.

»Habt Ihr nie darüber nachgedacht?«, fragte er vorsichtig. »Euer Stoff, wenn er hält, was er verspricht, hat einen Anflug wahrer Größe. Trotz der Fehler Eurer Figuren, oder – ich traue mich kaum, es zu sagen – sogar deswegen. Bei der Affäre Eures Onkels und Eurer Frau Mutter beispielsweise musste ich sofort an die verbotene Liebe Lancelots und Guineveres denken …«

»Es war keine Affäre«, beharrte der Venezianer.

Rustichello hustete. »Natürlich, was rede ich da. Bitte verzeiht.« Hoffentlich hatte er seinen neuen Freund nicht wieder verstimmt. Diese Venezianer konnten ja so verletzlich sein …

Er sank ermattet an die Wand zurück und starrte eine Weile die hölzerne Tür an, die er inzwischen besser kannte als sein eigenes Gesicht: Oben hatte sie ein verschließbares Fenster und unten eine Klappe für das Essen. Doch nur alle paar Tage öffnete sie sich in Gänze – wenn die Palastdiener kamen, um seinen Eimer zu leeren oder das Stroh zu wechseln.

»Meint Ihr ernsthaft, ich hätte mir diese Frage nicht selbst gestellt?« Der Venezianer klang nun versöhnlicher. »Ich war fünfzehn und leicht zu beeindrucken, aber ich war nicht auf den Kopf gefallen. Bei der ersten Gelegenheit, die sich mir bot, stöberte ich in den alten Briefen und Büchern, die der

Fattore in seinem Archiv verwahrte, und es zeigte sich, dass mein Onkel die Wahrheit gesagt hatte: Im Jahre 1253, in dem fraglichen Zeitraum vor meiner Geburt also, weilte Maffeo bereits in Konstantinopel. Es war alles da: die Rechnung für die Reise, Briefe an die Geschäftspartner und sogar ein knappes Testament, wie man es häufig aufsetzt, bevor man eine lange Fahrt unternimmt. Allem Anschein nach war er meinem Vater vorausgeeilt, auch wenn ich mir damals nicht erklären konnte, weshalb sie nicht gemeinsam gereist waren. Sehr viel später fand ich heraus, dass es auch hierfür einen guten Grund gab …«

»Womit wir wieder beim Thema wären: Ich bitte Euch, greift der Geschichte nicht vor.«

»Wie Ihr wollt. Wo war ich?«

»Bei den Kardinälen und der Wahl des neuen Papstes. Ich nehme an, das brauchte noch eine Weile?«

Der Venezianer lachte trocken. »Ihr wisst also noch, wie lange es dauerte.«

»Wie könnte ich das vergessen – es war die längste Papstwahl in der Geschichte der Kirche. Sie begann Ende 1268, wenn ich mich recht entsinne, und die ganze Zeit über standen sich die französischen und die italienischen Kardinäle unversöhnlich gegenüber … tagein, tagaus gaben sie in Viterbo ihre Stimmen ab, doch ohne Ergebnis. Gab es nicht sogar Todesfälle?«

»Ein oder zwei Kardinäle waren sehr alt.«

»Angeblich ergriff man irgendwann drastische Maßnahmen …«

»So wie man es mir zutrug, sperrten der Präfekt und der Podesta die Kardinäle in einen ihrer Paläste und gaben ihnen nur noch Wasser und Brot. Und als selbst das nicht half …«

»Bauten sie das Dach ab, damit der Heilige Geist sie leichter erreichen möge.« Rustichello lachte. »Ja, daran erinnere mich noch! Das hat aber auch nichts genutzt, oder?«

»Nicht bis zum Sommer 1271. Das war, als mein Onkel die Geduld verlor.«

»Und Euer Vater?«

»Nicolò hatte nach wie vor Vertrauen, dass sich alles schon fügen würde. Außerdem hatte er ja seine neue Familie und schien ganz glücklich mit diesem Leben, das er jahrelang vermisst hatte.«

»Die Hochzeit fand also statt?«

»Aber sicher. In San Felice, der fast dreihundert Jahre alten Kirche unseres Viertels. Es war eine auffallend bescheidene Zeremonie. Der Ring war derselbe, den meine Mutter getragen hatte, und die Mitgift fiel kläglich aus. Ich weiß noch, dass der Fattore, als der Priester ein letztes Mal nach Ehehindernissen fragte, wieder einen Niesanfall bekam. Die meiste Zeit aber war ich mit meinen Gedanken woanders – Ihr wisst schon, Beatrice und die vielen Geheimnisse, die meinen Vater und meinen Onkel umgaben.

Das Verhältnis zwischen meiner neuen Mutter und mir blieb recht kompliziert, wie Ihr Euch denken könnt, und aus irgendeinem Grund wurden auch der Fattore und Tante Bepina immer verschlossener. Mich kümmerte das aber nicht – ich war praktisch erwachsen, und mein Herz gehörte ganz der Tochter des Hauses Dandolo.«

»Ihr habt ihr Werben glücklich erwidert?« Entgegen der Kühle seiner Zellenwand fühlte der Pisaner, wie ihm warm ums Herz wurde.

»Nun, zum Werben bestand kaum ein Anlass, das hatte Beatrice mir zuvorkommend, wie sie war, bereits abgenommen. Alles, was ich zu tun hatte, war, ihr nicht länger aus dem Weg zu gehen.«

»Die Töchter Venedigs«, sinnierte Rustichello.

Der Venezianer lachte. »Da mag etwas dran sein – sie war ebenso stur, wie sie schön war. Oder vielleicht lag es an mir? Jung waren wir beide, doch in dieser Hinsicht war sie mir voraus. Wie auch immer: Wir waren verliebt, und ein segensreiches Jahr lang gestatteten wir uns, jeden Gedanken an die Zukunft auszublenden. Allerdings hielten wir diese Romanze vor unseren Familien so gut es ging geheim, sonst wäre irgendwann das Thema Verlobung und Heirat aufgekommen. Eine Weile hatte ich Angst, dass Beatrice es sogar darauf anlegte, aber ich glaube, sie wusste genau, was in mir vorging. Sie ahnte, dass ich, sobald es an der Zeit war, Venedig verlassen würde – und sie hatte sich wie ich entschlossen, nicht darüber nachzudenken.«

»Ihr habt aber nicht …« Rustichello räusperte sich.

»Was, Ihr wollt die Details? Nein, ich habe Beatrice keine Schande bereitet, wenn es das ist, was Ihr meint. Wir waren verliebt, aber nicht dumm – wenigstens Beatrice nicht. Und sie hatte keine Lust, die dritte Polo zu werden, die alleine mit einem Kind auf die Rückkehr ihres Mannes wartete.«

»Die dritte?«, fragte Rustichello überrascht.

»Nicht lange nach der Hochzeit wurde Fiordelisa schwanger – und im Sommer 1270 wurde mein Halbbruder Maffeo geboren.«

»Maffeo!«, rief Rustichello.

»Natürlich. Das ließ sich mein Onkel nicht nehmen.«

»Wie erging es ihm in diesen beiden Jahren? Trug er sich nie mit dem Gedanken an eine Heirat?«

»Ich glaube, er hat nur eine Frau in seinem Leben je geliebt«, antwortete der Venezianer zurückhaltend. »Und ich habe Euch bereits erzählt, welche das war. Aber wer weiß schon, was andere Menschen unter Liebe verstehen? Danach jedenfalls liebte er immer mehr als nur eine und band sich nie wieder. Tatsächlich gewann ich den Eindruck, dass er sich zunehmend zu zerstreuen suchte – auf gottlose Weise, wie Ihr vielleicht anmerken würdet –, je länger sich unser Aufenthalt in Venedig hinzog.«

»Er begann wohl zu fürchten, dass ausgerechnet unsere

Heilige Mutter Kirche ihm einen Strich durch seine hochfliegenden Pläne machte.«

»Das, oder sein eigener Bruder. So unklar ich mir über die Hintergründe seiner zweiten Heirat war, so wenig Zweifel bestand für mich daran, dass mein Vater Maffeo – damit meine ich jetzt meinen Halbbruder – inniglich liebte. Wenn ich ihn mit dem Säugling auf dem Arm sah, erfüllten eine tiefe Ruhe und Zufriedenheit sein Gesicht, und manchmal stellte ich mir vor, dass er dabei an mich dachte – an das, was er damals versäumt hatte.«

»Aber das Glück hielt nicht an«, riet Rustichello. »Das tut es nämlich nie, wie Ihr sicher wisst.«

»Und ob ich das weiß. Keiner könnte das besser beurteilen als ich«, erklärte der Venezianer mit bitterer Stimme. »Onkel Maffeo ließ nicht zu, dass mein Vater sich in seinem neuen Leben einrichtete. Irgendwann drohte er, wenn nötig alleine aufzubrechen – oder mit mir, wenn ich mich ihm anschlösse. Ehrlich gesagt weiß ich nicht, was ich in einem solchen Fall getan hätte. Nach wie vor hatte ich nur einen unklaren Einblick in das große Abenteuer, das mein Vater und mein Onkel erlebt hatten, aber die sechzehn Jahre ihrer Reise hatten sie zusammengeschweißt und ihnen Macht übereinander gegeben. Mein Vater konnte sich dem Wunsch seines Bruders nicht länger entziehen, so sehr es ihn auch schmerzte, seine Frau und sein neugeborenes Kind in der Serenissima zurückzulassen, so dass die Geschichte sich wiederholte.«

»Und Ihr?«, fragte Rustichello. »Wie ging es Euch?«

Der Venezianer überlegte. »Vielleicht«, sagte er dann, »hatte Beatrice recht, als sie damals sagte, unsere Familie sei mit der ganzen Welt verheiratet. Wir hatten unsere Niederlassungen, unsere Handelspartner … Und ich spürte zweierlei überdeutlich, auch ohne dass es irgendwer aussprach: zum einen, dass wir bald aufbrechen würden. Deshalb schulte ich meine geographischen Kenntnisse, und Nicolò und Maffeo warfen mir oft unvermittelt Wörter in der Sprache der Mongolen an den Kopf.«

»Und das andere, was Ihr spürtet?«

»Ich möchte nicht hochtrabend klingen ... aber das war die Gewissheit, dass ich es mir niemals verzeihen würde, wenn ich diese Gelegenheit nicht ergriff: die Welt ein Stück kleiner zu machen, wie mein Vater es nannte; oder, so wie Ihr das seht, dem Lebensweg zu folgen, den Gott für mich vorsah. Zumindest würde ich es heute so erklären. Damals spürte ich nur eine schreckliche Unruhe, die von Monat zu Monat schlimmer wurde, im selben Maße, wie der Zorn meines Onkels auf die Unfähigkeit der Kardinäle wuchs. In dieser Hinsicht waren er und ich uns ähnlich: Wir wussten beide, dass diese Pforte, die uns gewiesen worden war, nicht ewig offenstehen würde. Irgendwann sah auch mein Vater das ein. Dann erfuhren wir, dass der päpstliche Legat Tebaldo Visconti im Gefolge des Prinzen Edward in Akkon weilte. Die Gelegenheit war günstig – hier war wenigstens ein Mann, der im Namen des Papstes sprach, auch wenn es gerade keinen Papst gab.

Also überließen wir unser Haus, unsere Familie und unsere Geschäfte abermals der Obhut von Giordano Trevisan, der, wie man sagen muss, kein Problem damit hatte, auch für die nächsten ein bis zwei Jahrzehnte als Oberhaupt der Polos aufzutreten.

Nicht von allen Menschen fiel der Abschied derart leicht. Flora vergoss eine Träne, als ich sie das letzte Mal in den Arm nahm. Andrea immerhin klopfte mir auf die Schulter und verlieh der Hoffnung Ausdruck, dass wir uns eines Tages wiedersehen würden.

Beatrice sagte nichts dergleichen. Wir wussten beide, dass es kein Wiedersehen geben würde, und wenn doch, würde nichts mehr sein wie zuvor.

Dann kam im Sommer des Jahres 1271 der Tag, an dem wir an Deck einer Galeere standen, die uns nach Akkon bringen sollte, und ich den Hafen, den Palast, die Piazzetta mit ihren beiden Säulen und die Riva degli Schiavoni langsam außer Sicht verschwinden sah. Erst wollte ich kaum glauben, was gerade geschah. Meine Gedanken waren bei Beatrice und allem, was ich zurückließ. Dann trat mein Vater neben mich, und ich sah, dass es ihm nicht anders erging. Er legte mir den Arm um die Schultern, und ich nahm seinen Trost dankbar an, während meine Trauer langsam einem zaghaften Glücksgefühl wich.

Ich hatte die längste Reise meines Lebens angetreten.«

IV
Akkon
Königreich Jerusalem, 1271

Die erste Reise zur See ist eine einzigartige Erfahrung. Ich weiß noch, wie das Deck sich unter meinen Füßen anfühlte: erst vertraut, nichts Besonderes für jemanden aus einer Stadt, die praktisch auf Wasser gebaut war. Dann, noch während die Lagune außer Sicht glitt, neigte sich die Galeere immer stärker, während immer größere Wellen unter uns durchrollten. Schließlich setzten wir das Segel und nahmen an Fahrt auf. Immer, wenn ich dachte, ich hätte mich an den Rhythmus gewöhnt, hob sich unvermittelt ein anderes Ende des Schiffs, oder der Bug schlug in eine Woge, dass die Gischt über das Deck spritzte.

Doch bald hatte ich gelernt, mich trotz der unerwarteten Stöße und des Aufs und Abs sicher an Bord zu bewegen. Ich kam mir vor wie eine Hafenkatze, die von einem Boot zum nächsten springt. Ständig war man irgendjemandem im Weg.

Der Großteil des verfügbaren Platzes auf einer Galeere wird naturgemäß von den gut hundert Ruderern eingenommen, und der Weg vom Heck zum Bug glich dem Versuch, sich an einem Markttag über die Rialtobrücke zu zwängen.

Nichts war geeigneter, mir meine neue Freiheit vor Augen zu führen, als die Schufterei dieser Ruderer. Zwar waren sie, wie ich annahm, allesamt Freie – zumindest der Handel mit christlichen Sklaven war in der Serenissima verboten, und meine Familie hatte sich aus diesem Geschäft stets herausgehalten. Trotzdem hätte ich mit keinem dieser Männer tauschen mögen, die da zu zweit auf ihren Bänken saßen, jeder mit einem eigenen Ruder. Im Mittelmeer mit seinen zerklüfteten Küsten, Inseln und Häfen bieten geruderte Schiffe jedoch einen gewaltigen Vorteil – was einem jeder, der einmal versucht hat, ein Segelschiff in die Lagune von Venedig zu steuern, bestätigen wird.

Unsere Handelsgaleere war Teil einer *Muda,* einer ganzen Flotte von Schiffen, die sich aus Gründen der Sicherheit zusammentaten und erst nach und nach im Laufe der Reise trennten. Die neuen Eindrücke waren überwältigend: die unangenehmen Gerüche an Bord und das rauhe Lachen der Ruderer, die sich nachts, wenn wir vor einer Küste vor Anker lagen, in die Besinnungslosigkeit tranken; das Funkeln der Sterne auf dem Wasser und das Gleißen der Sonne bei Tag, wenn wir Zuflucht im Schatten des Heckkastells suchten, wo wir auch schliefen, dicht zusammengedrängt mit den anderen Reisenden.

Diese Reisenden waren vor allem Pilger auf dem Weg ins Heilige Land, jeder mit seiner Geschichte und seinen Hoffnungen, doch mehr in Zwiesprache mit Gott als mit seinen Gefährten. Nutzlos, wie wir Passagiere nun einmal waren, stand ich meist einfach nur achtern, schweigend in den Anblick der malerischen Küsten und fremden Städte vertieft. Mein Vater und mein Onkel hielten es ähnlich, nur dass

Nicolò ebenso wie ich noch länger zurückzublicken schien, während Maffeo geradezu aufblühte und ihm die Reise nicht schnell genug vorangehen konnte. Ich glaube, insgeheim hielt er uns für sentimental, dass uns das Loslassen so schwer fiel.

Ich wusste genau, an wen mein Vater dachte; und wahrscheinlich wusste er auch, an wen ich dachte.

Wir fuhren die dalmatinische Adriaküste hinab über Ragusa bis nach Modon auf der Peloponnes, dann weiter nach Candia, das seit nunmehr sechzig Jahren venezianische Kolonie war und wie ein Spiegelbild der fernen Heimat auf uns wirkte – sie hatten die Insel sogar in dieselben Sestieri eingeteilt, so dass es auch hier ein San Marco, ein San Polo und so weiter gab. Wir blieben zwei Tage, dann ging es bei gutem Wetter weiter nach Rhodos und Zypern, und in jedem dieser Häfen trennten wir uns von einer weiteren Zahl von Schiffen, bis wir mit noch vier Galeeren nach gut dreißig Tagen Reise schließlich Akkon erreichten.

Der Hafen war in einer Bucht gelegen und wurde von zwei starken Molen geschützt, so dass er bei fast jedem Wetter angelaufen werden konnte. Nachts wurde er mit einer schweren Hafenkette geschlossen – ich verstand nun, weshalb er als einer der sichersten und wichtigsten Häfen der Levante galt. Tatsächlich drängten sich so viele Schiffe darin, dass eine Stunde lang nicht klar war, ob wir überhaupt einen Platz fanden oder draußen vor der Küste ankern mussten. Ich brannte darauf, endlich von Bord zu gehen.

»Siehst du den Turm da auf Backbord?«, fragte mein Onkel. »Das ist der Turm der Fliegen. Die ersten Kreuzfahrer kamen mit ihrem Latein etwas durcheinander. Auf einmal waren sie nicht mehr sicher, mit welcher Stadt sie es eigentlich zu tun hatten: Akkon, das die alten Griechen Ptolemais nannten – oder das biblische Accaron der Philister, wo Beelzebub, der Herr der Fliegen, angebetet wurde. Man fand in Folge zwar einen hübschen Merksatz, aber für den Turm war es zu spät.« Er hob spöttisch die Stimme und rief in den Wind: *»Non est urbs Accaron!«*

»Ist das das Erste, was du dem Jungen im Heiligen Land beibringst?«, fragte mein Vater. »Eine Geschichte über den Herrn der Fliegen?« Er legte mir die Hand auf die Schulter, während die Ruderer uns an den uns gewiesenen Anlegeplatz manövrierten. »Akkon ist eine uralte Stadt und war wegen ihrer Lage und ihres Hafens immer umkämpft. Vor achtzig Jahren wurde sie von Richard Löwenherz erobert. Heute ist es die letzte Bastion, die der Christenheit im Königreich Jerusalem geblieben ist.«

»Hoffen wir, dass sie die Mühe wert war«, stichelte mein Onkel.

Ich war vollkommen überwältigt von dem Durcheinander im Hafen. Zwar schien Akkon kaum halb so groß wie Venedig zu sein, aber an Enge und Buntheit stand die Stadt der Serenissima nicht nach. Allein in der halben Stunde, die wir brauchten, das Schiff zu verlassen und die Straße zur Festung zu finden, begegneten uns Pilger aus aller Herren Länder. Viele hatten ihre eigenen Viertel in der Stadt und lebten Seite an Seite mit ihren Rivalen, so auch Pisaner, Genuesen und Venezianer. Derselbe unsichere Friede herrschte zwischen den Religionen – wir trafen Muslime, Juden und Christen und Kreuzritter fast jeden Ordens. Auch einige hohe Herrschaften sahen wir, wie sie in Begleitung ihrer Leibwachen ihre Besorgungen erledigten. Es schien unglaublich, dass dort draußen im Heiligen Land Krieg herrschte, noch dazu einer, den die Christenheit zu verlieren drohte, und dennoch all diese Menschen hier halbwegs friedlich Tür an Tür lebten.

Die Häuser waren aus grob behauenem Stein und von einheitlicher Höhe. Die reicheren hatten Fenster aus Glas, und seidene Tücher waren zwischen den Fassaden gespannt, um die sengend heiße Sonne zu mildern. Selbst die typischen Ausdünstungen einer Stadt schienen sich in dieser Hitze aufzulösen und wichen den Gerüchen nach Feuerrauch, gebratenem Essen und heißem Stein. Verglichen mit dem immer feuchten Klima Venedigs war dies eine andere Welt, in der keine Farben außer dem hellen Gelb der Häuser, dem tiefen Blau des Himmels und den farbenprächtigen Tüchern zu existieren schienen. Erst darunter, im Schatten, erwachten die vielen feinen Zwischentöne zum Leben.

Die gesamte Altstadt wurde von einer eigenen Festungsmauer geschützt, so dass ein Angreifer aus dem Hinterland gleich zwei Verteidigungslinien überwinden musste, um ins Herz Akkons zu gelangen. Eine Vielzahl von Wehrtürmen unterbrach diese Mauer, benannt nach ihren großzügigen Stiftern. Anscheinend hatten zahlreiche wohlhabende Pilger und Kreuzfahrer in der Vergangenheit die Gelegenheit ergriffen, ihren Teil zur Verteidigung des wichtigen Stützpunkts beizutragen. Anderen Bauwerken hafteten Geschichten an, die so alt wie die Bibel waren – etwa dem Turm der Verdammnis, in welchem der Legende nach die dreißig Silberlinge geprägt worden waren, die Judas für den Verrat an unserem Herrn erhielt.

Schließlich erreichten wir die zentrale Johanniterfestung an der Innenseite der Mauer, jenseits derer der Vorort Montmusard lag. An der Festung fragten wir nach dem Legaten Tebaldo Visconti.

Bislang hatte mich überrascht, wie leicht wir vorangekommen waren und wie schnell sich alle Probleme mit einem Obulus aus der gut gefüllten Reisekasse lösen ließen. Doch hier stießen wir erstmals an unsere Grenzen.

»Der päpstliche Legat hat keine Zeit für euch Kaufleute«, sagte einer der Gardisten am Eingang. Er trug das weiße Kreuz auf rotem Grund. »Versucht euer Glück morgen wieder.«

»Dann wünschen wir Guillaume d'Agen zu sprechen«, sagte mein Vater ruhig. Das war der Patriarch von Jerusalem, der sie vor zwei Jahren auf ihrer Rückreise nach Venedig über den Tod von Clemens IV. in Kenntnis gesetzt hatte. »Er kennt uns. Wo können wir ihn finden?«

»Nirgends«, entgegnete der Gardist barsch. »Er ist letztes Jahr gestorben.«

Als mein Vater weitersprach, blieb seine Stimme ruhig und freundlich wie zuvor. Dennoch hatte ich ihn nie so angespannt gesehen. »Sagt dem Legaten, dass Nicolò und Maffeo Polo ihn umgehend zu sprechen wünschen. Sagt ihm, wir sind in der Lage, ein Abkommen mit dem Großen Khan zu schließen, dem alle Khane der Tartaren untertan sind, denn er kennt uns und schenkt unserem Wort Gehör. Sagt ihm, der Große Khan steht dem christlichen Glauben wohlwollend gegenüber und erwägt, sich bekehren zu lassen. Könnt Ihr Euch ausmalen, was das bedeuten würde? Ein christlicher Khan? Wir bringen dem Legaten eine Hoffnung auf Frieden im Heiligen Land, eine Zukunft für das Königreich Jerusalem. Nun geht und sagt ihm das!«

»Und wir warten nicht ewig!«, fügte mein Onkel missmutig hinzu, doch mein Vater legte ihm mahnend die Hand auf den Arm.

Der angesprochene Gardist verschwand kopfschüttelnd ins Innere der Festung, während seine Gefährten uns skeptisch im Auge behielten.

Ich betrachtete meinen Vater mit neuem Respekt. Er hatte die vagen Versprechen des Khans so gewinnbringend wie möglich eingesetzt. Insbesondere die Aussicht einer Bekehrung hatte großen Eindruck gemacht.

Wenige Minuten später war der Gardist zurück und bat uns hinein.

»Na also«, kommentierte mein Onkel. »Wieso nicht gleich?«

Und so kam es, dass wir eine halbe Stunde später auf einer der höchsten Aussichtsplattformen der Festung, von wo man einen fantastischen Blick über die Wehranlage und die gleißende Stadt hatte, dem päpstlichen Legaten Tebaldo Visconti gegenübertraten. Unter uns wehten die Banner der verschiedenen Ritterorden in der sanften Brise.

Der Legat war ein kräftiger Mann um die sechzig mit einer strengen Stirn und noch strengerer Nase. Er saß unter einer Markise, die das Wappen des Ordens trug, neben ihm ein kleiner Tisch mit einer Obstschale und Wein. Bei ihm im Schatten saßen zwei Ritter, die ein rotes Kreuz mit einer weißen Jakobsmuschel als Wappen trugen. Der Legat stellte sie uns als Godfrey Welles und John Parker vom Orden des Heiligen Thomas vor. Dann bat er uns, doch Platz zu nehmen.

Ich gehorchte und hielt mich bei diesem ersten Aufeinandertreffen mit den Mächtigen dieser Welt lieber zurück, beeindruckt von der ruhigen Gelassenheit meines Vaters und der schon unverfrorenen Selbstverständlichkeit, mit der sich mein Onkel ein paar Feigen aus der Obstschale griff, um mir augenzwinkernd eine davon zuzuwerfen. Ich fing sie gerade noch rechtzeitig und biss nach einem aufmunternden Nicken des Legaten hinein; sie schmeckte süßer und kräftiger als die Früchte daheim.

Der Legat lächelte knapp und aß seinerseits ein paar Oliven, während mein Vater sinngemäß wiederholte, was er bereits am Eingang gesagt hatte. »Unser Treffen mit dem Großen Khan liegt über fünf Jahre zurück. Und Ihr wisst sicher, was in einer solchen Zeit alles geschehen kann. Wir sind zuversichtlich, dass Kublai zu seinem Wort stehen wird, aber wir sollten seine Geduld nicht über Gebühr strapazieren. Seit unserer Rückkehr warten wir nun auf die Wahl eines neuen Papstes …«

Tebaldo Visconti warf einen Blick zum strahlend blauen

Himmel und bekreuzigte sich. »Und mit Euch der Rest der Christenheit. Beinahe drei Jahre sind es schon, und weder Haft noch Gebete vermögen die Suche nach dem Nachfolger von Clemens IV. zu beschleunigen.«

»Schuld daran, mit Verlaub, ist dieser gottlose Franzose«, merkte Godfrey Welles grimmig an.

Der Legat hob beschwichtigend die Hand. »Reden wir nicht schlecht über den König Siziliens ... Sein Bruder war ein so frommer und tapferer Mann. Ginge es nach mir, man würde ihn heiligsprechen.«

»Charles d'Anjou ist nicht wie sein Bruder Louis IX.«, warf John Parker ein. »Und dass er Einfluss auf die französischen Kardinäle zu nehmen versucht, steht außer Frage.«

»Wie auch immer«, sagte mein Vater. »Wir dürfen den Großen Khan nicht länger warten lassen. Mit jedem Tag, der verstreicht, mag sich die Aussicht auf ein Bündnis mit ihm weiter verringern, und es liegt noch ein weiter Weg vor uns – ein sehr weiter sogar.«

»Seid Ihr tatsächlich bis ins Land Kithai gereist?«, fragte Godfrey Welles. Sein Blick richtete sich auf mich. »Wie alt bist du, Junge?«

Ich räusperte mich. »Siebzehn«, sagte ich. »Und ich mache die Reise zum ersten Mal – nur mein Vater und mein Onkel sprachen mit dem Khan.«

»Und was war es doch gleich, das der Khan gerne hätte?«, fragte der Legat meinen Vater.

»Kublai Khan wünscht mehr über die christliche Lehre zu erfahren. Er ist ein sehr gebildeter Herrscher, der immer ein offenes Ohr für die Argumente weiser Männer hat.«

»Argumente?« Der Legat hob eine Braue. »Wie kann der wahre Glauben Gegenstand eines Arguments sein?«

»Der Khan denkt anders als wir. Die Mongolen standen von jeher in Kontakt mit den verschiedensten Religionen, und die Politik des Khans ist eine Politik des Gehorsams, aber auch der Toleranz. Seine eigene Mutter hat ihn die christlichen Grundsätze gelehrt …«

»Die Mutter des Khans war eine Christin?«, fragte der Legat kritisch.

»Eine Nestorianerin«, warf mein Onkel ein und pickte sich ein paar Trauben aus der Schale.

»Eine Ketzerin also«, sagte John Parker, doch der Legat hob beschwichtigend die Hand.

»Was für … Argumente wünscht der Khan denn zu sehen?«

»Etwas Öl vom Heiligen Grab«, antwortete mein Vater.

»Das wird kein Problem darstellen. Ich setze Euch gerne ein Schreiben an die Mönche der Grabeskirche auf.«

»Sowie einhundert Gelehrte, die in den sieben freien Künsten bewandert sind, um ihn im christlichen Glauben zu unterweisen …«

Die Züge des Legaten versteinerten. Dann breitete er in einer, wie ich fand, sehr geistlichen Geste die Arme aus.

»Und wo sollte ich die wohl hernehmen? Könnt Ihr mir diese Frage beantworten?«

»Euer Exzellenz«, sagte mein Vater. »Der Khan mag bereit sein, in dieser Frage einen Kompromiss einzugehen …«

Mein Onkel schnaubte.

»Doch es ist von höchster Wichtigkeit, dass wir ihm zeigen, wie ernst wir seine Wünsche nehmen«, fuhr mein Vater fort. »Der Khagan regiert, bei allem Respekt, das größte Reich auf Erden – vielleicht das größte, das jemals existiert hat. Ich brauche Euch sicher nicht zu erklären, was für einen enormen Vorteil das Bündnis mit ihm bedeuten würde.«

Der Legat seufzte. »Das müsst Ihr allerdings nicht. Dies – und dies allein – ist auch der Grund, weshalb ich Euch umgehend zu mir rufen ließ, als Ihr so unvermittelt an meiner Pforte aufgetaucht seid.« Er lutschte gedankenvoll an einer Olive, dann holte er tief Luft. »Der momentane Zustand der Kirche, und mehr noch des Kaiserreichs, ist, wie unsere

Freunde bereits treffend feststellten, erbärmlich. Seit sechsundzwanzig Jahren gibt es keinen Kaiser mehr, und seit dreien nun auch keinen Papst. Das Schicksal des Abendlands liegt in der Hand machtgieriger Herrscher, die sich gegenseitig nach ihren Kronen trachten und einander öffentlich auf den Marktplätzen enthaupten. Keinen von ihnen kümmert mehr das Schicksal Jerusalems und des Heiligen Lands. Louis IX. war vielleicht der letzte große Kreuzfahrer – doch sein eigener Bruder Charles, statt sich seiner Sache anzuschließen, lenkte ihn nach Tunis um, wo Louis letztes Jahr an der Ruhr starb. Und was tut Charles, statt den Kreuzzug fortzusetzen? Er verliert nach einem Sturm zur See die Lust und führt lieber Krieg in Epirus.« Der Legat war nun sehr wütend. »Der einzige Herrscher Europas, dem nicht völlig egal zu sein scheint, was hier unten geschieht, ist Prinz Edward. Der gute Prinz, so gerne er auch zu Feld zieht, ist leider mit wenig Erfahrung gesegnet. Ich begleite ihn jetzt schon eine Weile, und ich frage mich, wie lange er das Kreuz noch tragen wird. Zur Stunde ist er wieder irgendwo dort draußen unterwegs und sorgt mit seinen Rittern für Unruhe an der Grenze – doch weiter reichen seine militärischen Erfolge nicht. Nun ist seine Frau Leonor auch noch schwanger. Ich sage Euch, spätestens in einem Jahr reisen beide wieder nach Hause, oder zu seinem guten Freund Charles in Sizilien, falls dieser seiner Kriege jemals überdrüssig wird.«

»Wie ist es um das Königreich Jerusalem bestellt?«, fragte mein Onkel und hörte zumindest für den Moment auf zu essen.

»Was von ihm geblieben ist, das seht Ihr vor Euch«, sagte der Legat. »Jerusalem ist an die Heiden verloren, seit bald dreißig Jahren nun schon. Vor drei Jahren eroberten die Mameluken Jaffa und Antiochia und richteten ein Massaker an. Anfang des Jahres verlor unser Orden in der Grafschaft

Tripolis seine wichtigste Feste, Krak des Chevaliers. Sultan Baibars ist ein mächtiger Feind, vielleicht der letzte, gegen den wir kämpfen – und wir *haben* bereits die Hilfe der Tartaren gesucht, so verzweifelt sind wir. Diese beiden tapferen Ritter hier, in Begleitung des tüchtigen Reginald Russel, haben den Ilkhan Persiens um Unterstützung ersucht. Seither warten wir auf seine Antwort. Das ist aus dem Heiligen Land geworden, Messeres: Wir hoffen auf die Hilfe von Heiden, um es von den Mameluken zu befreien, weil sich niemand sonst dazu berufen fühlt. Beantwortet das Eure Frage?«

Einen Moment herrschte betroffenes Schweigen. Ich wusste nicht recht, was ich davon halten sollte. Einerseits war es nicht unser Kampf, den die Kreuzfahrer kämpften, von einer höheren Warte aus betrachtet dagegen schon, und wir brauchten die Unterstützung dieses Manns, um unsere Reise fortzusetzen. Es war ein verzweifelter Plan, denn bis wir Kithai erreichten – eine Vorstellung, die sich immer noch meinem Fassungsvermögen entzog –, mochte die Lage hier vor Ort schon wieder eine ganz andere sein. Selbst wenn wir wirklich die Unterstützung des mächtigen Großkhans erlangten, wer wusste, zu welchem Preis?

Ich sah, dass mein Vater etwas Ähnliches dachte. »Morgen brechen wir nach Jerusalem auf.«

»Ich könnte Euch ein Schiff abstellen, das Euch nach Jaffa bringt«, sagte der Legat. »Allerdings leben nicht mehr viele Christen dort, und die Verhältnisse sind unsicher.«

»Wir reisen besser auf dem Landweg«, sagte mein Vater. Er und mein Onkel tauschten einen kurzen Blick. »Wie gewöhnliche Pilger – oder Händler. Das ist am sichersten.«

»Es wird sicher möglich sein, ein paar Kamele zu erstehen«, ergänzte mein Onkel. »Der Weg nach Jerusalem ist leicht in drei bis vier Tage zu schaffen – und es wird Zeit, dass der Junge richtig reiten lernt.«

V
Die Mitte der Welt

Wir verbrachten eine Nacht im venezianischen Viertel – und kaum, dass ich wieder in einem richtigen Bett schlief, träumte ich von der Heimat und von Beatrice. Doch schon in den frühen Morgenstunden erwachte ich zum wilden Geläut der verschiedenen Kirchen, die trotzig ihren Klang über die Mauern sandten. Da es in dieser frommen Stadt als unmäßig galt, sich lange mit einem Frühstück aufzuhalten, gingen wir uns bald die Kamele ansehen.

Kamele sind eigenartige Tiere. Für die Durchquerung großer Wüsten sind sie unverzichtbar, weil nur sie über die Ausdauer verfügen, stoisch jede Last zu tragen und wenn nötig zwei Wochen ohne Wasser auszukommen. Die Karawanenführer verehren sie und widmen ihnen kunstvolle Gedichte, gleichzeitig schimpfen sie auf sie und fürchten ihren Zorn, denn sie spucken und beißen, wenn man sie nicht unter Kontrolle hält. Doch ohne Menschen, die sie zum Wasser führen, würden die Kamele in der Wüste ebenso wenig überleben. Auf mich wirkten sie stets wie alte Waffengefährten, die nicht ohne den anderen können und einander doch hassen.

Für mich aber galt es zunächst einmal, nicht gleich beim ersten Ritt herabzufallen.

Wir fanden einen Händler in Montmusard, nahe der äußeren Stadtmauer. Die Tiere kauerten im Schatten der hohen Zinnen und verfolgten aus ihren großen, täuschend friedfertigen Augen jeden unserer Schritte. Es waren die in den Ländern der Levante geläufigeren arabischen Tiere, die nur einen Höcker besaßen und als besonders temperamentvoll galten. Wenn ich mit diesen Tieren zurechtkam, so versicherte mir mein Vater, würde ich mit den zweihöckrigen Kamelen Asiens keine Probleme haben.

Wir suchten uns drei Reitkamele und ein Packtier aus, um tatsächlich wie Händler und nicht wie wohlhabende Reisende zu wirken. Mein Onkel achtete darauf, dass die Tiere nicht alt oder krank waren, und überprüfte auch den Zustand der Sättel. Dabei feilschte er mit dem Händler in schnellem, bestimmt klingendem Persisch und schlug nach einigem Hin und Her bei etwa zwei Dritteln des ursprünglichen Preises ein.

Dann wies er mich an, auf einem der Tiere Platz zu nehmen.

»Halt dich gut fest«, sagte er und schloss meine Finger um das Sattelhorn. »Wenn das Kamel aufsteht, wird es das zuerst mit den Hinterbeinen tun. Das heißt, es ist wichtig, dass du dich zurücklehnst, und sobald es mit den Vorderbeinen aufsteht, lehnst du dich vor, sonst fällst du herunter. Bereit?«

»Bereit«, sagte ich. Mein Onkel machte ein zischendes Geräusch, auf das mein Kamel nur gelassen den Blick abwandte. Maffeo gab ihm noch eine zweite Chance, dann nahm er dem Händler seinen Stock ab und schlug das Tier, bis es sich unter lautem Grollen und Geknurre bequemte, aufzustehen. Wie geheißen versuchte ich die plötzliche Schräglage auszugleichen, doch als das Kamel schließlich stand, schmerzten mir die Finger, so fest hatte ich das Horn gepackt. Aber ich war sitzen geblieben.

»Nicht schlecht.« Mein Vater hatte das Schauspiel lächelnd verfolgt. Dann wandte er sich an den Händler. »Sagt, an was für Waren mangelt es den Menschen in Jerusalem zurzeit?«

Wie sich herausstellte, mangelte es in Jerusalem zurzeit an allem. Wir verbrachten also den Vormittag damit, Lebensmittel, Stoffe und alltägliche Gebrauchsgüter zu kaufen und zu unseren neu erstandenen Tieren zu schaffen. In weiser Voraussicht besorgte mein Vater auch frisches Lampenöl für die Grabeskirche. Um die Mittagszeit waren wir fertig, mir schwirrte der Kopf, und die beladenen Kamele schauten uns herausfordernd an.

»Brechen wir auf«, sagte mein Vater.

Den Rest des ersten Tages wurde meine Aufmerksamkeit völlig von den Launen meines Reittiers eingenommen. Ich lernte die verschiedenen Abstufungen seiner Unmutsbekundungen kennen und fand auch heraus, auf was für dumme Ideen es kam, wenn es sich übermütig fühlte. Um Kamele unter Kontrolle zu halten, werden sie hintereinandergebunden, und man reitet sie immer in einer möglichst ordentlichen Reihe bei gleichbleibender Geschwindigkeit. Sie haben Ringe durch die Lippe oder die Nase, mit denen man sie führt. Man sollte meinen, das alles wäre genug, einem Tier mitzuteilen, was man von ihm erwartet – doch es ist ein ständiger Kampf. Nichtsdestoweniger versicherte mir mein Vater, ich sei ein Naturtalent.

Am frühen Abend hielten wir in einer einfachen Siedlung, in der zwei oder drei Familien mit ihren mageren Ziegen lebten. Mich überforderte das Durcheinander an Stimmen noch, obwohl ich mir Mühe gab, möglichst alles zu verstehen, was mein Vater und mein Onkel mit ihnen besprachen. Im Endeffekt schenkten sie den Hirten eine kleine gewebte Matte und eine Handvoll Datteln dafür, dass wir unser Wasser an ihrem Brunnen auffrischen und die Nacht bei ihnen verbringen durften. Sie erzählten uns, dass Kreuzritter nicht weit von hier ein paar Räuber aufgebracht hatten, aber sie kannten keine Einzelheiten und wollten sich nicht weiter in solche Angelegenheiten verwickeln lassen.

So ähnlich vergingen auch die nächsten beiden Tage. Das Land war karg, aber nicht unfruchtbar, und meistens folgten wir einer klar ersichtlichen Straße, auf der wir gelegentlich anderen Händlern und Pilgern begegneten, sowohl christlichen als auch muslimischen oder jüdischen. Die meisten von ihnen hielten den Weg nach Jerusalem und den Besuch in der Stadt für relativ sicher – doch Jerusalem selbst, so erfuhren wir, war auch siebenundzwanzig Jahre nach der Zerstörung durch Söldner des Sultans noch in einem beklagenswerten Zustand.

Angeblich hatten einst Hunderttausende in der Heiligen Stadt gelebt. Die vielen Kriege aber hatten ihren Tribut gefordert, und den letzten hatten nur wenige tausend Menschen überlebt. Zwar folgten die Gläubigen noch immer dem Ruf ihres Herzens, und einige tapfere Seelen hatten in der Stadt ausgeharrt. Doch nur wenige verspürten noch den Wunsch, sich dort niederzulassen. Wer wusste schon, wann das nächste Heer über einen hereinfiel und ob es Kreuzfahrer, Mameluken oder Mongolen sein würden.

Als eine größere Schar Reiter unseren Weg kreuzte, gingen wir hinter Felsen in Deckung. Erst in letzter Sekunde erkannten wir, dass die abgerissenen Gestalten auf den erschöpften Pferden christliche Ritter waren, die Wappen kaum noch zu erkennen vor Staub. Ob das die Männer waren, von denen uns die Hirten erzählt hatten? Sie preschten an uns vorüber und verschwanden mit unbekanntem Ziel in den Hügeln.

Am Mittag des vierten Tags unserer Reise erblickten wir die Heilige Stadt. Wir brachten unsere Kamele auf einem Hügel zum Stillstand, und mit einer Mischung aus Ehrfurcht und Schwermut ließ ich den Blick über die dichtgedrängten Türme schweifen. So viele Kirchen, so viele Moscheen, aus so vielen Jahrhunderten.

»Siehst du die goldene Kuppel dort hinten?«, fragte mein Onkel. Tatsächlich war sie kaum zu übersehen – sie glänzte wie die helle Sonne selbst. »Das ist der Felsendom. Darin liegt der Gründungsfels, auf dem Abraham beinahe seinen Sohn geopfert hätte.« In seiner Stimme schwang eine Note mit, die ich nicht recht deuten konnte. »Die Juden bauten dort ihren Tempel, und sie beten noch heute an den Resten seiner mächtigen Westmauer. Und Mohammed soll vom Felsendom aus mit seinem geflügelten Pferd seine Himmelfahrt angetreten haben. Unter dem Fels liegt eine Kammer, der Quell der Seelen, wo die Geister der Verstorbenen auf das Jüngste Gericht warten. Und darunter verschlossen liegen nur noch der Abgrund und die Wogen der Sintflut. Für die Gläubigen ist dies der Mittelpunkt der Welt.«

»Glaubst du denn daran?«, fragte ich.

Er sah mich ernst an. »Ich glaube das, was ich weiß. Und ich weiß, dass kaum etwas mächtiger ist als der Glauben. Wenn du die Menschen verstehen willst, musst du verstehen, woran sie glauben.«

»Hör auf deinen Onkel«, sagte mein Vater und gab seinem Kamel einen Klaps mit dem Stock, dass es weiterging. »Er glaubt zwar an nichts, aber er weiß eine Menge.«

Am Eingang der Stadt entrichteten wir einen Obolus an einige bewaffnete Sarazenen. Ich wusste nicht, ob die finsteren Männer mit ihren schartigen Säbeln tatsächliche eine Art Stadtwache darstellten, oder ob es sich bloß um Räuber handelte, die Reisenden den Eintritt in die Stadt abpressten, aber es machte auch keinen Unterschied. Dann ging es weiter durch enge Straßen und Gassen, die immer verwinkelter wurden. Wir fanden die Geschichten über Jerusalem nun bestätigt: Zwar war die Stadt noch immer bewohnt, wir sahen Märkte und Alte und Frauen und Kinder, doch verglichen mit Akkon und seinen wehenden Bannern war es ein trauriger Anblick. Viele Menschen trugen nur Lumpen, und allerorten lagen Gebäude in Trümmern; insbesondere die Kirchen der Stadt waren nur noch ausgebrannte Ruinen. Wo immer sich genug Gläubige zusammengefunden hatten, war mit dem Wiederaufbau begonnen worden, doch wenn es mit dieser Geschwindigkeit weiterging, würde es noch Jahrzehnte dauern, die Spuren der letzten Eroberung zu beseitigen. Die Söldner des Sultans hatten offenbar kein echtes Interesse an der Stadt gehabt: Sie hatten nur plündern wollen.

Am Rande eines offenen Bazars ließen wir unsere Tiere gegen Entgelt in der Obhut eines Händlers zurück, der über eine simple Einpferchung mit mehreren Kamelen und Eseln wachte. Unsere Waren luden wir ab, und es dauerte nicht lange, da strömten die ersten Händler herbei, um sie zu begutachten. Eine halbe Stunde später hatten wir alles, was wir nicht selbst brauchten, verkauft. Hinterher rügte mein Onkel meinen Vater, dass er sich beim Feilschen kaum Mühe gegeben habe, doch mein Vater tat es nur mit einem Schulterzucken ab. Ich verstand beide: Auch mir stand in dieser Stadt nicht der Sinn nach Geschäften; andererseits hatte ich die letzten Tage hindurch immer wieder gelernt, welchen Unterschied der maßvolle Einsatz von Geld machen konnte.

Mit unseren verbliebenen Sachen marschierten wir Richtung des Tempelbergs mit seinem großen goldenen Dom. Ein Junge führte uns für etwas Essen durch das Gassengewirr, bis wir schließlich völlig unverhofft auf einen kleinen gepflasterten Platz hinaustraten und vor uns die Südseite der Grabeskirche sahen; und darin zwei große runde Bögen, einer davon vermauert. Im anderen Bogen befand sich eine geschlossene Tür, und vor dieser Tür auf dem Platz lagerten mehrere Reisende. Zur Linken erhob sich ein glockenloser Turm, und in alle anderen Richtungen war der Platz von dicht an dicht stehenden Gebäuden begrenzt, darunter das erste Hospital der Johanniter, in dem nun Muslime die Kranken pflegten.

»Das ist es«, sagte der Junge und entfernte sich.

Andächtig traten wir näher und nahmen das geschlossene Tor und die Menschen auf dem Platz näher in Augenschein.

»Was ist hier los?«, fragte mein Vater eine Gruppe ärmlich

gekleideter Männer. »Warum lagert Ihr hier vor der Kirche des Heiligen Grabs?«

»Weil sie verschlossen ist«, antwortete einer der Männer, die sich nun als Landsleute aus Candia entpuppten. »Und man lässt uns nur ein, wenn wir eine hohe Summe zahlen.«

»Seid Ihr alle Pilger?«

Nach und nach nickten die Leute auf dem Platz. Sie kamen aus der ganzen christlichen Welt – aus Armenien, vom Schwarzen Meer und aus dem Heiligen Römischen Reich; auch Bettelmönche waren darunter, toskanische Franziskaner und eine Gruppe Dominikaner, die den weiten Weg aus Kastilien auf sich genommen hatten. Ich trat näher an das hohe Tor, von dessen anderer Seite leiser Gesang zu vernehmen war. »Da drin scheint gerade eine Messe stattzufinden.«

»Es sind griechische Mönche in der Kirche«, bestätigte ein Franziskaner. »Sie allein dürfen sich dauerhaft darin aufhalten, dank einer Vereinbarung, die die georgische Königin einst mit dem ägyptischen Sultan schloss.«

»Wieso machen sie Euch dann nicht einfach die Tür auf?«

»Weil sie den Schlüssel nicht haben«, erklärte der Pilger aus Candia. »Sie können nur das kleine Fenster dort in der Tür öffnen. Dadurch reichen wir ihnen Essen.«

»Die Mönche sind in der Kirche eingesperrt?«, staunte mein Vater. »Wer hat den Schlüssel?«

»Ein Sarazene. Doch er will viel Geld dafür, dass er ihn benutzt.«

»Wie viel?«, fragte mein Vater.

»Er nimmt nur Gold«, sagte der Franziskaner.

»Das ist doch absurd! Die Mönche sitzen gefangen, Ihr lagert auf dem Platz und ernährt sie, und dieser Sarazene lässt sich in Gold bezahlen?«

Die Pilger tauschten betretene Blicke.

»Bringt ihn her«, sagte mein Onkel.

Einer der Pilger hastete los. Als es schon dämmerte, kam

er in Begleitung eines ernst aussehenden Mannes zurück, der einen feinen Kaftan und ein sauber gefaltetes Tuch auf dem Kopf trug.

»Wer will etwas von mir?«, fragte er auf Sabir. Ich hatte bereits meine ersten Erfahrungen mit dieser weit verbreiteten Händlersprache gemacht, die aus dem Kontakt lateinischer und anderer Sprachen mit dem Arabischen entstanden war.

»Ihr sollt diese Kirche für uns öffnen«, sagte mein Vater.

»Das hat seinen Preis. Wie viel habt Ihr?«

»Was fällt Euch nur ein?«, begann einer der spanischen Mönche zu zetern. Er war fast den Tränen nahe. »Ihr seid ein gottloser, Wucher treibender …«

Mein Vater wollte den Mönch schon besänftigen, da hob der Beleidigte stolz das Kinn und fiel ihm ins Wort. »Hütet Eure Zunge! Wisst Ihr denn nicht mehr, weshalb meine Familie seit Jahrhunderten den Schlüssel zu Eurer Kirche verwahrt? Weil ihr alle nicht in der Lage seid, friedlich zusammenzuleben, deshalb! Ganz recht, ihr Lateiner und Griechen und wie ihr alle heißt, ihr schlugt euch die Köpfe ein, um diesen Platz für euch allein zu haben. Ihr neidet euch diese Kirche. Und wisst ihr, was dann geschah? Der große Omar ibn al-Khattab kam nach Jerusalem. Der zweite Kalif! Er war ein *Sahaba,* ein Weggefährte des Propheten, und er war ein gerechter Herrscher, der den Glauben anderer respektierte! Er ließ die Juden wieder in die Stadt, die ihr vertrieben hattet. Und als man ihn einlud, in eurer Kirche zu beten, lehnte er ab, und weshalb? Aus Respekt – denn er wollte nicht, dass spätere Generationen eure traurige Kirche abrissen, um zu seinem Gedenken eine Moschee daraus zu machen. Deshalb betete er dort drüben, und da steht heute seine Moschee.« Er zeigte auf ein unscheinbares Gebäude am gegenüberliegenden Ende des Platzes. »Kalif Omar sicherte jedem zu, in Freiheit seinem Glauben nachzugehen, und er vertraute meiner Familie den Schlüssel zur Kirche an, auf dass ihn forthin jemand Unparteiisches verwahre und damit endlich Frieden zwischen euch Christen herrscht. Seitdem wird der Schlüssel immer weitergegeben, seit über sechshundert Jahren nun schon.«

Ich wusste kaum, was mich mehr beeindruckte: die Ironie, dass sich der Schlüssel zum heiligsten Ort der Christenheit in der Hand eines Ungläubigen befand, oder der entrüstete Redeschwall des Mannes.

»Euer Kalif war sicherlich ein weiser und erleuchteter Mann«, sagte mein Vater und handelte sich damit missbilligende Blicke der Dominikaner ein. »Dennoch scheint mir, es hat sich nicht viel getan – denn diese Leute hier wollen in ihre Kirche, um zu beten, und Ihr lasst sie nicht ein. Was würde der Kalif wohl dazu sagen?«

»Das haben diese Menschen einzig und allein sich selbst …«

»Kommt einmal mit«, sagte mein Onkel und zog den Verwahrer des Schlüssels beiseite.

Ich tauschte einen fragenden Blick mit meinem Vater, doch der schüttelte den Kopf und sorgte dafür, dass niemand den beiden in die Quere kam. Ich spitzte die Ohren, um zu hören, was Maffeo mit dem Verwahrer im Schatten des Torbogens beredete. Dann hörte ich das charakteristische Klingen von Gold, das mir seit meiner Kindheit vertraut war. Der Verwahrer klopfte vernehmlich an die Pforte, worauf sich nach wenigen Momenten ein kleines Fenster darin öffnete. Ein Gesicht mit einem langen weißen Bart erschien, dann wurde eine Leiter durch das Fenster gereicht, die der Verwahrer entgegennahm und an das Tor lehnte. Diese Leiter erklomm er, um ein starkes Schloss etwa in der Mitte des Tors aufzuschließen, und wiederholte die Prozedur mit einem weiteren, tiefer gelegenen Schloss. Der Schlüssel, den er dazu benutzte, maß gut eine halbe Elle.

Dann steckte er den Schlüssel wieder ein und stemmte das große Tor auf.

»Du hast ihn bezahlt?«, raunte ich meinem Onkel zu.

Maffeo grunzte bestätigend.

»Wir hätten den Mönchen unser Schreiben auch durch das Fenster reichen können«, stellte ich fest. »Und auf demselben Weg hätten sie uns das Öl geben können.«

»Dein Geschäftssinn macht mich stolz«, murmelte mein Onkel. »Aber wann bietet sich mir schon die Gelegenheit, dem Seelenheil so vieler Gläubigen einen Dienst zu erweisen?«

»Die Kirche ist die nächste Stunde für alle geöffnet«, erklärte der Verwahrer den verdutzten Pilgern und den griechischen Mönchen, die misstrauisch im Eingang standen. »Ich muss sie aber über Nacht verschließen. Wer hineinwill, soll sich beeilen, ansonsten komme ich erst morgen früh wieder.«

Eilig rafften die Wartenden ihre Besitztümer zusammen und strömten außer sich vor Freude in die Kirche. Mir entgingen nicht die dankbaren Blicke, die sie dabei meinem Onkel zuwarfen. Mein Vater schüttelte zwar den Kopf über seinen Bruder, schloss sich ihnen aber an. Der Einzige, der trotz seines sicherlich stattlichen Gewinns nicht glücklicher aussah als zuvor, war der Verwahrer des Schlüssels. »Ihr seid ein eitler Mann«, sagte er zu meinem Onkel.

»Wie Ihr«, erwiderte er ungerührt und legte mir die Hand auf die Schulter. »Komm, Marco.«

Und so betrat ich die heilige Kirche des Grabs unseres Herrn. Hier wurde er gekreuzigt, und hier war der Ort seiner Auferstehung. Ehrfürchtig nahm ich alle Eindrücke in mich auf, während die Pilger den griechischen Mönchen von dem Wunder berichteten, als das sie die Schenkung meines Onkels bezeichneten. Mein Onkel lächelte still und führte mich weiter: zum Golgotha-Felsen, auf dem einst das

Kreuz stand, und dem Salbungsstein, auf dem der Leichnam Christi für die Grablegung vorbereitet worden war, bis wir in der Mitte des Katholikons standen, voraus das überbaute Grab unter der hohen Rotunde.

»Erinnerst du dich noch, was ich dir heute Mittag über den Felsendom erzählt habe?«, flüsterte mein Onkel. »Dass er für die Muslime und Juden den Mittelpunkt der Welt darstellt? Nun, nach Meinung der Christen befindet sich eben dieser Mittelpunkt genau hier, an dieser Stelle, an der wir nun stehen. Was für einen Reim machen wir uns darauf? Kann die Welt sich um zwei Achsen drehen?«

»Tut sie das denn?«, fragte ich verblüfft.

»Du musst noch eine Menge lernen«, gab mein Onkel zurück.

Da brach in der Nähe des Altars ein lautstarker Streit zwischen den Franziskanern, den Dominikanern und den Griechen aus, die alle auf ihre Art dort beten wollten. Zwischen ihnen stand mein Vater, der nun in seine Tasche griff und die Dokumente zückte, die Tebaldo Visconti uns anvertraut hatte. Ich glaube, ich hatte ihn noch nie seine Stimme heben hören, doch als er jetzt im Namen des Legaten den Streit der Mönche unterband, konnte man ihn bis in den letzten Winkel der Kirche vernehmen.

»Unterstützen wir ihn besser«, sagte mein Onkel, und genau das taten wir.

Es dauerte eine Stunde – dann hatten wir uns endlich auf den weiteren Verlauf des Abends geeinigt. Und entgegen aller Wahrscheinlich gelang es uns, einen Gottesdienst abzuhalten, den keiner der Versammelten als allzu ketzerisch empfand. Zu diesem Zeitpunkt schwamm mir schon der Kopf von den dicken Weihrauchschwaden, und niemand von uns hatte bemerkt, dass der Verwahrer des Tors seine Ankündigung wahrgemacht und uns alle in der Kirche eingeschlossen hatte.

Nie werde ich die Stunden unter der hohen Decke dieses ehrwürdigen Ortes vergessen. Keiner von uns fand viel Schlaf, denn die ganze Nacht hindurch gingen die Mönche und Pilger ihren Gebeten nach, eingedenk der Gewissheit, dass alle außer den Griechen die Kirche morgen früh wieder verlassen mussten. Lange wanderte ich zwischen den mächtigen Säulen durch die verzweigten Hallen und Kapellen und versuchte mir vorzustellen, wie es hier zu Zeiten Christi gewesen sein mochte. Nur zum Grab selbst verwehrten uns die Griechen den Zutritt, so sehr die anderen Mönche auch dagegen protestierten. Es ließ sich allenfalls erahnen, dass dort unten ein Licht in einer Felsenkammer brannte.

Unbemerkt war mein Vater neben mich getreten und folgte meinem Blick. »Der Überlieferung nach wurde die Lampe dort unten von Lazarus und seiner Schwester Martha in das Grab gestellt. Jedes Jahr zu Karfreitag erlischt sie und beginnt Ostersonntag wieder zu brennen.«

Ich war selten geneigter, an ein Wunder zu glauben, als in diesem Moment, doch ich hatte bereits zu viele wundersame Geschichten in Jerusalem gehört. Daher fragte ich meinen Vater, ob er selbst daran glaube.

»Der Khan glaubt daran«, erwiderte er. »Deshalb sollen wir ihm von dem Öl der Lampe bringen.«

»Aber werden uns die Griechen davon geben? Der Legat kann es ihnen nicht befehlen, oder?«

»Das muss er auch nicht. Sie geben es uns freiwillig – das Öl ist nur Teil, nicht Ursache des Wunders. Sie ersetzen es mit dem Öl, das wir in Akkon gekauft haben. Das sollte ihnen eine Weile reichen.« Mein Vater strich mir durchs Haar. »Das haben wir alles besprochen, während dein Onkel noch Hof hielt.«

Ich verkniff mir ein Lachen.

Als wir in den frühen Morgenstunden nach der Andacht darauf warteten, dass der Verwahrer des Schlüssels uns wieder in die Freiheit entließ, kam einer der Franziskaner zu uns.

»Ich danke Euch«, sagte er. »Der Herr möge Euch segnen für das, was Ihr getan habt. Verzeiht meine Worte, aber von einem Venezianer hätte ich das nicht erwartet.«

»Es war nicht der Rede wert«, sagte mein Vater.

»Es sind nicht bloß wir, wisst Ihr.«

»Wie meint Ihr?«

»Was der Verwahrer sagte – dass wir die Kirche einander neiden würden. Wisst Ihr, dass es noch eine zweite Familie gibt, die Ansprüche auf den Schlüssel erhebt?«

»Ich dachte mir schon so etwas«, brummte mein Onkel.

»Die einen haben das Recht, den Schlüssel zu verwahren, die anderen haben das Recht, ihn zu benutzen. Das heißt, wann immer der Verwahrer – der eigentlich nicht der Verwahrer ist – die Kirche aufschließt, muss er den Schlüssel erst von den anderen holen, und hinterher muss er ihn wieder bei ihnen abliefern. Jeder von ihnen wünscht sich nichts sehnlicher, als den Schlüssel ganz für sich allein zu haben.«

»Und was soll uns das sagen?«, fragte mein Vater.

Der Franziskaner zuckte die Schultern. »Ich schätze, dass die Heiden nicht besser sind als wir.«

»Vielleicht war der Kalif ein weiserer Mann als wir alle«, sagte mein Vater. »Was hat er sich wohl dabei gedacht, eine solche Regelung zu treffen?«

»Und warum teil Ihr Euch die Kirche nicht einfach, so wie diese Leute sich den Schlüssel teilen?«, fragte ich, über mich selbst erstaunt. »Oder besser noch, nutzt sie gemeinsam!«

Der Franziskaner schaute mich mit großen Augen an.

»Das, was du da vorschlägst, junger Marco, erfordert mehr als nur einen weisen Kalifen.«

»Es erfordert hundert weise Männer«, entgegnete ich, aber nur mein Vater und mein Onkel verstanden die Anspielung auf die Wünsche des Khans.

»Es erfordert ein großes Wunder«, sagte der Franziskaner. »Glaubst du an Wunder?«

»Ich glaube daran, dass alles möglich ist, wenn wir es nur versuchen«, sagte ich, und in diesem Moment klopfte es von außen an die Tür: Die Nacht war vorüber.

Ich dachte noch lange an diese unwirklichen Stunden in der Grabeskirche zurück, auch als wir mitsamt des Öls schon wieder auf unseren Kamelen saßen und nach Akkon zurückritten. Und ich dachte an die Frage des Franziskaners und überlegte, was genau ein Wunder eigentlich war.

Doch kaum in Akkon angekommen, erfuhren wir, dass sich in der Heimat, im fernen Viterbo, ein Wunder der besonderen Art ereignet hatte: Die siebzehn verbliebenen Kardinäle hatten ihre Macht vorübergehend an ein Komitee von sechs Vertretern abgetreten, und diese hatten eine Entscheidung gefällt.

Nach fast drei Jahren des Stillstandes gab es endlich wieder einen Papst.

Und dieser Papst hieß Tebaldo Visconti.

VI
Die Macht der Geschichten
Genua, November 1298

Ich habe Euch Unrecht getan«, sagte Rustichello ergriffen. »Ihr habt da eine gute Tat vollbracht in Jerusalem.«

»Maffeo hatte mehr Gold als Geduld«, sagte der Venezianer. »Allein davon ließ er sich leiten.«

»Dennoch.« Obgleich sie sich bereits eine Woche oder zwei unterhielten, überraschte ihn der Venezianer stets aufs Neue. »Ich kann gut verstehen, dass es Euch damals wie ein

Wunder erschien, als Visconti diese furchtbare Papstwahl gewann – verdientermaßen, wie ich meinen möchte.«

»Es war das Beste, was uns hatte passieren können: Nicht nur hatten wir endlich wieder einen Papst, dieser Papst war uns auch wohlgesinnt – leider waren seine Möglichkeiten, uns zu unterstützen, eingeschränkter, als wir uns erhofft hatten.

Wir trafen ihn abermals in der Johanniterburg, diesmal in einem der Audienzsäle. Er kam gerade vom Gebet und trug nach wie vor das Ornat eines Erzdiakons. Bei ihm war eine hohe Dame – wie sich herausstellte, niemand Geringeres als Leonor de Castilla, die Frau von Prinz Edward, der immer noch unterwegs war und Jagd auf Mameluken machte. Sie rechnete nun täglich mit seiner Rückkehr und machte sich bereits Sorgen, wo er blieb, insbesondere, da sie ja ein Kind von ihm erwartete.«

»Die kleine Joan«, sagte Rustichello. »Aber natürlich …« Und eine segensreiche Minute weilten seine Gedanken in der Vergangenheit, auf Sizilien, wie er im Schatten duftender Kiefern auf einer einfachen Bank saß, vor sich auf dem Tisch de Borons *Tristan,* hinter ihm das Rauschen des Mittelmeers …

»Messere?«, fragte der Venezianer irgendwann höflich. »Seid Ihr noch da?«

»Bitte entschuldigt.« Rustichello riss sich aus seinem Tagtraum. »Ich dachte nur gerade an damals.«

»Wir können unser Gespräch gerne ein anderes Mal fortsetzen – jede Minute, die wir nicht in diesem Verlies verbringen, sollte heilig sein.«

»Ich weilte bereits oft genug in jener Zeit und bin dankbar für jeden anderen Ort, den Ihr für mich lebendig werden lasst.«

»Es ist also ein Mädchen geworden?«, erkundigte sich der Venezianer.

»Wie meinen?«

»Ihr sagtet: ›Die kleine Joan‹. Ich hatte nicht mehr daran gedacht, weil ich die Prinzessin nach diesem Tag nie wieder traf, aber wo Ihr es sagt: Sie erwähnte noch, dass sie auf einen Sohn hoffe, den sie der Stadt der Johanniter zu Ehren auf den Namen ›John‹ zu taufen gedenke …«

»Es wurde aber ein Mädchen. Joan of Acre – aus St. John d'Acre, wie die Engländer sagen. Ein bezauberndes kleines Ding.«

»Vielleicht besser so. Wenigstens musste sie nie einen Kreuzzug anführen.«

»Es gab danach nie wieder einen Kreuzzug ins Heilige Land«, sagte Rustichello. »Diese Zeiten waren ein für alle Mal vorbei.«

»Mögt Ihr diesen Teil der Geschichte zu Ende erzählen? Ich weiß nicht mehr über Prinz Edward und seine Familie zu berichten, und abendländische Geschichte nach 1271 ist nicht meine Stärke.«

Rustichello lachte leise. »Was soll ich da erst sagen? Ich kam auch nur durch Zufall mit ihr in Berührung.«

»Ich bitte Euch, fahrt fort. Wie lerntet Ihr Prinz Edward und Prinzessin Leonor kennen?«

»Also gut.« Rustichello ordnete seine Gedanken. »Eigentlich war ich damals auf der Jagd nach den Legenden der Vergangenheit … Ihr erinnert Euch? Meliadus, Tristans Vater, und sein treuer Freund, der edle Guiron? Diese Texte waren damals noch schwerer zu kriegen als heute, gerade in den südlichen Ländern. Leonor de Castilla aber war eine große Liebhaberin der Artussage, und ihr Gemahl hatte stets mit ihren Erwartungen zu kämpfen. Ich wusste, dass sich einige seltene Bücher in ihrem Besitz befanden, und jung, wie ich war, nahm ich meinen Mut zusammen und schrieb ihr einen Brief, in dem ich um Einsicht in ihre Sammlung bat, um sie, wenn möglich, kopieren zu dürfen …«

»Eure Leidenschaft scheint Euch damals sehr ernst gewesen zu sein.«

»Das war sie! Es war mein großes Glück, dass die Prinzessin überaus freundlich reagierte. Sie berichtete mir von ihrer anstehenden Reise ins Heilige Land und schlug verschiedene Treffpunkte auf ihrer Route vor. Ein halbes Jahr lang reiste ich von Hafen zu Hafen, nur um sie immer um wenige Tage zu versäumen. Dann erreichte mich ein Brief, dass sie nach dem Umweg über Tunis, den Ihr erwähntet, den Winter in Sizilien am Hofe von Charles d'Anjou verbracht hätten und im Frühjahr weiter ins Heilige Land segelten. Sie wollte mir die Bücher auf Sizilien hinterlegen, auf dass sie mir zur freien Verfügung stünden, bis sie auf dem Rückweg erneut dort Station machen würde.«

»So kam das also«, sagte der Venezianer. »Euch ist bewusst, dass sich unsere Wege fast schon damals, im Jahre 1271, gekreuzt hätten, wenn die Prinzessin sich nicht von ihren Büchern getrennt hätte?«

»Ihr meint, wenn ich statt alten Romanzen einer echten Prinzessin ins Heilige Land gefolgt wäre«, scherzte Rustichello. »Nun, meine Prioritäten lagen damals eben anderswo. Ich reiste nach Sizilien und verbrachte viele wunderbare Monate mit der Durchsicht ihrer Bücher. Ich ordnete die alten Texte und stellte sie neu zusammen. Es war die Geburtsstunde meines größten Werks – des *Roman de Roi Artus.*«

»Es schmerzt mich, dass ich ihn nie zu Gesicht bekam. Habt Ihr auch Charles d'Anjou kennengelernt?«

»Nein, und nach dem, was ich später über sein Verhalten auf diesem unglücklichen Kreuzzug erfuhr, dauert es mich nicht. Während ich an seinem Hof weilte, war er ja schon mit neuen Feldzügen beschäftigt. Vielleicht wäre Prinz Edward mehr Erfolg beschieden gewesen, hätte Charles ihn nicht derart im Stich gelassen.«

»Das klingt, als hätte der Prinz auch nach unserer Abreise nicht mehr viel erreicht.«

»Leider nein. Es kam zwar noch zu dem Schulterschluss mit dem Ilkhan …«

»Ihr meint Abaka, Hulakus Sohn.«

»Ganz recht. Anscheinend stand sein Angebot, sich gegen den gemeinsamen Feind, Sultan Baibars, zu verbünden, schon seit Jahren, bloß hatte es niemanden in Rom, Paris oder anderswo je gekümmert. Nun sandte er ein Heer von zehntausend Reitern …«

»Sehr wenig für mongolische Verhältnisse«, urteilte der Venezianer.

»Immer noch mehr, als Edward zu bieten hatte. Und genug, um die Gegend um Aleppo zu verwüsten – die Mongolen wurden ihrem Ruf durchaus gerecht. Dann ritten sie wieder heim. Die Kreuzfahrer verstanden es jedoch nicht, die Gunst der Stunde zu nutzen, und wenig später sandte der Sultan Verstärkung. Zähneknirschend schloss man einen Waffenstillstand für die Dauer von zehn Jahren, zehn Monaten und zehn Tagen. Der Form halber schickte Baibars Edward noch einen Assassinen. Zwar überwältigte Edward den Mörder, aber der Dolch war vergiftet, und es dauerte lange, bis der Prinz wieder reisefähig war.«

»Ein Assassine?«, wunderte sich der Venezianer. »Deren Festung hatte Hulaku doch schon fünfzehn Jahre zuvor bezwungen. Alamut, das Adlernest.«

»Edward behauptete, die verbliebenen Mörder hätten danach für Baibars gearbeitet. In jedem Fall machte sich der geschlagene Prinz mitsamt seiner Familie auf den Heimweg. Als ich ihm auf Sizilien gegenübertrat – im Herbst 1272 –, hielt er sich noch immer den verwundeten Arm. Die Prinzessin war überglücklich, dass sie mit heiler Haut entkommen waren. Ich gab ihr ihre Bücher zurück, und da sie eine

Weile blieben, unterhielt ich sie zum Dank mit den Großtaten der Tafelrunde.

Es war das erste Mal, dass ich erkannte, wie sehr sich Sage und Wirklichkeit doch unterschieden.

Bald darauf erreichte uns Kunde, dass Edwards Vater gestorben war und man den Prinzen in absentia zum König erklärt hatte – so etwas wäre früher undenkbar gewesen. Edward aber nahm es nicht einmal mit Überraschung auf. Offenbar war daheim in England alles bestens, es gab einen Rat, der sich um alles kümmerte, und so hatte er es nicht eilig, sein Erbe anzutreten. Erst einmal ging er Gregor X. besuchen, der mittlerweile in Rom auf dem Heiligen Stuhl saß und sich mit den Machtgelüsten Charles d'Anjous herumärgerte. Dann ging es noch nach Frankreich, nach Spanien und sonst wohin. Ich glaube, es dauerte drei Jahre, bis Edward endlich seine Krone abholte und England seinen neuen König zu Gesicht bekam. Was für ein König!«

Der Venezianer lachte.

»Aber kehren wir zurück zu Eurer Geschichte, Messere. Gab Euch der neue Papst denn nun Eure hundert weisen Christen?«

Sein Zellennachbar gluckste. »Er gab uns genau zwei.«

»Wie bitte?«

»Er sagte, mehr könne er nicht entbehren. Mein Vater vermutete, dass es in Wahrheit nicht mehr gab, die den Mut für eine solche Reise hatten; und mein Onkel glaubte, dass es im ganzen Heiligen Land überhaupt keine hundert weisen Männer gab. Ich muss gestehen, nach den Erfahrungen in Jerusalem war ich geneigt, ihm recht zu geben.«

»Schande über Euch«, murmelte Rustichello, und der Venezianer lachte wieder.

»Vielleicht waren sie in Wahrheit auch weiser als wir. Ich weiß nicht, wie viele von diesen hundert wir lebend bis an den Hof des Khans gebracht hätten.«

»Wie erging es denn den beiden, die Euch begleiteten?«

»Ihre Namen waren Guglielmo da Tripoli und Niccolò da Vicenza. Sie waren Dominikaner, und der Papst hielt große Stücke auf sie, besonders auf Bruder Guglielmo, einen cholerischen kleinen Mann mit einem großen Zorn auf alles, was sich seinem Horizont entzog – welcher, wie seine Größe schon vermuten ließ, nie allzu weit von ihm entfernt lag. Bruder Niccolò war das komplette Gegenteil: ein ungelenker, langbeiniger Melancholiker, der nicht gerne sprach – außer mit Guglielmo. Dieses zweifelhafte Gespann stattete Gregor X. nun mit allerhand Schreiben und Privilegien aus. Sie durften Gotteshäuser weihen und sogar Priester ernennen und in seinem Namen die Absolution erteilen – alles, was es brauchte, um im Reich des Khans einen Ableger der römischen Kirche zu gründen.«

»Das nenne ich vorausschauend.«

»Dazu gab uns Gregor X. noch einen Brief und mehrere Geschenke für den Khan mit, darunter ein goldenes Kreuz und eine schöne Bibel, die ihm bereits als Erzdiakon von Lüttich gehört hatte. Er sagte, er brauche sie nicht mehr – da, wo er nun hingehe, herrsche kein Mangel an Bibeln.«

»Bitte fahrt fort, statt weiter über die Kirche zu scherzen.«

»Auch ein versiegeltes Glas mit Oliven gab er uns. Ich fragte mich noch, was er damit für eine Absicht verfolgte, doch er erklärte sich nicht weiter und wünschte uns alles Gute.

Damit wir nicht auf die Truppen des Sultans stießen, besorgte er uns eine Überfahrt nach Laias – ein wichtiger armenischer Hafen für Händler aus dem Westen. Der Aufenthalt dort war uns angenehm, und eine Weile fühlten wir uns tatsächlich wie die Gesandten des Papstes – oder des Khans. Was wir ja auch waren – wir hatten unsere Dokumente, und wir hatten unsere Paizas. Wir waren die ersten

Sendboten der neuen Allianz zwischen Christenheit und Kithai, des nahen Zeitalters des Friedens und Wohlstands …«

»Das klingt, als wäre das Glück nur von kurzer Dauer gewesen.«

»Sagen wir, die kommenden Wochen führten mir deutlich vor Augen, worauf ich mich da eingelassen hatte. Nicht, dass ich meine Entscheidung, meinen Vater auf seiner Reise zu begleiten, bereut hätte. Aber die Welt, die mich jenseits der Levante erwartete, war eine andere als die meiner Vorstellung.

Unser Plan sah vor, bis nach Hormuz zu reisen und von dort ein Schiff bis zur Westküste Indiens oder – wenn möglich – darüber hinaus zu nehmen; mein Vater hoffte, dass dies leichter sein würde als die beschwerliche Reise zu Land. Er kaufte sich umfangreiches Kartenmaterial, um mir die wichtigsten Stationen auf dem Weg zu zeigen – Tabriz, Yazd und Kerman –, und die Wüsten und Gebirge, die er zu umgehen hoffte.

Doch schon die Durchquerung Armeniens stellte uns vor gewaltige Hindernisse. Der Angriff der Mongolen auf Aleppo hatte eine Massenflucht ausgelöst, und die Gegenoffensive des Sultans war bis weit in den Norden zu spüren. Die Einheimischen aber waren Fremden gegenüber nicht sehr aufgeschlossen. Unter anderen Umständen wären wir ihnen aus dem Weg gegangen, doch der Winter kam dieses Jahr früh, und das Hochland war bereits bitterkalt und lud nicht dazu ein, die Nächte unter freiem Himmel zu verbringen. Wo immer möglich, nahmen wir Zuflucht in einem Stall oder bei einer Familie, sofern sie unsere Geschenke akzeptierte.

Leider hatten unsere beiden frommen Brüder genauso viel Angst vor allem Fremden und schimpften und klagten über jedes Ungemach. Nach Meinung Bruder Guglielmos war das Wohlwollendste, was sich über diese Heiden sagen ließ, dass sie schöne Teppiche knüpften – was ihn nicht daran hinderte, eine Abhandlung über ihre Sitten schreiben zu wollen. Bei Bruder Niccolò stellten wir uns oft die Frage, weshalb er seine Heimat eigentlich verlassen hatte. Missionarischer Eifer konnte es nicht gewesen sein – offen gesagt war ich mir nicht sicher, ob er Menschen überhaupt mochte. Und sein Ungeschick mit Tieren, insbesondere Kamelen, war derart bemerkenswert, dass ich mir im Vergleich wie ein erfahrener Beduine vorkam. Daher bestanden beide Ordensbrüder darauf, mit Eseln zu reisen. Ich merkte, wie mein Vater und mein Onkel die Geduld mit ihnen verloren mit jeder weiteren Woche, die wir uns im Schneckentempo durch die Provinz schlugen.

Diese Landstriche hatten nicht das Geringste mit dem Reich Alexanders des Großen gemein, das zu finden ich wohl insgeheim gehofft hatte. Statt eines glanzvollen Imperiums sah ich nichts als Einöden, und mein Wunsch nach diesen Legenden war darin wie ein unvernünftiger Durst …«

»Wer sehnte sich nicht zu irgendeiner Zeit seines Lebens danach?«, entgegnete Rustichello. »Ein Reich aufrechter, tapferer Helden, deren Taten auch nach anderthalbtausend Jahren an den westlichen Höfen besungen werden …«

»Ihr wisst sicher am besten um die Wirkmacht dieser Epen.«

Rustichello nickte versonnen in der Dunkelheit, auch wenn der Venezianer es in seiner eigenen Dunkelheit jenseits der Wand nicht sehen konnte. »Ich kenne die meisten Fassungen. Alexandre de Bernay lieferte vor hundert Jahren sein Meisterwerk ab. In Alexandrinern natürlich. Über sechzehntausend, wenn ich mich recht entsinne.«

»Alles, was wir vorfanden, waren zertrampelte Landstriche und eingeschüchterte Bauern. Die Mongolen hatten diese Gegend im Sommer als Weidegrund benutzt – sie treten nämlich keineswegs so plötzlich wie ein Sturm oder eine Springflut auf, wie das hierzulande oft dargestellt wird. Wenn die Mongolenkrieger wandern, dann wandert ihr gesamtes Volk. Ihre Bauern, ihr Vieh, und natürlich ihre Familien, Frauen, Kinder, Alte, alle ziehen sie mit. Ganz allmählich breiten sie sich aus, und wenn sie schon der Flut gleichen, dann einer langsamen, die immer weiter ins Landesinnere vordringt. Deshalb sind sie so erfolgreich – weil erobern für sie gleichbedeutend mit bevölkern ist.«

»Habt Ihr sie gesehen, diese Flut?«

»Das habe ich, nur wenig später. Zwar hatten wir bereits in Laias den einen oder anderen Fremden mit den typischen schmalen Augen erspäht, das waren aber einzelne Händler oder versprengte Wanderer gewesen, nicht die legendären wilden Reiter, die selbst mit einer kleinen Streitmacht eine Panik auslösten. Ich glaube, Bruder Guglielmo und Bruder Niccolò hätten gerne darauf verzichtet, diesen Legenden auf den Grund zu gehen. Eines Tages jedoch standen wir ihnen jäh gegenüber: nur wir, ein paar georgische Händler, denen wir uns angeschlossen hatten, und unsere Esel und Kamele.«

»Was habt Ihr getan?«, fragte Rustichello und versuchte sich vorzustellen, was er in diesem Moment empfunden hätte, Auge in Auge mit zehntausend bis an die Zähne bewaffneten Reitern.

»Wir taten das Einzige, was wir tun konnten: Wir erklommen einen Hügel und scharten unsere Tiere um uns, wie Karawanen es bei Gefahr tun, die Wehrlosesten nach innen, was in diesem Fall unsere Dominikaner waren. Bei ihnen versteckten wir unsere Waren und die Geschenke des Papstes. Dann traten mein Vater und mein Onkel vor und reckten ihre goldenen Paizas wie heilige Symbole der Sonne entgegen – und schimpft mich nicht, aber ich kann es nicht anders beschreiben: Die Reihen der Mongolen teilten sich vor uns und dem Funkeln des Golds wie die Fluten des Roten Meers vor Moses' Stab und strömten beiderseits an uns vorüber, während wir mit klopfendem Herzen und hoch erhobenem Kinn auf unserem Hügel standen. Es war reine Magie. Es war ein großes Wunder.«

»Ist die Macht dieser goldenen Plaketten wirklich so groß?«, zweifelte Rustichello.

»Nicht der Plaketten selbst«, sagte der Venezianer. »Doch die des Khans. Seht Ihr, auf diesen Paizas steht: *Bei der Macht des Ewigen Blauen Himmels! Hört das Wort des Großen Khans! Wer es missachtet, soll gerichtet werden und sterben!* Und mit so etwas, seid gewiss, treibt der Khan niemals Scherze.«

Seine lange Rede hatte den Venezianer erschöpft, oder er hatte beschlossen, dass dies ein guter Moment für eine Pause war. Jedenfalls hörte Rustichello für den Rest des Tages von nebenan nur noch undeutliches Schnaufen und Kettenrasseln und das Rascheln von Stroh. Die nächsten menschlichen Stimmen, die er vernahm, waren die der Palastdiener, die kamen, um seine Zelle durchzukehren.

Die beiden Männer, die diese Arbeit die letzten Monate meistens verrichtet hatten, waren ein kleiner, hitzköpfiger Genuese namens Sergio und ein dunkelhäutiger, wortkarger Sizilianer namens Giovanni, der Sergio gut zwei Köpfe überragte. »Ist denn schon wieder ein Monat vergangen?«, begrüßte Rustichello seine Besucher verwundert.

»Merkst vor lauter Geplapper wohl gar nicht mehr, wie die Zeit verfliegt, was?« Sergio grinste. »Giovanni meinte vorhin schon, Il Milione hätte den Löffel abgegeben. So still war es hier unten seit Wochen nicht mehr.«

Der Sizilianer grunzte nur und machte sich daran, das schmutzige Stroh mit einer Heugabel einzusammeln. Rustichello wich ihm eiligst aus, denn er hatte bereits gelernt, dass Giovanni mit der Gabel zustach, wenn er zu langsam war.

»Il Milione?«, fragte er.

»So nennt man ihn daheim in Venedig«, sagte Sergio und spuckte beiläufig in die Ecke, als hinterließe der Name der Serenissima einen bitteren Geschmack in seiner Kehle. »Der Millionenmann. Weil er so viele Lügen erzählt.«

»Es ist sehr unhöflich, ihn so zu nennen.« Betroffen raffte Rustichello sich auf. »Einen Mann, der so weit gereist ist wie er! Der mehr von der Welt gesehen hat als wir alle zusammen!«

»Du solltest nicht die Hälfte dessen glauben, was er dir erzählt«, sagte Sergio. »Er ist ein großer Aufschneider. Seine letzte Lüge war, dass er seine Galeere siegreich in die Schlacht führen würde – und wir wissen ja, wie die Sache ausging, nicht wahr?«

»Das habe ich gehört«, drang die Stimme des Venezianers durch die Wand. »Ihr kommt Euch wahrscheinlich ziemlich schlau vor.«

Breitbeinig baute sich Sergio vor der Wand auf. »Ich frage mich ja, wie es kommt, dass die Kunde deiner Schande noch nicht deine Familie erreicht hat. Bist ja schließlich schon lange genug hier. Oder ist Il Milione so mittellos wie dieser Lump?«

Rustichello senkte niedergeschlagen das Haupt. Er wusste genau, was für eine Litanei jetzt wieder drohte.

»Jahrein, jahraus putzen wir seine Zelle und bringen ihm Essen, dass er uns nicht krank wird und an Wert verliert. Doch das einzige Angebot, das wir jemals für ihn erhielten, deckte kaum unsere Kosten. Da wären wir ja schön blöde, wenn wir ihn gehen ließen und dabei noch Verlust machten! Oder?«

»Sicher, sicher«, murmelte Rustichello, der es lange

aufgegeben hatte, darauf hinzuweisen, dass er sich seine Logis nur zu gerne verdient hätte: am liebsten durch Schreibarbeiten, oder zur Not in der kleinen Tischlerei des Palazzos.

»Ich weiß nicht, wovon ich mich mehr beleidigt fühlen sollte«, erwiderte der Venezianer. »Dass Ihr an meiner Aufrichtigkeit zweifelt, oder wie Ihr jetzt über meinen Freund Rustichello sprecht.«

Bei diesen Worten machte Sergio große Augen und wandte sich mit gespieltem Erstaunen seinem Kompagnon zu. »Messere Milione fühlt sich in seiner Ehre beleidigt! Hat man so was schon gehört?«

Rustichellos Herz klopfte vor Aufregung. Dass sein Zellennachbar ihn seinen Freund genannt hatte, rührte ihn – er hoffte nur, er trieb es nicht zu weit.

»Falls es Euch mit dem Lösegeld eilig ist, könntet Ihr mir ja etwas Schreibzeug bringen«, sagte der Venezianer. »Ich setze einen Brief an meine Familie auf, in dem ich um baldige Zahlung bitte. Wir sind wohlhabender, als Ihr glaubt, Ihr werdet schon sehen.«

Sergio und Giovanni tauschten listige Blicke.

»Solche Gefallen gibt es aber nicht umsonst«, sagte der kleine Genuese. »Auch Tinte kostet Geld! Hast du welches?«

Der Venezianer stöhnte. »Wie macht Ihr in dieser Stadt nur Geschäfte? Versteht Ihr denn gar nichts von Investitionen?«

»Vielleicht könnte ich Euch etwas dafür bieten!«, rief Rustichello lauter, als er beabsichtigt hatte.

Sergio schaute ihn fragend an. »Ach ja? Und was?«

»Eine Geschichte.«

»Du glaubst, dein Gerede ist irgendwas wert?«

»Dem König von England und seiner Gemahlin war es das.«

Wieder tauschten die beiden Palastdiener Blicke. Dann

stellte Giovanni die Mistgabel an die Wand und lehnte sich mit verschränkten Armen neben die Tür. Sergio zuckte die Achseln, leerte Rustichellos Eimer über das Stroh, stellte ihn umgekehrt auf den Boden und setzte sich.

»Na, dann erzähl mal.«

Schamvoll schnappte Rustichello nach Luft und versuchte, den üblen Gestank, der sich nun ausbreitete, zu ignorieren.

»Also …« Fieberhaft durchforstete er seine Erinnerung nach einer Geschichte, die diese beiden Holzköpfe beeindrucken würde. Dann fiel ihm etwas ein.

»Vor hundert Jahren regierte in Bagdad ein Kalif, der hasste die Christen in seinem Reich bis aufs Blut. Also ließ er sie alle zusammentreiben, hunderttausend an der Zahl. Dann trat er hinaus auf seinen Balkon und sprach zu ihnen: ›In eurer Heiligen Schrift stehen die Worte: So euer Glauben stark wie ein Senfkorn ist, kann er Berge versetzen. Dies scheint mir eine stolze Behauptung für welche wie euch zu sein. Daher sage ich euch: Zeigt mir dieses Wunder! Ihr seid alle Christen meines Reichs, da wird doch wenigstens einer von euch einen Glauben stark wie ein Senfkorn haben. Wenn ihr dieses Wunder vollbringt, seid ihr nicht nur frei, nein, ich werde euren Glauben sogar annehmen, denn dann habt ihr mir bewiesen, dass er mächtiger ist als der meine!‹ Und er deutete auf den nächstgelegenen Berg und sprach: ›Wenn sich dieser Berg dort hinten bis nächste Woche nicht in die Lüfte erhebt, seid ihr des Todes, allesamt.‹«

»Das mit dem Senfkorn kapiere ich nicht«, brummte Giovanni. »So ein Senfkorn ist doch ziemlich klein.«

»Unterbrecht mich bitte nicht! Und schaut Euch bei Gelegenheit mal an, wie groß so eine Senfpflanze wird. Also, wo war ich? Die versammelten Christen bekamen es bei seinen Worten mit der Angst zu tun, denn stark im Glauben zu sein ist eine Sache, aber Berge versetzen? Sie berieten sich lange und beteten Tag und Nacht, bis schließlich einem besonders Frommen ein Engel im Traum erschien, der ihm sagte, der einäugige Schuster solle Gott den Herrn darum bitten, den Berg für ihn zu versetzen …«

»Moment«, unterbrach Sergio. »Was für ein Schuster denn auf einmal?«

»Dazu kommen wir gleich. Dieser Schuster war tatsächlich der frommste und gottesfürchtigste Mann unter allen hunderttausend Christen. Wisst Ihr, weshalb er nur noch ein Auge hatte? Ich will es Euch sagen.

Der Schuster war ein so treuer und aufrechter Christ, dass er es mit den Geboten Gottes weitaus genauer nahm als die meisten von uns – ganz bestimmt genauer als Ihr. Eines Tages kam eine junge Frau in seine Werkstatt, um ein paar Schuhe zu kaufen. Er bat sie, Maß nehmen zu dürfen, doch als sie den Saum ihres Kleides anhob und er ihres schlanken Fußes und ihres wohlgeformten Schenkels gewahr wurde – und sie besaß, das müsst Ihr mir glauben, einen wirklich außerordentlich bezaubernden Fuß und den dazu passenden Schenkel –, da befiel ihn ein unreiner Gedanke. Und so schickte er sie davon und sprach: ›Heißt es nicht, wenn dein Auge dich in Versuchung führt, dann reiß es heraus? Du wirst es mir büßen, mir unreine Gedanken beschert zu haben, Auge!‹ Und mit diesen Worten nahm er eine spitze Ahle und stach sich das Auge aus.«

»Autsch«, sagte Sergio.

»Was für ein Vollidiot«, brummte Giovanni.

»Ich bitte Euch! Die guten Christen gingen also zu diesem Schuster und sagten zu ihm: ›Wir sind verzweifelt, denn wenn sich dieser Berg dort bis morgen nicht in die Lüfte erhebt, sind wir des Todes, allesamt. Wir flehen dich an, denn du bist der Frommste und Stärkste im Glauben von uns allen. Bete du zu Gott, dass er den Berg versetzen möge!‹ Das tat der fromme Schuster. Er betete die ganze Nacht, und die hunderttausend Christen beteten mit ihm. Und als der Kalif am nächsten Tag wieder auf seinen Balkon trat, um nach dem Berg zu sehen, da begann der Berg sich zu bewegen. Ganz langsam erst, dann wanderte er eine ganze Meile. Und der Kalif und alle seine Untertanen sahen, dass sich vor ihren Augen ein großes Wunder ereignet hatte, und der Kalif hielt sein Wort und trat zum wahren Glauben über, aber natürlich nur heimlich.«

»Woher weißt du's dann?«, fragte Sergio.

»Weil man bei seinem Tod ein Kreuz um seinen Hals fand, darum!«

»Aha«, machte Sergio und grinste breit. »Und wer hat dir davon erzählt?«

»Ich habe ihm davon erzählt!«, schallte die Stimme des Venezianers durch die Mauer. »Denn sein Sohn fand das Kreuz und nahm es an sich und gab es weiter an seinen eigenen Sohn, bis es schließlich in den Besitz des letzten Kalifen von Bagdad geriet. Und wisst Ihr auch, wie dieser starb? Er starb an seinem eigenen Reichtum.«

Sergio lachte. »Ich hab schon davon gehört, dass Leute an Armut sterben – das ist nichts Neues, und vielleicht findest du bald heraus, wie das ist. Aber an Reichtum? Davon hab ich noch nie gehört.«

»Dann passt auf: Vor genau vierzig Jahren eroberte Hulaku, Bruder des Großen Khans, Bagdad. Er war ein gefürchteter Feldherr und nahm die Stadt im Handstreich, obwohl der Kalif hunderttausend Reiter in ihr hatte.«

»Er hatte genauso viele Reiter wie Christen?«, zweifelte Sergio.

»Das war ein anderer Kalif. Ich rede nun von Kalif al-Musta'sim, oder al-Musta'sim-Billah Abu-Ahmad Abdullah bin al-Mustansir-Billah, wie er mit vollem Namen hieß, also passt besser auf. Hulaku eroberte also die ehrwürdige Stadt, und als er schließlich vor dem Kalifen stand, sagte er: ›Es heißt, du seist der reichste Mann der Welt, und meine Männer berichten mir, dass dieser Turm dort hinten voller Gold und Silber und Juwelen ist. Da frage ich mich doch, wie es kommt, dass all dein Reichtum dich heute nicht schützen konnte? Vielleicht hättest du dir besser noch mal hunderttausend Reiter geleistet, dann wäre dein Leben heute nicht verwirkt. Doch da du deine Schätze so zu lieben scheinst, mache ich sie dir zum Geschenk. Erfreue dich an ihnen, solange du kannst! Du wirst schon sehen: Vom Reichtum allein kann man nicht leben.‹ Und mit diesen Worten sperrte er den Kalifen in seinen Turm, mit nichts als seinen Schätzen.«

»Das ist … eisern«, sagte Sergio mit einem Anflug von Respekt in der Stimme.

»Es ist die mongolische Art, jemandem eine Lektion zu erteilen. Als Hulakus Männer den Turm zwei Wochen später wieder öffneten, lag der Kalif tot auf einem Bett aus Juwelen. Er war darauf verhungert und verdurstet.«

»Ein Bett aus Juwelen«, murmelte Sergio. »Meiner Treu.«

»Dort fanden sie auch das christliche Kreuz, das der Kalif aus der anderen Geschichte seinen Söhnen vermacht hatte. Die Mongolen fanden das bemerkenswert, also nahmen sie es mit. Als Hulaku sieben Jahre später starb, brachte eine Gesandtschaft das Kreuz zusammen mit anderen Besitztümern zu Hulakus Bruder, dem Großkhan in Kithai. Der zeigte es meinem Vater, und als ich den Khan Jahre später persönlich traf und ihn danach fragte, zeigte er es auch mir. Daher weiß ich davon, und deshalb ist es die Wahrheit.«

Die beiden Palastdiener schwiegen eine Weile. Rustichello wagte nichts zu erwidern – aber die Art und Weise, wie der Venezianer seine Geschichte vom wandernden Berge, bei der es sich aller Wahrscheinlichkeit nach um eine alte Legende handelte, mit Wahrheit erfüllt hatte, nötigte ihm Respekt ab.

»Nicht schlecht«, meinte Sergio. »Das heißt also, du kanntest den Bruder des Mannes, der diesen ganzen Turm voller Juwelen an sich gebracht hat? Und ein paar dieser Juwelen fanden vielleicht auch den Weg in eure Taschen?«

»Bringt mir Papier und Feder, dann finden wir's raus«, sagte der Venezianer.

Die Palastdiener berieten sich kurz. »Nun, ich würde sagen, so viel hast du dir vielleicht verdient. Wir werden einmal drüber schlafen. Auch wenn mir diese ganze Sache mit den fliegenden Bergen doch reichlich fantastisch vorkommt. Nicht wahr, Messere Milione?«

»Kommt morgen wieder«, sagte der Venezianer ungerührt. »Dann erzähle ich Euch von einer ewigen Flamme und den schwarzen Künsten finsterer Räuber.«

Sergio lachte. »Na, vielleicht machen wir das wirklich. Was, Giovanni?«

Der Sizilianer grunzte nur.

»Für heute reicht es aber. Ich habe einen teuflischen Hunger.«

»Was ist denn mit unserem Essen?«, fragte Rustichello kleinlaut, denn sie hatten heute außer einem Kanten Brot noch nichts bekommen, und er wusste, dass die Palastdiener in ihren Winkel des Kellers immer zuletzt kamen, wenn die anderen Gefangenen ihr Essen schon hatten.

Sergio schlug sich an die Stirn, als fiele es ihm eben erst wieder ein.

»Da sieht man, was bei all dem Gequatsche herauskommt! Dazu ist es nun wirklich zu spät. Ihr werdet Euch wohl bis morgen gedulden müssen. Wenn ihr Hunger habt, träumt doch von ein paar schönen Juwelen.«

Gackernd gab der kleine Mann Giovanni einen Klaps auf die Schultern, die er mit knapper Not erreichte. »Los, gehen wir.« Sie nahmen ihre Mistgabel und schlossen die Tür hinter sich.

Eine lange Zeit später lag Rustichello im Halbschlaf in seiner Ecke, als er die leise Stimme des Venezianers hörte.

»Messere Rustichello! Seid Ihr wach?«

»Leider ja. Mein Magen knurrt.«

»Das sind üble Genossen, diese beiden. Wir hatten bereits das Vergnügen, aber heute waren sie noch schlechter gelaunt als sonst. Nicht einmal meinen Eimer haben sie geleert.«

»Ihr könnt Euch glücklich schätzen«, murmelte Rustichello. »Meinen haben sie geleert – aber mitten ins Stroh.«

»Haben sie das Stroh wenigstens mitgenommen?«

»Nächstes Mal.«

»Das tut mir sehr leid.«

Rustichello richtete sich zaghaft auf und rieb sich die Müdigkeit aus den Augen. Oben im Hof klapperten die trägen Schritte einer Wache, und in der nahen Kathedrale begann die Laudes. »Ihr müsst Euch nicht entschuldigen. Ihr habt sehr geistesgegenwärtig gehandelt.«

»Ich griff nur das Garn auf, das Ihr gesponnen habt.«

»Das Garn, das Ihr spinnt, ist stark wie das der Nornen«, sagte Rustichello. »Ihr habt eine besondere, fast magische Gabe ... wie Ihr die beiden um den Finger gewickelt habt! Wenn Ihr lernt, diese Gabe richtig einzusetzen, könnt Ihr Großes vollbringen – auch und gerade an einem Ort wie diesem.«

»Meint Ihr wirklich?«, zweifelte der Venezianer. »Ich wollte sie nur Manieren lehren.«

»Glaubt mir, ich weiß, wovon ich rede – schließlich ist dies mein Beruf, und ich erkenne ein Naturtalent.« Er räusperte sich. »Sagt, ist Euch die Geschichte von Scheherazade ein Begriff?«

»Die persische Königin, die ihrem Gatten die Geschichten aus Tausendundeiner Nacht erzählt? Ich habe auf meinen Reisen von ihr gehört.«

»Sie war die erste und unerreichte Meisterin unserer

Zunft. Die Kunst des Erzählens ist die Kunst des Verführens – eine Verführung des Geistes. Scheherazade war die Tochter des Großwesirs von König Schahriyar. Entsetzt über die Untreue seiner Frau, verlor Schahriyar den Glauben an die Liebe im Allgemeinen und an das schöne Geschlecht im Besonderen. Er wies seinen Großwesir an, ihm jeden Tag eine neue jungfräuliche Braut zuzuführen, nur um sie zum Anbeginn des nächsten Tages enthaupten zu lassen. Schon bald herrschte ein beklagenswerter Mangel an Jungfrauen im Reich. Mädchen bangten um ihr Leben, Väter um ihre Töchter und der Großwesir um sein Seelenheil. Schließlich fasste sich seine eigene Tochter ein Herz und bot sich dem König als neue Braut an. Scheherazade hatte aber nicht vor, das Schicksal ihrer Vorgängerinnen zu teilen; nein, sie plante, dieses abscheuliche Ritual ein für alle Mal zu beenden. Die einzige Waffe, die ihr zur Verfügung stand, als sie die Gemächer des Königs betrat, waren ihre Geschichten.«

»Ich weiß – eine in jeder Nacht …«

»Ihr verkennt aber, was Scheherazade das Leben rettete – ihr und den verbliebenen Töchtern des Reichs. Der König ließ nicht von seiner Grausamkeit ab, weil Scheherazade ihn so gut unterhielt – sondern *weil sie die Geschichte nie zu Ende erzählte.* Immer, wenn der nächste Morgen drohte und die ersten Sonnenstrahlen auf den Richtblock fielen, hatte ihre Erzählung gerade eine neue überraschende Wendung genommen. Und immer, wenn der König wissen wollte, wie es weiterging, sagte seine schlaue Gemahlin: ›Es ist schon spät, mein Gebieter, und Ihr wolltet mich doch töten lassen. Ich fürchte, die Zeit reicht mir nicht, die Geschichte zu Ende zu erzählen.‹ Jeden Morgen unterlag der König seiner Neugierde und schob ihren Tod einen weiteren Tag auf: Tag für Tag und Nacht für Nacht. Tausendundeine Nacht.«

»Eine mutige Frau.«

»Geschichten haben Macht, Messere! Und diese Macht

könnt Ihr einsetzen. Verglichen mit Euch bin ich nur ein gelehriger Schreiber. Ihr jedoch beherrscht die Kunst, gegen den Tod selbst anzuerzählen. Wenn es Scheherazade gelang, dann gelingt Euch das auch! Ihr besitzt dieselbe Gabe wie sie.«

»Ihr habt eine sehr hohe Meinung von mir.«

»Ich möchte nur sehr gerne Eure Geschichte aufschreiben«, gestand Rustichello. »Und ich muss unbedingt wissen, wie es weitergeht.«

Der Venezianer lachte. »Morgen, mein Gebieter! Es ist schon sehr spät, und ich fürchte, die Zeit reicht mir nicht. Außerdem habe ich neue Zuhörer und will doch nicht ohne sie beginnen.«

»Morgen ist gut«, sagte Rustichello und ließ sich langsam wieder in seine Ecke sinken. »Ich kann warten.«

VII
Das Wunder von Tabriz
Persien, 1272

Im Frühjahr erreichten wir Tabriz, die prächtigste Stadt seit unserem Aufbruch im Heiligen Land. Sie war an einem Fluss gelegen und von Weideland und blühenden Obstgärten umgeben und ein Paradies für Kaufleute wie uns, denn dort trafen sich Waren vom Mittelmeer, dem Schwarzen Meer und aus Indien. Durch die Zerstörung Bagdads vierzehn Jahren zuvor war diese Handelsroute noch wichtiger geworden. Bald darauf hatte Abaka Tabriz zur Hauptstadt des Ilkhanats gemacht, selbst wenn er sich nur selten in ihr aufhielt, sondern seinen wandernden Armeelagern der Vorzug gab. Der Sohn Hulakus war dem Westen stets verbunden gewesen; genau wie sein Vater sah er die Mameluken als gemeinsamen Feind an. Darum hatte er Prinz Edward auf seinem glücklosen Kreuzzug auch Unterstützung angeboten.

Die Hauptfrau seines Vaters Hulaku, die Pfauendame Doquz, war eine nestorianische Christin gewesen, der zuliebe ihr Mann die Christen Bagdads mitsamt ihrer einäugigen Schuster und wandernden Berge verschont hatte. Abakas eigene Frau war Maria Palaiologina, eine illegitime Tochter von Michael VIII. – derselbe, der kurz nach der Flucht unserer Verwandten aus Konstantinopel den letzten Lateinischen Kaiser vertrieben und das Byzantinische Reich neu gegründet hatte.

Michael VIII. war ein windiger Kaiser, dessen Heiratspolitik mich frappierend an Giordano Trevisan und seine Töchter erinnerte. Dazu hatte er Abkommen mit Genua, Berke Khan und sogar den Mameluken geschlossen – praktisch allen Feinden Roms und ganz besonders Venedigs, auch wenn ich mir mittlerweile nicht mehr sicher war, wer Freund und wer Feind war. Hatte Hulakus alter Gegenspieler Berke meinen Vater und meinen Onkel damals nicht freundlich empfangen? Und kämpfte Abaka im Osten nicht gerade gegen Borrak, den mein Vater gleichsam in guter Erinnerung hatte?

»In einem Krieg, noch dazu einem Bruderkrieg, gibt es immer nur Opfer«, sagte mein Vater, während wir auf unseren Kamelen in die Stadt ritten. »Dschingis Khan teilte sein Reich unter vier Söhnen auf, und jeder dieser Söhne hatte ebenfalls mehrere Söhne. Die Allianzen zwischen seinen Nachfahren ändern sich ständig, und Recht und Unrecht liegen im Auge des Betrachters.«

»Das mag in einem Krieg zwischen Heiden der Fall sein«, widersprach Guglielmo da Tripoli vom Rücken seines Esels. »Wir aber reisen im Auftrag des Papstes! Ihr solltet nicht vergessen, auf wessen Seite Ihr steht.«

»Und Ihr solltet nicht den Fehler begehen, die Mongolen nach unseren Maßstäben zu beurteilen«, mahnte mein Onkel. An mich gewandt fuhr er fort: »Es gibt nur eine Seite in dem großen Konflikt, der die zweite Hälfte dieses Jahrhunderts bestimmt – vielleicht alle Jahrhunderte, die noch folgen. Und das ist die Seite des Großen Khans. Kublai ist bislang aus jedem Krieg als Sieger hervorgegangen. Wenn mich die letzten fünfzehn Jahre etwas gelehrt haben, dann, dass auf Seiten des Khans zu stehen überleben bedeutet.«

»Ihr verherrlicht diese Wilden doch maßlos!«, widersprach Guglielmo. »Und wir sind beileibe nicht die Ersten, die versuchen, ihnen Gottes Wort zu verkünden. Vor achtzehn Jahren reiste mein Namensvetter Guillaume de Rubrouck im Auftrag von Louis IX. nach Karakorum. Er war ein tüchtiger Franziskaner, der sein Bestes gab, die Mongolen auf den rechten Pfad zu führen. Doch sie machten sich nur über ihn lustig und schmähten den König. Was ihre Hauptstadt anging, so schrieb Bruder Guillaume, dass sie vornehmlich aus Schlamm bestünde. Selbst das kleine Saint-Denis bei Paris übertreffe Karakorum an Größe, und die Kathedrale dort besitze zehnmal den Glanz des Palastes. Das Einzige, was ihm bemerkenswert erschien, soll die Skulptur eines Landsmanns gewesen sein – noch ein Guillaume, wenn ich mich nicht täusche. Guillaume Boucher.«

»Ich habe von Rubrouck gehört«, erwiderte mein Onkel und grinste breit. »Die Mongolen sagten, er sei ein alter Zeterer und ein schlechter Verlierer gewesen. Je größer das Mundwerk, desto lieber stellen sie einen auf die Probe – so sind sie. Also richteten sie einen Wettstreit zwischen den verschiedenen Priestern der Stadt aus, bei dem allein die Waffen des Verstands zum Einsatz kommen durften. Rubrouck, so heißt es, habe seinen Glauben nach ein paar Bechern Wein selbst mit Hilfe eines Muslims nicht mehr verteidigen können.«

Guglielmo schnaubte und trieb seinen Esel an.

Ich hatte derweil nur noch Augen für die Stadt. Bald war ich völlig in die Schönheit der hohen Kuppeln und Mosaike versunken, welche die prunkvollen Paläste und Moscheen zierten. Manche stammten noch aus der Zeit der Kalifen, und so kam ich mir bald vor wie in einem Märchen – einer der Geschichten aus Tausendundeiner Nacht. Tatsächlich verdankte Tabriz die Blüte der letzten Jahrhunderte der Ehefrau des legendären Harun al-Rashid. Zubaidah hatte die Stadt nach einem verheerenden Erdbeben wieder aufbauen lassen, und mir war bereits aufgefallen, dass viele Brunnen Persiens ihren Namen trugen – ein Name mit einer eigentümlichen Bedeutung, die mir mein Onkel eines Abends mit anzüglichem Schmunzeln in einer Oase enthüllt hatte: Kleiner Butterball.

Tabriz war eine der Städte, in denen es die Mongolen verstanden hatten, die Kultur der Eroberten zu übernehmen, statt sie auszulöschen. Viele der alten Herrscherfamilien waren noch an der Macht, und die Menschen gingen ihren Geschäften und ihrem Glauben nach. In den Straßen trafen sich Reisende aus der ganzen Welt, und im Gegensatz zu Jerusalem schien sich niemand seiner Herkunft zu fürchten. Perser und Araber, Juden und Türken drängten unter den wachsamen Augen mongolischer Krieger durch die Straßen. Manche waren in schlichte Kaftane, andere in Mäntel aus teurem Brokat gekleidet. Die Männer trugen Turbane und andere Kopfbedeckungen, die Frauen weite Kleider und farbenprächtige Tücher aus Baumwolle und Seide, mit denen manche auch ihr Gesicht verschleierten.

Gelegentlich trafen wir auch auf Christen der uns fremden asiatischen Kirchen, Jakobiten und Nestorianer. Ich bat Bruder Niccolò, mir den Unterschied zwischen beiden zu erklären.

»Nestorius war der Patriarch von Konstantinopel«, führte

er widerwillig aus. »Auf dem Konzil von Ephesus wurde er exkommuniziert. Das war im Jahre 431, doch noch heute verbreiten seine Anhänger ihren Irrglauben.«

»Worin besteht dieser Irrglaube?«, fragte ich.

»Er lehrte, dass unser Herr Jesus Christus eigentlich zwei Wesen in sich vereine, ein göttliches und ein menschliches.«

»›Wie Feuer sich mit dem Eisen vereint‹, wenn ich nicht irre«, warf mein Onkel ein.

Bruder Niccolò runzelte geringschätzig die Stirn. »Sicher siehst du selbst, wie unsinnig eine solche Vorstellung ist, Junge.«

»Und die Jakobiten?«

»Die wurden zwanzig Jahre später verstoßen, auf dem Konzil von Chalzedon. Sie beriefen sich auf den Bischof von Edessa, Jakob Baradai. Der lehrte genau die gegenteilige Ketzerei – nämlich dass unser Herr Jesus nur über eine einzige Natur verfüge, die in erster Linie göttlicher Art war.«

Ich schüttelte verwirrt den Kopf. »Aber wenn Jesus weder aus zwei Wesen besteht, noch über nur eine Natur verfügt, was ist er dann?«

Bruder Niccolò hob die Stimme, damit mein Vater ihn auch hörte. »Habt Ihr Eurem Jungen denn gar nichts beigebracht? Was lehrt man heutzutage in den Kirchen Venedigs?«

»In der Schule habe ich gelernt, dass Jesus Gottes menschgewordener Sohn war«, verteidigte ich mich.

»Das ist auch richtig«, sagte Bruder Niccolò.

»Aber hat er jetzt eine Natur oder zwei?«

»Natürlich sind es zwei – aber unvermischt und ungetrennt.«

»Unvermischt … und ungetrennt? Das verstehe ich nicht.«

»Das musst du auch nicht«, antwortete Bruder Niccolò verschnupft. »Wer alles verstehen will, läuft nämlich schnell Gefahr, sich in Irrglauben zu verstricken.«

Ich wollte noch etwas erwidern, und auch meinem Onkel schien eine Erwiderung auf der Zunge zu liegen, aber mein Vater hob beschwichtigend die Hand, und so beließ ich es dabei.

Wir blieben einige Wochen in Tabriz. Da der Ilkhan mit Krieg beschäftigt war und es keinen geeigneten Ansprechpartner für uns in der Stadt gab, nutzten wir die Zeit, um uns zu erholen und Handel zu treiben. Auf dem Bazar, der größer war als alle Märkte, die ich bislang gesehen hatte, wechselten wahre Reichtümer die Besitzer. Ich sah schwere Teppiche und Spiegel aus poliertem Stahl, Seide, Silber- und Goldbrokat und Musselin. Außerdem Gewürze und Farbstoffe: Pfeffer, Muskatnuss, Zimt, Kermes aus getrockneten Schildläusen, Purpur aus den Schnecken des Mittelmeers, Indigo aus den Blättern eines indischen Strauchs, Henna und Kurkuma, das auch Safranwurzel genannt wird, tatsächlich aber eher dem Ingwer ähnelt, während man den edleren und teureren Safran aus der Krokusblume gewinnt. Ich sah Edelsteine, vor allem Türkise, und wunderschöne Perlen, die das besondere Interesse meines Vaters erregten.

Natürlich versuchten wir einerseits, möglichst gewinnbringend zu handeln, andererseits war es bei einer Reise wie unserer praktisch, sehr edle und platzsparende Waren zu kaufen, die sich leicht transportieren und notfalls auch verstecken ließen. So setzten wir fast alle Teppiche ab, die wir auf dem Weg durch Armenien bei ihren Herstellern erstanden hatten. Von den Türkisen riet mein Vater allerdings ab, weil wir bald schönere und größere als diese in Kerman erstehen könnten. Die lokalen Stoffe mochten zwar in Indien von Interesse sein, raubten aber viel Platz auf den Tieren. Es war ein beständiges Abwägen.

So wunderte es mich zunächst auch, dass sich mein Vater für Perlen interessierte, denn wir waren weit weg vom Meer und die Perlen nicht gerade günstig. Jedoch schien es, dass einige Exemplare von außergewöhnlicher Qualität ihren Weg nach Tabriz gefunden hatten und sich nicht alle Händler ihres vollen Wertes bewusst waren.

Um zu lernen, begleitete ich meinen Vater bei einer seiner Verhandlungen.

Wir traten durch ein Tor in den Schatten eines hohen Gewölbes, das mich an einen Kreuzgang erinnerte, nur dass hinter jeder Ecke ein weiterer Händler mit seinen Auslagen aufwartete. Der Ort glich einer eigenen Stadt, verwirrend in ihrer Lebhaftigkeit, merkwürdigerweise jedoch auch in ihrer Stille – es herrschte nicht der übliche Lärm, wie ich ihn auf den Märkten des Heiligen Lands oder bei den Teppichhändlern Armeniens erlebt hatte. Diese Leute hier tuschelten verstohlen, ja beinahe verschwörerisch, und viele redeten gar nicht, sondern verständigten sich bloß mit heimlichen Gesten, damit niemand außer dem, für den ein Signal bestimmt war, es sehen konnte.

»Niemand soll hören, was zu welchem Preis verkauft wird«, erklärte mein Vater. »Die Händler von Tabriz schätzen ihre Unabhängigkeit. Für uns heißt das, dass wir mit Bedacht vorgehen müssen, denn noch sind wir Außenseiter.«

Er führte mich zu einem Perlenhändler, der seinen Stand in einem geschützten Winkel hinter einem Pfeiler hatte. Ein muskelbepackter Aufpasser wachte darüber, dass niemand der Versuchung erlag, sich der kostbaren Waren zu bemächtigen.

Der Händler kniete gerade noch mit zwei anderen Interessenten auf einem Teppich. Sie wirkten nicht wie Einheimische, eher wie unsere Landsleute. Wie wir es schon andernorts beobachtet hatten, tauschten sie nur einsilbige Kommentare und signalisierten sich ihre Ablehnung und Zustimmung per Händedruck unter einem flachen Tisch. Wir warteten geduldig, bis sie ihre stumme Feilscherei beendet hatten, ohne zu einem für uns ersichtlichen Ergebnis gekommen zu sein, und sich erhoben.

»Seid gegrüßt«, sagte einer der Fremden im Gehen. Ich konnte seine Herkunft immer noch nicht zuordnen, verstand aber die einfachen Worte. »Und viel Erfolg!«

Mein Vater bedankte sich höflich, doch sobald die beiden Männer fort waren, erstarb sein Lächeln.

»Was ist?«, fragte ich.

»Das waren Genuesen«, sagte er. »Den Akzent erkenne ich sofort! Hoffen wir, dass wir nicht zu spät kommen.«

Der Händler forderte uns auf, doch Platz zu nehmen, und wir ließen uns vor dem Tisch auf die Knie sinken. Unser Gastgeber goss uns zunächst ein weißes Getränk in kleine Becher. Mein Vater nahm dankend an, und auch ich nippte vorsichtig. Es schmeckte wie säuerliche, leicht salzige Milch mit Noten von Pfeffer und Minze und war erstaunlich erfrischend.

Dann stellte der Händler mehrere Kästchen vor uns auf den Tisch und präsentierte uns seine Perlen, sortiert nach Herkunft und Qualität.

Mein Vater hatte ein feines Gespür bewiesen. Selten hatte ich eine solche Auswahl an Perlen gesehen. Die kleinsten waren kaum größer als Tautropfen, die größten reichten fast an Kichererbsen heran. Manche waren regelmäßiger als andere, und manche waren schneeweiß, während andere einen rötlichen oder bläulichen Schimmer aufwiesen. Je länger ich sie betrachtete, desto mehr gefielen sie mir alle.

»Welche würdest du wählen?«, fragte mich mein Vater.

Langsam, damit kein falscher Eindruck entstand, griff ich nach einem Kästchen. Die Perlen darin waren groß, aber unregelmäßig. Dann studierte ich einige besonders farbenprächtige Exemplare. Der Händler ließ mich die ganze Zeit nicht aus den Augen.

Schließlich fiel mir ein Kästchen am Rand des Tisches auf.

Die Perlen darin waren auf den ersten Blick nicht sehr auffällig; sie waren eher klein und hatten die typische milchig weiße Farbe. Allerdings schien ihnen ein besonderer Schimmer anzuhaften, und als ich eine in die Hand nahm und vorsichtig ins Licht hielt, fand ich meinen Eindruck bestätigt: Das Perlmutt schillerte in allen Farben des Regenbogens.

»Diese«, sagte ich, und mein Vater nickte anerkennend. »Woher stammen die?«

»Indien.« Der Händler streckte seine Hand unter dem Tisch aus, und ich griff zu. Seine Haut fühlte sich an wie ein alter Kamelsattel. »Wie viel bietest du?«, fragte er in deutlichen Worten und legte einen goldenen Dinar auf den Tisch, damit auch hierüber Klarheit herrschte. Wahrscheinlich trieb er nicht zum ersten Mal Geschäfte mit Fremden.

Ich drückte zweimal zu. »Pro Perle«, sagte ich. Der Händler zeigte keine Reaktion.

»Biete ihm mehr«, raunte mein Vater, wohl wissend, dass ich vorsichtig begann.

Ich drückte dreimal, und da kehrte etwas Leben in den Händler zurück. Mit der freien Hand pickte er einige Perlen aus dem Kästchen, prüfte sie und legte sie auf das Tuch daneben.

»Diese«, sagte er und klopfte mir in rascher Folge dreimal mit dem Finger auf den Handballen.

Ich klopfte meinerseits, nun viermal. »Und ich suche sie aus.«

Da drückte er kräftig meine Finger und legte die Perlen zurück zu den anderen.

»Morgen«, sagte er, während er seine Kästchen wieder schloss.

»Warum nicht gleich?«, fragte ich enttäuscht.

»Morgen«, wiederholte er. Mein Vater dankte ihm und erhob sich, und ich tat es ihm gleich.

»Sie legen sich nicht gerne fest«, bemerkte ich, während

wir uns weiter von den Massen über den Bazar schieben ließen.

»Leider kann er es sich leisten«, sagte mein Vater. »Perlen dieser Qualität findet man selten, und Indien ist groß – wer weiß, woher genau er sie hat.«

Wir kehrten zurück in unsere Unterkunft. Es war nicht viel mehr als der ungenutzte Raum im Haus eines Viehhändlers, und wir schliefen zu viert auf dem Boden. Doch ein paar Teppiche und Kissen hatten daraus ein gemütliches Lager gemacht, und nach nunmehr fast einem halben Jahr, seit wir Venedig verlassen hatten, hatte ich keine großen Ansprüche mehr und fühlte mich an jedem Ort rasch zu Hause.

Mein Onkel erreichte denselben Zustand, indem er dem süßen persischen Wein zusprach, der in der Gegend um Shiraz angebaut wurde. Auch die Einheimischen schätzten diesen Mey, wie sie ihn nannten, obgleich sie ihn häufig zu einem noch süßeren Sirup verkochten, um das Alkoholverbot ihrer Religion zu umgehen.

Mein Vater erzählte von unserem vereinbarten Handel, und Maffeo pflichtete uns bei, dass Perlen eine gute Investition darstellten. Unsere beiden Fratres interessierten sich nicht dafür. Guglielmo saß wie üblich über seinen Reisenotizen, aus denen einmal sein Traktat über den Zustand der islamischen Welt und die Lehre ihres Propheten werden sollte. Ich war mir nicht sicher, ob er der geeignete Mann dafür war, aber ich respektierte die Disziplin, mit der er wann immer möglich daran arbeitete.

»Ihr solltet unbedingt diesen Tropfen probieren«, sagte Maffeo, doch Guglielmo lehnte dankend ab. »Ihr wisst nicht, was Euch entgeht. Kennt Ihr die Legende, wie die Perser zu Wein kamen? Angeblich versuchte eine Geliebte des Königs sich vor lauter Verzweiflung mit den vergorenen Resten alter Trauben das Leben zu nehmen. Doch statt zu sterben, lernte sie das Leben da erst richtig schätzen. Sobald sie wieder laufen konnte, ließ sie den König an ihrer Entdeckung teilhaben – und hat es nicht bereut, wie es heißt.«

»Es scheint, dieses Land hat seinen Frauen viel zu verdanken.« Wie meistens schwang in Guglielmos Stimme eine Spur von Kritik mit.

»Erst der Wein macht den Frühling schön«, erklärte Maffeo auf Persisch und goss sich nach.

»Trink ihn dir bitte nicht zu schön«, mahnte mein Vater. »Ich bin morgen mit dem Pferdehändler verabredet, weißt du noch? Es wäre gut, wenn du Marco zum Bazar begleiten könntest.«

Persische Pferde waren ausdauernde und edle Tiere, die ursprünglich aus Arabien stammten und bis nach Indien gehandelt wurden. Deshalb erwog mein Vater, die verbliebenen tausend Meilen bis zum Meer statt auf Kamelen auf Pferden zurückzulegen, die er dort oder in unserem Zielhafen gewinnbringend weiterverkaufen konnte. Der Preis für Kamele hingegen war fast überall gleich.

»Klar begleite ich dich, wenn du mir den Weg zeigst.« Mein Onkel zwinkerte mir zu. »Du hast ihn dir doch gemerkt, hoffe ich?«

Tatsächlich schien sich mein Onkel am nächsten Morgen erst nicht an unsere Abmachung erinnern zu können, und es brauchte eine Ermahnung seitens meines Vaters, bis er zu Sinnen kam und sich ankleidete. Als er und ich dann den Perlenhändler erreichten, erwartete uns eine böse Überraschung. Mein Persisch war längst nicht so gut wie Maffeos, und ich hatte Probleme, der hitzigen Unterhaltung, die sich entspann, zu folgen; doch es machte ganz den Anschein, als ob aus unserem Geschäft nichts würde.

»Was ist passiert?«, fragte ich.

»Er hat deine Perlen an jemand anderen verkauft.«

»Und an wen?«

Mein Onkel gab die Frage weiter, und der Händler deutete mit den Händen flüchtig Kleidung und Größe der Kunden an.

»Er sagt, an Leute wie uns …«

»Die Genuesen!« Ich stieß einen leisen Fluch aus.

»Sie haben dich wohl überboten.«

»Wieso habt Ihr das getan?«, fragte ich den Händler scharf. »Wir hätten sie ebenfalls überbieten können!«

Der Händler tauschte Blicke mit seinem Aufpasser, dann bedeutete er uns, doch Platz zu nehmen. Sobald wir wieder im Schneidersitz auf dem Teppich saßen, entspannte sich der kräftige Aufpasser. Der Händler tuschelte verschwörerisch mit meinem Onkel.

»Was sagt er?«

»Er sagt, der Handel sei noch nicht endgültig. Er fragt, was wir zusätzlich zum alten Preis zu bieten haben.«

Langsam verlor ich die Geduld mit ihm.

»Sagt Ihr uns doch, was Ihr wollt, statt immer zu fragen, was wir zu geben bereit sind!« Maffeo übersetzte ergänzend, denn offensichtlich ergab mein Satzbau nicht viel Sinn. »Vielleicht gibt es ja etwas, was nur wir Euch bieten können? Wir kommen aus dem Heiligen Land und haben zwischen Jerusalem und hier viel Handel getrieben …«

In Anbetracht dessen, dass es hier um meine erste größere Transaktion ging, übertrieb ich vielleicht, aber ich war fest entschlossen, mir diese Gelegenheit nicht entgehen zu lassen.

Der Händler überlegte eine Weile, dann fiel sein Blick auf zwei Männer in der Menge, die das Habit von Bettelmönchen trugen.

»Ja? Was ist mit denen?«

Es ergoss sich ein kurzer Redeschwall über uns, bei dem selbst mein Onkel ein paarmal nachfragen musste. Immer wieder deutete der Händler auf einen der dürren Mönche und den Strick, mit dem er sich sein schlackerndes Gewand um die Taille geschlungen hatte.

Schließlich schienen sie zu einer Einigung zu kommen. Maffeo legte ein paar Münzen auf den Tisch und erhob sich.

»Komm«, sagte er.

»Wohin? Wofür ist das Geld?«

»Als Anzahlung. Wir sind zwei Tage unterwegs – aber wir brauchen unsere frommen Brüder dazu.«

Auf dem Rückweg erklärte er, was für eine Abmachung er mit dem Händler getroffen hatte.

»Offenbar haben diese Mönche – sahen wie Karmeliten aus, meinst du nicht? – ein Kloster eine Tagesreise von hier. Und sie stellen wohl eine Art von Wundergürteln her, denen man heilende Wirkung nachsagt. Dummerweise sind sie sehr wählerisch, wem sie ihre Wunder verkaufen, und sie treiben keinen Handel mit Muslimen. Und da kommen wir ins Spiel.«

Einen Moment verschlug es mir die Sprache. »Er will einen Wundergürtel?«

Mein Onkel zuckte die Schultern. »Er sagt, er hat vor ein paar Jahren selbst gesehen, wie ein lahmer Christ durch einen dieser Gürtel wieder laufen konnte, und seit ein paar Wochen hat er einen schlimmen Fuß. Du wolltest hören, was er für seine Perlen gerne hätte – jetzt weißt du's. Also, wie wichtig sind dir deine Perlen?«

»Ich will mein Geschäft abschließen.«

»Deine Sturheit hat ihn beeindruckt – und nicht nur ihn.« Er zwinkerte wieder. »Ich bezweifle, dass unsere genuesischen Freunde eine ähnliche Gelegenheit bekommen. Er weiß, dass nur wir und unsere Dominikaner ihm diese Gürtel besorgen können.«

»Ich frage mich, was sie davon halten werden …«

Wie sich rasch herausstellte, nicht viel.

Erst sträubten sie sich, uns überhaupt zu begleiten, dann willigten sie zerknirscht ein, als mein Onkel laut mit ihnen wurde. An meinen Vater hinterließen wir eine knappe

Botschaft, dass wir morgen Abend zurück sein würden. Ich hatte ein schlechtes Gewissen dabei, denn wir hatten uns noch nie so lange aufgeteilt. Gleichzeitig wollte ich ihm beweisen, dass ich diesen Abschluss auch ohne seine Hilfe schaffen konnte.

Schweigend ritten wir auf unseren Kamelen und Eseln durch die der Stadt vorgelagerten Haine. Die Luft im Hochland von Tabriz war zu dieser Jahreszeit noch frisch, doch die Sonne brannte zur Mittagszeit heiß vom Himmel. Mein Onkel hatte sich nach Art der Einheimischen ein Tuch um den Kopf geschlungen und ließ es sich nicht nehmen, selbst auf seinem schaukelnden Kamel dem Mey zuzusprechen. Beides quittierten die frommen Brüder mit Missbilligung. Für Maffeo war dies augenscheinlich nur ein entspannender Ausflug. Also versuchte ich, es ebenso zu sehen, die Reise zu genießen und mir nicht zu viele Gedanken darüber zu machen, was an unserem Ziel auf uns warten könnte.

Am späten Nachmittag kam das Kloster in Sicht. Es war eine schlichte Anlage mit einer Kapelle und zwei Wirtschaftsgebäuden auf einem Hügel, von einer Mauer und einem Garten umgeben. Wir stiegen ab und führten unsere Tiere den Rest des Wegs hinauf zum Tor. Unsere Mönche verhielten sich eigenartig – eigentlich hätte ich erwartet, dass sie nach all der Zeit froh darum waren, ein paar Glaubensbrüder zu treffen, doch von Freude war nicht viel zu spüren.

Man begrüßte uns höflich auf Griechisch und bot uns Speisen und Getränke an, die wir dankend annahmen. Es war nicht gerade ein Festmahl, aber wir hatten den Tag über keine Pause gemacht. Sobald wir den ersten Hunger gestillt hatten, erkundigten wir uns nach den Gürteln.

Die Mönche bestätigten, dass es diese Gürtel gab – sie fertigten sie aus Wolle und legten sie während des Gottesdiensts auf den Altar ihres Heiligen Barsauma. Von dem hatte ich noch nie etwas gehört, aber nach einigen freundlichen Bitten zeigten sie uns einen der Gürtel. Er sah für mein Auge nicht außergewöhnlich aus – einfache, ehrliche Arbeit, fast nur ein Strick.

»Ist der Gürtel für Euch?«, fragte uns der Abt. »Wir verlangen nicht viel dafür, aber wir verkaufen sie nicht jedem. Der Heilige Barsauma erweist uns eine große Güte mit jedem dieser Wunder, und es würde ihm nicht gefallen, wenn wir Wucher damit trieben.«

»Der Gürtel ist für meinen Jungen«, erklärte mein Onkel im Brustton der Überzeugung. »Er leidet unter einem heftigen Druck in den Lenden und kann kaum noch reiten, der Ärmste.«

Ich errötete.

Unser Gastgeber studierte mich. »Von solchen Beschwerden hört man oft in deinem Alter«, erklärte er im Brustton der Überzeugung. »Es beweist große Tapferkeit, dass ein junger Mann wie du fernab der Heimat dem Ruf seines Glaubens folgt, statt sich der Sünde hinzugeben.«

»Ich sah keinen anderen Weg«, antwortete ich vorsichtig.

»Dennoch bin ich mir nicht sicher, ob unser Gürtel da das Geeignete ist …«

»Es ist nicht nur das«, spann ich meine Leidensgeschichte aus. »Seit ein paar Wochen habe ich auch Schmerzen in meinem Bauch …«

Der Abt warf mir sorgenvolle Blicke zu. »Das ist durchaus ernst zu nehmen, aber ebenfalls normal in einem fremden Land, wenn man das Essen nicht gewohnt ist. Und ich stelle fest, dass du dich mit gesundem Hunger an unserem Brot bedienst …«

Ertappt legte ich meinen letzten Bissen beiseite. »Wo Ihr es sagt«, stotterte ich. »Es scheint, allein der Aufenthalt in Eurem Kloster hat mein Leiden zu bessern begonnen!«

Inzwischen rechnete ich fest damit, dass mich der Blitz traf, wie ich vor diesen frommen Brüdern log, dass sich die

Balken bogen; wenigstens von unseren Fratres erwartete ich Protest. Doch beide blieben auffallend still.

»Nun, wenn das so ist«, sagte der Abt, »dann habt Ihr in Eurem Herzen wohl den rechten Platz für den Heiligen Barsauma. Wir werden dich in unsere Gebete mit einschließen, und morgen früh sollst du deinen Gürtel erhalten. Gegen eine entsprechende Spende natürlich.«

»Natürlich«, sagte mein Onkel und atmete erleichtert auf.

»Bis dahin seid Ihr unsere Gäste. Vielleicht möchtet Ihr Euch unserer Messe anschließen?«

»Es wäre uns eine Ehre«, sagte ich, wobei mir nicht die alarmierten Blicke unserer Mönche entgingen. »Wir folgen dem dominikanischen Ritus!«, protestierte Guglielmo. »Ihr hingegen …«

Mein Onkel seufzte schwer. »Selbst in der Grabeskirche von Jerusalem haben wir eine Einigung zwischen den verschiedenen Mönchen erzielt. Erzählt mir jetzt nicht, dass es da unüberwindliche Hindernisse gäbe! Wenn ich das kann, könnt Ihr das auch.«

Nicht zum ersten Mal wunderte ich mich, wie mein Onkel über das Christentum sprach – als wäre es eine Religion für Leute aus dem Westen, aber nicht seine eigene.

Zähneknirschend fügten sich die beiden Mönche. Also beteten wir, dann versorgten wir die Tiere, beteten noch einmal und legten uns schlafen. Auch der nächste Morgen begann mit einem Gebet, dann gab es Frühstück, unsere Gastgeber beteten ein weiteres Mal – und dann brachten sie uns endlich den Gürtel.

Er sah fast genauso aus wie der, den sie uns am Vortag gezeigt hatten: ein Strick aus heller Wolle, nichts Besonderes. Doch wir dankten vielmals, sattelten unsere Esel und Kamele und machten uns auf den Rückweg nach Tabriz.

»Danke, dass Ihr uns unterstützt habt«, sagte ich zu Bruder Guglielmo, als wir zur Mittagszeit an einer Wegkreuzung mit einem Brunnen rasteten und uns im Schatten einer Dattelpalme erholten. »Ich hätte erwartet, dass Ihr mich maßregelt, und Ihr hättet wohl recht damit gehabt.«

»Wir hätten dich auch gerügt, wäre dieser Gürtel wirklich für dich gewesen«, sagte Guglielmo. »Aber da er lediglich für einen fußlahmen Perser bestimmt ist, kamen wir überein, dass es den Ärger nicht wert ist.«

»Sind diese Karmeliten und ihre Gürtel Euch denn so unangenehm?«

»Junge«, sagte Bruder Guglielmo. »Du musst noch viel lernen. Das waren keine Karmeliten, sondern jakobitische Ketzer, und dieser falsche Heilige, auf dessen Altar sie die Gürtel legen, wurde ebenfalls auf dem Konzil von Chalzedon verurteilt. Während die Ketzer also für Euren Gürtel gebetet haben, haben wir für Euer Seelenheil gebetet.«

Ich schluckte. »Dank Euch, Bruder.«

Mein Onkel schüttelte den Kopf. »Ketzer also. Sagt, genießt Ihr es eigentlich, alles so kompliziert zu machen?«

»Wir haben Euch gerade einen Gefallen getan!«, erinnerte ihn Bruder Guglielmo. »Etwas Dankbarkeit und Demut wären willkommen.«

»Ich brauche niemanden, der für mein Seelenheil betet«, erwiderte Maffeo ungerührt. »Vielleicht solltet Ihr begreifen, dass Ihr nicht mehr in der Heimat seid. Wenn Ihr in allen Menschen, denen Ihr die nächsten Monate über begegnet, Heiden oder Ketzer seht, werdet Ihr nur wenig Freude an der Reise haben.«

»Onkel, lass sie doch«, wollte ich ihn besänftigen.

Maffeo aber brauste auf. »Vielleicht wird es Zeit, dass Ihr einmal etwas anderes kennenlernt!« Er ging zurück zu seinem Kamel. »Komm, Marco.«

Hastig bestiegen wir unsere Reittiere.

»Wohin willst du?«, fragte ich, als er sein Tier auf den anderen Pfad lenkte, der den Weg von der Stadt zum Kloster kreuzte. Meinem Kamel, das an seines angebunden war, blieb nichts anderes übrig, als ihm zu folgen.

Maffeo hielt inne und griff in seine Satteltasche. Als er die Hand wieder herauszog, baumelte an seinem Finger eine kleine Holzschildkröte an einem Seidenfaden.

»Was ist das?«

»Aus Kithai«, sagte er und wartete darauf, dass die Schildkröte auspendelte. »Die Geomanten des Khans stellen diese nützlichen Tiere her. In ihr ist eine Nadel … siehst du? Da ist Süden.« Die Schildkröte richtete sich aus. »Na los!«, rief er und wies zufrieden den Weg entlang. »Wir machen einen kleinen Abstecher. Keine Angst – bis zum Abend sind wir wieder in der Stadt.«

Ich warf den beiden Fratres einen hilflosen Blick zu. Ich wusste nicht, was für eine Art von Lektion Maffeo vorschwebte, aber wenn er sich etwas in den Kopf gesetzt hatte, war es ihm nur schwer wieder auszutreiben. Einer nach dem anderen folgten wir ihm.

Wir ritten etwa zwei Stunden, wobei er sein Kamel so rasch antrieb, dass die Dominikaner auf ihren Eseln Schwierigkeiten hatten, mitzuhalten. Die Landschaft wurde immer kärger, und wir trafen nur wenige Wanderer. Immerhin schien die Gegend sicher zu sein. Zumindest dachte ich das, bis ich auf einmal einen leichten Schwefelgeruch in der Luft wahrnahm, der mit jeder Meile weiter zunahm. Schließlich kam ein niedriger Gebäudekomplex in Sicht: eine Art Pavillon, der mich entfernt an das Heilige Grab in Jerusalem erinnerte, jedoch einen bogenförmigen Eingang auf jeder Seite besaß. Zusammen mit ein paar kleinen Nebengebäuden war er von einer weitläufigen Mauer umgeben. Auf den ersten Blick wirkte die Anlage verlassen. Grillen zirpten unter den Steinen, und der Schwefelgeruch und die Nachmittagshitze lasteten wie ein Höllenbrodem über der Szenerie.

Vor einem offenen Tor in der Mauer hielt mein Onkel an.

Hinter uns kamen die müden Dominikaner angetrottet, die Gesichter ein einziger Ausdruck des Unbehagens.

»Was ist das für ein Ort?«, fragte ich.

»Ein Feuertempel der Zarathustrier«, sagte Maffeo, zwang sein Kamel in die Knie und stieg ab. »Und nicht irgendeiner. Komm mit.«

»Messere, ich muss protestieren!«, rief Bruder Guglielmo. »Wir Christen sollten einen solchen Ort nicht betreten.«

»Ich will dem Jungen etwas Wichtiges zeigen«, erwiderte mein Onkel. »Ihr könnt entweder mitkommen oder hier warten.«

»Wir warten«, erklärte Bruder Guglielmo. »Gott behüte dich, Junge.«

Ich konnte Guglielmos Bedenken durchaus nachvollziehen. Der Schwefelgeruch, die Einsamkeit des Orts und die Ahnung von Alter, die jedem einzelnen Stein anhaftete, verursachten auch mir ein mulmiges Gefühl.

In den Augen meines Onkels aber glänzte ein Licht, das vielleicht vom vielen Mey, vielleicht auch von etwas anderem herrühren mochte.

»Dies ist eine der ältesten Religionen der Welt«, erklärte er, während wir durch das Tor schritten. »Nach der Lehre Zarathustras, ihres Propheten, gibt es nur einen Gott, Ahura Mazda, was so viel wie ›der Weise Herr‹ bedeutet. Ihm unterstehen alle guten Geister. Sein Widersacher ist Ahriman, der Dämon der Zerstörung.«

»Abgesehen von den Namen klingt es nicht so schrecklich fremd«, sagte ich höflich, denn ich hörte einen ungewohnten Respekt in seiner Stimme.

»Praktisch jede Religion kennt Gut und Böse, und auch die Zarathustrier haben die Welt nach diesen Prinzipien geordnet. Aber die reinen Elemente sind ihnen ebenfalls heilig, insbesondere Wasser und Feuer. Feuer ganz besonders. Nun komm.«

Wir durchquerten den Innenhof und näherten uns dem Pavillon in seiner Mitte. Der Schwefelgeruch wurde noch stärker, und ich hörte nun auch ein Geräusch, das wie das Schlagen eines Banners im Wind klang. Gleichzeitig sah ich, dass der Ort doch nicht so verlassen war, wie ich geglaubt hatte: Aus dem Pavillon trat ein weiß gewandeter alter Mann mit einem langen Bart. Er wartete, bis wir ihn erreicht hatten, dann grüßte er uns auf Persisch.

»Salam«, gab mein Onkel zurück. »Wir sind hier, um die Flamme zu sehen.«

»Nur jene reinen Glaubens dürfen des Wunders ansichtig werden«, sagte der Alte. »Dies ist ein heiliger Ort.«

Da griff mein Onkel in sein Hemd und holte einen kleinen Anhänger an einer Kette hervor, den ich in all der Zeit, die wir nun zusammen reisten, noch nie gesehen hatte. Er sah aus wie ein geflügeltes Mischwesen mit dem Oberkörper eines Menschen, die Schwingen weit ausgebreitet.

»›Von allem Guten ist die Wahrheit am besten‹«, zitierte mein Onkel. »Ich will meinen Neffen eine der ältesten Wahrheiten lehren.«

Der Alte, den ich für eine Art Priester hielt, wirkte überrascht, willigte aber ein, uns zu begleiten.

Je näher wir kamen, desto lauter wurde das Geräusch wie von schlagendem, straff gespanntem Stoff, unter das sich nun ein Rauschen und Pfeifen mischte, als ob Wind durch eine Felsspalte fuhr. Und dann standen wir im Eingang des Pavillons, und ich sah es: Es war eine Flamme. Eine einzige, mannsgroße Flamme, die aus einem Loch im Boden fuhr und fauchend mal hierhin, mal dorthin zuckte. Sie brannte in einem fahlen, gelbroten Licht, nur in der Mitte war sie bläulich und fast unsichtbar, genau wie bei einer Kerze.

Und sie kam geradewegs aus dem Nichts.

Nicht Holz noch Reisig nährten diese Flamme, auch kein Öl oder Wachs. Sie schoss einfach aus dem Boden wie ein

Springquell aus einem Fels, und tatsächlich hatte man um die Stelle ihres Austritts ein schönes Mosaik mit einem Muster konzentrischer Kreise gelegt, in deren Zentrum die geisterhafte Fackel ihren Tanz aufführte. Sie war der Ursprung des Geräuschs, das ich gehört hatte, aber auch des üblen Schwefelgeruchs. Und ich spürte die Hitze, die von ihr ausging und wie die Hitze der Sonne auf meiner Haut brannte.

Eine Weile stand ich still, versunken in die Schönheit dieses außerordentlichen Wunders, und dachte an den brennenden Dornbusch, der Moses erschienen war. Dann wieder fürchtete ich, es handele sich um ein Loch direkt in die Hölle und der Teufel wolle mich in Versuchung führen. Ich wusste nicht mehr, was ich glauben sollte.

»Diese Flamme brennt seit mehr als tausend Jahren«, sagte mein Onkel auf Venezianisch, während der Priester gemächlich und mit leisem Gesang um sie herumschritt. »Manche sagen, ihr Feuer sei direkt von Ahura Mazda gekommen. Die Flamme brannte schon zur Zeit Mohammeds und als Christus geboren wurde – und vielleicht brannte sie auch bereits, als Alexander hier durchritt. Einer frühen christlichen Legende nach erhielten die drei Weisen aus dem Morgenland vom Heiland im Gegenzug für ihre Geschenke einen kleinen Stein, doch sie wussten nichts mit ihm anzufangen. Also warfen sie ihn in einen Brunnen – worauf das göttliche Feuer vom Himmel in den Brunnen niederfuhr. Gewiss ist nur, dass das Feuer für Zarathustrier Reinheit und Leben verkörpert.«

»Ich wusste nicht, dass du ihrem Glauben anhängst«, murmelte ich.

Er zwinkerte. »Erzähl es den anderen nicht, hörst du? Es gäbe nur Streit.«

»Ich verspreche es. Aber warum erzählst du es mir?«

»Ich wollte dir diesen Ort zeigen, damit du lernst, dass es immer mehr als nur eine Wahrheit gibt – und vielleicht ist genau das die größte Wahrheit von allen. Vor allem aber wollte ich, dass du ein echtes Wunder siehst, bevor wir unsere Reise fortsetzen. Es wird dir helfen, bestimmte Dinge, die vor uns liegen, besser zu verstehen.«

Ich weidete mein Auge noch etwas länger am Anblick des sich stetig wandelnden, ewig lodernden Feuers. Dann riss ich mich los, und wir dankten dem Priester und kehrten wieder zurück zu unseren Mönchen.

Diese waren sehr ungehalten; doch ihr Unmut war nichts verglichen mit dem Ärger meines Vaters, der sich große Sorgen um uns gemacht hatte. Ich bin mir nicht sicher, auf wen er bei unserer Rückkehr wütender war: auf seinen eigenmächtigen Bruder, der mich einfach zwei Tage entführt hatte; auf mich, weil ich so unvernünftig gewesen war, mitzukommen; oder auf die Fratres, weil sie uns nicht davon abgehalten hatten. Immerhin hatten wir den Gürtel des Heiligen Barsauma vorzuweisen, den der Perlenhändler sich von uns gewünscht hatte. Davon, dass der Gürtel einem Ketzer geweiht war und wir anschließend noch einen heidnischen Feuertempel besucht hatten, erzählten wir nichts, und zu meiner Überraschung brachten auch die Mönche das Thema nicht auf.

So konnten wir unseren Handel auf dem Bazar endlich abschließen. Auch mein Vater war mit seinen Geschäften erfolgreich gewesen, und wenige Tage später brachen wir auf: Wir Polos auf drei stattlichen, schnellen Pferden, die Mönche nach wie vor auf ihren behäbigen Eseln. In unseren Ärmeln eingenäht trugen wir die schimmernden Perlen mit uns, die neben den Pferden nun den Großteil unseres Vermögens ausmachten. Zurück ließen wir einen glücklichen Händler mit seinem Gürtel und ein paar wahrscheinlich sehr missgestimmte Genuesen.

* * *

Der Venezianer räusperte sich. »Entschuldigt. Aber ich habe eine ziemlich trockene Kehle. Das viele Feuer und die Hitze in meiner Erzählung müssen sie ausgedörrt haben.«

Rustichello wollte schon ein paar mitfühlende Worte finden, als er hörte, wie sich einer der Palastdiener draußen auf dem Flur von seinem Hocker erhob. Er hatte ganz vergessen, dass sie sich wie angekündigt zu Beginn ihres Dienstes draußen auf dem Flur eingefunden hatten, statt die Nacht wie üblich in ihrer Stube mit Wein und Würfeln zu vergeuden. Es war ungewohnt, nicht mehr der einzige Zuhörer des Venezianers zu sein.

»Ich hol ja schon was«, beschwerte sich Sergio. Dann hielten die Schritte unversehens inne. »Wieso mache ich das eigentlich?«, rief er aus. »Hol du ihm was, Giovanni. Ist doch immer dasselbe mit dir.«

Ohne Protest erhob sich der schwerfällige Mann, schlurfte den Gang hinab und kehrte kurz darauf zurück. Rustichello hörte, wie sie die Essensklappe der Nachbarzelle aufschlossen, dann das charakteristische dumpfe Geräusch eines Wasserkrugs, der auf dem Steinboden abgesetzt wurde.

»Wisst Ihr, ich habe schon ziemlich lange keinen Wein mehr getrunken«, sagte der Venezianer.

Sergio stieß ein boshaftes Lachen aus. »Vielleicht, wenn du uns an deinem Perlenschatz teilhaben lässt. Wie wäre das, Messere Milione?«

Rustichello hörte den Venezianer die Nase rümpfen. »Leider habe ich meine Reichtümer gerade nicht bei mir.«

»Wieso überrascht mich das nicht?« Sergio keckerte. »Ich hoffe, das Wasser mundet, Messere Milione.«

»Ich wünschte wirklich, Ihr würdet aufhören, mich so zu nennen.«

»Sobald du deinen Worten Taten folgen lässt.«

»Ich erinnere Euch ungern daran, aber Ihr seid diejenigen, die mir erst …«

»Vergiss nicht, wo dein Platz ist!«, schnappte Sergio.

»Messeres!«, erhob Rustichello die Stimme, damit man ihn auch auf dem Flur deutlich hörte. »Ich bitte Euch! Wir wollen doch jetzt nicht streiten. Viel lieber möchte ich hören, wie die Geschichte weitergeht. Geht es Euch nicht ebenso? Haben wir uns nicht deshalb heute Nacht hier eingefunden?«

Mit klopfendem Herzen lauschte Rustichello auf den Flur hinaus.

»Also, was sagt Ihr?«

Sergio schnaubte. »Also gut. Aber das heißt nicht, dass ich irgendein Wort von dem glaube, was Il Milione erzählt.«

»Aber vielleicht könnt Ihr die Geschichte wenigstens um ihrer selbst willen genießen?«, schlug der Pisaner vor. »Immerhin hat sie doch alles, was eine gute Geschichte braucht: eine Reise, den Zauber ferner Länder, geheimnisvolle Figuren …«

»Na ja, den Onkel finde ich ganz lustig«, gab Sergio zu. »Besser als die beiden Kirchenmänner jedenfalls. Und die Genuesen, die natürlich immer die Bösen sind. Was meinst du, Giovanni?«

Der andere Palastdiener gab ein undeutliches Brummen von sich.

»Was war das? Red deutlich, wenn du willst, dass dich jemand versteht!«

»Die Schildkröte«, wiederholte Giovanni. »Das hab ich nicht kapiert. Wieso hat er eine Schildkröte dabei? Und wieso dreht sie sich?«

»Es ist keine echte Schildkröte, sondern so was, wie die Seefahrer haben. Bloß kleiner und fremdländisch.«

»Ach so.«

»Hast du nicht zugehört?«

»Klar hör ich zu! Das mit dem Feuer fand ich gut. Ganz schön unheimlich.«

Sergio stöhnte. »War klar, dass du auf so was reinfällst. Das war doch bloß erfunden, kapierst du nicht? Die drei Weisen aus dem Morgenland, na klar. Ich kenne meine Bibel, und die haben nie einen Stein in so einen Brunnen geworfen. Ist doch auch Blödsinn. Warum soll aus einem Brunnen denn Feuer schießen, bloß weil ich einen Stein reinwerfe?«

»Messeres!«, ermahnte Rustichello die unruhige Zuhörerschaft erneut. »Wollten wir nicht fortfahren?«

»Danke«, sagte der Venezianer leise aus der Nachbarzelle.

»Schon gut, schon gut«, verteidigte sich Sergio. Rustichello hörte das Rutschen von Hockern und das Gluckern von Wein in Bechern, bis beide Palastdiener es sich wieder bequem gemacht hatten. »Erzähl weiter – ihr wolltet gerade aufbrechen. Wann kommt denn das mit den Räubern?«

»Geduld«, sagte der Venezianer. »Erst müssen wir Tabriz verlassen und weiter nach Yazd …«

VIII
Ismael

Die Route nach Süden war stark genutzt, und es gab viele Brunnen und Städte auf dem Weg, so dass wir einem leichten Abschnitt der Reise entgegensahen. Trotzdem schlossen wir uns einer Karawane an, wie sie auch die großen Wüsten durchquert. Eine solche Reisegruppe bringt zum einen mehr Sicherheit, zum anderen entlastet sie auch die Tiere, da wir das Gepäck und die restlichen Waren nun auf Packesel verteilen konnten. Außerdem – aber das sprach nach unserer jüngsten Meinungsverschiedenheit niemand laut aus – war uns allen nach der Gesellschaft anderer Menschen zumute.

Unser Karawanenführer war ein alter Beduine namens Yusuf aus der Gegend um Aleppo, der mit seiner Familie vor den ständigen Kriegen in seiner Heimat geflohen war. Mit ihm reiste sein Sohn Ismael, der jünger war als ich, aber bereits ein Geschick mit den Tieren bewies, als hätte er sein Leben lang nichts anderes getan. Gemeinsam waren sie für eine Karawane von zwölf Kamelen und acht Eseln verantwortlich, alles Händler auf dem Weg nach Kerman oder weiter zum Meer. Dazu kamen wir mit unseren Pferden.

»Das ist ein sehr schönes Pferd«, sagte Ismael und streichelte den Hals meiner grauen Stute.

»Sie ist sehr willensstark«, sagte ich, denn ich hatte bereits festgestellt, dass die arabischen Pferde schwerer zu bändigen waren als die Tiere, auf denen ich als Knabe bei Ausflügen aufs Festland die Grundzüge des Reitens erlernt hatte.

Ismael lächelte. »Dennoch wird sie dir gehorchen, wenn du sie rufst. Kennst du die Geschichte von den Al Khamsa?«

Ich verneinte.

»Nach einer langen Reise durch die Wüste ließ der Prophet eine Herde fast verdursteter Pferde zu einer Oase laufen. Doch kurz bevor sie das Wasser erreichten, rief er sie zurück, um ihre Ergebenheit zu testen. Nur fünf kehrten um. Diese fünf sind die Al Khamsa – von ihnen stammen heute alle echten arabischen Pferde ab. Werdet ihr sie behalten?«

»Wir wollen sie weiterverkaufen«, gestand ich nicht ohne Bedauern.

»Dann musst du dem Käufer erzählen, woher du sie hast und wer ihre Eltern waren – das ist sehr wichtig. Frag deinen Vater danach.«

»Das werde ich«, versprach ich.

Wir reisten über Saba, wo angeblich die drei Weisen Caspar, Melchior und Balthasar begraben lagen – was Bruder Guglielmo strikt verneinte –, und erreichten nach vier

Wochen schließlich Yazd, eine uralte Stadt, die ganz aus Lehmziegeln gebaut war. Mit jeder Woche, die wir nach Süden gereist waren, war es heißer geworden, und wir hießen die Aussicht, eine Weile in den kühlen Häusern der Stadt zu verweilen, willkommen.

Die Bewohner der Stadt bezogen ihr Trinkwasser aus einem weitverzweigten Netz von Kanälen. Diese transportieren das kostbare Gut aus tiefen Brunnen bis auf die Felder – ein Labyrinth unterirdischer Aquädukte, das den architektonischen Leistungen der alten Römer in nichts nachstand. Gleichzeitig dienten die Kanäle auch der Linderung der Sonnenglut, die von außen auf die Dächer brannte. Denn viele Häuser verfügten zusätzlich über einen sogenannten *Badgir* oder Windfänger.

»Ihre Öffnungen weisen in jede Himmelsrichtung«, erklärte mir Ismael, als ich mich erstmals über den Anblick der hohen, achteckigen Türme verwunderte. »So dass der Wind, egal von wo er bläst, durch einen langen Kanal bis in den Keller des Hauses fährt. Dort wird er gekühlt, denn unter dem Keller verläuft ein *Qanat.*« Das waren die unterirdischen Kanäle. »Und weil die Qanate ebenfalls belüftet sind, transportieren sie nicht nur Wasser, sondern auch kühle Luft in die Keller. Deshalb haben wir in den Häusern immer eine kühle Brise, und die wärmere Luft steigt durch einen zweiten Kanal im Badgir wieder auf und lässt sich vom Wind davontragen.«

Ich staunte nicht schlecht. Was hätte ich in manchem Sommer in Venedig für einen solchen Turm gegeben! Doch leider war keiner unserer Architekten je auf die Idee gekommen, das einfache Prinzip der aufsteigenden heißen Luft solcherart zu nutzen. Und das, wo unsere ganze Stadt über dem Wasser gebaut war!

Doch die Menschen von Yazd hatten noch ein weiteres Wunder ersonnen. Sie waren nämlich in der Lage, selbst den

Sommer hindurch Eis aufzubewahren, das sie im Winter aus dem Gebirge holten. Dazu bauten sie große Kuppeln aus einem speziellen Mörtel, deren Wände zwei bis drei Schritt dick waren und deren Keller ebenfalls an Qanate angeschlossen waren. Aus diesem Eis stellten sie eine *Faludeh* genannte Süßspeise her: feine Weizenmehlfäden, nicht unähnlich den *Maccarruni*, die man auf Sizilien bekommt, bloß dünner und mit einem köstlichen, gefrorenen Sirup aus Rosenwasser, auf Wunsch auch mit Pistazien oder Granatapfel verfeinert. Ich wollte es erst nicht glauben, doch sobald ich mein erstes Faludeh gegessen hatte, konnte ich gar nicht mehr genug davon kriegen. Ismael zeigte mir, wo man es bekam, und während mein Vater sich auf dem Bazar den berühmten Brokat der Stadt besah, schlugen wir uns auf Kosten unserer Reisekasse die Bäuche voll.

Es gab auch mehrere Feuertempel in der Stadt, doch weniger wundersam als der, den ich gesehen hatte – laut Ismael hielten die Priester das Feuer mit Sandelholzgaben der Gläubigen in Gang. Ich betrat keinen von ihnen, sehr zur Erleichterung unserer Mönche, die mich seit den Geschehnissen in Tabriz mehr als einmal aufforderten, mit ihnen zu beten.

Dafür sah ich am Stadtrand eine Begräbnisstätte der Zarathustrier. Ich hätte erwartet, dass sie ihre Toten verbrannten, doch da hatte ich mich getäuscht. Als wir an unserem letzten Tag die Stadt wieder verließen, ritten wir in einiger Entfernung an einem gedrungenen, runden Gebäude vorbei, das sich wie ein halbfertiger Turm auf einem Hügel erhob. Darüber kreisten viele Vögel, und ich hatte bereits ein schlechtes Gefühl bei der Sache, als ich meinen Onkel nach dem Bauwerk fragte. Ich wusste nicht wieso, aber dieser Turm machte mir Angst.

»Das ist ein *Dachma*«, erklärte er knapp, denn auch ihm schien der Ort unangenehm zu sein. »Ein Begräbnisturm für Himmelsbestattungen.«

»Himmelsbestattungen?«, fragte ich vorsichtig.

»Die Elemente sind den Zarathustriern heilig. Der Leichnam soll weder Feuer noch Erde verunreinigen. Daher lässt man ihn von Vögeln fressen. Dieser Brauch ist auch im fernen Osten nicht unbekannt.«

Mit Grausen wandte ich mich vom Anblick der kreisenden Aasfresser ab und war froh, als der Turm außer Sicht geriet.

Unser nächster Halt war Kerman, wo sich unsere Karawane noch einmal vergrößerte. Der letzte Abschnitt der Reise zum Meer, die noch zwei bis drei Wochen beanspruchen würde, führte durch bergiges Land und abgeschiedene Täler, die einen schlechten Ruf hatten. Viele Reisende erzählten von Räubern, und hinter vorgehaltener Hand verbreiteten sich schreckliche Geschichten: Es wären grausame Söldner, die ihre Opfer in die Sklaverei verkauften oder bei lebendigem Leib verbrannten; Ausgestoßene der Mongolen, die Kinder vergewaltigter Frauen; sie wären bewandert in den schwarzen Künsten und in der Lage, eine widernatürliche Nacht auf ganze Landstriche herabzurufen, um im Schutze der Dunkelheit ihre Mordtaten zu begehen. Aus diesem oder einer Reihe dieser Gründe nannte man sie Karaunas, was so viel hieß wie »die Schwärze herbeibringen«.

Wir gaben nicht viel auf solche Geschichten, aber die Gefahr von Räubern war real genug, uns für das Schlimmste zu wappnen. Unser Karawanenführer Yusuf bestand darauf, dass wir uns alle bewaffneten, selbst Ismael und ich und die Fratres.

»Wäre ich doch nur im Heiligen Land geblieben«, beklagte sich Bruder Guglielmo. »Dort kennt man wenigstens die Gefahren, die einem blühen, und man muss sein Leben nicht Beduinen anvertrauen!« Er gab eine Menge Geld für eine schwere Armbrust aus, die er nicht spannen konnte; daher überantwortete er sie Bruder Niccolò, unter der Bedingung, dass er sich immer in seiner Nähe hielt.

Mein Vater kaufte sich auf dem Bazar einen Knüppel, während mein Onkel eine große Summe für einen Säbel aus dem seltenen indischen Stahl bezahlte, dessen Herstellung ein gut gehütetes Geheimnis ist. Ich begnügte mich mit einem Dolch, der mich beim Reiten nicht behinderte. Zwar hatte ich in meiner Jugend dank Andrea mit verschiedenen Waffen geübt, doch ich hatte nie einen echten Kampf geschlagen, schon gar nicht vom Pferd aus; und ich war mir ziemlich sicher, dass für meinen Vater und Onkel dasselbe galt. Ein besserer Schutz für uns alle waren da schon die vier Bogenschützen, die Yusuf verpflichtete und die wir Händler gemeinsam bezahlten.

Um die Unkosten zu decken, sahen wir uns nach möglichen Investitionen um. Auf dem Bazar bewunderten wir die schönen Stickarbeiten der Frauen, doch eine größere Gewinnspanne versprachen die hellblauen Türkise der Gegend, die mein Vater nun wie erhofft zu einem günstigeren Preis erstand als in Tabriz. Auch ein paar hochwertige Sättel für unsere Pferde fanden wir – und dann fielen uns die Falken ins Auge.

Die Falknerei hat in Persien eine lange Tradition – angeblich wird diese edle Kunst hier schon länger praktiziert als in unseren Landen. In jedem Fall waren es sehr schöne Tiere, etwas kleiner als unsere Wanderfalken und mit rötlichem Brustgefieder. Sie machten einen gesunden Eindruck, und jeder, den wir fragten, versicherte uns, dass die Falken aus den Bergen um Kerman zu den besten der Welt zählten. Als wir dann am Rande des Bazars Zeuge wurden, wie ein trainierter Falke am tiefblauen Himmel eine Taube schlug, waren wir überzeugt, dass sich mit ein paar jungen Tieren in Hormuz ein gutes Geschäft machen ließe. Ismael leistete uns wertvolle Dienste bei der Auswahl der Tiere und erwies sich abermals als sehr kenntnisreich. Als Ansporn und weil mein Vater sah, dass ich Ismael mochte, machte er ihm folgendes Angebot: »Wenn alle Vögel den Weg nach Hormuz unbeschadet überstehen und mindestens den Preis erbringen, den du uns genannt hast, darfst du einen davon für dich selbst behalten.«

Ismael war außer sich vor Freude. »Dank Euch, Herr! Ich werde mein Bestes geben.«

Und so machten wir uns auf den Weg, eine Karawane von dreißig Tieren, darunter ein gutmütiges Maultier, das über und über mit den Käfigen der jungen Falken behangen war. Ismael kümmerte sich um die Tiere und gab ihnen zu fressen, und seinen leuchtenden Augen sah ich an, dass er sich insgeheim schon in eines oder zwei verliebt hatte.

Die übrigen Reisenden waren vornehmlich Händler wie wir, darunter auch ein Edelmann aus Yazd mit seiner Frau und seiner persönlichen Leibgarde. Wir redeten nicht viel mit ihnen, schon weil das Persisch der anderen Reisenden zu schnell für uns war und außer Yusuf und Ismael niemand Rücksicht auf uns nahm. Der einzige andere Christ in der Gruppe war ein byzantinischer Händler, und auch der blieb lieber für sich. Ich hatte ihn in Verdacht, dass er seine beiden Diener, die ihm jeden Handgriff abnahmen, nicht nur aus Bequemlichkeit dabeihatte, sondern dass er tatsächlich ein Sklavenhändler auf dem Weg zur Küste war.

Eine Woche lang kamen die Berge immer näher, und das Land stieg weiter an. Noch war die Reise angenehm, und wir passierten viele Dörfer und ritten manchmal stundenlang durch Pfirsich- und Aprikosenhaine. Ich half Ismael bei der Pflege der Vögel und Yusuf mit den Packtieren, denn ich wollte mich nützlich machen. Vieles war mir neu, doch ich lernte schnell.

»Bist du mit Tieren groß geworden?«, fragte Ismael bei einer dieser Gelegenheiten.

»Eigentlich nicht«, gestand ich. »Venedig ist eine Stadt des Steins und des Wassers.«

»Nun, manchen legt es Allah in die Wiege«, sagte er mit einem Lächeln.

Die Abende verbrachten wir – am Feuer oder im Hof einer Karawanserei – mit einem Spiel namens *Nard,* bei dem man Steine mit Würfelwurf über ein Brett zog. Wir spielten nicht um Geld, nur zum Vergnügen – was mein Glück war, weil Ismael fast immer gewann. Mein Vater konsultierte derweil seine Karten, und Bruder Guglielmo brütete über seinem Traktat.

Onkel Maffeo aber schien Gefallen an der Frau des Edelmanns gefunden zu haben. Zwar sah man von ihr bloß die elegant mit Henna bemalten Hände und die dunkel nachgezogenen Augen hinter dem Schleier, doch das stachelte seinen Ehrgeiz nur weiter an. Eines Morgens trat einer der beiden Männer aus ihrer Leibgarde auf ihn zu. Im nächsten Moment blitzte auch schon ein Dolch unter Maffeos Kehle, und man erklärte ihm, dass ihr Gesicht das Letzte sein würde, was er von der Welt sähe, falls er diese Warnung in den Wind schlüge. Onkel Maffeo schaute nur unschuldig drein, bestätigte dann aber zu unser aller Erleichterung, dass er verstanden habe. Von da an ging er den Edelleuten aus dem Weg und wandte sittsam den Blick ab, wann immer die verschleierte Schöne in der Nähe war.

Der Weg wurde immer steiler, die Gipfel immer ehrfurchtgebietender, bis wir schließlich absteigen und die Pferde am Zügel führen mussten. Auch kälter wurde es, und als wir nach zwei Tagen den höchsten Punkt des Passes erreicht hatten, waren wir von mehr Schnee umgeben, als ich in meinem ganzen Leben gesehen hatte. Wir froren erbärmlich, selbst in unseren dicksten Mänteln. Laut Yusuf hatten wir knapp die Hälfte des Weges geschafft; nun begann der lange, nicht minder beschwerliche Abstieg zum Meer.

Zwei Tage kämpften wir uns durch steil abschüssiges Land, immer darauf bedacht, dass sich die Tiere nicht verletzten. Die letzten Nächte waren eine Qual gewesen, und so wähnten wir uns fast im Paradies, als wir endlich wieder fruchtbareres Land erreichten.

Der Eindruck wurde jedoch jäh zerstört, als wir an einer niedergebrannten Siedlung vorbeikamen. Ich bemerkte die finsteren Mienen unserer Bogenschützen und die nervösen Blicke unserer Fratres.

Je tiefer wir kamen, desto heißer wurde es. Säumten anfangs noch Pistazienbäume und Jujuben unseren Weg, wanderten wir bald wieder über trockenen Boden. Vereinzelt trafen wir auf Nomaden mit ihren Rindern, weiße, kräftige Tiere, die mit ihrem Höcker zwischen den Schultern fast wie kleine Kamele aussehen und tatsächlich auch knieten wie Kamele, wenn man sie mit Lasten belud. Wir tauschten etwas Sirup und Gewürze gegen frisches Fleisch, doch die Nomaden waren finsterer Stimmung und zogen so rasch es ging weiter. Ich fragte Ismael, weshalb sie so unfreundlich waren, und drängte ihn, mir zu übersetzen, was sie in ihrem Dialekt gesagt hatten.

»Sie glauben, es läge ein Fluch auf uns«, raunte er widerwillig. »Sie sagten, wir zögen Unglück an. Unglück und Finsternis.«

Ich hätte ja nicht viel darauf gegeben, doch ein Blick in sein Gesicht und das seines Vaters bewies mir, wie ernst sie die Drohung der Einheimischen nahmen. Dennoch hielt ich es für abergläubisches Gerede und wollte nicht töricht sein.

Wir reisten weiter.

Doch nur wenige Stunden später zog unvermittelt eine große Finsternis am Rand der Welt auf – zunächst nur ein schmaler Streifen, der aber rasch anwuchs und sich über uns legte wie eine Damastdecke, die Luzifer oder Ahriman oder sonst ein dunkler Dämon über uns warf. Einige verzweifelte

Momente hoffte ich noch, es wäre einfach nur der frühe Abend, der über das fast menschenleere Land hereinbrach.

Dann erkannte ich, was für einem tödlichen Irrtum ich erlegen war.

* * *

»Und hier«, sagte der Venezianer, »endet meine Geschichte für heute Nacht.«

Rustichello schluckte. Er hatte vollkommen die Zeit vergessen; doch noch ehe er protestieren konnte, beschwerten sich auch schon ihre beiden Aufpasser.

»Ihr wollt nicht allen Ernstes ausgerechnet an dieser Stelle unterbrechen«, entrüstete sich Sergio. »Stundenlang haben wir Euren Lügengeschichten über wundertätige Heiden und brennende Brunnen gelauscht und auf diese dämonischen Räuber gewartet – und wo sie endlich auftauchen, seid Ihr zu müde?«

»Es wird bald Tag«, wies der Venezianer sie höflich auf den fahlen Schimmer hin, der durch die Kellerfenster des Palasts drang. »Ich will schlafen, und Euer Dienst endet.«

»Wir könnten vielleicht noch etwas länger bleiben.« Sergio räusperte sich. »Oder, Giovanni?«

Giovanni grunzte.

»Besorgt mir endlich das versprochene Schreibzeug – vielleicht erzähle ich dann weiter! Doch solange Ihr damit keine Hast habt, habe ich auch keine.«

Und mit diesen Worten machte er es sich raschelnd und kettenklirrend gemütlich und begann schon kurz darauf zu schnarchen. Obgleich sich Rustichello ziemlich sicher war, dass kein Mensch nach einem derartigen Redefluss so schnell einschlief, blieb den Palastdienern nichts anderes übrig als der Rückzug.

Sobald die Schritte und missmutigen Stimmen den Gang

hinab verhallt waren, rutschte Rustichello näher an das Loch in der Wand und raunte: »Ihr nötigt mir Respekt ab, Messere.«

Das vorgetäuschte Schnarchen erstarb.

»Was meint Ihr?«, flüsterte der Venezianer.

»Wie Ihr sie um den Finger gewickelt habt! Scheherazade wäre stolz auf Euch. Kein weiteres Wort, ehe Ihr nicht bekommt, was Ihr wollt!« Er lachte leise. »Ihr habt gut gelernt.«

»Ihr wart es, der mich gelehrt hat.«

»Wenn Ihr so weitermacht, werden sie Euch wirklich noch Wein statt Wasser kredenzen.«

»Etwas Tinte würde für den Anfang schon reichen. Dann könnte ich ein Schreiben an meine Familie aufsetzen und um das nötige Geld bitten, uns den Aufenthalt hier etwas zu erleichtern.«

»Uns?«, fragte Rustichello überrascht.

»Natürlich«, erwiderte der Venezianer. »Ihr habt Euch mehrfach für mich eingesetzt und wart mir ein guter Freund. So etwas vergesse ich nicht. Ich habe gelernt, was Freunde wert sind.«

Rustichello schluckte. »Ihr seid sehr großzügig, Messere.«

»Ich kann nichts versprechen, und es mag Wochen oder Monate dauern, alles Nötige in die Wege zu leiten. Aber ich werde mein Möglichstes tun, dass auch Ihr in den Genuss gewisser Vorzüge kommt. Es ist eine Schande, wie lange man Euch schon vergessen hat.«

»Tja«, sagte Rustichello, den Tränen nahe. »Wir brauchen alle eine langen Atem, nicht wahr?«

Der Venezianer brummte zustimmend, und wieder hörte Rustichello das Rascheln von Stroh. »Wenigstens ist das genuesische Ungeziefer recht handzahm, verglichen mit den Bestien, die so manche Karawanserei erobert hatten …«

»Gestattet mir nur eine Frage, Messere.« Rustichello räusperte sich. »Ich bitte Euch, sie mir nicht nachzutragen. Ich werde sie auch kein zweites Mal stellen.«

»Nur zu«, kam die undeutliche Antwort. »Fragt.«

Er holte tief Luft. »Hat sich wirklich alles so zugetragen, wie Ihr es berichtet? Nichts ist hinzuerfunden, nichts ausgeschmückt?«

Vielleicht täuschte er sich, doch fast war ihm, als hörte er von nebenan ein sanftes Lachen. Wenigstens hatte er den Venezianer nicht verärgert.

»Mein lieber Rustichello. Einer, der es wissen müsste, hat mich unlängst gelehrt, dass Aufrichtigkeit zu den wichtigsten Tugenden eines Erzählers gehört. Selbstverständlich ist jedes Wort, das Ihr gehört habt, die Wahrheit, und nichts als die Wahrheit.«

»Das ist gut«, sagte Rustichello erleichtert.

»Nun gestattet mir die Frage – gibt es einen bestimmten Grund, weshalb Ihr Euch gerade jetzt danach erkundigt?«

Fast hätte Rustichello gesagt: *Weil es jetzt noch nicht zu spät wäre.* Auch er war der zauberischen Erzählung verfallen – gleichzeitig wollte er sich aber nicht täuschen lassen.

»Ich hatte nur den Eindruck, dass Euch das Spiel mit unseren Zuhörern vielleicht etwas zu viel Freude bereitet«, sagte er vorsichtig. »Selbst die beiden Mönche erinnerten mich teilweise an sie. Ihr wisst schon, der eine klein und zornig, der andere groß und still …«

Der Venezianer lachte wieder. »Jetzt, wo Ihr es sagt – da besteht tatsächlich eine gewisse Ähnlichkeit. Manchmal aber sind Zufälle einfach nur Zufälle – so wie es zwei Mönche mit Namen Guglielmo beziehungsweise Guillaume gab, die zu den Mongolen aufbrachen, und Bruder Niccolò denselben Namen wie mein Vater trug …«

»Ihr habt recht«, sagte Rustichello. »Vergebt einem alten Zweifler.«

»Keine Ursache«, sagte der Venezianer.

Dann stopfte er sich sein Lager zurecht und ließ sich gegen die Wand sinken; und während er mit neuer Zuversicht dem späten Schlaf entgegensah, weilten seine Gedanken schon in einem fernen Traumland, in dem fliegende Teppiche um hohe Minarette kreisten, Dschinn in verwunschenen Lampen lebten und mannshohe Flammen wie von Geisterhand aus dem Boden schossen.

»Messere?«, flüsterte Rustichello noch, ehe der Schlaf ihn übermannte. »Ihr werdet morgen doch weitererzählen?«

»Natürlich werde ich das«, versprach der Venezianer. »Auch wenn ich an das, was als Nächstes geschieht, lieber nicht denken möchte ...«

Rustichello wusste nicht, ob der Venezianer wieder mit ihm spielte, oder ob ihm am nächsten Tag tatsächlich eine dramatische Wende bevorstand. Doch als er zu den ersten Sonnenstrahlen schließlich einschlief, in derselben Ecke seiner Zelle wie seit vierzehn Jahren, während die Glocke von San Lorenzo wie jeden Morgen zum Gebet rief, trug er ein Lächeln auf dem Gesicht.

IX
Die Karaunas

Zuerst war es nur eine seltsame Trägheit der Luft, ein trockener Nebel, der einem die Sicht nahm und das Atmen erschwerte. Verunsichert zogen wir unsere Kopftücher vor die Gesichter und drängten uns dichter zusammen. Bald war kein Vorwärtskommen mehr möglich, denn der Wind trieb nun dichte Staubwolken vor sich her, so finster wie ein pralles Sommergewitter. Wir scharten die Tiere zu einem Kreis zusammen, und Yusuf und seine Männer schlugen hastig ein paar Pflöcke in den Boden, um einige breite Tücher zum Schutz vor dem Sturm aufzuspannen. Dabei wurde es immer finsterer. Zum Reden blieb keine Zeit, aber der Schrecken stand unseren Gefährten ins Gesicht geschrieben. Erst verstand ich nicht recht, weshalb – sicher, der unvermittelte Wetterwechsel war unheimlich, der Sand brannte in den Augen, und selbst durch das Tuch bekam man nur schwer Luft – aber schließlich musste selbst der schlimmste Sturm irgendwann vorübergehen, oder nicht?

Dann sah ich die ersten Gestalten in der Finsternis.

Zuerst nur Schatten eines noch tieferen Dunkels vor der braunschwarzen Wand der künstlichen Nacht, in deren Schutz sie sich bewegten wie Geister in ihrem angestammten Element. Fast verrieten sie sich mehr durch die Abwesenheit des allgegenwärtigen Staubs als durch eine eigene Körperlichkeit, so als wären sie nur Silhouetten, ein aus der Welt gestochenes Nichts. Dann traten die Umrisse klarer hervor, und ich begriff, dass es tatsächlich Menschen waren, die sich an uns heranpirschten und uns schon beinahe umzingelt hatten. Und während ich mich noch verwundert fragte, ob es wirklich sein konnte, dass ich sie als Einziger bemerkt hatte, fiel auch schon der erste unserer Bogenschützen einem unsichtbaren Pfeil zum Opfer.

Dann brach das Chaos aus.

Ehe ich mich's versah, packte mich mein Vater und riss mich zur Seite, als plötzlich wie aus dem Nichts ein Reiter in vollem Galopp auf mich zupreschte, das Krummschwert in der Hand hoch erhoben. Als er uns passierte, führte er seinen Hieb aus, und wäre mein Vater nicht gewesen, hätte mir der Räuber in meiner Schockstarre den Kopf abgeschlagen. So erwischte er mich an der Schulter, und ich spürte zum ersten Mal in meinem Leben, wie es sich anfühlt, wenn man von einer tödlichen Waffe getroffen wird.

Ich schrie auf. Überall schrien Menschen – sie riefen um

Hilfe, klagten vor Schmerz, und immer wieder hörte ich dieses eine Wort – »Karaunas!« –, als könnte man sie mit der Nennung ihres Namens bannen. Doch dafür war es zu spät. Fast unser gesamter Begleitschutz war der ersten Salve der Räuber zum Opfer gefallen, ohne selbst einen einzigen Schuss abgegeben zu haben.

Ich versuchte, in dem folgenden Durcheinander eine vertraute Stimme oder ein Gesicht auszumachen – doch vergebens. Weder konnte ich meinen Onkel entdecken, noch Ismael oder unsere beiden Mönche. Alles, was ich sah, war, wie unsere Reisegesellschaft einer nach dem anderen niedergestreckt wurde, von Pfeilen durchbohrt oder von Säbelstreichen zerteilt ...

Mir schwanden die Sinne.

Dann riss mich neuerlicher Schmerz abrupt ins Hier und Jetzt zurück – durch irgendein Wunder hatten wir die Pferde erreicht, und mein Vater setzte mich in den Sattel und saß hinter mir auf. Dann riss er die Zügel an sich, wendete das verängstigte Pferd und ließ es losgaloppieren.

Wir waren kaum zwanzig Schritte weit gekommen, als vor uns ein zweites Pferd aus der Dunkelheit auftauchte. Fast hätte unser Tier uns abgeworfen. Mit tänzelnden Schritten lenkte der fremde Reiter sein Ross näher heran. Fest entschlossen, mich nicht kampflos geschlagen zu geben, zog ich meinen Dolch und reckte ihn der Gestalt entgegen. Mein Vater aber packte mich und hielt mich fest. »Nicht, Marco!«

Da erkannte ich, wer der Reiter vor uns war: Onkel Maffeo.

Fast im selben Moment kamen zwei Gestalten auf Maffeo zugestürmt und versuchten, ihn vom Pferd zu reißen. Er trat einen von ihnen vor die Brust und zog sein Schwert. Sein Pferd wieherte und wollte ihm durchgehen, doch mein Onkel hielt es unter Kontrolle. Ich erkannte nicht, gegen wen er sich da zur Wehr setzte, aber da sprang auch schon ein weiterer Reiter aus dem Sturm, und diesmal bestand für mich kein Zweifel, dass es ein Karauna war. Er trampelte die beiden Menschen vor sich zu Boden und führte einen Streich nach Onkel Maffeo aus, den dieser jedoch parierte. Beide Pferde standen nun dicht nebeneinander. Maffeo stieß mit seinem Säbel zu und trieb ihn dem Karauna in den Leib. Der Räuber sackte von seinem Pferd, das erschrocken davonsprang, und auch Maffeos Pferd tat wiehernd einen Satz.

»Maffeo!«, rief mein Vater. »Komm endlich!«

Sein Bruder aber saß ab, um einer der beiden Gestalten am Boden zu helfen, die ihn eben noch aus dem Sattel hatten reißen wollen.

Ein Pfeil schwirrte dicht an mir vorbei und verschwand im Dunkel. Ich sah ihn nicht, doch ich konnte ihn hören und spürte sein Kribbeln auf meiner Wange.

Mein Vater fluchte und trat dem Pferd in die Flanken.

»Wir können Maffeo nicht zurücklassen!«, protestierte ich.

»Er ist alt genug, seine eigenen Entscheidungen zu treffen!«, widersprach mein Vater. »Du bist verwundet und musst so schnell wie möglich fort von hier …«

Leider war das leichter gesagt als getan. Kaum lag das ärgste Kampfgeschehen hinter uns, wechselte der Wind abrupt die Richtung, neue Staubschwaden schlugen uns entgegen, und mein Vater musste sein Pferd wieder in den Schritt zwingen, ehe es stürzte. Da hörte ich auf einmal eine vertraute Stimme im Sturm – es war Yusuf, und er rief nach seinem Sohn.

»Ismael!«

Beim Klang seiner Stimme brach mir fast das Herz.

»Yusuf!«

Eine einsame Gestalt löste sich aus dem Nebel.

»Ismael!«

Humpelnd tauchte der alte Beduine vor uns auf. Ich

wusste weder, woher er so unvermittelt kam, noch in welche Richtung wir eigentlich flohen. Vermutlich wusste das in diesen Minuten niemand.

Als er uns entdeckte, kam er hoffnungsvollen Schrittes auf uns zugestolpert. Dann erstarrte er, als er meinen Vater und mich erkannte.

»Marco«, sagte er tonlos, so leise, dass ich es über das Heulen des Windes kaum hörte. Und mir wurde klar, dass er meine Stimme im Sturm für die Ismaels gehalten und eine Sekunde lang gehofft hatte, ihn statt mich im Sattel zu sehen. Nun begriff er, dass er einer Verwechslung erlegen war.

»Yusuf!«, rief mein Vater. »Du musst fliehen!«

Der Karawanenführer aber schüttelte stumm den Kopf und wandte sich in die Richtung, aus der wir gekommen waren. Das Letzte, was ich von ihm sah, war sein wehender Kaftan, ehe er im Sturm verschwand.

Ich schäme mich nicht, zuzugeben, dass ich da in Tränen ausbrach. Ich setzte mich gegen meinen Vater zur Wehr, verlangte von ihm, dass er umdrehte und Maffeo und Ismael und die anderen suchte. Doch ebenso unbeirrt, wie Yusuf sich seinem Schicksal gestellt hatte, brachte mein Vater seinen Sohn aus der Gefahrenzone.

Wir ritten viele Stunden. Bald fehlte mir die Kraft, mich noch im Sattel zu halten, und immer wieder verlor ich die Besinnung.

Mein Vater aber hielt mich fest und ritt voran. Er hatte mir das Leben gerettet – für den Moment.

Endlich war der Sturm vorüber, und wir sahen die Sterne über uns. Es wurde bitterkalt, doch er breitete seinen Mantel um uns beide und wärmte mich.

Im Morgengrauen erreichten wir eine weitere zerstörte Ortschaft. Womöglich war sie von denselben Räubern geplündert worden, denen wir mit knapper Not entronnen waren. Zwischen den verfallenen Häusern rupften magere

Ochsen die spärlichen Kräuter, und der einzige Mensch, den wir sahen, war ein alter Mann, der im Schatten eines Stalls saß und mit blindem Blick an uns vorbeistarrte. Er gab uns keine Auskunft, als wir ihn ansprachen, und umklammerte nur stumm seinen Stab.

Dann hörten wir nicht weit von uns den Ruf eines Esels.

Wir ritten um den Stall herum und weiter Richtung Ortsmitte. Und dort, im Schatten einer Palme, neben einem alten Brunnen, saßen niemand anderes als Bruder Guglielmo und Bruder Niccolò. Sie sahen blass aus, und selbst der sonst so beredte Guglielmo begrüßte uns nur mit einem knappen Nicken.

Bei ihnen waren zwei weitere Männer mit einem Maultier, einer davon schwer verletzt. Ich brauchte kurz, sie als die Sklaven des byzantinischen Händlers zu erkennen, und ich fragte mich, wie es kam, dass nur sie entkommen waren und nicht er. Hatten sie die Gelegenheit zur Flucht ergriffen und ihren Herrn seinem Schicksal überlassen?

»Habt Ihr Maffeo gesehen?«, fragte mein Vater. Langsam schüttelten die Fratres den Kopf.

»Dann warten wir hier«, entschied er. »Wenn er in dieselbe Richtung floh wie wir, wird er vielleicht ebenfalls hier eintreffen. Bruder Guglielmo, helft mir mit meinem Sohn.«

Gemeinsam betteten sie mich in den Schatten und reinigten meine Wunde. Sie war nicht sehr tief, aber Blut und Sand hatten die ganze Schulter verklebt, und Bruder Guglielmo äußerte die Befürchtung, dass auch etwas von der schwarzen Kunst der Karaunas hineingelangt sein könnte, bis mein Vater ihn zurechtwies.

»Wie seid Ihr entkommen?«, fragte ich schwach, denn ich musste mich irgendwie von den Schmerzen ablenken.

Erst gab Guglielmo keine Antwort, doch nach und nach bekam ich heraus, dass die Mönche wohl das Glück gehabt hatten, sich zum Zeitpunkt des Angriffs am äußersten Rand des Lagers zu befinden. Kaum waren die ersten Pfeile geflogen, hatten sie die Flucht ergriffen, ohne Gebrauch von ihrer teuer erstandenen Armbrust zu machen. Ihr Misstrauen und ihre Feigheit hatten sie gerettet – doch ich mochte ihnen nichts vorwerfen.

Die nächsten Stunden verbrachten wir schweigend oder im Gebet. Halb besinnungslos lag ich auf dem Rücken und schaute zum Himmel auf, und das eine oder andere Mal glaubte ich, dort oben einen Falken kreisen zu sehen, und musste an Ismael denken.

Am Mittag schrak ich auf, als zwischen den Mönchen und den entlaufenen Sklaven ein Streit ausbrach.

»Was ist da los?«, rief mein Vater.

»Er hat versucht, uns zu bestehlen!«, klagte Bruder Guglielmo und deutete mit dem Finger auf den unverletzten Sklaven. »Er will unser Essen stehlen!«

Wir hatten nur einen kleinen Vorrat an Dörrfleisch und Brot retten können – was eben in unseren Satteltaschen gewesen war, als wir flohen.

»Wir brauchen frische Vorräte«, sagte mein Vater. »Und wir brauchen einen richtigen Heiler! Aber bis nach Hormuz sind es nur noch wenige Tage, und wir werden sicher noch weitere Siedlungen bis dorthin finden. Wir werden schon nicht verhungern, also habt Euch nicht so und teilt Euer Essen! Muss ich wirklich ausgerechnet Euch die christlichen Grundsätze lehren?«

Bruder Guglielmo brummte unwillig etwas über heidnische Mörder, bot dem Sklaven aber ein paar Datteln an, die dieser vorsichtig, mit ausgestrecktem Arm, entgegennahm und mit seinem verwundeten Gefährten teilte.

»Wie lange sollen wir warten?«, fragte Bruder Niccolò.

»So lange wie nötig«, antwortete mein Vater. »Vorerst sind wir in Sicherheit.«

»In Sicherheit!«, schnaubte Guglielmo. »Ihr habt gut reden mit Eurem schnellen Pferd!«

»Offenbar hattet Ihr keine Probleme, uns zu überholen.«

»Der Herr hat uns geleitet. Ihr werdet im Kreis geritten sein.«

»Und wieso seid Ihr noch hier, wenn Ihr die Gegend so fürchtet?«

»Die Esel waren erschöpft und weigerten sich, weiterzugehen. Wir sollten so schnell wie möglich …«

»Still!« Mein Vater legte den Finger an die Lippen. Und dann hörten wir es auch: die Hufe eines Pferdes, das langsam durch das Dorf geritten wurde. Die Sklaven schauten sich panisch nach Deckung um, ich für meinen Teil aber war viel zu schwach, mich aus dem Schatten zu bewegen. Außerdem glaubte ich zu ahnen, wer da gleich um die nächste Ecke kommen würde.

Es war Onkel Maffeo. Und vor ihm im Sattel, so wie mein Vater mit mir geritten war, saß die verschleierte Frau des persischen Edelmanns.

»Ich hoffe, wir haben euch nicht aufgehalten!«, sagte er. »Aber ich musste Leyla aus einer misslichen Lage befreien.«

»Leyla?«, wiederholte mein Vater ungläubig. Ich versuchte zu begreifen, was passiert war. Waren das Leyla und ihr Mann gewesen, die ich undeutlich im Sturm gesehen hatte? Hatte Leylas Mann versucht, Maffeo aus dem Sattel zu reißen, ehe der Karauna ihn niederritt?

Die Edeldame glitt aus dem Sattel und schaute uns der Reihe nach aus ihren dunklen Augen an.

»Das sind alle?«, fragte sie. »Ihr und diese beiden Mönche und die Sklaven?«

»Alle, die den Karaunas entkommen sind«, bestätigte mein Vater, und einen Moment lang glaubte ich ein Schmunzeln auf den Zügen meines Onkels zu sehen, während sie mit versteinertem Gesicht in die Runde blickte. Und ich musste mich fragen, ob Maffeo überhaupt versucht hatte, ihren Mann zu retten, nachdem dieser ihn seines Pferdes hatte berauben wollen. Hatte Maffeo Leyla gerettet – oder entführt? Nach der Demütigung durch den Leibwächter ihres Mannes mit seinem Dolch traute ich ihm alles zu.

»Was gibt es da schändlich zu grinsen?«, brauste Bruder Guglielmo auf, und auch Bruder Niccolò schnaubte missfällig. »Habt Ihr denn noch nicht genug Unheil angerichtet?«

»Ich?«, fragte Maffeo unschuldig und legte verwundert die Hand auf die Brust.

»Sicher, Ihr! Ihr und Euer lästerliches Betragen habt dieses Unheil erst über uns gebracht!«

Der Dominikaner wurde nun von gerechtem Zorn erfüllt und wandte sich an meinen Vater. »Messere, es betrübt mich, Euch das zu sagen, doch mehr noch betrübt es mich, es erst jetzt zu tun: Euer Bruder ist ein verderbter Heide und ein Lügner und ein schlechter Einfluss für Euren Jungen! In Tabriz brachte er uns in ein Kloster voller Ketzer, dann zu einem Tempel der Feueranbeter und führte den jungen Marco in Versuchung! Und vor ein paar Tagen sah ich ihn, wie er eben dieser Frau hier lüsterne Blicke zuwarf. Es braucht keinen Heiligen, um zu erkennen, welches Gebot er im Geiste da brach, nach allen Geboten, die er zuvor schon verletzte! Seht, was für ein Unheil er über uns alle gebracht hat!«

»Ihr redet irre«, befand mein Vater. »Mein Bruder mag nicht der demütigste Mann unter der Sonne sein, aber er hat sich nichts zuschulden kommen lassen. Nichts zumindest, das Euch etwas anginge.«

»Wir könnt Ihr das sagen? Seht doch den jungen Marco, Euren eigenen Sohn!«

Ich richtete mich erschöpft auf die Ellenbogen auf. »Was soll das?«, krächzte ich. »Ein Räuber hat mich mit seinem Schwert getroffen. Nicht mein Onkel.«

»Begreift Ihr denn nicht, was diese finsteren Mächte heraufbeschwor? Wann hat man je von Räubern gehört, die den Tag zur Nacht machen? Euer Onkel war es, dessen gottloses Handeln diese Kreaturen anlockte! Gott schützt keine Ketzer und ihre Komplizen. Wer mit einem wie ihm reist, dem ist nicht mehr zu helfen!«

»Genug!«, rief da Leyla, und wir hielten überrascht inne in unserem Streit. Wir hatten sie nie zuvor ihre Stimme erheben gehört. »Dieser Mann hat im Angesicht des Todes Tapferkeit bewiesen. Könnt Ihr von Euch dasselbe behaupten?«

Einen Augenblick sah es so aus, als würde Bruder Guglielmo vor aller Augen ausspucken, doch er besann sich eines Besseren und kehrte der Frau den Rücken zu. Das selbstzufriedene Grinsen auf Maffeos Gesicht wurde noch breiter.

Leyla schaute erst ihn, dann meinen Vater an.

»Werdet Ihr mich sicher nach Hormuz bringen?«

»Sobald mein Sohn genug Kraft zum Reiten hat«, sagte mein Vater. »Mein Wort darauf.«

Langsam trat Leyla zu mir hin, dann bückte sie sich und legte mir die Hand mit den feinen Hennazeichnungen auf die Stirn. »Euer Sohn hat Fieber«, sagte sie. »Ihr solltet nicht zu lange warten.«

»Könnt Ihr ihm helfen?«, fragte mein Vater ernst.

Sie wiegte den Kopf. »Avicenna sagt, um ein Fieber zu behandeln, muss man erst herausfinden, welcher seiner Körpersäfte erkrankt ist.« Den Blick zu den beiden Dominikanern fragte sie: »Aber vielleicht haben Eure Mönche ja etwas Myrrhe dabei? Das wäre ein Anfang.«

Tatsächlich fand sich in den Satteltaschen ihrer Esel, in denen sie auch das Heilige Öl und die anderen Gaben Tebaldo Viscontis verwahrten, ein Vorrat an Räucherwerk, den sie uns unter schwachem Protest zur Verfügung stellten.

Leyla zerstieß die Myrrhe zwischen zwei Steinen und vermischte sie mit Olivenöl aus Maffeos Besitz. Dann rieb sie mir die zähe Mixtur auf die Wunde. Ich schrie vor Schmerz.

»Alles wird gut«, versprach mein Vater, der an meiner Seite saß. »Hörst du? Du ruhst dich noch ein paar Stunden aus. In den frühen Morgenstunden brechen wir auf und reiten nach Hormuz.«

Ich nickte nur, denn zum Reden fehlte mir die Kraft. Mein Blick ging starr in den Himmel und fand den Falken, der immer noch über uns kreiste. Im Fieber sandte ich meine Gebete zu ihm auf, und wie zur Antwort stieß der Vogel einen einsamen Schrei aus. Als wir am nächsten Morgen auf unseren Pferden nach Süden ritten, war er noch da und folgte uns einen weiteren Tag. Dann rief er ein letztes Mal, drehte ab, und ich sah ihn nicht wieder.

X
Datteln und Fisch

Die Reise bis zur Küste verging wie im Traum. Da war nur die Tageshitze, die immer schlimmer wurde, je tiefer das Land zum Meer hin abfiel, und die Kälte bei Nacht, wenn wir dicht zusammengedrängt schliefen und es kaum wagten, ein Feuer zu entfachen, aus Angst, die Räuber könnten zurückkehren. Wir fanden ein paar Hirten, die uns etwas Fleisch und Ziegenkäse verkauften, und irgendwann überwanden wir noch einen letzten steinigen Pass, der aber nicht mehr so hoch wie der erste war.

Dann sahen wir zum ersten Mal, seit wir im letzten Herbst Laias hinter uns gelassen hatten, das Meer vor uns. Der Anblick von so viel Blau und der landlosen Weite war überwältigend. Und vor dem Meer lag eine Stadt.

Hormuz lag mitten auf der Lebensader, die Indien mit Persien und den christlichen Reichen verband. Andere Schiffe segelten von hier die Küste der arabischen Halbinsel entlang bis nach Afrika.

Dementsprechend wild war auch das Gemisch an Händlern und Waren in der Stadt. Die Masse an Gewürzen war beeindruckend, dazu kamen Edelsteine und golddurchwirkte Stoffe; auch Elfenbein sah ich in größeren Mengen als je zuvor, und ich malte mir in meinem Fieber die imposanten Kreaturen aus, denen diese Zähne gehört haben mussten. Wir sahen weiß gewandete Araber und Inder mit gewaltigen Bärten, stolze Mongolen und eine große Zahl schwarzhäutige Afrikaner, dazu vereinzelt Lateiner und Griechen. Auch einen großen Sklavenmarkt gab es, und wer diesen Markt als Sklave und wer als Käufer verließ, war genauso offen wie die Frage, was für ein Reisender als Nächstes um die Ecke trat. Doch die meisten dieser Ecken und Winkel sah ich erst später; meine ersten Eindrücke der Stadt waren nicht mehr als ein Taumel von Farben, Gerüchen und Lauten.

Wenn ich mich an jene Stunden zu erinnern versuche, als wir am Ende unserer Kräfte in diesen Schmelztiegel taumelten, verschwitzt und voller Staub, ich geschwächt vom Fieber und verlorenem Blut, so sehe ich nur enge, schmutzige Gassen und schiebende Menschenmassen. Ich höre laute, wütende Stimmen und rieche den Geruch von Fisch und Unrat. Mein Vater und mein Onkel zahlten eine Menge Geld für eine saubere Unterkunft und vor allem dafür, sie schnell zu bekommen. Dann brachte man mich in einen schattigen Innenhof und auf ein Zimmer. Nicht lange später kam ein Arzt, verband mir die Wunde mit einer heilenden Erde und kühlte meinen Körper mit feuchten Tüchern, was eine große Wohltat war. Außerdem verabreichte er mir mehrmals täglich ein Gemisch aus Honig und Essig, in das er je nach Tagesbefinden noch verschiedene Kräuter und Pulver mischte, die das Gleichgewicht meiner Körpersäfte wiederherstellen sollten.

Zwei Wochen kämpfte ich gegen das Fieber und gegen die Schwäche, die wie die geisterhafte Nacht der Wüste meinen Geist umhüllte. Am Ende dieser Zeit konnte ich wieder aus eigener Kraft laufen und entwickelte einen gesunden Appetit, den zu stillen mir allerdings schwer fiel, denn unsere Gastgeber folgten wie die meisten Ortsansässigen einer strengen Diät aus Datteln, gesalzenem Thunfisch und Zwiebeln. Diese Diät galt gerade im Sommer als besonders leicht und gesund. Was hätte ich um etwas frisches Gemüse und Fleisch gegeben!

Mein Vater und mein Onkel brachten mich auf den jüngsten Stand: Die beiden entlaufenen Sklaven hatten sich von uns abgesetzt, kaum dass wir die Stadt erreicht hatten. Was aus ihnen wurde, haben wir nie erfahren, doch zumindest für den Verletzten hatte ich nur wenig Hoffnung. Wären sie bei uns geblieben, hätten wir vielleicht helfen können.

Leyla blieb, bis ich wieder genesen war, doch sie machte von Anfang an deutlich, dass sie ihre Zukunft nicht an unserer Seite, sondern bei ihrer Familie sah, die in der Nähe von Bagdad lebte. Sobald sie eine sichere Reisegesellschaft nach Basra fand, sagte sie Lebewohl. Ich ahnte, dass mein Onkel sich einen anderen Dank für ihre Rettung erhofft hatte, doch er sprach es nicht aus, und sie tat so, als wüsste sie nicht um seine Wünsche. Sie verkaufte ihren Schmuck, um für die Reise zu bezahlen. Maffeo wollte ihr aushelfen, doch sie lehnte ab.

Und auch unsere Fratres teilten uns mit, dass sie uns verlassen würden.

Irgendwie hatte ich fast damit gerechnet. Im Nachhinein wunderte es mich, dass sie so lange mit ihrer Entscheidung gewartet hatten.

»Ihr wollt also umkehren«, stellte ich fest. »Darf ich fragen, weshalb?« Wir saßen auf Bänken im Innenhof unseres Gasthauses, wo es einen tiefen Brunnen und einen kleinen Olivenbaum gab. Es war eine Oase der Ruhe, die edlen und vor allem reichen Herrschaften vorbehalten war, und es war fraglich, wie lange wir sie uns noch würden leisten können.

Bruder Guglielmo schaute mich fassungslos an. »Ausgerechnet du stellst diese Frage? Wer ist denn gerade mit knapper Not dem Tod entkommen?«

»Ich sehe nicht, was das mit unserer Reise und unserem Auftrag zu tun hat«, erwiderte ich. »Es stimmt, dass die Karaunas mich beinahe erwischt hätten – uns alle. Und doch haben sie uns nicht gekriegt. Weil wir füreinander da waren.« Ich drückte die Hand meines Vaters, der neben mir saß. »Andere hatten nicht so viel Glück.«

Guglielmo schnaubte. »Du redest von Glück – ich rede davon, wie wir überhaupt in eine derartige Lage geraten sind.« Er hob anklagend den Finger. »Ich sage: Gott hat sich von uns abgewandt, solange wir fern seines Lichts wandeln und sein Wort in den Wind schlagen. Ich sage, wir reisen geradewegs in unseren Untergang, und am Ende des Wegs wartet nur die Verdammnis auf uns.« Bruder Niccolò nickte bekräftigend. Seit dem Überfall war er noch wortkarger geworden; ich erinnerte mich kaum, wann ich zuletzt seine Stimme gehört hatte.

»Marco hat recht«, sagte mein Vater. »Ich weiß nicht, was Ihr erwartet habt, aber niemand sagte, die Reise würde leicht werden. Wir haben viele Strapazen hinter uns, und voraus liegen noch weitere, bis wir Kithai erreichen. Dabei scheint mir, dass Ihr allem Ungemach zum Trotz noch am wenigsten Grund zur Klage habt.«

»Ihr nehmt Euren Bruder also in Schutz? Ihr leugnet, dass er und sein ketzerisches Treiben uns vom rechten Weg abgebracht haben?«

»Darum geht es also.« Mein Vater warf einen Blick zu Maffeo, der so unbeteiligt dreinschaute, als überlegte er, wie sich der hiesigen Küche auf die Sprünge helfen ließe. »Ihr gebt ihm die Schuld an dem Überfall.«

»Erkennt Ihr es denn nicht? Die unnatürliche Finsternis, das Fieber des Jungen, diese schreckliche Hitze …« Guglielmo rieb sich die Stirn. Tatsächlich klagte er bereits seit Tagen über die Hitze, dabei war es hier im Hof verglichen mit den Temperaturen auf der Straße noch angenehm.

»Was für schwarze Künste diese Räuber auch beherrschten«, sagte ich bestimmt. »Das hat doch nichts mit meinem Onkel zu tun.«

»Gott will nicht, dass wir diesen Weg weiter gehen«, beharrte Bruder Guglielmo. »Und solange wir seinem Willen zuwiderhandeln, müssen wir leiden. Ihr habt seinen Zorn über uns gebracht!«

»Es muss sehr angenehm sein«, sagte mein Onkel mit ruhiger Stimme. »Die Verantwortung für alles, was geschieht, immer bei jemand anderem zu sehen. Sagt, wo habt Ihr diese hohe Kunst erlernt? Ihr müsst hart daran gearbeitet haben, doch sicher war es die Mühe wert.«

»Maffeo«, mahnte mein Vater, ehe der Zorn der Fratres sich auf ihn entlud. »Wir wollen unsere Freunde doch nicht beleidigen.«

Der Dominikaner schüttelte nur mitleidig den Kopf. »Eure Seele ist längst verloren, Maffeo Polo. Für Euch kommt jede Hilfe zu spät. Es betrübt mich nur, dass Ihr willens seid, Eure eigene Familie in die Verdammnis zu führen. Euer Bruder ist nämlich ein guter Mann, und auch Euer Neffe mag noch gerettet werden, wenn er nun umkehrt.«

»Bruder Guglielmo«, sagte ich. »Lasst mich Euch versichern – ich fühlte mich der Verdammnis nie ferner als im Moment.« Ich versuchte, ohne Spott mit ihm zu sprechen. »Tatsächlich glaube ich, dass wir uns glücklich schätzen dürfen, diese Reise zu unternehmen, und mag sie noch so schwer sein. Ich will nicht sagen, dass wir auserwählt wären – aber sicherlich bietet sich uns eine Chance, wie sie Menschen nur einmal im Jahrhundert gegeben wird.« Aus den Augenwinkeln sah ich, dass sowohl mein Vater als auch mein Onkel mich mit neuem Respekt musterten, in seltener Eintracht vereint. »Friede zwischen der Christenheit und den Mongolen! Sichere Straßen und freier Handel von Portugal bis nach Kithai! Diese Gelegenheit dürfen wir nicht verstreichen lassen, bloß weil auf unserem Weg Gefahren und Mühsal auf uns warten. Erfüllen wir denn nicht den Willen des Khans und des Papstes? Wünschen sich denn nicht beide einen friedlichen Austausch von Gütern, Menschen, Ideen?«

Doch beim Blick in die versteinerten Mienen der Mönche seufzte ich schwer. »Wie könnt Ihr sagen, es wäre nicht Gottes Wille, wo doch Papst Gregor X. uns persönlich seinen Segen erteilt hat? Schließlich ist der Papst unfehlbar, oder nicht?«

»Du redest schon so lästerlich wie dein Onkel«, sagte Guglielmo betrübt. »Diese Reise war von vornherein ein Fehler – das hätten wir erkennen sollen, als wir den finsteren Tartaren das erste Mal begegneten. Tebaldo Visconti hat diesen Fehler bloß nicht erkannt, weil sein Augenmerk ganz auf dem Schicksal des Heiligen Lands und seiner bevorstehenden Aufgabe lag.«

»Offensichtlich habt Ihr Eure Meinung über uns gefällt«, sagte mein Vater. »Ich wünsche Euch alles Gute für Euren Weg. Ich bitte Euch nur um eins: Überlasst uns den Brief und die Geschenke des Papstes, die wir dem Khan in seinem Namen überreichen sollten – und gebt uns Euren Segen für den Rest der Reise, wenn das nicht zu viel verlangt ist.«

Ich sah, wie Bruder Guglielmo mit sich haderte. Es widerstrebte ihm, die heiligen Gegenstände in unserem Besitz zu lassen. Halb rechnete ich damit, dass er das Heilige Öl und alles weitere für sich einfordern würde, um die Schätze sicher zurück ins Abendland zu bringen, doch schließlich willigte er ein.

»Beantworte mir nur eine Frage«, sagte er, an mich gewandt. »Was ist es, das dich so unglücklich macht, dass du dein Heil in der Ferne suchst, wo selbst Gottes Wort dich nicht mehr erreicht? War dein Leben in der Heimat so schlecht?«

Die Frage überraschte mich, denn ich hatte meinen Wunsch nach Neuem nie als eine Flucht vor dem Alten empfunden. Agnese Ghisi fiel mir wieder ein, wie sie zur Festa della Sensa ihrem Mann nachgeschaut hatte. Nach langer Zeit dachte ich wieder an Beatrice und an Andrea, an die tausend Masken des Karnevals und jenes unendlich weite und doch beklemmende Labyrinth der Wasserstraßen, in dem wir alle aufgewachsen waren und wie Ariadne und Theseus unseren Weg suchten, selbst heute noch. Die Straße des Lebens hatte mich weiter geführt, als ich je für möglich gehalten hätte, doch ich hatte noch längst nicht mein Ziel erreicht.

»Ich muss nicht wissen, was am Ende des Weges liegt, um zu erkennen, dass er es wert ist, gegangen zu werden«, sagte ich schließlich. »Aber ich will es herausfinden. Und wenn ich mich getäuscht habe, kehre ich um und wähle einen anderen Weg.«

»Dafür mag es dann schon zu spät sein.« Bruder Guglielmo erhob sich, und Bruder Niccolò trat an seine Seite. »Wir werden an der Küste entlang nach Basra reisen und sobald der Krieg es uns gestattet ins Heilige Land zurückkehren. Auf Wiedersehen, Marco Polo. Möge Gottes Segen dich begleiten.«

Sie vertrauten uns widerwillig Viscontis Brief und Geschenke an und verließen uns. Trotz meiner hoffnungsvollen Worte spürten wir alle, dass wir einen Tiefpunkt erreicht hatten, und hätten am liebsten so schnell wie möglich die Enttäuschung hinter uns gelassen, um der ungewissen Zukunft entgegenzufahren. Allerdings war das nicht so leicht, wie wir es uns wünschten.

Nach dem Aufbruch der Dominikaner ging ich am frühen Abend, sobald die Hitze erträglicher wurde, in die Stadt. Ich trug einen einfachen Kaftan, um nicht auf den ersten Blick als Lateiner aufzufallen, und hatte so gut wie kein Geld, dafür aber meinen Dolch dabei. Ich lief ohne ein bestimmtes Ziel und musste meine Schritte immer noch langsam setzen. Doch nach den Strapazen und Schicksalsschlägen der letzten Wochen genoss ich es, eine Weile allein zu sein.

Leider war Hormuz ein denkbar ungeeigneter Ort zum Alleinsein. Um dem schlimmsten Gedränge zu entgehen, setzte ich mich in einen geschützten Winkel des Hafenbeckens, aß etwas Dörrobst und blickte aufs Meer hinaus, wie ich in Venedig oft am Rande der Piazzetta gesessen hatte. Doch verglichen mit den stolzen Galeeren, welche die Häfen des Mittelmeers beherrschten, war der Anblick der hiesigen Handelsschiffe wenig beeindruckend. Hormuz war trotz der Schätze, die hier umgeladen wurden, ein erstaunlich provinzieller Ort. Ich fragte mich, ob überhaupt viele Menschen dauerhaft hier lebten; das Klima sprach in jedem Fall dagegen.

Als ich gegen Mitternacht verschwitzt und müde in unsere Unterkunft zurückkehrte, hörte ich schon im Innenhof lauten Streit aus dem Zimmer, das wir uns teilten. Insgeheim hatte ich gehofft, dass mein Vater und Maffeo bereits schliefen, bis ich nach Hause kam, doch offenbar hatte ihre Meinungsverschiedenheit sie wachgehalten.

»Auf gar keinen Fall«, hörte ich meinen Vater sagen. »Das lasse ich nicht zu!«

»Niemand zwingt dich, mitzukommen«, entgegnete mein Onkel. »Aber der Junge kann seine eigenen Entscheidungen treffen. Ich sage, fragen wir ihn, wie er das sieht!«

Mit klopfendem Herzen blieb ich stehen, eine Hand an der Tür. Ich wusste, es war ungebührlich – aber etwas am Tonfall meines Onkels ließ mich innehalten und lauschen.

»Woher das plötzliche Interesse an seinen Gefühlen?«, fragte mein Vater. »Mir scheint, das Schicksal anderer Menschen interessiert dich immer nur so sehr, wie es gerade deinen Plänen entgegenkommt.«

»Ich habe immer Anteil an seinem Schicksal genommen, und das weißt du genau.«

»Du meinst, so wie in der Wüste, als du umkehrtest – um Leyla zu retten?«

»Marco war bei dir in Sicherheit. Kein Grund, sie ihrem Schicksal zu überlassen.«

»Natürlich nicht. Du hattest ein anderes für sie vorgesehen.«

Maffeo schnaubte. »Ich lasse mir von dir nicht vorschreiben, welcher Menschen Schicksal ich zu meiner Angelegenheit mache.«

»Vielleicht hättest du dir das früher überlegen sollen! Sein Schicksal geht uns beide an. Und wenn wir unser Ziel erst erreichen …«

Da näherten sich Schritte der Tür, und ehe mich einer von beiden noch überraschte, trat ich ein.

Mein Onkel stand neben der Tür an einem kleinen Schrank und goss sich einen Becher des hiesigen Dattelweins ein. Keinem von uns sagte der Wein sonderlich zu, von daher musste Maffeo gerade ziemlich durstig oder ziemlich wütend sein.

»Marco«, sagte er und hob eine seiner buschigen schwarzen Brauen. »Du bist zurück.«

»Ihr seid noch auf?«, erkundigte ich mich unschuldig, so als hätte man ihren Streit nicht bis in den Innenhof gehört.

»Dein Onkel und ich haben gerade das weitere Vorgehen besprochen«, sagte mein Vater ruhig und setzte sich auf sein Bett. »Wir konnten uns bislang nicht einigen, daher schlug Maffeo vor, dich nach deiner Meinung zu fragen.«

»Meinung wozu?«, fragte ich und zog mir einen Stuhl heran. »Ihr … ihr denkt doch nicht etwa auch darüber nach, umzukehren?«

»Umkehren?«, fragte mein Vater überrascht. Maffeo lachte nur. »Nein.«

Mir fiel ein Stein vom Herzen, doch ich versuchte, mir nichts anmerken zu lassen. »Worum geht es dann?«

»Wie du ja weißt, hatten wir vor, uns nach Indien und wenn möglich bis nach Kithai einzuschiffen, um die heißen Wüsten und hohen Gebirge auf dem Landweg zu vermeiden.«

Ich nickte. Der direkte Weg nach Osten war leider auch der schwierigste und führte durch einige der lebensfeindlichsten Regionen der Welt – gefährlicher als alles, was wir bis jetzt durchgemacht hatten. »Das war die ganze Zeit der Plan. Was hat sich geändert?«

»Hast du die Schiffe im Hafen gesehen?«

Da ahnte ich, woraus es hinauslief.

»Sie sind sehr klein«, sagte ich vorsichtig.

»Nicht nur das – sie sind schlicht nicht hochseetauglich. Kein Mensch, der bei Trost ist, würde sich ihnen anvertrauen.«

»Aber die persischen Händler …«

»Fahren nahe der Küste, wo es vor Piraten nur so wimmelt. Ich habe den Verdacht, dass sie Schäden sogar in Kauf nehmen – oder ein Unglück zu hoher See für unabwendbar halten, obgleich es mit besseren Schiffen durchaus vermeidbar wäre. Wer weiß, wie viele gesunkene Schiffe auf jeden Händler kommen, der es bis hier in den Hafen schafft?«

»Ist es wirklich so schlimm?«, fragte ich.

»Schlimmer als schlimm.« Mein Vater klang, als hätte man ihm gerade ein beleidigendes Angebot gemacht, und einen Augenblick lang sah ich den stolzen venezianischen Kaufmann in ihm, der ihn einst zu dem Mann gemacht hatte, der er heute war. »Diese Schiffe haben nur ein Ruder und ein Segel, und statt von Nägeln werden sie mit Fasern aus indischen Nüssen zusammengehalten. Glaub mir, ich habe mich eingehend damit vertraut gemacht, während du ans Bett gefesselt warst. Für die hiesigen Seeleute ist es das Normalste auf der Welt – nicht einmal die Planken sind richtig geteert, sondern mit Walfischöl gedichtet. Dabei wird die indische See häufig von schweren Stürmen heimgesucht. Man mag es nicht glauben, wenn man das Meer im Hafen sieht, aber das liegt nur an der geschützten Lage der Stadt. Sobald man die Meerenge verlässt, bewahren einen nur Nussfasern und Fischöl vor dem Ertrinken.«

»Du übertreibst«, brummte Maffeo und nippte lustlos an seinem Dattelwein. »Und du ignorierst die wichtigste Lektion, die wir auf unseren Reisen gelernt haben: Wenn die Leute in einem fremden Land etwas auf eine bestimmte Art und Weise tun, gibt es meistens auch einen Grund dafür. Im schlechtesten Fall heißt das, was du sagst, dass zumindest noch nicht übermäßig viele von ihnen auf diesen Schiffen gestorben sind.«

»Du tust wieder sehr weise, in Wahrheit aber machst du dich lustig«, warf mein Vater ihm vor. »Ich sage, es ist ein unvertretbares Risiko.«

»Siehst du?«, sagte mein Onkel und deutete mit dem Becher auf seinen Bruder. »Dein Vater hätte kein Problem damit, *mich* auf eins dieser Boote zu schicken. Wahrscheinlich würde er früher oder später sogar selbst eins besteigen, denn eigentlich ist dein Vater ein sehr *vernünftiger* Mann.« Die letzte Bemerkung triefte so vor Spott, dass es auch mir nicht entging. »Aber *dein* Leben würde er niemals in Gefahr bringen.« Er nippte an seinem Becher, verzog das Gesicht und schüttete den Rest in die Ecke. »Wie kann irgendein Mensch das nur trinken?«

»Vielleicht sind noch nicht genug von ihnen daran gestorben«, sagte mein Vater ruhig.

Maffeo deutete mit dem Finger auf ihn, als könnte er gleich Zeus einen Blitz auf ihn schleudern, doch er beherrschte sich und stellte den Becher ab. »Der wahre Grund, weshalb die Schiffe nicht deinen Ansprüchen genügen, ist, dass wir bereits zu viel Zeit vergeudet haben. Die größten und sichersten Schiffe haben sich vor über einem Monat auf den Weg gemacht. Sie fahren mit dem südlichen Monsun über den Sommer nach Indien und im Winter mit dem nördlichen wieder zurück. Wenn wir uns schnell entscheiden, kriegen wir vielleicht noch einen Platz. Bald aber werden wirklich nur noch Nussschalen auslaufen, die auch nicht mehr die ganze Strecke fahren.«

»Du schlägst also vor, dass wir fast ein Jahr hier warten, bis wir ein zuverlässiges Schiff bekommen?«

»Du hörst mir nicht zu.« Maffeo winkte müde ab und wandte sich an mich. »Da siehst du, womit wir uns die letzten Stunden die Zeit vertrieben haben. Nun ist deine Meinung gefragt, Marco: Besteigen wir eins dieser stolzen Schiffe, auf dass es uns bis an die Enden der Welt trägt, oder vergeuden wir nur weiter unsere Zeit?«

»Was ist denn die Alternative?«, fragte ich.

»Der Landweg, so wie beim ersten Mal«, sagte mein Vater.

»Das Problem ist, dass wir deutlich weiter südlich sind als letztes Mal«, warf Maffeo ein. »Und wenn du nicht gerade bis nach Armenien zurück und halb Georgien durchqueren willst – eine Gegend, in der nach allem, was wir wissen, mittlerweile ein ausgewachsener Krieg herrschen könnte –, werden wir um die ein oder andere Wüstendurchquerung kaum herumkommen. Vielleicht ist es dir noch nicht aufgefallen, aber da draußen herrscht *Sommer.* Weißt du, was die Menschen sich hier über den Sommer erzählen? In manchen Jahren ist es so schlimm, dass sich alle, die es sich leisten können, ins Gebirge zurückziehen – genau, lieber bei den Karaunas als hier, denn da ist es wenigstens *kühl.* Wer genug Wasser hat, der legt sich tagelang in einen Bottich, um nicht zu vertrocknen. Eine ganze Armee soll dort draußen von einem Sandsturm überrascht worden sein, und als man sie fand, waren ihre Körper so ausgezehrt wie die Leichen der alten ägyptischen Könige! Ihre Gefährten wollten sie bestatten, aber wo immer sie die toten Körper packten, die Glieder brachen einfach ab und zerfielen zu Staub.« Wutentbrannt griff mein Onkel nach der Flasche, als befiele ihn allein bei der Vorstellung Durst. Dann erst merkte er, was er gerade tat, fluchte und stellte den verhassten Wein wieder ab. »Wenn ich noch einen Tag länger Datteln und Fisch essen muss, verliere ich den Verstand, oder schlimmer noch meinen Appetit. Lieber schwimme ich nach Indien, als in diesem Loch zu versauern!«

»Wenn wir zu Land reisen, brauchen wir nur etwa zwei Monate auszuharren. Wir durchqueren die Wüste im Herbst, und mit etwas Glück schaffen wir es noch vor Wintereinbruch über den Pamir.«

»Das klingt doch nach einem guten Kompromiss«, sagte ich vorsichtig.

»Das ist überhaupt kein Kompromiss«, widersprach mein Onkel und deutete auf meinen Vater. »Das ist, was *er* will.«

»Und ich«, sagte ich ruhig. »Glaub mir, es enttäuscht mich ebenso wie dich, dass die Reise sich so beschwerlich gestaltet, und ich schäme mich, dass ich es bin, der euch aufhält. Aber ich habe gerade erst wieder genug Kraft, um mit euch zu streiten. Der Säbelhieb an meiner Schulter schmerzt immer noch, wenn ich den Arm anspanne, und wenn ich zu schnell aufstehe, wird mir schwindlig. Die nächsten zwei Wochen werde ich weder auf eins dieser Boote noch auf ein Kamel steigen. Es tut mir leid, und ich wünschte, es wäre anders. Es ist aber so.«

Mein Onkel grunzte. »Es gehört Mut dazu, seine Schwäche einzugestehen.« Er machte eine unbestimmte Geste mit der Hand, wie jemand, der nach einem Streit *vergeben und vergessen* sagt. Doch sein Gesicht sprach eine andere Sprache. Ich wusste, in Maffeos Augen hatte ich versagt. Schlimmer noch, ich hatte gegen ihn Partei ergriffen und damit ein Zeichen gesetzt. Ich war nicht mehr der kleine Junge, der anderen aufs Wort folgte. In Zukunft würden wir Entscheidungen zu dritt treffen – und mein Vater und ich hatten ihn gerade überstimmt.

Wir nutzten die verbleibende Zeit in Hormuz so gut es ging, verkauften unsere Pferde für einen sehr viel schlechteren Preis als erhofft und tauschten den Erlös gegen Juwelen ein, die wir genau wie die Perlen in unserer Kleidung verstecken konnten. Die Hitze wurde noch schlimmer, und jeder von uns erkrankte der Reihe nach an einer schlimmen Übelkeit, bis wir uns freiwillig von Wasser und Brot ernährten – alles, nur um keine Datteln und keinen salzigen Fisch mehr essen zu müssen. Hätten wir noch einen Gürtel des Heiligen Barsauma gehabt, wir hätten uns darum geschlagen, wer ihn tragen dürfte.

Wann immer möglich gingen wir uns aus dem Weg: Mein Vater verbrachte die meiste Zeit im Hafen und auf dem Bazar, um mit kleineren Geschäften wenigstens unseren Aufenthalt zu bezahlen. Mein Onkel dagegen gab sein Geld mit beiden Händen aus – meiner Vermutung nach in einem Freudenhaus oder für teures Essen.

Ich für meinen Teil dachte viel an zu Hause. Irgendwann kaufte ich mir Pergament und Tinte und setzte Briefe an die Trevisans und an Beatrice auf, fand aber nie einen vertrauenswürdigen Händler, dem ich die Zeilen hätte mitgeben mögen – was vielleicht besser so war, denn was hätte ich ihnen schon zu sagen gehabt? So warf ich die Briefe irgendwann weg, obwohl das Pergament nicht gerade billig gewesen war. Ich merkte aber, wie das Schreiben mir half, meine Gedanken zu ordnen.

Als die schlimmste Sommerhitze schließlich vorüber war und wir alle sicher acht Pfund abgenommen hatten, machten wir uns auf den Weg. Um nicht abermals in die Hände von Räubern zu fallen, wählten wir eine andere Route nach Norden und reisten in ärmlicher Verkleidung, ungeachtet der Proteste Maffeos, dem seine Bettlerkluft zuwider war.

Knapp drei Wochen später erreichten wir abermals Kerman. Die kühlere Luft des Hochlands war eine Wohltat, und wie die Raben fielen wir über die Obsthaine her, die nun voll reifer Früchte hingen. Wir kleideten uns neu ein und kamen wieder zu Kräften. Dennoch war mir schwer ums Herz. Ich dachte an Ismael und seinen Vater und all die anderen, die den Karaunas zum Opfer gefallen waren. Wir hatten unsere Gefährten verloren und einen ganzen Sommer verschwendet; und der beschwerlichste Teil unserer Reise lag noch vor uns.

* * *

»Werden die Palastdiener heute Abend wieder zuhören?«, fragte Rustichello mehrere Tage später. Er lag auf dem Rücken, die Hände hinter dem Kopf, ohne genau zu wissen, wie lange er schon wach war. Er hatte geträumt – von der Unruhe eines großen Bazars und schaukelnden Schiffen im Hafen.

Der Venezianer lachte. »Woher wusstet Ihr, dass ich schon wach bin?«

Rustichello lächelte still. Die Wahrheit war, dass er sich

mittlerweile so an das Schnarchen seines Nachbarn gewöhnt hatte, als teilten sie dasselbe Bett.

»Bis eben war ich mir nicht einmal sicher, ob ich es bin«, wich er aus. »Wahrscheinlich macht es keinen großen Unterschied hier unten.«

»Das liegt an den unnatürlichen Zeiten, zu denen wir wachen und schlafen. Ich habe bereits versucht, ob ich nicht die Tagwache als neue Zuhörer gewinnen kann.«

»Dann war das also die Unruhe, die ich in meinem Traum für das Treiben eines Bazars hielt. Euer Persien hat den Weg bis in meinen Schlaf gefunden, Messere.«

»Das ehrt mich. Unser nächtliches Publikum ist leider schwerer zu fesseln.«

»Wieso? Haben sie noch etwas gesagt?«

»Nun, sie waren enttäuscht, dass wir die Räuber nicht einfach niedergemacht haben. Außerdem hätten sie sich ähnlich wie Maffeo mehr Dankbarkeit von Leyla für ihre Rettung versprochen. Überhaupt wollen sie mehr Geschichten über schöne Frauen, Gold und Ungeheuer hören.«

Rustichello seufzte. »Das sind Wünsche, die mir nur allzu bekannt sind. Und was habt Ihr ihnen darauf geantwortet?«

»Ich habe geantwortet: Alles zu seiner Zeit.« Der Venezianer hob die Stimme wie ein alter Prophet auf dem Marktplatz. »Denn ich habe mehr Goldstücke gezählt, als es Steine in diesem Gefängnis gibt; ich habe die wundersamsten Kreaturen gesehen, die Gott jemals schuf; und ich habe die schönste Frau unter der Sonne geliebt.«

»Da sollte doch für jeden etwas dabei sein, oder?«

»Das bleibt abzuwarten. Die Unterredung mit der Tagwache verlief derweil recht erfreulich. Sagt, Messere, habt Ihr zufällig noch etwas Brot von heute früh übrig, oder habt Ihr bereits alles gegessen?«

Verwundert sah Rustichello nach dem steinernen Teller,

den man ihm, während er schlief, durch die Klappe in der Tür geschoben hatte.

»Ich habe es noch nicht angetastet.«

»Das ist gut.« Er hörte leises Kettenklirren und Rascheln. »Ich bitte Euch, lasst auf jeden Fall ein wenig davon übrig. Ihr könntet es auch bereits in möglichst kleine Krumen aufbrechen. Ich benötige wahrscheinlich noch etwas Zeit.«

»Zeit wofür denn?«

»Habt Geduld, Messere. Vertraut mir! Alles, was wir nun brauchen, ist Geduld – und verhaltet Euch ruhig, wenn ich bitten darf.«

Gehorsam begann Rustichello, das harte Brot in kleine Krumen zu brechen. Er fragte sich zwar, was der Venezianer vorhatte, aber sein Leben hatte die letzten Jahre so wenig Abwechslung gekannt, dass er sich gerne überraschen ließ. Den Blick zum kleinen Fenster, wo die Abendsonne die Pflastersteine des Hofs rot färbte, dachte er an die Zeit zurück, als er aus altem, weichgekautem Brot bescheidene Spielfiguren geknetet hatte. Doch bald waren ihm die Spiele gegen sich selbst langweilig geworden, und so hatte er die Figuren weggeworfen – allerdings nicht, ohne zuvor zu versuchen, sie noch zu essen …

Die Sonne war schon fast untergegangen, als Rustichello nebenan auf einmal schnelle Schritte hörte, gefolgt von Kettenklirren und der aufgeregten Stimme des Venezianers.

»Messere Rustichello!«

»Ja?«

»Habt Ihr die Brotkrumen?«

Rustichello blickte auf seine Hände und stellte fest, dass er das ganze Brot zerbröselt hatte. Eine schnelle Befragung seiner Zunge und Zähne ergab, dass er nicht einen Bissen davon gegessen hatte.

»Ja, eine Menge sogar …«

»Gut! Streut sie nun rasch um das Loch in unserer

gemeinsamen Wand aus. Eine Handvoll werft Ihr so weit in die Öffnung hinein, wie Ihr könnt. Dann stellt Euch flach neben die Öffnung und haltet ganz still. Bereit?«

Rustichello tat, wie ihm geheißen. »Bereit.«

»Hervorragend. Und los!«

Er hörte ein leises Quieken, dann ein Huschen, und nach einem Moment der Stille steckte eine Ratte witternd ihre Schnauze aus der Öffnung.

Rustichello wagte es nicht, etwas zu sagen oder auch nur einen Finger zu rühren. Mit angehaltenem Atem sah er zu, wie die Ratte sich witternd die Spur der Brotkrumen entlangarbeitete und einen nach dem anderen fraß, ohne sich um den dicht an die Wand gepressten Mann zu kümmern.

»Hat sie das Loch bereits verlassen?«, flüsterte der Venezianer.

»Beinahe …«

»Richtet Euer Augenmerk auf ihren Schwanz, wenn es so weit ist!«

Er stellte keine Fragen, sondern wartete, bis die Ratte den Rest seiner Krumen vertilgt hatte, und da sah er es: Um den Schwanz der Ratte war eine dicke, braune Wollschnur gebunden. Wahrscheinlich hatte der Venezianer sie aus seiner eigenen Kleidung geknüpft.

»Brillant, Messere!«

»Nun ist es an Euch – Ihr müsst schnell handeln, aber bedenkt, dass wir nur die Schnur brauchen, nicht ihre Überbringerin.«

»Blockiert Euren Ausgang, damit sie nicht wieder zurückflieht«, flüsterte Rustichello.

»In Ordnung.«

»Und eins … zwei … drei!«

Rustichello sprang vor und trat mit dem Fuß auf die Schnur. Die Ratte machte einen überraschten Satz, wodurch die Schnur sich von ihrem Schwanz löste. Quiekend rannte die Ratte zur gegenüberliegenden Wand und entkam durch eine andere Ritze.

»Habt Ihr die Schnur?«, fragte der Venezianer.

»Ich habe sie«, erklärte Rustichello stolz. »Und jetzt?«

»Jetzt vermessen wir erst einmal, wie genau dieser Hohlraum in der Wand eigentlich beschaffen ist. Es scheint mir ja eine eher verwinkelte Verbindung zu sein, sonst könnten wir uns auch sehen oder einander die Hand reichen.«

»Was soll ich tun?«

»Zunächst spannt Ihr die Schnur möglichst straff, aber ohne sie zu zerreißen. Es steckt eine Menge Arbeit darin ...«

Im Zuge der nächsten Stunde kamen sie überein, dass die Öffnungen in ihrer Wand etwa fünf Fuß voneinander versetzt waren. Sie markierten die Distanz mit Knoten in der Schnur und transportierten mit einer Schlinge erfolgreich ein Stück Brotrinde von der einen in die andere Zelle. Rustichello war so außer sich vor Freude, dass er sogar das Abendessen ignorierte, das man ihnen in der Zwischenzeit durch die Klappen schob. Vorsichtshalber versteckten sie Öffnung und Schnur unter Stroh, bis wieder Ruhe einkehrte.

»Sagt, wie kam Euch diese Idee?«, fragte Rustichello.

»Aus einer Geschichte«, gestand der Venezianer. »Ehrlich gesagt hatte ich Zweifel, ob es funktionieren würde.«

»Und wenn die Ratte Euch nun gebissen hätte?«

»Das haben erst wenige Tiere versucht – und die waren schlimmer und hatten besseren Grund dazu.«

Rustichello glaubte ihm und fragte nicht weiter.

»Gehen wir an den eigentlichen Teil, bevor die Nachtwache ihren Dienst antritt. Einen Moment!«

Aufgeregt lauschte Rustichello darauf, wie der Venezianer sich auf der anderen Seite der Wand an etwas zu schaffen machte. Die Schnur, die er sich zur Sicherheit um den Finger gewickelt hatte, ruckte und zuckte.

»Nun zieht – aber Vorsicht, dass sich nichts verklemmt!«

Behutsam zog er an der Schnur. Er spürte, dass sie mehr Gewicht transportierte als zuvor, und hörte das Schleifen eines großen Gegenstands. Dann sah er, was der Venezianer an ihr festgebunden hatte: Es war eine Rolle Pergament.

»Aber … aber das ist ja …«

»Macht es auf«, sagte der Venezianer.

Mit zitternden Fingern löste Rustichello das Pergament und entrollte es. Darin lag eine Schreibfeder.

Der Anblick verschlug ihm fast die Sprache. Er hockte einfach nur da und starrte das Wunder an.

»Seid Ihr noch da?«, erkundigte sich der Venezianer.

»Das ist ein Geschenk Gottes!«, erklärte Rustichello. »Ihr seid ein Heiliger, Messere.«

»Aber nicht doch. Es scheint jedoch, als ob nach all den Wochen die erste Zahlung meiner Familie die richtige Börse fand. Ich habe mein Versprechen an Euch nicht vergessen.«

»Ich habe nur getan, was jeder Christenmensch für einen anderen täte …«

»Das bezweifle ich. Doch wie auch immer – man gewährte mir also mehrere Bögen Pergament, um ein paar Briefe aufzusetzen. Außerdem sagte ich, dass ich mein Testament ändern wolle, und es gelang mir, ihnen eine zweite Feder abzuschwatzen, weil die erste so kleckste. Nur die Tinte werden wir uns einstweilen teilen müssen … Gebt acht, ich ziehe die Schnur nun zurück.«

Wenige Momente später hatte Rustichello auch das Tintenfass sicher durch die Wand befördert. Andächtig schraubte er es auf. Er hatte schon so lange nicht mehr den Geruch frischer Tinte in der Nase gehabt.

»Ich glaube es kaum, obwohl ich es doch in Händen halte.«

»Aber seht Ihr es denn vor Euch, Messere Rustichello? Erkennt Ihr, was dieses Pergament eines Tages sein wird?«

»Was wird es denn sein?«

»Die erste Seite des Buches, das Ihr schreiben wolltet. Das Buch meiner Geschichten.«

Rustichello setzte das Tintenfass ab, ehe er es vor Aufregung noch zerbrach.

»Messere, mir fehlen die Worte. Ich weiß, das ist eine zweifelhafte Referenz für einen Schreiber, doch ich weiß kaum, wie ich Euch meinen Dank ausdrücken soll.«

Der Venezianer schwieg einen Moment. Dann sagte er: »Bei einem unserer ersten Gespräche habt Ihr Euch als einen Verdurstenden in der Wüste bezeichnet …«

»Und Ihr habt meinen Durst gestillt …«

»Aber nicht doch«, unterbrach der Venezianer. »Was ich sagen will, ist dies: Ich weiß sehr gut um die Macht der Geschichten. Ich habe mir vielleicht nicht so viele Gedanken darüber gemacht, bis ich Euch traf, aber ich habe sie schon lange gesammelt, für mich und für andere. Das erste Mal erkannte ich ihren Segen tatsächlich in einer Wüste – einer sehr wirklichen, sehr heißen Wüste, in der ich ohne die Geschichten, mit denen wir uns nachts am Feuer die Stunden vertrieben, vielleicht allen Mut verloren hätte. Da begann ich auch zum ersten Mal, mir Notizen zu machen – wahrscheinlich folgte ich unwillkürlich dem Beispiel Bruder Guglielmos, dessen Fleiß mich damals so beeindruckt hatte. Ihr wisst nicht zufällig, ob er sein Traktat je vollendete?«

»Ich glaube, ich habe von ihm und seinen Schriften gehört. Angeblich trat er in die Fußstapfen seines Mentors Tebaldo Visconti und wurde Erzdiakon in Lüttich.«

»Der gute Guglielmo.« Der Venezianer lachte leise. »Dann soll uns seine Unbeirrbarkeit ein Ansporn sein, auf dass auch wir bald zu neuen Ufern aufbrechen …«

Der Venezianer stockte, als Schritte sich über den Gang näherten und die schimpfende Stimme Sergios erklang. »Wie gerufen!«, begrüßte er da seine Zuhörer. »Also, wo war ich …?«

XI
Der Priester Johannes

Die Karawane, mit der wir reisten, bestand aus zwei Dutzend Kamelen, von denen viele allein dem Transport von Wasser und Nahrung dienten, denn wir mussten uns darauf einstellen, beides manchmal tagelang nicht finden zu können. Wenn wir rasteten und unsere Zelte aufschlugen, waren wir eine richtige kleine Siedlung, ein reisender Gauklertrupp, der eine Oase für zwei Nächte in Beschlag nahm und im nächsten Morgengrauen wie von Geisterhand wieder verschwand.

Der Nordosten Persiens ist ein einziges lebensfeindliches Hochland, umgeben von Gebirgen. Der nördliche Teil davon ist die Dascht-e Kawir oder Große Salzwüste. Das einzige Wasser in diesem gottverlassene Landstrich stammt aus den Bergen und speist die großen Salzseen, die jedoch bald wieder vertrocknen und eine trügerische Kruste zurücklassen, in der ein unbedachter Reiter mitsamt seinem Tier wie auf dünnem Eis einbricht und versinkt. Doch auch wenn man diesem Schicksal entgeht, ziehen Salz und Trockenheit alles Leben aus diesem Land, und die Haut springt einem auf wie brüchiges Leder. Nur am Rand der Wüste gibt es Oasen oder ausgebaute Karawansereien, wo man geschützt vor Räubern hinter schattigen Mauern in Betten schläft. In das Zentrum dieser Wüste reist man nicht, denn dort liegen die Dünen der Dschinn, in denen böse Geister leben sollen.

Doch fast schrecklicher noch ist die südliche der beiden Wüsten, die Dascht-e Lut oder Wüste der Leere. Dort ist es tagsüber so heiß, dass Wasser beinahe zu kochen anfängt, und nachts so kalt, dass es wieder gefriert. Der Wind spielt mit dem Land, frisst sich durch die Felsen und türmt Dünen von vielen hundert Fuß Höhe auf. Kein Mensch kann dort leben.

Mehrere kleinere Bergketten trennen diese beiden Wüsten, und durch diese unwirtliche Gegend führte unser Weg, von Kerman über das kleine, aber schöne Kobinan nach Norden und dann gen Nordosten Richtung Tabas. Hier in den Hügeln allein wuchsen Beifuß und andere Kräuter, und weiter oben im Gebirge lebten Raubkatzen und Wölfe, die über die dürren Schafe und Gazellen herfielen, die in den windgepeitschten Steppen um ihr Überleben kämpften. Doch immer wieder wich die Steppe der Endlosigkeit von heißem, gelbrotem Sand. Hatte ich die schaurigen Geschichten meines Onkels über vom Wüstenwind ausgetrocknete Leichen noch vor kurzem für erfunden gehalten, erschienen sie mir nun völlig glaubhaft.

Unter guten Bedingungen schafften wir etwa fünf Farsakh pro Tag, was einer Strecke von fünfzehn bis zwanzig Meilen entspricht und letztlich auch nur ein anderes Wort für Tagesmarsch oder den Abstand zwischen zwei Rasten ist.

Unser Ziel war Herat, wo Alexander der Große einst seine Zitadelle erbaut hatte. Anderthalb Jahrtausende hatten verschiedene Könige und Sultane dort geherrscht, bis die Stadt vor etwa fünfzig Jahren während des großen Krieges mit den Mongolen von Dschingis Khan zerstört worden war. Heute hatte sie unter den Ilkhanen zu Frieden und neuer Blüte gefunden, denn die Dichter begannen vor ihr als einem Hort der schönen Künste, der Perle Khorasans, zu sprechen.

Wir erfuhren diese Dinge von den einzigen anderen Christen der Karawane, zwei schwarzhäutigen Abessiniern, die auf die Namen Eleazar und Delilah hörten. Ich fand nie heraus, ob sie Mann und Frau oder Bruder und Schwester waren, denn sie enthüllten anderen von sich nur so viel wie nötig. Sie verdienten sich ihren Platz in der Karawane als Unterhalter, wobei Eleazar die Rolle des Geschichtenerzählers und Delilah die der Tänzerin einnahm. Ihre einzigen Instrumente, wenn sie die Erzählungen Eleazars lebendig werden ließ, waren zwei Fingerzimbeln, und ihr Tanz glich keinem anderen, den ich auf meinen Reisen durch Persien gesehen hatte.

Durch seine Liebe zu Geschichten, und weil wir gleichermaßen Fremde unter Fremden waren, kamen Eleazar und ich ins Gespräch. Er spürte meine Neugierde und lehrte mich viele Legenden, die mir, wie er hoffte, auf meiner Reise nützlich sein würden. Als ich ihm aber erzählte, dass wir über die alte Stadt Balkh und das Pamirgebirge bis nach Kithai reisen wollten, setzte er ein sorgenvolles Gesicht auf. Früher musste Balkh eine stolze Stadt gewesen sein; doch dann war sie ebenfalls den Eroberungen Dschingis Khans zum Opfer gefallen, hatte sich im Gegensatz zu Herat jedoch nie davon erholt. Eleazar riet mir davon ab, sie zu betreten, und wählte eindringliche Worte für seine Warnung.

Ich gestand, dass ich nicht viel über Dschingis wusste, außer dass er der Großvater Kublais gewesen war und sein Reich bis an die Grenzen Europas ausgedehnt hatte. Sicherlich war er der größte Feldherr gewesen, den die Menschheit seit den Tagen Alexanders gesehen hatte.

»Angeblich hat er selbst den Priester Johannes besiegt«, sagte Eleazar.

»Den legendären christlichen König von Indien?«

»Was immer man unter Indien versteht«, erwiderte der Abessinier geheimnisvoll.

»Dann lebt der Priester Johannes also nicht mehr?«

»Wer weiß das schon? Wenn du willst, erzähle ich dir die Geschichte.«

Er kam seinem Versprechen später am Abend nach, sobald wir unser Lager im Schutz hoher Felsenhöcker aufgeschlagen hatten, sogenannter *Yardangs,* vom Wüstenwind aus dem lockeren Gestein gefressen. Da es so gut wie kein Brennholz im Umkreis gab, nutzten wir für unsere Feuer Kameldung – möglichst alten, wenn wir welchen fanden, denn der frische roch noch schlimmer. Wie üblich hatten gut ein Dutzend Männer einen Kreis um Eleazar und seine Gefährtin gebildet. Auch ich war von seiner wohlklingenden Stimme und Delilahs anmutigen Bewegungen fasziniert. Die beiden verfügten über die Gabe, Menschen binnen weniger Minuten in ihren Bann zu schlagen; und in gewisser Weise war das auch ein wenig unheimlich.

Maffeo begaffte die leichtbekleidete Delilah mit unverhohlener Lüsternheit, während er wie üblich dem Wein zusprach, den er sich in Kerman gekauft hatte. Ich beachtete ihn nicht, und auch mein Vater redete seit dem Streit in Hormuz nur noch über das Nötigste mit ihm.

»Auf dem Höhepunkt seiner Macht«, begann Eleazar seine Geschichte, »hatte Dschingis Khan bereits mehr Länder erobert als je ein Mann zuvor. Alle Reiche der Tartaren zollten ihm Tribut; und wenn er befahl, dass man ihm einen Becher aus dem Gold des Ostens bringe, so ritten seine Reiter los und brachten diesen Becher. Und wenn er befahl, dass man den Becher mit dem Wein des Westens fülle, dann ritten sie in die andere Richtung und brachten den Wein. Und die Zahl seiner Reiter ging in die Hunderttausende.«

Delilah tanzte nach Osten, und Delilah tanzte nach Westen, und sie füllte einen unsichtbaren Becher und reichte ihn einem der Kamelführer, der ihn lachend entgegennahm. Ich konnte den Wein beinahe schmecken.

»Doch es befiel Dschingis dieselbe Krankheit, welche die Herzen aller Mächtigen seit den Tagen Alexanders befällt: Es verlangte ihn nach mehr. Und tatsächlich gab es ein herrliches Reich, das er noch nicht unterworfen hatte – das Reich des Priesters Johannes.«

Ein ahnungsvolles Murmeln ging durch die Menge.

»Ihr alle werdet von ihm gehört haben, doch Dschingis Khan verwunderte sich über die Berichte, als sie erstmals an sein Ohr drangen. Also rief er nach einem seiner Sterndeuter, der ein gelehrter Mann war, und fragte ihn, was von diesen Geschichten zu halten sei. Dies war es, was der Sterndeuter dem Khan berichtete.«

Eleazar schlug die Beine übereinander, und Delilah erstarrte, während er einige Sekunden schwieg. Als er wieder sprach, klang seine Stimme tiefer, voller und wie aus einer anderen Zeit.

»Der Priester Johannes ist trotz seines geringen Titels zweifelsohne der größte Herrscher der Welt. Zweiundsiebzig Könige zollen ihm Tribut. Sein Reich erstreckt sich durch die Wildnis des fernen Indien bis zum Land der aufgehenden Sonne, und darin leben Elefanten und Drachen, Tiger und Löwen, Greifen, Satyre, Zyklopen und auch der Vogel Phönix. Er gebietet über die finsteren Völker von Gog und Magog, die Alexander hinter den eisernen Toren am Rande der Welt einschloss. Auf sein Geheiß jedoch erheben sie sich, ziehen für ihn in den Krieg und verschlingen das Fleisch seiner Feinde, bis er sie wieder in die Lande der Dunkelheit sendet. Und wenn der Priester Johannes in den Krieg zieht, lässt er goldene, mit Edelsteinen geschmückte Kreuze vor seinen Mannen hertragen, und jedem Kreuz folgen zehntausend Ritter und hunderttausend Soldaten.«

Eleazars Zuhörer schüttelten ungläubig die Köpfe, und einige murrten ob der Vorstellung solcher Armeen unter dem christlichen Kreuz, die noch dazu auch aus ehrlosen Menschenfressern bestanden.

»Milch und Honig fließen dort, und viele zauberhafte Flüsse durcheilen sein Reich: etwa der Idonus, der direkt dem Paradies entspringt und an dessen Ufern man Berylle und Amethyste findet; oder der Fluss, der am Berge Olymp seinen Ursprung hat und dessen Wasser jeden Tag einen anderen Wohlgeschmack trägt – wer immer davon trinkt, fühlt sich sein Leben lang gesund. Auch findet man die *Midriosi* in seinem Reich, sagenhafte Steine aus den Nestern von Adlern, die Blinde wieder sehend und Sehende unsichtbar machen. Und ein Meer ganz aus Sand und ohne einen Tropfen Wasser gibt es dort, das kein Schiff überqueren kann. Ein sagenhaftes Meer fürwahr. Ich würde meinen, fast wie das, in dem wir uns befinden – anscheinend hatten weder Johannes noch der Khan je die persischen Wüsten gesehen.«

Da lachten die Männer nachsichtig über die hohen Herren und ihre Nöte, und Delilah, funkelnd und fließend wie der Paradiesfluss selbst, neigte einen Augenblick respektvoll das Haupt vor dem Publikum.

»Sein Palast ist einer Vision entsprungen, mit einem Dach gleich dem Sternenzelt, aus Saphir und Topasen. Seine Pforte ist aus leuchtendem Kristall und öffnet sich ganz von selbst, wenn Johannes sich nähert. Fünfzig Säulen aus purem Gold säumen die Wände, und jede trägt einen großen Karfunkel; diese erhellen den Palast wie fünfzig Sonnen. Ein Bach fließt innerhalb des Palasts, doch verlässt ihn nie, denn wenn er sein Ende erreicht, verschwindet er unter der Erde und steigt am anderen Ende wieder auf. Dieser Bach trägt jeden Wohlgeschmack, den man sich denken kann – und wer von seinem Wasser kostet, dem ist ewige Jugend gewiss. Das königliche Bett aber ist mit Juwelen verkleidet, und nur die schönsten Frauen kommen zu Johannes und schenkten ihm schon viele kräftige Söhne und auch eine liebreizende Tochter.«

Ein sehnsüchtiges Seufzen brach sich Bahn aus den Mündern, und alle Augen hingen an Delilah, die nun begann, eine unsichtbare Treppe emporzusteigen.

»Vor dem Palast steht eine Säule, zu deren Spitze hundertfünfundzwanzig Stufen führen: erst aus Serpentin und

Alabaster, dann aus Bergkristall und Sardonyx, dann aus Bernstein und Jaspis. Dort oben steht ein großer Spiegel, Tag und Nacht von den tüchtigsten Männern bewacht, denn mit diesem Spiegel kann der Priester Johannes bis in die tiefsten Winkel seines Reiches sehen, und alles, was darin geschieht, wird ihm enthüllt.«

Delilahs Blick wanderte über die Gesichter, und als ihre Augen die meinen trafen, war ich davon überzeugt, dass sie bis in die tiefsten Tiefen meines Herzens schaute.

»Und wenn Ihr fragt, wie es kommt, dass er sich nur ›Priester‹ nennt – so schloss der Sterndeuter seinen Bericht an den Khan –, so lasst Euch gesagt sein, dass an seinem Tisch dreißigtausend Menschen speisen und dieser Tisch ganz aus Smaragd besteht. Zwölf Erzbischöfe sitzen zu seiner Rechten und zwanzig Bischöfe zu seiner Linken, sieben Könige bedienen ihn, selbst seine Köche und Schenke sind von edlem Geblüt. So voller hoher Herren ist sein Hof, dass Johannes sich entschlossen hat, durch die Bescheidenheit seines Ranges zu glänzen.«

Hier machte Eleazar eine Pause und holte tief Luft, und als er weitersprach, war seine Stimme wieder die alte.

»Nun gehört einiges dazu, vor Dschingis Khan zu stehen und einen anderen Herrscher als den größten der Welt zu bezeichnen. Die meisten hätten das wahrscheinlich nicht überlebt, aber der Sterndeuter hatte in der Vergangenheit stets gute Dienste geleistet. Also antworte der Khan Folgendes.« Eleazars Stimme donnerte durch die Wüste. »Gehe zu diesem sagenhaften Priester Johannes, und halte für mich um die Hand seiner liebreizenden Tochter an! Was Krieg und Unterwerfung mir nicht gebracht haben, will ich durch Heirat erreichen.«

»Fragt sich, was schrecklicher ist, nicht wahr, Nicolò?«, rief mein Onkel, der mittlerweile betrunken war. »Krieg oder Heirat!«

Delilah tat verletzt und schmiegte sich hilfesuchend an meinen Vater. Dieser jedoch rang sich nur ein versteinertes Lächeln ab, und so floss sie weiter, zu einem der Kameltreiber, der sofort nach ihr packte. Sie glitt durch seine Finger wie Sand.

Eleazar verfolgte ihr Spiel mit den Männern, bis er gewiss war, dass kein Ernst daraus wurde. Dann fuhr er fort.

»Also reisten der Sterndeuter und sein Gefolge an den Hof von Johannes, und alles dort war genau so wie beschrieben. Und als sie auf dem Platz mit dem Spiegel standen und die große Pforte aus Kristall sich auftat und Priester Johannes sie hereinbat, überbrachten sie ihm den Wunsch des Khans. Priester Johannes aber entrüstete sich und sprach: Wie kann er es wagen, um die Hand meiner Tochter zu bitten? Weiß er denn nicht, dass er mein Vasall ist und mir Tribut entrichten muss? Geht zu ihm zurück und sagt ihm, dass ich eher sterbe, als ihm meine Tochter zur Frau zu geben, und ehe ich sterbe, werde ich ihn töten, denn er ist ein treuloser Verräter, der nicht weiß, wo sein Platz ist!«

Und mit diesen Worten entglitt Delilah dem letzten der Männer im Kreis und nahm ihnen gleichsam die Hoffnung, sie je zu besitzen. Dann begann sie um das Feuer im Kreis zu gehen, langsam erst, doch mit jedem Schritt ihrer bloßen Füße auf dem Sand und jedem Schlag ihrer Zimbeln konnten wir spüren, wie sich Unheil zusammenbraute.

»Der Sterndeuter reiste zurück zu Dschingis Khan und bestellte ihm wortgetreu, was Priester Johannes gesagt hatte. Auch hierzu gehört einiges an Mut, und kein anderer Bote hätte diese Botschaft überlebt, doch da der Sterndeuter dem Khan so gute Dienste geleistet hatte, zeigte er abermals Gnade und sprach: Nie kann ich mich Khan aller Tartaren nennen, wenn ich eine solche Schmach ungesühnt lasse. Ich will diesen Priester Johannes lehren, wer wessen Vasall ist!

Und er ließ alle Krieger seines Reiches zusammenrufen

und aller Reiche, die ihm Untertan waren, und es war ein Heer von solcher Größe, wie man es noch nie gesehen hatte, und unmöglich zu zählen. Und an der Spitze dieses Heeres zog er bis an die Grenzen des Reiches von Priester Johannes, doch nicht weiter, damit der Spiegel, den Priester Johannes besaß, ihn nicht verriet. Er sandte jedoch Kunde an seinen Hof, dass er seine Armee an der Grenze versammelt habe und auf ihn warte.

Priester Johannes aber stieg die hundertfünfundzwanzig Stufen zu seinem Spiegel empor, der ihm alles innerhalb seines Reiches zeigte, doch nichts, was darüber hinausging; und er lachte und sprach: Mit welcher Armee will er mich besiegen?«

Eleazar machte eine Pause, und sein Blick ruhte nachdenklich auf Delilah. Ich hatte erwartet, dass sie wieder das Spiel mit den Stufen und dem Blick in die Ferne spielen würde, doch sie schlug nur die Zimbeln und setzte weiter ihre Schritte, immer im Kreis um das Feuer, schneller nun als zuvor.

»Weil er weise war, zog Priester Johannes trotzdem ein Heer zusammen. Doch weil er auch stolz war, war es nur ein kleines Heer. Wer weiß, welchen Gang die Geschichte andernfalls genommen hätte! So aber traten die Heere einander in der großen Ebene am Rande seines Reichs gegenüber; und die Boten berichteten ihren Herren, dass jede Streitmacht der anderen genau ebenbürtig war.

Da rief Dschingis Khan ein drittes Mal seinen Sterndeuter zu sich und sprach: Wir stehen vor einer großen Schlacht, die beide Seiten das Leben kosten mag. Sag, sind die Sterne uns hold? Weißt du, welche Seite gewinnen wird? Und der Sterndeuter willigte ein, dem Khan die Zukunft weiszusagen, wohl wissend, dass es sein Tod sein würde, wenn er ihm ein drittes Mal schlechte Nachricht überbrachte.«

Mit einem plötzlichen Schlag ihrer Zimbeln blieb Delilah stehen. Die Stille war so tief, dass mein Herz einen Moment lang aussetzte, als könnte es ohne den Takt ihrer Finger nicht weiterschlagen.

»Der Sterndeuter nahm ein Schilfrohr, brach es entzwei und nannte die eine Hälfte Dschingis Khan und die andere Priester Johannes.«

Und wie durch ein Wunder hatte auch Delilah plötzlich ein Stück Schilf in der Hand, brach es entzwei und zeigte uns beide Hälften.

»Und er sprach: Der, dessen Hälfte über der des anderen zu liegen kommt, soll den Sieg davontragen. Und mit diesen Worten warf er beide Hälften in die Luft.«

Delilah warf die Hälften empor, die sich wirbelnd wie Schmetterlinge umtanzten und taumelnd herabfielen, und wie durch ein Wunder kam die eine auf der anderen zu liegen, und wir alle sahen im flackernden Feuerschein, welche es war.

»Die Schlacht, die in der Ebene geschlagen wurde, war die größte Schlacht aller Zeiten«, sagte Eleazar ernst. »Beide Seiten hatten viele Tote zu beklagen. Am Ende aber obsiegte das Heer Dschingis Khans, und Priester Johannes ließ sein Leben an den Grenzen seines Reiches, wohin sein Spiegel nicht schauen konnte. Und voll Wehklagen vernahm man in seinem Palast die Kunde seines Todes. Alle, die vom Ausgang der Schlacht hörten, unterwarfen sich dem Großen Khan, und die zweiundsiebzig Könige zollten fortan ihm ihren Tribut. Die Tochter des Priesters Johannes aber nahm Dschingis Khan zur Frau, wie er es gewünscht hatte.«

Schweigen lag über dem Feuer. Ich glaube, nicht nur wir Christen hatten insgeheim mit dem Priester Johannes sympathisiert; gerade den Älteren am Feuer waren die Grausamkeiten Dschingis Khans aus den Erzählungen ihrer Eltern und Großeltern noch im Gedächtnis.

Wir dachten, dies wäre das Ende, doch unvermittelt fuhr Eleazar mit leiser Stimme fort.

»In einer Version der Geschichte aber heißt es, dass das Kristalltor des Palastes sich niemals für Dschingis Khan öffnete. Der Khan lachte darüber, denn seine Truppen plünderten allerorten solche Reichtümer, dass ihn ein paar mehr oder weniger nicht scherten; und er plante, die Söhne des Priesters Johannes im Palast genau so auszuhungern wie später sein Enkel Hulaku den Kalifen von Bagdad in seinem Turm. Doch die Jahre vergingen, und Dschingis Khan führte noch viele Kriege, ohne dass ihn je Kunde erreichte, die Söhne des Priester Johannes hätten aufgegeben. Und da dachte er an jenen Bach, der innerhalb des Palastes floss, doch ihn niemals verließ, und der dem, der daraus trank, ewige Jugend versprach. Da erkannte er, dass die Belagerung länger dauern mochte, als er gehofft hatte. Er hingegen war längst nicht mehr der junge Mann, der er einst gewesen war. Also kehrte er zurück, um den Palast entweder einzunehmen oder niederzureißen.«

Da zückte Delilah einen blitzenden Dolch.

»Doch in der Nacht, bevor er die Grenze erreichte, betrat die Tochter des Priesters Johannes, die all die Jahre seine Frau gewesen war, sein Zelt; denn sie wusste, dass der Große Khan niemals vom Wasser des magischen Bachs trinken durfte – denn sonst würde er sich die ganze Welt untertan machen.«

Steten Schrittes marschierte Delilah aus dem Kreis und aus dem Schein des Feuers, langsam, einen Schritt nach dem anderen, und verschwand in der Finsternis.

»Und so erlag er, welcher der größte Feldherr der Welt gewesen war, der Geduld und der Weitsicht einer jungen Frau. Sie kehrte zurück in ihr Reich, wo ihre Brüder sie willkommen hießen – und es heißt, dass sie und ihre Nachfahren noch heute dort herrschen. So kommt es, dass wir nach wie vor von ihnen hören und ihre Geschichte erzählen.«

Eine Weile sagte niemand ein Wort. Wir horchten nur auf das leise Heulen des Windes in den Felsen, das Schnauben der Kamele, und warteten, ob wir den fernen Klang von Zimbeln vernahmen.

Schließlich wagte mein Vater zu sprechen. »Tatsächlich hört man immer wieder, das Reich des Priesters Johannes läge gar nicht in Indien, sondern in Afrika. Ihr seid Christen aus Abessinien – sagt, wisst Ihr vielleicht mehr darüber, als Ihr gesteht?«

Eleazar lächelte. »Ein guter Geschichtenerzähler verrät nie alles, was er weiß. Sonst könnte er keine neue Geschichte mehr erzählen.«

»Das muss er auch nicht«, brummte Maffeo und warf seinen leeren Weinschlauch beiseite. »All die Geschichten hoher Könige, vom Alexanderlied bis heute, haben doch dieselbe alte Moral: Hüte dich vor zu viel Gier; bescheide dich mit dem, was du hast. Ist es nicht so?«

Eleazar nickte ernst. Dann schloss er die Augen und rezitierte mit leiser Stimme: »Er führte viele Kriege, eroberte viele Festungen und ließ die Könige der Erde erschlagen. Er kam bis an das Ende der Welt, plünderte viele Völker aus, und die ganze Erde lag ihm wehrlos zu Füßen. Da wurde sein Herz stolz und überheblich.« Er schlug die Augen wieder auf. »So steht es im ersten Buch der Makkabäer.«

Maffeo grunzte zufrieden. »Sage ich doch. Ich aber frage: Wieso sollte es sträflich sein, nach dem zu greifen, was man begehrt?«

Da erklangen plötzlich zwei Zimbeln hell in der Nacht, und im nächsten Moment hatte Maffeo die Klinge eines Dolches am Hals.

»Weil das, was Ihr gewaltsam an Euch reißt, Euch Unglück bringt«, hauchte Delilah. »Vielleicht nicht gleich, doch eines Nachts – dann, wenn Ihr am wenigsten damit rechnet.«

Ein paar der Männer waren aufgesprungen, einige hatten die Hände an ihren Waffen, andere lachten aber nur und warteten ab, was geschehen würde. Auch ich wollte aufstehen, doch mein Vater bedeutete mir, sitzen zu bleiben,

Maffeo wandte den Kopf, ganz langsam, und küsste Delilah auf die nachtschwarze Hand, mit der sie den Dolch hielt.

»Wer das, was er begehrt, nur mit Gewalt an sich bringt, hat nichts gelernt«, erklärte er. »Der Khan hätte von vornherein das Herz dieser Dame erobern sollen. Ich habe vom Leben stets alles erhalten, was ich mir wünschte – und bis jetzt habe ich noch nicht einmal einen Krieg dafür führen müssen.«

Ein Schlag der Zimbeln, und der Dolch fiel zu Boden. Delilah beugte sich vor und flüsterte Maffeo etwas ins Ohr, worauf er laut lachte. Die übrigen Männer setzten sich wieder, und den Rest des Abends teilten wir unser Essen und versuchten, die Kälte der Nacht und die Strapazen des bevorstehenden Tages zu vergessen.

»Es war eine gute Geschichte«, sagte ich zu Eleazar, ehe er sich zur Nachtruhe in sein Zelt zurückzog. »Ich danke dir.«

»Es ist das, was ich tue«, erwiderte er bescheiden. »Du hast mir erzählt, wohin ihr reist; und ich wollte dir etwas darüber erzählen, was du dort finden magst.«

»Aber Dschingis Khan ist lange tot, und das Reich des Priesters Johannes lag vielleicht niemals im Osten.«

»Nun, nach allem, was man hört, mag Kublai Khan genauso mächtig wie Dschingis sein, wenn nicht noch mächtiger, und sein Reich genauso strahlend wie das von Johannes, wenn nicht noch strahlender. Wenn es das ist, was du suchst, mag dein Weg dich deinem Ziel also näherbringen. Weißt du denn, was du suchst?«

»Woher willst du wissen, dass ich etwas suche?«

Da lächelte er und legte mir die Hand auf die Schulter. »Es gibt solche wie dich und solche wie mich.«

»Was meinst du damit?«

»Solche, die etwas suchen, und solche, die Geschichten darüber erzählen – damit sie nicht länger suchen müssen. Ich wünsche dir, dass Kithai dir die Antwort auf alle Fragen bringt, die du hast. Gute Nacht, Marco Polo.«

Und mit diesen Worten schlüpfte er in sein Zelt und ließ mich allein.

Frierend ging ich zu meinem Vater und meinem Onkel zurück, der mittlerweile schnarchend am Feuer lag. Delilah war wieder spurlos verschwunden.

Mein Vater nahm mich in den Arm und drückte mich.

»Hab keine Angst«, flüsterte er, und erst, als er es aussprach, erkannte ich, dass ich tatsächlich Angst hatte. »Ich bin bei dir.«

Bald darauf war ich eingeschlafen.

Die nächsten drei Tage – oder vielleicht waren es vier – trafen wir weder auf Menschen noch Spuren von Leben. Nie zuvor hatte ich den Wert von Wasser derart schätzen gelernt. Der heiße Wind hatte eine wahrhaft höllische Qualität, und ich fühlte mich wie Brot in einem Ofen, kurz bevor es verbrennt. Niemand redete mehr, denn kaum öffnete man den Mund, schmeckte man Sand auf der Zunge und sah sich außer Stande, verständliche Worte zu sprechen. Das Essen machte keine Freude, denn alles war trocken, und das Einzige, womit man das Dörrfleisch, das runzelige Obst und brüchige Brot herunterbekam, war das brühwarme Wasser aus unseren Schläuchen, das nach Schlamm und altem Leder schmeckte.

Zum ersten Mal, seit wir Venedig verlassen hatten, bekam ich ernste Zweifel am Sinn unserer Reise. Die Welt war so viel größer, als ich sie mir ausgemalt hatte, und so viel leidvoller. Unser Ziel schien noch genauso fern wie zu Beginn, und der Traum, Frieden mit dem Enkel des Dschingis zu schließen und mit seinen Reichtümern zu handeln, schien mir kindlich und unbedarft in der Endlosigkeit der Dünen und bizarren Yardangs, die wie die erstarrten Figuren eines uralten Spiels ihre Schatten warfen, eine hundertfache, riesenhafte Uhr, welche die uns verbliebene Zeit maß.

Ich dachte an Ismael, der jünger als ich selbst gewesen war und weitaus bescheidener in seinen Wünschen an das Leben. Und doch war ihm eben dieses Leben entrissen worden, von einem Moment auf den nächsten. Ich fühlte, wie mir die Kräfte schwanden. Die Linien des Horizonts, geschwungen und unverständlich wie die Bögen der persischen Schrift, lullten mich ein mit ihrer alten Geschichte. Und mit jedem wogenden Schritt meines Kamels sackte mir das Kinn tiefer auf die Brust, bis ich beinahe besinnungslos herabgefallen wäre.

So ging es immerfort, Farsakh für Farsakh. Und als wir eines Abends endlich den segenspendenden Schatten hoher Palmen am Horizont erblickten, kam es uns so vor, als hätten wir den Weg ins Paradies gefunden. Wir zwangen unsere Kamele in die Knie und sprangen ab, um unseren Durst an dem schattigen Teich zu stillen. Dann frischten wir unsere Vorräte auf und verbrachten viele Stunden in dem kühlen Nass, um unsere von der Sonne versengte und von Sand und Salz gesprungene Haut zu heilen.

Am nächsten Tag reisten wir weiter, und die Entbehrungen begannen von vorn, bis wir eines anderen Abends statt anzuhalten einfach weiterzogen. Die Karawanenführer, die sich tagsüber am Spiel der Schatten und Felsen und nachts unbeirrt an den Sternen orientieren, hatten beschlossen, die Nacht über durchzureiten.

Bei Morgengrauen würden wir Herat erreichen.

* * *

Rustichello träumte von wogenden Dünen und strahlenden Städten, die wie verzauberte Inseln am Horizont auf- und wieder untergingen, lockend nahe und doch unerreichbar fern. Der Wind blies Sand über einen glasklaren Himmel, und das Licht der späten Sonne verwandelte die goldenen Kuppeln der Moscheen in reife Pfirsiche. Er träumte von schönen Tänzerinnen auf überbordenden Bazaren, die zum Takt der Trommeln ihre bunten Schleier um sich wirbeln ließen, von dickleibigen Eunuchen mit Krummsäbeln und bärtigen Kalifen in funkelnden Palästen.

Dann hob er den Kopf und sah einen einsamen Falken über den Himmel gleiten. Er folgte seinem Flug, doch der Vogel verschwand bald außer Sicht, und als sich Rustichello das nächste Mal umdrehte, war die Stadt verschwunden – verblasst zu den alten Linien und Kerben seiner Zellenwand wie die kaum noch lesbare Schrift eines Palimpsests.

Eine Weile lag er stumm in seiner Ecke und starrte die Wand an, hoffte, dass der Traum zurückkehrte. Das schwache Dezemberlicht in seinem Fenster verriet ihm, dass es bereits später Nachmittag sein musste. Das war gut – bald würden die Geschichten des Venezianers neue Träume für ihn erstehen lassen.

»Messere«, flüsterte er leise, bekam jedoch keine Antwort.

»Seid Ihr wach?«

Nichts.

Erschrocken kämpfte sich Rustichello auf die Beine. »Messere!«

Schlurfende Schritte näherten sich über den Flur.

»Was soll der Lärm?«, beschwerte sich der wachhabende Palastdiener. »Schrei hier nicht rum!«

»Wo ist Messere Marco?«

»Wer?«, erwiderte der Palastdiener, und einen Moment lang befiel Rustichello die wahnwitzige Angst, dass der

Venezianer sich gleich der Stadt in seinem Traum in Luft aufgelöst haben könnte und die letzten beiden Monate nie mehr gewesen waren als ein Produkt seiner Einbildung. Vielleicht war er in den vierzehn Jahren seiner Haft verrückt geworden und hatte sich seinen Zellennachbarn nur ausgedacht, um die Einsamkeit zu ertragen …

Nein, ganz so weit war es noch nicht mit ihm gekommen. Mühsam brachte er sein klopfendes Herz wieder unter Kontrolle.

»Il Milione«, flüsterte er mit bebenden Lippen.

»Ach der«, brummte der Palastdiener. »Der ist weg.«

»Was soll das heißen?«

»Was geht's dich an? Halt endlich die Klappe, sonst gibt's nichts zu essen.«

»Kommt er denn wieder? Bitte sagt mir nur dies!«

»Klar kommt er wieder.«

»Und wann –«

Der Palastdiener trat hart gegen die Tür. »Es reicht, hörst du?«

Rustichello schloss fügsam den Mund und nahm wieder Platz. Wenigstens hatten sie ihn nicht verlegt oder Schlimmeres mit ihm angestellt. Er hoffte, der Venezianer war nicht krank. Hoffentlich hatte er keinen Ärger bekommen wegen der …

Panisch räumte Rustichello das Stroh vor dem Loch in der Wand beiseite, doch die Schnur war noch da, ebenso das Pergament und die Feder, die er dort versteckt hatte.

Er hockte sich neben das Loch wie eine wachsame Katze. Dann zog er vorsichtig an der Schnur, bis ihr gemeinsames Tintenfass, das sie in deren Mitte gebunden hatten, zum Vorschein kam.

Die nächsten Stunden machte er sich eifrig Notizen auf seinem Pergament, in winzig kleiner Schrift, da er nicht wusste, ob und wann er je einen neuen Bogen erhalten würde. Nur als das Abendessen gebracht wurde, unterbrach er kurz die Arbeit und verbarg die Schreibsachen unter dem Stroh.

Dann, endlich, hörte er abermals Schritte und das Rasseln von Ketten. Die Schritte hielten vor der Nachbarzelle, die Tür öffnete sich, und dem Gefangenen wurden die Ketten abgenommen. Dann stieß man ihn in die Zelle, die Tür fiel ins Schloss, und die Palastdiener entfernten sich wieder.

»Messere?«, flüsterte Rustichello.

»Ich bin hier.«

»Dem Herrn sei gedankt! Ich habe mir schon schreckliche Sorgen um Euch gemacht.«

»Dazu besteht kein Anlass.« Die Stimme des Venezianers klang ruhig, aber nicht sehr hoffnungsvoll.

»Was ist denn passiert?«

»Sie haben mich heute Mittag aus dem Schlaf gerissen. Die Lösegeldverhandlungen mit meiner Familie gehen voran. Es wird sich in der nächsten Zeit vielleicht einiges ändern.«

»Wie meint Ihr das?«

»Nun, zum einen zwingt man mich nicht länger, diese lästigen Ketten in meiner Zelle zu tragen. Und ich hoffe auf weitere Hafterleichterungen, bis man zu einer endgültigen Einigung gelangt.«

»Messere?«, fragte Rustichello vorsichtig. »Ihr wirkt mir bedrückt. Dabei sind das doch ausnehmend gute Neuigkeiten.«

»Ich habe nur kurz geschlafen, und es war ein sehr anstrengender Tag.« Der Venezianer lachte rauh. »Ohne Euch grämen zu wollen, aber wisst Ihr, wie hell es dort oben zur Mittagszeit ist?«

»Nein«, antwortete Rustichello wahrheitsgemäß. »Das weiß ich nicht.« Er konnte sich des Eindrucks nicht erwehren, dass der Venezianer nicht näher auf den Gang der Verhandlungen eingehen wollte.

Eine Weile sagte keiner ein Wort. Halbherzig fischte Rustichello ein paar Rübenstücke aus seiner kalten Suppe.

»Es freut mich sehr, dass Ihr zurück und vor allem wohlauf seid«, sagte er schließlich. »Ich habe Euch vermisst – auch Euren Vater und Euren Onkel, Eleazar und die schöne Delilah.«

»Gewöhnt Euch besser nicht zu sehr an sie«, brummte der Venezianer. »Wie alle Menschen werden sie Euch früher oder später verlassen oder enttäuschen.«

»Glaubt Ihr das wirklich?«

»Ich glaube, in Wahrheit habe ich einfach keine große Lust auf den nächsten Teil der Geschichte. Es tut mir leid.«

»Aber das schöne Herat … wie nannte es Eleazar? Die Perle Khorasans …«

Der Venezianer lachte wieder. »Die Perle saß in einer ziemlich dicken Muschel von Mongolen, als wir sie erreichten. Offenbar traute Ilkhan Abaka dem Herrscher Herats nicht mehr über den Weg, seit der ihn im Krieg gegen Borrak Khan im Stich gelassen hatte. Nun war Borrak tot, an seinen eigenen Intrigen erstickt, und Abaka sorgte für Ordnung an den Grenzen seines Reichs. Die Stadt war von gut zwanzigtausend Kriegern besetzt. Zwar hatten diese lediglich den Auftrag, Herats wechselmütigen Herrscher freundlich zum Gang ins Exil zu bewegen, und im Fall der Fälle hätten unsere Paizas uns wohl vor Übergriffen geschützt. Dennoch waren es keine angenehmen Zustände. Zumal war es bereits Ende September, und wir hatten es eilig, den Pamir zu erreichen.«

»Dieses Gebirge soll doch unglaublich hoch sein.«

»Allerdings, und je weiter nach Osten wir reisten, desto näher rückten die Berge. Mein Vater wäre am liebsten noch weiter nach Norden ausgewichen, um die Route über Samarkand zu nehmen, die er und Maffeo noch von ihrer ersten Reise kannten; er sorgte sich, dass der Weg durch das

Gebirge zu beschwerlich sein könnte. Maffeo aber, der uns immer noch nachtrug, dass wir ihn in Hormuz überstimmt hatten, war strikt dagegen, einen noch größeren Umweg zu nehmen. Das Einzige, was er fürchtete, war, dass die Pässe schon von Schnee versperrt sein könnten und wir ein weiteres halbes Jahr mit Warten verloren. Den Ausschlag gaben schließlich die Geschichten, die wir über die Gegend um Bukhara hörten: Wenn es stimmte, was man sich im Süden erzählte, war dort ein Machtkampf unter Borraks überlebenden Generälen entbrannt, und solange sie die Nachfolge des Chagatai-Khanats nicht geklärt hatten, war die Gegend für niemanden sicher. Insbesondere Kaidu, Nachfahre einer entmachteten Linie, sah seine große Stunde gekommen. Es drohte ein blutiger Bruderkrieg.«

»Aber so ist es nicht gekommen«, sagte Rustichello hoffnungsvoll. »Der Frieden hielt.«

Der Venezianer brummte zweifelnd. »Die Zukunft stellt sich mit jedem Monat anders dar, manchmal mit jedem Tag, jeder Stunde. Jedenfalls war dies der Grund, weshalb wir Maffeo seinen Willen ließen, unseren Begleitern Lebewohl sagten und weiter nach Balkh reisten. Auf unbestimmte Art schien Maffeo dieser Station unserer Reise entgegenzufiebern, auch wenn ich nicht wusste, was er sich vom Besuch der schon lange zerstörten Stadt versprach. Ein mulmiges Gefühl beschlich mich bei dem Gedanken an sie, und ich musste an Eleazars Warnung denken.

Zunächst aber erreichten wir Sapurgan, wo wir uns mit neuen Tieren ausstatteten. Wie mein Vater versprochen hatte, schienen mir die zweihöckrigen, zottigen Trampeltiere, die wir für die Überquerung des Gebirges brauchten, geradezu gutmütig im Vergleich zu ihren arabischen Vettern. Es war die letzte Rast vor den nächsten Strapazen … ich kann die süßen Melonen immer noch schmecken. Wisst Ihr noch, wie Melonen schmecken, Messere?«

Rustichello lächelte und leckte sich die Lippen, obgleich das Einzige, was er mit Sicherheit darüber hätte sagen können, war, dass er sie immer gemocht hatte.

»Und Balkh?«, fragte er. »Was fandet Ihr dort vor?«

»Ach, Balkh ...«, murmelte der Venezianer. »Messere, ich möchte Euch ein Versprechen abnehmen: Das, was ich Euch jetzt erzähle, das schreibt nicht in Euer Buch und erzählt es auch niemandem sonst. Ich will es Euch berichten, weil Ihr ein guter Freund seid, aber die Palastdiener brauchen nichts davon zu erfahren. In Ordnung?«

»Ich verspreche es«, sagte Rustichello ernst. »Aber was ist denn in Balkh vorgefallen, dass Ihr so ungern daran zurückdenkt?«

»Verschiedene Dinge. Ihr wisst, wie es ist: Man geht nicht mehr in ein bestimmtes Zimmer, wenn eine geliebte Person darin starb, und man reist nicht mehr in eine Stadt, wenn man dort lange unglücklich war. Balkh ist für mich der Inbegriff allen Übels, das über unserer Reise hing wie eine dunkle Wolke, unsichtbar erst, dann aber immer mächtiger.

Vor allem aber ist Balkh auch der Ort, an dem ich krank wurde ...«

XII
Die erloschene Flamme

Balkh, Zariaspa, Umm al-Belaad! Mutter aller Städte! Nebenbuhlerin Babylons, Ninives Neid!

Gayomarth, der erste Sterbliche, legte ihren Grundstein, und Jahrtausende besangen die Dichter ihre Tempel und Paläste. Sie sah Könige und Götter unter ihre Dächer einkehren und ein Jahrhundert oder mehr in ihrem Schatten verweilen, bis sie auf einen unbestimmten Ruf hin wieder auszogen und nie mehr zurückkehrten.

Auf ihren Stufen fochten die großen Helden von einst; Alexander erschlug ihren König und heiratete die schönste Tochter der Stadt. Als Baktra war sie Hauptstadt des Griechisch-Baktrischen Reichs. Sie sah den Niedergang der Kuschana und Sassaniden, der Parther und der Hephtalithen.

Doch ihren eigenen Untergang sah einzig Dschingis Khan; Dschingis, der den letzten aller Kämpfe focht; der die Götter aus ihrem Schatten vertrieb; der die Kehlen der Dichter zerschnitt; der Gayomarths Schöpfung zunichtemachte.

Was ist von ihr geblieben?

Geborstene Kuppeln und hohle Türme, verstümmelte Paläste, deren Säulen nur noch den Himmel tragen. Große Feuer haben das Gesicht der Stadt versengt, so dass sie mit blinden Augen der Welt die dunklen Wangen zeigt. Ihre Straßen und ihre Plätze schweigen; gedenken der Schritte und Lieder von einst, doch sie erlernen keine neue Weise mehr, erheben nicht mehr ihre Stimmen – denn Dschingis hat die Musik getötet und keine Worte gelassen, die seine Taten beklagen könnten. So werfen sie jeden Schritt, jedes Wort eines Reisenden einfach zurück, auf dass es heimatlos durch die Ruinen hallt; denn Balkh ist niemandes Zuhause mehr.

Am Himmel kreisen noch dieselben großen, dunklen Vögel, die einst die Augen und Herzen der gefallenen Männer und Frauen pickten. Sie gedenken des großen Festschmauses von einst und kehren wieder, Jahr für Jahr, um zu sehen, ob sich das Wunder wiederholt, und kreischen ihre eigenen Lieder von der goldenen Zeit …

Eleazars Worte hallten durch meinen Verstand, als wir unter einem tiefen Abendhimmel bis vor die Stadt ritten. Von den Toren und Befestigungen war fast nichts geblieben. Dünne

Wolken spannten ihren Baldachin zwischen den Bergketten, als verhüllte selbst die Sonne ihr Gesicht vor diesem Leichnam einer Stadt, der aufgebahrt in der verdorrten Ebene lag.

»Früher war dies ein fruchtbares Land«, flüsterte mein Vater, als fürchtete er, dass die Geister der Vergangenheit sich noch in den Ruinen versteckten. »Wir sollten nicht bleiben. Einen halben Tagesritt östlich soll es eine Karawanserei geben. Vielleicht erreichen wir sie noch vor Mitternacht.«

»Du willst die Nacht durchreiten?«, fragte Maffeo. »Das hältst du für klug? Bei dem, was sich in der Ebene alles herumtreibt?«

Unsere Vorsicht war nicht grundlos. Seit Sapurgan waren wir nur noch zu dritt gereist, und letzte Nacht, als wir keine Unterkunft gefunden und nur im Schutze eines Feuers gelagert hatten, immer einer von uns als Wache für die anderen, hatten wir mehrmals geglaubt, das leise Tappen weicher Pfoten und das Aufblitzen großer Augen am Rande unseres Lichtscheins zu bemerken. Es stand zu befürchten, dass sich ein Löwe oder eine andere große Katze auf unsere Fährte gesetzt hatte.

»Vielleicht hast du recht.« Achtsam ließ mein Vater den Blick über die eingerissenen Wehrtürme schweifen. »Wir können aber auch nicht ausschließen, dass sich Räuber oder anderes Gesindel in der Stadt aufhält. Wir sollten uns einen geschützten Ort nicht zu tief im Inneren suchen.«

»Gerade im Zentrum scheinen aber die größten Gebäude zu stehen.« Mit leuchtenden Augen studierte mein Onkel das unregelmäßige Mosaik, als das sich die Silhouette des Stadtkerns darbot. Er schien von einer seltsamen Erregung beseelt. Hätte ich ihn nicht besser gekannt, ich hätte es für Entdeckergeist oder simple Gier gehalten. Doch mein Onkel war kein Grabräuber, der sich die Hände für ein paar Münzen schmutzig machte. Etwas anderes musste seine Leidenschaft geweckt haben.

»Ein sicherer Platz für die Nacht wäre gut«, sagte ich, denn die Müdigkeit saß mir noch tiefer in den Knochen als die Angst. Schon seit Tagen fühlte ich mich geschwächt und von einem schmerzhaften Husten verfolgt, den ich auf die eisigen Nächte am Feuer schob.

»Komm, Marco«, sagte Maffeo und ritt voran. »Sehen wir uns das aus der Nähe an.« Wie so oft, wenn eine Meinungsverschiedenheit mit Nicolò drohte, ignorierte er seinen Bruder ganz einfach. Seine Stimme klang so gelassen, als hätte er nur einen Besuch auf dem Bazar im Sinn. Doch als sein Kamel sich weigerte, tiefer in das Meer aus zerfallenem Stein zu laufen, schlug er es mit einer Härte, die keine Zweifel an seiner Entschlossenheit ließ.

Ich tauschte einen knappen Blick mit meinem Vater – nicht um sein Einverständnis zu erbitten, aber um sicherzugehen, dass er uns begleiten würde. Zwar war diesmal er der Überstimmte, doch er würde nicht gegen seine Überzeugung handeln.

Mit zusammengekniffenen Lippen gab er seinem Kamel den Stock.

Unsere Schatten wuchsen über die entstellten Fassaden, und das Scharren der Kamelfüße und das Klingen des Zaumzeugs hallten zwischen den Mauern wider.

»Was sind diese runde Gebäude?«, flüsterte ich und zeigte auf die Kuppelbauten, die sich in unregelmäßigen Abständen aus den Trümmern erhoben wie Spitzen versunkener Türme. »Einige scheinen noch unversehrt …« Ich hatte unwillkürlich die Stimme gesenkt, denn je tiefer wir in die Stadt vordrangen, desto mehr war mir, als reisten wir in die Zeit ihrer Blüte zurück, wenngleich es eine dunkle und geheimnisvolle Blüte war. Auch in Venedig hatte es immer Gassen und Häuser gegeben, die niemals jung und unverbraucht gewirkt hatten; die unter der Umarmung des Brackwassers und dem Atem der Adria gealtert waren, kaum dass man sie gebaut und gestrichen hatte. Ebenso verhielt es sich mit Balkh: Die Stadt lag reglos, tot, und ich sah keine Spur ihrer Bewohner – aber vielleicht, dachte ich, waren die Seelen noch nahe und wachten über ihre Heimat. Fast konnte ich ihren kühlen Hauch spüren.

»Das sind Stupas«, antwortete mein Vater. »Schreine der Buddhisten.«

»Die Bewohner dieser Stadt waren … Götzenanbeter?«

»Die Bildnisse, von denen du gehört hast, dienen eher dem Gedenken an den Gründer ihrer Lehre. Man kennt ihn unter vielen Namen; die Mongolen nennen ihn Sakyamuni Burkhan.«

»Balkh kannte wahrscheinlich jeden Gott und jede Göttin, die Menschen je verehrten«, sagte mein Onkel und machte eine ausschweifende Geste mit der Hand über die Reste einer schönen Moschee, deren Eingang Ornamente aus Lapislazuli zierten. Einige Steine hatte man herausgebrochen, doch die Arabesken über dem zentralen, fünfzehn Fuß hohen Torbogen standen denen in Tabriz oder Kerman in nichts nach. »Es würde mich nicht wundern, noch einen alten Tempel der Anaïtis oder Ischtar zu finden! Auch Zarathustra wurde hier geboren und fand hier den Tod; und hier opferte er erstmals dem Feuer.«

Ein Schauder überlief mich, als ich ihn die fremden Namen sprechen hörte. Mein Onkel war ein wandelndes Lexikon der Mythen, doch ich war mir nie sicher, an welche er glaubte.

»Schau mal, dort drüben.« Er hatte sich von der Moschee abgewandt und deutete auf ein großes Gebäude am gegenüberliegenden Ende des Platzes, das wie ein schmuckloser Palast aussah. Sein zweiflügeliges Tor stand halb offen, und etwas an diesem Ort kam mir seltsam vertraut vor.

Maffeo zwang sein Kamel in die Knie und sprang zu Boden. Die Sonne berührte bereits den Rand der Ruinen.

»Maffeo!«, mahnte Nicolò und saß ebenfalls ab. »Wir wollten doch unser Nachtlager an einem geschützten Ort suchen. Ich bin müde, und Marco friert.«

Tatsächlich merkte ich da erst, dass meine Hand zitterte. Maffeo nahm mir die Zügel ab und half mir beim Absteigen. »Ich will dir gerne etwas zeigen«, beharrte er.

Da wurde ich von einem Hustenanfall geschüttelt, der gar nicht mehr aufhörte. Mein Onkel musterte mich fragend, und mein Vater schloss mich sorgenvoll in den Arm.

»Geht schon wieder«, brachte ich hervor. »Ist nur der Staub ... Was willst du mir zeigen?«

Mein Onkel führte mich über den Platz auf das große Gebäude zu, während mein Vater sich kopfschüttelnd um die Kamele kümmerte. Auf unbestimmte Weise fühlte ich mich beobachtet, und misstrauisch beäugte ich die leeren Fenster der umliegenden Prachtbauten. Doch nirgendwo regte sich ein Zeichen von Leben, abgesehen von den Vögeln, die in Fenstern oder auf den Säulen Platz genommen hatten. Braunes Gras spross zwischen den Steinen, und karge Sträucher klammerten sich an die Mauern. Ich fragte mich, was aus den Bewohnern der Stadt geworden war. Ob ihre Gebeine noch in ihren Häusern lagen? Der Gedanke machte mir Angst.

Erst, als wir schon direkt davorstanden, entdeckte ich das blasse, von Rauch geschwärzte Wesen, das seine weiten Schwingen über den Eingang des Hauses breitete – dasselbe Mischwesen wie auf Maffeos Amulett.

»Das ist ein Feuertempel«, sagte ich.

»Allerdings.«

Wir traten durch das halboffene Tor und fanden uns in einer weiten Halle wieder. Es war schon sehr dunkel, nur durch ein paar spitze Fenster fiel noch graues Licht. Aber in der einen Ecke machte ich einen Brunnen aus und in einer anderen eine Glocke.

Mein Onkel stieß eine weitere Tür auf und blieb stehen. Ich trat an seine Seite und strengte meine Augen an. Sobald sie sich an das Dunkel gewöhnt hatten, erkannte ich ein Mosaik auf dem Boden, das eine zentrale Feuerstelle markierte. Alles an diesem Ort atmete Alter; doch von der Leben spendenden Flamme, die ihn einst erhellt hatte, war nichts geblieben.

Womit hatte ich gerechnet? Eine weitere ewige Flamme, die immer noch brannte, ungesehen in den Trümmern dieser Stadt?

Da hörten wir Schritte hinter uns. Nicolò war uns gefolgt.

»Was seht ihr dort?«.

»Eine erloschene Flamme«, sagte ich.

»Das ist ein Tempel der Zarathustrier.« Er wandte sich an seinen Bruder. »Was soll das? Was tun wir hier?«

Maffeo holte tief Luft. »Diese Flamme brannte Tag und Nacht, jede Stunde, seit beinahe zweitausend Jahren. Sie hat Kriege und Hungersnöte überstanden, und die Stadt vor den Toren des Tempels wechselte ihre Herrscher und ihren Glauben; doch immer war ein Priester hier, der sie am Leben erhielt. Ihr Nahrung gab. Zweitausend Jahre lang.«

»Tragisch«, sagte Nicolò ohne Spott. »Doch wieso kümmert es dich?« Er bemerkte den flüchtigen Blick, den ich mit Maffeo tauschte. »Marco? Was ist los?«

»Sag es ihm doch einfach«, bat ich Maffeo und musste wieder husten. »Und dann lass uns gehen.«

»Was sagen?«, fragte Nicolò.

Ich dachte daran, dass ich meinem Onkel versprochen hatte, sein Geheimnis zu hüten, aber der Machtkampf der beiden Brüder ermüdete mich. Wenn die erloschene Flamme Maffeo wirklich so sehr betrübte, sollte er seinem Bruder seinen Glauben gestehen. Nicolò war immer sehr verständnisvoll.

»Maffeo ist ein Zarathustrier«, sagte ich deshalb. »Er hat

es mir in Tabriz gestanden und mich gebeten, dir nichts zu sagen. Es tut mir leid – aber was Bruder Guglielmo über ihn gesagt hat, ist wahr.«

Nicolò machte große Augen. »Dein Onkel ist viel, aber sicher kein Feueranbeter.«

»Er hat ein Amulett«, widersprach ich. »Wie das Bild über dem Eingang. Los, zeig es ihm.«

Maffeo lächelte schwach. Dann suchte er in seinen Taschen und zog den kleinen geflügelten Anhänger hervor. »Du meinst den hier?«, fragte er. »Das ist nur ein Andenken. Ein Stück Tand, das ich auf dem Bazar von Tabriz gekauft habe.«

Einen Moment verschlug es mir die Sprache. »Aber ... Bruder Guglielmo und Bruder Niccolò ...«

»Hatten sich ihre Meinung über mich bereits gebildet. Ich wollte sie nicht enttäuschen.«

Mir schwamm der Kopf. »Ich verstehe nicht. Wenn du kein Zarathustrier bist ...« Fast hätte ich gefragt: *Was bist du dann?* Aber ich rechnete schon nicht mehr damit, je eine klare Antwort darauf zu bekommen. »Was tun wir hier?«

Maffeo lachte. »Begreifst du nicht? Die Welt hat ihr Urteil über diesen Ort gefällt. Wie heißt es im Avesta, dem heiligen Buch? *Das Urteil falle dem Weisen zu, und die Macht dem Herrn.* Ich würde sagen, der Khan hat Ahura Mazda nach seinen eigenen Regeln geschlagen.«

»Maffeo!«, sagte Nicolò scharf. »Was redest du da?«

Mein Onkel breitete die Arme aus und spazierte langsam, fast genüsslich um die dunkle Stelle, an der die meiste Zeit seit Erschaffung der Welt ein Feuer gebrannt hatte.

»Die größte Macht, die diese Welt je kannte, hieß Dschingis Khan! An keinem Ort zeigt sich das deutlicher als hier. Er kam zu dieser Stadt und besiegte ihr Heer. Dann ließ er alle fünfzigtausend Einwohner – Männer, Frauen, Kinder – vor den Toren zusammentreiben. Um sie zu zählen, wie er sagte. Stattdessen ließ er sie massakrieren, allesamt, wie sie da standen – in eben jener Ebene dort draußen.«

Mir wurde schlecht.

»Nach fünfzig Jahren sind nicht einmal mehr ihre Knochen geblieben – wilde Tiere haben sie geholt. Aber die Karawanenführer fürchten noch immer ihre Seelen. Deshalb ist die Gegend so leer! Deshalb gibt es keine Siedlung und keine Karawanserei vor den Toren.«

Er blieb stehen und starrte in die dunkle Feuerstelle. »Es heißt, Dschingis schlachtete selbst die Tiere der Stadt, bis kein Leben mehr in ihr blieb. Dann schleifte er ihre Türme, plünderte ihre Paläste und entweihte ihre Tempel. Er löschte das göttliche Feuer – einfach so.« Er warf den kleinen Anhänger zu Boden. Wie sich nun zeigte, hatte sich in der windgeschützten Vertiefung die Asche ganzer Jahrhunderte gesammelt, und das kleine geflügelte Amulett versank darin wie ein unglücklicher Wanderer in den Weiten der Dascht-e Kawir.

»Du bewunderst ihn?«, fragte ich fassungslos. »Dschingis Khan?«

»Das Einzige, was dein Onkel bewundert, ist Macht«, sagte Nicolò. »Ist es nicht so?«

Maffeo gab keine Antwort, aber ich erkannte, dass Nicolò der Wahrheit in diesem Augenblick sehr nahe kam. Und zum ersten Mal wünschte ich mich einfach nur weg, weg von meinem Onkel und meinem Vater, wünschte, ich wäre wieder zu Hause.

Wie naiv wir doch waren, ins Herz eines Landes zu reisen, dessen Herrscher zu solcher Grausamkeit fähig waren! Ich glaube Eleazars Warnung vor diesem Ort nun zu verstehen – denn hier herrschte die Wahrheit, der Feind aller Geschichten. Wie viele Städte hatte Dschingis vernichtet, wie viele Menschen getötet? Es mussten Millionen sein. War es überhaupt möglich, Frieden mit dem Enkel eines solchen

Mannes zu schließen? Zum ersten Mal glaubte ich zu erkennen, mit wem oder was wir es zu tun hatten: einem gottlosen Alleinherrscher, einer Naturgewalt. Hatte Kublai Khan uns eine Falle gestellt? Vielleicht war er nie an einem Abkommen mit dem Papst interessiert gewesen, sondern wollte die Christenheit vernichten.

Wenn Jerusalem der Nabel der Welt gewesen war, dann war dies die Weltenscheide: die Grenze von Alexanders Reich. Voraus, jenseits des Gebirges, lagen die fremden Länder, die von dem direkten Nachfolger jenes Mannes beherrscht wurden, dessen Schatten noch heute über dieser Stadt lag und mir den Atem raubte.

»Keine Sorge«, sagte Nicolò und nahm mich bei der Schulter, als ich von einem neuerlichen Hustenanfall erfasst wurde. Es war, als hätte er meine Gedanken erraten. »Kublai ist nicht wie sein Großvater. Sicher kann auch er stolz und unnachgiebig sein. Doch er ist ein weiser und gerechter Herrscher. Er toleriert die verschiedenen Traditionen seiner Untertanen und ihren Glauben. Er weiß genau, welch schweres Erbe er zu tragen hat und was er anders machen muss, wenn sein Reich eine Zukunft haben soll. Gewalt ist nicht alles – dessen ist er sich bewusst.«

»Macht ist nichts ohne den Willen, sie auch einzusetzen«, sagte Maffeo. »Der Wille allein ist es, der zählt, der Berge überwindet und Grenzen über den Horizont hinaus verschiebt. Es ist gut, dass du Angst hast, Marco, denn nur, wenn du dich ihr stellst, kannst du eine wahrhaft freie Entscheidung treffen. Erforsche deinen Willen und handle danach! *Et quod vis fac* – tu, was du willst. Das wusste schon der Heilige Augustinus.«

»Den du ebenso falsch zitierst wie das Avesta«, widersprach mein Vater und wollte mich mitziehen.

Maffeo aber fasste mich am Arm und ließ mich nicht los. Seine Miene war wie Stein und seine Augen glommen in der

Dunkelheit. Ich dachte daran, wie er mich in Venedig gedrängt hatte, mich von meinem Gewissen zu befreien. »Was willst du, Marco?«

Ein scharfer Schmerz stach mir in die Brust. Mir war, als würde ich entzweigerissen, und das nicht nur zwischen Nicolò und Maffeo. Ich musste wieder husten und krümmte mich zusammen; und als ich die Hand wieder vom Mund nahm, war sie voller Blut.

Mein Vater wurde kreidebleich.

»Ich will gehen«, sagte ich schwach. »Ich will einfach nur gehen …«

Mein Onkel kniff die Lippen zusammen. Ich wusste nicht, was in ihm vorging, und es war mir auch gleich, doch er widersprach nicht, als mein Vater mich bei der Schulter nahm und hinausführte.

Wir hatten fast den Ausgang erreicht, als ich abrupt stehenblieb – denn trotz des Schwindelgefühls und der Schmerzen hörte ich deutlich Schritte vor dem Tempeltor.

»Ich glaube, da draußen ist wer«, flüsterte ich und versuchte, nicht mehr zu husten.

Mein Vater erstarrte, lauschte, dann hörte er es auch. Maffeo zog seinen Säbel. Nicolò schlich zu dem hohen, nur angelehnten Torflügel und spähte in das abendliche Zwielicht. Dann entspannte er sich und bedeutete mir, näherzukommen.

»Was ist?«, fragte ich.

»Sieh selbst«, sagte er.

Ich trat an seine Seite und sah hinaus. Es war ein unwirklicher Anblick.

Draußen auf dem von Tempeln und Palästen gesäumten Platz stand ein weißes Pferd und schaute uns an. Es war ein schönes Tier und trug weder Zaumzeug noch Sattel. Vielleicht hatte es seinen Herrn verloren; vielleicht war es auch ein wildes Pferd – ein Abkömmling der Tiere, mit denen vor fünfzig Jahren die Mongolen gekommen waren, oder noch älterer Herden. Es hieß, die Pferde hierzulande stammten alle von Bukephalos ab, dem gehörnten Streitross Alexanders – und tatsächlich sah es im letzten Licht des Tages aus, als trüge es ein Mal auf der Stirn, das von diesem alten Erbe kündete. Doch es mochte auch eine Täuschung gewesen sein. Schon kamen die ersten Sterne hervor, eine kühle Brise wehte, und als ich einen Schritt aus dem Tor heraus machte, preschte das Tier davon und verschwand in den Ruinen.

* * *

Der Venezianer schwieg. Mittlerweile war es auch vor dem Palast Nacht geworden, und Rustichello lauschte auf die Schritte im Hof und dachte über das Gehörte nach.

»Ich verstehe, dass Ihr an diesen unheilvollen Ort nicht gerne zurückdenkt«, sagte er schließlich. »Und ich bedaure es, dass Euch so viel Leid auf Eurer Reise widerfuhr. Wart Ihr sehr schwer erkrankt? Was Ihr da schildert, klingt fast wie Schwindsucht.«

»Vermutlich war es das auch. Wir haben es nie mit Sicherheit erfahren. Mein Zustand wurde die nächsten Tage immer schlimmer, und ich hasste mich dafür, dass ich wieder derjenige war, dessen Schwäche uns aufhielt. Mein Vater aber bestand darauf, mich so schnell wie möglich zu einem fähigen Heiler zu bringen, selbst wenn dies einen Umweg bedeutete. Maffeo war darüber verstimmt, widersprach aber nicht. Am liebsten wäre Nicolò zurück nach Sapurgan geritten, doch das lag drei Tage hinter uns, und die nächste Karawanserei nur einen halben Tag vor uns. Also ritten wir weiter nach Osten. Von einem alten Hirten erfuhren wir, dass tatsächlich Löwen die Gegend unsicher machten und wir besser nicht unter freiem Himmel schlafen sollten. Auch sagte er, wir sollten weiter ins Gebirge, denn die Luft dort habe einen heilenden Einfluss auf Krankheiten wie meine, und es gäbe einige verständige Männer dort, die mir vielleicht helfen könnten.«

»Eine schreckliche Vorstellung«, murmelte Rustichello. »So krank in der Fremde …«

»Tatsächlich war der Rat des Hirten der beste, den wir hatten kriegen können. Ich muss gestehen, ich entsinne mich kaum mehr der nächsten Tage. Es fiel mir so schwer, mich im Sattel zu halten. Ich hatte wieder Fieber, immer wieder spuckte ich Blut, und mir schwanden die Sinne. Ich weiß aber noch, dass das Land, in das wir nun kamen, Badakshan hieß, und je höher die Straße zu den mächtigen Bergen hin anstieg, desto fruchtbarer wurde die Gegend. Ich sah einige schöne Pferde und musste an die Begegnung mit dem Pferd in den Ruinen denken. Auch fanden wir Siedlungen und kleinere Städte, deren Herrscher sich allesamt als Nachfahren Alexanders bezeichneten. Auf eigentümliche Weise spendete mir das in meinem Zustand Trost, auch wenn Geschichten wie diese nur schwer zu glauben waren. Wir suchten nach einem Heiler oder Priester oder was dem in dieser Gegend am nächsten kam.«

»Wurdet Ihr fündig?«

Der Venezianer seufzte schwer. »Nun, ich bin heute hier, nicht wahr? Ich habe den Kampf gegen die Krankheit gewonnen, auch wenn es eine lange Zeit nicht danach aussah. Eine sehr, sehr lange Zeit, die wir in einem hochgelegenen Tal an den Ufern des Sees Sar-i-Kol in der Obhut eines Heilers und seiner Familie verbrachten. Allein der Gedanke an diese Zeit raubt mir noch heute die Kraft, und meine Erinnerung gleicht der an einen fernen Traum …« Er gähnte. »Bitte entschuldigt. Wir haben noch einen langen Weg vor uns – über das Dach der Welt, das Pamirgebirge. Doch es war ein langer Tag für mich, und ich werde diesen Berg nicht mehr heute besteigen.«

»Ich habe es nicht eilig«, versicherte ihm Rustichello. »Wenn die Palastdiener später ihre neugierigen Nasen hereinstecken, werde ich sagen, dass Ihr Ruhe braucht und dass es morgen wieder Abenteuer gibt.«

»Dank Euch, Messere Rustichello. Und wenn sie Euch bedrängen und Ihr sie bei Laune halten wollt, so erzählt ihnen einfach von den Stachelschweinen der Gegend, die im Kampf ihre Dornen in die Leiber ihre Feinde schießen; erzählt ihnen von den Bergen von Salz und den großen Karfunkeln und den Lapislazuliminen im Gebirge. Und erzählt ihnen von üppigen Frauen.«

Rustichello lachte. »Das werde ich gerne tun. Ich will mein Bestes geben.«

»Ihr seid der Geschichtenerzähler, nicht ich. Ihr schafft das auch allein, da habe ich vollstes Vertrauen. Und wenn alles versagt, erzählt ihnen eine alte Geschichte ... wie die vom Alten vom Berge. Die kennt Ihr doch, oder?«

»Sicher«, antwortete Rustichello. »Der legendäre Herr der Assassinen – er betäubte junge Männer und entführte sie in sein falsches Paradies. Dann drohte er, es ihnen wieder zu entreißen – und nur, wenn sie seinen schändlichen Willen ausführten und seine Feinde für ihn ermordeten, gewährte er ihnen wieder Einlass in seinen Garten. Doch wie passt diese Geschichte hierher? Der Alte vom Berge starb zu Zeiten von Richard Löwenherz ...«

»Das überlasse ich Eurer Fantasie, Messere. Eleazar hatte sie mir erzählt, und ich musste damals oft an sie denken ... Ich hoffe, Ihr seid mir nicht böse, wenn ich mich nun zur Ruhe lege. Ich brauche Schlaf und den Trost der Träume.«

XIII
Die Vision im Traume

Zu jeder Zeit, seit man sie aus dem Paradies vertrieb und ihnen nur die Hoffnung auf das Jenseits ließ, glaubten Menschen an die Existenz eines Paradieses auf Erden. Sie suchten in Persien und im fernen Osten danach – im Reich des Priesters Johannes –, doch das Einzige, was sie fanden, war der Spiegel ihrer eigenen Wünsche, oftmals geborsten und blind.

Doch wer die Wünsche der Menschen kennt, der erlangt Macht über sie.

Und so heißt es, dass einst ein Mann den Glauben an die Existenz des Paradieses missbrauchte, um seine eigene Macht zu mehren. Dazu schuf er sich ein Domizil in einem abgelegenen Gebirge und einen Garten in einem Tal, welcher der größte und herrlichste Garten war, den je Menschen geschaut haben. Darin standen vergoldete Pavillons und Paläste, in reichen Strömen flossen Wein und Wasser, Honig und Milch, und liebreizende Frauen erfüllten den Garten mit Musik und Gesang.

Und der Alte verabreichte den Männern, die er als seine Jünger auserkoren hatte, einen magischen Trunk, der sie in einen tiefen Schlaf versetzte, auf dass sie, wenn sie wieder erwachten, sich wahrhaft im Paradiese wähnten …

Die kühle Luft weht durch die offene Tür, als der Alte hereintritt. In den Minuten nach dem Aufwachen weiß ich manchmal nicht, ob ich schon wache oder noch träume; ich erwache mehrmals, von einem Traum in den nächsten, als wanderte ich durch eine lange Flucht von Räumen. Jede Tür öffnet sich in ein weiteres Zimmer, und ich kann den Palast meiner Träume niemals verlassen. Manchmal weiß ich, dass dieser Palast in Wahrheit nur eine kleine Hütte am Ufer eines weiten Sees ist. Ich weiß, dass der Alte mir helfen will, er und seine Frau, die mir Schalen mit heißer Suppe reichen und die bösen Geister mit duftenden Harzen und Trommelschlägen vertreiben. Ihre Gesichter sind so verschrumpelt wie alte Äpfel, und ihre Augen so schmal, als wollten sie sich ganz in diese Gesichter zurückziehen. Manchmal sind da noch andere, die mich vom Eingang aus beobachten – jüngere Gesichter, neugierig und furchtsam. Doch sie wagen es nicht, die Hütte zu betreten, denn man hat ihnen gesagt, dass ich hier gegen die Geister kämpfe und ein solcher Kampf sehr gefährlich sein kann.

Der Alte kniet neben dem Bett und reibt mir seine Salben auf die Brust und auf die Schulter; dort, wo mich das Schwert des Karaunas durchbohrte. Dort, sagt er, sind die bösen Geister hineingelangt. Meine Haut erwacht unter seinen Fingern zum Leben, und tatsächlich scheinen dort Geister zu wohnen, Geister des Schmerzes, die mit jedem Atemzug von mir zehren.

Dann stützt er meinen Kopf und verabreicht mir einen Trank. Der schwere, würzige Geschmack von Mohn flutet meinen Mund und Rachen und hüllt mich in eine segensreiche Wolke, in der die Schmerzen verblassen wie Schiffe im Nebel. Die Alte schlägt seine Trommel, um mich durch diesen Nebel zu führen; und als der Nebel sich lichtet, ist es, als hätte ich eine weitere Tür in meinem Verstand aufgestoßen. Die Welt, in der ich nun erwache, ist so viel ruhiger und lieblicher als die harte, schmerzvolle Welt, aus der ich komme. Es ist eine Welt ohne Zeit, in der mein Geist frei wie der Wind durch das Fenster weht und durch das Tal streift, statt mit Fesseln an den Füßen einen Schritt vor den nächsten zu setzen.

Die Schönheit dieses Tals ist unbeschreiblich.

Zedernwälder umkränzen die Ufer des heiligen Sees, und der Atem der stillen Berge fährt durch tiefe Höhlen bis zu den sonnenlosen Wassern am Boden der Welt. Bei Tag weht der Duft von Weihrauch über die fruchtbaren Wiesen, und nachts glitzert der Tau im silbrigen Licht des hellen Sichelmondes, der wie ein göttlicher Pinselstrich über dem Tal schwebt. Man bringt mir Milch und Honig, so dass mir an nichts mangelt. Und manchmal ist mein Vater bei mir und erzählt mir vom großen Kublai Khan, der diesen Ort errichten ließ.

Eine weite Mauer umgibt den Garten mit seinen sprudelnden Quellen, aus denen Kublais Tiere trinken, stolze Falken und herrliche Pferde. Die Mauern wachsen empor und werden zu den schneebedeckten Gipfeln der Berge, und die Quellen speisen lebhafte Bäche in üppigen Wiesen. Ich sehe die Pferde des Khans, zehntausend weiße Stuten, deren Milch nur ihm vorbehalten ist und ihm Kraft und Jugend verleiht. Zwei Paläste hat er sich in seinem Garten gebaut: einen aus Marmor und einen aus Schilfrohr, in dem er sich im Sommer seiner Kühle wegen aufhält. Ungezählte Vögel und Blumen und Bäume und Tiere schmücken die Wände des Marmorpalastes, und zahllose goldene Drachen bewachen den Palast aus Schilf. Der Name dieses Ortes ist Xanadu – und solange wir Gäste des Khans sind, sind wir dort in Sicherheit.

Meine Freunde kommen zu mir und leisten mir Gesellschaft: Beatrice ist da, streicht mir durchs Haar und bittet mich um die eine Sache, um die sie mich niemals gebeten hat: nicht fortzugehen, sondern bei ihr zu bleiben, hier, im friedlichen Xanadu. Ihr Bruder Andrea ist ein großer Heerführer geworden und kommt von den Bergen herab, uns von seinen Siegen zu berichten; doch in Xanadu herrscht ewiger Frieden. Ich sehe die schwarzhäutige Delilah, die auf einer Zither spielt und Lieder aus ihrer fernen Heimat singt; doch niemand, der Xanadu je betrat, wird es wieder verlassen.

Auch Ismael ist da und lässt seinen Falken steigen – denn hier sind alle Freunde und Träume lebendig.

Dann kommt mein Onkel zu mir, und seine blitzenden Augen jagen mir Schauer über den Rücken. Kein Friede währt ewig, sagt er, und ein Schatten legt sich über das Tal – der Schatten des großen Kublai prophezeiten Krieges. Er drängt in seinem Blut und donnert mit der Stimme seines Großvaters Dschingis durch die Schluchten und Täler. Kriege werden des Friedens wegen gefochten, sagt mein Onkel; doch dauert der Frieden zu lange, führt er in den Untergang. Nur die Kraft des Krieges treibt uns an, und wir dürfen nicht aufgeben, bis wir nicht den letzten Sieg errungen haben. Erst, wenn der letzte Feind vernichtet ist, herrscht wahrer Friede; Dschingis wusste das, als er den Priester Johannes erschlug; Hulaku wusste es, als er jenen anderen Alten von seinem Berg stieß; und Kublai weiß das auch.

Ich aber weiß nicht mehr, ob dieser Paradiespalast, den ich bewohne, des Khans Refugium oder Beute ist; ob ich sein Gast oder sein Opfer sein soll; ob Kublai die Vision dieses zauberischen Orts erschaffen hat oder vernichten wird. Angst befällt mich bei diesem Gedanken, die Angst lässt die Geister ein, und die Geister bringen die Schmerzen zurück. Das Donnern wird zum Schlag meines Herzens.

Dann ist der Alte wieder an meiner Seite und flößt mir die Milch des Paradieses ein, die Milch des Mohns. Er schlägt seine Trommel, mein Herzschlag beruhigt sich, und er sagt: Die Antwort auf all deine Fragen ist eins, denn du träumst den Traum des Khans, und er kann diesen Traum so oft erschaffen und vernichten, wie er will. Was aber willst du, Marco Polo?

Ich will zurück nach Xanadu, sage ich, nur zurück – ich werde alles dafür tun. Und kraft seiner Milch stoße ich die Türen des Palastes weit auf, kehre zurück in den Traum, und alles ist wie zuvor.

Eines Tages sitzt der Alte abermals an meiner Seite. Mir ist kalt, und ich weiß, dass ich erwacht bin – diesmal endgültig. Der Alte sagt, ich müsse nun gehen; der Winter sei fast vorbei, die Schneeglöckchen verblüht, und bald schon würden die Krokusse und Narzissen ihnen folgen.

So nehme ich Abschied von meinem Traum, doch es ist ein leichter Abschied, denn einen Teil von ihm trage ich nun in mir. Mein Vater und mein Onkel heißen mich willkommen; und der Alte, seine Frau und ihre Kinder wünschen uns Lebwohl.

Wir packen unsere Sachen und verlassen das verzauberte Tal, als die Obstbäume an den Ufern des Sar-i-Kol ihre Knospen öffnen und der Gesang der Nachtigallen das Frühjahr begrüßt.

XIV
Die Reise ans Ende der Welt

Messere«, fragte Rustichello. »Seid Ihr wach?«

»Das bin ich«, flüsterte der Venezianer.

»Geht es Euch wieder besser?«

»Es muss wohl reichen«, antwortete er. »Schließlich haben wir ein Gebirge zu überqueren, nicht wahr?«

* * *

Mit jedem Schritt meines Kamels verblasste die Erinnerung an jenes ferne Paradies, in dem mein ruheloser Geist den Winter verbracht hatte, bis ich zu mutmaßen begann, dass es nie existiert hatte. Meine Erinnerung an diese Wochen, ja überhaupt die letzten Monate unserer Reise nach Osten ist nur noch undeutlich – ich habe sie in den Jahren darauf, als ich daran ging, meine Notizen ins Reine zu schreiben, so gut wie möglich zu vervollständigen versucht, doch die wenigen Gedanken, die ich damals zu Pergament brachte, waren ungeordnet und ergaben nur wenig Sinn. Auch mein Vater und mein Onkel waren keine große Hilfe, denn sie redeten nicht gerne über die lange Zeit, die sie zur Untätigkeit verdammt auf meine Genesung gewartet hatten, und ihr Schweigen setzte mir zu.

Sicherlich war es auch die Erschöpfung, die mir die Erinnerung trübte; das Bewusstsein, mit knapper Not einer schweren Krankheit entkommen zu sein, und nun abermals den Tod herauszufordern; die unwirkliche, einsame Landschaft, die uns immer höher dem Himmel entgegenführte. Auch der Trank, den der Alte mir mitgegeben hatte, mochte eine Rolle spielen. Es war eine Art Theriak, bloß sehr viel stärker, und schmeckte ähnlich wie die Medizin, die er mir den Winter über verabreicht hatte. Er hatte uns gewarnt, dass ich noch eine Weile darauf zurückgreifen müsse, wenn mein Schlaf zu unruhig wurde. Tatsächlich erwachte ich manche Nacht schweißgebadet, obwohl nicht fern von unserer Lagerstatt Schnee lag, und wusste nicht mehr, was wirklich war und was nicht. Dann gab mein Vater mir von der Medizin, und mein Zustand besserte sich für einige Stunden.

Doch nicht lange, und ich fühlte mich abermals wie ein Geist, und das war nur angemessen – denn wir reisten auf einer Straße für Geister.

Wir folgten einem Fluss oder einer Reihe von Flüssen, die vom Schmelzwasser hier und da zu kleinen Seen angeschwollen waren. Die Berge rückten enger heran, bis unsere ganze Welt nur noch aus einem weiten Tal bestand, das sich, selbst ein breiter Fluss, zwischen den Bergen hindurchwand. Wir trafen keine Menschenseele, dennoch fanden wir Spuren, die uns bewiesen, dass wir nicht die Ersten waren, die das Tal durchquerten; alte Lagerfeuer und der Dung von Kamelen säumten den Weg, und von den Hängen blickten Ruinen auf uns herab – Zeugen eines untergegangenen Reiches, das einst diese Handelsroute kontrolliert hatte. Einige der kleineren Steinhügel erinnerten mich an die Götzenschreine, die ich in Balkh gesehen hatte. Die größeren mochten Tempel oder Festungen gewesen sein. Auch an einer aufgegebenen Karawanserei kamen wir vorbei – mochte sein, dass sich den Sommer über dauerhaft Menschen hier aufhielten. Und immer wieder entdeckten wir große, gewundene Hörner, wie die Hörner eines stolzen Stiers, die eine Einfriedung krönten oder an einer Weggabel die Richtung anzeigten.

Bald sahen wir auch, zu was für Tieren diese Hörner gehörten: nicht Stieren, sondern stattlichen Schafen, die auf den Berghängen lebten. Zunächst hielten sie sich fern, dann stand unvermittelt eines vor uns auf dem Weg und blickte uns arglos an. Erst, als wir näherkamen, sprang es davon. Alles in allem schien dieses Tal uns wie ein vergessenes Land, mit uns als seinen einzigen Bewohnern.

Der Weg stieg immer höher an. Ich hatte gedacht, ich hätte Berge gesehen; und jeder Mann, der weit genug gereist ist, weiß eine Geschichte über die Majestät der Alpen zu berichten.

All diesen Männern sei gesagt, dass verglichen mit jenen Bergen, die uns nun umfingen, die Alpen nicht mehr sind als Kinder, die sich um die Hüften ihrer Eltern scharen.

Höher und höher ging es, bis wir mit unseren Kamelen schließlich viele Tage über eine gefrorene Ebene zogen, in der ein kalter Wind an den Ufern eines großen Sees wehte. Keine Pflanze wuchs auf diesem Boden, und die Luft war so dünn, dass keine Vögel darin flogen; allein die Sonne schien gleißend von einem leeren, leblosen Himmel.

Unsere Feuer brannten schwächlich und produzierten

eine Menge Rauch, wärmten unsere Speisen jedoch nicht mehr. Selbst das Atmen fiel uns schwer. Es schien, als dünnten sämtliche Elemente sich aus: selbst die Erde zerstob zu losem Geröll, und das Wasser zu trockenem Schnee. Diesen blies der harsche Wind von den Bergkuppen und hüllte sie in helle Wolken, weißkalten Landschaften aus Weihrauch gleich. Mir schwindelte beim Gedanken an die verbotenen Gipfel am Rande unserer unwirklichen Welt, die sich immer noch eine weitere Meile der blassen Ferne entgegenreckten.

Reisende haben diese Gegend häufig als das Dach der Welt bezeichnet; der Ort, an dem in alter Zeit die Götter lebten. Es ist ein passender Name. Gefühle grenzenloser Freiheit und gleichzeitiger Demut überkamen mich bei dem Gedanken, am höchsten Punkt der Welt zu stehen, mit nichts zwischen mir und der unermesslichen Weite. Je weiter wir zogen, desto verlorener kam ich mir vor, während der dünne Himmel schwerelos wie Licht auf den Gipfeln lag, der Boden wie Glas unter den Füßen knirschte und der Wind seine scharfe Musik auf dem Fels blies.

Dann, nach einer Woche der Einsamkeit, oder vielleicht waren es zwei, stießen wir endlich auf andere Menschen.

Es waren Mönche – aber keine Mönche, wie ich sie bislang kannte. Sie lebten in einer der alten Ruinen am Wegesrand, die so zerfallen war, dass ich sie zunächst für einen natürlichen Steinhügel hielt. Dass es sich anders verhielt, verrieten die kleinen bunten Fähnchen, die vor der Wohnstatt im Wind flatterten. Sie waren mit Bildern und fremdartigen Schriftzeichen bedruckt und manche waren so verwittert, dass nur noch blasse Streifen von ihnen blieben. Unwillkürlich erinnerten sie mich an die aufgespannte Wäsche in den ärmeren Gassen Venedigs.

Die Mönche hatten die Köpfe geschoren und trugen ockerfarbene Roben, die in einem ähnlich beklagenswerten Zustand wie ihre Behausung waren. Insgesamt zählte ich acht Männer, die auf engstem Raum miteinander lebten, denn nur ein kleiner Teil der Ruine besaß ein Dach und war mit Fellen vor dem beißenden Wind geschützt. Trotzdem hießen sie uns freundlich willkommen, gaben uns einen Platz für die Nacht und teilten ihren Gerstenbrei mit uns. Gastfreundschaft war ein hohes Gut in dieser unwirtlichen Gegend.

Ich hatte Schwierigkeiten, mich mit den Mönchen zu verständigen, denn sie sprachen weder Persisch noch Sabir und nur wenige Worte Mongolisch. Mein Onkel kam auch nicht sehr weit, wobei er auch wenig Interesse an unseren Gastgebern zeigte. Mein Vater aber erklärte mir, dass sie Buddhisten waren und die Sprache der Lamas sprachen, die sich der Große Khan als Lehrer und Zauberer an seinen Hof gerufen hatte. Dank meines Vaters Hilfe entspann sich im Laufe der Stunden eine schleppende Unterhaltung, während der Wind draußen über die Hochebene fegte und die Fähnchen vor der Ruine wild flatterten.

So erfuhr ich, dass die Mönche aus dem Südosten stammten, aus einem Land zwischen Himmel und Erde namens Tebet, in dem viele erleuchtete Menschen lebten. Sakyamuni, der Gründer ihrer Lehre, solle vor langer Zeit ebenfalls über das Dach der Welt gereist sein. Sie sagten, er habe sogar einen Fußabdruck hier im Gebirge hinterlassen.

Außerdem spürten sie der alten Legende eines Landes oder Königreiches nach, das sie Shambalha nannten; doch hier wurde ihre Erzählung so kompliziert, dass ich nicht mehr verstand, ob diese Legenden etwas mit den Ruinen zu tun hatten oder vielleicht sogar mit dem Reich des Priesters Johannes oder dem des Großen Khans. Aus diesem Reich solle einst ein König oder Gott kommen, der das Ende der Zeit oder den Anbeginn einer neuen einleiten würde. Erst dachte ich, die Mönche sprächen einmal mehr von Sakyamuni, der wie Christus über die Menschen richten solle, doch sie verneinten und sagten, der Name dieses Gottes oder Dämons sei Kalki, und er käme in Gestalt eines weißen Pferdes.

»Ein weißes Pferd«, flüsterte ich und musste unwillkürlich an die seltsame Begegnung mit dem Pferd in Balkh denken. »So wie die vier Reiter der Apokalypse?«

Mein Vater dachte darüber nach, wollte sich aber auf keine Antwort festlegen. »Der Glaube dieser Menschen ist gänzlich anders als der von uns Christen oder jener der Juden oder Muslime«, erklärte er mir, während unsere Gastgeber geduldig zuhörten, ohne ihn zu verstehen, und sein Bruder auf seinen Fellen leise schnaufte. »Beispielsweise glauben sie nicht an die Auferstehung des Fleisches oder an ein Jüngstes Gericht, sondern eher an eine Art Kreislauf, in dem sich Leben aneinanderreihen wie Perlen an einer Schnur. Ähnlich wie wir glauben sie, dass alles Streben nach vergänglichen Gütern müßig und eitel ist. Deshalb versuchen sie, diesem Streben zu entsagen und sich in Bescheidenheit zu üben. Ihr höchstes Ziel ist aber nicht das ewige Leben, sondern sich aus dem Kreislauf zu lösen und zu verwehen wie eine Kerze.«

»Arme Narren«, murmelte mein Onkel im Halbschlaf. Auch ich hatte Schwierigkeiten, das nachzuvollziehen, und meinem Vater erging es ähnlich. Im Gegensatz zu seinem Bruder begegnete er den Mönchen aber nicht verächtlich, sondern mit wohlwollendem Interesse.

Als die helle Sonne am nächsten Tag ihre scharfen Schatten über die Ebene warf und wir uns zum Aufbruch bereit machten, besah ich mir noch einmal die bunten Fähnchen, denn ich hatte das Gefühl, dass mir gestern etwas entgangen war. Mir fiel auf, dass die Farben immer die gleiche Reihenfolge wiederholten; und als die Mönche merkten, dass ich mich dafür interessierte, und ich sie mit Hilfe meines Vaters danach fragte, gaben sie mir bereitwillig Auskunft. Die

Farben, erfuhr ich, standen für die Elemente, auch wenn sie diese anders zählten als wir: Blau stand für den Himmel, Weiß für die Wolken darin, Rot für das Feuer, Grün für das Wasser und Gelb für die Erde.

Ich fragte sie auch nach den Schriftzeichen und Bildern, denn in ihrer Mitte trugen die Fahnen die Abbildung eines Pferdes. Die Mönche lachten gutmütig, als ich darauf deutete und sie nach Sakyamuni oder Kalki fragte.

»Sie sagen, die Zeichen auf den Fahnen sind Gebete«, übersetzte mein Vater. »Und sie hängen sie hier auf, damit sie wehen … oder verwehen.«

Nachdenklich studierte ich die verwitterten Stofffetzen in den Farben der Elemente und dachte daran, dass es auch mir so erschienen war, als löste sich die Natur auf dem Dach der Welt in ihre Bestandteile auf.

»Wieso lassen sie die Fahnen verwittern?«, fragte ich.

»Damit sie ihre Gebete in die Welt hinaustragen. Die Wesen in jeder Ecke stehen für die vier Himmelsrichtungen, und das Pferd in der Mitte – das ist das Windpferd, sagen sie. *Lung-ta.* Es trägt ihre Gebete.«

»Lung-ta«, wiederholte ich.

»Die Mongolen kennen es als *Khiimori.* Für sie ist es ein Symbol der Seele.«

Und da glaubte ich, dass ich verstand.

Alles, alles, löste sich auf: diese Fahnen, die Elemente, die Ordnung der Welt, bis nichts mehr blieb außer der Seele – dem Wind, der die Gebete der Menschen trug, auch wenn diese schon lange verweht waren. Und in diesem Moment machte mir diese Vorstellung nichts mehr aus, im Gegenteil.

Die Mönche lächelten zum Abschied, und ich erwiderte ihr Lächeln. Keiner sprach mehr ein Wort, und nur das Flattern der Fahnen durchbrach die Stille.

* * *

»Eine eigenartige Begegnung«, sagte Rustichello. »Und auch traurig. Ihr müsst sehr einsam gewesen sein in dieser Zeit, wenn Euch selbst der Glaube der Götzenanbeter als trostreich erschien.«

»Vielleicht«, sagte der Venezianer. »Vielleicht spürte ich aber auch nur, dass mein altes Leben unwiederbringlich vorüber war. Auf der anderen Seite dieses Gebirges wartete eine neue Welt auf mich.« Er holte tief Luft. »Ich erinnere mich …«

* * *

Ich erinnere mich noch an die erste Stadt, die wir auf der anderen Seite der Berge erreichten. Ihr Name war Kashgar, und sie lag am Rande einer großen Wüste. Hätte man mir gesagt, dass auf der anderen Seite des Gebirges direkt eine Wüste anschloss, ich hätte es nicht geglaubt, und doch verhielt es sich so; und ebenso, wie die Berge höher als alle Berge gewesen waren, die ich je gesehen hatte, so erstreckte sich auch diese Wüste weiter als alle, auf die wir bislang gestoßen waren. Ihr Name lautete Taklamakan – mein Onkel sagte, dies hieße so viel wie ›wer hineingeht, kommt nicht heraus‹. Niemand, der bei Verstand war, betrat sie; viele sollen es versucht und alle soll sie gierig verschlungen haben. Die Handelsroute teilte sich in Kashgar und führte nördlich und südlich der Wüste vorbei.

Eine bunte Mischung türkischer Volksgruppen und ehemaliger Nomaden, viele mit ihrer eigenen Sprache, lebte in Kashgar. Sogar einige Kithaier hatte es so weit in den Westen verschlagen. In ihren Zügen ähnelten sie den Mongolen, doch wenn sie sprachen, klang es anders als alles, was ich je gehört hatte.

Zum überwiegenden Teil waren die Menschen Muslime. Einige Buddhisten gab es ebenfalls, allerdings waren ihre

Schreine kaum prunkvoller als das bedauernswerte Kloster im Gebirge. Und auch die Christenheit hatte dieses ferne Land erreicht, in Gestalt der Nestorianer. Die Frage war nun, bei wem wir uns mit dem Nötigsten versorgen konnten. Wir brauchten dringend neue Kleidung und natürlich Nahrung für uns und für die Kamele.

Zu meiner Überraschung verließen wir die Stadt ebenso schnell wieder, wie wir sie betreten hatten. Mein Onkel und mein Vater hatten ein anderes Ziel.

Vor der Stadt lagerten nämlich Mongolen, über tausend an der Zahl. Es war das erste Mal, dass ich eine solche Menge ihrer runden Jurtenzelte sah. Zwar hatten Maffeo und Nicolò mich darauf vorbereitet, dass ein mongolisches Heer und ein mongolisches Dorf im Wesentlichen ein und dasselbe waren – dies war die Grundlage ihrer Macht und ihrer Siege. Wo westliche Armeen auf eine komplizierte Logistik von Nachschublinien angewiesen waren, hatten die Mongolen immer alles dabei, was sie brauchten: ihre Familien, ihre Häuser, ihre Pferde, ihr Vieh. Das Einzige, was sie aufhalten konnte, war ein Mangel an Weideland.

Doch sie so zu sehen, gab all den Geschichten, die ich über sie gehört hatte, endlich ein Gesicht: Männer allen Alters saßen vor ihren Zelten und pflegten ihre Waffen oder reparierten ihre Sättel. Die Frauen gerbten Häute oder brachten ihren Kindern das Bogenschießen bei. Auf den ersten Blick glich die Geschäftigkeit der eines Bazars, einschließlich der strengen Gerüche. Der zweite Blick aber offenbarte einen gravierenden Unterschied: Alles, was hier geschah, hatte einen praktischen Nutzen – und dieser Nutzen war fast immer der Krieg.

Mein Vater und ich betraten dieses Jurtendorf mit gemischten Gefühlen. Der Form halber beanspruchte der Große Khan die Herrschaft über Kashgar und das umliegende Land. Doch de facto war es Kaidu, der neue, unberechenbare Fürst des Chagatai-Khanats, der hier das Sagen hatte.

»Es wäre sicherer, uns erst in Khotan oder später zu erkennen zu geben«, merkte mein Vater an.

»Auch Kaidu muss die Autorität des Khagans anerkennen«, beharrte mein Onkel. »Wir genießen Kublais Schutz – und damit steht uns auch Kaidus Unterstützung zu. Alles andere wäre ein offener Affront.«

Er zückte seine Paiza und präsentierte sie dem nächstbesten Krieger. »Sag deinem Anführer, dass wir im Auftrag des Großkhans reisen und neue Ausrüstung brauchen!«

Sein Tonfall war derselbe, mit dem er einst den Fischerjungen auf der Piazzetta in Venedig Wein kaufen geschickt hatte. Nicht im Traum hätte ich daran gedacht, diesen bärtigen, verkniffenen Mongolen derart respektlos herumzuscheuchen.

Erstaunlicherweise schien sich dieser jedoch nicht daran zu stören. Ein Blick auf die Paiza und ins Gesicht meines Onkels, das kaum weniger wettergegerbt war als seines, und er bedeutete uns, ihm zu folgen. »Ich bringe euch zu Shiregi.«

Ein kleiner Junge, der den Wortwechsel verfolgt hatte, sprang ungefragt auf ein Pferd, das neben einer Jurte das trockene Gras rupfte, und preschte voraus, als wäre es die natürlichste Sache der Welt.

Der Krieger führte uns mitsamt unserer Kamele zwischen Zelten und frei laufenden Tieren hindurch zur Mitte des großen Lagers, wo ein muskelbepackter Mongole auf einem Hocker vor seiner Jurte saß, die so groß wie ein ganzes Haus war. Wahrscheinlich wurde sie bei Bedarf auf dem ausladenden Wagen transportiert, der dahinter stand – ich wusste, dass sich alle Mongolenhäuser innerhalb kürzester Zeit abbauen ließen. Die kleineren wurden auf Pferde verladen, die größeren einfach auf Räder gestellt; und während der

Umgang mit Pferden in der Regel den Männern oblag, wurden die Wagen häufig von Frauen gelenkt.

Shiregis Rüstung aus aufwendig zusammengenähten Leder- und Metallplättchen, die er trotz der Hitze trug, wies ihn als einen wohlhabenden Feldherrn aus. In der einen Hand hielt er ein Horn, das der Farbe seiner Lippen nach mit Airag gefüllt war, in der anderen ein Messer mit einem großen Brocken Fleisch, von dem er mit den Zähnen abbiss. Er war umgeben von mehreren Frauen und Kindern. Auch Sklaven hatte er, die ihm nachreichten, wenn er sein Horn oder sein Messer beendet hatte. Hinter seinem Hocker stapelten sich Bögen, Köcher und Äxte.

»Ihr wollt zu Kublai?«, fragte er, als wir vor ihn traten.

»Wir bringen ihm wichtige Botschaft vom Oberhaupt der Christenheit!«, erklärte Maffeo selbstbewusst.

»Welche Christenheit meinst du?«, fragte Shiregi ungerührt. »Der Anführer der Christen in Kashgar beispielsweise ist ein ehrloser Feigling, der mir noch zwei Dutzend Ochsen schuldet.« Ein paar der umstehenden Männer verzogen die Mundwinkel zu einem Grinsen.

»Die Christenheit kennt viele heilige Männer, so wie die Mongolen viele Khane kennen«, sagte mein Vater mit ruhiger Stimme. »Doch es gibt nur einen rechtmäßigen Nachfolger des großen Dschingis.«

Es war wahrscheinlich das Diplomatischste, was er in dieser Situation hatte sagen können, doch es verfehlte nicht seine Wirkung. Shiregi grunzte, spuckte aus und trank einen tiefen Schluck Airag. Dann streckte er ungeduldig die Hand aus, und der Krieger, der uns zu ihm geführt hatte, nahm Nicolòs und Maffeos Paizas entgegen und reichte sie ihm. Ich sah, dass beiden nicht wohl dabei war, sich von den goldenen Tafeln zu trennen, doch die Mongolen ließen ihnen keine Wahl.

»So so, der rechtmäßig Nachfolger«, brummte Shiregi

und studierte die Paizas mit angestrengter Miene. Entweder war er ein langsamer Leser, oder er wollte die Bedeutsamkeit des Moments unterstreichen. Dann gab er sie zurück.

»Und was ist mit dir?«, fragte er mich. »Die beiden reisen im Schutze des Khagans. Wer schützt dich auf deiner Reise?«

Ich merkte, wie mein Vater und mein Onkel erstarrten. Jeder Muskel meines Körpers war gespannt, doch in meinem Kopf herrschte eine eigenartige Leere.

»Wer mich schützt, ist ohne Belang«, antwortete ich. Die Worte kamen aus meinem Mund, ohne dass ich darüber nachdachte. Vielleicht war es auch meine Medizin, die aus mir sprach. »Am Ende verwehen wir alle wie eine Kerze.«

»Du bist entweder sehr mutig oder sehr dumm«, urteilte Shiregi. »Weißt du überhaupt, wohin du gehst?«

»Ich will einfach nur zurück nach Xanadu.«

»Was soll das heißen, zurück? Warst du denn schon einmal dort?«

»Ja«, flüsterte ich. »In einem Traum.«

Er schaute mich so durchdringend an, als wollte er mich mit seinen Blicken aufspießen wie sein Fleisch mit seinem Messer. Dann deutete er auf den Krieger, der uns zu ihm geführt hatte.

»Sagt ihm, was ihr braucht«, rief er so laut, dass alle Umstehenden es hörten. »Und jetzt stört mich nicht weiter!« Er rülpste vernehmlich und ließ sich ein neues Fleischstück anreichen.

Erst, als sein Untergebener uns wegführte, merkte ich, dass ich seit sicher einer Minute die Luft angehalten hatte.

»Das war knapp«, murmelte mein Onkel im Gehen. »Gib ihnen nie das Gefühl, dass du schlauer bist als sie, hörst du? Sag nächstes Mal einfach klipp und klar, was du willst.«

»Das habe ich«, gab ich zurück.

Maffeo schüttelte den Kopf, aber im Blick meines Vaters mischten sich Verwunderung und Respekt.

Wir bekamen neue Stiefel, neues Zaumzeug und mehr Dörrfleisch, als wir je würden essen können. Auch ein neues Kamel gaben sie uns, denn das Tier meines Onkels hatte sich im Gebirge verletzt und lahmte seitdem. Erst belächelten die Mongolen unsere Trampeltiere und boten uns stattdessen Pferde an. Die Aussicht, wieder schneller voranzukommen, war verlockend; ich wollte gar nicht daran denken, dass vor uns fast noch einmal genauso viele Meilen lagen wie hinter uns. Dennoch entschieden wir uns nach kurzem Streit mit Maffeo dagegen. Mongolenpferde galten als eigenwillig, und die Gegend war selbst für sie alles andere als günstig. Spätestens ab Lop würden wir die Wüste nicht länger vermeiden können, und die Gefahr, dass die Pferde die Strapazen nicht durchhielten, schien meinem Vater und auch mir zu groß.

Die Mongolen kannten solche Skrupel nicht. Sie besaßen Pferde wie Wüstensand – schließlich hatten sie ihr Weltreich auf Pferderücken errichtet. Niemand ging in ihrem Reich zu Fuß.

* * *

»Diese Tartaren mögen ja harte Burschen sein«, bemerkte Sergio, der mit einer Flasche draußen auf dem Flur saß und sich allem Anschein nach im Wettstreit mit den trinkenden Kriegern wähnte. »Aber es hat schon seinen Grund, weshalb sie nie weiter als zu den Slawen und Ungarn kamen.«

»Allerdings«, sagte der Venezianer. »Als Ögedei, Sohn des Dschingis, vor knapp sechzig Jahren starb, zogen sie sich zurück, um in Karakorum den Nachfolger zu bestimmen. Allein diesem Umstand verdanken wir unsere Rettung. Die traditionelle Kriegsführung versagte, und Papst und Kaiser – den er gerade erst exkommuniziert hatte – konnten sich auf kein gemeinsames Vorgehen einigen.«

»Pah«, machte Sergio. »Ich sage, gegen eine tüchtige genuesische Armee hätten sie keine Chance!«

»Betet, dass Ihr es niemals herausfindet«, sagte der Venezianer.

»Hast du es denn herausgefunden?«, forderte Sergio ihn heraus.

»Gebt mir von dem Wein, dann werde ich es Euch erzählen …«

* * *

Unser Weg führte uns weiter am Rand der Taklamakan entlang über Yarkand bis nach Khotan. Die Gegend war karg, aber besiedelt, und zwei Wochen lang genossen wir das Leben im Überfluss – denn nach den Entbehrungen des Winters kam uns selbst die bescheidenste Karawanserei wie ein Palast vor.

An Khotan erinnere ich mich noch gut: eine größere Handelsstadt, in der es viel Baumwolle, Früchte und vor allem Jade gab. Das ist ein außerordentlich schöner weißer oder grüner Stein, der unserem Jaspis oder Chalcedon ähnelt und in Kithai hochbegehrt ist; daher tauschten wir einen Teil unserer alten Schätze gegen Jadeschmuck ein. Auch feine Seide wird in Khotan gefertigt, und man erzählt sich folgende Geschichte darüber, wie ihr Geheimnis den Weg dorthin fand:

Vor langer Zeit heiratete ein Prinz aus Khotan eine Prinzessin aus Kithai. Doch die Hand der Schönen war nicht das Einzige, was er begehrte, und so ließ er sie wissen, dass sein ganzes Reich ihr zu Füßen läge – nur eine Sache könne er ihr nicht bieten: die Annehmlichkeit von Seide, weil ihr Vater das Geheimnis der Seidenherstellung nämlich streng hütete. Tatsächlich gab es im ganzen Reiche Khotan weder Seidenraupen noch Maulbeerbäume und niemanden, der sich auf die Produktion des edlen Stoffes verstand.

Die Prinzessin aber wollte sich ein Leben ohne die Geschmeidigkeit ihrer seidenen Kleider gar nicht ausmalen. Also versteckte sie, ehe sie mit ihren drei Zofen ins Reich ihres Gemahls aufbrach, Maulbeersamen und Seidenraupeneier in ihrer Frisur. Und obwohl die Wachen ihres Vaters alles versuchten, das Geheimnis zu schützen, wagten sie es doch nicht, das Haar der Prinzessin zu durchsuchen, ehe sie Abschied nahm.

So gelangten Maulbeerbäume und Seidenraupen nach Khotan. Und als der Prinz die Prinzessin willkommen hieß, war er hocherfreut. »Allein«, so sprach er, »es gibt dennoch niemanden in meinem Reich, der sich auf die Produktion von Seide versteht.« Die Prinzessin aber erwiderte: »Seht Ihr denn nicht? Ich habe Euch die besten Gelehrten Kithais mitgebracht.« Und sie deutete auf ihre drei Zofen. »In Kithai«, sprach sie, »ist das Weben von Seide Frauenarbeit. Niemand weiß mehr darüber als sie.«

Weiter und weiter zogen wir, viele hundert Meilen. Nördlich von uns lag die Wüste ohne Wiederkehr, die häufig von riesigen Sandstürmen verdunkelt wurde; und im Süden kam immer wieder eine endlose, schneebedeckte Bergkette in Sicht, jenseits derer die Lande der Zauberer lagen. Die Gegend war karg und bei Nacht so kalt, dass einem der Rücken schmerzte, wenn man darauf schlief. Derselbe Boden war bei Tag so heiß, dass man sich ohne Schuhe die Füße verbrannte. Dennoch gab es ein paar seichte Flüsse, die von den Bergen herabkamen und an deren Ufern Pappeln und Tamariskensträucher, auch Wermut und Hanf wuchsen. Somit war die Reise zwar beschwerlich und eintönig, dank der zahlreichen kleineren Siedlungen aber auch sicher. Seit zweitausend, vielleicht dreitausend Jahren wurde diese Route genutzt, um Jade und Edelsteine nach Osten und Seide nach Westen zu transportieren, und die Menschen waren den Anblick Fremder gewöhnt, ja hatten tatsächlich Gefallen an ihnen gefunden – wie ich feststellen sollte, als wir schließlich die Stadt Lop erreichten.

Lop lag am Rande eines großen Sees, der von mehreren Flüssen gespeist wurde. Er war jedoch salzig, und die Flüsse versiegten so oft oder änderten ihren Lauf, dass auch die Seen der Gegend verschwanden und andernorts neu entstanden. Die Landschaft erinnerte mich an die persischen Salzwüsten, von den verkrusteten Böden bis zu den zerklüfteten Yardangs.

In Lop planten wir eine Woche zu ruhen, denn vor uns lag eine schwierige Strecke. Es schien, als grenzte in diesem Teil der Welt nur Wüste an Wüste, und der Gedanke an die weiten Steppen des Nordens oder die fruchtbaren Länder des Ostens erschien uns ferner denn je.

Umso überraschter waren wir, wie ausgelassen die Bewohner der kleinen Stadt waren. Sie kamen des Abends zusammen und spielten auf Trommeln und langhalsigen Lauten, die mit Fellen oder sogar Hörnern verziert waren. Manche Instrumente hatten nur zwei Saiten, andere eine solche Vielfalt, dass ich sie nie alle zählen konnte.

Auch wenn wir nicht viel von dem verstanden, was die Menschen sagten, hießen sie uns doch willkommen. So saßen wir mit ihnen und einer Handvoll anderer Reisender am Feuer, tranken Wein und aßen getrocknete Aprikosen. Ich versuchte, im flackernden Licht mein Reisetagebuch fortzuführen, doch es fiel schwer, den Faden wieder aufzunehmen, den mir die Krankheit und die Strapazen des Gebirges entrissen hatten. Da merkte ich, dass die Augen eines Mädchens auf der anderen Seite des Feuers auf mir ruhten.

Sie hatte ein rundliches Gesicht und die dunklen Haare zu Zöpfen geflochten und schien sich nicht im Mindesten daran zu stören, dass ich ihren Blick fragend erwiderte, im Gegenteil; statt rasch wegzuschauen, wie ich es zu Hause von einem Mädchen erwartet hätte, lachte sie und machte ihre Freundinnen auf mich aufmerksam. Ich breitete ratlos die Arme aus, erwiderte aber ihr Lächeln. Schließlich stand sie auf, kam auf mich zu und forderte mich zum Tanz auf. Also verdrängte ich meine Müdigkeit, legte mein Schreibzeug beiseite und erhob mich.

Ihr Mongolisch war kaum besser als meins, und mein Geschick im Tanz noch schlechter als meine Kenntnis des hiesigen türkischen Dialekts. Die wesentlichen Fakten aber waren rasch geklärt: Sie hieß Meryem, ich hieß Marco; ihr Mann würde erst in einer Woche wiederkommen, ich zur selben Zeit wieder gehen; ihr gefiel mein kantiges Gesicht, mir ihre kleine Nase; und unter Berücksichtigung all dieser Punkte schlug sie vor, dass wir heirateten.

Ich dachte erst, sie mache sich über mich lustig, und bat meinen Vater, mit der Übersetzung zu helfen. Sein Bruder schloss sich an, und im Handumdrehen tauchte auch ihre Familie an ihrer Seite auf, so dass ich mir vorkam wie auf einem Bazar – mit uns als der Ware.

»Du hast sie schon richtig verstanden«, sagte mein Vater schließlich. Seine Stimme war so sachlich, als erklärte er mir eine Besonderheit der Buchführung. »Den Frauen der Gegend ist es gestattet, nach einer bestimmten Dauer der Abwesenheit ihres Gatten eine vorübergehende Ehe mit jemand anderem einzugehen. Wenn du einwilligst, übernimmst du alle Pflichten und Rechte eines Ehemanns – jedoch wird diese Übereinkunft nach einer Woche hinfällig wie ein aufgelöster Vertrag.«

»Habe ich denn eine Wahl?«

»Fragst du das im Ernst?«, entgegnete mein Onkel.

»Natürlich hast du die Wahl«, sagte mein Vater. »Überlege dir also gut, was du jetzt sagst.«

Ich weiß nicht, welche Entscheidung er sich erhofft hatte, aber ich musste nicht lange überlegen.

* * *

»Ich wünschte, die Frauen in Genua wären auch so verständig«, gackerte Sergio.

»Ich dachte mir, dass Euch diese Episode gefällt«, kommentierte der Venezianer.

»War Euch der Gedanke, zum Werkzeug eines vorsätzlichen Ehebruchs erkoren zu werden, denn gar nicht unangenehm?«, fragte Rustichello, doch weniger aus Entrüstung, als um eine Gegenposition zu den lüsternen Palastdienern einzunehmen.

»Die Art des Werbens war ungewohnt«, gestand der Venezianer ein. »Aber Meryem hatte wirklich die hübscheste Nase in drei Wüsten Umkreis – und das wusste sie sehr genau.«

* * *

So wurde ich für eine Woche Meryems Mann, mit allen Pflichten und Rechten – und auch wenn es mich überraschte, was für einen großen Stellenwert die Pflege der elterlichen Schafe unter diesen Pflichten ausmachte, so habe ich meine Entscheidung nicht bereut, und sie, denke ich, auch nicht. Einmal am Tag sahen ihr Vater und ihre Mutter nach uns, um sicherzustellen, dass ich auch meine Arbeit erledigte und mich nicht aus der Verantwortung stahl, dann überließen sie uns wieder uns selbst.

Ich fühlte mich in dieser Woche so lebendig, dass ich darüber staunte, wie abgestorben ich zuvor gewesen sein musste. Ich dachte weder an das, was zuvor gewesen war, noch an das, was noch vor mir lag, sondern lebte einzig für das Hier und Jetzt.

Und ich brauchte diese Woche nichts von meiner Medizin, von der mir nur noch ein Viertel geblieben war.

Dann kam die Zeit des Abschieds. Mein Vater hatte die Woche genutzt, um etwas Jade und neues Zaumzeug zu erstehen. Unsere Kamele waren ausgeruht und satt und sahen der bevorstehenden Reise mit Gleichmut entgegen. Mein Onkel begegnete mir nach wie vor verschlossen. Nur einmal glaubte ich, eine neue Regung in seinem Gesicht auszumachen, und ich fragte mich, ob es sein konnte, dass er mich beneidete.

Meryem bat mich, ihr etwas zu hinterlassen, das sie an mich erinnern würde. Ich machte ihr klar, dass ich nichts besaß, was nicht auch jeder andere Reisende, der durch ihre Stadt kam, sein Eigen nannte. Sie aber bat mich um meine Schreibfeder, die ihr bereits an dem Abend am Feuer ins Auge gefallen sein musste.

Ich zögerte, dachte einen Moment lang an Bruder Guglielmo und mit welchem Ernst er stets an seinen Schriften gearbeitet hatte.

Dann beschloss ich, dass das Leben wichtiger war als das Wort, und erfüllte ihr ihren Wunsch.

* * *

»Das ist ein harsches Urteil«, sagte Rustichello, legte die Feder beiseite und sah der Tinte im Kerzenschein beim Trocknen zu. »Aber ich möchte Euch nicht kritisieren. Schließlich verdanke ich es Euch, dass Ihr mir das Wort zurückgebracht habt. Und ich danke Euch auch für dieses Licht, bei dem die Arbeit so viel leichter fällt.«

»Seht Ihr«, sagte der Venezianer, »das Wort ist das, was uns bindet – es besteht, es ist ewig. Wir können immer zu ihm zurückkehren. Im Leben können wir das nicht – nur in der Fantasie. Unsere Erinnerung mag die Lücken, die das Wort hinterließ, auf ihre eigene, unvollkommene Weise füllen. Doch zu den nie gelebten Tagen unserer Vergangenheit können wir niemals zurückkehren. Darum sagte ich, das Leben sei wichtiger als das Wort. Das Leben ist Freiheit.«

* * *

Ehe wir aufbrachen, warnte mich Meryem noch, nicht auf die Wüste zu hören.

»Wie meinst du das?«, fragte ich, wahrscheinlich zum hundertsten Mal in dieser Woche.

»Die Wüste spricht«, sagte sie. »Manche ruft sie beim Namen, andere sagen, sie singt – und wer ihrem Gesang folgt, der kehrt nie zurück. Ich weiß es nicht, denn ich gehe nie in die Wüste.«

Ich dankte ihr für diese Warnung und dachte an die Geschichten böser Geister, die tief im Inneren der Dascht-e Kawir leben sollten. Ob es sich hier ähnlich verhielt wie in Persien?

Ich würde es bald herausfinden.

Wieder ging es viele Tagesreisen durch die Wüste, wie üblich als Teil einer Karawane. Zwar gab es zahlreiche Wasserstellen auf dem Weg, doch ohne unsere Führer hätten wir sie nie gefunden und auch nicht gewusst, von welchen wir trinken durften und von welchen nicht, denn das Wasser war häufig salzig. Und wenn sich die Menschen aller Länder, die ich je bereiste, in einem einig sind, dann darin, dass nur ein Narr allein in die Wüste geht.

Dann, eines Nachts, als ich schlotternd mit meinen Decken und Matten auf dem kalten Sand lag, umgeben von den Schatten großer Dünen wie den Wogen einer im Sturm erstarrten See, hörte ich das Lied der Wüste.

Zuerst hielt ich es für die Laute von Tieren, doch es gab keine Tiere hier, weil es auch keine Nahrung gab. Einen Augenblick lang dachte ich an Räuber, doch wenn es sich so verhielte, dann wären es die arglosesten Räuber der Welt, sich derart laut in ihrer Deckung zu unterhalten. Außerdem kamen die Stimmen nicht auf uns zu, sondern wanderten von hier nach dort, riefen mal von nah, dann wieder von fern. Mir kamen die zahllosen Menschen in den Sinn, die einst in der Wüste verschollen sein sollten.

Verzaubert setzte ich mich auf und lauschte auf die Stimmen; und ich sah, dass auch mein Vater und einige unserer Gefährten erwacht waren.

»Egal, was Ihr hört«, flüsterte unser Karawanenführer so ernst wie Odysseus, der seine Mannen bat, ihn am Mast festzubinden, »Ihr dürft ihnen nicht folgen!«

Kaum, dass er seine Warnung gesprochen hatte, kam ein leichter Wind auf, und nun klangen die Laute fürwahr wie Musik, der Hall ferner Trommeln und zarter Saiten; und einen Moment wähnte ich mich wieder auf dem Berg des Alten, und die Geister meiner Vergangenheit riefen mich zu sich, die Lebenden wie die Toten: Eleazar und Delilah, die auf der Suche nach ihrer Heimat umherstreiften, und Ismael, der nun frei wie ein Vogel auf dem Wind glitt. Oder vielleicht, dachte ich schläfrig, ritten sie auch auf Windpferden dahin …

Doch ich spürte keinen Wunsch, ihnen auf diesem Ritt zu folgen. Die Vergangenheit war vergangen, und kein Pferd war schnell genug, sie wieder einzuholen. Das Einzige, was zählte, war das Hier und Jetzt – das hatte mich Meryem gelehrt.

Und so dankte ich ihr noch einmal für ihre Weisheit, wünschte den Geistern der Vergangenheit Lebewohl und hüllte mich wieder in meine Decken.

Die Wüste wechselte mehrmals die Farbe, wurde mal heller, mal dunkler; dann wurde sie steiniger, und irgendwann stellte ich fest, dass unsere Kamele einer festgetretenen Straße folgten. Offensichtlich wurde dieser Weg häufig benutzt, obwohl das ganze Land so aussah, als hätte es seit Jahrzehnten keinen Regentropfen mehr gesehen.

Da entdeckte ich eines Vormittags nicht fern der Straße eine Art Wall, der parallel zur Straße von West nach Ost verlief. Zuerst hielt ich ihn für eine natürliche Formation, einen langgestreckten Yardang, doch dazu verlief er dann doch etwas zu regelmäßig. Als er sich der Straße ein Stück weit annäherte, sah ich, dass er wohl aus Lehm und Stroh bestand, das in trockenen Büscheln aus dem festgestampften Kamm ragte.

»Was ist das?«, fragte ich meinen Vater. »Es sieht sehr alt aus.«

»Man sieht solche Wälle überall in Kithai«, sagte Nicolò. »Manche sind besser erhalten als andere, dieser dürfte einer der ältesten sein – über tausend Jahre, würde ich schätzen. Die alten Kaiser wollten sich damit vor den Nomaden des Nordens schützen. Genutzt hat es ihnen wenig.«

Ich machte mir wieder bewusst, dass der Große Khan und seine Vorfahren Krieger waren, die über Kithai genauso hergefallen waren wie über den Osten Europas. Diese jammervolle Mauer war ein weiteres Dokument ihres unaufhaltsamen Eroberungswillens.

»Da ist es!«, rief mein Onkel und deutete voraus. Ich hatte ihn schon lange nicht mehr so laut gehört, und in seiner Stimme mischten sich Freude und Ungeduld. »Das muss das Jadetor sein!«

Das Bauwerk, auf das er zeigte, war eine kleine, gedrungene Festung, ebenso alt, verwittert und schmucklos wie die Mauer. Der klaffende Eingang wirkte eher wie eine natürliche Höhle als wie ein Tor.

»Einst befand sich hier der einzige Durchlass für Händler wie uns«, sagte mein Vater. Maffeos Aufregung hatte auch ihn ergriffen, gleichzeitig wirkte er etwas wehmütig. Ich nahm an, dass sie schon häufig von diesem Ort und seiner Geschichte geredet hatten. »Angeblich befand sich hier einst ein prächtiges Tor, mit Jade verziert. Aber du siehst ja, was von ihm geblieben ist.«

Da ergriff plötzlich Unruhe die übrigen Reiter. Auch der

Karawanenführer richtete sich im Sattel auf und schützte die Augen vor der Sonne, um besser sehen zu können.

»Was ist?«, fragte ich.

Ein zufriedenes Lachen brach sich Bahn aus meines Onkels Kehle, als er erkannte, was die Karawane so in Aufregung versetzt hatte. »Mongolen!«, rief er. »Sie lagern hinter der Ruine!« Er schenkte uns einen stolzen Blick, als hätte er es gleich gewusst. »Sieht ganz so aus, als würden wir erwartet.«

Tatsächlich tauchten binnen Sekunden etwa zwanzig Reiter hinter der alten Festung auf. Hatten sie uns schon länger beobachtet? Sie scharten sich zusammen, dann gab ihr Anführer ein Zeichen, und sie preschten auf uns zu. Einen irrationalen Moment lang fürchtete ich, sie würden über uns herfallen – wenn dem so wäre, wir hätten ihnen nichts entgegenzusetzen, und es gab keinen Ort, an den wir fliehen konnten.

Zwar gebot der Frieden des Großen Khans Sicherheit für uns und alle Händler, die Waren und Reichtümer in sein Land transportieren, und Verräter wurden grausam bestraft. Doch beim Anblick der wilden Reiter, jeder mit einem Bogen und mehreren Köchern auf dem Rücken, dazu mit Schwertern und Speeren bewaffnet, fragte ich mich, wer dem Großen Khan je von unserem Tod erzählen sollte, wenn wir ihn nie erreichten.

Meinem Vater musste Ähnliches durch den Kopf gehen, denn unwillkürlich griff seine Hand nach der Paiza auf seiner Brust. Selbst der Karawanenführer war vor Angst erstarrt. Nur mein Onkel saß siegessicher im Sattel, das Kinn stolz erhoben.

Erst ein Dutzend Schritte vor uns brachten die Mongolen ihre Pferde aus vollem Galopp abrupt zum Stehen. Dann ritt ihr Anführer gelassen ein paar tänzelnde Schritte näher. Er war ein großer, hagerer Mann und trug nach Art der Beduinen ein Tuch um den Kopf und vor dem Gesicht. Sein Mantel aus edler Seide dagegen passte nicht recht dazu.

Vor uns kam er zum Stehen.

»Der Große Khan entbietet seine Grüße!«, rief er in geschliffenem Persisch. »Mein Name ist Zurficar. Mein Auftrag lautet, Euch sicher nach Xanadu zu begleiten.« Er ließ den Blick über unsere Gesichter wandern. Zu meiner Überraschung waren die Augen, die mir aus dem schmalen Spalt seines Gesichts entgegenschauten, nicht die eines Mongolen. Sie blickten ausdrucksstark, aber kalt wie die eines Raubvogels, und Brauen und Nasenrücken waren messerscharf. »Er wartet schon viele Jahre auf Euch.«

Die Mongolen ließen uns absteigen und ersetzten unsere Kamele durch Pferde. Unser Gepäck und unsere Waren wurden ebenfalls auf Pferde verladen. Dann ritten wir mit ihnen. Es gab darüber keine Diskussion – aus Perspektive unseres Karawanenführers und unserer Mitreisenden musste es ausgesehen haben, als würden wir entführt.

In Wahrheit krümmte uns niemand ein Haar. Zurficars einziger Wunsch schien es zu sein, uns möglichst schnell nach Osten zu bringen, und insgeheim waren wir ihm sogar dankbar dafür – Maffeo ganz bestimmt. Das Einzige, was diesem Wunsch entgegenstand, waren unsere wunden Gesäße, die unter den ungewohnten mongolischen Sätteln litten. Diese waren dazu gedacht, dass man in ihnen stehen und schießen konnte, und so waren sie nicht halb so bequem wie die Sättel unserer Kamele.

Nachdem wir fast zwei Stunden geritten waren, sahen die Mongolen offenbar ein, dass wir eine Pause nötig hatten, und mäßigten ihr Tempo. Ich beschloss, dass es an der Zeit war, etwas mehr über unsere neue Begleitung zu erfahren.

Also versuchte ich, mir meine Schmerzen nicht anmerken zu lassen, und lenkte mein Pferd neben das Zurficars.

»Woher wusstet Ihr, wo Ihr uns treffen würdet?«, fragte ich.

Er wandte den Kopf, und ich erahnte ein Lächeln auf seinem verhüllten Gesicht.

»Es gibt nur zwei Wege um die Taklamakan, und beide treffen sich am Jadetor.«

»Woher wusstet Ihr, dass wir *überhaupt* kommen würden?«, hakte ich nach.

»Boten haben es uns mitgeteilt.«

»Was für Boten?«

»Die Boten, die Shiregi dem Khan geschickt hat.«

Offenbar war der selbstgerechte General, der mich nach meinem Ziel gefragt hatte, nicht ganz so pflichtvergessen gewesen, wie es den Anschein gemacht hatte.

»Aber ...« Ich musste mein Pferd bändigen, das am liebsten wieder losgeprescht wäre. »Ihr kommt vom Hof des Khans?«

»Aus Xanadu«, bestätigte Zurficar.

Ich schüttelte den Kopf. »Bis dahin müssen es doch mindestens noch tausend Meilen sein!«

»Wie der Falke fliegt, vielleicht. Geritten sind wir eher fünfzehnhundert.«

»Ihr wollt mir weismachen, dass die Boten und Ihr in den acht Wochen, die wir von Kashgar bis zum Jadetor gebraucht haben, bis nach Xanadu und hierher zurück ritten?«

»Ich weiß, wir verloren viel Zeit.« Zurficar klang entschuldigend. »Aber das liegt an der Wüste. In der Steppe kommt man deutlich schneller voran.«

Ich dachte, er würde sich über mich lustig machen. Doch bald schon würde ich lernen, wie sehr ich die Fähigkeiten der Mongolen unterschätzt hatte.

Wir übernachteten in einer palmenreichen Oase am Ufer

eines halbmondförmigen Sees. Gerahmt von hohen, anmutigen Sanddünen kam uns dieser paradiesische Fleck mitten im Nirgendwo fast wie ein Wunder vor. Zwischen den Palmen erhob sich ein mehrstöckiger Holzturm mit filigran ausgestalteten Dachgeschossen. Keiner der Reisenden nutzte diesen Turm als Unterkunft; offenbar war es eine Art Tempel. Am Fuß der Dünen erstreckte sich eine kleine Zeltstadt. Erschöpft, wie wir waren, machten wir uns aber nicht die Mühe, Jurten aufzubauen, sondern schliefen unter freiem Himmel und lauschten auf das leise Wispern der Palmen und des Sands.

Am nächsten Morgen ritten wir weiter. Aufgrund der hohen Dünen kamen wir erst nur langsam voran. Nach einer knappen Stunde erreichten wir einen langgestreckten Felshang, an dem sich grazile Holzgeländer wie die Balustraden eines herrschaftlichen Palasts hinaufzogen. Doch die Menschen, die diese fantastische Felsenstadt bewohnten, trugen allesamt die einfachen Roben von Mönchen.

»Was ist das für ein Ort?«, fragte ich Zurficar.

»Die Höhlen der Tausend Buddhas«, sagte er. »Ein altes Heiligtum.«

»Ich würde es mir gerne ansehen.«

»Dazu haben wir keine Zeit. Der Khan erwartet Euch.«

»Sind wir seine Gäste oder seine Gefangenen?« Ich hielt mein Pferd an. »Ich möchte Land und Menschen besser kennenlernen, ehe ich vor den Khan trete!«

Zurficar wirkte über meine Widerrede nicht erfreut.

»Ohne meinen Sohn reiten wir nicht weiter!«, erklärte mein Vater und hielt neben mir.

Da gab Zurficar widerstrebend das Zeichen zum Halten, und wir stiegen ab. Er und mein Vater begleiteten mich zu den Höhlen, während mein Onkel mit ein paar Mongolen in den Schatten auf uns wartete.

Wie soll ich die Wunder dieses Orts beschreiben? Der

komplette Hang war ausgehöhlt. Dutzende, wenn nicht Hunderte Kammern schmiegten sich aneinander wie die Waben eines Bienenstocks, verbunden durch halsbrecherische Balkone, Treppen und Leitern. Manche Räume waren mit aufwendigen Gemälden geschmückt, die Stationen im Leben Sakyamuni Burkhans darstellten. Ich dachte an zu Hause und an die Mosaike im Markusdom, welche die Lebensgeschichte unseres Herrn Jesu zeigten. In anderen Kammern bedeckte die immer selbe Abbildung dieses sitzenden, selig lächelnden Mannes sämtliche Wände, Reihe auf Reihe wie ockerfarbene Ziegel. Es bestand kein Zweifel daran, weshalb dieser Ort die »Höhlen der Tausend Buddhas« genannt wurde: Es war keine Übertreibung, im Gegenteil.

Dann führte uns ein Mönch in eine mehrgeschossige Kammer, die zahlreiche übereinander gelegene Höhlen verband – und darinnen saß die wohl größte Statue, die ich jemals gesehen hatte, sicher hundert Fuß, wenn nicht mehr. Die Malereien auf ihrer Robe waren so detailreich wie eine Landschaft, und ihr in sich gekehrtes Gesicht schwebte hoch über uns wie eine Wolke über Bergrücken. Ich dachte, ich träume.

»Er ist riesig«, flüsterte ich.

»Es gibt größere«, sagte Zurficar. »Weiter im Osten. Können wir jetzt weiter?«

* * *

»Tausende Götzenbilder, und hundert Fuß groß?«, wiederholte Sergio. »Wahrscheinlich hast du tatsächlich geträumt. Sagtest du nicht, dass du noch immer diese Medizin genommen hast?«

»Die war mittlerweile halb leer«, sagte der Venezianer. »Und nein, ich habe mir das nicht nur eingebildet, sondern es mit eigenen Augen gesehen. Zurficar fand Gefallen an meiner Wissbegierde, oder vielleicht amüsierte ihn auch meine Sturheit. Meinem Vater und meinem Onkel begegnete er distanziert, aber über mich wollte er alles erfahren. Im Gegenzug begann er sich auch mir zu öffnen. Ich glaubte, ihn besser zu verstehen, als er mir das erste Mal sein unverhülltes Gesicht zeigte: Er stammte aus Persien oder einem der unterworfenen Länder Zentralasiens. Obwohl er älter als mein Vater war, wusste er vielleicht noch, was es hieß, das Reich des Khans zum ersten Mal zu sehen. Und seinen Augen – tief in den Höhlen, doch wach wie die eines kleinen Jungen – entging nur sehr wenig.

Den Rest der Reise wurde er zu meinem Führer – ich habe eine Menge von ihm gelernt. Über die Kriege des Khans, die er im Süden gegen das rebellische Reich Manzi führte. Über Kublais neugegründete Dynastie, deren Name – *Yuan* – aus einem Orakelbuch aus vorsintflutlicher Zeit stammte und so viel wie »Urbeginn« bedeutete. Oder über die Lamas, die buddhistischen Zauberer, die an Kublais Hof ihre Wunder vollbrachten. Sie befahlen dem Wetter, sprachen mit ihren Götzen, und manchmal antworteten diese ihnen sogar.«

»Schwarze Künste«, urteilte Giovanni.

»Zurficar misstraute ihnen auch«, sagte der Venezianer. »Allerdings aus anderen Gründen.«

»Nämlich?«

»Dazu kommen wir später. Man könnte jedoch sagen, dass er mir all diese Dinge mit der kühlen Leidenschaft eines Schatzmeisters erzählte, der jede einzelne Münze in seiner Kammer kennt, aber sehr genau weiß, dass sie nicht ihm gehört. Diese Eigenschaft war mir damals schon rätselhaft – und bis zu einem gewissen Grad würde Zurficar mir immer ein Rätsel bleiben.« Der Venezianer schien kurz zu überlegen, dann kehrte er zu seinem Bericht zurück.

»Er zeigte mir auch die Herstellung von Salamander. Dabei handelt es sich nämlich keineswegs um das Fell eines seltenen Tieres …«

»Moment«, unterbrach Sergio. »Meine Mutter hat mir von diesem Stoff erzählt und von den sagenhaften Kreaturen, von denen er stammt und die im Feuer leben.«

»Ich bin untröstlich, aber Eure Frau Mutter hat sich getäuscht.«

»Willst du mich etwa beleidigen?«, brauste der Palastdiener auf.

»Keineswegs. Tatsächlich verhält es sich jedoch so, dass sich dieser Stoff in einem bestimmten Gestein findet. Der Fels wird zermahlen, die darin enthaltenen Fäden gewaschen, geklopft, gekämmt und gesponnen, und das Garn dann gewebt. Der fertige Stoff wirkt erst schmutzig, aber dann legt man ihn ins Feuer, und wenn man ihn wieder herausnimmt, ist er so weiß wie Schnee.«

»Das ist die hanebüchenste Geschichte, die ich je hörte«, beschwerte sich Sergio. »Giovanni, sag du es mir: Was ist wohl wahrscheinlicher? Dass ein unbrennbarer Stoff aus der Wolle eines Feuertiers gemacht wird, oder dass es Steine gibt, die man weben kann?«

»Feuertier«, brummte Giovanni.

»Habt Ihr dieses sagenhafte Tier denn je gesehen?«, forschte der Venezianer. »Oder wenigstens seine Wolle gefühlt?«

»Meinst du, ich würde noch hier arbeiten, wenn ich mir Salamander leisten könnte?«, schnappte der Palastdiener.

»Dann gestattet mir, ebenfalls einen Zeugen heranzuziehen. Was sagt Ihr, Messere Rustichello? Schließlich seid Ihr ein gebildeter Mann.«

»Du willst mich offenbar doch beleidigen«, knurrte Sergio.

Rustichello gluckste. »Tatsächlich kannten die alten Griechen und Römer wohl einen Stoff, den sie *Amiantos* nannten. Das heißt so viel wie ›rein‹. Plinius der Ältere nannte ihn *Asbestinon* und beschrieb es als eine Art Leinen, dem Feuer nichts anhaben kann und das man reinigt, indem man es in die Flammen wirft – diesen Spaß erlaubte sich auch Karl der Große gerne noch mit seiner Tischdecke, um seine Gäste nach dem Essen zu beeindrucken. Plinius schrieb allerdings auch, dass dieser Stoff von einer Pflanze stamme. Ich glaube, der griechische Geograph Strabo war es, der von einem Stein berichtete, der wie Wolle gekämmt würde. Es verhält sich also wirklich so? Ihr habt es mit eigenen Augen gesehen?«

»In den Minen von Dschingintalas. Dort machten wir Station.«

»Ich dachte, dieser Zurficar hätte es so eilig gehabt?«, erkundigte sich Sergio misstrauisch. »Und da hat er sich Zeit für Umwege durch irgendwelche Minen genommen?«

»Er hatte dort noch andere Pflichten«, sagte der Venezianer, und in seine Stimme trat ein undeutbarer Klang. »Aber auch davon erfuhr ich erst später.«

»Bitte nicht vorgreifen«, mahnte Rustichello.

»Keine Sorge. Ich will nur sagen, dass ich diese Minen gesehen habe, auch wenn uns Zurficar nur einen kurzen Blick darauf werfen ließ.«

»Aha!«, machte Sergio siegessicher.

»Ich war lange genug vor Ort, um mich zu vergewissern, dass dort keine Salamander geschoren wurden!«, beharrte der Venezianer. »Ein angenehmer Aufenthalt war es trotzdem nicht, und Zurficar hatte guten Grund, mich von den Minen fernzuhalten.«

»Nämlich?«

Der Venezianer zögerte. »Ich hatte ihm von meiner Krankheit erzählt. Und da deutete er an, dass es vielleicht nicht das Beste für mich wäre, dem wundersamen Stoff zu nahe zu kommen. Manche sagten, dass der Staub in den Minen der Gesundheit abträglich sei, und redeten von üblen

Dämpfen. Einige der Unglücklichen, die dort schuften mussten, wirkten beinahe wie lebende Tote. Andere trugen einen Mundschutz, wie Beduinen in einem Sandsturm.«

»Plinius empfahl den Männern in Zinnoberminen Masken aus Schweineblasen«, warf Rustichello ein.

»Zurficar hatte ein anderes Rezept gegen mein Leiden …«

* * *

Bald darauf erreichten wir einen mongolischen Stützpunkt. Lager wie dieses bildeten das Rückgrat der effizienten Versorgungs- und Nachrichtenwege des Reichs, und zahllose Pferde liefen frei in dem Zeltdorf umher. Bis zu diesem Zeitpunkt hatte ich allerdings noch nie eine Jurte von innen gesehen. Nun beschloss Zurficar, das zu ändern.

»Du nimmst immer noch Medizin wegen deines Lungenleidens?«, vergewisserte er sich, während er mich zwischen den großen Zelten hindurchführte. Mein Vater und mein Onkel blieben bei seinen Männern und kümmerten sich um Vorräte und neue Pferde.

»Ehrlich gesagt nehme ich sie auch, um besser schlafen zu können.«

»Kann ich sie sehen?«

Widerstrebend reichte ich ihm das kleine Fläschchen.

»Ist das Theriak?«, fragte er und schnüffelte skeptisch daran. »Wer hat dir das gegeben?«

»Für mich war er einfach nur der Alte vom Berg. Ich weiß nicht, ob er einen Namen hatte …«

Er schenkte mir einen langen Blick.

»Da haben die Mongolen auf jeden Fall etwas Besseres. Komm mit – wir gehen alte Freunde besuchen.«

Und damit öffnete er die kleine Tür im Eingang einer Jurte. Wie bei allen Mongolenzelten war dieser nach Süden gerichtet; mittlerweile hatte ich gelernt, dass dies daher rührte, dass in der mongolischen Heimat, der offenen Steppe, die Winde vor allem aus nördlicher Richtung bliesen. Die Konstruktion bestand aus hölzernem Gitterwerk, das mit dickem Filz und Tuch überzogen war.

»Du gewöhnst dir vielleicht jetzt schon an, dass du – egal, was passiert – niemals die Schwelle einer mongolischen Behausung berührst«, sagte er noch. »Und trete immer mit dem rechten Fuß zuerst ein.«

Ich beherzigte seinen Rat.

Im Inneren schlug uns stickige Luft entgegen. Eigentlich waren Jurten gut gelüftet, und über der Kochstelle in der Mitte des Zelts gab es auch einen Abzug. Jedoch drängte sich mir bald der Eindruck auf, dass es die beiden Bewohner dieses gemütlichen Heims waren, von denen der strenge Geruch ausging. Es war eine Mischung aus saurem Schweiß und alten Fellen, abgerundet durch Spuren von Pferdemist und Räucherwerk.

»Wie geht es euch?«, fragte Zurficar das greise Paar, das uns erfreut willkommen hieß. »Marco, das sind Nergüi und Khulan, seine erste und heute einzige Frau.« Sein Nasenflügel zuckte. »Etwas Wasser täte dir gut, Nergüi.«

Der alte Mann schüttelte sich. »Wer sich den Schmutz abwäscht, wäscht sich das Glück ab«, erklärte er. Wir sprachen nun Mongolisch, und ich gab mir größte Mühe, mitzukommen. »Wo hast du deine Manieren gelassen, Zurficar?« Anklagend deutete er auf einen plumpen Ledersack in der Ecke, aus dem ein langer Stock ragte.

»Wie konnte ich das nur vergessen«, murmelte Zurficar, packte den Stock und rührte einmal kräftig um. Dann zog er mich heran und drückte mir den Stock in die Hand.

»Einfach rühren. Einmal reicht.«

»Was ist das?« Es fühlte sich an, als steckte der Stock in einer zähflüssigen Masse.

»Frischer Airag. Man schüttet frische Stutenmilch in den

Sack, dazu ein kleines bisschen saure Schafs- oder Kuhmilch, und gibt der Sache drei, vier Tage Zeit. Durch das Umrühren lässt man frische Luft hinein – aber nicht zu viel.« Er lachte, klang aber nicht sehr fröhlich dabei. »Sehr ähnlich wie hier drin also.«

Ich verzog das Gesicht. »Wenn ich gewusst hätte, wie man das herstellt …«

»Wenn du lange genug unter Mongolen lebst, wirst du schon noch auf den Geschmack kommen. Nergüi, warum bietest du unserem Gast nicht etwas zu trinken an?«

Umständlich kämpfte sich Nergüi auf die Beine und schlich mit krummem Rücken ans andere Ende des Zelts, wo mehrere ähnliche Säcke lagen.

»Immer dasselbe mit dir«, beschwerte er sich. »Monatelang sieht und hört man nichts von dir, aber wenn du kommst, scheuchst du uns herum.«

»Du sorgst dich doch bloß, dass wir deinen Vorrat wegtrinken«, entgegnete Zurficar. »Man kann nie genug haben, nicht wahr?«

»Wenn du trinkst, stirbst du«, murmelte Nergüi und warf uns einen Sack hin. »Aber wenn du nicht trinkst, stirbst du auch.«

»Koste«, forderte mich Zurficar auf, während unser Gastgeber sich wieder setzte.

Widerwillig zog ich den Stöpsel aus dem Sack und nahm einen kleinen Schluck. Zu meiner Überraschung schmeckte es herrlich erfrischend – deutlich besser als die Zubereitungen, die ich bislang versucht hatte. Tatsächlich hatte ich schon Weine gekostet, die schlechter waren als dieser Airag.

»Für die Mongolen ist Airag das Heilmittel für alles«, führte Zurficar aus. »Auch für Lungenleiden wie deines. Trink also ruhig! Solange man es nicht übertreibt, ist es äußerst gesund.«

Ich trank einen weiteren Schluck, dann noch einen.

Allmählich begann ich, Gefallen daran zu finden. Ein wenig schummrig wurde mir auch.

»Danke«, sagte ich schließlich und reichte den Sack an ihn weiter. »Es ist sehr gut«, sagte ich höflich zu Nergüi.

Der Alte verzog das Gesicht zu einem Lächeln. »Du bist krank?«, erkundigte er sich.

»Das war ich. Doch nun geht es mir besser.«

Das Lächeln wurde breiter. »Dann solltest du mehr trinken. Das macht dich stark.« Umständlich öffnete er eine Kiste und kramte ein paar alte Trinkhörner hervor. »Zurficar, gieß uns ein!«

Zurficar tat wie ihm geheißen. »Ich ahnte, dass du Marco helfen würdest. Seine letzte Medizin war Mohnsaft.«

Nergüi winkte ab und nahm das erste volle Horn entgegen. »Das hier ist besser.«

»Aber weißt du, wie ich auf die Idee kam, ihn zu dir zu bringen? Weil er sagte, der Mann, der ihm den Mohnsaft gab, habe keinen Namen gehabt.«

Da lachten der Alte und seine Frau. Irgendetwas war mir allem Anschein nach entgangen.

»Was ist so lustig?«, fragte ich, während Zurficar auch mir ein Horn reichte.

»Entweder dein Mongolisch lässt noch zu wünschen übrig, oder es ist schon gut genug, dass dir die Feinheiten entgehen: *Nergüi,* Marco – kein Name.«

Endlich fiel bei mir der Groschen. Tatsächlich bedeutete der Name des Alten dasselbe wie *kein Name* oder *niemand.* Einen Moment lang verwirrten diese Erkenntnis und der Airag mich so sehr, dass ich tatsächlich wieder das Gesicht des Alten vom Berg vor mir sah. Ich musste an die Paradiesmilch denken, von der ich geträumt hatte.

»Mongolen geben ihren Kindern solche Namen, um böse Geister in die Irre zu führen.«

»Ein geschickter Zug«, gab ich zu.

Grinsend hob Nergüi sein Horn. Doch statt zu trinken, tauchte er die Finger hinein und benetzte mit den Tropfen die Münder zweier kleiner Stoffpuppen, die hinter ihm an der Wand ruhten und uns mit ihren teilnahmslosen Lederaugen beobachteten. Die eine sah dank der Wolle auf ihrem Kopf eher weiblich aus.

»Was sind das für Puppen?«, fragte ich.

»Die Hausgötter«, sagte Zurficar und trank.

»Ich dachte, die Mongolen verehren den Himmel?«

»Tengri, ganz recht. Aber Tengri ist weit, und er sieht nicht unbedingt, was unter diesem Dach alles vor sich geht, richtig, Nergüi? Deshalb ist es wichtig, dass man auch die kleinen Götter nicht vergisst. Die kümmern sich um alles, was hier unten auf der Erde vorgeht, vom Vieh bis zu den Kindern.«

Der Alte wischte sich den Airag von den Lippen und lachte wieder. Irgendetwas an der Art, wie die beiden Männer einander hänselten, machte mich stutzig. Sie mussten sich schon sehr lange kennen, gleichzeitig hätten sie unterschiedlicher nicht sein können.

»Woher kennt ihr euch?«

Dieses Mal war es Khulan, die antwortete. »Woher wir uns *kennen*? Was hat er dir erzählt?«

»Eigentlich gar nichts«, gestand ich.

»Schande, Zurficar!«, schalt die Alte. »Hast du dir den Ruhm wieder zu Kopf steigen lassen?«

Zurficar senkte bescheiden den Blick. »Bitte verzeih.«

»Zurficar ist heute immer unterwegs! Er reitet im Auftrag des Großen Khans von West nach Ost und wieder zurück. Doch bevor er viele mächtige Freunde hatte, da lebte er hier, in dieser Jurte.« Sie beugte sich vor und zupfte Zurficar an seinem edlen Seidenmantel. »Vergiss das nie, hörst du?«

»Wie könnte ich«, sagte Zurficar und schob sachte ihre Hand fort.

Wieder hatte ich das Gefühl, dass mir etwas entging. Sie wirkten wie eine Familie, aber Nergüi und Khulan waren unzweifelhaft Mongolen, und Zurficar sprach über die Mongolen, als ob er nicht richtig dazugehörte.

»Du hast es sicher schon erraten«, sagte er. »Gestatte mir, dir meine Eltern vorzustellen – meine Zieheltern, aber die einzigen, die ich je kannte. Ich liebe sie sehr. Sie haben mich zu dem gemacht, was ich bin. Verstehst du?«

Ich musste daran denken, wie ich mich als kleiner Junge oft ebenfalls wie ein elternloses Ziehkind gefühlt hatte. Dann schämte ich mich dafür, denn unsere Schicksale waren kaum vergleichbar.

»Zurficar kam aus dem Westen«, erklärte Nergüi. »Hinter der Wüste und hinter den Bergen. Eines Tages war er einfach hier. Er war höchstens fünf Jahre alt. Wir waren auch noch jung.« Khulan lächelte und griff seine Hand.

Mehr sagten sie nicht, aber ich verstand auch so: Mongolen hatten Zurficars Eltern ermordet und ihn verschleppt. Eine andere Erklärung gab es nicht, wie es einen kleinen Jungen so weit nach Osten verschlagen konnte. Vielleicht war er seinen Entführern entkommen, oder sie hatten ihn zum Sterben zurückgelassen. Ich wusste es nicht, und ich fragte nicht weiter. Auf jeden Fall hatten sich Nergüi und Khulan seiner angenommen – und ich ahnte, dass Zurficar mich nicht nur des Airags wegen hergebracht hatte.

Als ich eine Stunde später betrunken das Zelt verließ und tief durchatmete, während Zurficar so energisch wie immer zu seinen Männern eilte, kam mir mein Onkel entgegen.

»Da bist du ja«, sagte er vom Rücken seines Pferds. »Ich sehe, du hast nähere Bekanntschaft mit den Mongolen geschlossen. Nun weißt du, weshalb schon Hesiod sie das ›milchgenährte Volk‹ nannte. Oder war es Herodot? Ganz egal! Was hast du sonst noch gelernt?«

»Gelernt?« Ich hatte Mühe, gerade zu stehen, und war mir wie so oft nicht sicher, ob Maffeo verärgert war oder sich über mich lustig machte.

Er vollführte eine weitschweifige Geste. »Sieh dich doch um: Zelte. Wagen. Pferde. Mehr braucht es nicht! ›Ein Volk ohne Städte, das alles, was es besitzt, immer mit sich führt; das vom Pferderücken kämpft und nicht von Landwirtschaft, sondern nur seinem Vieh lebt; dessen einzige Häuser seine Wagen sind – wie kann ein solches Volk nicht unbesiegbar sein?‹« Er lachte zufrieden und wendete sein Pferd. »Mach dich besser bereit! Wir brechen gleich auf.«

Ich aber verweilte noch eine Minute im Schatten und ließ den Blick über das Lager schweifen. Sicher hatte mein Onkel recht mit allem, was er sagte – die Lebensweise der Mongolen war der Schlüssel zu ihren Siegen und unseren Niederlagen. Ganz offensichtlich bewunderte Maffeo sie für ihre Tüchtigkeit und war dafür sogar bereit, über ihre Greueltaten hinwegzusehen.

Mir fiel das nicht so leicht, und meine Gefühle waren in dieser Frage gespalten. Ich achtete und fürchtete die Macht der Mongolen, gleichzeitig verabscheute ich ihre Bluttaten. Dank Zurficar und dem Besuch bei seinen Zieheltern war die Sache noch einmal komplizierter geworden – und ich ahnte, dass auch in seiner Brust noch das Herz jenes Jungen schlug, dem man einst alles genommen hatte.

Doch es schien, ich hatte meinen ersten Freund im Reich des Großen Khans gefunden.

* * *

Als der Venezianer am nächsten Tag wieder nicht da war, dachte sich Rustichello erst nichts dabei. Wahrscheinlich ging es wieder um den Stand der Lösegeldverhandlungen. Vielleicht sollte er einen weiteren Brief an seine Familie schreiben, vielleicht hatte man auch Fragen zu seiner Rolle in der Seeschlacht, in der man ihn festgenommen hatte. Offensichtlich wollte der Venezianer nicht darüber reden, was er tagsüber trieb, und Rustichello respektierte das.

Er übte sich also die nächsten Stunden über in Geduld. Die Palastdiener ließen ihn in Frieden, und selbst das Essen war überraschend annehmbar. Dazu gab es einen Krug dünnes Bier, was auf einen außergewöhnlich guten Sonntag oder ein unerklärliches Wunder hinwies.

Doch als der Venezianer auch am Abend noch nicht wiederkam, kehrten Rustichellos Sorgen zurück. So lange war sein Zellennachbar noch nie fort gewesen. Was, wenn die Palastdiener Anstoß an seiner überheblichen Art genommen hatten? Der Venezianer hätte sich in der Frage des Salamanders nicht gegen Sergios Mutter stellen sollen. Der kleine Genuese konnte so aufbrausend sein …

Schließlich nahm Rustichello seinen Mut zusammen und rief nach seinen Bewachern. Erst gab es keine Reaktion, dann hörte er schlurfende Schritte, und das Fenster in seiner Tür wurde aufgeklappt.

»Was willst du?«, fragte Giovanni.

»Was ist mit meinem Freund? Er ist heute nicht wiedergekommen …«

»Der kommt auch nicht wieder.«

Rustichellos Herz schlug ihm bis zum Hals.

»Was soll das heißen? Was habt Ihr mit ihm …«

»Gar nichts haben wir!«, fuhr ihm der große Mann über den Mund. »Ist verlegt worden, das ist alles.«

Einen Augenblick lang wich alles Leben aus Rustichellos Körper, und die Zunge versagte ihm den Dienst.

»Verlegt?«, brachte er kleinlaut hervor.

»Sag ich doch.«

»Aber die Geschichte …«,

»Ist vorbei«, brummte Giovanni. »Gibt keine Geschichten mehr. Hier ändert sich bald was. Jetzt geh schlafen!« Und mit diesen Worten schlug er das Fenster in der Tür zu und schlurfte davon.

Rustichello starrte noch lange die hölzerne Tür an. Dann sackte er auf dem Stroh zusammen wie eine Puppe.

* * *

Ich erinnere mich – an unsere Ankunft in Campichu, die erste größere Stadt nach langer Zeit der Entbehrung. Wie wir in einer Kirche der Nestorianer Gott dafür dankten, die Wüste bis hier wohlbehalten durchquert zu haben, und dafür beteten, auch die weitere Reise möge uns gelingen. Ich erinnere mich an die Moscheen und an die Tempel der Buddhisten; darunter einen besonders schönen, den Zurficar mir herausdeutete. Nach wie vor spielte er für mich die Rolle des Führers, doch außer mir zeigte er niemandem auch nur sein Gesicht.

»Dies ist der Tempel des Schlafenden Buddhas«, sagte er. »Sorkhatani Beki, die Mutter des Großen Khans, gebar hier ihren Sohn. Und hier liegt sie auch begraben. Willst du hineingehen?«

Und ich erinnere mich, wie ich mich über den Namen des Tempels erst verwunderte und suchend seine Schatten durchwanderte, bis ich auf einmal eines enormen goldenen Hauptes in der Dunkelheit gewahr wurde, das mit halboffenen Augen auf seine Hand gebettet neben mir ruhte, und die Antwort auf meine Frage erhielt: Es war ein weiterer Koloss, umstanden von Riesen, die ihn andächtig bewachten, als warteten sie darauf, dass ihr Meister sich wieder erhob und zu ihnen sprach. Ich weiß nicht, ob diese Statue größer war als die andere, die ich in den Höhlen gesehen hatte; doch in jedem Falle war sie mir *näher.*

»Ich habe doch gesagt, dass es größere gibt«, erinnerte

mich Zurficar, als ich verstört zurückkehrte. »Es gibt immer etwas, das größer ist als das, was du kennst.«

Dann ritten wir weiter.

Ich erinnere mich an die endlose Abfolge der mongolischen Kurierstationen, an denen unsere Reiterschaft am Ende eines langen Tages die Pferde abgab und gegen frische eintauschte. Auf diese Weise ritten wir oft fünfzig, sechzig Meilen am Tag; Zurficar versicherte mir, dass die besten Kuriere eine wichtige Nachricht auch dreimal so schnell transportieren konnten. An jeder Station warteten hundert Pferde und mehr, einige davon schon gesattelt und mit Glöckchen behangen. Wenn sich ein erschöpfter Reiter näherte, hörte man ihn dank dieser Glöckchen schon von fern und setzte ihn auf ein neues Pferd – oder übergab die Nachricht einem neuen Boten, wenn auch der Reiter zu erschöpft war. Eine Nacht in einer Jurte erschien mir längst komfortabler als in jedem Gasthaus des Westens, und laut Zurficar waren diese Außenposten noch winzig und schlicht verglichen mit denen im Umland der größten Städte.

Wir reisten weiter zwischen Wüste im Norden und Gebirge im Süden. Je weiter wir kamen, desto besser wurden die Wege, und desto fruchtbarer wurde das Land: Ich erinnere mich an wilde Esel und Falken, an weite Rhabarberfelder und Fasane, an Hirsche mit Stoßzähnen, aus denen man edlen Moschus gewann, und an Yaks – mächtige Rinder mit langem, zottigem Haar.

Wir folgten einem Fluss, so breit wie das Meer, und überquerten ihn, sobald wir eine Siedlung mit Fährschiffen erreichten. Die Straßen waren nun von Schatten spendenden Bäumen bestanden, und wir passierten täglich Dörfer, Städte und Festungen. All diese Orte waren um Jahrhunderte älter als unser geliebtes Venedig, und keiner war von den Mongolen errichtet worden, sondern von den Han, den Tanguten, den Jurchen und anderen Völkern Kithais, als

Bollwerk gegen ihre Feinde – und doch hatten die Mongolen sie alle erobert. Aus der Furcht vor ihnen erwuchsen die Legenden, die man bis nach Rom hörte und die aus den Mongolen die Bewohner des biblischen Magog machten.

Und ich erinnere mich bis heute, wie wir eines Tages im Hochsommer schließlich über eine grasbewachsene Ebene reiten, in der sich zahllose Zelte erheben, darüber der Himmel in all seiner Weite gleichsam wie ein Zelt ausgebreitet. Und Zurficar erzählt, wie der Große Khan – geleitet von einem Traum, der ihm gekommen war – vor siebzehn Jahren daran ging, sich eine Hauptstadt zu bauen, welche die beiden Welten, die er beherrschte, miteinander verband: in Reichweite der alten Städte Kithais, aber im angestammten Heimatland seines Volkes. Schon Dschingis schlug sein Lager in dieser Ebene auf, sagt Zurficar, und der Legende nach lebte zuvor ein Drache darin. Begleitet von seinen Ratgebern und seinen Magiern, die einen Zauber gegen den Drachen sprachen, wählte Kublai den Ort für seine Stadt.

Dann ließ er Baumaterial heranschaffen, über viele hundert Meilen. Und während meine Gedanken noch in der Vergangenheit weilen, sehe ich jenseits der Zeltstadt Kublais Traum vor mir aufragen: eine quadratische Stadt hinter einer hohen Mauer, so dass man nur die Ziegel der Dächer dahinter sieht, die blau und grün und rot im Sonnenlicht schimmern – und dahinter die marmornen Türme eines Palasts.

»Xanadu!«, sagt Zurficar. Ich halte die Hand über die Augen und staune über den Anblick. Ich staune über die Masse der Menschen, die sich hier mitten im Nirgendwo zusammengeschart haben, um dem Ruf des Khans Folge zu leisten, auf Pferden und Kamelen und mit Ochsenkarren. Ich höre das Hämmern von Schmieden und sehe den Rauch unzähliger Feuerstellen aufsteigen, kerzengerade, wie Seidenfäden zwischen Himmel und Erde. Greifvögel kreisen im blauen Nichts. Und während ich noch versuche, dieses riesige Gemälde zu ordnen, nehme ich auf einmal ein weißes Blitzen hinter den fernen Mauern wahr. Es bewegt sich, es wächst, und dann erkenne ich, dass es Pferde sind, Hunderte, wenn nicht Tausende – *zehntausend weiße Stuten* –, und sie kommen direkt auf uns zu, immer näher, eine weiße Flut, die uns hinwegzuspülen droht.

Zurficars Männer scharen sich angstvoll hinter uns zusammen. Niemand darf sich diesen Pferden entgegenstellen oder ihnen auch nur zu nahe kommen: denn sie gehören dem Großen Khan. *Ihre Milch verleiht ihm Kraft und Jugend …* Doch es gibt kein Entkommen. Es ist, als hätten sie nur auf uns gewartet und stürmten nun auf uns zu, uns willkommen zu heißen.

Die Flut teilt sich, prescht an uns vorbei, und dann sind die weißen Pferde auf einmal überall, nehmen uns in ihre Mitte und eskortieren uns Richtung Stadt, wo die ersten Menschen eilig das Feld für uns räumen. Ich sehe das Entsetzen auf den Gesichtern. Selbst Zurficar macht große Augen. Jemand spricht von einem Wunder, vom Propheten und dessen geflügeltem Pferd; und mir kommt alles vor wie ein Traum, als hätte ich den Garten des Alten vom Berg nie verlassen. Ich weiß nicht, wie mir geschieht, doch ich bin ganz ruhig und lächle über den wunderbaren Anblick der abertausend weißen Tiere.

Windpferde, denke ich, und rufe lachend: »Khiimori! Lung-ta! Lung-ta!«

Zurficar sieht mich an, als wäre ich verrückt geworden, doch es stört mich nicht, denn unsere Reise hat endlich ihr Ende gefunden.

Die Medizin des Alten vom Berge war aufgebraucht – doch sie hatte mich zuletzt nach Xanadu gebracht.

* * *

Am frühen Morgen weckte Rustichello Gerumpel draußen auf dem Gang. Dann machte sich jemand am Riegel seiner Tür zu schaffen, die Tür ging auf, und vor ihm standen vier Palastdiener, die er noch nie zuvor gesehen hatte.

Angstvoll blinzelte er ins helle Licht und zog sich seine Lumpen unter das Kinn. »Was ist los?«, fragte er.

»Mitkommen!«, herrschte der Anführer ihn an. »Und deine Sachen nehmen wir am besten auch gleich mit.«

Zwei der Männer schoben Rustichello beiseite und begannen, sein Stroh zu durchwühlen. Binnen weniger Augenblicke hatten sie seine Pergamente, das Loch in der Wand und die Tinte an der Schnur darin gefunden.

Rustichello spürte, wie ihm die Tränen in die Augen stiegen. Es war aus, vorbei. Der Venezianer war fort, vielleicht schon tot, und die Welt, die sie in ihren Gesprächen gesponnen hatten, hinweggefegt wie die letzten Blätter an einem herbstlichen Baum. Fast hätte er geweint, aber den Triumph wollte er ihnen nicht gönnen. Wenn dies sein letzter Tag im Palazzo del Capitano del Popolo sein sollte, dann würde er erhobenen Hauptes gehen.

»Pflegt man den Gefangenen in Genua nun nicht mal mehr einen Prozess zu machen?«, fragte er bitter.

»Halt einfach die Klappe und mach keine Schwierigkeiten«, entgegnete der Anführer und schubste Rustichello vor sich her. Immerhin legten sie ihm keine Ketten an …

Müden Schrittes stolperte er den Gang hinab. Dabei überlegte er, wann er diesen Gang zuletzt gesehen hatte: Vor neun oder zehn Jahren wahrscheinlich, bei seiner Verlegung. War wirklich so viel Zeit vergangen seither? Es kam ihm vor, als wäre es erst gestern gewesen, und doch war es sein ganzes Leben …

Sie nahmen zwei Biegungen und passierten die anderen Zellen, zu deren Insassen er lange keinen Kontakt mehr gehabt hatte. Aus manchen von ihnen klang Schnarchen und

Murren. Dann lag vor ihm die Treppe nach oben. Die blankgewetzten Stufen blitzten im Sonnenschein und ließen die Treppe glänzen wie die Jakobsleiter.

Die Palastdiener stießen ihn weiter. Er stürzte auf die Stufen, doch eine starke Hand packte ihn an seinen Lumpen und zog ihn wieder hoch. Die Welt blendete ihn, und für einen Moment verschwand alles unter einem hellen Schleier.

Dann stand er im kalten Hof mit seinen kleinen Säulen und den schwarz-weißen Spitzbögen und rieb sich die Augen, fassungslos über den blauen Himmel und die reine Winterluft, in die sein Atem kleine Wölkchen zauberte. Und da weinte er dann doch und dankte Gott, dass er vor seinem Tod diesen herrlichen Himmel und diese wunderbare Luft noch einmal erleben durfte.

Die Palastdiener fluchten und stießen ihn weiter, hinein in den gegenüberliegenden Flügel und vorbei an einer Treppe einen Flur entlang und weiter in eins der ehemaligen Gesindezimmer.

In einem Raum wie diesem hatte er seine ersten Jahre im Palazzo verbracht. Noch während er verdattert den Anblick in sich aufnahm – die bröckelnden Wände, die staubigen Möbel, die milchigen Scheiben –, warfen die Palastdiener seine Sachen auf einen Tisch. Dann schlugen sie die Tür hinter ihm zu und legten den Riegel vor.

Rustichello wusste nicht, wie ihm geschah. Sollte er hier auf seine Hinrichtung warten? Wollte irgendein hoher Herr ihn zuvor noch einmal sprechen? Doch dieser Raum sah als, als wäre er lange nicht mehr benutzt worden. Nur in der Ecke stand ein altes Bett mit einer Wolldecke …

Rustichello setzte sich auf das Bett, hüllte sich in die Decke und wartete.

Nach einer Zeit, die eine Stunde oder ein Tag gewesen sein mochte, hörte er wieder Schritte auf dem Gang. Die Tür öffnete sich, und zwei Wachen geleiteten den Venezianer hinein und schlossen die Tür wieder hinter ihm. Es war das erste Mal, dass sie einander von Angesicht zu Angesicht sahen, und doch wusste Rustichello sofort, wer er war. Langsam erhob er sich von dem Bett.

Der Venezianer war ein großer Mann mit vollem Bart und willensstarkem Blick, der kräftiger wirkte, als Rustichello ihn sich vorgestellt hatte, und doch vom Leben gezeichnet. Sein Haar musste einst von einem dunklen Braun gewesen sein, nun war es ergraut. Er trug ein sauberes Hemd und Hosen und einen Überwurf aus Wolle. »Rustichello«, sagte er und trat auf ihn zu. Er musterte ihn zufrieden, wie man einen guten Fang auf dem Markt betrachtet, dann schloss er ihn in die Arme. »Wie schön, Euch endlich richtig kennenzulernen.«

Rustichello fragte sich, was der Venezianer wohl sah, wenn er ihn anblickte. Doch selbst wenn er einen Spiegel gehabt hätte, er hätte es nicht gewagt, ihn zu benutzen.

»Ich verstehe nicht« war alles, was er herausbekam.

Der Venezianer trat an den Tisch mit seinen Sachen, wischte den Staub ab und blätterte flüchtig durch die Pergamente, auf denen Rustichello seine Geschichte festgehalten hatte. Dann lächelte er und breitete unschuldig die Arme aus.

»Was gibt es nicht zu verstehen? Ich sagte doch, einige Dinge würden sich ändern. Sie lassen mich nun in der Küche arbeiten – es hat Euch hoffentlich gemundet?«

»Das hat es«, antwortete Rustichello verdattert. »Sehr sogar.«

»Hervorragend.« Das Lächeln wurde breiter. »Und ich hoffe, Euer neues Zuhause sagt Euch ebenso zu.«

»Mein Zuhause?«

»Aber sicher.« Der Venezianer zog ein Tuch von einem weiteren schlichten Bett in der gegenüberliegenden Ecke und schüttelte es aus. Staubflocken tanzten im Sonnenschein.

»Wir werden uns das Quartier leider teilen müssen – aber ich möchte meinen, nach so langer Zeit in diesem Keller …«

Er sah, dass Rustichello immer noch die Worte fehlten, und kam wieder zu ihm, um ihn die Hand auf die Schulter zu legen. »Meine Familie zahlt eine Menge Geld hierfür«, erklärte er mit einem Schmunzeln. »Den Ausschlag aber gab, dass es ohne Eure tatkräftige Unterstützung keine weiteren Geschichten aus Kithai gegeben hätte.«

»Zuhause«, flüsterte Rustichello.

Der Venezianer lachte. »Frohe Weihnachten, Messere! Findet Euch erst einmal ein – und im neuen Jahr machen wir uns an die Arbeit. Ich habe noch viel zu erzählen!«

Das Buch Kithais

1273–1290

* * *

Januar bis April 1299

I
XANADU
Kithai, 1273

Eine weite Mauer jenseits des Zeltmeers umschloss ein fruchtbares Areal, in dem sich Gebäude und weitere Mauern und dahinter höhere Gebäude erhoben. Xanadu war nicht einfach eine Stadt; es war eine Palastanlage in einer Stadt in einem Park, umgeben von einem Militärlager. Um dieses Rätsel, das wie eine Perle von einer schützenden Muschel im Bauch eines Walfischs verborgen lag, zu verstehen, musste man die Mongolen verstehen – und besonders Kublai selbst.

Die alten Mongolen waren nie Freunde steinerner Städte gewesen. Ihre Stärken waren ihre Beweglichkeit, ihre Anpassungsfähigkeit. Sich fest an einen Ort zu binden hieß, sich eine Schwäche zu geben. Ihr erster Kompromiss war Karakorum gewesen, das alte Lager Dschingis Khans in den Weiten der asiatischen Steppe, das unter seinem Nachfolger Ögedei zu einer Stadt gewachsen war, gleichwohl sich Guillaume de Rubrouck bei seinem Besuch so abschätzig darüber geäußert hatte.

Doch heute war eine andere Zeit. Es herrschten nicht mehr die Söhne Ögedeis, sondern die des Tolui, des jüngsten Sohns des großen Dschingis. Im Westen erlagen die Ilkhane dem Zauber der persischen Städte und regierten ein stabiles und wohlhabendes Reich. Kublai hatte erkannt, dass er denselben Weg gehen musste, wenn er den Osten beherrschen wollte. Deshalb benannte er seine Dynastie nach einem Wort aus dem uralten *I Ging* – dem Buch der Wandlungen. Yuan war der Anfang und zugleich die Fortsetzung dessen, was war. Kublai löschte die mächtigen Traditionen Kithais nicht aus, sondern erklärte sie zu seinen eigenen.

Gleichzeitig gedachte er aber auch seiner Wurzeln.

Die dreifach gesicherte Abfolge verschachtelter Quadrate von äußerer und innerer Stadt und Palast vereinte in beispielhafter Weise die Ideale der Mongolen wie jene Kithais: die kunstvolle harmonische Architektur der letzten Dynastien und die Liebe der Mongolen zu weitem Grasland und offenen Flächen. Xanadu war ein Bindeglied zwischen den Metropolen des unterworfenen Reichs und der althergebrachten mongolischen Lebensart. Es war die einzige mögliche Hauptstadt für den Herrscher über zwei so verschiedene Welten – und dennoch nur ein erster Schritt hin zu jener neuen Welt, die mir noch ebenso fremd war wie den meisten seiner Untertanen.

Wir ritten über einen Graben und durch ein befestigtes Tor, über dem die Banner eines Wachhäuschens wehten. Zurficar wechselte ein paar Worte mit den Soldaten, die die Flut der Gesandten und Händler zurückhielten und jeden, der das Tor passieren wollte, kontrollierten, und wies sich ihnen aus. Erst da sah ich, dass er ebenfalls über eine Paiza verfügte, die ihm seine Privilegien und seinen Rang in der militärischen Ordnung des Reichs zuwies. Offenkundig war dies genug: Die Wachen schauten uns zwar neugierig in die fremden Gesichter, sprachen uns aber nicht an. Ich spürte deutlich, wie meine alte Welt von mir abfiel; mein Vater, mein Onkel und ich, wir alle waren nun ein Teil dieses Imperiums und seines Machtapparats. Es gab kein Zurück mehr.

Jenseits des Tors führte eine schnurgerade Straße, gesäumt von einfachen Ziegelbauten, durch eine weite Parklandschaft mit lichten Wäldern, Flüssen und Wiesen, auf denen Hirsche aus künstlichen Wasserläufen und Brunnen tranken. Greifvögel drehten ihre Kreise über uns, und kunstvolle Pavillons spendeten Schatten an den Ufern kristallklarer Fischteiche. Die Luft war warm und voller Sonnenduft.

Das gesamte Areal, wie ich mich später überzeugte, maß etwa anderthalb auf anderthalb Meilen. Die Straße führte in direkter Linie zu einer zweiten Mauer, die ein kleineres Quadrat in der südöstlichen Ecke des größeren umschloss. Jenseits dieser Mauer sah ich die farbenfrohen, in der Sonne schimmernden Dächer, die mir schon von fern aufgefallen waren und die nach Art der Kithaier nach oben gewölbt waren. Dahinter wiederum erahnte ich das Dach des höchsten Gebäudes – des eigentlichen Palasts.

Zurficar sprach eine Gruppe Bewaffneter an, die jenseits der Ziegelbauten an einer Wegkreuzung lagerten und ihre Pferde grasen ließen.

»Wo finde ich den Großen Khan?«, fragte er sie. »Ich bringe ihm Gäste. Er wartet schon lange auf sie.«

Der Anführer der Gruppe erhob sich und nahm Haltung an. »Der Khagan weilt in seinem Gartenpalast. Wir werden euch eskortieren.«

»Ich kenne den Weg«, sagte Zurficar und lenkte sein Pferd auf die Abzweigung. Dessen ungeachtet nahmen die Mongolen uns mitsamt unserer Eskorte in die Mitte, so dass wir nun einen Tross von fast vierzig Mann bildeten. Ein einzelner Krieger schwang sich auf sein Pferd und galoppierte voraus.

Gemächlich ritten wir den zweiten Weg entlang, der sich fast natürlich ins Landschaftsbild einfügte. Erst folgte er einem der schlangengleichen Flüsse, dann überquerte er ihn auf einer Brücke. Ich staunte über die Vielfalt der mir unbekannten Gewächse, der Pfauen und Hasen und Singvögel und Schildkröten. Es war offensichtlich, dass es sich um eine künstlich angelegte Landschaft handelte, in der Kublai Khan Tiere aus dem ganzen Reich zusammengetragen hatte. Es war so anders als das Xanadu aus meinem Traum – doch verglichen mit den Wüsten der letzten Wochen und Monate war es das Paradies auf Erden.

Ich warf einen kurzen Blick zu meinem Vater und meinem Onkel. Auch für sie musste ein Traum in Erfüllung gehen. Sieben Jahre war es her, dass sie dem Khan zuletzt gegenübergetreten waren; nun waren sie zurück. Mein Vater saß aufrecht im Sattel, ein stilles Lächeln auf den Lippen; die Augen meines Onkels strahlten stolz wie die eines Feldherrn. Und doch lag eine Anspannung auf ihren Zügen, die ich mir nicht recht erklären konnte: Waren sie denn nicht Gesandte des Khans, seine Vertrauten gar, kraft ihrer Paizas Generälen und Prinzen vergleichbar?

Schließlich kam hinter einer Gruppe Bäume unser Ziel in Sicht. Ein solches Bauwerk hatte ich noch nie gesehen: Es war golden, offen und kreisrund, mit einem Durchmesser von vierzig Schritt, und sein Dach war kegelförmig und in der Mitte offen wie bei einer mongolischen Jurte. Jedoch bestand es aus großen Halmen, wie riesenhaftes Schilfrohr, ein jeder Halm so stark wie ein Baumstamm, der Länge nach halbiert, vergoldet und wie Dachziegel ineinandergeschoben. Gestützt wurde das Dach von zahlreichen Säulen aus demselben Material, lackiert und von vergoldeten Drachen umschlungen, welche die Last mit ihren Köpfen und Klauen trugen. Zusätzlich sicherten Hunderte seidene Schnüre die Konstruktion. Da begriff ich, dass der gesamte Gartenpalast wie ein großes Zelt war, das man bei Bedarf ab- und wieder aufbauen konnte.

In respektvollem Abstand hielten wir an, stiegen vom Pferd und luden unsere Satteltaschen ab, in denen wir die Geschenke des Papstes verwahrten.

»Ich werde Euch nicht begleiten«, sagte Zurficar da unversehens. »Ich habe noch andere Pflichten und komme später wieder.«

»Vielleicht solltest auch du hier draußen warten«, sagte mein Vater zu mir. Der Vorschlag traf mich völlig überraschend.

»Wieso?«, fragte ich. Nur noch wenige Schritte trennten uns von unserem Ziel – und nun wollte er mich ausschließen?

»Uns kennt der Khan bereits. Es wäre einfacher, wenn wir zuerst mit ihm reden.«

Es war das erste Mal, dass ich meinem Vater gegenüber laut wurde. »Ich bin nicht jahrelang mit euch durch Wüsten und über Gebirge gereist, um nun zurückzustecken. Bin ich es nicht wert, in diesem Augenblick dabei zu sein? Ich komme mit!«

Mein Onkel warf meinem Vater einen strengen Blick zu, doch keiner erwiderte etwas – ich hatte meinen Willen durchgesetzt. Geführt von den mongolischen Kriegern schritten wir einer nach dem anderen in den Schatten des vergoldeten Dachs. Seidene Tücher unterteilten den Palast in mehrere Bereiche, hinter denen die Schatten des Hofstaats wie Geister vorüberglitten. Es hielten sich mindestens hundert Menschen mit uns unter dem Schilfrohrdach auf. Der verträumte Schlag eines Saiteninstruments drang an mein Ohr, und eine angenehme Brise fuhr durch die Tücher und blies die Hitze durch die zentrale Öffnung hinaus.

Unsere Eskorte führte uns tiefer in den Palast, bis in seine Mitte.

Dort sahen wir den Großen Khan.

Er stand umgeben von mehreren Männern vor einem Tisch und zerlegte eine Gazelle. Natürlich hatte ich Menschen schon zu verschiedensten Gelegenheiten ein Tier schlachten sehen, doch der Anblick von so viel Blut im Herzen dieses zarten, aus Seide und Luft gesponnenen Schlosses verstörte mich, und jeder Handgriff des Khans war so präzise und bedächtig wie der eines Priesters beim Abendmahl. Neben dem Tisch, angeleint mit einer goldenen Kette, saß ein Gepard, wie ich ihn bislang nur von persischen Bildern kannte: eine große, getupfte Katze, die eine kühle Aura der Tödlichkeit ausstrahlte. Sie saß fast unbewegt; nur ein

Zucken ihrer Nüstern verriet, dass sie sich des blutigen Dufts, nur Armeslängen entfernt, durchaus bewusst war. Dennoch wartete sie mit fast unheimlicher Beherrschung, bis der Khan ihr mit der Hand einen Leckerbissen reichte, den sie mit einem schnellen Happen herabschlang.

Auch uns blieb nichts anderes übrig, als zu warten, bis der Khan uns seine Aufmerksamkeit schenkte. Er war imposant – doch nicht so, wie ich erwartet hatte. Wahrscheinlich hatte ich ihn mir größer vorgestellt, doch er war nicht größer als ich. Seine Schultern allerdings waren doppelt so breit wie meine, und wahrscheinlich wog er auch doppelt so viel wie ich, auch wenn sich sein Körper unter der weiten, farbenprächtigen Seide, die er trug, nur erahnen ließ. Er wirkte älter als mein Vater, etwa sechzig vielleicht, doch das Haar, das man unter seinem seidenen Kopfschmuck erahnte, war noch schwarz. Ein feiner Oberlippenbart und ein Bärtchen am Kinn rahmten ein rundes, unbewegtes Gesicht. Ein unachtsamer Beobachter hätte die ruhigen Züge und die schmalen Augen für träge oder schläfrig halten können. Doch ein einziger Blick in dieses Gesicht überzeugte mich vom Gegenteil. Nie hatte ich einen Menschen getroffen, der sich seiner eigenen Macht und Verantwortung bewusster gewesen war als dieser. Ich glaubte nicht, dass er viel schlief. Ich glaubte aber auch nicht, dass er Probleme mit dem Schlafen hatte.

Er streckte die Hände aus, und zwei Diener mit einer goldenen Wasserschale und einem Tuch traten vor und verbeugten sich vor ihm. Der Khan tauchte seine Finger in die Schale, dann wischte ihm der andere Diener das Blut ab. Der Anblick überraschte mich. Den meisten Mongolen, die ich bislang kennengelernt hatte, wären sowohl das Wasser als auch das Blut zu teuer gewesen, sie solcherart zu verschwenden.

Kublai Khan aber war nicht wie die meisten Mongolen.

Ein leichter Fußstoß meines Vaters machte mich darauf

aufmerksam, dass ich als Einziger von uns nicht das Haupt gesenkt hatte. Gerade noch rechtzeitig wandte ich den Blick ab, da entließ der Khan auch schon unsere Eskorte und wandte sich uns zu.

Schon gingen mein Onkel und mein Vater in die Knie, und nach einer Schrecksekunde tat ich es ihnen gleich.

»Nicolò und Maffeo Polo«, sagte der mächtigste Mann der Welt versonnen, wie man ein altes Gedicht vorliest. Sein Mongolisch hatte eine ganz eigene Melodie. »Willkommen in Xanadu! Wie lange ist es her?«

»Sieben Jahre, Großer Khan«, antwortete Maffeo, gleichsam auf Mongolisch.

»Erhebt euch – dies ist ein großer Tag! Und wer ist dies?«

»Mein Sohn, Großer Khan«, antwortete Nicolò. »Sein Name ist Marco.«

»Du hast mir nie erzählt, dass du eine Frau hast«, stellte der Khan fest.

»Sie möge mir Gnade erweisen für mein Versäumnis«, sagte Nicolò ernst. »Dafür, dass ich sie vor langer Zeit verließ und nie mehr wiedersah – denn sie lebt nicht mehr. Und dafür, dass sie mir Marco schenkte – denn er ist alles, was mir von ihr geblieben ist.«

Der Khan musterte mich. »Wie alt bist du, Marco Polo?«

»Neunzehn, Großer Khan«, antwortete ich.

Kublai deutete auf die ausgenommene Gazelle. »Mein Sohn Chinkim hat mir diese schöne Beute von der Jagd gebracht. Ich liebe ihn sehr. Bald wird er ein besserer Jäger sein als ich.« Er sprach mit Bedacht, ein jedes seiner Worte wohlüberlegt. »Kinder sind ein hohes Gut. Ist es nicht so, Maffeo Polo?«

»Ich wäre ein schlechter Vater«, antwortete mein Onkel mit einem Lächeln. Der Khan schaute ihn fragend an.

»Dennoch habt Ihr recht. Hätte ich einen Sohn, dann wäre er wie Marco.«

»Wir müssen reden, Großer Khan«, sagte mein Vater. »Es ist viel geschehen.«

Der Khan ließ den Blick wandern, bis er wieder auf Nicolò ruhte. Dann hob er die Stimme. »Bringt das Wild in die Küche! Heute Abend wird es ein Festmahl geben.«

Sofort trugen seine Diener die Gazelle fort und führten auch den Geparden hinaus.

Der Khan schritt langsam zum anderen Ende des abgeteilten Raums. Dort stand ein weiterer Tisch, auf dem wie im Zelt eines Feldherrn eine große Karte entrollt lag, die Kithai und die umliegenden Länder abbildete, beschwert von Marmorfiguren, die wie Spielsteine die Position verschiedener Armeen zeigten. Ich konnte mir einen neugierigen Blick darauf nicht verkneifen und staunte über die Vielzahl unbekannter Küsten, Städte und Schriftzeichen. Auf der Seite des Tischs, die ich für Süden hielt, konzentrierten sich besonders viele Armee, und ich fragte mich, ob dort das Land Manzi lag, von dem Zurficar erzählt hatte.

Wir folgten dem Khan und warteten abermals, bis er auf einem weichen Kissen auf einem Podest Platz genommen hatte. Das Kissen erinnerte mich an die Stoffe, die ich auf den persischen Bazaren gesehen hatte, und ich rief mir in Erinnerung, dass der Ilkhan Persiens der Neffe dieses Mannes war. Die Nachfahren des Dschingis beherrschten die halbe Welt. Wenn Kublai Waren aus Persien, Osteuropa oder Zentralasien benötigte, war es dank seines Netzwerks aus Straßen und Boten wahrscheinlich nur eine Frage weniger Wochen und Monate, bis er sie bekam. Die Möglichkeiten, über die er verfügte, waren schwindelerregend.

Ich glaubte, die Nervosität meines Vaters nun besser zu verstehen: Er und mein Onkel hatten sieben Jahre für ihre Rückkehr gebraucht. Fürchterlich lange für mongolische Begriffe. Und schlimmer noch – sie hatten ihren Auftrag nicht erfüllt.

»Berichtet, wie es euch ergangen ist. Habt ihr eurem Papst meine Botschaft überbracht?«

»Als wir die Heimat erreichten, war der Papst verstorben«, sagte Maffeo. »Es dauerte drei Jahre, bis es einen neuen Papst gab. Dem haben wir Eure Botschaft überbracht, und er sendet Geschenke.«

Andächtig schlugen sie ihre Taschen auf und überreichten einem herbeieilenden Diener nacheinander das Öl vom Heiligen Grabe, Viscontis Bibel und Kreuz zusammen mit seinem Brief und das Glas mit Oliven. Der Diener reichte die Geschenke dem Khan, der sie eingehend studierte. »Lasst diesen Brief übersetzen und gebt ihn in Verwahrung«, wies er die Diener an. Dann richtete er das Wort wieder an uns. »Das ist alles?«

Ich spürte mein Herz bis zum Hals schlagen.

»Großer Khan«, sagte mein Vater und senkte den Blick. »Es war uns nicht möglich, die hundert gelehrten Christen, um die Ihr batet, zu bringen. Es herrscht Krieg im Heiligen Land. Jeder Mann wird gebraucht. Daher entschied der Papst gegen uns.«

»Das ist bedauerlich«, sagte der Khan. »Ich hätte mich gerne mit ihnen unterhalten.«

Es folgte eine bedrohliche Stille. Dann aber, zu meiner grenzenlosen Überraschung, gluckste Kublai. »Doch ich meinte nicht eure Gaben, sondern euren Bericht: Ihr seid heimgekehrt, habt drei Jahre gewartet, dem Papst meine Botschaft und mir seine Geschenke gebracht.« Seine Züge erstarrten, wurden so undeutbar wie die eines Götzenbildes. »Das ist alles, was ihr von eurer langen Reise durch mein Reich zu berichten wisst?«

Mein Onkel räusperte sich. »Ich fürchte, ich bin auch ein schlechter Geschichtenerzähler.«

»Ich kann Euch von unserer Reise erzählen!«, platzte es aus mir heraus. Mein Onkel warf mir einen strafenden Blick zu.

Der Khan aber nickte. »Die Zeit vergeht anders für die Jugend. Vor deinem Vater oder mir eilt sie davon – doch für dich muss die Reise dein ganzes Leben gedauert haben. Du sollst mir also erzählen – heute Abend! Es wäre eine Bereicherung für unser Fest. Stimmst du mir nicht zu, Maffeo Polo?«

Anstelle meines Onkels ergriff mein Vater das Wort. »Großer Khan, zuvor gibt es noch etwas anderes, worüber wir reden sollten.« Er warf mir einen kurzen Blick zu. »Ohne Marco«, setzte er nach.

Ich wollte wieder protestieren, doch Nicolòs Gesicht ließ keinen Zweifel daran, wie ernst es ihm war. »Warte draußen«, sagte er.

»Tu, was dein Vater sagt«, bekräftigte mein Onkel. Der Khan äußerte sich nicht dazu, und ich wollte nicht durch einen Streit mein Gesicht verlieren. Also verbeugte ich mich und ließ mich von einer Wache hinausführen.

Draußen ging ich zu meinem Pferd und meinen Sachen. Ich wollte einen Schluck aus dem Wasserschlauch trinken, aber das Wasser war aufgebraucht. Zornentbrannt warf ich den Schlauch auf den Boden. Das Pferd wieherte erschrocken auf.

»Was ist passiert?«, hörte ich Zurficars Stimme hinter mir. Ich wirbelte herum und sah ihn aus den Schatten des Palasts treten. Der Rest seiner Männer lagerte etwas abseits.

Ich atmete tief durch und beruhigte mich wieder. Dann berichtete ich ihm in knappen Worten von unserer Unterredung mit dem Khan, während er einen Krieger mit meinem leeren Wasserschlauch zu einem der Brunnen schickte, um ihn aufzufüllen.

»Der Khan hat dir eine hohe Gunst erwiesen«, sagte Zurficar, als ich fertig war.

»Und ich fühle mich durch seine Gunst sehr geehrt«, stellte ich klar und trank von dem kühlen Wasser. Es schmeckte köstlich. »Ich bin nur wütend auf meinen Vater, weil er mich einfach weggeschickt hat.«

»Bändige deinen Zorn«, riet mir Zurficar und legte mir die Hand auf die Schulter. »Er wird schon bald wieder für dich da sein.«

Ich biss mir auf die Zunge. Wahrscheinlich fiel es ihm, der seine leiblichen Eltern verloren hatte, schwer, meine Enttäuschung nachzuvollziehen. Mein Vater war bislang immer zu mir zurückgekehrt. Ich musste ihm sehr undankbar vorkommen.

»Du hast recht«, sagte ich. »Das wird er. Ich danke dir.«

»Ich danke dir«, gab er zurück. »Es war eine gute Reise, die mich an vieles erinnert hat, was ich vergessen glaubte.« Er band sich wieder sein Tuch vor das Gesicht. »Für mich und meine Männer heißt es nun Abschied nehmen. Ich wünsche dir, dass du hier findest, was du suchst.«

»Werden wir uns wiedersehen?«

»So der Khan es will«, gab Zurficar zurück. Dann stiegen er und seine Männer auf die Pferde, er nickte mir noch einmal zu, dann ritten sie langsam davon.

Ich stand im Schatten der drachengeschmückten Säulen und lauschte auf die Vogelstimmen aus aller Herren Länder. Xanadu war nicht, wie ich es mir in meinem Traum und vom Hörensagen her ausgemalt hatte: keine Festung in einem schneebedeckten Gebirge, sondern ein lebendiger Garten, ein schlagendes Herz inmitten der unermesslichen Steppe. Doch es war genauso friedlich und zauberhaft und hatte eine beruhigende Wirkung auf mich.

Ich beobachtete die Menschen, die im Palast ein und aus gingen. Sie waren ebenso bunt gemischt wie die Vögel: Mongolen und Kithaier, Perser und Türken, Generäle und Gelehrte, Mönche in erdfarbenen Roben und luftig bekleidete Musikantinnen. Das Kommen und Gehen wirkte unbeschwert, doch bei genauerer Betrachtung gehorchte jeder

Botengang einer subtilen Mischung aus höfischem Zeremoniell und militärischer Präzision. Niemand hätte auch nur den Hauch einer Chance gehabt, diesen Gartenpalast unbefugt zu betreten, und jeder, der es tat, achtete darauf, seine Schwelle zu meiden, obgleich diese nur von Seide und Schatten markiert wurde. Auch mich, den Lateiner, behielt man genau im Auge. Ich schenkte den Wachen ein Lächeln und übte mich in Geduld.

Schließlich kamen mein Vater und mein Onkel zurück. Sie wirkten erschöpft – und auch ernüchtert.

»Was habt ihr so lange besprochen?«, fragte ich meinen Vater.

»Das weitere Vorgehen«, antwortete er ausweichend. »Und wie wir uns aus unserer Schuld lösen können.«

»Was für eine Schuld?«

»Wir haben dem Khan ein Versprechen gegeben und es nicht gehalten. So etwas vergisst er nicht.«

»Was, die hundert Gelehrten? Ich hatte nicht den Eindruck, dass er darüber sehr erbost war …«

»Lass es gut sein, Marco«, sagte Maffeo. In seinem Blick lag wieder die Düsternis, die ihn oft beherrschte, wenn etwas nicht nach seinem Willen verlief. »Wir haben verschiedene Optionen erörtert. Heute Abend wird er uns seine Entscheidung mitteilen.«

Doch ich hatte genug von vagen Andeutungen. »Entscheidung worüber? Die Allianz mit dem Papst?«

Mein Onkel lachte trocken. »Warum sollte der Khan ein Bündnis mit einem Mann eingehen, der ihm nicht mehr als ein paar schöne Worte schickt? Was würde er dadurch wohl gewinnen?«

Meinem Vater gefiel es nicht, wie sein Bruder über den Papst redete, doch er widersprach nicht.

»Geht es immer nur um Profit?«, fragte ich. »Ich dachte, wir sind mehr als nur gewöhnliche Händler.«

»Wir sind schon längst keine Händler mehr«, sagte Maffeo. »Und spätestens, seit dein Vater dem Khan fast all unsere verbliebene Habe geschenkt hat – die Jade aus Khotan, die letzten Juwelen und Perlen –, muss sich zeigen, was wir überhaupt noch sind.«

»Wieso hast du das getan?«, fragte ich Nicolò.

»Weil nichts im Moment schwerer wiegt als Kublais Gunst«, sagte er ernst.

»Folgt mir«, sprach uns da ein Kithaier in melodischem Mongolisch an. Es musste sich um einen hochrangigen Diener oder niederen Würdenträger handeln. Er trug eine helle Seidenrobe mit überlangen Ärmeln, in denen er seine Hände verbarg, und lächelte uns entschuldigend an. »Eure Pferde könnt ihr hierlassen.«

Wir luden unsere Satteltaschen mit dem restlichen Gepäck ab und folgten dem Kithaier zu Fuß durch den Park zurück zu der Kreuzung und dann weiter auf dem Hauptweg zu der zweiten Mauer, die wir schon von fern gesehen hatten. Dort wurden wir abermals kontrolliert.

»Eure Paizas«, sagte der Kithaier. »Ihr werdet sie ab hier nicht mehr brauchen.«

Zögernd reichten Maffeo und Nicolò den Wächtern die goldenen Plaketten, die sie sieben Jahre lang beschützt hatten. Die Bewaffneten wirkten fest entschlossen, die Befehle ihres Herrn wenn nötig bis zum bitteren Ende zu befolgen. Ein Aufbegehren, das verstand ich auch ohne Worte, hätte tödliche Konsequenzen für uns.

So betraten wir mittellos und ganz und gar dem Wohlwollen des Khans ausgeliefert die innere Stadt. Die meisten Häuser in diesem Bereich Xanadus waren aus Holz, mit bunt lackierten Dächern und aufwändigen Verzierungen. Ich hatte noch nie in meinem Leben so viele Drachen gesehen. Die Häuser standen geordnet wie die Felder eines Spielbretts, flankiert von größeren Tempelbauten in den

Ecken der quadratischen Anlage. In der Mitte der Stadt, etwas nach Norden versetzt, lag hinter einer letzten Mauer der große Marmorpalast.

Unser Führer wies uns eine Unterkunft zu. »Man wird euch heute Abend rufen«, sagte er zum Abschied. »Haltet euch bereit.« Dann drehte er sich um und ließ uns allein.

Wir warfen unsere Sachen in eine Ecke und schauten uns um. Außer ein paar Matten, Kissen, sauberen Kleidern und einem Krug Wasser war der Raum völlig leer.

Stumm legte ich meine staubige Kleidung ab. Gerne hätte ich mich auch gewaschen, doch das Wasser im Krug war offensichtlich zum Trinken gedacht. Also zog ich mich nur um. Bei den neuen Kleidern handelte es sich um leichte mongolische Seidenmäntel, die man einfach um den Körper schlang und mit ein paar Ösen und einer Seidenschärpe befestigte. Mein altes Schuhwerk tauschte ich gegen ein Paar weicher, spitz zulaufender Lederstiefel.

Mein Onkel sah mir mit finsterer Miene zu, dann brummte er zustimmend, als hätte ich gerade das erste Sinnvolle an diesem Tag getan, und kleidete sich ebenfalls neu ein. Mein Vater folgte unserem Beispiel, doch all dies verlief schweigend. Danach stellte er sich ans Fenster und schaute auf die Stadt hinaus.

Da ahnte ich, dass unsere Wege sich trennen würden. Es war eine plötzliche Gewissheit, und zu meiner Überraschung stellte ich fest, dass ich es nicht bedauerte. Wir hatten mehr Zeit miteinander verbracht, als Menschen miteinander verbringen können, ohne einander von ihren besten wie schlechtesten Seiten kennenzulernen, und wahrscheinlich tat es uns gut, wenn wir etwas Abstand zueinander gewannen.

Ich fragte mich, was geschehen war. Wir hatten seit zwei Jahren gewusst, dass wir dem Khan, abgesehen von dem erbetenen Öl, mit leeren Händen gegenübertreten würden.

Trotzdem war ich immer davon ausgegangen, dass wir einen Pakt oder zumindest ein Handelsabkommen mit ihm schließen würden. *Die Welt ein Stück kleiner machen,* wie mein Vater es einst formuliert hatte. Doch all diese hochmütigen Träume schienen nun vorbei. Irgendetwas war schiefgegangen, und ich hatte keine Ahnung, was nun werden sollte.

Einen Teil meiner Antwort bekam ich zwei Stunden vor Sonnenuntergang, als man uns wie angekündigt zum Palast rief. Ich hatte mich hingelegt und war eine Weile eingenickt. Nun schrak ich auf.

Wortlos verließen wir unsere Unterkunft und folgten dem Ruf des Großen Khans.

Wir waren nicht die Einzigen; die ganze Stadt war auf den Beinen. Unsere Eskorte führte uns die Hauptstraße entlang durch ein Tor in der innersten Mauer in die Palastanlage. Diese bestand aus mehreren reich verzierten Hallen, die sich um den Palast am Nordende der Anlage scharten. Der zweistöckige Marmorbau ruhte auf einer hohen Plattform, und sein Haupteingang wies nach Süden wie bei einer mongolischen Jurte. Überall sah ich Drachen in den Marmor geschlagen, und zwischen ihren schlangengleichen Leibern blühten steinerne Päonien, Symbole des Wohlstands und des Friedens. Beiderseits des Eingangs standen Männer, so groß wie Riesen, mit Stangenwaffen, die entfernt an Hellebarden erinnerten – *Kheshig,* flüsterte mein Vater: die Leibgarde des Khans.

Sorgsam darauf achtend, dass wir nicht die Schwelle berührten, traten wir ein und wanderten mit dem Strom der Gäste durch eine Abfolge von Empfangshallen, deren Wände nach Art der persischen Paläste über und über mit Darstellungen von Blumen, Vögeln und anderen Tieren geschmückt waren. Dann öffnete sich eine große Tür, abermals schwer bewacht, in eine weite Halle.

Mir stockte der Atem.

In der Halle war ein Bankett angerichtet. Tausend Menschen saßen bereits versammelt, und ebenso viele strömten noch herein. Vor uns auf dem mit Teppichen und Kissen ausgelegten Boden saßen ausgesuchte Krieger und niedere Würdenträger, Mönche und Gelehrte, Gesandte und Diplomaten, je einen kleinen Tisch zwischen sich, von dem sie aßen – die meisten nach Mongolenart Fleisch, Fleisch und noch einmal Fleisch, aber insbesondere die Mönche auch Reis und Früchte. Dazu standen auf jedem der Tische goldene Krüge, und zahllose Diener tauschten unablässig leere Krüge gegen volle aus. Zur Seite, entlang der Wand, spielten Musikanten auf Streich- und Zupfinstrumenten mäandernde Weisen. Auf den ersten Blick erinnerten die Instrumente an die der Nomaden, die wir weiter im Westen gesehen hatten, die Musik jedoch klang getragener, feierlicher.

Man führte uns durch einen Korridor zwischen den säuberlich aufgereihten Tischen hindurch, ganz wie zuvor durch die Straßen der inneren Stadt. Statt auf den Palast gingen wir nun auf den Khan selbst zu, der erhöht am nördlichen Ende der Halle saß, den Blick gleichsam gen Süden gerichtet, so dass er die ganze Halle und all seine Untertanen sehen konnte. Zu seiner Linken saß seine Frau mit ihm am Tisch, die nicht minder imposant wie er selbst wirkte mit ihrem hohen, perlenbehangenen Kopfschmuck, der entfernt an den Schaft eines Baums oder Stiefels erinnerte. Zu seiner Rechten, etwas tiefer, saßen einige junge Männer in prunkvollen Seidenroben an einem eigenen Tisch, ebenfalls in Begleitung ihrer Familien.

»Die Frau mit der auffälligen *Boghta* ist Chabi Khatun«, raunte mein Vater mir zu. Es waren die ersten Worte, die er seit heute Mittag zu mir sprach. »Der junge Mann, der ihm am nächsten sitzt, ist Chinkim, sein Lieblingssohn. Er wird Kublai eines Tages nachfolgen. Der andere dort könnte Nomukhan sein. Behandle die Familie des Khans mit demselben Respekt, mit dem du auch ihn behandelst, denn sein Herz hängt an ihr. Und der Große am Kopfende der unteren Tafel …«

»Das ist Bayan«, sagte mein Onkel. »Er führte uns damals von Bukhara zu Kublai. Er war damals schon einer seiner besten Männer.«

Da wurden wir Zeuge eines eigenartigen Schauspiels: Gerade näherten sich die Diener und Mundschenke des Khans, ihre Nasen und Münder mit seidenen Tüchern verhüllt, als ein junger Mönch in einer erdfarbenen Robe vortrat und theatralisch die Hände hob. Augenblicklich verstummten die Musiker. Der Khan nickte erfreut und gab einem der Mundschenke ein Zeichen. Dieser stellte einen gefüllten Becher auf den Tisch, doch an dessen Ende, außerhalb der Reichweite Kublais. Daraufhin trat der Mönch ans andere Ende der Tafel und reckte gebieterisch die Finger. Die Musiker stimmten ein nervenaufreibendes Stakkato an. Der Mönch reckte die Finger noch mehr und verzog das Gesicht vor Anspannung, und mit einem Mal begann der Becher aus eigener Kraft über den Tisch zu wandern.

Ich hatte keine Erklärung für das, was ich sah. Es mutete wie Zauberei an, und doch fuhr der Becher immer schneller über den Tisch, geradewegs in die ausgestreckte Hand des Khans. Dieser lachte, die Musiker spielten einen Tusch, und der gesamte Hofstaat, wir eingeschlossen, verbeugte sich respektvoll. Dann trank der Khan und entließ seinen Zauberer, der nach einer weiteren Verbeugung davonsprang.

Ich verfolgte den Abgang mit einer Gänsehaut. War dies einer der Lamas, von denen ich nun schon häufig gehört hatte?

Unsere Eskorte führte uns die letzten Schritte bis zum

Podest der hohen Herren und Damen, die uns mit interessiertem Blick beäugten. Dort wies man uns einen Platz direkt vor der untersten Stufe, zwischen Herrscher und Hofstaat.

Bedienstete eilten herbei, und augenblicklich füllte sich der Tisch mit Wein, Airag und Speisen aus allen Winkeln Kithais.

Die Auswahl an Fleisch und Geflügel war unbeschreiblich: als Braten mit Massen an Zwiebeln und Knoblauch, mit Pilzen in Teigtaschen in sahniger Soße, oder als kleine Bällchen zu schmerzhaft scharf gewürztem Reis, in dem sich süße Nüsse und Korinthen verbargen. Als weitere Beilagen gab es Käse, allerdings kein Brot – die Mongolen hielten nichts davon – sowie Kastanien und glasierte Früchte.

Man riet mir, das Wild zu versuchen. Es schmeckte köstlich, aber auch ungewohnt. War es die Gazelle, die Kublais Sohn Chinkim von der Jagd mitgebracht hatte? Mein Blick wanderte über die Ehrengäste.

Chinkim war ein gutaussehender Mann mit einem gepflegten Gesicht. Er wirkte etwas älter als ich, trotzdem hatte er fast keinen Bartwuchs. Damit war er die Ausnahme, denn bis auf einige Kithaier, die der Khan als Diener oder Ratgeber an seinen Hof geholt hatten, trugen praktisch alle Männer, ob Mongolen oder Türken, Muslime oder Nestorianer, einen Bart.

Der Prinz bemerkte meinen Blick und erwiderte ihn interessiert. Ich lächelte höflich, und er lächelte zurück.

Was Chinkim an äußerlicher Wildheit fehlte, machte sein Bruder Nomukhan mit seinen Muskeln und dem langen zotteligen Haar dafür mehr als wett. Er wirkte so kräftig und lebensfroh wie ein junger Stier.

Zwischen beiden saß eine junge Frau mit schmalen Zügen, die das lange schwarze Haar zu einem strengen Zopf gebunden hatte. Auch sie wurde auf meine Blicke aufmerksam und sah verwundert zwischen mir und Chinkim hin und her, ehe sie sich wieder ihrem Mahl widmete.

Bei ihnen saßen noch weitere Männer und Frauen. Ich fragte mich, wie viele Söhne der Khan hatte und ob die Frauen am Tisch seine Töchter oder Schwiegertöchter waren. Eine weitere Gruppe Frauen saß an einem Tisch auf der anderen Seite. Ich wusste, dass die Mongolen genau wie die Perser Vielweiberei betrieben, aber falls es sich bei diesen um Nebenfrauen Kublais handelte, so stand Chabi unbestritten zuvorderst in seiner Gunst – und das, obwohl sie keineswegs die jüngste oder die schönste war. Tatsächlich wirkte sie etwa so alt wie er selbst, und ihr Gesicht war genauso beherrscht und schwer zu deuten wie seins.

Wir beendeten unser Mahl. Abermals ruhten alle Augen auf uns. Ich hatte ein mulmiges Gefühl im Bauch, das nicht vom Essen herrührte.

Der Khan gab ein Zeichen, worauf die Musiker verstummten und alle Anwesenden ihr Mahl unterbrachen.

»Wir haben Gäste«, sagte der Khan. »Nicolò, Maffeo und Marco aus dem fernen Lateinerreich. Tretet vor!«

Wir erhoben uns von unserem Tisch und taten, wie geheißen.

»Nicolò und Maffeo standen schon einmal vor mir«, erklärte der Khan seinem Hofstaat. Ich hatte keinen Zweifel daran, dass man seine volle Stimme mühelos bis in den hintersten Winkel der marmornen Halle vernahm. »Damals sprachen wir viel über die Vorzüge des Christentums und den Wettstreit um die Vorherrschaft in ihrem Heiligen Land. Ich sandte sie mit einer Botschaft zu ihrem Papst, der ein mächtiger Mann in ihrer Heimat ist, und sie gelobten, sie zu überstellen und mir seine Antwort zu überbringen. Sie haben Wort gehalten.«

Meine Kehle schnürte sich zusammen. Entweder der Khan war ausgesprochen höflich, oder das dicke Ende kam noch. Kublai hob die Hand, und ohne weitere Aufforderung trat ein Mann in einer strahlend gelben Robe an seinen Tisch. Er war etwa so alt wie mein Vater und hatte sich den Kopf kahl geschoren. Vor allem aber war es die ruhige Gelassenheit, die er im Gegensatz zu dem jüngeren Zauberer ausstrahlte, die ihn hervorhob.

»Das ist Phags-pa, mein Lehrmeister und oberster Lama. Er hat die Schrift geschaffen, die wir heute verwenden, und die ehrenvolle Aufgabe übernommen, den Brief eures Papstes zu übersetzen. Niemand wäre dazu besser geeignet als er.«

Mit einer sparsamen Geste seiner schlanken Hand reichte Phags-pa ihm einen Bogen Papier, das dünn und weich wie Stoff wirkte. Natürlich kannten wir den genauen Wortlaut des Briefes von Tebaldo Visconti nicht, doch es kam mir so vor, als ob der Khan sehr schnell mit seiner Lektüre zum Ende kam.

»Der Papst ist ein weiser und respektvoller Mann«, sagte er schließlich. »Er entbietet seine Grüße und spricht von einem möglichen Bündnis, gemeinsamen Feinden und fruchtbarem Handel. Außerdem verleiht er der Hoffnung Ausdruck, dass ich den christlichen Glauben annehmen möge.«

Er reichte das Blatt zurück an Phags-pa, der es sorgsam zusammenrollte und in seiner Robe verschwinden ließ. Keine Sekunde lang gab die Miene des Khans Aufschluss darüber, was er von Viscontis Wünschen und Hoffnungen hielt.

»Sagt mir, Nicolò und Maffeo, ist dies auch euer Wunsch?«

Nicolò hob das Kinn und sprach laut und deutlich. »Es wäre eine Ehre, den Großen Khan an der Seite der Christenheit zu wissen. Nichts würde uns glücklicher machen.«

»Der Khan sollte jedoch auch wissen, dass unsere Loyalität nicht an Bedingungen geknüpft ist«, fügte Maffeo hinzu, weniger an den Khan als an seinen Bruder gerichtet. Ich war davon überzeugt, hätten sie dieses Gespräch nicht vor aller Augen geführt, sie wären sich in diesem Moment an die Kehle gegangen.

»So hört denn meine Antwort«, sagte der Khan und adressierte die einzelnen Punkte, als ob er Armeen auf seiner Landkarte verschöbe.

»Was ein Bündnis gegen unsere Feinde anbelangt, so muss ich sagen, dass die Dinge nicht so einfach liegen, wie der Papst sie darstellt. Ich führe keine Kriege des Glaubens. Mein Vetter Berke und mein Bruder Hulaku haben das zur Genüge getan, und mein Neffe Abaka tut es noch heute. Ich aber bin Khagan. Ich herrsche über alle Religionen und kann keine Kriege in meinem Reich dulden. Man berichtet mir, dass die Lateiner ihre Glaubenskriege seit der Zeit ihrer Väter und Großväter führen, doch mit wenig Erfolg. Solche Schlachten bringen weder Weideland noch Wissen, weder Reichtum noch Ruhm. Bereits mein Bruder Möngke hatte dies erkannt. Er pflegte zu sagen: So wie Gott uns verschiedene Finger gab, so gab er uns auch verschiedene Religionen.«

»So glaubt Ihr also an Gott und an Jesus Christus, unseren Herrn«, stellte Nicolò fest.

»Natürlich glaube ich an Jesus Christus«, erwiderte der Khan gelassen. »Ebenso, wie ich an Mohammed oder an Moses glaube oder an Sakyamuni Burkhan. Vier große Propheten gibt es unter dem Ewigen Blauen Himmel – und ich glaube an alle vier. Ihr aber wollt, dass ich einem davon den Vorzug gebe.«

»Wir haben den Tempel des Schlafenden Buddhas gesehen«, sagte mein Vater und neigte demütig den Kopf. »Den Ort Eurer Geburt.«

Der Khan lächelte erfreut. »Dann wisst ihr um den Respekt, den ich jeder Religion in meinem Reich zolle, solange sie den Frieden des Reichs nicht gefährdet.«

»War Eure Mutter nicht eine Nestorianerin? Dann wurdet Ihr als Christ geboren, Großer Khan.«

Es war eine gewagte Folgerung. Einige der Gäste tauschten Blicke. Halb rechnete ich damit, dass der Khan meinem Vater den Kopf abschlagen ließ, und wäre Bruder Guglielmo noch bei uns gewesen, hätte er wahrscheinlich dasselbe getan.

»Ich wurde als Sohn einer großen Frau geboren«, erwiderte der Khan ungerührt. »Doch wenn ihr euch umseht, werdet ihr feststellen, dass die meisten Nestorianer in meinem Reich nicht die Größe Sorkhatani Bekis besitzen. Was würden wohl meine Zauberer sagen, erklärte ich auf einmal den Gott der Christen zum höchsten aller Götter? Oder wollt ihr etwa den Beweis dafür antreten?« Er lächelte vieldeutig. »Ich sollte euch warnen: Als die Anhänger Lao-Tses einst mit den Anhängern Burkhans vor mir stritten und ihren großen Worten keine ebensolchen Taten folgen ließen, sah ich mich gezwungen, den Streit mit der Klinge zu beenden. Weißt du noch, Phags-pa?«

Der oberste Lama lächelte still.

»Nicolò, lass es!«, mahnte Maffeo.

Mein Vater befeuchtete sich die Lippen, sagte aber nichts weiter. Mir kribbelte der ganze Körper vor Anspannung.

Dann ließ Phags-pa die Geschenke des Papstes bringen und stellte sie vor Kublai hin. Nicht ohne Entsetzen sahen wir zu, wie der Khan die Flasche mit dem Öl aus dem Heiligen Grab öffnete und ein wenig davon in eine Lampe goss.

»Diesem Öl sagt man wundersame Eigenschaften nach. Man berichtete mir, dass es sich von selbst entzünde.«

»Einmal im Jahr vollzieht sich das Wunder«, bestätigte mein Vater.

»Wir ziehen es vor, nicht so lange zu warten«, sagte der Khan, und sein Hofstaat lachte mit ihm. »Nicolò Polo, das ist deine Gelegenheit: Bete zu deinem Gott und lass ihn das Öl entzünden.«

Ein schadenfrohes Grinsen stahl sich auf Maffeos Gesicht. Ich hielt den Atem an. Nicolò aber blieb gelassen.

»Wer bin ich, dass ich Gott dem Allmächtigen sagen könnte, was er zu tun hat?« Mein Vater senkte den Kopf. »Wer Jesus Christus als seinen Erlöser annimmt, der sieht sein Licht in seinem Herzen.«

Der Khan nickte, als hätte er nichts anderes erwartet. »So hört denn meine Worte: Wenn unter den anwesenden Christen nur einer ist, der es vermag, dieses Wunder zu vollbringen, dann nehme ich noch zur Stunde seinen Glauben an.«

Ein erregtes Murmeln lief durch die Reihen. Die Nestorianer am Hofe unterschieden sich äußerlich kaum von den übrigen Gästen; alle waren sie Mongolen oder Türken. Doch der Menge an Stimmen nach zu urteilen, waren es mehr, als ich erwartet hatte.

Dann erstarb das Murmeln. Phags-pa neigte unmerklich den Kopf, und der jüngere Zauberer, der zuvor den Kelch über den Tisch hatte wandern lassen, kam wieder herbeigeeilt und verbeugte sich vor Khan, Khatun und seinem Meister. Dann nahm er die Lampe in die Hand, verzog abermals das Gesicht, als litte er Schmerzen, und auf eine rasche Geste schoss auf einmal eine rötliche Stichflamme aus der Lampe empor. Binnen weniger Sekunden war das ganze Öl darin verbrannt.

Begleitet von Ausrufen des Staunens und der Bewunderung stellte der junge Zauberer die Lampe auf den Tisch zurück, verbeugte sich unter dem zufriedenen Blick Phags-pas und entfernte sich.

Nicolò hatte das Spektakel wortlos verfolgt.

»Was also bietet mir euer Papst?«, fragte der Khan. »Ein Wunder, das sich nur einmal im Jahr jenseits der Grenzen meines Reichs vollzieht? Das hilft mir nicht, meinen Krieg zu gewinnen.« Er stellte das restliche Öl beiseite. Auch das goldene Kreuz schien ihn nicht sehr zu beeindrucken. Stattdessen legte er die Hand auf die Bibel. »Eine Abschrift eures Heiligen Textes. Das ist ein wertvolles Geschenk, und dafür danke ich ihm und euch. Sie wird ihren Platz unter meinen Büchern finden.« Zuletzt hob er das Glas mit den Oliven. »Doch besonders danke ich euch hierfür. Ich werde diese Samen in meinem Park pflanzen lassen, auf dass sie gedeihen und wachsen mögen wie mein Reich.«

Auf einen Wink hin brachten die Diener die Geschenke fort. Dann nahm der Khan den Faden wieder auf.

»In meiner Botschaft bat ich den Papst um hundert gelehrte Christen für meinen Hof. Ich hätte ihre Weisheit gut gebrauchen können, und sie hätten Gelegenheit gehabt, mich die Vorzüge ihres Glaubens zu lehren. Leider ist der Papst meinem Wunsch nicht nachgekommen. Stattdessen brachtet ihr mir euren Sohn.«

Seine Augen richteten sich nun auf mich.

»Tritt vor, Marco.«

Auf wackligen Beinen folgte ich seinem Befehl und verbeugte mich.

»Ich habe außerordentliche Dinge über dich gehört, Marco Polo. Man berichtete mir, wie meine weißen Stuten euch bei eurer Ankunft empfangen haben.«

Diese Bemerkung rief große Aufmerksamkeit unter denen hervor, die noch nicht davon gehört hatten.

»Man berichtete mir auch, dass du bei ihrem Anblick ein bestimmtes Wort gesprochen haben sollst.«

»Lung-ta«, antwortete ich wahrheitsgemäß, auch wenn ich mich nur noch schemenhaft an diesen traumgleichen Moment erinnerte.

»Das ist die Sprache der Lamas«, stellte der Khan fest. »Wie kommt es, dass du sie sprichst?«

»Ich spreche sie nicht wirklich, Großer Khan«, sagte

ich. »Es ist nur ein Wort, das ich auf meiner Reise gelernt habe.«

»Hast du einen Zauber über meine Stuten gesprochen?«

»Ich habe mich nur an ihrem Anblick erfreut«, gestand ich. »Ich weiß, dass mir das nicht zusteht, aber sie ließen mir keine Wahl.«

»Man trug mir auch zu, du habest von Xanadu geträumt.«

»Das ist richtig, großer Khan.«

Der Khan beugte sich interessiert vor. »Wie alt bist du, Marco Polo?«

»Neunzehn, großer Khan.«

»Neunzehn Jahre.« Er griff nach der Hand seiner Frau und beriet sich leise mit ihr. »Vor neunzehn Jahren hatte auch ich das erste Mal einen Traum von diesem Ort. Ich ließ alles genau so bauen, wie ich es darin gesehen habe.«

Abermals tauschte er ein paar Worte mit der Khatun.

»Vielleicht hat mir der Ewige Blaue Himmel doch ein Wunder gesandt«, sagte er dann. »In jedem Fall glaube ich, dass es einen Grund hat, weshalb heute du und nicht hundert Weise vor mir stehen. Ich will mehr von dir erfahren. Bei deiner Ankunft sagtest du, du könnest uns von deiner Reise berichten. Wirst du dein Versprechen halten?«

»Wenn es Euer Wunsch ist«, sagte ich.

Der Khan bedeutete mir, noch näher zu treten, so dass ich nun direkt vor seinem erhöhten Tisch stand, auf Augenhöhe mit seinen Söhnen und Töchtern. Ich roch ihre Speisen, hörte ihren Atem. Vor lauter Aufregung war mir ganz schlecht. Nur undeutlich registrierte ich, wie mein Vater und Onkel an ihre Plätze geführt wurden, weiter hinten in der Halle die Musik wieder einsetzte und das Bankett seinen Gang nahm. Der Khan und seine Familie schauten mich erwartungsvoll an.

Also erzählte ich: Ich erzählte von den schnellen Galeeren Venedigs und der Vielfalt der Besucher in Akkon, von unserem Besuch bei Tebaldo Visconti, der goldenen Kuppel des Felsendoms und der Nacht, die wir in der Grabeskirche verbrachten. Ich erzählte vom schönen Tabriz mit seinem verschwiegenen Bazar und von Yazd mit seinen Türmen, die den Wind einfingen. Ich erzählte von den Falknern Kermans und wie wir mit knapper Not den schwarzen Künsten der Karaunas entgingen, von der schrecklichen Hitze in Hormuz, ihren schlechten Schiffen und den Vorzügen der persischen Medizin. Von Guglielmo da Tripoli und Niccolò da Vicenza oder dem jungen Ismael erzählte ich nichts.

Ich berichtete von unserer Reise durch die einsamen Wüsten und den Ruinen von Balkh. Von unserer Reise über das Dach der Welt und den Mönchen, die dort unter dem kristallklaren Himmel lebten und mir von den Windpferden erzählt hatten. Nur flüchtig erwähnte ich meine Krankheit und die Visionen, die ich gehabt hatte, denn ich spürte, dass der Khan sich bereits eine Meinung darüber gebildet hatte. Ich berichtete von unserer Begegnung mit Shiregi am Rande von Kashgar, der lockenden Stimme der Taklamakan, und wie wir am Jadetor auf unsere Eskorte trafen. Mit dem ersten Anblick von Xanadu und der Herde des Khans schloss ich meinen Bericht.

Ich redete mehrere Stunden, während derer mein Vater und mein Onkel immer nervöser wurden. Manchmal stellten der Khan und die Khatun höfliche Rückfragen und bewiesen ihr großes Wissen über die verschiedenen Reiche und die Lebensart ihrer Bewohner. Jenseits des Einflussgebiets ihrer Verwandten in Persien aber endete ihr Horizont; und ich merkte, dass der Khan sich mehr Informationen über die politische Lage und die militärischen Möglichkeiten der europäischen Herrscher versprochen hatte. Dafür freute ihn zu hören, wie vergleichsweise unbehelligt wir durch sein riesiges Reich gereist waren und dass man seinen Namen und sein Wort überall respektiert hatte. Auch begeisterte er sich für meine Beschreibung verschiedener Ländereien: der sonnenhellen Küsten des Mittelmeers, der heißen Weite des persischen Hochlands, der eisigen Erhabenheit des Pamirgebirges. Ich konnte mich des Eindrucks nicht erwehren, dass er es bedauerte, nicht alle Länder, die er beherrschte, selbst gesehen zu haben, so als wären sie verlorene Juwelen in einer übervollen Schatzkammer. Und ich staunte darüber, dass der mächtigste Mann der Welt immer noch Sehnsüchte kannte und von einem unbestimmten Fernweh geplagt wurde.

Schließlich hatte er genug gehört und entließ mich, um sich mit seiner Familie und mit Phags-pa zu beraten.

»Was hat er gesagt?«, fragte mein Onkel ungeduldig, als ich neben ihm auf den Kissen Platz nahm.

»Er hat mit gedankt«, antwortete ich wahrheitsgemäß. »Ich glaube, er ist einfach sehr wissbegierig.«

»Du hast sein Interesse geweckt«, stellte mein Vater fest. »Was immer er von dir will, du sagst besser ja. Du bist vielleicht das Einzige, was noch zwischen uns und der Verbannung oder Schlimmerem steht.«

Ich schüttelte den Kopf. »Ich verstehe immer noch nicht, was geschehen ist, als ihr allein mit ihm gesprochen habt. Wieso hat man euch eure Paizas abgenommen? Warum müssen wir auf einmal um unser Wohlergehen fürchten? Liegt es wirklich nur daran, dass wir ihm nicht seine hundert Gelehrten gebracht haben?«

»Wir stehen in seiner Schuld«, wich mein Vater mir abermals aus. »Wir haben unser Wort gebrochen, was dasselbe wie eine Lüge ist, und er trägt unsere Lüge mit, damit wir unser Gesicht wahren können.« Er schaute mir kurz in die Augen, dann senkte er den Blick. »Vielleicht wirst du eines Tages verstehen.«

Ich wollte noch etwas erwidern, aber der Khan rief uns wieder zu sich. Der gesamte Hofstaat hielt inne, um seiner Entscheidung zu lauschen.

»Marco Polo!«, sagte Kublai. Aus den Augenwinkeln sah ich, wie mein Onkel sich versteifte, als der Khan das Wort zuerst an mich richtete. »Als mich zum ersten Mal Kunde erreichte, dass die beiden Lateiner, die vor sieben Jahren in meine Dienste getreten waren, das Gebirge überquert hatten, aber nicht mit hundert, sondern nur mit einem Mann in ihrer Begleitung, hatte ich mich gefragt, wer dieser Mann wohl sein würde. Vielleicht, dachte ich, ist dieser Mann ja so viel wert wie hundert. Und ich wurde nicht enttäuscht. Du hast vollbracht, was kaum jemand vor dir vollbracht hat: Du hast fast mein ganzes Reich durchquert, vom Meer des Westens bis zum Meer des Ostens. Du hast dem Tod ins Gesicht geblickt und großen Mut bewiesen, und deine Auffassungsgabe und deine Erzählkunst übertreffen die manch eines meiner Gelehrten. Und ob du nun einen Zauber auf meine Stuten gesprochen hast oder nicht – es steht fest, dass der Ewige Blaue Himmel mir mit dir ein Zeichen sandte.«

Sein Blick wanderte zu meinem Vater und meinem Onkel. »Nicolò und Maffeo Polo«, sagte er nachdenklich. »Vor sieben Jahren trafen wir eine Vereinbarung, die ihr nicht einhalten konntet. Nun treffen wir eine neue Vereinbarung. Ich bin bereit, anstatt der hundert Weisen den jungen Marco in meine Dienste zu stellen. Was sagt ihr?«

»Wir sind einverstanden, Großer Khan«, sagte mein Onkel, ohne mit der Wimper zu zucken. »Wir danken Euch für Eure Güte.«

Mein Vater wollte protestieren, doch der Khan gab ihm keine Gelegenheit dazu.

»Marco! Dein Weg zu mir hat dich fast das Leben gekostet. Nun bist du ein zweites Mal geboren worden. Das Wort deines Vaters und deines Onkels hat dich zu mir geführt – doch ihre Taten und ihre Versäumnisse sind nicht länger die deinen. In meinen Diensten beginnt für dich ein neues Leben.«

Mir drehte sich alles. Was hatte das zu bedeuten?

Auf einen Fingerzeig des Khans trat Phags-pa auf mich zu und überreichte mir eine silberne Plakette, die wie von selbst zwischen seinen grazilen Fingern erschien. Es musste sich um eine Paiza handeln, auch wenn sie anders geformt war und die Zeichen darauf sich unterschieden – wahrscheinlich die neue Schrift, die Kublai erwähnt hatte. Sie erinnerte mich an die Schrift der Mönche im Gebirge.

Ich wusste nichts anders zu tun, als sie entgegenzunehmen.

»Großer Khan«, sagte Maffeo. »Es muss doch etwas geben, was auch wir für Euch tun können. Ich bitte Euch, gebt uns die Gelegenheit, uns erneut zu bewähren und unsere Treue zu beweisen.«

Der Khan überlegte, als käme ihm der Gedanke zum ersten Mal.

»Bedenkt doch!«, fuhr Maffeo leidenschaftlich fort. »Gewiss, der Papst hat uns seine Unterstützung versagt. Aber wer sonst hätte es vollbracht, bei ihm vorstellig zu werden und Euch seine Geschenke zu bringen? Ihr habt von unseren Versäumnissen gesprochen, und sicher stehen wir in Eurer Schuld. Gerade deshalb aber sind wir so wertvoll für Euch. Wir werden alles tun, um uns dieser Schuld zu entledigen – schließlich sind wir Venezianer und kennen die Bedeutung dieses Wortes! Wie viele Lateiner gibt es sonst in Eurem Reich? Wie viele, die zum römischen Glauben gehören? Wir können Euch Dienste erweisen wie kein anderer. Wer sonst beherrscht die doppelte Buchführung, die Kunst der persischen Mathematik und ist mit der Kultur Eures Reichs von den Tagen Alexanders bis heute vertraut? Wir können Eure Männer lehren, wie ein Lateiner zu denken. Und wir können sie lehren, wie einer zu kämpfen, zu siegen – oder zu fallen ...«

Ich traute meinen Ohren kaum. Was mein Onkel dem

Khan da unter der Hand anbot, war der Verrat an unserer Heimat.

»Maffeo, es reicht!«, zischte mein Vater, ohne ihn anzusehen.

»Willst du für mich in den Krieg ziehen?«, fragte Kublai Khan.

»Wenn es das ist, was Ihr wünscht«, entgegnete mein Onkel. »Lasst mich Euch zum Sieg verhelfen.«

Ein Lächeln umspielte die Lippen des Khans. »Bayan!«, rief er laut, und der kräftige General erhob sich von seinem Platz und verbeugte sich. Er trug eine verschrammte Rüstung aus matten Metallplättchen, die bei jedem seiner Schritte leise klimperten.

»Ja, Großer Khan?«

»Wenn du an die Front in Manzi zurückkehrst, wird Maffeo Polo dich begleiten!«

»Sehr wohl, Großer Khan.« Der General warf meinem Onkel einen langen Blick zu. »Ich kenne diesen Mann noch aus früheren Tagen – und ich weiß, dass er schlau wie ein Fuchs ist. Aber er ist kein Soldat.«

»Das muss er auch nicht sein«, entgegnete der Khan. »Ich habe einen anderen Auftrag für ihn. Der Sieg über Manzi bleibt dir zu erringen.«

Bayan grunzte befriedigt. Wenn er befürchtet hatte, dass mein Onkel versuchte, ihm seinen Ruhm streitig zu machen, so hatte der Khan diese Sorge zerstreut.

»Großer Khan«, sagte mein Vater da. »Ich bitte Euch, schickt auch mich.« Er schaute Maffeo an. »Ich kenne meinen Bruder. Ohne mich ist er wie ein Pferd ohne Reiter.«

Der Khan lachte. »Dein Wunsch sei gewährt. Bayan! Nicolò Polo wird dich ebenfalls begleiten, und jede Entscheidung, die einer von beiden trifft, werden sie gemeinsam treffen. Dies scheint mir eine angemessene Strafe zu sein – für beide.«

Der General stimmte in das Lachen ein.

»Es ist entschieden!«, rief der Khan und klatschte laut in die Hände.

Ich konnte immer noch nicht fassen, was da gerade geschehen war. Mein Vater und mein Onkel ließen mich nicht nur zurück – sie hatten mich gehandelt wie einen Esel auf dem Bazar, um ihren eigenen Hals zu retten. Was sollte nun aus mir werden? Ich hatte zwar eine Paiza erhalten, gleichzeitig aber stand ich in Kublais Diensten. Was also war ich? Ein Gefolgsmann? Ein Gefangener?

Man gab mir kaum Gelegenheit, meine Gedanken zu ordnen. Stattdessen führte man uns zurück an unseren Tisch, und im gleichen Atemzug stimmten die Musikanten eine laute, schrille Weise an, die jede weitere Unterhaltung unmöglich machte, und eine Schar von Gauklern und Artisten strömte unter allgemeinem Jubel in die Halle und riss meine Sorgen mit ihrem Taumel hinweg.

* * *

Es war schon fast Morgen, als der Venezianer seinen Bericht für diese Nacht beendete. Rustichello legte die Feder beiseite und blies das letzte beschriebene Pergament trocken. »Ihr habt nicht übertrieben, was den Großen Khan und seinen Hof in Xanadu angeht. Was für eine stolze Stadt! Und was für ein Herrscher! Eleazar verglich ihn nicht ohne Grund mit dem Priester Johannes.« Glücklich ordnete er seine Dokumente. »Ich kann Euch gar nicht genug für das danken, was Ihr für mich getan habt. Ich hätte nicht gedacht, dass ich je wieder so arbeiten würde: An einem richtigen Tisch, auf einem ordentlichen Stuhl, im Licht einer hellen Kerze …« Er strich mit den Fingern über das Holz. Es fühlte sich immer noch so gut an wie die ersten Tage in ihrem neuen Quartier. »Ihr habt mir ein neues Lebens geschenkt, so wie der Khan Euch eines schenkte.«

»Man tut, was man kann«, sagte der Venezianer bescheiden und streckte sich auf seinem Bett aus. »Hättet Ihr die Möglichkeit dazu gehabt, Ihr hättet dasselbe für mich getan.«

»Leider ist keiner meiner Angehörigen mehr am Leben. Und keiner meiner alten Leser scheint mein Werk ausreichend zu schätzen, um mich aus meiner Gefangenschaft auszulösen.«

Der Venezianer lachte. »Das müssen wir unbedingt ändern, Messere. Noch ehe dieses neue Jahr zu Ende geht.«

»Ich habe ein schlechtes Gewissen, so von Eurer Gunst zu profitieren. Ihr schuftet in der Küche, Ihr zahlt für diese ganzen Annehmlichkeiten …«

»Tatsächlich ist die Küche ein inspirierender Ort, und die einzige Währung, in der ich zahle, sind Geschichten – und von denen habe ich mehr als genug.«

»Aber Eure Familie …«

»Zahlt ihren gerechten Preis«, fiel ihm der Venezianer ins Wort. »Nicht mehr und nicht weniger. Sorgt Euch nicht.«

Rustichello dachte nach. »Ich werde Euch nicht drängen … doch bin ich gespannt, was der Khan mit Eurem Vater und Eurem Onkel besprach, als Ihr nicht dabei wart. Ich bin sicher, Ihr habt es irgendwann herausgefunden.«

Der Venezianer brummte nur zustimmend. Er hatte die Hände hinter dem Kopf verschränkt und starrte die Decke an.

Rustichello erhob sich, nahm die Kerze und ging müden Schrittes zu seinem Bett. »Fiel Euch der Abschied nicht schwer? Von Eurem Vater, meine ich.«

Der Venezianer brummte abermals. Rustichello warf ihm einen Blick zu und sah, dass er die Augen geschlossen hatte. Also blies er die Kerze aus, legte sich nieder und zog sich die Decke bis zum Hals. Verglichen mit den Kellerzellen war das Erdgeschoss beinahe warm, doch er liebte das Gefühl der Wolldecke. Sie war so viel besser als das Stroh, in das er sich jahrelang gebettet hatte.

»Ein wenig schon«, sagte der Venezianer da unvermittelt in der Dunkelheit. »Ich ahnte, dass der Abschied unvermeidlich war und wahrscheinlich besser für uns. Aber die Umstände hatte ich mir nicht ausgesucht … Ich hatte nie eine Wahl.« Er holte tief Luft. »Eines Abends, kurz vor dem Schlafengehen, kam mein Vater zu mir und eröffnete mir, dass er und Maffeo bei Sonnenaufgang mit Bayan in den Süden aufbrechen würden. Ich erinnere mich noch, wie er an meinem Bett kniete und wie gefasst er war, als ginge es nur um eine Handelsfahrt. Aber draußen vor den Mauern der Stadt hörte ich das Stampfen vieler Pferde und Hundegebell. Und schlagartig war ich wieder der kleine Junge, dessen Vater ihm immer entglitt wie ein Maskenträger im venezianischen Karneval.

›Du gehst in den Krieg?‹, sagte ich, und er nickte.

›Gib auf dich acht‹, sagte er.

›Gib du auch auf dich acht‹, erwiderte ich. ›Und auf Onkel Maffeo.‹

›Das werde ich‹, versprach er. ›Ich habe lange für diese Familie gekämpft, und eines Tages werden wir das wieder sein: eine Familie.‹

Da weinte ich und lag ihm in den Armen, bis ich schließlich einschlief. Am nächsten Morgen war er verschwunden, und mit ihm Onkel Maffeo.« Der Venezianer schwieg einen Moment. »Ich war jung und naiv.«

»Niemand kann Euch einen Vorwurf machen«, flüsterte Rustichello. »Ihr wart allein in einem fremden Land, und die beiden Menschen, denen Ihr Euer Leben anvertraut hattet, ließen Euch im Stich. Jeder an Eurer Stelle hätte sich nichts sehnlicher als eine Familie gewünscht.«

»So kann man es wohl sehen. Ich habe das damals nicht erkannt, aber wahrscheinlich habt Ihr recht.« Er gähnte.

»Ich sollte nicht die ganze Nacht in Erinnerungen schwelgen, schließlich muss ich morgen wieder unser Essen bereiten, und ein müder Koch ist ein schlechter Koch. Wenn ich keinen Schlaf bekomme, müssen wir alle die Konsequenzen tragen.«

Rustichello lachte leise. »Sagt mir nur noch, wie es weitergeht«, bat er. »Damit ich etwas habe, auf das ich mich den Tag über freuen kann.«

»Was, mein Essen reicht Euch also nicht?«, scherzte der Venezianer. »Aber gut. Als Nächstes muss ich Euch von Chinkim erzählen.«

»Dem Sohn des Khans?«

»Ganz recht. Er war es, der mich aus meinem Trübsal riss. Drei Tage nach dem Aufbruch Bayans und meiner Familie erreichte mich Nachricht, dass der Prinz auf die Jagd gehen wolle – und er wünsche, dass ich ihn begleite …«

II
Der einsame Prinz

Chinkim und seine Männer erwarteten mich am nächsten Tag bei Sonnenaufgang am Tor zur inneren Stadt. Insgesamt waren wir zu neunt – eine Glückszahl bei den Mongolen. Sie verluden gerade Ausrüstung auf ihre Pferde und einen großen, von vier Ochsen gezogenen Wagen. Daneben waren mehrere Hunde angeleint, und ein Falke saß auf einer Stange. Ein zweiter Wagen, etwas abseits, war komplett mit schwarzen Tüchern verhangen. Ich hatte noch den Schlaf in den Augen und kümmerte mich zunächst nicht weiter um den seltsamen Anblick, sondern ging stattdessen zu Chinkim und den Tieren.

»Wieso ich?«, fragte ich den Prinzen, der sichtlich erfreut

war, mich zu sehen. »Ich habe keinerlei Erfahrung mit der Jagd.«

»Anscheinend mögen Tiere dich aber«, sagte Chinkim und deutete auf einen der Hunde, der mir gerade die Hand leckte. »Meistens haben sie ein gutes Gespür, wem sie vertrauen.«

»Ich werde das Wild nicht überreden können, vor Euren Bogen zu springen, mein Prinz.«

»Bitte«, sagte Chinkim und legte mir die Hand auf die Schulter. »Nur Chinkim. Und ich erwarte keine Wunder von dir. Bloß, dass du mich begleitest.«

Abermals fiel mir auf, wie einfühlsam und aufgeschlossen seine Züge verglichen mit den Mienen vieler anderer Mongolen auf mich wirkten. Ich hatte Schwierigkeiten, mir vorzustellen, dass er einer langen Reihe von Feldherren und skrupellosen Eroberern entstammte und eines Tages den Platz seines allmächtigen Vaters einnehmen sollte.

In jedem Fall hatte ich den Eindruck, dass er es ehrlich mit mir meinte. Etwas an ihm flößte mir Vertrauen ein, und wenn er mich als Glücksbringer auf seinem Jagdausflug dabeihaben wollte, sollte es mir recht sein. Mein Vater und mein Onkel waren auf dem Weg an die Front; vielleicht würde ich sie niemals wiedersehen. Wenn ich in dieser neuen Welt bestehen wollte, musste ich Verbündete finden.

Da ertönte auf einmal ein Grollen aus dem Inneren des verhüllten Wagens, das mir das Blut gefrieren ließ. Auch die Männer, die gerade die Bestandteile einer Jurte auf dem anderen Wagen verstauten, zuckten zusammen, und die Hunde begannen zu bellen.

Chinkim aber lächelte bloß.

»Was war das denn?«, fragte ich.

»Komm mit.«

Er führte mich zu dem Wagen und hob vorsichtig das schwarze Tuch an einer Ecke an. Ein strenger Geruch schlug mir entgegen.

Mein Herz setzte einen Schlag lang aus. Der gesamte hintere Teil des Wagens war ein Käfig mit goldenen Gitterstäben, und dahinter pirschte eine riesige Bestie rastlos auf und ab. Sie sah aus wie ein weiblicher Löwe, doch ihr Fell war feuerrot und schwarz gestreift, nur die Brust war weiß.

»Was ist das?«

»Ein Tiger«, sagte Chinkim. »Der König der Tiere. Und der anspruchsvollste und mächtigste Verbündete auf einer Jagd.«

»Du willst jagen … *damit?*«

»Ich habe bereits das Jagen mit Geparden gemeistert. Dies ist die einzige Herausforderung, die mir noch bleibt. Wenn mein Vater im nächsten Frühjahr wieder auf die große Jagd geht, will ich auch diese Kunst beherrschen.«

Nur zu gerne hätte ich geglaubt, dass er sich über mich lustig machte, doch es schien ihm völlig ernst zu sein. Mit einem letzten zweifelnden Blick auf die Bestie in ihrem prunkvollen Käfig wandte ich mich ab, um mein Pferd zu satteln.

Eine Stunde später brachen wir auf. Wir bildeten eine seltsame Prozession: Chinkim mit mir an der Spitze, gefolgt von zwei Reitern und den aufgeregt bellenden Hunden, dann die beiden Wagen und drei weitere Reiter als Abschluss. Während wir ritten, erzählte Chinkim mir von den Jagdgesellschaften seines Vaters, die ein großes Ritual geworden waren.

»Jedes Frühjahr zieht er los aus Khanbalik – das ist seine neue, zweite Hauptstadt für den Winter – und begibt sich drei Monate auf die Jagd Richtung Küste, ehe er sich den Sommer über in Xanadu niederlässt. Viele tausend Jäger, Falkner und Diener begleiten ihn. Die Zelte, die man ihm errichtet, sind so groß, dass der ganze Hofstaat darin Platz findet und man Festmähler darin veranstalten kann. Früher ritt er noch zu Pferde; heute lässt er sich meist von seinen Elefanten tragen. Die Gicht macht ihm zu schaffen.«

»Er reitet Elefanten?«, staunte ich.

Chinkim lachte. »Was ist daran so außergewöhnlich? Er sitzt in einer großen Sänfte, und wenn seine Falkner eine gute Beute entdecken, rufen sie ihn, und er schickt seine Gerfalken los. Alles von der Sänfte aus.«

Ich schüttelte den Kopf. Das klang doch sehr anders als die Jagden der europäischen Fürsten.

»Was jagt denn eine derart große Gesellschaft überhaupt?«

Chinkim zuckte die Schultern. »Fasane, Hasen, Hirsche, Bären ... eigentlich alles. Den Bewohnern der Gegend ist die Jagd von Frühjahr bis Herbst verboten, damit mein Vater auf seine Kosten kommt.«

Wir ritten Richtung Nordosten, zwischen hohen, sanften Hügeln, von denen einige zuoberst eine kleine Spitze aufwiesen, die ihnen ein leicht anzügliches Erscheinungsbild gaben.

»Ich weiß, was du denkst«, bemerkte Chinkim scherzhaft. »Das sind Schreine dort oben. Die Geomanten meines Vaters sagen, dass es insgesamt sieben von ihnen gibt. Könnten wir sie sehen, wie unsere Falken sie sehen, würden wir erkennen, dass sie die Form der Sieben Götter aufweisen.«

»Der Sieben Götter?«

»Das sind sieben helle Sterne am Himmel. Vier bilden ein Rechteck, die anderen drei führen davon fort. Man kann sie fast das ganze Jahr hindurch gut sehen.«

»Das ist der große Bär«, sagte ich.

Chinkim lachte wieder. »Ein Bär? Wieso das denn?«

Ich konnte es ihm nicht erklären. »Wohin reiten wir eigentlich?«

»Nur ein paar Tage nach Norden, bis wir Wild finden. Wir haben keine Eile – aber schließlich wollen wir uns auch besser kennenlernen.« Er warf mir einen aufmunternden Blick zu, und ich beließ es dabei.

Um die Mittagszeit machten wir inmitten eines endlosen

Grasmeeres Rast. Das hieß, die Wagenlenker und übrigen Reiter machten Rast, Chinkim aber wollte mir seinen Falken vorführen. Wie ich ihn da guter Dinge reiten sah, den schönen Vogel mit der gefleckten Brust auf dem Arm, kamen mir unwillkürlich Bilder von Ismael in den Sinn.

»Es ist so viel schöner ohne den gesamten Hofstaat«, sagte Chinkim, während sein Hund vor ihm durch die Wiese pirschte. »Auf der großen Frühjahrsjagd reiten wir manchmal mit Hunderten von Hunden, die einfach alles reißen, was ihnen in den Weg kommt. Nicht sehr fordernd, weder für die Hunde noch für die Jäger. Und trotz der Gefolgschaft ist man einsamer als wir im Moment …«

Auf einmal verharrte sein Hund, als wäre er zur Salzsäule erstarrt. Chinkim zügelte sein Pferd, und ich tat es ihm gleich.

»Was hat er?«, fragte ich verwundert.

»Er hat Beute gewittert. Fasane vermutlich.«

Chinkim nahm dem Falken seine Haube ab, raunte ihm etwas ins Ohr und warf ihn in die Luft. Der Falke stieg rasch empor, bis ich die Augen vor der hellen Sonne mit der Hand abschirmen musste, um ihn im tiefen Blau des Himmels noch zu finden.

Der Falke kreiste. Er wartete.

»Das sind gut trainierte Tiere«, stellte ich fest.

»Die besten des ganzen Reichs«, erwiderte Chinkim konzentriert. Dann gab er seinem Hund den Befehl, loszuschlagen. Kaum, dass dieser in die Wiese verschwand, stieg dort unter lautem Geflatter ein prächtiger Fasan in die Höhe. Wahrscheinlich entging er dem Hund ohne Mühen – was er jedoch nicht ahnte, war, dass er geradewegs seinem Tod entgegenflog.

Fast im selben Moment, in dem der Hund lossprang, ging auch der Falke in den Sturzflug über und legte die Flügel an. Er kam herangeschossen wie der Blitz, tödlich und zielsicher, und schlug seine Beute in der Luft.

Es war, als hätte man den Fasan mit einem Katapultschuss

getroffen. Die Wucht des Zusammenpralls riss beide Vögel davon und ließ sie weit entfernt zu Boden taumeln. Chinkims Hund rannte kläffend los, wir ritten ihm nach und fanden den Falken auf dem erlegten Fasan sitzen, die Schwingen schützend über ihn gebreitet.

Chinkim rief seinen Hund zurück, stieg ab und ging zu seinem Falken, belohnte ihn mit einem Stück Fleisch aus einem Beutel an seiner Seite und nahm ihn wieder auf den Arm. Seine Beute trat der Falke widerstandslos ab, und wie elegant und präzise all dies vonstatten ging, beeindruckte mich.

Das Schauspiel wiederholte sich noch zweimal. »Willst du ihn nehmen?«, fragte Chinkim dann unvermittelt. Nach kurzer Aufforderung wechselte der Falke von seinem Arm auf meinen. Der große Vogel hatte ein beachtliches Gewicht, und seine Krallen schlossen sich wie Zangen um meinen Arm. Doch er blieb ganz ruhig und ließ es zu, dass ich ihm über das Gefieder strich.

»Wusste ich es doch«, sagte Chinkim zufrieden. »Er mag dich.«

Er nahm ihn mir wieder ab und zog ihm seine Haube über. Dann kehrten wir zu den anderen zurück.

Zwei Fasane gab Chinkim seinen Männern, damit sie sie ausnehmen und abhängen konnten. Den dritten Vogel nahm er selbst aus und briet ihn an Ort und Stelle. Wie zuvor auch bei der Jagd, ging er bei all diesen Verrichtungen mit großer Sorgfalt vor.

»Was ist mit dem Tiger?«, fragte ich, als zum Ende unseres Mahls ein lautes Grollen vom anderen Ende des Lagers ertönte.

»Auch er hat Hunger. Komm, wir füttern ihn.«

Er führte mich zum Wagen der herrlichen Bestie und schlug das schwarze Tuch zurück. Der Tiger war hellwach, und der Geruch nach Feuer und Fleisch hatte ihn erregt. Statt ihm von dem Fasan zu geben – wahrscheinlich hätte die riesige Katze ihn mit einem Happen verspeist –, öffnete er eine schwere Kiste, die unter dem Kutschbock verstaut war. Ein starker Gestank nach Fleisch und altem Blut schlug mir entgegen.

»Was beim Allmächtigen hast du da?«

»Yakfleisch«, erwiderte der Prinz ungerührt und warf dem Tiger mit der bloßen Hand einen großen, blutigen Brocken hin. »Sie fressen auch Aas, aber nur ungern.« Von Widerwillen war nicht viel zu sehen, als der Tiger sich über das Fleisch hermachte. »Ich will, dass er sich an den Geschmack gewöhnt und Lust auf mehr bekommt. Sobald wir auf eine Herde stoßen, lasse ich ihn frei.«

»Ich kann mir immer noch nicht vorstellen, wie du ihn einsetzen willst.«

Chinkim legte bescheiden den Kopf schief. »Die Jagd mit einem Tiger gilt als eins der schwierigsten Unterfangen überhaupt. Nur wenige haben diese Kunst gemeistert, während die Jagd mit Geparden in Persien zum Beispiel schon sehr lange bekannt ist.«

»Ich wäre nie auf den Gedanken gekommen, dass es überhaupt möglich ist. Hunde und Falken, das kenne ich aus meiner Heimat. Aber diese Katzen?«

»Oh, Geparden sind meisterliche Jäger!« Chinkims Augen leuchten vor Respekt. »Kein Wesen vermag ihnen zu entkommen, denn sie sind schnell wie der Wind. Und man kann sie so zuverlässig zähmen, dass man sie sogar auf dem Pferd mitnehmen kann. Dabei verbindet man ihnen die Augen wie einem Falken, und wenn es so weit ist, nimmt man die Binde ab und lässt sie frei. Tiger dagegen …«

Er hielt ein weiteres Stück blutiges Fleisch in den Käfig. Diesmal warf er es nicht einfach hin, sondern streckte ruhig die Hand aus. Deutlich konnte ich den Blutdurst in den Augen der Bestie erkennen, doch der Tiger beherrschte sich und schlug Chinkim das Fleisch mit einer spielerischen, fast zärtlichen Geste aus der Hand, ehe er es fraß.

Chinkim trat einen Schritt zurück. Er war unverletzt.

»Dieser Tiger hat von klein auf gelernt, dass er sein Essen von mir bekommt. Selbst wenn er es selbst erlegt, so bin ich derjenige, der es ihm gibt. Er weiß, dass er sich auf mich verlassen kann, und vertraut mir.« Er gluckste. »Natürlich kann ich ihn nicht vom Pferderücken einsetzen, und er würde sich auch nicht die Augen verbinden oder sich an die Leine legen lassen. Dazu ist er zu stolz.«

»Er hat allen Grund dazu …«

»Allerdings! Vielleicht kann er schon morgen seine Kraft unter Beweis stellen. Wenn wir eine geeignete Herde finden, treiben wir sie mit den Pferden und Hunden auseinander, bis wir ein Tier von der Herde getrennt haben. Dann lassen wir den Tiger los. Er erledigt den Rest.«

Mir lief ein Schauer über den Rücken.

»Tiger ersticken ihr Opfer«, erklärte Chinkim. »Sie verbeißen sich in seinem Hals und pressen es so lange zu Boden, bis es tot ist. Ein fast blutloser Tod. Das ist eine hohe Ehre unter Mongolen, wusstest du das?«

Ich gab keine Antwort darauf, aber für meinen Geschmack maß Chinkim dem Tod ein bisschen zu viel Ehre bei. Unter dem sonnigen Gemüt, das er nach außen zeigte, verbarg sich noch etwas anderes.

Nach der Rast zogen wir weiter, bis sich die Sonne dem Horizont zuneigte. Das Land war angestiegen, und tatsächlich hatten wir Spuren einer großen Yakherde gefunden, die noch nicht allzu alt waren. Doch für heute war es zu spät, weiterzureisen.

Chinkims Männer bauten unsere beiden Jurten auf. Dafür brauchten sie kaum mehr als eine Stunde. Unsere Schlafplätze waren sehr ungleich verteilt – eine Jurte war für den Prinzen, die andere für die sieben Männer. Zu meiner Überraschung bot Chinkim mir an, die Nacht bei ihm zu verbringen. Dankend nahm ich an, schon der Ehre wegen.

»Darf ich dir eine Frage stellen?«, sprach ich ihn noch einmal an, als wir schon in unseren Fellen lagen und draußen ein frischer Nachtwind im Gras rauschte.

»Natürlich, Marco.«

»Weshalb wolltest du wirklich, dass ich dich auf die Jagd begleite?«

Er zögerte kurz. »Wie ich dir schon gesagt habe: Manchmal fühle ich mich sehr einsam – trotz Hunderter Gefolgsleute. Ich dachte, dass es mit dir vielleicht anders ist.«

Ich dachte über seine Worte nach, bis ich einschlief. Wahrscheinlich, dachte ich noch, konnte man die Liebe seiner Untertanen nicht erringen, ohne auch ihren Neid, ihre Furcht, ihren Hass auf sich zu ziehen.

Nur Stunden späte sollte ich erfahren, wie recht ich damit hatte. Ich hätte allerdings gerne darauf verzichtet – denn ich hätte es fast mit dem Leben bezahlt.

III
Die zwei Städte

Ob auch Nicolò und Maffeo die Einsamkeit des Prinzen hätten nachvollziehen können, vermag ich nicht zu sagen. In jedem Falle konnten sie sich über einen Mangel an Gesellschaft auf ihrer Reise in den tiefen Süden nicht beklagen: Mit ihnen brachen zehntausend Soldaten mit zwanzigtausend Pferden von Xanadu auf, die unterwegs um die vierfache Zahl weiterer Einheiten ergänzt wurden – Nachschub für die Armeen, die im Namen Kublais das Land Manzi erobern sollten. Nie zuvor hatte Nicolò ein solches Heer gesehen …

* * *

»Moment«, unterbrach Rustichello den Venezianer. »Soll das etwa heißen, dass Ihr von nun auch die Geschichte Eures Vaters und Eures Onkels erzählen werdet?«

»Nun, beide Geschichten haben sich ungefähr zeitgleich zugetragen – sagtet Ihr nicht, ich solle mich wo möglich an die Reihenfolge der Ereignisse halten? Es wird nicht das letzte Mal sein, dass sich auch anderswo Interessantes ereignete.«

Rustichello legte resignierend die Feder beiseite. »Wie aber wollt Ihr davon berichten, wo Ihr doch gar nicht dabei wart?«

»Sie und andere haben mir später davon erzählt.«

»Und wie wollt Ihr wissen, was sie dabei gedacht oder empfunden haben?«

»Genauso natürlich.« Der Venezianer lächelte entschuldigend. »Außerdem sind wir Menschen uns in unserem Innersten meist doch sehr ähnlich. Was uns unterscheidet, ist die Geschichte, in der wir uns wiederfinden. Doch nur ein sehr verblendeter oder ein sehr kranker Mensch ist nicht in der Lage, sich in einen anderen hineinzuversetzen. Tatsächlich glaube ich, dass wir, wenn wir uns nur genug Mühe geben, zu jedem Menschen werden können, der zu sein wir uns wünschen.« Das Lächeln vertiefte sich. »Soll ich nun fortfahren?«

* * *

Obwohl Nicolò noch nie ein solches Heer gesehen hatte, war es für mongolische Verhältnisse eine bescheidene Streitmacht. Tatsächlich war es nur die letzte von zahlreichen Verstärkungen, die über die letzten Monate in den Süden entsandt worden waren.

»Wie lange dauert der Krieg nun schon?«, fragte er Bayan, der den Heerzug anführte und es ihnen gestattete, an seiner Seite zu reiten. Sieben Jahre war es her, dass sie zuletzt so geritten waren, und sie hatten eine Menge zu erzählen.

»Wie weit weht der Wind? Wie oft geht die Sonne auf?« Der altgediente Kämpfer stieß ein rauhes Lachen aus. »Irgendwo ist immer Krieg. Wie könnte es auch anders sein? Nichts eint die Menschen besser als der gemeinsame Kampf. Oder sieht's bei euch zu Hause mittlerweile etwa anders aus?«

»Die Frage war schlecht formuliert«, gestand Nicolò.

»Falls du den Kampf um Saianfu meinst – der zieht sich in der Tat schon ein paar Jahre. Wird Zeit, dass wir das abschließen und weiter nach Süden vorstoßen.«

»Ich hätte nicht gedacht, dass Manzi derart lange Widerstand leistet. Das Reich der Song war dem Khan doch schon vor sieben Jahren ein Dorn im Auge.«

»Die Mauern von Saianfu sind mit herkömmlichen Mitteln kaum zu bezwingen. Dahinter verschanzen sich zweihunderttausend Menschen. Und immer wieder ist es ihnen gelungen, ihre Vorräte aufzufrischen.« Bayans Tonfall hatte nichts Entschuldigendes. Der General traf eine Feststellung, nicht mehr, nicht weniger.

»Warum ist diese Stadt so wichtig?«

»Eigentlich sind es ja zwei Städte: Saianfu und Fancheng, zu beiden Ufern des Flusses Han. Beide kontrollieren den Zugang ins südliche Reich. Das Tal, in dem sie liegen, ist von Bergen geschützt – aber wer Saianfu hält, der besitzt den Schlüssel zu den großen Wasserstraßen des Han und des Jangtse und letztlich auch zur Hauptstadt Quinsai.«

»Berge und Flüsse«, kommentierte Maffeo. »Nicht gerade das ideale Terrain für mongolische Kavallerie.«

Bayan lachte wieder, und die Plättchen seiner Rüstung tanzten auf seinem Bauch. »Mittlerweile haben General Aju und seine Leute mehrere Forts errichtet, um den Nachschub zu unterbrechen. Niemand kommt mehr in die Städte hinein oder heraus.«

Den Namen Aju hatte Nicolò schon gehört: Sein Großvater war der gefürchtete Subutai gewesen, Oberbefehlshaber des Heers unter Dschingis, Ögedei und Güyük. »Das klingt nach einer verfahrenen Situation«, stellte er fest.

»Dein Bruder hat schon recht mit dem, was er sagt: Diesen Kampf gewinnen wir nicht zu Pferde, aber auch nicht zu Fuß oder vom Fluss aus. Glaub mir, wir haben alles versucht. Die Song verfügen über fähige Söldner – sie selbst sind so verweichlicht, dass sie nur kämpfen, wenn es unbedingt sein muss – und allerhand Tricks, mit denen sie sich uns vom Hals halten.«

»Was denn für Tricks?«

Der große Mann machte eine wegwerfende Geste. »Feuerpfeile. Himmelsberster. Geschosse mit Gift aus ihrem eigenen Dreck. Sie führen einen Krieg mit Architekten und Alchemisten. Zuletzt haben sie Ketten im Fluss gespannt und Netze zwischen ihren Türmen, die unsere Geschosse abfangen.«

»Und was wollen wir dagegen unternehmen?«, fragte Maffeo so selbstverständlich, als wären sie Bauern, die eine Kaninchenplage auf ihrem Feld diskutierten.

Bayan verzog die Miene zu einem Grinsen. »Du gefällst mir. Immer noch voller Ehrgeiz, was? Nun, ihr werdet noch früh genug sehen, was wir vorhaben. Bis dahin …« Ohne anzuhalten, drehte er sich um und griff in seine Satteltasche. Trotz seiner Rüstung bewegte sich der große Mann behende wie ein Junge auf dem Pferd. Nach kurzem Suchen zog er einen runden Behälter hervor und reichte ihn Nicolò. »Du warst doch immer der Schlauere von euch beiden. Oder war es der andere?« Er grinste.

»Tu nicht so«, mahnte Nicolò. »Vor sieben Jahren hast du dir auch nicht die Mühe gemacht, uns auseinanderzuhalten.«

»Ist es meine Schuld, dass ihr Lateiner alle gleich aussieht?«

Maffeo lachte. Er hatte die schroffe Art des Generals schon immer zu schätzen gewusst und war die letzten Tage regelrecht aufgeblüht.

»Na los, mach's auf«, sagte Bayan.

Vorsichtig öffnete Nicolò die Rolle. Darin befanden sich mehrere Pergamente. Sie auf einem Pferderücken zu überfliegen, war alles andere als einfach, aber Nicolò wusste, Bayan hätte es als Schwäche ausgelegt, wenn er um einen Halt gebeten hätte. Für den General war die Kunst des Lesens eine nützliche Fähigkeit von Lakaien oder Mönchen; etwas, was die Unterworfenen taten, aber nichts für Sieger.

»Na?«, fragte er, während er belustigt Nicolòs Balanceakt verfolgte. »Kannst du's lesen?«

»Das ist Archimedes«, sagte Nicolò. »In lateinischer Abschrift. Woher habt ihr das?«

Bayan zuckte die Schultern. »Kaifeng vielleicht? Vielleicht auch Bagdad oder Alamut. Macht es einen Unterschied?«

»Nein.« Für Bayan war dieser Schatz nicht mehr als Beutegut – die Perlen irgendeiner Bibliothek, die sie geplündert oder dem Erdboden gleichgemacht hatten. »Du verstehst das also?«

»Ich kann es entziffern. Es zu verstehen, wird vielleicht etwas länger dauern.«

Bayan grunzte. »Du hast zwei Wochen. Vielleicht kann dir dein Bruder ja helfen? Zusammen seid ihr bestimmt doppelt so gewitzt.« Er lachte, als hätte er einen unglaublich guten Scherz gemacht.

Nicolò kümmerte sich nicht weiter darum und ritt an Maffeos Seite, um ihm das Pergament zu zeigen. »Wie ist es um dein Latein bestellt?«, flüsterte er.

Maffeo hob eine Augenbraue. »Wer hat mich in der Schule

immer ermahnt, dass ich mein Vaterunser lerne? Teurer Bruder – wenn sich nun erweist, dass du derjenige bist, der geschlafen hat, werde ich dich leider doch noch verprügeln müssen.«

»Das wird unser geringstes Problem sein, wenn wir Bayan enttäuschen. Also – schaffen wir das?«

»Wir strengen uns wohl besser an.«

So verbrachten sie ihre Abende am Feuer mit dem Studium der uralten Lehren, während die Soldaten ringsum sich mit Airag und rauhen Wettkämpfen vergnügten. Gelegentlich riss jemand einen Witz, doch Bayan stellte klar, dass die Lateiner wichtige Arbeit für ihn leisteten und er es nicht schätzte, wenn man sie ablenkte. Er teilte ihnen auch eine eigene kleine Jurte zu, deren Auf- und Abbau sie bald blind beherrschten. Trotz der Unwägbarkeit ihrer Lage genoss Nicolò diese Zeit. Er hatte seit Monaten nicht mehr ein so enges Verhältnis zu seinem Bruder gehabt.

Die Mongolen gaben ein strammes Tempo vor und wechselten regelmäßig die Pferde, um schneller voranzukommen. Nicolò wusste, unter anderen Umständen wäre ein einzelner Krieger sogar mit vier oder mehr Pferden geritten. Wahrscheinlich hatte man die Zahl bewusst klein gehalten, weil die Tiere ihnen an ihrem Ziel nicht mehr viel nutzen würden. Dennoch schafften sie meist fünfzig oder sechzig Meilen pro Tag.

Die Landschaft wurde fruchtbarer, je weiter nach Süden sie kamen. Sie durchquerten ganze Wälder aus Bambus, dem großen schilfrohrartigen Gewächs, das überall in Kithai als Baumaterial verwendet wurde. Nicolò kam sich winzig und verloren vor zwischen den riesigen Halmen. Ruhige Flüsse schlängelten sich zwischen grünen Bergkuppen hindurch, und Bauern schufteten in der schwülen Mittagshitze auf ihren Feldern, die von Deichen vor Überschwemmungen geschützt wurden. Sie kamen an zahlreichen Dörfern vorbei, viele davon größer als eine durchschnittliche Stadt in der Heimat, aber sie hielten nicht an, und niemand außer ein paar Bauern nahm Notiz von der vorüberziehenden Armee.

»Den Bauern geht es gut«, erklärte Bayan, als sie einige Äcker passierten und er die neugierigen Blicke Nicolòs bemerkte. »Der Große Khan ist sehr milde – manche sagen, zu milde, aber sein Erfolg gibt ihm wohl recht. Er verlangt nur so viel Steuern, wie sie auch entrichten können, und wenn einmal eine Ernte ausfällt oder sie ein schweres Unglück heimsucht, lässt er sogar Getreide an sie verteilen.«

»Der Khan ist ein weiser Herrscher«, murmelte Nicolò und schaute in die ausdruckslosen Gesichter unter ihren Strohhüten, während Frauen argwöhnisch ihre Kinder an sich pressten und die Bauern, welche dem Heerzug am nächsten standen, sich vorsichtshalber in den Schlamm warfen. Die weiter hinten verfolgten nur das Schauspiel oder gingen ihrer Arbeit nach.

»Die Bewohner Kithais sind gute Untertanen«, sagte Bayan und schien es als Lob zu meinen. »Nicht so wie die Rebellen in Manzi. Der Norden ist es gewohnt, von anderen Völkern beherrscht zu werden. Wir haben ihr Land den Jurchen abgenommen, und vor denen gab es die Khitan und andere. Die Leute im Süden aber halten sich für was Besseres.«

Nicolò verkniff sich einen Kommentar. Die jahrelange Erfahrung mit den Mongolen hatte ihn gelehrt, dass sie über ein unerschütterliches Selbstvertrauen verfügten. Es war nicht wirklich ein Sendungsbewusstsein, denn sie zwangen den besiegten Völkern weder ihre Religion noch ihre Lebensart auf. Das Einzige, was sie verlangten, war, dass die Unterworfenen die mongolische Vorherrschaft anerkannten und Abgaben zahlten, die zu einem Großteil wiederum in den riesigen mongolischen Heerapparat flossen. Kein Mongole, den er kannte, hatte ihm je einen stichhaltigen Grund für diese Ordnung der Dinge genannt – aber keiner hätte sie jemals in Frage gestellt. Es war ihr Vorrecht, ihr himmlisches Mandat zur Herrschaft über die Erde.

Nach zwei Wochen schließlich blickten sie auf ein weites Tal hinab, das von einem breiten Fluss geteilt wurde. Beiderseits des Flusses, der an dieser Stelle mehr als zweihundert Schritt maß, lag eine Stadt. Die Siedlung am Nordufer glich eher einer kleinen Festung; die Stadt am Südufer war riesig, von rechteckiger Form, und wurde von einer zwanzig Fuß hohen Mauer geschützt. Drei ihrer Tore gingen direkt zum Fluss hinaus, und eine Vielzahl von Booten und kleinen Schiffen kündete von der Bedeutung des Han für diese Metropole; eine Wechselbeziehung von Wasser und Land, die den Mongolen als Steppenbewohnern fremd war, die Nicolò als Venezianer aber sofort verstand. Zusätzlich wurde Saianfu von einem dreißig Fuß breiten gefluteten Grabensystem geschützt, dessen Ufer mit den Gerippen zerstörter Schiffe, zerbrochener Brücken und verbrannter Belagerungsmaschinen übersät war: Zeugen eines jahrelangen Stellungskriegs.

In sicherer Entfernung zu dieser Todeszone versperrten die von Bayan erwähnten Forts den Zugang zum Tal. In ihrem Schutz lagerte das mongolische Heer, eine unglaubliche Zahl von Kriegern, vielleicht hunderttausend. Ihre Jurten wuchsen die Hänge der Hügel empor, ihre riesigen Herden grasten das Umland ab, und überall standen Katapulte und Belagerungstürme, bedrohlich in ihrer Menge, doch nutzlos in ihrer Entfernung zu den Mauern der wehrhaften Stadt.

Der Anblick erinnerte Nicolò an etwas, und er brauchte eine Weile, um darauf zu kommen: die große Karte des Khans, die er in Xanadu in seinem Gartenpalast gesehen hatte. Dies war die Wirklichkeit, die von dieser Karte abgebildet wurde: die Kriegsmaschinen wie Holzklötzchen, die Armeen wie Spielsteine, die Stadt das Tor zu den Reichtümern des Südens.

Beinahe verstand Nicolò, weshalb Kublai so besessen von ihr war.

»Kublai hat sogar einen neuen Tempel bauen lassen, um diesen Feldzug zu gewinnen«, sagte Bayan, als hätte er seine Gedanken erraten. »Phags-pa war der Ansicht, dass es mehr als nur Streitkräfte bräuchte, um Saianfu einzunehmen. Ihr könnt mir helfen, dem Zauberer das Gegenteil zu beweisen.«

Nicolò schaute zu seinem Bruder, der mit grimmigem Gesicht die beiden Städte studierte, dann zu Bayan. »Wie sollen wir das anstellen?«

»Das erkläre ich euch gleich.«

Bayan wies seinen Adjutanten an, das Heer den Rest der Strecke zu den Forts zu führen. Dann bedeutete er den Venezianern, ihm zu folgen, und lenkte sein Pferd den Hang hinab, näher an die Stadt.

Er brachte sie zu einer großen Baustelle am Rande des Trümmerfelds, wahrscheinlich gerade außerhalb der Reichweite gegnerischer Geschütze. Schon von weitem sahen sie, dass dort ein hoher Turm oder eher ein Mast errichtet worden war, der zur Stadt hin von zwei ebenso hohen Segeln verdeckt wurde. Doch erst, als sie um ein letztes Jurtenlager ritten und sich der Baustelle von der Seite näherten, erkannten sie, dass es nicht einfach ein Turm war.

Und Nicolò verstand, weshalb Bayan ihnen Abschriften aus dem Werk des Archimedes zu lesen gegeben hatte.

Der Turm war eine Waffe – ein enormes Katapult von ungewohnter Bauform. Der Wurfarm war auf einer hohen Achse montiert und mündete in einer schlaff herabhängenden Schlinge. Nicolò war nicht klar, wie man die Waffe spannen sollte; er sah lediglich einen großen Block am kurzen Ende des Arms, der die Konstruktion anscheinend im Gleichgewicht hielt. Die hohen Wände aus Tuch davor schützten sie vor Entdeckung durch die feindlichen Späher. Und um ihren Fuß stapelten sich kugelrunde Felsen, die von zahlreichen Steinmetzen bearbeitet wurden. Der Klang ihrer Meißel erfüllte die Luft.

»Was beim Allmächtigen ist das für ein Ding?«, fragte Nicolò.

Maffeo lachte. »Das, lieber Bruder, ist der wohl größte Tribock, der je gebaut wurde.«

Mehrere Männer kletterten auf Gerüsten um das hölzerne Monstrum herum und legten an verschiedenen Stellen Hand an. Als sie der Ankömmlinge gewahr wurden, ließen sie von ihrer Arbeit ab. Ein älterer Mann mit einem grauen Bart trat aus dem Schatten der Kriegsmaschine auf sie zu.

»Das ist Talib«, sagte Bayan leise, so dass nur sie es hörten. »Als General Aju dem Khan eingestand, dass unsere Katapulte den Mauern Saianfus nichts anhaben konnten und der Reihe nach ihren Brandgeschossen erlagen, schickte Kublai Boten an seinen Neffen Abaka und bat ihn um Unterstützung. Schließlich hatte Hulaku mit seinen Kriegsmaschinen einst eine ähnliche Nuss geknackt – Bagdad. Abaka schickte ihm diesen Mann und seine Söhne. Sagte, sie seien die besten Konstrukteure, die er habe. Tatsächlich haben sie uns dieses Ding hier gebaut – aber seit dem Frühjahr geht nichts mehr voran. Beim ersten Einsatz brach der Arm und erschlug zwei Männer. Seitdem weigert sich Talib, einen zweiten Versuch zu starten, ehe er sich seiner Sache sicher ist.«

Bayan drehte sich im Sattel, so dass Talib nicht einmal mehr seine Lippen lesen konnte. »Eure Aufgabe ist es, herauszufinden, ob er die Wahrheit sagt. Wenn es wirklich Probleme mit der Konstruktion gibt, helft ihr ihm, so gut ihr könnt. Aber wenn er die Arbeit absichtlich verzögert, kommt ihr zu mir und erstattet Bericht. Kapiert?«

Maffeo brummte zustimmend, und auch Nicolò rang sich ein Nicken ab. Im Gegensatz zu seinem Bruder war ihm die Aussicht, eine tragende Rolle in diesem Krieg zu spielen, unangenehm.

»Talib!«, rief Bayan, nach vorne gewandt. »Ich bringe dir zwei Lateiner, die dich unterstützen sollen. Das sind Maffeo und Nicolò Polo. Der Khan wünscht, dass ihr zusammenarbeitet.«

»Und wie sollen mir diese beiden behilflich sein?«, fragte der alte Mann skeptisch. »Sie sehen mir nicht wie Zimmerleute aus.«

»Es sind *Gelehrte.*« Bayan betonte das Wort, als hätte er es eben erst gelernt. »Angeblich schlau wie hundert weise Christen.« Er lachte über seinen eigenen Witz und wendete sein Pferd. »Dann mal los! Der Khan wünscht schnelle Resultate.«

Und mit diesen Worten preschte er davon.

IV
Der goldene Käfig

Kurz vor Morgendämmerung wurden wir von lautem Geschrei geweckt.

Ich fuhr aus dem Schlaf und schaute bereits in das entsetzte Gesicht Chinkims, der nur mit einer Hose und seinem Köcher bekleidet war, in der Hand seinen Bogen. Er bedeutete mir, still zu sein, und reichte mir seinen Dolch.

Dann öffnete er die Tür der Jurte. Fast zeitgleich mit dem heißen Rauch, der uns aus der Dunkelheit entgegenschlug, erklangen abermals fürchterliche Schreie – und lautes Gebrüll.

Der Tiger!, dachte ich entsetzt. Chinkim bedeutete mir, hinter ihm zu bleiben, und verschwand in der Nacht.

Ich folgte ihm, ohne zu zögern. Vielleicht fühlte ich mich sicherer in seiner Gegenwart; vielleicht ahnte ich aber auch, dass es hier nicht um mich ging und jede Gefahr, in die ich mich begab, dem Prinzen hundertfach drohte. Dennoch war ich nur mit einer Klinge bewaffnet, die ich nicht richtig führen konnte. Ich hatte keine Waffe mehr gezogen seit … ja, seit …

Die Szene vor der Jurte lieferte mir die Antwort. Einen Herzschlag oder zwei fühlte ich mich tatsächlich an jenen schrecklichen Abend erinnert, als die Karaunas über uns und unsere Gefährten hergefallen waren. Der Lagerplatz war ein Durcheinander beißenden Qualms, sterbender Menschen und zu Tode verängstigter Pferde. Und irgendwo in der undurchdringlichen Dunkelheit lauerte die Bestie.

Neue Flammen schlugen empor, und ich erhaschte einen Blick auf Chinkim, der mit gespanntem Bogen lautlos einen Schritt vor den anderen setzte und in die Schwärze hinauszielte. Dann erklang ein Fauchen, ganz nahe sogar, der Pfeil löste sich, und ein markerschütterndes Gebrüll bewies, dass er getroffen hatte. Schon lag ein zweiter Pfeil auf der Sehne, doch das Schwarz und Rot der Nacht waren nur noch dem Spiel der Flammen geschuldet. Der Tiger hielt sich verborgen oder war geflohen. Wie war er aus seinem Käfig entkommen?

Ich versuchte, mich zu orientieren. Wo die zweite Jurte gestanden hatte, lag nur noch ein schwelender, stinkender Haufen aus Filz und Gitterwerk. Von den anderen Männern fehlte jede Spur.

Dann stieß ich mit dem Fuß gegen etwas und blickte hinab. Es war einer der beiden Wagenlenker. Sein Kopf war fast abgerissen, und eine riesige Wunde klaffte in seiner Brust. Von seinem rechten Arm fehlte jede Spur.

Ich kämpfte die Übelkeit nieder und folgte Chinkim, der wachsam das Lager umrundete. Wir erreichten den Wagen mit dem Käfig. Die goldene Tür stand weit offen. Chinkim senkte einen Moment lang den Bogen, um das Schloss zu untersuchen.

»Unversehrt«, murmelte er. »Jemand hat es geöffnet.«

Da nahm ich aus den Augenwinkeln eine Bewegung wahr.

»Chinkim!«, schrie ich, und noch während ich schrie, sprang ich vor und stieß den Prinzen mit aller Macht in den Käfig. Wir landeten beide auf dem erhöhten Boden, ich zog meine Beine ein und packte das Gitter, das gerade noch rechtzeitig zuschwang, ehe der Tiger mit voller Wucht dagegenprallte. Der Aufprall war heftig genug, uns abermals von den Beinen zu reißen. Das Raubtier brüllte, die Tür schwang einen Spalt weit auf, und schon hatte die Bestie eine Pranke im Spalt und versuchte, zu uns zu gelangen, während ich verzweifelt am anderen Ende dagegenzog. Ein Schlag der Krallen erwischte Chinkim am Schenkel.

Chinkim fluchte, hob seinen Bogen und schoss.

Mit einem Schmerzensschrei machte der Tiger kehrt und verschwand erneut in der Dunkelheit, Chinkims Pfeil in seinem Nacken.

Furchtsam wagte ich einen Blick hinaus. In dem ganzen Durcheinander hatte ich meine Waffe verloren. Sie musste irgendwo dort draußen im Gras liegen.

»Ich hätte ihn noch rechtzeitig erwischt«, sagte Chinkim. »Ehe du mich gestoßen hast.«

»Vielleicht«, gab ich zu. »Ich hätte dich nicht einfach umstoßen dürfen«, fügte ich hinzu, als ich seine düstere Miene sah.

Er ging nicht weiter darauf ein, sondern musterte kurz die blutigen Striemen an seinem Bein. Er hatte noch Glück gehabt. Dann scharrte er mit den bloßen Füßen im Stroh. »Ich frage mich …«

Er fand einen blutigen Klumpen und schob ihn mir zu. Angewidert betrachtete ich den Brocken Fleisch. Er stank ganz erbärmlich.

»Was ist das?«

»Mehr Yakfleisch«, kommentierte Chinkim trocken.

»Die Frage ist, wer hat es ihm gegeben? Alles, womit wir ihn heute Mittag gefüttert haben …«

»Hat er gefressen«, beendete ich den Satz. »Das ist richtig.« Jemand anderes musste nach uns beim Käfig gewesen sein. Aber weshalb?

»Hast du den Schaum vor seinem Maul gesehen?«, fragte Chinkim.

Das hatte ich nicht, es war alles zu schnell gegangen. »Glaubst du etwa, er wurde vergiftet?«

»Marco, dieser Tiger hätte mich niemals angegriffen. Ich habe ihn *großgezogen.* Er hätte niemandem das angetan, was sich da draußen abgespielt hat, wenn er nicht wahnsinnig vor Schmerzen gewesen wäre.«

Was Chinkim sagte, ergab Sinn. Wer aber sollte eine solche Katastrophe heraufbeschwören, und wieso? Nachdenklich starrte ich in die Dunkelheit hinaus, während die Flammen langsam niederbrannten. In gleichem Maße schwand meine Anspannung, und ich ließ mich erschöpft im schmutzigen Stroh nieder. Chinkim setzte sich auf die Hacken, in grimmiges Schweigen gehüllt. So warteten wir, bis am östlichen Horizont eine Ahnung der Dämmerung heraufkroch.

»Meinst du, er ist noch da draußen?«, fragte ich schließlich.

»Nun, es gibt nur einen Weg, es herauszufinden.« Der Prinz erhob sich, stieß die Tür des Wagens auf und sprang heraus.

Vorsichtig folgte ich ihm. Ich entdeckte ein Blitzen im Gras und hob den Dolch auf. Dann erkundeten wir das Lager, oder was davon übrig war.

Die Pferde waren alle geflohen. Auch von den Ochsen fehlte jede Spur. Beides ließ nur den Schluss zu, dass jemand sie losgemacht hatte. Die Hunde fanden wir etwas abseits, verendet und ebenfalls mit Schaum vor dem Maul, was unseren Verdacht erhärtete. Nur der Falke saß auf seiner

Stange am anderen Wagen und starrte uns ausdruckslos an. Ich fragte mich, was er gesehen hatte.

Ein Stück weiter, in einer Senke, entdeckte Chinkim die Leiche eines weiteren Mannes. Er sah nicht so aus, als ob der Tiger ihn geholt hätte. Gemeinsam drehten wir ihn auf den Rücken. Das dunkle Blut war selbst im schwachen Licht deutlich erkennbar.

»Jemand hat ihm die Kehle durchgeschnitten«, stellte ich fest.

»Was ich befürchtet habe«, sagte Chinkim. »Es gibt einen Verräter.«

Da hörte ich aus einiger Entfernung ein leises Winseln. Ich erstarrte.

»Das ist kein Tier«, sagte Chinkim. »Das ist ein Mensch.«

Wir folgten den Schmerzenslauten hinter einen Hügel und fanden einen weiteren Mann. Diesem war offensichtlich ein schlimmeres Schicksal widerfahren als ein schneller Schnitt über den Hals. Sein ganzer Körper war blutverschmiert, und sein Bein hing bis zur Hüfte in Fetzen. Wie er es überhaupt geschafft hatte, aus eigener Kraft so weit zu kriechen, war mir ein Rätsel.

»Was ist passiert?«, fragte Chinkim, doch der Mann starrte ihn nur mit schmerzgeweiteten Augen an und stieß immer wieder sein furchtbares Winseln aus.

»Er ist verloren«, sagte der Prinz. Dann legte er einen Pfeil auf die Sehne und schoss dem Mann ins Herz. Ich wandte den Blick ab und sprach ein rasches Gebet.

Wir durchkämmten die Umgebung, während der Himmel sich stetig aufhellte. Chinkim hatte Schmerzen und humpelte, wollte es sich aber nicht anmerken lassen. Schließlich fanden wir eine blutige Spur und folgten ihr zu einem kleinen Wasserlauf. Der Tiger lag reglos am Ufer, eine blutige Pranke im Wasser. Er war tot.

In stummer Trauer ließ sich Chinkim neben der großen

Katze nieder und fuhr ihr mit der Hand durch das prächtige Fell. Dann zog er ihr seine Pfeile aus dem Nacken und der Flanke und untersuchte die verdrehten Augen, das schaumverklebte Maul.

»Wer immer das getan hat, wird dafür bezahlen«, schwor er.

»Vielleicht hat er das schon.«

Er sah mich zweifelnd an.

Zurück im Lager verband Chinkim zunächst seine Wunde, dann traten wir das schwelende Feuer aus und durchsuchten die Trümmer der verbrannten Jurte. Darin fanden wir die verkohlten Überreste zweier weiterer Leichen. Doch ob sie im Schlaf gestorben oder erst nach ihrem Tod in die Flammen gestoßen worden waren, ließ sich nicht mehr sagen.

Von drei Männern fehlte jede Spur.

»Entweder es gab mehrere Verräter, oder einen Verräter und mehrere Feiglinge«, überlegte ich, als wir kurz darauf erschöpft im Gras saßen. »Wahrscheinlich Letzteres.«

»Wieso glaubst du das?«, fragte Chinkim.

»Ganz einfach: Wenn wir es mit drei Mördern zu tun hatten, wäre es nicht deutlich einfacher für sie gewesen, uns im Schlaf zu töten? Wir waren allein in deiner Jurte.«

»Hältst du uns für ein so leichtes Opfer?«, fragte Chinkim.

»Das wollte ich damit nicht sagen …«

»Was wolltest du dann sagen, Marco Polo?«

Ich zuckte hilflos die Achseln. »Ich glaube einfach, dass der Plan des Verräters zuerst nur vorsah, den Tiger in Raserei zu versetzen, seinen Käfig zu öffnen und sich aus dem Staub zu machen. Wahrscheinlich hat er auch die Tiere losgemacht, damit wir keine Fluchtmöglichkeit haben. Dann aber ging irgendwas schief – vielleicht musste einer der anderen Männer austreten und hat ihn überrascht.«

»Wenn es sich so verhält, wie du sagst«, sagte Chinkim, »haben wir es in jedem Fall mit drei Feiglingen zu tun – ganz gleich, wie viele davon Verräter sind.«

»Das ist richtig.«

Einen Moment oder zwei hingen wir unseren Gedanken nach.

»Nur wir beide«, sagte er und legte den Kopf in den Nacken. »Allein unter dem Ewigen Blauen Himmel. Ich war ihm selten so nahe.« Er schaute mich an. »Was wäre wohl geschehen«, fragte er mit einem undeutbaren Ausdruck in der Stimme, »wenn ich dich nicht mitgenommen hätte?«

»Es tut mir leid«, sagte ich.

»Leid? Was sollte dir leidtun, Marco?«

Auf einmal hatte ich einen Kloß in der Kehle. »Dass ich dich gestoßen habe. Ich …«

Doch Chinkim fasste mich bei der Hand und bedeute mir, zu schweigen. »Du hast mir das Leben gerettet.« Er schaute mir tief in die Augen. »Du hast dich zwischen mich und einen angreifenden Tiger geworfen, um mich zu retten. Wer sonst hätte den Mut dazu besessen?«

»Eigentlich habe ich uns einfach nur …«

»Sag jetzt nicht, du hättest dasselbe für jeden getan!«, drohte er mit einem Lächeln.

Ich schüttelte den Kopf, wollte kein Aufhebens davon machen, ihn aber auch nicht beleidigen. Ich dachte, es werfe vielleicht ein schlechtes Licht auf ihn, dass er gerade mir sein Leben verdankte.

»Niemand muss davon erfahren«, sagte ich deshalb. »Was sich hier draußen abgespielt hat …«

»Nein«, sagte er. »Niemand.«

Ewas an der Art, wie er es sagte, ließ mich aufhorchen. Doch da fasste er bereits meinen Kopf und gab mir einen Kuss auf die Lippen.

Einen Moment war ich so verdutzt, dass ich einfach nur

stillhielt und es geschehen ließ. Ich spürte seine Hand, die mir zärtlich durchs Haar fuhr. Seine Zunge, die sich forschend in meinen Mund schob …

Ich riss mich los und starrte ihn entgeistert an. Chinkim erwiderte meinen Blick. Von einem Moment auf den anderen war sein Gesicht völlig ausdruckslos.

»Mein Prinz …«

Schneller, als ich zusehen konnte, war Chinkim aufgesprungen, hatte meinen Arm gepackt und ihn mir auf den Rücken gedreht. Im nächsten Augenblick hatte er mich entwaffnet. Dann stieß er mich herum und schob mich mit brutaler Gewalt zurück zum Käfig, warf mich hinein, schlug die Tür zu und verriegelte sie. Er blockierte den Riegel mit dem Dolch, so dass ich ihn von innen nicht mehr öffnen konnte, und wandte sich ab.

»Chinkim!«, rief ich, und da hielt er kurz inne. *Es tut mir leid,* wollte ich sagen, doch das hätte ihn vielleicht noch mehr verletzt, deshalb verkniff ich es mir.

Ohne einen weiteren Blick stapfte er davon.

Fassungslos setzte ich mich abermals ins stinkende Stroh. Im Nachhinein erschien mir so vieles nun in einem anderen Licht: Chinkims vertrauliche Art, mit mir zu reden, seine schon zärtlich zu nennenden Blicke, ja seine ganze Idee, mich auf die Jagd mitzunehmen – all das sprach eine deutliche Sprache, doch ich hatte nicht richtig hingehört.

Ich erwarte keine Wunder von dir. Bloß, dass du mich begleitest.

Ich hatte gedacht, ihm ginge es bloß darum, den immer gleichen Gesichtern bei Hof zu entkommen. Um die Gesellschaft eines Außenstehenden.

Manchmal fühle ich mich sehr einsam – trotz Hunderter Gefolgsleute. Ich dachte, dass es mit dir vielleicht anders ist.

Nun begriff ich, dass es mehr als das war. Was für ein Narr ich doch gewesen war!

Natürlich wusste ich um die Vorlieben, die manche Männer seit den Tagen der alten Griechen pflegten und die sie in den einschlägigen Häusern Venedigs nach wie vor auslebten, auch wenn die Kirche nach immer härteren Strafen rief und ihnen im schlimmsten Falle Kastration und sogar Tod drohten. Bislang hatte ich mir nicht allzu viele Gedanken darüber gemacht, denn ich teilte weder die Lust der Sodomiten noch die Abscheu der Kirchenmänner. Die einzigen Sünden, die mich belasteten, waren meine eigenen. So oder so hatten meine sündhaften Gedanken stets Mädchen gegolten, insbesondere wahrscheinlich Beatrice. Doch abgesehen von ihr und meinem einwöchigen Glück mit Meryem in Lop hatte mir mein abenteuerliches Leben die letzten Jahre wenig Gelegenheit gegeben, solcherlei Gedanken in die Tat umzusetzen.

Ich seufzte. Wahrscheinlich konnte ich es Chinkim nicht vorwerfen, dass er nicht nach christlichen Vorstellungen von Tugend und Sünde lebte. Zudem war er ein Prinz, und wer wusste schon, wie es an den Höfen Europas zuging. Trotzdem waren mir seine Gelüste unangenehm – und das machte alles noch schlimmer. Andere an meiner Stelle hätten ihn vielleicht verdammt. Ich mochte den Prinzen aber und wollte ihm nicht weh tun. Das Problem war nur, dass mir das nichts nützen würde.

Im Gegenteil, erkannte ich.

Denn Chinkim war auch der Lieblingssohn und designierte Nachfolger seines Vaters, des Großen Khans. Das hieß, er brauchte einen Erben. Hatte die junge Frau mit dem Zopf, die beim Bankett neben ihm saß, zu ihm gehört? Je länger ich darüber nachdachte, desto sicherer wurde ich mir, dass Kublai nichts von Chinkims Männerliebe wusste und sie bei ihm auf ebenso wenig Zustimmung stoßen würde wie beim Heiligen Vater persönlich.

Chinkim konnte es sich auf keinen Fall erlauben, dass ich nach Xanadu zurückkehrte und davon erzählte.

Und wer konnte ihm schon beweisen, wer die heutige Nacht überlebt hatte und wer nicht?

Niemand muss davon erfahren …

»Oh, Chinkim«, murmelte ich, wieder und wieder, während die Sonne über dem endlosen Grasland aufging und ich in meinem Käfig aus Gold auf seine Rückkehr wartete.

V
Der Weg nach vorn

Gelehrte also«, wiederholte Talib, als er Nicolò und Maffeo in seine Unterkunft führte – keine Jurte, sondern eine richtige Hütte, die aus demselben Baumaterial wie der Tribock und die Munition bestanden.

»Sagen wir, wir kennen uns mit verschiedenen Dingen aus«, beschwichtigte Nicolò, um die Sorgen des mürrischen Baumeisters zu zerstreuen. »Selbstverständlich sind wir keine Spezialisten, so wie Ihr.«

Talib grunzte. »Das hier sind meine Söhne, Ibrahim und Muhammad«, stellte er ihnen die beiden jungen Männer vor, die im Inneren um einen niedrigen Tisch saßen, Trinkschalen in den Händen. Der Boden war mit dicken, persischen Teppichen ausgelegt.

»Schön habt Ihr's hier«, kommentierte Maffeo und schaute sich um.

»Was wollen die beiden Christen?«, fragte Ibrahim misstrauisch.

»Aber, aber«, sagte Maffeo. »Wollen wir so früh schon alte Gräben aufreißen? Stehen wir nicht alle in den Diensten des Khans?«

Talibs Sohn kniff die Augen zusammen. »Was wollt Ihr von uns?«, wiederholte er.

Nicolò setzte ein freundliches Lächeln auf. »Der Khan möchte, dass die Arbeiten rasch zu einem erfolgreichen Abschluss gebracht werden. Wir hörten, es gäbe Probleme. Wir sind da, um zu helfen.«

»Dann wollen wir doch einmal sehen«, brummte Talib. »Muhammad! Hol mir die Pläne.«

»Aber Vater!«

»Na los! Hörst du schlecht?«

Der jüngere der beiden Söhne erhob sich und verschwand hinter einer Wand. Man hörte ihn einen Schrank oder eine Truhe öffnen. Kurz darauf war er zurück, den Arm voller Pergamente.

»Versteht Ihr etwas von Statik? Den Hebelgesetzen? Wurfbewegung? Könnt Ihr überhaupt mit indischen Ziffern rechnen?«

»Ihr werdet Euch noch wundern«, sagte Maffeo, nahm ihm die Pergamente ab und setzte sich damit an den Tisch. Mit gerunzelter Stirn roch er an einer der Trinkschalen, dann stellte er sie beiseite. »Was bei allen Steppengeistern ist das für ein Gebräu?«

»Die Einheimischen nennen es *Cha* oder *Te*«, sagte Muhammad. »Möchtet Ihr einen?«

»Wie soll ich mit so etwas arbeiten?«, beschwerte sich Maffeo. »Habt Ihr Wein?«

Talib schüttelte fassungslos den Kopf. »Wenn das die Art ist, wie Ihr arbeitet, möge Allah uns gnädig sein.«

»Wir werden uns wohl mit Airag begnügen«, sagte Nicolò versöhnlich und nahm bei seinem Bruder Platz. Gemeinsam räumten sie den Tisch frei und breiteten die Pergamente darauf aus. Talibs Söhne überließen ihnen widerwillig das Feld.

Die Pergamente enthielten schematische Darstellungen des Tribocks mit ausführlichen Erläuterungen. Die Schrift war Persisch, die Kalkulationen waren in indisch-arabischen Ziffern gehalten. Maffeo verlor rasch die Geduld damit.

»Buchhaltung war immer mehr deine Stärke«, murmelte er auf Venezianisch und schob seinem Bruder die Pergamente zu.

»Das hat mit Buchhaltung nichts zu tun«, rügte ihn Nicolò. »Wer hat den Mund so voll genommen, als er den Khan um eine zweite Chance bat? Erinnere dich an die Stunden in Arithmetik! Fibonacci und der Liber Abaci ...«

»Anscheinend weißt du ja alles, was es darüber zu wissen gibt«, erklärte Maffeo, stand auf und wechselte wieder ins Persische. »Ich gehe mir etwas zu trinken holen.«

»Was für ein Gelehrter!«, höhnte Talib, als Maffeo zur Tür hinaus war.

»Ihr solltet ihn nicht unterschätzen.« Nicolò lächelte milde. »Natürlich werden wir Zeit brauchen, Eure überaus kundigen Pläne zu studieren. Und früher oder später werden wir den Fehler darin finden.«

»Wer sagt, dass es einen Fehler gibt?«, entgegnete Talib und verschränkte die Arme.

»Ihr selbst«, sagte Nicolò nachsichtig. »Denn schließlich ist das und nichts anderes der Grund dafür, dass der Große Khan sich in Geduld üben muss. Andernfalls hättet Ihr ja längst Resultate erzielt. Ist es nicht so?«

»Wir Ihr schon sagtet – wir sind alle Diener des Khans«, knurrte Talib. »Und als solche werdet Ihr sicher kein Problem damit haben, dass ich Euch eine Jurte zuweise. Studiert meine Pläne, so lange Ihr wollt, wenn Ihr meint, dass ihr sie versteht – aber haltet mich nicht von der Arbeit ab.«

»Danke«, sagte Nicolò und legte die Pergamente zusammen. »Ich hoffe, es hält Euch nicht auf, wenn wir sie eine Weile entführen.«

»Ich habe alles, was ich brauche, hier oben«, sagte Talib und tippte sich an die Stirn. »Ibrahim! Begleite unseren Gast hinaus und besorge ihm eine Unterkunft bei den Arbeitern.«

»Das ergibt keinen Sinn«, beschwerte sich Maffeo drei Tage später, als sie zum wiederholten Mal die Pläne durchgegangen waren, und warf erschöpft die Pergamente von sich. »Entweder Archimedes hat sich verrechnet, oder dieser Talib ist ein elender Lügner.«

»Wenn Archimedes wirklich danebenlag, meinst du nicht, das wäre die letzten fünfzehnhundert Jahre irgendwem aufgefallen?« Nicolò hob die Bögen auf und legte sie sorgfältig zusammen. »Talibs Konstruktion ist genial. Stärker und effektiver als jedes Katapult, das je gebaut wurde. Sein Gegengewicht lässt es Geschosse von zwei- bis dreihundert Pfund an die dreihundert Schritt weit schleudern. Das ist mehr, als durch Muskelkraft oder verdrehte Seile je denkbar wäre.«

»Bist du dir sicher?«

»Hast du aus diesen Plänen etwas anderes herausgelesen?«

Maffeo zuckte die Schultern. »Wenn es um Zahlen und alte Bücher geht, vertraue ich deinem Urteil.«

»Tu nicht so. Dein Leben lang hast du dich nur für zwei Dinge interessiert: Frauen und Macht. Mit diesem Ding gewinnst du keine Frau – aber jeden Krieg.«

Ein Funkeln in Maffeos Augen verriet ihm, dass sein Bruder das durchaus erkannt hatte. »Aber wenn es wirklich so ein Wunderwerk ist, warum setzt er es dann nicht ein?«

»Gehen wir ihn fragen«, schlug Nicolò vor.

»Rede du mit dem Alten – ich rede mit Bayan. Ich fürchte, er wird langsam ungeduldig.«

Sie verließen die Jurte und trennten sich. Nicolò fand Talib bei seinen Steinmetzen, wo er die Herstellung der Munition überwachte. Die Zahl der großen, kugelrunden Felsen war die letzten Tage noch weiter gewachsen.

»Nun?«, fragte der alte Baumeister. »Was haltet Ihr von meiner Maschine?«

»Mir scheint, Ihr habt Euer Meisterstück geschaffen.

Fraglos das Ergebnis langer, mühevoller Arbeit und größter Sorgfalt.« Nicolò ließ den Blick über das Meer aus Riesensteinen schweifen.

»Bei einer Waffe dieser Größe kann man gar nicht sorgfältig genug sein«, gab Talib zurück. »Eine kleine Unebenheit, und das Geschoss torkelt durch die Luft wie ein verletzter Vogel. Präzision ist von höchster Bedeutung.«

»Das möchte ich gar nicht in Abrede stellen. Andererseits scheint mir, dass ein derart mächtiges Geschoss auf jeden Fall verheerenden Schaden anrichten wird – ganz gleich, ob es nun diesen oder jenen Turm trifft.«

»Man merkt, dass Ihr keine Erfahrung mit so was habt«, entgegnete Talib kühl. »Wenn Ihr Pech habt, zerreißt es Euch das Katapult an Ort und Stelle.«

»War das der Grund für Euren Unfall?«, hakte Nicolò nach. »Pech?«

»Einer meiner Arbeiter war unachtsam. So etwas darf sich nicht wiederholen. Die Mongolen erwarten einen makellosen Sieg.«

»So wie in Bagdad?« Es war ein Schuss ins Blaue, aber Nicolò konnte sich nicht vorstellen, dass der alte Baumeister nicht längst denselben Vergleich angestellt hatte. Es war der Verlust, der ihn und jeden seiner Landsleute am meisten schmerzen musste. Wäre er ein Christ gewesen, hätte Nicolò Jerusalem angesprochen.

Talibs Reaktion zeigte ihm, dass er richtig vermutet hatte. »Ich verstehe nicht, was Ihr meint«, wich er aus und ging zurück zu seinem Katapult.

»Ich meine, dass die Mongolen damals, als es gegen Bagdad ging, keine halben Sachen machten!«, rief Nicolò und folgte dem Baumeister. »Die Stadt wurde mit modernstem Kriegsgerät eingenommen, die Bewohner getötet. Nur die Christen wurden verschont.«

»Das war vor fünfzehn Jahren.«

»Das ist mir ebenso bewusst wie Euch, und deshalb frage ich: Wo wart Ihr damals? Wart Ihr dabei?«

»Ob ich dabei war!«, rief Talib über die Schulter. »Dann wäre ich heute kaum hier! Und meine Söhne ebenso wenig!«

Nicolò hielt Schritt. »Hat man Euch verschont, weil Ihr Euch in den Dienst der Besatzer gestellt habt? So war es doch, oder?«

»Ich wüsste nicht, was Euch das …«

»Plagt Euch Euer Gewissen?« Nicolò spürte, dass er seinen Finger nun auf der Wunde hatte, und bohrte tiefer. »Fühlt Ihr Euch schuldig, den Mongolen zu helfen? Habt Ihr ihnen damals schon geholfen, oder missgönnt Ihr ihnen bloß einen weiteren Sieg wegen ihrer Taten von einst? Wird das Katapult deshalb nicht fertig?«

»Ihr wisst nicht, was Ihr da redet!«

»Ihr seid es, der nicht weiß, was er tut!« Am Fuß des hölzernen Kolosses stellte Nicolò den Baumeister. Die mächtigen Wände aus Tuch, die den Turm verbargen, schlugen im Wind. »Eure Waffe ist voll funktionsfähig und der Schlüssel zum Sieg – jeder, der die Konstruktion gründlich studiert, kann sehen, dass Saianfus Mauern ihr nicht standhalten können. Dennoch verzögert Ihr seit Wochen unter fadenscheinigen Vorwänden den Einsatz, weil Ihr nicht wollt, dass sich ein Massaker wie in Bagdad wiederholt. Das verstehe ich ja! Wie aber sieht Euer Plan aus? Was, meint Ihr, werden die Mongolen tun, wenn sie davon erfahren?«

»Sie hätten nie davon erfahren, wenn Ihr nicht gewesen wärt!«, spie Talib. »Diese Barbaren verstehen doch nicht einmal, was für ein Kunstwerk ich geschaffen habe! Alles, woran sie interessiert sind, ist das Morden!«

Ibrahim und Muhammad waren auf den Streit aufmerksam geworden und traten langsam näher, um ihrem Vater beizustehen. Ibrahim hielt einen großen Hammer in der Hand.

»Ihr tut ihnen unrecht!« Nicolò redete in beschwörendem Ton. Ihm war klar, dass er auf seine Weise nicht weniger ein Gefangener war als Talib, angewiesen auf die Gnade der Mongolen. Er war Teil ihres Krieges, und in der langen, blutigen Geschichte der Menschheit hatte es nie einen Krieg ohne Tote gegeben. Dennoch glaubte er fest daran, dass er Bayan dazu bringen konnte, die Sinnlosigkeit eines Massakers einzusehen – und dass Talibs Waffe geeignet war, diesen Sieg ohne überflüssiges Blutvergießen herbeizuführen. Vielleicht wären schon zwei Schüsse genug, den Verwalter Saianfus kapitulieren zu lassen. »Lasst uns mit General Bayan reden. Wir kennen ihn schon eine Weile, und vielleicht können wir gemeinsam eine Strategie …«

»Ich habe bereits eine Strategie!«, erklang da die gut gelaunte Stimme seines Bruders. Nicolò fuhr herum und sah Maffeo, gefolgt von Bayan und mehreren Soldaten. »Wir wissen genau, was zu tun ist.«

»Was habt Ihr vor?«, rief Talib entsetzt und stellte sich den Männern in den Weg.

»Die Waffe einsetzen«, erklärte Bayan.

»Das Katapult ist noch nicht …«

»Unsere Lateinerfreunde sind da anderer Meinung«, unterbrach ihn der General. »Damit bestätigen sie, was ich schon vermutet habe. Und offen gesagt ist mir selbst ein zerbrochenes Katapult lieber, als den Khan noch eine weitere Woche warten zu lassen. Ihr werdet es einsetzen – und zwar sofort.«

»Das geht nicht!«, entrüstete sich Talib. »Ganz davon abgesehen, dass wir noch Probleme mit der Achse beheben müssen, haben wir diesen Standort gewählt, weil wir hier sicher vor Entdeckung und vor allem vor feindlichen Geschossen sind. Dadurch liegt Saianfu auch außerhalb unserer Reichweite. Natürlich ließe sich eine geeignete Stellung finden, von der aus wir die Stadt unter Beschuss nehmen könnten, ohne uns selbst angreifbar zu machen, aber dazu müssen wir den Tribock erst abbauen und näher zum Fluss transportieren. Das dauert mindestens …«

»Wir müssen den Tribock nicht abbauen«, unterbrach Maffeo barsch. »Wir müssen ihn nur drehen.«

»Wieso …«

»Das Ziel ist nicht länger Saianfu«, erklärte Bayan. »Das Ziel ist Fancheng.«

»Ich verstehe nicht …«

»Die Festung liegt nahe genug für eine Demonstration. Ich wünsche, dass diese noch vor Sonnenuntergang stattfindet. Es ist wichtig, dass man in Saianfu ganz genau verfolgt, was wir hier tun.«

»Vor Sonnenuntergang!« Der Baumeister tauschte Blicke mit seinen Söhnen. »Das ist vollkommen …«

»Wie viele Männer, Ochsen oder Pferde braucht Ihr, um das Ding zu drehen? Zwanzig? Zweihundert? Zweitausend? Sollt Ihr alle haben. Bloß macht, dass das da vorne«, Bayan zeigte auf die Festung, »bis heute Abend wegkommt!« Der General trat hinter Muhammad und legte ihm die schwere Hand auf die Schulter. »Sonst lassen wir uns etwas einfallen, was Euch motiviert.«

Er klopfte Talibs Sohn noch einmal auf den Rücken, dann ging er grinsend zurück zu seinen Männern.

»Ihr ahnt nicht, was Ihr da angerichtet habt«, raunte der Baumeister Nicolò zu, dann machten er und seine Söhne sich an die Arbeit.

»Hat er recht?«, fragte Nicolò seinen Bruder. »Begehen wir einen Fehler?« Es war das erste Mal seit langer Zeit, dass er seinem Bruder eine Frage wie diese stellte. Er war es gewohnt, dass Maffeo Menschen benutzte und sich nicht in seine Pläne blicken ließ, aber diesmal hoffte er auf eine ehrliche Antwort.

»Das spielt keine Rolle«, brummte Maffeo. »Falls du's noch nicht bemerkt hast, Bruderherz, aber es gibt nur einen Weg für uns – und der führt nach vorn.«

Tatsächlich brauchte es ziemlich genau zwanzig Mann und ebenso viele Ochsen, um den Tribock zu drehen, zu sichern und einsatzbereit zu machen. Nicolò war kein Architekt und hatte bald den Überblick über die verschiedenen Seile und Flaschenzüge verloren – es war eine Sache, Talibs Zahlen nachzurechnen, aber eine völlig andere, die Gesetze des Archimedes im praktischen Einsatz zu erleben. Er konnte nur hoffen, dass der Baumeister kein doppeltes Spiel mit ihnen trieb. Mehr als einmal drohten die Seile zu reißen, die riesenhafte Konstruktion ächzte wie ein Schiffsmast im Sturm, und Nicolò hatte Angst, dass der Titan zerbrechen und sie alle unter sich begraben würde.

Dann wurde es nötig, die großen Segel abzubauen, welche die Waffe bislang vor Entdeckung geschützt hatten. Sie fielen mit der Anmut eines abgestreiften Gewands, doch als eines der Riesentücher ein Ochsengespann unter sich begrub, brachen die Tiere in Panik aus, und es dauerte eine Weile, bis wieder Ordnung auf der Baustelle herrschte.

Schließlich war der Tribock wieder sicher verankert und reckte seinen Wurfarm wie in einer höhnischen Grußgeste Richtung Fancheng. Es war eine Stunde vor Dämmerung.

»Wir sollten nichts überstürzen«, murmelte Talib, das Gesicht zu der Festung gewandt. »Warten wir die Nacht ab und nutzen das Licht des neuen Tages …«

»Wir machen weiter«, sagte Maffeo bestimmt, und auch die mongolischen Krieger, die Bayan ihnen abgestellt hatte, ließen keinen Zweifel daran, dass sie auf den Einsatz der neuen Waffe brannten.

Widerwillig gab Talib den Ochsentreibern das Zeichen,

ihre Tiere hinter dem Wurfarm zu versammeln. Dann kletterten zwei Männer den hohen Mast empor und befestigten Ketten daran, die wiederum zu Seilen führten, welche die Männer am Boden an den Ochsengespannen festbanden.

Die ganze Zeit über stand der alte Baumeister unbewegt, den Blick zum Horizont, als bereitete er sich auf sein Abendgebet vor.

Ein helles Feuer tanzte auf den Mauern Fanchengs.

Erst dachte Nicolò, er sähe nur die Reflektion der Abendsonne, dann erkannte er, dass er sich getäuscht hatte.

»Was geht da vor?«, fragte er und kniff die Augen zusammen.

Talib gab keine Antwort.

»Moment mal. Das sind …«

Noch während er nach Worten suchte, sprangen die Feuer von der Mauer plötzlich auf sie zu. Es sah aus, als fiele ein Schwarm funkensprühender Heuschrecken über sie her. Im nächsten Moment wurden sie auch schon in Flammen gebadet, und feurige Schweife regneten aus dem Himmel auf sie herab, fauchend wie wütende Drachen. Dann erbebte mit einem ohrenbetäubenden Knall der Boden unter ihren Füßen.

»Himmelsberster!«, schrie ein Mongole. »Sie schießen mit Feuerpfeilen und Katapulten!«

Tatsächlich handelte es sich um verschiedene Waffen, die Nicolò vom Hörensagen kannte: Himmelsberster waren mit Wind und Feuer gefüllte Eisenkugeln, die beim Aufschlag eine ungeheure Wucht entfalteten. Die wirbelnden Kometenschweife waren Feuerpfeile mit größerer Reichweite, die flogen, als besäßen sie einen eigenen Willen. Einige dieser Geschosse trafen den Tribock und zerplatzten in zischenden Stichflammen. Zum Glück entwickelten sie nicht genug Hitze, um das Holz in Brand zu stecken. Eines der großen Segeltücher aber hatte zu schwelen begonnen, und die Wucht eines weiteren Himmelsbersters warf eine Gruppe von Arbeitern zu Boden. Die Baustelle versank im Chaos.

»Talib!«

Der alte Baumeister schritt grimmig voran, als wollte er sich den Angreifern persönlich entgegenstellen. Die Reichweite der feindlichen Geschütze schien ihn weder zu schrecken noch zu überraschen. Hatte er gewusst, was geschehen würde, sobald sie ihre Absichten enthüllten? War er einfach zu starrköpfig, die Gefahr für voll zu nehmen – oder so verbittert, dass er die Vernichtung seines Meisterwerks billigend in Kauf nahm?

Vielleicht, dachte Nicolò, war es genau das, was er wollte.

»Vater!« Auch Ibrahim hatte bemerkt, wie schutzlos Talib den Flammen entgegenschritt, die Fancheng in ihre Richtung spie, und rannte los, um seinen Vater in Sicherheit zu bringen. Doch da sprengte ein weiterer Himmelsberster ein großes Loch in den Boden – und alles, was von Talib blieb, als das aufgewirbelte Erdreich wieder fiel und der Rauch sich verzog, war ein grausig zerrissener Körper. Seine Söhne brachen in Tränen aus. Nicolò wandte den Blick ab.

Fast zeitgleich erhob sich aus dem Durcheinander schreiender Männern und blökender Ochsen eine laute Stimme, die alle anderen unter sich vereinte.

»Hiergeblieben! Weitermachen! Zieht das Ding zu Boden! Na los, zieht!«

Es war die Stimme seines Bruders.

Maffeo hatte den Befehl über die Baustelle übernommen, als hätte er nie etwas anderes getan. Und entgegen aller Wahrscheinlichkeit folgten die Mongolen seinen Befehlen. Niemand floh oder stellte seine Autorität in Frage. Den Männern an den Ochsengespannen gelang es, die verängstigten Tiere unter Kontrolle zu halten und ihrer Furcht eine Richtung zu geben: nach vorn. Die Seile spannten sich, die

Ketten klirrten hell, und nach und nach zwangen sie den gewaltigen Wurfarm des Tribocks zu Boden. Im selben Zug stieg das schwere Gegengewicht an seinem anderen Ende in die Höhe.

Die übrigen Arbeiter gaben ihr Bestes, die Brandherde zu löschen und die Verwundeten außer Reichweite zu ziehen. Inzwischen waren es nicht mehr nur Glückstreffer: Die Belagerten hatten sich eingeschossen und kamen dem Tribock nun gefährlich nahe. Immer mehr Männer fielen der Wucht der Himmelsberster zum Opfer, doch im Handumdrehen nahmen andere ihren Platz ein.

Unbeirrt zwang Maffeo die Arbeiter, den Wurfarm festzuketten und die Munition herbeizuschaffen. Dabei erinnerte er Nicolò an einen unbarmherzigen Sklaventreiber, einen Aufseher beim Bau der großen Pyramiden.

Schließlich lag der erste der großen runden Felsbrocken in der Schlinge, von nichts als einer starken Kette gehalten. Ohne einen weiteren Befehl sprangen die Männer beiseite, Maffeo persönlich nahm den Strick, der die Kette öffnen würde, und trat ein paar rasche Schritte zurück. Das schweißnasse Gesicht hatte er herausfordernd gen Himmel gereckt, so dass sich die weißgoldenen Flammen der Feuerpfeile darauf spiegelten. Ihm musste in diesem Moment klar sein, dass ein winziger Fehler ihn samt dem Tribock in Stücke reißen konnte.

Maffeo zog an dem Seil.

Die Kette fiel zu Boden. Der Wurfarm schwang empor, langsam erst, dann immer schneller, als richtete sich ein gefällter Baum von Zauberhand wieder auf. Das Gegengewicht, das ihm die Kraft dazu gab, sackte zu Boden, die Schlinge flog nach vorn, und der Felsbrocken, schwer wie zwei Männer, verschwand pfeilschnell außer Sicht. All dies vollzog sich beinahe lautlos. Es war ein unheimlicher Anblick, eine Verkehrung der natürlichen Ordnung.

Dann schlug der Stein in die Mauern Fanchengs. Es sah aus, als zerberste ein Schiff auf einer plötzlich aufragenden Untiefe. Mauerwerk spritzte wie splitterndes Holz auseinander und riss Zinnen und Männer mit sich hinweg. Die Mongolen jubelten auf.

Maffeo aber verlor keine Zeit. »Los! Hoch auf das Ding! Spannt die Ochsen an! Holt den nächsten Stein und gebt der Schlinge noch etwas mehr Spiel!«

Abermals wiederholte sich die Prozedur: Der Wurfarm wurde am Boden fixiert und der Stein in die Schlinge gelegt. Während all der Zeit lagen die Arbeiter unter Beschuss der feindlichen Stellungen. Mittlerweile brannte es auf der gesamten Baustelle, und Rauch hüllte den Tribock ein wie die drohende Nacht. Doch der Ewige Blaue Himmel blieb den Mongolen hold, denn keiner der Himmelsberster traf das hölzerne Ungetüm, während mit jedem Treffer des Tribocks ein weiterer Teil der Mauer Fanchengs zusammenstürzte. Bald hatte sich der Munitionsvorrat der Belagerten erschöpft – der Tribock aber schoss bis zum Sonnenuntergang.

Nicolò verfolgte das Schauspiel mit steinerner Miene. Seine Hoffnung auf eine schnelle Kapitulation hatte sich nicht erfüllt, und er hatte keine Möglichkeit mehr, in den Gang der Geschehnisse einzugreifen. Maffeo hatte dieses Spiel an sich gerissen, und Bayan und General Aju brannten darauf, in die Festung einzufallen, die sich so lange widersetzt hatte.

Er musste sich seinen Irrtum eingestehen: Es gab keinen einfachen Ausweg, weder für ihn noch für die Belagerten. Talib hatte das gewusst. Und Nicolò wusste, was mit Städten geschah, die nicht rechtzeitig kapitulierten.

Als die Sonne hinter den Bergen unterging, setzte sich das Heer in Bewegung. Es war noch hell genug, dass die Bewohner Saianfus sehen konnten, welche Zahl von Soldaten sich in Fancheng ergoss.

Und die Nacht, die darauf folgte, war dunkel genug, dass die Schreie der Getöteten für alle, die sie hörten, Bilder heraufbeschworen, die sich für immer in ihr Gedächtnis brannten.

VI
Anda

Gegen Mittag kam Chinkim zurück.

Ich war ein paar Minuten eingenickt, denn in dem Käfig staute sich die Hitze, je höher die Sonne am Himmel stieg, und der Gestank der Ausscheidungen und des blutigen Fleischs trübte mir die Sinne.

Sobald ich Chinkims Schritte hörte, sprang ich auf und stellte mich vor das Gitter. Ich rechnete damit, dass er mich töten wollte, und hatte mir eine Reihe von Argumenten zurechtgelegt, die ihn von seinem Vorhaben abbringen sollten; keines davon war jedoch sehr überzeugend, schon gar nicht für jemanden, der weder an Gott noch an den Teufel glaubte.

Dann sah ich, dass Chinkim zwei unserer Pferde dabeihatte. Es war mir ein Rätsel, wie er sie wieder eingefangen hatte. Wahrscheinlich folgten Pferde dem Ruf eines Mongolen wie die Vögel des Himmels dem Heiligen Franz von Assisi.

»Du hast mich nie gebraucht«, stellte ich fest. »Nicht, was den Umgang mit Tieren angeht.«

Chinkim blieb vor dem Käfig stehen und starrte mich an.

»Aber ich lerne dazu!«, scherzte ich. »Die letzten Stunden zum Beispiel haben mich eine Menge darüber gelehrt, wie sich ein Tiger fühlt …«

Chinkim verzog keine Miene.

Dann entfernte er mit entschlossenem Griff Dolch und Riegel und öffnete den Käfig.

Zögernd trat ich ins Freie. Die Mittagssonne blendete mich, aber die frische Luft war eine Erlösung.

Doch noch war es nicht ausgestanden. Ich verfolgte jede Bewegung des Prinzen. Selbst mit einer Waffe wäre ich ihm hoffnungslos unterlegen.

Chinkim stecke den Dolch ein. »Komm mit«, sagte er.

Vor Erleichterung gaben mir beinahe die Knie nach.

Wortlos folgte ich ihm zu seiner Jurte. Er hieß mich warten und verschwand kurz im Inneren. Ich hörte ihn etwas suchen. Als er wieder herauskam, hatte er zwei goldene Becher in der Hand und einen Schlauch Airag über der Schulter.

»Setz dich«, sagte er und deutete auf den Boden.

Ich gehorchte. »Mein Prinz …«

»Schweig«, sagte er und setzte sich zu mir. »Ich habe mich in dir getäuscht.«

Mit klopfendem Herzen sah ich zu, wie er Airag in die goldenen Becher füllte und sie zwischen uns auf den Boden stellte. Was hatte er vor?

Chinkim hielt seine Hand über seinen Becher, nahm den Dolch und zog ihn sich über die Handfläche, so dass sein Blut in den weißen Airag tropfte.

»Jetzt du«, sagte er und reichte mir den Dolch.

Zweifelnd starrte ich die gefährlich lange Klinge an. »Was …«

»Das ist der einzige Ausweg«, fuhr er mir über den Mund. »Tu, was ich dir sage, oder ich muss dich töten.«

Trotz des Dolches in meiner Hand glaubte ich ihm aufs Wort.

Ich biss die Zähne zusammen und fügte mir einen langen Schnitt zu. Da ich die Schärfe des Dolchs unterschätzt hatte, fiel er tiefer aus als gedacht. Sofort schoss das Blut aus der

Wunde. Chinkim packte meine Hand und hielt sie über meinen Becher.

Dann ließ er mich los, nahm meinen Becher und reichte mir seinen.

»Trink«, befahl er. »Alles.«

Es war nicht der Moment, um lange nachzudenken. Gleichzeitig leerten wir die goldenen Becher. Das Blut stach kaum heraus, aber der Airag stieg mir in der Mittagshitze rasch zu Kopf.

»Wir sind jetzt *Anda*«, erklärte Chinkim und half mir, die Hand zu verbinden. »Blutsbrüder. Du weißt, was das bedeutet?«

Ich nickte. »Wir kennen denselben Brauch.«

»Du hast mir das Leben gerettet. Darum bist du nun wie ein Bruder für mich. Wir schützen und wir lieben einander – wie Brüder. Verstehst du?«

Ich nickte abermals.

»Ich muss es vielleicht nicht erklären, aber ich sage es trotzdem: Der Anda eines Prinzen zu sein ist eine große Ehre. Man wird dich mit demselben Respekt behandeln wie mich. Doch den gleichen Respekt musst auch du mir erweisen. *Brüder verraten einander nicht.* Wenn du mich hintergehst, wirst du alles verlieren – dein Leben zuletzt. Habe ich mich klar genug ausgedrückt?«

»Das hast du.« Ich begann zu erkennen, wie schwer ihm dieser Schritt gefallen sein musste und wie riskant er trotz allem für ihn war. Wir kannten uns erst seit wenigen Tagen, und doch setzte er sein Vertrauen in mich. »Ich danke dir. Du erweist mir eine große Ehre.«

»Das tue ich.« Er schenkte uns einen weiteren Becher Airag ein. »Aber mein Leben gehört dir.«

»Und meines dir«, antwortete ich. Wir tranken abermals.

Dann machten wir uns daran, unsere nötigsten Besitztümer zusammenzutragen und die Gefallenen zu verbrennen. Chinkim bestand darauf, dass wir auch den Tiger dem Feuer übergaben, und mit Hilfe eines der Pferde schafften wir den Kadaver ins Lager zurück. Für den Tiger war es eine größere Ehre als für die Krieger, die unter anderen Umständen ein richtiges Begräbnis verdient hätten.

Bis die letzten Flammen erloschen, war ich am Ende meiner Kräfte und sehr betrunken. Auch Chinkim war blass, und die Wunde an seinem Bein blutete wieder. Trotzdem verschwendeten wir keine Zeit.

»Was wird mit deiner Jurte?«, fragte ich beim Aufbruch.

»Ich schicke später Leute«, sagte er, während er den Falken von seiner Stange nahm und in die Luft warf. »Wenn wir uns beeilen, erreichen wir Xanadu vor Mitternacht.«

Ich habe nur undeutliche Erinnerungen an diesen Ritt, was wahrscheinlich besser so ist. Ich weiß nur noch, dass ich ein paarmal vor Erschöpfung fast vom Pferd fiel. Als wir am späten Nachmittag kurz eine Rast einlegten und das letzte Fasanenfleisch aßen, während der Falke hoch über uns kreiste, machte Chinkim eine Bemerkung darüber, dass ich mich eher wie seine Schwester als wie sein Bruder im Sattel hielte – und zwar seine sehr kleine Schwester –, und da löste sich endlich die Spannung, wir lachten, und es war fast wieder wie zuvor zwischen uns.

Irgendwann war der Falke verschwunden. »Mach dir keine Sorgen«, sagte Chinkim. »Wahrscheinlich ist er vorausgeflogen.«

Der Mond tauchte die Dächer Xanadus in Licht so weiß wie Stutenmilch, als wir tief in der Nacht die äußere Mauer erreichten.

Wir ritten zu einem Tor abseits der großen Zeltsiedlung westlich der Stadt. Die Wachen waren erstaunt, uns zu sehen, stellten aber keine Fragen und ließen uns ein. Beim Anblick der friedlichen Parklandschaft befiel mich eine tiefe Ruhe. Nach der Aufregung der letzten beiden Tage fühlte sich Xanadu schon fast wie mein Zuhause an.

Wir begaben uns ohne Umschweife Richtung der inneren Stadt, als unvermittelt ein Pferd aus der Nacht herangeprescht kam. Der Reiter stoppte es aus vollem Galopp und sprang herab, uns in den Weg.

»Kokachin!«, rief Chinkim, halb erschrocken, halb erfreut. »Was tust du denn hier um diese Zeit?«

»Was ich hier tue?« Der Reiter entpuppte sich als eine Frau. »Dasselbe könnte ich dich fragen!« Sie trat rasch auf uns zu, und im Mondlicht erkannte ich sie als die junge Frau mit dem schmalen Gesicht und dem strengen Zopf, die beim Bankett neben ihm gesessen hatte. Sie warf mir einen abschätzigen Blick ihrer schräg stehenden Augen zu. »Was ist passiert? Weshalb seid ihr nur zu zweit und so früh wieder zurück? Dein Falke ist schon wieder im Verschlag.«

Ehe ich eine zufriedenstellende Antwort auf ihre Frage finden konnte, sackte Chinkim auf einmal in sich zusammen. Kokachin machte einen Satz auf ihn zu und fing ihn, ehe er den Boden berührte. »Du bist ja verwundet!«, rief sie mit Blick auf den Verband an seinem Bein.

Chinkim lächelte. »Marco, das ist meine Schwester Kokachin …«

Seine Schwester also, nicht seine Frau …

»Kokachin, Marco ist jetzt mein Anda.«

»Er?«, fragte Kokachin, und beim Tonfall ihrer Frage fuhr mir ein Stich ins Herz. »Ist das dein Ernst?«

»Marco hat mir das Leben gerettet. Ich werde dir morgen alles erklären, wenn du versprichst, Vater noch nichts zu sagen.«

Die Prinzessin blickte skeptisch erst ihn, dann mich an. »Wenn das so ist«, sagte sie schließlich, »bin ich dir wohl zu

Dank verpflichtet. Aber deine Geschichte ist besser gut!«, warnte sie ihren Bruder und half ihm auf die Beine.

»Danke, es geht schon«, sagte dieser und befreite sich aus ihrem Griff. »Es war nur ein kurzer Moment der Schwäche.«

»Auch davon erzähle ich Vater nichts«, murmelte sie, begleitete uns aber dennoch zum inneren Tor.

»Sie liebt mich«, scherzte Chinkim.

Vor meiner Unterkunft trennten sich unsere Wege.

»Du redest mit niemandem«, flüsterte Chinkim, während seine Schwester einige Schritte entfernt auf ihn wartete. Auf einmal hatte seine Stimme wieder alle Autorität eines Prinzen, und ich fragte mich, ob er seinen Schwächeanfall nur vorgetäuscht hatte, um Kokachins Fragen zu entgehen. »Und du verlässt nicht dein Haus. Bei Sonnenaufgang rede ich mit Vater. Dann lassen wir nach dir schicken.«

Nur einen Moment lang überlegte ich, dass er seine Meinung immer noch ändern und mich beseitigen lassen könnte; doch der Blick, den er mir zum Abschied zuwarf, war voller Zuneigung.

»Ich ritt aus mit einem Fremden, und ich kehrte mit einem Bruder zurück. Es hätte mich schlimmer treffen können. Sehr viel schlimmer. Ich bin sehr froh.«

»Ich ebenso«, sagte ich. Dann ging ich hinein, warf mich auf mein Bett und war im Handumdrehen eingeschlafen.

Ich träumte, dass ich auf einem weißen Pferd galoppierte, doch es hatte seinen eigenen Willen. Immer, wenn ich es zu bändigen versuchte, ging es mir wieder durch, und nirgends fand ich einen Stall oder auch nur eine Stelle, an der ich es hätte festbinden können. Dann war auf einmal Chinkims Schwester Kokachin in meinem Traum. Was glaubst du eigentlich, was du da tust?, fragte sie mich und hob kritisch eine Augenbraue.

Ich kämpfte noch mit dem Pferd, als mich die Wachen am nächsten Morgen weckten und hinaus in den Park eskortierten. Sie stellten die typische mongolische Entschlossenheit zur Schau, bei der ich mir nie sicher war, ob sie mich nur respektvoll behandelten oder auf einen Vorwand warteten, mich zu töten.

Der Khan empfing mich wie zuvor in seinem Gartenpalast. Bei ihm waren Phags-pa, Chinkim und auch Kokachin, außerdem ihr Bruder Nomukhan. Mehrere Soldaten standen vor dem Tisch mit der Landkarte, auf dem sich einige Armeen nun an anderer Position befanden als noch letzte Woche. Chinkim wirkte ernst, schenkte mir aber ein knappes Lächeln, als ich eintrat. Ich wertete das als gutes Zeichen.

»Marco Polo«, sagte der Khan, und alle Aufmerksamkeit in dem mit Tüchern abgeteilten Audienzraum richtete sich auf mich. »Tritt näher!«

Ich tat, wie mir geheißen, und verbeugte mich tief.

»Chinkim hat mir von dem feigen Anschlag berichtet, den man auf ihn verübt hat«, sagte der Khan. »Ich habe mich mit Phags-pa beraten, und es besteht kein Zweifel daran, dass man einen Zauber auf den Tiger gesprochen hat, der ihn gegen seinen Herrn aufbrachte.«

Ich warf einen raschen Blick zu dem lächelnden Lama in seiner leuchtenden Robe. Ich persönlich brauchte keine schwarze Magie, um das Verhalten der Raubkatze zu erklären. Aber was immer dabei im Spiel gewesen war – ich war mir sicher, dass der oberste Zauberer alles darüber wusste.

»Mein Sohn hat mir auch erzählt, wie du ihn gerettet hast und dass ihr seither durch den heiligen Schwur verbunden seid. Du bist nun sein Anda und damit Teil meiner Familie.« Der Khan hob die Stimme. »Ich hätte beinahe einen Sohn verloren – stattdessen habe ich einen dazugewonnen.«

Ich verkniff mir ein überraschtes Lächeln. Dieser Satz,

den man so häufig auf Hochzeiten hörte, passte besser zu den Umständen unserer Blutsbrüderschaft, als die Anwesenden ahnten. Doch es wäre leichtfertig gewesen, sich dem Khan überlegen zu fühlen. Das machte er noch im selben Atemzug klar.

»Marco Polo, wir kennen uns erst kurze Zeit, und doch haben wir einst denselben Traum geträumt. Ich fragte mich, ob es möglich war, dass dich der Ewige Blaue Himmel schickte. Ich gab dir ein Leben und nahm dich in meine Dienste. Nun nehme ich dich an wie meinen Sohn. Doch Kind des Khans zu sein ist eine schwere Bürde, wie dir Chinkim, Nomukhan und Kokachin bestätigen können.« Er deutete ein Lächeln an, aber keiner der Angesprochenen zeigte eine Regung. »Als Teil dieser Familie kommen neue Aufgaben auf dich zu. Jeder hat seine Pflicht zu erfüllen, um das größte Reich unter dem Himmel zu erschaffen.«

»Großer Khan«, sagte ich, als er geendet hatte, und senkte abermals das Haupt. »Ich danke Euch für die Ehre und gelobe, dass ich alles tun werde, um die Schuld, in der ich von heute an stehe, zu begleichen.« Ich holte Luft. »Jedoch bin ich weder ein Krieger noch ein Gelehrter – nur der Sohn eines venezianischen Kaufmanns.«

Ich weiß nicht, weshalb ich das ausgerechnet in diesem Moment betonte. Mir war bewusst, dass Händler hierzulande im Gegensatz zu daheim, wo einem genug Geld Tür und Tor öffnete, nur wenig Ansehen genossen. Indem der Khan mich in seine Dienste stellte, entriss er mich gleichsam meinem alten Stand. Vielleicht wehrte sich ein Teil von mir noch gegen die Geschwindigkeit, mit der mich dieses neue Leben forttrug.

»Als was du geboren wurdest, ist nicht mehr von Belang«, sagte der Khan. »Du verfügst über besondere Gaben, die dir in deiner neuen Position nützlich sein können.«

Ich fragte mich, was genau er damit meinte. Die Worte

meines Onkels fielen mir wieder ein: *Wie viele Lateiner gibt es sonst in Eurem Reich? Wie viele, die zum römischen Glauben gehören? Wir können Euch Dienste leisten wie kein anderer.*

Ich bezweifelte, dass der Khan mich meiner buchhalterischen Fähigkeiten wegen wollte. Eher ging es ihm darum, dass ich ein Außenseiter war. Die Mongolen hatten in kürzester Zeit ein riesiges Reich unterworfen, dem die verschiedensten Völker angehörten. Ohne fremde Hilfe konnten sie dieses Reich nicht beherrschen. Wem aber sollten sie trauen? Den Unterworfenen? Oder den Unterdrückten von einst, den Nutznießern der neuen Verhältnisse?

Jemand wie ich war die ideale Wahl für Kublai, denn ich passte in keine der alten Strukturen und hatte mit niemandem offene Rechnungen. Ich war ein Fremder, ein Unikat: ein Reisender aus einem Land, das nicht zu seinem Reich gehörte.

Seine nächsten Worte bewiesen, dass der Khan sich dessen bewusst war. »Ich wünsche, dass du nach Khanbalik gehst, um den Statthalter Tarmaschirin zu unterstützen. Er ist ein erfahrener und fähiger Mann, dem unter anderem die Erhebung meiner Steuern obliegt. Er kann dich lehren, wie mein Reich funktioniert. Und vielleicht kann er von dir noch etwas lernen.«

Khanbalik! Das war die neue Winterhauptstadt, die Chinkim erwähnt hatte. Einerseits missfiel es mir, schon wieder weiterzuziehen, kaum, dass ich mich in Xanadu eingefunden hatte. Andererseits war es vielleicht einfacher, zunächst etwas Abstand zwischen Chinkim und mich zu bringen. Ich warf dem Prinzen einen flüchtigen Blick zu und glaubte, meine eigenen Gefühle in seinen Augen gespiegelt zu sehen.

»Wann breche ich auf?«, fragte ich.

»Schon bald«, sagte der Khan. »Erst aber gibt es noch eine andere Sache zu erledigen. Phags-pa versicherte mir, dass es nur eine Frage weniger Tage sein kann.«

Was er damit meinte, wurde tatsächlich rasch offenbar.

Ich verbrachte meine Tage im Marmorpalast mit dem Studium von Karten und Beispielen der von Phags-pa entworfenen Staatsschrift. Er hatte sie erst vor wenigen Jahren aus der Schrift Tebets, seines Heimatlandes, entwickelt, nur dass sie von oben nach unten geschrieben wurde. Seine Absicht war es gewesen, möglichst viele der in Kublais Reich geläufigen Sprachen damit schreiben zu können. Bis dahin hatte ein wildes Durcheinander aus Mongolisch und den verschiedenen türkischen Sprachen geherrscht, dazu die alte Sprache Kithais; und die Masse der fremden Schriftzeichen, Namen und Orte war entmutigend.

Als ich in Venedig aufgebrochen war, hatte ich angenommen, Kithai sei ein klar umrissenes Reich mit einer Hauptstadt, dessen Bewohner eine einzige Sprache und einzige Schrift benutzten. Die Wirklichkeit war so viel komplizierter.

»Wie ist es denn bei dir zu Hause?«, fragte Chinkim, als ich eine Bemerkung darüber machte. »Ist dieser Papst der Kaiser aller Lateiner und lebt in Venedig?«

Da musste ich lachen. »Du hast ja recht. Die Wahrheit ist nie so einfach.«

Chinkim schaute mich fragend an. »Erzähl mir davon.«

»Venedig beherrscht die Meere, aber nicht viel Land. Der Papst residiert in einer Stadt namens Rom, die vor über tausend Jahren ein Reich fast so groß wie das eure beherrschte – doch das ist vorbei. Der Papst ist auch kein Kaiser. Es gibt viele Könige und Kaiser in den umliegenden Ländern, aber der, der sich Kaiser des Heiligen Römischen Reichs nannte, lebte normalerweise in verschiedenen Städten im Norden und wurde von den deutschen Fürsten gewählt. Weil diese sich aber nicht mehr einig werden oder der Papst ihre Wahl nicht mehr anerkennt, gab es schon lange keinen Kaiser mehr – nicht seit ich lebe.«

»Mein Vater wird interessiert sein, das zu hören«, sagte Chinkim. »Klingt danach, als ob das Reich des Papstes leichter zu erobern wäre als das des Kalifen.«

»Du machst Scherze, richtig?«

Chinkim lächelte unschuldig.

Dann, nach nur drei Tagen, hörte ich, dass Phags-pa – oder seine Zauberer – zwei Überlebende unserer Jagdgesellschaft aufgestöbert hatten. Sie waren, unwürdig für Mongolen, völlig entkräftet zu Fuß durch die Steppe geflohen. Ihre Feigheit machte sie zu Verrätern; dass sie es aber nicht einmal verstanden hatten, sich Pferde zu beschaffen, gab sie in den Augen des Hofstaats der Lächerlichkeit preis. Chinkim war sehr enttäuscht, denn er hatte beide schon eine Weile gekannt.

»Was wird nun aus ihnen?«, fragte ich ihn.

»Man wird sie befragen und hinrichten«, sagte er kühl. »Komm bei Sonnenuntergang vor das große westliche Tor. Es ist wichtig, dass du dabei bist.«

Ich fragte nicht weiter und fügte mich, wenn auch widerwillig. In Venedig war ich mehr als einmal Zeuge einer Hinrichtung geworden, aber ich hatte nie die befremdliche Begeisterung der Schaulustigen geteilt, die sich zu diesen Gelegenheiten auf der Piazzetta einfanden.

Man geleitete mich zu einer großen Tribüne, die man neben der Richtstätte aufgebaut hatte. Dort saßen der Khan und seine Familie, umgeben von seinem Hofstaat und Tausenden Untertanen. Man wies mir einen Platz zu seiner Rechten, zusammen mit Chinkim, Nomukhan, Kokachin und weiteren Geschwistern und Halbgeschwistern, deren genaue Anzahl sich mir nicht erschloss. Der Khan hatte viele Kinder von vielen Frauen, so viel stand fest, und sie hatten sich herausgeputzt wie zu einem wichtigen Fest.

Dann richtete sich alle Aufmerksamkeit auf die beiden Männern unter uns. Die Delinquenten knieten vor einem

Holzblock. Ihre Kleidung war zerrissen, ihre Körper wiesen blutige Striemen auf.

»Ihr habt Schande über euch gebracht!«, rief der Khan, so laut, dass man ihn weithin hörte und seine Worte weitertrug, bis sie auch den letzten Händler und Hirten erreichten. »Ihr seid im Angesicht der Gefahr geflohen und habt euren Herrn, den zu schützen ihr verpflichtet seid, im Stich gelassen. Das ist Verrat an ihm, meinem Sohn, und an mir, eurem Herrscher!«

Die beiden Verurteilten schluchzten und entwürdigten sich damit noch weiter. Auf ein Zeichen des Khans hin schleppten Soldaten den ersten von ihnen zum Richtblock. Er strampelte mit den Beinen und schlug um sich wie wild, doch die Soldaten banden ihn fest. Dann trat ein Henker mit einer großen Axt vor.

Ich zwang mich, nicht den Blick abzuwenden, als der Henker hoch ausholte. Doch ich empfand keine Befriedigung beim Anblick der niedersausenden Axt oder dem Klang, als sie in den Holzblock schlug. Auch Chinkims Miene blieb reglos, und seine Schwester Kokachin wirkte mit ihrem Perlenschmuck wie eine Statue.

Die Soldaten warfen die Leiche respektlos beiseite, und die Prozedur wiederholte sich mit dem zweiten Mann. Anschließend wurden die Köpfe beiderseits des Tors auf Pfählen aufgespießt, wo Krähen ihnen die nächsten Tage erst die Augen nahmen und dann das Fleisch von den Knochen pickten.

»War es das, was ich noch sehen sollte, ehe ich nach Khanbalik reise?«, fragte ich Chinkim, als er mich zurück in die innere Stadt begleitete. »Es hat nichts an meiner Dankbarkeit oder Treue zu Euch geändert.«

»Das soll es auch nicht«, sagte Chinkim. »Aber es wird etwas an der Einstellung der Menschen zu dir ändern, dass man dich dort gesehen hat. Was für einen Eindruck hätte es gemacht, wenn der Lateiner, der den Sohn des Khans rettete, der gerechten Strafe der Verräter ferngeblieben wäre? Außerdem haben die beiden nicht nur mich in Gefahr gebracht – sie haben auch dich deinem Schicksal überlassen. Wenn man dich in Khanbalik respektieren soll, muss man wissen, dass du so etwas nicht leichtfertig hinnimmst.«

Die Logik gefiel mir nicht, ließ sich aber schwer leugnen. »Und nun? Ist es vorbei?«

Chinkim schüttelte den Kopf. »Die beiden wurden vor ihrem Tod gründlich verhört. Sie haben ausgesagt, dass sie erwachten, als der Tiger schon los war, und beim Anblick der Bestie die Flucht ergriffen. Wir wissen immer noch nicht, wer den Tiger befreit und aufgehetzt hat.«

»Und woher er das Gift dazu hatte«, warf ich ein.

»Den Zauber«, verbesserte mich Chinkim.

»Wie auch immer. Wer außer Phags-pa kennt sich denn noch mit so etwas aus?«

Ein wissendes Lächeln spielte auf Chinkims Lippen. »Du misstraust ihm, das habe ich schon gemerkt. Ich aber kenne ihn schon fast mein ganzes Leben lang. Er war mein Lehrer und der meines Vaters und hat sich uns angeschlossen, obgleich er in seiner Heimat selbst fast ein König war. Ich vertraue ihm blind. Der Verräter muss jemand anderes sein.«

»Wenn er schlau ist, ist er längst über alle Berge.«

Das Lächeln wurde breiter. »Glaub mir, Phags-pa hat seine Augen auch dort. Man wird ihn finden – sehr bald schon.«

VII
Khanbalik

Was Phags-pas Fähigkeiten anging, wusste Chinkim, wovon er sprach: Der oberste Lama musste über ein ausgezeichnetes Netz von Kontakten und Spitzeln verfügen, die ihn mit dem Wissen versorgten, das er in seinen Büchern nicht fand.

Der Flüchtige war auf dem Weg in den Süden gestellt worden. Weit hatte er es nicht geschafft; als Kublais Männer ihn fassten, lag er betrunken in einer Dorfschenke an der Straße nach Kaifeng.

Genauso langsam wie seine Flucht gestaltete sich nun sein Sterben.

Der Große Khan verurteilte den Attentäter gemäß eines alten Brauchs in diesem Teil der Welt zum »Tod der tausend Schnitte«. Wie schon zuvor war ich angehalten, der Hinrichtung beizuwohnen, zumindest eine angemessene Weile; und so kann ich sagen, dass es nicht wirklich tausend Schnitte waren, die das Leben dieses Mannes beendeten.

Es müssen etwa sechzig oder siebzig gewesen sein.

Die Soldaten des Khans banden den Delinquenten an einen Pfahl und entblößten seinen Körper. Dann trennten sie seine äußeren Extremitäten ab: zuerst Finger und Zehen, gefolgt von den Ohren, seiner Nase, den Lippen und Geschlechtsteilen. Dann schlugen sie ihm Hände und Füße ab und arbeiteten sich so Stück für Stück zu den lebenswichtigen Organen vor. Als sie schließlich begannen, größere Stücke aus seinem blutigen Rumpf zu schneiden, war der Mann schon längst nicht mehr bei Bewusstsein, und man versuchte auch nicht mehr, ihn zu wecken.

Vor seinem Tod gestand er noch, dass er die alleinige Schuld an dem schrecklichen Ausgang der Jagd trug. Er habe dem Tiger ein Stück übles Fleisch gefüttert, das dem Tier die Sinne raubte und seine Eingeweide in Brand steckte; dann, sobald die Raserei das Raubtier gepackt hatte, habe er den Käfig geöffnet und sei geflohen. Seine Kameraden seien da gerade erwacht; einen von ihnen habe er eigenhändig getötet, so wie Chinkim und ich es beim Fund der Leiche vermutet hatten.

Als Entgelt für seine Tat habe er den Gegenwert von tausend Kupfermünzen erhalten – ein kläglicher Lohn für das Leben eines Prinzen, ja selbst für sein eigenes, das er nun unter so qualvollen Umständen verlor. Allein, wer ihm den Auftrag gegeben hatte, das sagte er nicht, denn er wusste es nicht. Eine verhüllte Gestalt in einer finsteren Gasse der inneren Stadt habe ihn bezahlt und ihm auch das Gift – oder den Zauber – gegeben.

So kam der eigentliche Schuldige vorerst davon. Wer immer Chinkim beseitigen wollte, verfügte also über Zugang in die inneren Bereiche Xanadus. Doch selbst das ließ immer noch Tausende, wenn nicht Zehntausende Verdächtige übrig. Chinkim versicherte mir, dass sich auch dieser Kreis bald verkleinern ließe. Er wirkte erleichtert, dass der Mörder gefasst war. Zwar wusste er, dass, wer immer die Fäden dabei gezogen hatte, es jederzeit wieder versuchen konnte – wahrscheinlich würde er seinen Häschern jedoch beim nächsten Mal eine größere Summe zahlen müssen.

Der verstümmelte Leichnam des Mörders wurde den Hunden zum Fraß vorgeworfen. Ich hatte es vorher nicht bemerkt, aber es gab eine Menge hungriger Hunde vor den Toren der äußeren Stadt.

Die zweite große Nachricht, die den Khan in diesem Sommer erreichte, war die vom Falle Saianfus.

Auch das Schicksal Fanchengs hatte seine Wirkung auf

die Zeugen nicht verfehlt; kein Tod der tausend Schnitte, dafür ein tausendfacher, zehntausendfacher Tod, gleichsam endlos die ganze Nacht über hin. Die Soldaten töteten jeden Mann, jede Frau und jedes Kind in Fancheng, so dass die Bewohner Saianfus, als die Sonne am nächsten Morgen über den Leichen aufging, ihre schlimmsten Alpträume bestätigt sahen. Es war nicht einmal notwendig, den Tribock zu demontieren und auf die andere Seite des Flusses zu schaffen. Die Belagerten wussten nun, wozu die Angreifer im Stande waren – und was ihnen drohte, wenn sie sich nicht ergaben.

Der Verwalter bot seine Kapitulation zur Mittagsstunde an. Drei Männer waren es, die sie im Namen des Khans entgegennahmen: Die Generäle Aju und Bayan sowie mein Vater. Ich würde gern glauben, dass mein Vater einen mäßigenden Einfluss auf die anderen ausgeübt hatte und dass ihm das Leben der zweihunderttausend Bewohner Saianfus zu verdanken ist, doch er hat mir diesen Teil der Geschichte nie erzählt. Ich weiß, dass er sich noch Jahre später die Schuld am Schicksal Fanchengs gab und dafür, nicht eher erkannt zu haben, was Talib bereits gewusst hatte: dass seine Kriegsmaschine nicht das Ende, sondern den Anfang des Massakers markieren würde.

Onkel Maffeo plagten solcherlei Gewissensbisse nicht. Er hatte genau das getan, was er immer tat: Er war einen weiteren Schritt auf jener Straße der Notwendigkeit gegangen, deren Ende höchstens er selbst kannte. Und Talibs Söhne, die ihren Vater als Helden verehrten, setzten seine Arbeit fort. Später stritten sie ab, dass Talib je Bedenken wegen des Einsatzes seiner Waffe gehabt habe, und bauten noch viele Katapulte wie den Tribock von Saianfu. Bald würde man diese Maschinen überall im Lande Manzi als »muslimische Katapulte« bezeichnen und fürchten.

Zunächst jedoch kehrten mein Vater und mein Onkel nach Xanadu zurück, um ihre Belohnung für den Einsatz zu erhalten. Dann war es auch schon an der Zeit für den Hofstaat, die Sommerresidenz zu verlassen, und Kublai nahm in einer feierlichen Zeremonie, bei der er die Milch seiner weißen Stuten verspritzte, Abschied von Xanadu, bis er im nächsten Sommer hierher zurückkehrte.

Ich aber war da schon auf dem Weg nach Khanbalik, um in die Dienste des Statthalters Tarmaschirin zu treten.

* * *

Rustichello legte die Feder nieder und lehnte sich auf seinem quietschenden Stuhl zurück. Die Sonne ging bereits unter, aber noch schien Licht durch das Fenster. Er war dankbar für das Geschenk dieses Fensters, obgleich es nur auf den Hof ging – wenigstens zeigte es ihm auch einen kleinen Ausschnitt Himmel. Sein Körper, der sein Schlafbedürfnis zuvor zu den verschiedensten Zeiten gestillt hatte, geriet allmählich wieder in einen natürlich Rhythmus. Dem Venezianer schien es ähnlich zu ergehen, denn er gähnte herzhaft und reckte sich. Er war heute nicht arbeiten gewesen, sondern hatte den ganzen Tag über erzählt.

»Ich hoffe, all die unschönen Details haben Euch nicht verstört.«

»Keineswegs«, sagte Rustichello und strich sich nachdenklich den Bart. »Ich denke, sie machen sich gut in unserem Buch. Und wusstet Ihr, dass schon die alten Römer Tiger für ihre Arenen erwarben? Was mich eher verunsichert … nun ja, das sind die unsittlichen Episoden.«

»Ich dachte, gerade davon können die Leute nicht genug kriegen?«, scherzte der Venezianer.

»Das meine ich nicht.«

»Wahrscheinlich meint Ihr das mit Chinkim.«

»Nehmt es mir nicht krumm – aber niemand will hören, dass der Sohn des Großen Khans ein Sodomit war.«

Der Venezianer winkte müde ab. »Das muss auch niemand wissen. Seht Ihr, bei der Arbeit, da erzähle ich auch häufig von meiner Zeit in Kithai. Natürlich nicht so gewissenhaft wie hier, wenn wir unter uns sind – hier erzähle ich die ganze Wahrheit. Bei der Arbeit ist dafür kein Platz. Dort behaupte ich beispielsweise, ich wäre persönlich bei der Belagerung Saianfus dabei gewesen. Filippo aus der Tischlerei fürchtet schon, dass ich einen Tribock baue.« Er gluckste. »Und eines scheint er mir mit Chinkim gemein zu haben …«

»Ihr lernt eine Menge Leute dort draußen kennen«, stellte Rustichello fest. »Das ist gut«, fügte er hinzu, denn er war selbst überrascht, wie bitter er klang.

»Ehrlich gesagt versuche ich, wieder weg aus der Küche zu kommen. Der Koch trinkt und hat ein übles Temperament. Ein echter Tyrann.«

»So etwas ahnte ich schon«, sagte Rustichello und dachte an die unerfreulichen Gerichte, die lange Jahre aus dem Reich dieses Mannes ihren Weg zu ihm fanden. »Euer Gewinn wird unser Verlust sein.«

»Meint Ihr? In der Tischlerei gibt es nicht viel zu tun, und ich dachte, es ist auch in Eurem Sinne, wenn ich früher nach Hause komme.«

»Wie Ihr klingt – wie ein Kaufmann, der seiner Frau verspricht, zeitig daheim zu sein.«

Der Venezianer breitete entschuldigend die Arme aus, und Rustichello musste schmunzeln.

»Arbeitet ruhig in der Tischlerei, wenn man Euch lässt. Dann brauche ich mir wenigstens keine Sorgen zu machen, wenn dieser Stuhl hier zusammenbricht.« Er zog an der quietschenden Lehne. »Ich schätze das alles wirklich sehr: die ruhigen Morgen in diesem hellen Zimmer, die abendlichen Gespräche mit Euch, ein ehrlicher Schlaf in der Nacht … Das ist gut. Das ist mehr, als ich die letzten vierzehn Jahre hatte.«

»Vielleicht wird es noch etwas besser.«

Rustichello wurde hellhörig. »Wie meint Ihr das?«

»Mir kam zu Ohren, dass sich mittlerweile selbst der neue Gefängnisleiter für meine Geschichten interessiert – ein älterer Admiral. Er hat die meisten Palastdiener durch seine eigenen Leuten ersetzt und denkt vor allem an seinen Ruhestand. Ich hörte, er wolle mich kennenlernen. Vielleicht kriegen wir bald hohen Besuch, wer weiß?«

»Besuch?«, wunderte sich Rustichello. »Ich dachte, es geht darum, dass Ihr zügig entlassen werdet. Gibt es Neuigkeiten von Eurer Familie?«

»Nein.« Die Miene des Venezianers verfinsterte sich. »Es gibt zwar vielleicht eine neue Entwicklung, aber die bringt eher Komplikationen mit sich. Davon abgesehen arbeitet man inzwischen wohl an einer politischen Lösung. Keine Sorge, ich werde Euch einweihen, sobald ich selbst Genaueres weiß.«

»Natürlich.«

»Was nun aber unser Buch angeht – ich würde vorschlagen, dass Ihr in der Auswahl der Dinge, die Ihr niederschreibt, und der Dinge, die unter uns bleiben, frei waltet, wie es Euch richtig erscheint. Ich vertraue da ganz Eurer Erfahrung.«

»Ich danke Euch. Natürlich mag bei dieser Auswahl auch eine Rolle spielen, wie die Geschichte ausgeht. Erst, wenn wir das Ende kennen, sehen wir, wie ein Ding zum anderen führte.«

»Wissen wir das denn je? Wie die Geschichte ausgeht, meine ich.«

»Ihr wisst es«, sagte Rustichello. »Denn es ist Eure Geschichte. Ihr seid mir immer einen Schritt voraus.«

»Es liegt mir fern, Euch zu übervorteilen«, versicherte der Venezianer.

»Das wollte ich Euch auch nicht unterstellen. Ich habe

bloß sehr viel nachzuholen.« Er nahm die Feder wieder auf. »Noch ist es nicht allzu spät. Was also geschah als Nächstes?«

* * *

Von Xanadu nach Khanbalik waren es zweihundert Meilen. Der Khan hatte mir Briefe für den Statthalter und einen kleinen Begleitschutz mitgegeben, dessen Anführer sich als niemand anderes als Zurficar entpuppte. Auch einige seiner Männer waren dieselben wie zuvor. Offenbar führte er viele Kurierdienste im Namen des Khans aus. Ich freute mich, sein Gesicht zu sehen – ein Gesicht, das er nun auch öfter zeigte, da keine heißen Wüstenwinde mehr unsere Haut gerbten. Zurficar war ein auf seltsame Art zugleich eitler wie verschlossener Mann.

Es war ein beschwerlicher Weg, der zuletzt über eine malerische Bergkette führte. Glücklicherweise legten wir diesmal keine übermäßige Hast an den Tag, so dass ich mich am Anblick der schroffen Grate und waldigen Hänge erfreuen konnte.

Vor hundertfünfzig Jahren hatten die Song dieses Land an die Jin-Dynastie der Jurchen verloren und sich nach Manzi zurückgezogen, erklärte mir Zurficar. Vor gut sechzig Jahren hatte dann Dschingis Khan Zhongdu, wie die Hauptstadt unter den Jin-Kaisern hieß, besiegt; und sein Sohn Ögedei, Kublais Onkel, hatte den Kampf gegen die Dynastie fortgeführt und ihn schließlich bei der Schlacht um Kaifeng – der alten Hauptstadt der Song am Gelben Fluss – beendet.

Ich erkannte, dass die friedliche Landschaft, die sich mir darbot, täuschte und die Länder des Ostens auf eine nicht minder komplexe und blutige Geschichte zurückblickten wie die des Westens. Das Kithai, von dem man sich an den europäischen Höfen erzählte, existierte genauso wenig wie ein einiges Heiliges Römisches Reich – bislang.

Mehrfach rasteten wir in einer der Kurierstationen, die sich zwischen die Berge schmiegten. Unsere Paizas wiesen uns als Gesandte des Khans aus, und hier im Zentrum seines Reiches eilte sich jeder, uns zu unterstützen.

Eines Vormittags dann erreichten wir eine schöne, dreißig Fuß breite und fast tausend Fuß lange Brücke, die auf elf flachen Bögen einen rasch dahinströmenden Fluss überquerte, an dessen Ufern zahlreiche Wassermühlen gebaut waren. Die Brücke bestand aus Granit, und die Balustraden an ihren Seiten wurden von unzähligen pittoresken Löwen bewacht. Zwar saß jeder dieser Löwen ordentlich auf seiner Säule, dennoch ließ sich die genaue Anzahl nicht bestimmen, denn in den Mähnen verbargen sich weitere, kleinere Löwen.

»Die Jin haben diese Brücke errichtet«, sagte Zurficar, als ich mein Pferd anhielt, um die Statuen zu bestaunen. »Wer weiß, was sie sich dabei gedacht haben.«

»Es gibt eine Menge Brücken in meiner Heimat«, sagte ich. »Aber selbst dort wäre diese Brücke ins Auge gefallen.«

»Dann warte, bis du die Stadt siehst«, gab Zurficar zurück.

Er übertrieb nicht.

Vom alten Zhongdu waren nur ärmliche Häuser und Ruinen geblieben, die fast in dem wilden Meer aus Zelten und Hütten verschwanden, das sich um die neue Stadt ausgebreitet hatte. Denn statt das, was sein Großvater zerstört hatte, wiederaufzubauen, hatte Kublai einfach eine neue Stadt danebengebaut und sie Khanbalik genannt – die Stadt des Khans. Diese glich in ihrem Grundriss Xanadu fast wie ein Ei dem anderen, nur war sie noch größer, noch mehr *Stadt,* und so jung, dass manche Viertel noch von großen Baustellen beherrscht wurden.

Die äußere Mauer, jenseits eines weiteren Flusses, maß

etwa vier auf fünf Meilen. Sie war weiß, dreißig Fuß hoch, mit einem breiten Wehrgang, auf dem Wachen patrouillierten, und jeweils drei stark befestigten Toren auf jeder Seite ausgestattet. Vor jedem dieser Tore hatte sich eine eigene kleine Vorstadt gebildet.

Wir ritten vorbei an den Bauern, den fremdländischen Händlern und Bettlern. Am Tor ließ man uns unverzüglich ein. Auf einen Schlag waren Enge und Armut wie weggewischt: innerhalb der Stadtmauer war alles neu und sauberer, als ich es bei einer Stadt dieser Größe für möglich gehalten hätte.

Wie in Xanadu bildeten die größeren Straßen Sichtachsen, welche den Himmelsrichtungen folgten; die größten waren breit genug für neun Reiter. Die lotrechte Anordnung der Grundstücke gemahnte auch hier an die Felder eines Schachbretts, zwischen denen die Handwerker, die Kaufleute und ihre Träger wie Spielfiguren hin- und herglitten. Die gepflasterten Wege waren erhaben und leicht geneigt, so dass der Regen leicht abfloss und kein Schlamm zurückblieb. In der Ferne erhoben sich die Umrisse großer Wachtürme; die meisten Gebäude aber, ob Laden oder Werkstatt, Wohnhaus oder Lager, waren einstöckig.

Wir gelangten an ein großes Tor und gaben unsere Pferde ab. Zurficars Männer verblieben in der äußeren Stadt, bis sie wieder gebraucht wurden.

Die innere Stadt war so groß wie ganz Xanadu, und wie Xanadu bestand sie vornehmlich aus einem weiten, friedlichen Park, innerhalb dessen sich die große Anlage mit Kublais Winterpalast und seinen zahllosen Nebengebäuden befand. Umgeben war die Anlage von einem Wassergraben. Der Palast selbst war nur einstöckig, aber auf einer großen Plattform errichtet, so dass sein schönes, mit farbenfrohen Ziegeln geschmücktes Dach weithin sichtbar war. Der Haupteingang, wie in Xanadu, wies nach Süden.

Westlich der Palastanlage lag ein großer See, an dessen Ufern die hohen Herrschaften spazierten und sich am Anblick grasender Tiere erfreuten. Vereinzelt fügten sich prunkvolle Tempel und Verwaltungsgebäude harmonisch in das Ganze ein.

Khanbalik war ebenso wie Xanadu ein bis ins Letzte durchgeplantes Paradies, das von der Macht, der Weitsicht und der Weltgewandtheit des Khans kündete; eine perfekte Stadt, gebaut für einen Herrscher, dessen Großvater noch keine Städte gekannt hatte.

Zurficar führte mich zu einem schönen Wohnhaus in der Nähe des Tors. Davor stand eine Sänfte, was mir angesichts der leichten Wege, die zu einem Spaziergang geradezu einluden, als ausgesprochen dekadent auffiel. Jedoch schien sie nicht dem Hausherrn zu gehören, denn ihre vier Träger standen abwartend daneben. Offensichtlich hatte der Statthalter gerade Besuch.

Dort verabschiedete sich der Kurier, um noch verschiedene Botschaften zu überbringen, und wünschte mir alles Gute. Ich war alleine im Herzen Khanbaliks.

Ich sammelte mich kurz, marschierte zur Tür und klopfte an.

Ein Diener öffnete und schaute mich mit großen Augen an.

»Ich wünsche den Statthalter Tarmaschirin zu sprechen.«

»Der Statthalter ist leider im Moment unabkömmlich …«

Ich präsentierte dem Diener meine Paiza, worauf er mich pflichtschuldig einließ. Mit einem dankbaren Lächeln folgte ich ihm ins Innere, wobei ich darauf achtete, nicht die Schwelle zu berühren.

Es war ein schönes Haus, offen und geräumig und mit Dienerschaft an jeder Ecke. Wir schritten durch eine kleine Eingangshalle zu einem prächtigen Vorhang am anderen Ende. Dahinter hörte ich laute Stimmen.

»Der Khan wird hiervon Kenntnis erhalten!«, drohte eine.

»Nur zu!«, erwiderte eine andere. »Ich vertraue darauf, dass seine Weisheit größer ist als die Eurige.«

Ich zögerte eine Sekunde, dann teilte ich den Vorhang und trat ein.

Allem Anschein nach handelte es sich um ein Arbeitszimmer. Wände und Decke waren aus Holz, und einen Augenblick lang fühlte ich mich unerwartet in der Zeit zurückversetzt: die schweren Bücher auf den Regalen, die Waage und der Abakus auf dem Tisch, all das erinnerte mich an unser Arbeitszimmer in Venedig, in dem ich mit Giordano Trevisan lange Nachmittage über Bergen fremdländischer Münzen verbracht hatte. Nur dass sich auf diesem Tisch keine Münzen stapelten, sondern das Papiergeld des Khans, mit großen Jadestücken beschwert, damit es nicht in einer Brise davonflog. Und wie ein unverhofftes Bindeglied zwischen beiden Welten, West und Ost, hing an der Wand eine goldene Marien-Ikone, wie man sie aus griechischen Kirchen kannte. Sie musste sehr alt sein, denn die Farbe auf dem Holz zeigte tiefe Risse.

Vor dem Tisch standen die beiden Männer, deren Streit man bis nach draußen gehört hatte. Der Ältere von beiden war ein stämmiger Mann; in jungen Jahren mochte er den Körper eines Kämpfers besessen haben, heute verbarg er ihn unter weiter, fließender Seide. Den einsamen Haarschopf auf seinem sonst kahlen Schädel hatte er zu einem Knoten gebunden. Der andere war ein schlanker Mann in einer golddurchwirkten Robe. Er hatte einen dünnen Bart und ölig schimmernde Haut. Wimpern und Lider hatte er dunkel geschminkt. Als ich eintrat, fuhr er herum und funkelte mich an wie eine Schlange.

»Was willst du?«

»Ich bitte die Störung zu entschuldigen. Ich bringe eine

Botschaft des Großen Khans für den Statthalter Tarmaschirin. Mein Name ist Marco Polo.«

»Wie erfreulich«, sagte der Stämmige, bei dem es sich um den Statthalter handeln musste. »Was für eine Botschaft bringst du denn?« Offenbar kam ihm die Störung nicht halb so ungelegen wie seinem Gast. Vielleicht war es auch die kleine Narbe in seinem Mundwinkel, die den Anschein eines spöttischen Lächelns auf sein Gesicht zauberte.

»Ich«, sagte ich, ehe der Geschminkte sich abermals einmischen konnte. »Die Botschaft bin ich.«

Der Statthalter musterte mich verwundert. »Das musst du mir erklären, junger Freund.« Mit einem Seitenblick auf seinen Gast fügte er hinzu: »Der geschätzte Husain wollte ohnehin gerade gehen. Ist es nicht so?«

Der Angesprochene aber trat drei Schritte auf mich zu. Er war nicht größer als ich, dennoch schaffte er es, auf mich herabzublicken. Ich roch das Öl auf seiner Haut, ein schwerer Duft aus Myrrhe und anderen Harzen.

»Du musst einer dieser Lateiner sein, von denen ich hörte. Hat man dir in deiner Heimat keine Manieren beigebracht?«

»Ich entstamme einer der angesehensten Kaufmannsfamilien Venedigs«, erwiderte ich. »Und ich bin hier, um in die Dienste des Statthalters zu treten.«

Die Verwunderung auf Tarmaschirins Miene wich wohlwollendem Interesse. Husain aber lachte höhnisch. »Das mag sich als vergebliche Mühe erweisen! Denn welchen Nutzen hat ein Statthalter für den Großen Khan, wenn er seinen finanziellen Pflichten nicht nachkommt?«

»Es zählt nicht zu meinen Pflichten, die Bevölkerung ausbluten zu lassen«, entgegnete Tarmaschirin. »Aber vielleicht möchte dieser tüchtige junge Lateiner uns seine Meinung dazu kundtun. Wie würde man denn in Venedig mit einer Stadt an der Grenze der Zahlungsunfähigkeit verfahren?«

Unwillkürlich dachte ich an das Schicksal Konstantinopels unter venezianischer Herrschaft und wie der letzte Lateinische Kaiser aus Geldnot seinen Sohn verpfändet hatte.

»In Venedig schätzt man das Gold. Man weiß aber auch, dass ein Bankrott in diesem Jahr keinen Gewinn mehr im nächsten bedeutet. Was mich betrifft, so habe ich gelernt, dass Menschen wichtiger sind als Gold.«

Das wissende Lächeln auf Tarmaschirins Lippen wurde breiter, als hätte ich eine versteckte Anspielung gemacht. Husain aber verzog verächtlich das Gesicht. »Wenn du das glaubst, Venezianer, dann hast du in Wahrheit gar nichts gelernt. Ihr werdet noch von mir hören, Statthalter!«

Und damit drängte er sich zwischen uns durch. Mehrere Diener in der Vorhalle sprangen an seine Seite und eskortieren ihn hinaus.

»Du hast dir gerade einen mächtigen Mann zum Feind gemacht«, murmelte Tarmaschirin.

»Wer war er denn? Was wollte er überhaupt?«

Der Statthalter lachte. »Das, junger Marco, war der Sohn von Ahmat Banakati. Und was er und sein Vater wollen, ist leicht zu beantworten: Geld, Geld und noch mehr Geld, obwohl wir die Steuern die letzten Jahre schon dreimal erhöht haben.«

»Kann er denn so mit Euch umspringen?« Vielleicht ging mein jugendlicher Leichtsinn mit mir durch, aber dieser Husain hatte einen ungehobelten Eindruck auf mich gemacht. Und hatte der Große Khan mich nicht an Sohnes statt angenommen?

»Das wird sich noch zeigen. Aber wenn irgendwer seinen Willen durchsetzt, dann leider sein Vater. Mittlerweile hat Ahmat so viele Titel gesammelt, dass ich gar nicht mehr auf dem Laufenden bin. Wo wir davon reden, hast du vielleicht etwas für mich?«

Ich erinnerte mich wieder meines Auftrages und reichte Tarmaschirin die Briefe des Khans.

»Bitte entschuldigt.«

Lächelnd nahm er hinter seinem Tisch Platz und überflog die Schreiben, wobei er fortfuhr, sich mit mir zu unterhalten.

»Ahmat Banakati steht schon sehr lange in den Diensten des Khans. Seine Karriere begann in der Zentralkanzlei des Reichs, wo er bald für die Finanzen zuständig war. Die letzten Jahre über agierte seine Verwaltung aber unabhängig und ohne Kontrolle durch die Kanzlei. Fast, als hätte er sich sein eigenes kleines Reich im Reich geschaffen, mit Untergebenen und Stellvertretern, die ihm treu ergeben sind. Ihn selbst bekommt man nur selten zu sehen. Angeblich reist er viel, doch ich glaube, er versteckt sich bloß gern. Er handelt durch seine Söhne und Untergebenen und gleitet durch die Hierarchien wie ein Fisch durchs Wasser. Dabei rafft er alles an sich, was er kriegen kann: Reichtümer, Frauen, Kunstschätze, Ländereien ... Wenn sein Auge etwas Schönes sieht, will er es haben.«

»Ein Bailo«, sagte ich.

Tarmaschirin runzelte die Stirn und schaute auf. »Ein was?«

»Das waren die venezianischen Gesandten in Konstantinopel, die für den steten Geldfluss in die Heimat zuständig waren. Bei der Bevölkerung waren sie oft verhasst.«

Tarmaschirin schnaubte. »Es ist immer dasselbe! Ich habe aus eigener Erfahrung gelernt, was passiert, wenn man die Menschen zu sehr ausnimmt. Vielleicht wird auch Ahmat diese Erfahrung noch machen.«

»Ihr habt keine Angst vor ihm«, stellte ich fest. »Warum geht Ihr nicht gegen ihn vor?«

»Weil er genug seiner Einnahmen und Schätze beim Khan abliefert, dass dieser ihm vertraut und nicht danach fragt, wie er sie erlangt hat. Außerdem fällt es immer auch auf einen selbst zurück, wenn man versucht, jemanden anzuschwärzen – du wirst das noch besser verstehen.« Er hob die Stimme. »Vor allem aber bin ich heute Statthalter, und meine Aufgabe ist es nicht mehr, Menschen auszupressen oder einen Aufstand anzuzetteln, sondern für Ordnung zu sorgen! Willst du mir dabei helfen?«

»Deshalb bin ich hier.«

Lächelnd wies mir Tarmaschirin einen gepolsterten Schemel.

»Warum setzen wir uns nicht? Es gibt viel zu bereden.«

* * *

»Die Verwaltung des Khans scheint sehr kompliziert zu sein«, sagte Rustichello.

»Das war sie in der Tat«, bestätigte der Venezianer. »Die Mongolen hatten die Strukturen ihres Staatsapparats von dem der alten Kithaier übernommen; einerseits, um ihren Anspruch als rechtmäßige Herrscher zu unterstreichen, andererseits, weil er sich bewährt hatte. In früheren Zeiten war alles sogar noch komplexer gewesen, doch Kublai hatte das Staatswesen vereinfacht. Die Zentralkanzlei war ihm persönlich unterstellt. Hier wurden sämtliche Dekrete erstellt, und hier lief alle Staatsgewalt zusammen. Unter der Kanzlei mit ihren Hunderten von Mitarbeitern existierten sechs Ministerien: das Ministerium für Arbeit, das für Riten, für Beamte, Finanzen, Strafe und Krieg, jedes mit seinem eigenen Stab.«

»Eine bezeichnende Auswahl«, murmelte Rustichello. »Arbeit, Strafe und Krieg?«

»Urteilt nicht zu harsch«, mahnte ihn der Venezianer. »Denkt nur an unsere Fürsten! Wo ist im Kaiserreich der Kanzler der Schönen Künste, der Tribun der Armen und

Schwachen zu finden? Solche Ämter sind nicht das, was eine Kultur ausmacht. Nur, was sie vielleicht am Leben erhält.«

Rustichello nickte nachdenklich. »Und wie passen dieser Ahmat und Tarmaschirin hier hinein? War Ahmat sein Vorgesetzter?«

»Sagen wir eher, sie waren wie zwei Bauern, die sich um dasselbe Feld stritten – bloß brachte einer einen Pflug und der andere Kriegsmaschinen. Ahmat Banakati war damals schon mächtig und sollte noch mächtiger werden. Mein Vergleich mit einem venezianischen Bailo war sogar schmeichelhaft, denn die Bailos bekleideten auch eine wichtige Mittlerrolle zwischen den Kulturen Konstantinopels. Eher ließe er sich wohl mit einen Gaius Verres vergleichen – doch der Gedanke kam mir erst später.«

»Der korrupte römische Magistrat im alten Sizilien?«

»Ebendieser.«

»Und Tarmaschirin?«

»Tarmaschirin war ein ähnlich komplizierter Fall. Er hatte in jungen Jahren Karriere als Baskake in Nowgorod gemacht – Steuereintreiber der Goldenen Horde. Die Marien-Ikone in seinem Arbeitszimmer war ein Andenken an diese Zeit, über die er sonst nur selten sprach. Offenbar gab es gewisse innenpolitische Verwicklungen, die einen raschen Ortswechsel notwendig gemacht hatten.«

»Verwicklungen?«

»Es kam wohl zu einem Aufstand, bei dem die meisten mongolischen Steuereintreiber erschlagen wurden. Tarmaschirin aber kam mit heiler Haut davon. Wie und wieso hat er mir nie erzählt. In jedem Fall hatte er deutlich mehr von der Welt gesehen als die meisten anderen bei Hofe, und der Khan lernte seinen Sachverstand und seine Anpassungsgabe früh zu schätzen. Angeblich hatte er sogar ein Auslieferungsgesuch seines Vetters Berke abgelehnt …«

»Ein gefragter Mann, Euer Tarmaschirin.«

»Allerdings. Er schaffte es bis zum Minister für Finanzen, dann wechselte er in die lokale Verwaltung. Er pflegte zu sagen, dass es sich leichter lebe, wenn man an der Spitze von etwas steht: lieber sein eigener Herr in irgendeinem Städtchen als nur ein weiteres Rädchen in der großen Kanzlei. So viel Charakter beeindruckte den Khan, also gab er ihm Khanbalik. Und bislang hatte Tarmaschirin seine Sache sehr gut gemacht.«

»Erzählt mir mehr darüber. Wie gestaltete sich Eure Zusammenarbeit?«

Der Venezianer lachte. »Anfangs war es eine Zeit voller Missverständnisse. Seht Ihr, der Khan hatte mich nicht nur nach Khanbalik gesandt, damit ich etwas lernte, sondern auch, damit er einen unabhängigen Beobachter vor Ort hatte. Er selbst verbrachte ja nur sechs Monate im Jahr in der Hauptstadt, von September bis Februar – März bis Mai war er auf Jagd, den Sommer über in Xanadu. Es ging also ebenso um mich wie um Tarmaschirin: Der Khan wollte herausfinden, ob er mir trauen konnte und ob ich über nützliches Wissen verfügte. Das herauszufinden war Tarmaschirins Aufgabe. Der Khan wusste aus persischen Berichten um die fortschrittliche Buchführung Venedigs. In den Briefen, die er mir mitgegeben hatte, wies er Tarmaschirin an, zu prüfen, ob sich diese Methoden auch auf die Finanzverwaltung Khanbaliks übertragen ließen.«

»Diese sogenannte doppelte Buchführung?« Rustichello stöhnte. »Das habe ich nie begriffen. Ich bin Schriftsteller, kein Kaufmann.«

»Der Gedanke dahinter ist eigentlich sehr einfach«, erklärte der Venezianer. »Eine Transaktion betrifft immer zwei Konten, und jedes Konto wird in zwei Spalten notiert, in denen Soll und Haben gegenübergestellt werden. Beispielsweise gebt Ihr hundert Grossi aus und bekommt dafür den Gegenwert in Seide – dann haltet Ihr das für jedes Konto in der entsprechenden Spalte fest. Ihr notiert also nicht nur, was Ihr ausgegeben habt, sondern an gleicher Stelle auch, für was. Demzufolge können Soll und Haben je nach Konto einem Zuwachs oder einer Minderung entsprechen. Weiterhin gibt es verschiedene Bücher, was wiederum …«

»Haltet ein! Ich bitte Euch!«, rief Rustichello und schlug die Hände über dem Kopf zusammen. »Wieso kann ich nicht einfach ›Seide für 100 Grossi‹ notieren?«

Der Venezianer zuckte die Schultern. »Das könnt Ihr natürlich so tun. Und viele tun es nach wie vor auf diese Art. Aber ich garantiere Euch: Drei Schuldscheine, ein paar Mahlzeiten mit Geschäftspartnern und die eine oder andere Investition später wird sich das Geld einfach in Luft aufgelöst haben, und Ihr werdet keine Ahnung mehr haben, wo genau Ihr einen Fehler gemacht habt. Ich behaupte ja nicht, dass es ein Vergnügen ist oder ein Kunstgenuss. Aber in spätestens hundert Jahren sind alle, die es auf die alte Art machen, aus dem Geschäft, und dies wird die einzige Art sein, die bleibt.«

»Und hat es funktioniert? Die Umstellung der Buchführung, meine ich.«

»Nach anfänglichen Schwierigkeiten. Ich hatte ja selbst nur wenig Übung damit – tatsächlich wünschte ich nun, ich hätte an den langen Nachmittagen mit Giordano Trevisan besser aufgepasst. Aber damals war ich mit meinen Gedanken nur bei meinem Vater gewesen, und in einer seltsamen Wiederholung der Geschichte saß ich nun statt mit Onkel Giordano mit Statthalter Tarmaschirin am Tisch, bloß dass dieser Tisch deutlich niedriger war, und wünschte abermals, mein Vater wäre hier. Aber wahrscheinlich wäre auch Nicolò keine große Hilfe gewesen, denn er hatte die letzten zwanzig Jahre mehr Zeit mit Reisen verbracht als mit Buchführung.« Der Venezianer lachte, versunken in seine Erinnerung.

»Tarmaschirin erkannte jedoch rasch die Vorzüge des venezianischen Systems. Außerdem gefiel es ihm wahrscheinlich, etwas zu lernen, was ihm so schnell niemand nachmachen konnte – wenn alle Einnahmen und Investitionen, alle Gehälter und Ausgaben der Hauptstadt ausschließlich auf diese neue Art verbucht wurden, war das mittelfristig nicht nur äußerst effizient, es machte ihn auch unentbehrlich. Und das mochte er.« Der Venezianer griff sich ein Blatt und begann es zu falten. »Was dagegen eine echte Verbesserung zur mir bekannten Art des Finanzwesens darstellte, war das mongolische Geld. Ich hatte es mir zunächst nicht recht vorstellen können, aber es machte den Zahlungsverkehr so viel einfacher.«

»Papiergeld«, murmelte Rustichello und sah zu, wie der Venezianer ein kleines Schiffchen baute und vor ihnen auf den Tisch stellte. »Das erwähntet Ihr schon. Aber funktioniert das denn wirklich? Oder besser gefragt – wieso sollte es?«

»Weil der Khan es sagt«, entgegnete der Venezianer. »Das Geld hat seinen Wert, weil jeder es anerkannt – anerkennen *muss.* Im Prinzip funktioniert es wie ein weltweiter Wechselbrief: Jeder Empfänger erwirbt damit das Versprechen, dass jeder andere ihm dafür den entsprechenden Gegenwert überlässt. Wer sich nicht daran hält, macht sich strafbar. Es ist ein schweres Vergehen, das Wort des Khans zu ignorieren, und dieses Wort haftet jedem seiner Geldscheine an. Der Khan sagt: *Dieses Stück Papier soll den Wert eines Grosso besitzen* – oder zehn oder hundert Grossi. Er sagt: *Wer mein Geld ablehnt oder fälscht, der wird hingerichtet.* Das steht so auch auf jedem Schein. Und deshalb funktioniert das System.«

»Aber dennoch«, gab Rustichello zu bedenken. »Papier! Papier verbrennt, es löst sich auf, und Ihr habt bereits angemerkt, dass man es sogar am Davonfliegen hindern muss …«

»Tatsächlich nannten es die Kithaier, die es ursprünglich erfanden, auch ›fliegendes Geld‹.« Der Venezianer grinste. »Aber Gold versinkt, wenn es ins Wasser fällt, und wenn man zu viel davon hat, ist es eine einzige Schlepperei. Habe ich schon erklärt, wie die Kithaier vor der Einführung ihres fliegenden Geldes bezahlten? Mit Kupfermünzen. Hundert oder tausend Stück an einem Strang, durch Löcher in der Mitte aufgefädelt. Noch Fragen?«

Rustichello griff nach dem Papierschiffchen und drehte und wendete es skeptisch, als würde der Venezianer von ihm erwarten, dass er an Bord ging. »Ihr sagtet, dass die Städte Kithais und Manzis sehr viel größer wären als die meisten Städte in unserem Teil der Welt. Das hieße, dass man auch unglaublich viel Geld bräuchte. Es muss doch eine furchtbare Arbeit sein, all diese Geldscheine auszustellen.«

»Das macht man ja auch nicht von Hand.«

»Sondern?«

»Man druckt sie.«

Rustichello schüttelte verständnislos den Kopf.

»Natürlich macht sich niemand die Mühe, Millionen von Banknoten von Hand zu zeichnen«, führte der Venezianer aus. »Auch müsst Ihr bedenken, dass die Schriftzeichen Kithais komplizierter sind als die unseren und die Gestaltung ihrer Texte einem feinen Sinn für Ästhetik folgt. Manche Bücher haben Bilder – von Blumen oder Landschaften, so lebensecht, das stellt Ihr Euch nicht vor …« Er schloss einen Moment lang die Augen, als könnte er sie noch vor sich sehen. »Ich habe diese Bücher leider nie lesen gelernt. Aber ich wusste, wie ein Geldschein und das Siegel darauf auszusehen hatten und woran ich seinen Wert erkannte. Die Scheine müssen aufwendig gestaltet sein, denn sonst könnte ja jeder sein eigenes Geld zeichnen. Das alles erreicht man, indem man das Papier mit einer Schablone bedruckt: Man schnitzt den Text mitsamt der Ornamente oder Bilder in einen Holzblock, spiegelverkehrt natürlich. Meistens nimmt man dazu Birnbaumholz, denn das hat eine schöne glatte Oberfläche. Dann trägt man die Tinte auf und drückt das Papier auf den Block – vorsichtig, denn das Papier des Ostens ist sehr weich. Es wird aus der Rinde einer bestimmten Art von Maulbeerbäumen gefertigt.«

»Aber macht diese Schnitzerei nicht noch mehr Arbeit als das Schreiben von Hand?«

»Zunächst schon«, sagte der Venezianer. »Und mit Bronzeplatten wird das Ganze noch aufwendiger. Aber Ihr könnt dieselbe Schablone ja so oft benutzen, wie Ihr wollt. Überlegt Euch nur, was das für Euer Buch bedeuten würde!« Er deutete auf den stetig wachsenden Stapel, der die Geschichte seines Lebens enthielt. »Angenommen, unser Buch findet Leser. Angenommen, es wird so bekannt wie Eure früheren Werke.«

Rustichello winkte bescheiden ab. »Natürlich kann ich keinerlei Versprechungen machen …«

»Aber angenommen, es wäre so. Ich stelle mir vor, dass es ziemliche Arbeit ist, so ein Buch zu vervielfältigen. Teure Kopisten oder fleißige Mönche sitzen wochenlang davor, um eine einzige Abschrift zu erstellen.«

»Manchmal monatelang«, bestätigte Rustichello. »Das weiß ich aus eigener Erfahrung.«

»Da seht Ihr's. Mit einer Schablone kann man tausend Seiten oder mehr am Tag beschriften. Beliebte Bücher in Kithai – Sammlungen zu Pflanzen, Steinen oder Medizin, Anleitungen zur Malerei, gelehrte Nachschlagewerke oder die heiligen Texte der Buddhisten – existieren in zehn- und hunderttausendfacher Ausfertigung. Und allein die Bibliothek in Kaifeng zählte fast hunderttausend verschiedene Werke. Von den kleinen Almanachen, die einem sagten, wann die beste Zeit zum Säen, zum Ernten, zum Reisen, zum Heiraten oder zum Hausbau war, wurden jedes Jahr Millionen hergestellt. Die Menschen waren regelrecht verrückt danach.«

»Millionen«, murmelte Rustichello und starrte den mühselig beschriebenen Stapel Pergamente an, dessen Inhalt im Moment nur zwei Menschen kannten. Konnte es wirklich sein, dass die Leute anderswo einfach Holz auf Papier drückten wie Barbaren ihre farbbeschmierten Hände auf Höhlenwände?

»Kehren wir zurück zur Geschichte«, bat er. »Ihr wart also in Khanbalik und habt Statthalter Tarmaschirin die Kunst der Buchführung gelehrt …«

Der Venezianer lächelte. »Ihr schmeichelt mir. Doch wir sollten nicht vergessen, dass Tarmaschirin Herr in seiner Stadt war und ich der fremde Jüngling mit der seltsamen Aussprache, der einen Minister nicht von einem Gaukler unterscheiden konnte. Bisher hatte ich mich stets darauf verlassen dürfen, dass mein Vater oder mein Onkel mich aus Schwierigkeiten heraushielten. Nun war ich zum ersten Mal auf mich allein gestellt.« Er seufzte. »Der Khan hatte mich seiner Familie hinzugefügt, aber diese Familie war meistens sehr weit entfernt. Damit war Tarmaschirin der Einzige, der mir blieb. Wir verstanden uns gut, und er fragte mich viel über meine Herkunft und meine Heimat. Trotzdem hatte ich so viel mehr zu lernen als er – es bestand nie ein Zweifel daran, dass er der Lehrer war und ich der Schüler.«

* * *

Mit der Zeit lernte ich auch seine Familie kennen. Er hatte zwei Frauen, Sarangerel und Tsetseg, und vier Kinder, die er sehr liebte. Der Älteste, Naranbaatar, war in meinem Alter, die Jüngste, Sarnai, gerade ein Jahr alt. Zwar hätte mir auch eine eigene Bleibe zugestanden, aber Tarmaschirins Haus war größer und schöner, und ich nahm seine Gastfreundschaft gerne an. Er beschwerte sich immer, was aus ihm geworden sei – er war einer jener Mongolen, die jeden Morgen erwarteten, in einer Jurte in den Weiten der Steppe zu erwachen, und Häuser bereiteten ihm Unbehagen. Ein Mann sollte nicht an einen Haufen Holz und Steine gekettet sein, pflegte er zu sagen. Er sagte es halb im Scherz, denn natürlich schätzte er seinen Reichtum und die Annehmlichkeiten seines Lebens. Trotzdem glaubte ich diese Ketten, von denen er sprach, manchmal fast klirren zu hören, wie sie ihn niederrangen und seine Schritte schwer wie die eines Greises machten. Sein Haus in dem großen Park, gleichsam zwischen zwei Welten gelegen, war fraglos die beste Wahl für jemanden wie ihn.

Bald darauf traf auch der Khan mit seinem Hofstaat ein. Ich erfuhr von den Verdiensten meines Vater und meines Onkels in der Schlacht um Saianfu und dass Kublai ihnen neue Paizas und prunkvolle *Jisün* verliehen hatte. Das waren einfarbige Roben aus Goldbrokat, die zu festlichen Anlässen getragen wurden und als wertvolle Auszeichnung galten. Jedoch hatte er beide umgehend zurück in den Süden geschickt, um den Bau weiterer Katapulte zu beaufsichtigen. So blieb mir nichts, als mich in Geduld zu üben.

Die Zeit wurde mir jedoch nicht lang, denn ich verbrachte sie in den Wintermonaten nun vermehrt im Allerheiligsten der Stadt, der weitläufigen Palastanlage. Umringt von einer kaum zu schätzenden Zahl von Empfangshallen, Tempeln, Küchen, Lagern, Wachgebäuden und Unterkünften für Familie und Dienerschaft bildete Kublais Palastkomplex eine eigene Stadt, eine eigene Welt.

Eingeläutet wurde sein Aufenthalt von einem großen Fest zur Feier seines Geburtstags – dies erschien mir zunächst ein wenig eitel, bald jedoch begann ich zu begreifen, wie wichtig diese jahreszeitlichen Rituale für ihn und seine

Untertanen waren. Für die Mongolen bedeutete der Umzug des Khans eine Fortsetzung der nomadischen Tradition, des Wechsels von Sommer- und Winterlager.

Irgendwann zwischen Ende Januar und Ende Februar fand als zweites großes Fest die Feier des neuen Jahres statt. Der komplizierte Kalender Kithais berechnete sich sowohl aus den Mondmonaten als auch dem Sonnenjahr. Seine Jahre benannte er nach einer Kombination von zwölf Tieren und fünf Elementen, aus denen sich Sechzigjahreszyklen ergaben. Mein Geburtsjahr, 1254, wäre zum Beispiel das Jahr des Holz-Tigers gewesen. Anfangs verwirrten mich die wandernden Jahresbeginne und die gelegentlichen Zusatzmonate noch, so dass ich in meinen privaten Aufzeichnungen weiter die gewohnten Monatsnamen benutzte. Doch irgendwann gab ich es auf, weil der Jahreszyklus Kithais das Einzige wurde, was für mich zählte.

Zum Neujahrsfest trug der ganze Hofstaat Weiß, weil das Glück brachte, und man machte sich Geschenke, am besten ebenfalls weiße, und am allerbesten gleich neun davon, weil dies besonders viel Glück brachte. Auch Kublai erhielt Geschenke, das hieß, Tribut von seinen Untertanen, der auf weißen Pferden und Elefanten in die Stadt gebracht wurde. Danach gab es ein großes Bankett wie das, das ich in Xanadu erlebt hatte, aber Tarmaschirin und ich hatten zu dieser Zeit meist alle Hände voll zu tun, die neuen Reichtümer zu zählen. Mich ließ der Anblick dieser Schätze ebenso kalt wie die Münzen, die ich als Kind mit Giordano Trevisan sortiert hatte. Was zählte, waren die Bücher, nicht mehr.

Regelmäßig informierten wir den Khan und seinen Stab über unsere Fortschritte. Die Neuerungen hatten bereits geholfen, die Geldverschwendung in der Verwaltung einzudämmen, und die ungezählten Beamten, die ihr Rückgrat bildeten, lernten schnell. Mit alldem war der Khan höchst zufrieden. Die einzige Kritik an den neuen Abläufen kam von Bailo Ahmat, den ich aber nie persönlich traf; meistens sprach er durch seinen Sohn Husain. Wenn der Khan diese Bedenken aufgriff, gab Tarmaschirin ihm stets höflich recht und versprach ihm, die Papierarbeit nicht ausufern zu lassen. Trotz seiner Gelehrtheit und seiner Gründlichkeit war das einzige Papier, dem der Khan wirklich traute, das Geld mit seinem Siegel darauf.

Manchmal, wenn seine Zeit es zuließ, empfing Kublai mich auch allein und fragte mich nach meiner Einschätzung bestimmter Ideen oder Probleme. Wie bei unserer ersten Audienz kam es vor, dass er mich sehr lange reden ließ. Ich glaube, er genoss es, seine Welt mit meinen Augen zu sehen und sich als Hauptperson der großen Geschichte der Yuan-Dynastie zu fühlen, die jeder seiner Untertanen mit jedem ausgeführten Befehl fortschrieb.

Chinkim begegnete mir stets herzlich, wenn ich ihn traf, doch er hielt nun Abstand zu mir. Auf bedrückende Weise erinnerte es mich an die Zeit in Venedig, als Beatrice und ich einander aus dem Weg gegangen waren.

Noch schwieriger wurde es dadurch, dass es mir mit seiner Schwester umgekehrt erging. Eines Abends ertappte ich mich dabei, wie ich mich vor dem Einschlafen über eine Bemerkung ärgerte, die Kokachin gemacht oder die zu machen ich versäumt hatte. Die meisten unserer Gespräche verliefen unbefriedigend: Ich erzählte ihr von meiner Heimat, und sie fragte mich, weshalb ich nicht dort geblieben sei. Ich sprach sie auf ihren Namen an, der in etwa »dem Blau des Himmels gleich« bedeutete, und sie dachte, ich wolle mich über das Wetter unterhalten. Später führte ich die Gespräche in meinem Kopf dann fort und fragte mich, was ich falsch machte.

Dennoch konnte ich es nie erwarten, sie wiederzusehen. Was ist es, das uns zu Menschen hinzieht, die uns offenkundig nicht für voll nehmen? Zwar respektierte sie Chinkims hohe Meinung von mir, aber es kam mir so vor, als ob sie ernste Zweifel an der Geschichte seiner angeblichen Rettung hegte. Ob Kokachin ahnte, was in Wahrheit vorgefallen war? Natürlich konnte ich sie das nicht fragen. Bei den großen Banketten, wie an Neujahr, saßen wir gemeinsam ganz in Weiß an der Familientafel – und trotzdem unterhielten wir uns über nichts Bedeutungsvolleres als die Fortschritte beim Stadtbau oder über die Finanzen. Für sie war ich in erster Linie der Fremde, der Lateiner. Zwar nannte sie mich manchmal auch bedeutungsvoll ihren »Bruder« – doch so, wie sie es sagte, war es kein Kompliment.

Im Frühjahr dann begab sich ihr Vater mit dem Hofstaat auf die Jagd, um im Sommer weiter nach Xanadu zu ziehen; und der Kreislauf begann von vorn.

Abgesehen von diesen Anlässen verbrachte ich mehr Zeit mit meinen Büchern als mit Menschen. Ein oder zwei Mal besuchte mich Zurficar, wenn ihn Aufträge nach Khanbalik führten; und ab und an erreichten mich Neuigkeiten von meinem Vater oder Onkel. Es dauerte aber beinahe drei Jahre, bis ich sie endlich wieder traf. Mein Zorn auf sie war da längst einer tiefen Sehnsucht gewichen; trotzdem erfuhr ich immer erst hinterher, wenn sie Gast bei Hofe gewesen waren, und die meiste Zeit waren sie auf Reisen.

Fast kam es mir vor, als ob der Khan sie aus irgendeinem Grund absichtlich von mir fernhielt. Mich zog er mit Tarmaschirins Hilfe zu seinem stellvertretenden Statthalter heran – Nicolò und Maffeo wurden Teil seines riesigen Stabs an Botschaftern und Beratern, die er auch dringend brauchte, denn der Khan war ein vielbeschäftigter Mann. Er führte nicht nur Krieg gegen die Song im Süden, sondern auch gegen die wenigen verbliebenen Reiche in seinem Teil der Welt, die seine Vorherrschaft nicht anerkannten. Seinen Anspruch hatte er meines Wissens nie hinterfragt – genau wie sein Bruder Möngke oder die Großkhane davor ging er stets davon aus, dass der Ewige Blaue Himmel ihm den Auftrag zur Herrschaft erteilt hatte. Dies war die Ordnung der Dinge, und alles, was diese Ordnung störte, ein unbegreifliches Ärgernis.

Insbesondere das legendäre Cipangu – von dem man im Westen noch nie gehört hatte – war ihm seit Jahren ein Dorn im Auge. Das stolze Inselreich im östlichen Meer sollte so reich sein, dass die Dächer seiner Paläste mit Gold gedeckt waren. Jedoch hatte es mehrere Aufforderungen, sich zu unterwerfen, in beleidigender Manier ignoriert. Die letzten Botschafter hatte der Shogun – so nannte sich ihr oberster Kriegsherr – schmachvoll nach Hause geschickt. Das konnte Kublai nicht auf sich sitzen lassen. Er schickte eine Flotte von achthundert Schiffen, doch nach einer Reihe siegreicher Schlachten erreichte Kunde den Hof, dass seine Krieger einer feindlichen Übermacht unterlegen waren. Anscheinend hatten sie auf ihren Schiffen einfach nicht genug Ausrüstung für einen längeren Feldzug dabeigehabt, und als sie sich geschwächt zurückzogen, fielen die Feinde im Schutz der Nacht über sie her. Dreizehntausend Krieger starben auf dem Schlachtfeld oder ertranken im Meer. Es war eine Schande, die nach drastischen Konsequenzen verlangte – doch der nächste Zug in diesem Spiel wollte wohlüberlegt sein.

Der Feldzug gegen Manzi verlief dagegen vielversprechend. Mit dem Fall von Saianfu stand der Weg in den Süden weit offen. Schon stellte der Khan eine neue Streitmacht zusammen, die auf den Wasserstraßen Manzis bis zur Hauptstadt Quinsai vorstoßen sollte.

Und die Zeichen für einen Sieg standen günstig.

* * *

»Im Jahre 1274, dem Jahr des Holz-Hundes, verstarb der Kaiser der Song wie aus heiterem Himmel. Fast zur selben Zeit erbebte nahe der Hauptstadt, im Gebirge, die Erde. Tausende Menschen fanden den Tod unter den rutschenden Erdmassen. Wenn Ihr gestattet …«

Der Venezianer unterbrach seine Erzählung, um ein fremdartiges Schriftzeichen auf das Blatt Papier zu zeichnen. Es bestand aus zwei identischen Zeichen, die entfernt an ein großes A mit flachem Kopf und einer doppelten Mittellinie erinnerten. Darüber malte er eine Art Krone.

»Dies ist eins der wenigen Schriftzeichen, an die ich mich entsinne. Die beiden großen Zeichen, für sich genommen, bedeuten so viel wie ›Freund‹ – ich vermute, weil beide Teile gleich sind, also nicht allein. Allerdings seht Ihr auch die Kluft, die sie trennt, nicht wahr? Die Krone darüber stellt eine Bergspitze dar, oder alles, was an einen Berg erinnert – einen Kaiser zum Beispiel. Berge und Kaiser aber sollten nicht durch eine Kluft zerteilt werden. Zusammengenommen zeigt dieses Zeichen entweder einen Erdrutsch oder den Tod eines Kaisers an – es ist ein und dasselbe. Versteht Ihr?«

Rustichello erwiderte nichts und studierte das fremdartige Zeichen. Der Venezianer lehnte sich wieder zurück und fuhr fort.

»Dieser Berg, der da erbebte, war auch nicht irgendein Berg. Es war ein heiliger Berg, der in der Hauptstadt verehrt wurde. Und wie auch die Mongolen glaubten die Bewohner Manzis, dass ihr Kaiser mit dem Mandat des Himmels herrschte. Nun, so schien es, hatte der Himmel sich von ihnen abgewandt. Kublai brauchte keinen Kalender, um zu wissen, dass die ideale Zeit für den vernichtenden Schlag gekommen war.

Und für mich und meine Familie bot sich endlich die Gelegenheit eines Wiedersehens …«

VIII
Die Khatun
Xanadu, 1276

Nicolò fand Chabi Khatun bei den Hundezwingern. Ohne die Begleitung ihres Mannes merkte man erst richtig, wie kräftig die Frau des Khans war. Ungeachtet ihrer fünfzig Jahre und ihres korpulenten Körperbaus waren ihre Bewegungen jedoch so mühelos wie die einer jungen Bärin. Ihr Gesicht unter der hohen Boghta war friedlich, in sich selbst versunken, und sie verfütterte so selbstvergessen blutiges Fleisch an die Hunde, wie ein verliebtes Mädchen Blumen pflückt.

Er wartete, bis sie seiner gewahr wurde und ihm mit einem Nicken signalisierte, näherzutreten. Auch ohne die zahlreichen Wachen war ihm klar, dass jedes Fehlverhalten ihr gegenüber tödliche Folgen haben konnte. Xanadu mochte wie ein friedliches Paradies wirken, doch in Wahrheit war es eine starke Festung mit gräsernen Böden und dem Blau des Himmels als Dach. Und solange Kublai noch auf Jagd weilte, gehörte diese Festung allein der Khatun.

»Nicolò Polo«, richtete sie das Wort an ihn. »Ich freue mich, dass du meinem Ruf gefolgt bist.«

»Die Freude ist ganz meinerseits, Khatun«, sagte Nicolò und verbeugte sich.

»Du trägst die *Jisün,* die mein Mann dir geschenkt hat«, stellte sie fest.

Nicolò strich die golddurchwirkte blaue Robe glatt. »Es ist das beste Kleidungsstück, das ich besitze. Ich wollte Euch nicht durch mein Aussehen beleidigen.«

Lächelnd griff sie in den Eimer mit dem Fleisch und warf den Hunden ein weiteres Stück zu. »Du hast dich verdient gemacht. Abermals.«

»Es war nie meine Absicht, in Ungnade zu fallen.«

»Was war deine Absicht bei deiner Rückkehr, Nicolò Polo?«

»Ich wollte Frieden. Frieden und Wohlstand für unsere beiden Welten.«

Sie erwiderte nichts und schaute eine Weile den jungen Hunden beim Fressen zu. Es waren schöne, kräftige Tiere mit dickem Fell, die ihr Mann bald für die Jagd benutzen würde. Nicolò wusste, dass sich normalerweise ein ganzer Stab von Dienern um sie kümmerte und der Khan in jeder seiner Städte mehr Tiere besaß, als er tatsächlich brauchte. Er fragte sich, ob die Khatun diesen Ort aus einem bestimmten Grund für ihre Audienz gewählt hatte oder ob sie die Hunde einfach mochte.

»Was denkst du heute über deine Absichten von einst?«, fragte sie schließlich.

Nicolò zögerte nur kurz. »Heute weiß ich, dass der Khagan nicht in Allianzen denkt. Er ist Herrscher unter dem Ewigen Blauen Himmel, und alle anderen Könige seine Untergebenen oder Feinde.«

»Du kennst uns heute besser.« Es klang wie ein Kompliment. »Dein Bruder wusste das schon länger als du.«

»Mein Bruder war immer nur daran interessiert, seine Macht zu mehren.«

»Darin ist er vielen Männern und Frauen im Reich nicht unähnlich. Und erfolgreich ist er auch damit. Er war es, der den ersten Schuss auf Fancheng abgab. Nicht Bayan, nicht Aju.«

»Hat er das gesagt?«

»Das sagen alle. Ist es denn nicht die Wahrheit?«

Nicolò wählte seine Worte mit Bedacht. »Er tat, wozu ich nicht imstande gewesen wäre.«

»Du hast dafür die Kapitulation Saianfus erwirkt.«

»Gemeinsam mit den Generälen.«

Ruhigen Schrittes schlenderte die Khatun zum nächsten Zwinger, dessen Bewohner sie mit freudigem Kläffen empfingen. Nicolò folgte ihr in respektvollem Abstand.

»Sakyamuni Burkhan lehrt, dass man kein Leben nehmen soll«, sagte sie nachdenklich, während sie Fleisch in den Zwinger warf. »Und doch gibt es kein Leben ohne den Tod.«

»Die christliche Lehre gebietet ebenfalls den Respekt vor dem Leben«, stimmte Nicolò zu. »Es ist gut, das Leben zu schützen, wo immer man kann.«

»Quinsai steht kurz vor der Kapitulation«, sagte sie unvermittelt.

»Ich hörte davon.«

»Mein Mann wollte Bayan die Vollmacht übertragen, mit der Stadt zu verfahren, wie er es für richtig hält.«

Nicolò wusste, was dies bedeutete. Er hatte es aus nächster Nähe erlebt: Kapitulierte die Stadt rechtzeitig, wurde sie verschont. Leistete sie zu lange Widerstand oder beging sie den Fehler, die Besatzer zu beleidigen, drohte ihr dasselbe Schicksal wie Fancheng.

»Hat der Khan seine Meinung denn geändert?«, fragte er vorsichtig.

»Ich habe ihn gebeten, die Truppen persönlich zu begleiten.«

Das war eine bemerkenswerte Bitte. Nicolò wusste, dass der Khagan schon seit vielen Jahren nicht mehr persönlich in die Schlacht geritten war – seit seinem Machtantritt und dem Konflikt mit Arik Böke hatten andere für ihn gekämpft.

»Darf ich fragen, weshalb?«

»Weil es eine gute Gelegenheit wäre, Großmut zu beweisen.«

Nicolòs Blick wanderte über die Zwinger, die Wachen, die Wasserspiele, das friedlich grasende Wild in der Ferne. Er hatte das starke Gefühl, dass die Khatun ihn auf die Probe stellen wollte, aber er war sich nicht sicher, worin diese Prüfung bestand.

»Ich habe auch mit deinem Bruder gesprochen«, sagte die Khatun.

Nicolò fuhr zusammen. »Habt Ihr ihm dieselben Fragen gestellt? Was er vorhat und woran er glaubt?«

»Ich habe versucht, ihn besser kennenzulernen, so wie dich. Ich muss die Menschen kennen, denen wir unser Vertrauen schenken.«

»Und?«, fragte Nicolò mit klopfendem Herzen.

»Wie ich schon sagte: Er ist vielen Männern im Reich nicht unähnlich. Ich muss gestehen, ich war ein wenig enttäuscht.« Sie leerte den Eimer und wanderte weiter, während die Hunde sich noch um das Fressen balgten. Ein Diener eilte herbei, nahm ihr den Eimer ab und reichte ihr einen neuen. Dann verbeugte er sich und begab sich wieder außer Hörweite.

»Sag mir«, fuhr sie fort, sobald Nicolò wieder aufgeschlossen hatte, »wie kommt es, dass ein Mann so unzufrieden mit seinem Leben ist, dass er es einfach wegwirft und ein neues beginnt?«

»Der Charakter meines Bruders ist einem besonderen Aufeinandertreffen verschiedener Sünden geschuldet. Allen voran Hochmut.«

»Ich weiß, was Christen meinen, wenn sie von Sünde reden. Dann hältst du deinen Bruder also für einen verdammenswerten Menschen?«

»Ich halte meinen Bruder für einen sehr einsamen Menschen. Trotzdem ist er mein Bruder, und ich liebe ihn.«

»Mein Mann ist beeindruckt von ihm«, sagte sie ohne jede Regung in der Stimme. »Er wird ihn zu einem seiner engsten Ratgeber machen und einem Feldherrn der Eintausend. Es ist der gerechte Lohn für seine Verdienste in der Schlacht.«

Nicolò musste diese Neuigkeit erst verdauen. Natürlich

war es in erster Linie ein symbolischer Rang, der seinen Stand bei Hofe anzeigte. Die Mongolen liebten eine klare Organisation in Schritten von zehn, hundert, tausend und zehntausend, und zivile und militärische Befehlsgewalt gingen fließend ineinander über. Auch Nicolòs neue Paiza machte ihn theoretisch zum Anführer einer Zehnerschaft. Dennoch bereitete ihm die Vorstellung, dass Maffeo jemals über tausend Mann in Waffen gebieten könnte, Unbehagen.

»Was würde dein Bruder tun, wenn die Kapitulation nicht verläuft wie geplant? Wenn die Song Bedingungen aushandeln wollen oder Kompensation verlangen?«

Nicolò fasste eine Entscheidung. »Schickt mich nach Quinsai. Ich will mein Möglichstes tun, um sinnloses Blutvergießen zu vermeiden.«

»Jemand sagte einmal, der größte Sieg, den man erringen könne, sei ein Sieg ohne Tote. Ein Sieg, der den Menschen den Herrscher bringt, der ihnen von Rechts her immer bestimmt war.«

»Wer immer das sagte, war ein weiser Mann«, stimmte Nicolò zu.

»Dann geh nach Quinsai und sorg dafür, dass dies ein Sieg der Weisheit wird!«

Nicolò betrachtete die Khatun mit neuem Respekt. Er hatte gewusst, dass die Frauen der mongolischen Herrscher oft über großen Einfluss verfügten. Kublais Mutter, die große Sorkhatani Beki, hatte die Rolle der Königsmacherin gespielt und erwirkt, dass die Macht von der Linie Ögedeis auf die ihres verstorbenen Mannes Tolui überging. Zuvor hatte Ögedeis Witwe Töregene das Reich fünf Jahre als Regentin beherrscht. Und die Pfauendame Doquz hatte die Christen Bagdads vor dem Zorn ihres Gemahls Hulaku bewahrt. Nun fragte Nicolò sich, wie viele der klugen Weisungen Kublais in Wahrheit auf Chabis Rat zurückgingen: etwa, die Ländereien der Eroberten nicht in Weideland für die mongolischen

Pferde zu verwandeln, sondern den Bauern ihre Felder zu lassen. Die Steuerlast erträglich zu halten und die Bedürftigen mit Getreide zu versorgen. Und, vielleicht am wirkmächtigsten: als seinen Sitz eine der ehrwürdigen Hauptstädte des Reiches zu wählen und seiner Dynastie einen Namen zu geben, den jeder seiner Untertanen verstand: Yuan, der Uranfang.

»Wirst du das für mich tun, Nicolò Polo?«

Nicolò verbeugte sich tief. »Ich danke Euch, Khatun.«

Sie leerte auch den zweiten Eimer und streckte die Arme aus. Sogleich kam wieder ein Diener geeilt, nahm ihr den Eimer ab und wischte ihr das Blut von den Händen.

»Wenn ich eine Bitte äußern dürfte, Khatun«, sagte Nicolò, sobald sich der Diener entfernt hatte und sie zurück zum Palast schlenderten.

»Sprich.«

»Ich habe lange nicht mehr von Marco gehört. Wie geht es ihm?«

»Gut, wie ich höre. Er macht sich in Khanbalik sehr verdient. Statthalter Tarmaschirin redet in den höchsten Tönen von ihm. Auch Ahmat hat mich schon auf ihn angesprochen. Er regte an, ihn bald schon auf eine neue Position zu versetzen. Es gibt aber noch keine Entscheidung hierüber.«

»Ahmat?«, fragte Nicolò.

»Einer unserer treuesten Diener«, sagte die Khatun. »Wir kennen ihn schon lange, und mein Mann vertraut seinem Urteil blind; denn wie er hat Ahmat Großes geschaffen, und er schenkt dem Khan viele Reichtümer. Hast du vielleicht einen Vorschlag zu Marco?«

»Ich würde ihn sehr gerne wiedersehen«, sagte Nicolò. »Aber ich möchte ihn nicht in Gefahr bringen.«

Die Khatun überlegte. »Ich werde dafür sorgen, dass er meinen Mann in den Süden begleitet. Du weißt, dass er meinem Sohn das Leben rettete und mein Mann ihn an Sohnes statt annahm?«

Nicolò nickte. Er hatte davon gehört, gleich nach seiner Rückkehr aus dem Süden.

»Mein Mann sieht wirklich einen Sohn in ihm. Dass Marco von Xanadu träumte, hat ihn beeindruckt. Aber auch, dass er in jenem Jahr geboren wurde, in dem der Khan denselben Traum hatte.«

»Ich verstehe nicht ganz.«

Die Khatun schaute ihn an. »Was ich dir jetzt erzähle, wissen nur wenige Menschen, und so soll es auch bleiben, also handle entsprechend. Im Jahr von Marcos Geburt wäre auch dem Khan und mir beinahe ein Sohn geschenkt worden. Doch er verließ diese Welt, noch ehe er sie betrat. Vielleicht ist ein Teil von ihm mit deinem Sohn zurückgekehrt. Kublai glaubt an ihn.« Sie ließ nicht erkennen, was sie davon hielt. »Was ist mit dir? Glaubst du an deinen Sohn?«

»Marco ist ein guter Junge.«

»Du redest wie ein Vater – ich aber muss denken wie eine Ehefrau. Ich vertraue meinem Mann. Gerade lerne ich, dir zu vertrauen. Wem traust du? Vertraust du deiner Familie, trotz eures Streits?« Sie blieb stehen und musterte ihn. Die Perlen an ihrer Boghta pendelten sanft. »Je näher Marco meinem Mann ist, desto sicherer wird er sein – doch je näher mein Mann ihn an sich heranlässt, desto mehr seiner eigenen Sicherheit gibt er auf.«

»Ich würde beiden mein Leben anvertrauen«, sagte Nicolò. »Marco und dem Großen Khan.«

Ein Lächeln spielte auf den vollen Lippen Chabis. Noch einmal blickte sie zurück zu den Zwingern. »Vertrauen ist wie Liebe«, sagte sie. »Es macht einen verwundbar und trübt den Blick für die Wahrheit. Diese Hunde vertrauen darauf, dass ich sie füttere, aber was sollten sie tun, wenn ich ihr Vertrauen enttäusche? Wenn ich sie verrate, sitzen sie machtlos in ihrem Käfig und müssen verhungern. Ich wiederum vertraue darauf, dass die Hunde mich nicht beißen, wenn ich ihnen zu fressen gebe. Was aber würde ich tun, wenn ein Hund eines Tages doch zuschnappt?«

Sie schaute ihn an. Ihre Miene war unbewegt wie zuvor. »Ich wüsste genau, was ich tun würde, Nicolò Polo. Kannst du es dir denken?«

Sie wandte sich ab und ließ ihn unverrichteter Dinge stehen. Nicolò dachte schon, er wäre entlassen, als sie noch einmal den Kopf über die Schulter wandte.

»Ich würde ihn seinesgleichen zum Fraß vorwerfen«, sagte die Khatun. »Das würde ich tun.«

IX
Der Fall von Quinsai
Manzi, 1276

So kam es, dass der Khan im Jahr der Feuer-Ratte seine alljährliche Jagd einen Monat verkürzte und stattdessen mitsamt seinem Hofstaat gen Süden zog, um dem Fall der mächtigen Stadt Quinsai beizuwohnen. Die Hauptstadt war größer als alle anderen Städte, und ihre Kapitulation würde gleichsam das Ende jener dreihundert Jahre alten Dynastie markieren, die einst ganz Kithai und Manzi beherrscht hatte.

Mit dem Hofstaat zogen beinahe hunderttausend Krieger in den Süden, die meisten auf den Schiffen, die sie nach dem Fall Saianfus gebaut hatten. Auf ihrem Weg ins Herz Manzis hatten sie eine Stadt nach der nächsten genommen. Dennoch war die Schifffahrt für die meisten Mongolen nach wie vor ein unvertrautes Wagnis, wie auch der vergebliche Griff nach der großen Insel Cipangu gezeigt hatte. Der Mongolen Element war das wogende Meer der Steppe; der Rücken ihrer Tiere die einzig wahre Art, zu reisen. Schon wucherten die neuen Postwege des Khans stetig wie das Wurzelwerk eines Baums durch sein Reich; trotzdem gab es erst wenige für Pferde geeignete Straßen in diesem von Wasser zerteilten Land.

Dies spiegelte auch die Lebensart seiner Bewohner wider, die anders als die Mongolen sesshaft waren und von Ackerbau lebten. Die traditionellen Verkehrs- und Handelswege Manzis waren seine Flüsse. Die alten Kithaier hatten schon vor über tausend Jahren damit begonnen, diese Flüsse, die stellenweise breit wie Seen waren, durch einen mit Deichen eingefassten Kanal zu verbinden. Nach langen Jahren des Krieges war der Kanal jedoch in schlechtem Zustand. Kublai hatte angeordnet, ihn wieder instand zu setzen und bis nach Khanbalik zu verlängern.

Der Venezianer in mir kannte keine Vorbehalte gegen diese Art des Reisens. An Bord einer kastenförmigen Dschunke mit gelatteten Segeln glitt ich die weitverzweigten Wasserstraßen des Südens hinab. Mit mir reisten acht Männer in Waffen, die Statthalter Tarmaschirin mir mitgegeben hatte, außerdem zahlreiche Gesandte und Kuriere, die meisten jedoch nicht im Besitz einer Nachricht, sondern in Erwartung einer ebensolchen. Es war, als strömte das ganze Land vor die Tore Quinsais, um Zeuge eines großen Spektakels zu werden; der Zeitenwende, die die Herrschaft Kublais über den Süden besiegeln sollte.

»Sei vorsichtig«, hatte Tarmaschirin zum Abschied gesagt. Es war die erste lange Reise, die ich im Reich des Khans auf mich allein gestellt bestritt, und es war dem Statthalter wichtig, dass alles reibungslos verlief. »Nur weil der Khan mit hunderttausend Mann vor Ort ist, heißt das nicht, dass keine Gefahr droht. Manchmal lauert die Gefahr genau dort, wo man sich am sichersten fühlt.«

»Ich weiß«, hatte ich erwidert und daran gedacht, wie es Chinkim und mir auf unserem Jagdausflug ergangen war. »Ich gebe auf mich acht.«

»Man sollte nie zu stolz sein, sein Leben zu retten. Oder ein neues zu beginnen, wenn das nicht mehr möglich ist. Ich habe diese Erfahrung mehr als einmal gemacht. Nur deshalb bin ich heute noch hier.« Ich wusste, damit spielte er auf seine Zeit in Nowgorod an und die Ereignisse, die dort zum Aufstand gegen die Mongolen geführt hatten.

Fast tausend Meilen fuhren wir, bis wir die Delta-Region des großen Flusses Jangtse erreichten. Es war früh im Sommer, kurz vor Beginn der regenreichsten Zeit, und die Luft war schwülheiß, so dass einem die Kleidung bei der kleinsten Anstrengung auf der Haut klebte. Auch meine Eskorte machte die zwei Wochen Reise nicht wesentlich angenehmer. Die Männer waren wortkarg und nur an meinem Schutz, nicht meiner Freundschaft oder meinen Ansichten interessiert.

Wohin wir auch kamen, sahen wir am Ufer mongolische Heere und eroberte Städte. Zunächst schien es, als hätten sich die Einheimischen ausnahmslos der Übermacht ergeben und wären verschont worden. Fischer fuhren auf ihren Booten in den Fluss hinaus; sie setzten zahme Wasservögel zum Fang ein, denen sie den Hals abbanden, damit sie größere Beute nicht herunterschlucken konnten und sie stattdessen herausgaben. In den Häfen wurden Waren verladen, und in der Ferne sahen wir die Bauern mit großen Büffeln ihre Felder umpflügen. Der Krieg hatte die Aussaat verzögert, nun hofften sie auf eine späte Ernte. Wir betraten aber keine dieser Städte, denn eine unberechenbare Stimmung hing wie eine Sturmwolke über dem brütend heißen Land. Es war, als spürten die Bewohner Manzis, dass sich in diesen Tagen ihr weiteres Schicksal entschied.

Doch nicht überall war die Eroberung so glimpflich verlaufen. Einmal sahen wir kreisende Vogelschwärme am Himmel und nicht lange darauf eine Stadt hinter einer Flussschleife auftauchen. Noch ehe wir sie erreichten, gingen mehrere Boote unter mongolischem Kommando längsseits und rieten uns, nicht anzulegen, sondern in möglichst großem Abstand weiterzufahren.

»Was ist passiert?«, fragte ich geradeheraus, obwohl ich die Antwort schon ahnte.

»Selbstmord.« Der Anführer der Mongolen zuckte die Schultern. »Die reichen Familien haben sich lieber getötet, als sich zu unterwerfen. Alle übrigen sind geflohen, auch ihre Söldner – verweichlichte Feiglinge, allesamt. Wer weiß, was in der Stadt nun umgeht. Vielleicht sind sie im Tod gefährlicher als im Leben?«

Ich hatte Schwierigkeiten, das zu glauben. Die Oberschicht einer ganzen Stadt sollte den Freitod gewählt haben? Wir fanden die Wahrheit nie heraus, sondern fuhren zügig weiter. Der Anblick der stillen Dächer und des verwaisten Hafens aber brannte sich mir ins Gedächtnis.

Dem Wiedersehen mit dem Khan und meiner Familie sah ich mit gemischten Gefühlen entgegen. Ich war mir nicht einmal sicher, was genau von mir erwartet wurde – alles, was ich wusste, war, dass ich mich mit ihnen im Lager vor der Stadt treffen sollte. Nach der langen Zeit der Trennung nahm ich an, dass dies allein gute Nachrichten bedeutete. Ich mochte mich aber auch irren.

Der erste Blick ins Gesicht meines Vaters, als ich ihm am Ende meiner Reise schließlich gegenübertrat, sagte mir, dass meine Sorgen unbegründet gewesen waren. Wir fanden einander im großen Heerlager des Khans, der seine Zelte am Rand der überfluteten Äcker aufgeschlagen hatte. Den Rest der Strecke hatten wir bereits zu Fuß zurückgelegt, denn der Fluss war meilenweit verstopft mit Schiffen.

»Marco!«, begrüßte er mich und schloss mich in die Arme. »Mein Junge!« Er klopfte mir auf den Rücken und fuhr mir durchs Haar, und einen Moment war es fast wieder wie damals in Venedig, als ich noch fünfzehn gewesen war und dieser fremde Mann urplötzlich die Leere füllte, die ich so lange in meinem Herzen getragen hatte.

»Gut siehst du aus«, sagte er und musterte mich. Auch er machte einen stattlichen Eindruck in seinem seidenen Deel, dem typischen mongolischen Mantel, den Männer wie Frauen trugen. Abgesehen von unseren Augen und unserer Haartracht sahen wir alle längst aus wie Mongolen.

»Es freut mich, dass du wohlauf bist«, erwiderte ich. »Ich habe von deiner und Onkel Maffeos Reise nach Saianfu gehört. Ist er auch hier?«

Mein Vater wirkte betrübt, als ich ihn auf seinen Bruder und die Belagerung ansprach. »Dein Onkel ist gerade in einer Besprechung. Was wir getan haben ... Das war nur unsere Pflicht.«

Ich sah, dass es nicht so leicht für ihn war, wie er es darstellte, und fragte nicht weiter nach der Rolle, die sie dort gespielt hatten.

»Dann habt ihr eure Meinungsverschiedenheit mit dem Großen Khan beigelegt?«

»Es war eher ein Missverständnis«, wich er aus. »Lassen wir die Vergangenheit ruhen! Erzähl mir lieber, wie es kommt, dass ich mir meinen Sohn nun mit dem mächtigsten Herrscher der Welt teilen muss.«

Er sagte es im Scherz, doch ich glaubte, eine Spur echter Verunsicherung in seiner Stimme zu hören.

»Ich habe seinem Sohn einen Gefallen getan – auch das war nicht mehr als meine Pflicht.«

»Du glaubst nicht, was ich mir für Sorgen gemacht habe«, sagte er und drückte mich abermals. »Ich freue mich ja so, dich zu sehen. Komm mit!« Er führte mich durch das Heerlager. Meine Eskorte, die während unserer Begrüßung höflichen Abstand gehalten hatte, folgte uns.

Jurten wuchsen wie Inseln aus dem schlammigen Boden. Krieger saßen mit einem Schlauch Airag in den Schatten, trockneten ihre Rüstungen und Waffen. Auch Frauen sah ich, Kinder spielten in den Pfützen, und Herden von Vieh stapften frei umher. Unter normalen Umständen hätten hier Tausende von Bauern Reis für die Hauptstadt angepflanzt. Stattdessen ging es zu wie in einem Dorf, mit Schmieden, Tischlern und sogar Musikern. Die belagerte Stadt, die jenseits dieses Gürtels um ihre Existenz bangte, bekam ich zunächst gar nicht zu Gesicht.

»Du kommst gerade recht«, sagte mein Vater. »Heute kannst du dich von deiner Reise erholen, und wir haben Zeit zu reden. Morgen wird es eine große Besprechung aller Generäle und Berater geben. Dein Onkel und ich werden auch dabei sein. Der Khan wird sich freuen, dich zu sehen.«

»Weshalb wollte er überhaupt, dass ich komme?«, fragte ich, während wir in Richtung eines nahen Wäldchens liefen.

»Weil ich ihn darum gebeten habe«, sagte mein Vater, ohne mich anzusehen.

Ich erwiderte nichts, griff aber seine Hand und drückte sie. Er lächelte überrascht.

Schließlich erreichten wir den Waldrand. Im Schutz der ersten Bäume erwartete mich eine andere Welt.

Das Erste, was ich sah, waren die Elefanten. Der Khan war mit seinem ganzen Gefolge gereist, das hieß alle Prinzen, Untertanen und abgerichteten Tiere, die ihn auf der Jagd begleitet hatten. Unwillkürlich fragte ich mich, ob der Eroberungsfeldzug gegen Manzi etwas anderes für ihn war als das: eine Jagd.

Ehrfürchtig wich ich den grauhäutigen Ungetümen aus. Ich war noch nie einem Elefanten so nahe gekommen, geschweige denn so vielen auf einmal. Mit ihren trägen Bewegungen und den schallenden Lauten kamen sie mir wie Kreaturen aus vorsintflutlicher Zeit vor. Eine Hundertschaft wachsamer Diener trug dafür Sorge, dass die Kolosse sich nicht losrissen.

Als wir tiefer in das Bambusdickicht vordrangen, hörte ich Hundegebell in der Ferne. Dann tauchten die Umrisse dreier riesenhafter Zelte vor uns auf, ein jedes groß genug für tausend Leute. Der Eingang des vordersten Zeltes war groß wie ein Burgtor, und eine doppelte Reihe Wachen mit Schwertern und schweren Speeren stand davor Spalier. Etwas abseits spreizten Adler die Schwingen auf ihren Sitzstangen. Mehrere kleinere Zelte, zwischen denen eine aufgeregte Dienerschaft umhereilte, vervollständigten das Bild. Es war eine reisende Stadt, die hier in diesem Wald Wurzeln geschlagen hatte.

»Die brauchst du ab hier nicht mehr«, sagte mein Vater mit Blick auf meine Eskorte. Er rief einen Diener herbei, der den acht Männern eine Unterkunft wies, wo sie sich zu meiner Verfügung hielten. Dann führte er mich in das rechte der drei Zelte. Ein regelrechter Palast tat sich auf. Die Wände der Flure waren aus Fellen, die Böden aus Schilfmatten. In den abgeteilten Bereichen gab es Fenster und Rauchabzüge, Sitzkissen und Betten, und Essen und Erfrischungen im Überfluss.

»Hier wohnst du?«, staunte ich, als wir sein Quartier erreichten. Schwere Teppiche bedeckten den Boden, und die Kelche und Teller auf dem kleinen Tisch waren aus Gold.

»Es ist nur vorübergehend«, erwiderte er und bedeutete mir, doch Platz zu nehmen. »Genügt es deinen Ansprüchen?«

»Es wird wohl gehen müssen«, sagte ich, und wir lachten.

Den Rest des Abends hatten wir viel zu bereden. Er erzählte mir seine Sicht auf die Geschehnisse in Saianfu, und ich berichtete ihm in groben Zügen von dem Jagdunfall, der zu meiner Verbrüderung mit dem Prinzen Chinkim geführt hatte, und von meiner Tätigkeit für den Statthalter

Tarmaschirin. Von Chinkims Gefühlen für mich und meinen für seine Schwester Kokachin erzählte ich nichts.

Was für einen Zweck hätte es auch gehabt, ihm zu gestehen, dass mir die Tochter des Großen Khans seit über zwei Jahren mit schöner Regelmäßigkeit die Nachtruhe raubte? Er hätte mir nur geraten, die Finger von ihr zu lassen, und ich wäre enttäuscht gewesen, weil er sie nicht mit denselben Augen sah wie ich. Ich wollte aber nicht die Hoffnung aufgeben, und ich wollte die Freude unseres Wiedersehens nicht trüben.

Nachdem wir uns so lange nicht mehr gesehen hatten, tat es gut, Nicolòs Stimme zu hören. Es war schön, wieder im vertrauten Venezianisch zu reden, und ich fragte mich, ob wir mittlerweile vielleicht einen leichten Akzent hatten. Zum ersten Mal, seit wir unsere Heimat verlassen hatten, teilten wir das Gefühl, etwas erreicht zu haben. Wir reisten nicht länger einem fernen, verschleierten Ziel entgegen. Hier waren wir, am Hofe des Khans, Ratgeber, Würdenträger, Familie. Unser altes Händlerleben lag hinter uns. Ich hatte bislang nie darüber nachgedacht, weil wir praktisch nie etwas kauften und uns alles, was wir brauchten, zur Verfügung gestellt wurde, aber wahrscheinlich waren wir jetzt schon wohlhabender, als wir es in Venedig oder anderswo je gewesen waren. Unser ursprüngliches Ziel – eine Allianz zwischen Christenheit und mongolischem Reich zu schmieden – hatten wir längst aus den Augen verloren. Das Leben, egal in welchem Teil der Welt, war so viel komplizierter als unsere Träume davon.

Kublai und meinen Onkel sah ich erst am nächsten Tag bei der Besprechung wieder. Mit ihnen im Allerheiligsten des Zeltes saßen Bayan, Aju und mehrere Heerführer, außerdem Phags-pa in seiner gelben Robe und verschiedene nestorianische und konfuzianische Berater des Khans. Als ich eintrat, erhoben sich alle bis auf Kublai selbst von ihren

Plätzen. Maffeo, der ohnehin gerade stand und in seinem reich verzierten Deel geradezu fürstlich wirkte, zwinkerte mir zu.

Ich war überrascht und auch ein bisschen wütend. Überrascht, weil ich mit dieser Ehrerbietung des Hofstaats nicht gerechnet hatte, und wütend, weil mein Onkel im Gegensatz zu meinem Vater seit meiner gestrigen Ankunft nicht die Zeit gefunden hatte, mich zu begrüßen. Und nun, nach fast drei Jahren der Trennung, dieses Zwinkern, als wollte er sagen: *Hab ich's nicht immer gewusst?*

Wenn ich daran dachte, wie geheimnisvoll und weltläufig er einst auf mich gewirkt hatte, verglichen mit seinem maßvollen Bruder, musste ich mich über mich selbst wundern. Mehr als einmal hatte er mich im Stich gelassen, zuletzt, als er mich im Handel für eine zweite Chance an Kublai ausgehändigt hatte. Meine Gefühle hierzu ließen sich nicht einfach wegzwinkern.

Der Khan schenkte mir ein Lächeln und wies mir einen Platz in seiner Nähe, wo normalerweise seine Söhne und Töchter saßen. Doch Chinkim war sein Stellvertreter in Xanadu geblieben, Nomukhan bekämpfte einen Aufstand im Nordwesten, und auch Kokachin und die restlichen Familienmitglieder waren auf die eine oder andere Art gebunden. Kublais Reich war ein Familienunternehmen, durch und durch. Und ausgerechnet ich, der Lateiner, der Anda des Kronprinzen, war seine einzige Familie vor Ort.

Ich setzte mich auf mein Kissen und goss mir aus einem goldenen Krug einen Kelch Airag ein. Da erst fiel mir auf, dass keine Diener zugegen waren, die sich um unsere leibliche Bedürfnisse kümmerten, doch keiner beschwerte sich. Eine ungewohnte Ernsthaftigkeit lag über der Versammlung.

»Wir haben lange auf diesen Tag gewartet«, eröffnete der Khan die Besprechung, sobald alle wieder saßen. »Nun ist die Zeit der Entscheidung gekommen.« Mit einer einladenden Geste erteilte er Bayan das Wort.

»Quinsai steht vor der Kapitulation«, sagte der altgediente Feldherr. »Die Song wissen, dass ihre Herrschaft vorüber ist. Der Ewige Blaue Himmel hat sich von ihnen abgewandt. Der Kaiser ist tot, und die Regierungsgeschäfte werden von seiner alten, verwitweten Tante Xie Daoqing geführt. Ihre Armee ist geschlagen, ihren letzten Befehlshaber hat sie selbst hinrichten lassen. Mit ihr in der Stadt sind die Töchter des toten Kaisers und sein fünfjähriger Sohn, der die letzten zwei Jahre auch den Titel führte. Ein Fünfjähriger!« Bayan lachte.

»Ein fünfjähriger *Kaiser*«, erwiderte der Khan gedankenschwer.

»Ganz recht.« Bayan stellte seinen Airag vor sich ab und griff nach einer Schriftrolle. »Nun hat uns die Witwe Xie eine Nachricht zukommen lassen, in der sie, so sagte man mir, um Gnade für ihre Stadt bittet.« Mit einer knappen Verbeugung erhob sich der General, um die Schriftrolle Phags-pa zu reichen. »Ich kann das nicht lesen«, entschuldigte er sich.

Der oberste Lama entrollte das Dokument und runzelte die Stirn. »Das solltest du aber«, tadelte er Bayan freundlich. »Das ist die Staatsschrift!« Er präsentierte die Botschaft der versammelten Runde. Tatsächlich war sie in den quadratischen, von oben nach unten laufenden Zeichen verfasst, die er persönlich in jahrelanger Arbeit entwickelt hatte, um alle Sprachen des mongolischen Großreichs abbilden zu können. Dass die Belagerten sich ihrer bedienten, zeugte von ausgesprochener Höflichkeit.

Bayan zuckte die Schultern. »Wenn Ihr so freundlich wärt, Oberster Lehrer.«

Phags-pa lächelte einen Moment lang still, dann las er das Schriftstück für die Versammelten vor. Ich hatte ihn erst selten sprechen gehört und dachte, wie angenehm seine Stimme klang, wie Glöckchen in einer Brise. »Großer Sohn des Himmels!«, begann er, und der Hofstaat nahm unwillkürlich Haltung an. Nur der Khan regte keine Miene. »Als letzter Kaiser des einstmals mächtigen Reiches der Song neige ich, Zhao Xian …« Er hob interessiert eine Braue. »Es will scheinen, die Botschaft stammt von ihrem Großneffen.«

»Wollt Ihr mir weismachen, dass ein Fünfjähriger …?«, fragte Bayan.

»Die Witwe hat es für ihn geschrieben!«, unterbrach Onkel Maffeo den General. »Ist das nicht ergreifend? Wahrscheinlich glaubt sie, dass der Brief eines kleinen Jungen Euer Herz erweichen kann.«

»Fahr fort«, sagte der Große Khan.

»… neige ich, Zhao Xian, ehedem Kaiser Song Gong, hundertfach das Haupt vor dem siegreichen, weisen und gnädigen Kaiser der Großen Yuan. Tag und Nacht gelten meine Gedanken den Millionen Menschen unseres Reichs, deren Leben ich Euch untertänigst zu schonen bitte. Das Mandat des Himmels ist auf Euch übergegangen, und ich, Euer Diener, füge mich seinem Willen und lege das Schicksal meines Reichs und meiner Stadt in Eure Hände …«

Gebannt lauschte ich den Worten des jungen Prinzen, der fortfuhr, die Schönheit seiner Heimat zu preisen. Ob es wirklich seine eigenen Worte oder die seiner Großtante waren, war ganz egal, denn aus ihnen sprach eine tiefe Liebe, die unwillkürlich Erinnerungen an Venedig in mir wachrief.

So hörte ich in Phags-pas sanftem Singsang das erste Mal von den Wundern Quinsais, der Stadt des Himmels, mit ihrem großen See und ihren Kanälen, auf denen farbenfrohe Schiffe fuhren; von ihren zwölftausend Brücken, eine jede Tag und Nacht von zehn Mann in Waffen bewacht; ihren Zünften mit ihren Tausenden von Werkstätten und Handwerkern; ihren Kaufleuten und Sterndeutern, ihrem

Reichtum und ihrem Wissen, der Lebensfreude ihrer Bewohner und der Schönheit ihrer Häuser, Tempel und Kirchen sowie dem Palast mit den zwanzig goldenen Sälen …

Ich mochte nicht glauben, dass all dies der Wahrheit entsprach, doch das Flehen des Fünfjährigen, der diese Stadt in einem anderen Leben hätte beherrschen sollen, verfehlte nicht seine Wirkung. Es schien undenkbar, diese Pracht zu zerstören, umso mehr, als der junge Prinz dem Großen Khan all jene Titel und Würden zusprach, die seine Väter noch für sich selbst eingefordert hatten. Konnte man sich einen treueren Vasallen wünschen? Abschließend reichte Phags-pa den Brief dem Großen Khan.

»Die Botschaft trägt das kaiserliche Siegel«, sagte Kublai. »Ich glaube, dass die Witwe Xie und ihr Großneffe aufrichtig sprechen.« Er blickte zu Bayan. »Sie bieten uns also die Kapitulation an?«

Bayan nickte. »So ist es.«

»Wie lange haben sie gegen unsere Truppen Widerstand geleistet?«

»Bis die letzten Söldner starben oder flohen.«

»Es dauert mich ja, aber das ist ein spätes Einsehen«, sagte Onkel Maffeo. »Wieso sollten wir jetzt noch mit ihnen verhandeln? Es wäre ein Zeichen der Schwäche. Ein falsches Signal an Cipangu und Eure Feinde.«

Da begriff ich, um was es bei dieser Besprechung wirklich ging und weshalb keine Diener anwesend waren. Die Hauptstadt Manzis würde an die Mongolen fallen, so oder so. Das Einzige, was noch geklärt werden musste, war, ob man die Bewohner verschonte oder sie für ihren Widerstand bestrafte und für alle Zeiten ein mahnendes Zeichen setzte.

Mir schauderte.

»Großer Khan«, sagte mein Vater. »Mit Eurer Erlaubnis …«

»Sprich«, sagte der Khan.

»Dies wäre die Gelegenheit für einen großen Sieg, der Euren Ruf als weiser und gerechter Herrscher mehren wird. Es wäre ein Sieg, der Eurer würdig wäre – ein Sieg ohne einen einzigen Toten. Stellt Euch nur vor, wie die Sonne morgen über der Stadt aufgeht! Kein Markt hat auch nur einen Tag lang schließen müssen, und alles wird sein, als ob der Herrscher heimgekehrt wäre, der ihnen von Rechts her immer bestimmt war.«

Ich konnte sehen, wie Onkel Maffeo das Gesicht verzog. Meinem Vater aber standen die Schweißperlen auf der Stirn. Er wollte auf jeden Fall verhindern, dass sich eine Tragödie wie in Fancheng wiederholte.

»Es gibt da nur ein Problem«, meldete sich Bayan zu Wort. »Eine ärgerliche Bedingung, die sie stellen, und die dieser reibungslosen Übergabe, die Ihr da zeichnet, entgegensteht.«

Die Augen des Khans verengten sich zu winzigen Schlitzen. »Was für eine Bedingung können sie in ihrer Lage noch stellen?«

»Sie fordern einen Beweis unseres guten Willens«, sagte Bayan. »Und sicheres Geleit für die Hinterbliebenen des Kaisers. Ich habe ihnen gesagt, dass wir darüber reden können, wenn es so weit ist, aber die Song trauen uns nicht.«

»Das ist nichts Neues«, bemerkte Maffeo. »Aber was für eine Wahl haben sie schon?«

»Ganz einfach«, sagte Bayan. »Sie könnten sich umbringen.«

Eisiges Schweigen breitete sich aus. Ich dachte an die entvölkerte Stadt, die ich auf meiner Reise gesehen hatte, an die Schwärme der Aasvögel und die Soldaten, die mich vor den Geistern der Toten warnten.

»Sie würden sich lieber umbringen, als sich zu ergeben?«, fragte mein Vater fassungslos.

»Du denkst immer noch wie ein Christ«, tadelte ihn mein

Onkel. »Es entspricht ihrem Ehrbegriff. Sie wissen, dass ihre Zeit vorüber ist. Ich sage, lasst sie tun, was sie nicht lassen können!« Er zuckte die Schultern. »Wenn sie uns ihre Reichtümer, die sie uns freundlicherweise aufgezählt haben, freiwillig überlassen …«

Bayan und die Generäle verkniffen sich ein Grinsen, ich aber wollte nicht glauben, was ich da hörte. Maffeo klang, als ginge es um eine Wette, bei der er nur gewinnen konnte. Nein, ich kannte diesen Mann nicht mehr und hätte ihm vielleicht niemals trauen sollen. Zweifelsohne lebten viele hunderttausend Menschen in dieser Stadt. Würden sie wirklich aus Furcht vor Gefangenschaft und Folter den Freitod wählen? Das durften wir auf keinen Fall riskieren.

»Wir sollten ihnen ein Angebot machen«, sagte ich entschlossen.

Der Khan wandte den Kopf in meine Richtung. Alle Augen richteten sich auf mich.

»Und was für ein Angebot sollte das sein?«

Ich überlegte fieberhaft. Wie konnte man den verzweifelten Menschen in dieser Stadt im Angesicht des sicheren Untergangs einen Funken Hoffnung und Selbstachtung zurückgeben?

»Sagt ihnen, ein Mitglied Eurer Familie wird sich in ihren Gewahrsam begeben, bis die Übergabe der Stadt vollzogen und die kaiserliche Familie in Sicherheit ist. Sagt ihnen, der Khan schickt seinen eigenen Sohn im Austausch für den letzten Kaiser der Song.«

Erstauntes Gemurmel machte die Runde.

»Das ist absurd!«, polterte mein Onkel. »Marco, du weißt nicht, was …«

Doch der Khan hob die Hand, und Maffeo verstummte.

»Du bietest dein eigenes Leben als Sicherheit, um das Leben dieser Leute zu schonen?«, fragte er mich. Seine Stimme war frei von Unglauben oder Spott; nur eine wache

Neugierde schwang in ihr mit, so als hätte ich ihm gerade ein Lied in einer fremden Sprache vorgesungen.

»Ihr selbst sagtet, dass Ihr an die Aufrichtigkeit der Witwe und des Jungen glaubt. Und Ihr machtet mich zu Eurem Sohn.« Ich spürte den Blick meines Vaters auf mir ruhen. »Mein Angebot ist nur logisch. Die Song verlangen nicht mehr als eine Geste, und diese Geste will ich gerne sein. Ich habe keine Angst um mein Leben.«

Es war nicht zu übersehen, dass weder die Generäle noch meine Familie große Sympathien für meinen Vorschlag hegten. Die Berater des Khans tuschelten aufgeregt, konnten sich aber zu keiner einhelligen Meinung durchringen.

»Marco«, mahnte mich mein Onkel und trat neben mich. »Dieses Spiel ist zu groß für dich.«

»Es ist kein Spiel!«, zischte ich. »Das ist genau dein Problem.«

Er hob überrascht eine Braue. »Aber Marco. Du bist ja erwachsen geworden.«

»Einer hier muss es ja sein«, gab mein Vater zurück. »Hörst du eigentlich, was du redest?«

»Es ist entschieden!«, beendete der Khan die Diskussion. »Selten wurde mir ein selbstloserer Vorschlag gemacht als dieser. Überbringt ihnen also meine Antwort: Mein Sohn im Tausch gegen den jungen Song! Sie werden sehen, dass wir sie mit der gleichen Gastfreundschaft behandeln, die auch meinem Sohn gebührt.« Sein Blick ruhte einen Moment auf mir und wanderte dann weiter zu den Generälen. »Der Austausch findet morgen zur Mittagsstunde statt. Danach öffnen sie uns ihre Tore. Ihr Reich ist unser, doch ihr Leben sollen sie behalten.« Seine Miene verfinsterte sich. »Weigern sie sich aber, zerstören wir ihre Mauern, setzen ihre Häuser in Brand und strecken sie nieder – bis auf den Letzten.«

Das Erste, was ich sah, als wir uns der inneren Grenze des Belagerungsrings näherten, waren die hohen Türme, die ihre drohende Wacht über die eingekesselte Stadt hielten. Dazwischen standen auch mehrere der neuen Katapulte. Den Mongolen war keine Mühe zu groß, wenn es um eine Demonstration ihrer Macht ging.

Dann traten wir zwischen den letzten die Sicht versperrenden Jurten hindurch, und ich sah, dass die Witwe Xie in ihrer Beschreibung der prächtigen Stadt nicht übertrieben hatte.

Quinsai war sicherlich die größte Stadt, die ich oder irgendein Mensch auf der Welt je gesehen hatte. Ihre Ausdehnung war schwer zu schätzen, denn sie schmiegte sich dicht in die sanften Hügel zwischen dem breiten Fluss im Osten und einem noch größeren See im Westen, was ihr im Vergleich zu den meisten hiesigen Städten einen unregelmäßigen Grundriss verlieh. Doch die Flut der Dächer, die man hinter den Mauern erahnte, war unglaublich. Dies war keine jener modernen Anlagen, die in ihrer weitläufigen Symmetrie eher an befestigte Gärten erinnerten. Dies war eine alte, bis an ihre Grenzen und darüber hinaus gewachsene Metropole. Schon damals, als ich sie das erste Mal sah, erinnerte sie mich in ihrer verwirrenden Enge an Venedig.

»Bist du dir sicher, dass du das tun willst?«, fragte mein Vater, als wir am Rand des menschenleeren, gut vierhundert Schritt breiten Streifens nördlich der Stadt innehielten, nur knapp außer Reichweite der Geschütze und Waffen. Mit ihm hatten mich Maffeo, Bayan und mehrere Krieger begleitet, darunter auch meine private Eskorte.

»Warum sollten sie mir etwas tun?«, erwiderte ich. »Sie würden ihr eigenes Ende besiegeln. Sorgt einfach dafür, dass dem Kleinen nichts geschieht, und alles wird gut.«

»Mein Wort darauf«, brummte Bayan.

»Und falls doch etwas schiefgeht …« Ich nickte Richtung

meiner Eskorte. »Sagt Statthalter Tarmaschirin, dass es nicht die Schuld seiner Leute war, sonst macht er sie einen Kopf kürzer.«

Es war als Scherz gemeint, aber die acht Männer wirkten erleichtert.

Ich umklammerte das Schriftstück, das Phags-pa mir ausgestellt hatte und das mit dem Siegel des Khans meinen Status als Adoptivsohn bestätigte. Außerdem hatte er mir in Staatsschrift und in lateinischer Schrift eine Handvoll Sätze in der Sprache der Einheimischen aufgeschrieben, falls ich mich mit dem Jungen verständigen musste. Ich hatte versucht, sie auswendig zu lernen, aber das Herz schlug mir bis zum Hals, und ich hätte nicht einmal einen Kinderreim behalten.

Dann trat ich hinaus in die Gefahrenzone und stapfte über zertrampeltes Ackerland auf das große Tor mir gegenüber zu. Die Sonne brannte von einem fast wolkenlosen Himmel und blitzte auf den Helmen und Speerspitzen der Soldaten, die mich von den Wehrgängen herab beobachteten. Als ich etwa ein Viertel der Strecke zurückgelegt hatte, öffnete sich eine Tür in dem größeren Tor. Ich verlangsamte meine Schritte und verfolgte das Geschehen.

Heraus traten eine ältere Dame mit einem kleinen Jungen sowie eine Gruppe Höflinge und Wachen, die beiderseits des Tors Aufstellung bezogen. Die Witwe deutete auf mich und redete eindringlich mit dem Jungen, der nickte. Dann lief er zögernd auf mich zu.

Auch ich setzte meinen Weg langsam fort, wobei ich mir Mühe gab, so freundlich und harmlos wie möglich zu wirken. Aber wie sollte das gelingen, mit hunderttausend waffenstarrenden Mongolen hinter mir. Ich fragte mich, was in dem Kleinen vorging. War ihm klar, was auf dem Spiel stand?

Ich zwang mich, nicht in Begriffen von Sieger und Besiegtem, Recht und Unrecht zu denken. Überall auf der Welt führten Menschen Krieg gegeneinander: Christen, Sarazenen, Mongolen, Kithaier. Städte fielen, wurden zerstört und wieder aufgebaut. Jerusalem, Bagdad, Khanbalik, Quinsai ... Ich sah keinen Unterschied. Und obgleich ich daran glaubte, dass unser Handeln immer Konsequenzen nach sich zog und man uns eines Tages daran bemessen wird, hätte ich in diesem Moment nicht mehr sagen können, wie es gekommen war, dass ich auf dieser Seite des Niemandslands stand und er auf der anderen. Manchmal scheint es, die große Geschichte, deren Teil wir alle sind, schert sich nicht um uns. Die Geschichte schreibt sich selbst, und wir müssen nur unseren Platz in ihr finden.

Vielleicht war es also Schicksal, vielleicht auch nur Zufall, dass wir dort standen. Trotzdem war dies meine Chance, auf den Lauf der Dinge einzuwirken, großes Unheil abzuwenden und vielleicht Millionen Menschen eine Zukunft zu geben. War es nicht das, was wir gewollt hatten, damals, als wir aus Venedig aufbrachen?

In etwa fünf Schritten Abstand zueinander blieben wir stehen. Wie verloren er aussah in seiner schimmernden Seidenrobe und den kleinen Holzschuhen, die seine Füße vor dem Schlamm schützen sollten. Sein Gesicht war reglos, nicht zu deuten. Falls er geweint hatte, waren keine Tränen geblieben.

Ich schenkte ihm ein Lächeln und warf einen hilfesuchenden Blick auf Phags-pas Zettel.

»Euch wird nichts geschehen«, sagte ich laut und – wie ich hoffte – deutlich.

Der Junge verzog keine Miene.

»Hoheit«, fügte ich vorsichtshalber hinzu. Verstand er, was ich sagte?

Da hob er auf einmal den Kopf, als hätte er etwas entdeckt, und zeigte mit dem Finger in den Himmel.

Meine Beine setzten sich sofort in Bewegung. Zu den meisten anderen Gelegenheit hätte ich mich vielleicht nur ratlos umgedreht, um seinem Fingerzeig zu folgen. In diesem Moment aber wusste ein Teil von mir, der keiner Sprache bedurfte, dass der letzte Kaiser der Song nicht bloß einen Vogel erspäht hatte.

Noch in derselben Sekunde, in der ich vorsprang, schlug der Pfeil an der Stelle ein, an der ich eben noch gestanden hatte. Ein lautes Rauschen erfüllte meine Ohren – vielleicht der Wind, vielleicht mein eigenes Blut, ich wusste es nicht. Ich erreichte den Kleinen, der immer noch mit versteinertem Gesicht in den Himmel starrte, und riss ihn mit mir zu Boden. Wir schlugen in den Schlamm und rollten in eine Ackerfurche. Dann erst hob ich vorsichtig den Kopf.

Das Rauschen war nicht das von Wind und auch nicht das von Regen. Es war das Rauschen Tausender mongolischer Pfeile, die in diesen Sekunden den großen Wachturm zu meiner Rechten trafen. Undeutlich wie hinter einem Heuschreckenschwarm konnte ich den Umriss des Schützen erkennen, dem die Pfeile galten. Die Pfeile schlugen in die Brüstung und in das Dach des Turms und durchbohrten den Unbekannten von allen Seiten. Er musste bereits tausend Tode gestorben sein, während wir noch das Gesicht in den Schlamm gepresst hatten. Dann taumelte sein Körper kopfüber über die Brüstung und stürzte sich mehrfach überschlagend vom Turm. Es folgte ein dumpfer Aufprall, dann Stille.

»Danke, Hoheit«, flüsterte ich dem Jungen zu, der mich immer noch mit demselben undeutbaren Ausdruck ansah wie zuvor. Dann ließ mich ein heller Schrei aus Richtung der Stadt aufblicken. Eine junge Frau flog mit eiligen Schritten heran. Vorsichtig ließ ich den Kleinen los. Sie warf sich neben uns und schloss ihn mit einem Schwall von Worten in die Arme. Ihr Gesicht war tränenüberströmt. Zierlich, wie sie war, schien sie mir etwas zu jung, um seine Mutter zu sein, aber zweifelsfrei gehörte sie zur Familie. Vielleicht war sie seine Schwester. Unvermittelt musste ich daran denken, wie Kokachin ihren Bruder bei seiner Rückkehr nach Xanadu in die Arme geschlossen hatte.

Sie strich dem Jungen den Schlamm aus dem Gesicht und stellte ihm ein paar Fragen, die er artig beantwortete. Dann schaute sie mich an.

»Er hat mich gerettet«, sagte ich auf Mongolisch, denn diesen Satz hatte Phags-pa nicht vorausgesehen. Sie schaute mich verständnislos an, also wiederholte ich das Gesagte noch einmal auf Persisch.

»Was habt ihr mit ihm vor?«, fragte sie, ebenfalls auf Persisch, aber mit starkem Akzent.

»Wir werden ihm nichts tun«, versprach ich ihr. »Der Pfeil galt mir, nicht ihm.« Natürlich fragte ich mich, wer hinter dem Attentat steckte und was der Grund dafür war, doch dafür blieb jetzt keine Zeit. Ich musste verhindern, dass die Lage außer Kontrolle geriet. Schon setzte sich eine Gruppe Mongolen in Bewegung, geführt von Bayan und meiner Familie.

Ich erhob mich, trat einen Schritt zurück und klopfte mir den Schmutz ab, so dass alle sahen, dass der Junge und ich wohlauf waren.

»Es ist alles in Ordnung!«, rief ich auf Persisch.

Da sagte der Kleine etwas zu mir.

»Was war das?«, fragte ich die junge Frau.

»Er will wissen, ob ihr ihm ein Schaf an den Hals binden werdet«, übersetzte sie mit ernster Miene.

»Ein Schaf?« Wäre der Moment nicht so ernst gewesen, ich hätte gelacht. »Wie kommt er denn darauf?«

»So wurde das früher gemacht«, murmelte sie. »Um Herrscher, die sich ergeben hatten, zu demütigen. Man band ihnen einen Strick mit einem Schaf daran um.«

»Sag ihm, dass wir ihm kein Schaf an den Hals binden«, bat ich sie, und sie übersetzte. »Er kann aber gerne eins haben, wenn er eins möchte. Sag ihm, ich schenke ihm so viele Schafe, wie er will, aber er soll keine Angst haben.«

Die Aussicht schien den Kleinen zu beruhigen. Er löste sich von der jungen Frau, lief auf mich zu und fasste mich bei der Hand. Dann, zu meiner Überraschung, zog er mich voran und schritt mit mir den Mongolen entgegen, die bei dem Anblick verblüfft innehielten, denn eigentlich hätte ich ja weiter nach Quinsai gehen sollen.

Wohlbehalten erreichten wir Bayan und meine Familie.

»Das war knapp«, bemerkte Bayan.

»Geht es dir gut?«, fragte Nicolò.

Ich nickte. Dann blickte ich sorgenvoll über die Schulter, um zu sehen, wie der Hofstaat Quinsais auf den unerwarteten Gang der Geschehnisse reagierte.

Zu meiner Erleichterung kam die kaiserliche Familie ruhig auf uns zu, geführt von der Witwe Xie mit trippelnden Schritten. Offensichtlich hatten sie erkannt, dass der Kleine sich nicht mehr ängstigte und mich freiwillig mit zurückgeführt hatte. Der Austausch war damit hinfällig geworden. Die mongolischen Pfeile hatten den Attentäter getötet, aber wie durch ein Wunder keine Katastrophe ausgelöst, im Gegenteil. Die letzten erhobenen Waffen auf beiden Seiten wurden gesenkt, die Soldaten setzten sich nicht in Bewegung.

Es war vorbei.

Als die Witwe uns erreichte, hielt sie Bayan einen schön beschnitzten Jadeblock entgegen.

»Was soll ich damit?«, frage der Feldherr verwirrt.

»Das ist das kaiserliche Siegel, wenn mich nicht alles täuscht«, sagte Nicolò.

»Nimm es besser«, flüsterte Maffeo.

Bayan nahm der Witwe das Siegel ab und bedankte sich knapp.

Der Kleine stellte ihm eine Frage.

»Er will wissen, wie du heißt«, übersetzte die Witwe.

»Bayan«, sagte Bayan.

»Bai yan?«, fragte der Kleine.

»Nein, Bayan«, wiederholte Bayan.

»Bai yan!«, lachte der Kleine und zeigte mit dem Finger auf ihn.

»Was ist jetzt so komisch?«, knurrte der General.

»Er sagt, dein Name ist *Hundert Augen*«, sagte die Witwe Xie. »Denn das ist es, was *bai yan* in unserer Sprache heißt.«

»Soll mir recht sein«, erwiderte Bayan. »In meiner Sprache heißt es ›reich‹. Das zumindest hab ich mir heute verdient, und alles andere ist mir egal.«

»Es ist nur angemessen«, sagte die Witwe Xie. »Denn einer alten Prophezeiung zufolge wird das Ende unserer Dynastie gekommen sein, wenn ein Mann mit hundert Augen Quinsai einnimmt. So überbringe nun das kaiserliche Siegel deinem Herrscher, Bayan Hundertauge, und denke daran, was du versprochen hast! Wir vertrauen uns der Gnade des Großen Khans an.«

Bayan grunzte und ging voraus, Maffeo dicht hinter ihm. Die Krieger bildeten eine Gasse, und die Witwe, der letzte Kaiser und der Rest ihres Haushalts folgten erhobenen Hauptes.

»Das kann doch kein Zufall sein«, sagte ich zu meinem Vater. »Glaubst du, es gibt wirklich eine solche Prophezeiung?«

»Ich bin mir recht sicher, dass sie das erfunden hat«, sagte er. »Mir scheint, die Witwe Xie ist eine Frau, die es versteht, ihr Gesicht zu wahren.«

Dann schloss er mich in die Arme. »Einen Moment dachte ich, es wäre vorbei.«

»Ich auch«, gestand ich ein. Alle Kraft verließ meine Glieder. »Wer war der Mann auf dem Turm?«

»Wir wissen es nicht«, sagte mein Vater. »Aber früher oder später werden wir es herausfinden.«

X
Besuche
Genua, Februar 1299

Die Schritte auf dem Gang gehörten mindestens drei Personen, und Rustichello hörte auch mehrere Stimmen. Erst fürchtete er, die Palastdiener hätten irgendeine Teufelei im Sinn. Zwar ging es ihm seit ihrem Umzug ins Erdgeschoss so gut wie seit Jahren nicht mehr: Er hatte Gesellschaft, ein richtiges Bett, Essen, das den Namen verdiente … Gleichwohl war der Bruch für ihn nicht minder ein Erdrutsch gewesen als der Fall von Quinsai. Seit Jahresbeginn verlief sein Leben nicht mehr in den gewohnten Bahnen, nichts war mehr, wie es sein sollte. Und der erste Gedanke, den er bei der Störung seines gewohnten Tagesablaufs nach wie vor hatte, war stets, dass jemand ihn wieder in den Keller werfen oder vielleicht einen Kopf kürzer machen wollte.

So saß er kerzengerade auf seinem ächzenden Stuhl, die Tischkante mit beiden Händen umklammert, und fixierte die Tür, als diese sich öffnete.

Herein trat der Venezianer in Begleitung zweier Männer, die Rustichello noch nie gesehen hatte. Einer war hager und hatte scharfe Züge; der andere war fast noch ein Knabe, dessen glattes, unbeschriebenes Gesicht neben dem des anderen verletzlich wirkte.

»Rustichello!«, rief der Venezianer erfreut. »Ich möchte Euch zwei neue Freunde vorstellen: Dieser ausgezeichnete Herr hier …« Er legte dem Hageren die Hand auf die Schulter. »Das ist Luigi. Er arbeitet in der Küche – ach, was sage ich, er *ist* die Küche. Ohne ihn ginge nichts. Eines Tages wird er den Koch beerben, und bald gehört ihm das ganze Gefängnis.«

Luigi lachte. »Zu was er mich jetzt wieder macht! Ich bin ein Niemand.«

Der Venezianer zog den Jungen an sich. »Und das ist Filippo, von dem ich schon erzählt habe. Er arbeitet in der Tischlerei unseres bescheidenen Palastes – ein tüchtiger Tischler, der sich erbot, sich einmal Euren Stuhl anzusehen. Ihr gestattet doch?«

»Aber … natürlich«, antwortete Rustichello verdattert und erhob sich.

Filippo lächelte ihn freundlich an. »Ihr seid der berühmte Schriftsteller, von dem Messere Marco uns erzählt hat?«

»Ich … also …« Rustichello schaute hilfesuchend zu dem Venezianer, der unschuldig die Schultern zuckte. Auf einmal wurde er sich seines verwahrlosten Äußeren bewusst: Er trug seit Monaten dieselben Fetzen am Leib, sein Haar war voller Läuse, und die letzten Jahre hatte er ein Leben wie ein wildes Tier geführt, weggesperrt in seinem dunklen Bau im Keller. Dass man dem Venezianer nach wenigen Monaten Haft schon gestattete, sich so frei im Palast zu bewegen und sogar Besuch mitzubringen, war etwas, an das er sich erst noch gewöhnen musste. Er fühlte sich überrumpelt.

»Ich habe früher einige Bücher geschrieben«, murmelte er. »Aber das ist lange her.«

»Messere Marco spricht nur in den höchsten Tönen von Euch«, sagte Filippo, während er sich neben den Stuhl kauerte und die Lehne in Augenschein nahm. »Er sagt, Ihr schreibt für ihn seine Geschichten auf.«

»Das ist richtig.«

»Diese Geschichten haben unser Leben verändert«, sagte der junge Mann und schenkte ihm ein Lächeln. Unwillkürlich fragte sich Rustichello, was genau der Venezianer gemeint hatte, als er sagte, Filippo habe etwas mit Prinz Chinkim gemein. Dann schämte er sich für den Gedanken.

»Ihr übertreibt«, sagte er.

»Keineswegs«, pflichtete der hagere Küchengehilfe dem Tischler bei. »Die Reise ins Land Kithai, der Hofstaat des Khans ... Ihr mögt es nicht glauben, aber wir sind uns gar nicht so unähnlich.«

»Wie meint Ihr das?«, fragte Rustichello.

»Nun, Euch Gefangenen erscheint es vielleicht so, als ob Ihr hier ein trauriges Dasein fristet, während alle Welt das Leben in vollen Zügen genießt. Lasst Euch gesagt sein, dem ist nicht so – wir sind alle Gefangene unserer Welt.«

Rustichello hatte Schwierigkeiten, das zu glauben.

»Das kriegen wir hin«, erklärte Filippo und klopfte zuversichtlich auf die Lehne. »Ihr habt doch nichts dagegen, wenn ich Euren Stuhl für eine Stunde oder zwei entführe?«

»Selbstverständlich nicht«, sagte Rustichello. »Ihr werdet ihn doch aber wiederbringen? Mein Rücken ...«

»Seid versichert«, sagte der Venezianer, »wenn Filippo Euren Stuhl zurückbringt, ist er so gut wie neu. Und ich werde sehen, ob wir nicht noch ein paar Möbelstücke mehr unterkriegen. Auch wenn die Gegebenheiten etwas beengt sind.« Er breitete entschuldigend die Arme aus. »Aber es wird doch gehen, oder nicht?«

»Natürlich«, sagte Luigi. »Wann immer es Euch recht ist.«

»Ich freue mich.«

»Freuen worauf?«, fragte Rustichello, der gar nicht mehr mitkam.

»Wir werden in Zukunft häufiger Besuch erhalten«, erklärte der Venezianer. »Man bat mich nun schon mehrmals um einen Geschichtenabend, und ich dachte mir, wäre das nicht eine gute Idee? Alle, die hören wollen, was ich damals erlebte, können zu uns kommen und uns Gesellschaft leisten. Ich brauche nicht alles zweimal zu erzählen, und Ihr seht ein paar neue Gesichter. Vielleicht kann Luigi uns sogar etwas Wein aus der Küche abzweigen. Wie fändet Ihr das?«

»Das wäre … schön«, antwortete Rustichello vorsichtig. Irgendetwas stimmte an der Sache nicht. Er kannte den Venezianer und seine Stimmungen inzwischen gut genug, um zu argwöhnen, dass seine zur Schau gestellte Fröhlichkeit nur aufgesetzt war. *Was führt er im Schilde …?*

»Hervorragend«, sagte der Venezianer und strahlte in die Runde. »Glaubt mir – Ihr habt noch nicht die Hälfte dessen gehört, was ich erlebt habe.«

* * *

Begleitet von einer tausendköpfigen mongolischen Eskorte trat die kaiserliche Familie die Fahrt nach Khanbalik an, wo man ihnen eine angemessene Unterkunft zur Verfügung stellen würde. Mein Vater und ich folgte ihnen kurz darauf, doch auf einem anderen Schiff. Onkel Maffeo würde mit dem Hofstaat des Khans weiter nach Xanadu ziehen, um über die Aufstände im Nordwesten zu beraten. Mehrere Beamte und Generäle blieben vor Ort, um Quinsai unter Kontrolle zu halten und einen möglichst fließenden Übergang zu ermöglichen. Für die Bewohner der Hauptstadt sollte es sein, als hätte es nie einen anderen Herrscher gegeben – genau, wie mein Vater gesagt hatte.

Auf der Rückfahrt sprachen wir darüber, welche wirtschaftlichen Folgen die Eroberung Quinsais haben würde. Khanbalik war nicht mehr größte Stadt des Reichs, und die Häfen des Südens mussten in die bestehenden Strukturen eingebunden werden. Man würde neue Verkehrswege brauchen, neue Verwalter, Schreiber und Übersetzer. Ich weiß nicht, weshalb uns gerade das in diesen Tagen so beschäftigte. Vielleicht hatten wir uns die letzten Jahre über mehr verändert, als uns klar war: Ich war stellvertretender Statthalter geworden, er ein Botschafter und enger Berater des Khans. Vielleicht boten uns diese Gespräche aber auch die

Möglichkeit, nicht über die Rolle nachzudenken, die wir selbst in Kublais Krieg gespielt hatten – und darüber, wie knapp wir einer Katastrophe entronnen waren.

Nur wenn ich alleine war, holte mich das Erlebte ein. Mir war klar, dass ich ewig in der Schuld des jungen Kaisers stehen würde – und nicht nur ich: Sein scharfer Blick und sein selbstloses Vertrauen hatten ganz Quinsai das Leben gerettet. Wäre das Attentat erfolgreich gewesen und der Junge zurück zu seiner Familie geflohen, hätten die Mongolen das als heimtückischen Angriff gewertet. Das Gemetzel wäre nicht mehr aufhaltbar gewesen.

So war das große Reich der Song friedlich und ohne sinnloses Blutvergießen zu Ende gegangen. Es hatte die Zeichen der Zeit erkannt und sich gefügt. Das belohnte der Khan.

Aber war es wirklich so einfach?

Zu Hause in Khanbalik hieß uns Tarmaschirin freudig willkommen. Er und mein Vater verstanden sich auf Anhieb – und vielleicht war das der Anstoß, den wir gebraucht hatten, uns einander zu öffnen. Natürlich wollte der Statthalter alles über die Geschehnisse im Süden wissen. Ich verschwieg ihm nichts und erwähnte auch mehrmals lobend die Männer, die er mir mitgegeben hatte und die nun wieder ihren Dienst als seine Leibwächter und Steuereintreiber versahen. Das freute ihn sichtlich; dass ich beinahe trotzdem ums Leben gekommen wäre, stand auf einem anderen Blatt.

»Ich frage mich, wem ich solch ein Dorn im Auge bin«, sagte ich, als wir eines Abends zu dritt in Tarmaschirins Garten auf Kissen unter dem schattigen Dach eines Pavillons saßen. An manchen Tagen war es in Khanbalik kaum besser als in Manzi; kein Wunder, dass der Khan seine Sommer lieber weiter im Norden verbrachte. Der Statthalter aber hatte aus der Not eine Tugend gemacht und Haus und Garten mit allen Vorzügen der traditionellen Architektur ausgestattet. Wie üblich trug er eines seiner luftigen, weiten Seidengewänder.

»Was ist das?«, fragte ich und nippte an der kleinen Schale, die Tarmaschirin mir reichte.

»Pflaumenwein«, erklärte er. »Was hältst du davon?«

»Nicht schlecht«, sagte ich unentschlossen. Das Getränk war etwas süßlich für meinen Geschmack, hatte aber eine schöne, blumige Note. »Woher kommt das?«

»Aus Manzi. Wir haben gerade eine größere Fuhre für die kaiserliche Familie bekommen.«

»Dann gewöhnen wir uns also besser daran«, scherzte mein Vater.

Tarmaschirin lachte. »Was nun deine andere Frage angeht, so denkst du in die falsche Richtung. Du solltest dich nicht fragen: Wer will mich töten? Sondern: Was gewinnt er dadurch? Mord ist immer auch eine geschäftliche Angelegenheit. Also denke auch wie ein Geschäftsmann.«

»Das ist eine sehr kaltherzige Sichtweise«, bemerkte mein Vater. »Glaubt Ihr wirklich, dass andere Menschen so denken?«

Tarmaschirin zuckte die Schultern. »Wie Konfuzius schon sagte: Es bereitet mir keine Sorge, ob man mich versteht. Wenn ich andere nicht verstehe – *das* macht mir Angst.«

Sarangerel kam vom Haus in den Pavillon und brachte uns eine Schale mit kleinen roten Litschi-Früchten. Sie war Tarmaschirins erste Frau und auch jene, mit der er sich am besten verstand, obgleich er mit ihr nur einen einzigen Sohn hatte. Anfangs hatte ich geglaubt, dass der Statthalter ein ruchloses Leben führte, für das ihn viele Männer in meiner Heimat beneidet hätten. Mittlerweile wusste ich, dass so eine Vielehe nicht unkompliziert war und Tarmaschirins Lebenswandel noch bescheiden verglichen mit dem anderer Leute.

Sarangerel beugte sich zu ihrem Mann herab, und er gab

ihr einen Kuss auf die Wange. Dann ließ sie uns wieder allein.

»Also gut«, sagte ich. »Fragen wir also nach den Beweggründen des Attentäters. Ich sehe nicht, was für eine Art von Gewinn mit meinem Tod verbunden gewesen wäre – im Gegenteil. Im schlimmsten Falle hätte es ein Massaker gegeben.«

»Und dann?«, fragte Tarmaschirin.

»Was soll das heißen, und dann?«

Er griff sich eine Litschi und begann sie zu schälen, bis das feuchte, weiße Fruchtfleisch sichtbar wurde. Die Narbe in seinem Mundwinkel zuckte erwartungsvoll.

»Was geschieht in aller Regel mit einer Stadt, nachdem man die Bevölkerung massakriert hat?«

Ich zögerte. »Man plündert sie?«

»Ah«, machte Tarmaschirin, steckte sich die Frucht in den Mund und lutschte.

Das konnte nicht sein Ernst sein. Eine ganze Stadt auszulöschen, nur um sie besser ausrauben zu können? Auch auf dem Gesicht meines Vaters regte sich Protest. »Ich kann mir beim besten Willen nicht vorstellen, dass …«

»Unterschätze niemals die menschliche Habgier!«, mahnte der Statthalter und strich sich den Mund sauber. »Glaub einem, der sie besser kennt als die meisten. Der Einzige, der eine noch bessere Vorstellung davon haben dürfte, wohnt gleich dort drüben.« Er wies in Richtung der Palaststadt, in der den Sommer über meist Bailo Ahmat herrschte. Ich hatte ihn immer noch nicht persönlich getroffen, aber nach allem, was mir Tarmaschirin über ihn erzählt hatte, legte ich auch keinen großen Wert darauf. »Kaum, dass er von der Eroberung Quinsais erfuhr, packte er seine Sachen und nahm eine Sänfte in den Süden, um sich mit eigenen Augen ein Bild von den Reichtümern der Song zu machen. Man trug mir zu, dass er es gerne sähe, wenn einer seiner Söhne der neue Statthalter Quinsais würde.«

»Mit dem Bogenschützen auf dem Turm kann der Bailo aber nichts zu tun haben«, warf ich ein. »Denn wie hätte er wissen sollen, dass eine solche Situation überhaupt eintreten würde? Ich wusste es einen Abend zuvor ja selbst noch nicht.«

»Ein berechtigter Einwand«, grübelte Tarmaschirin. »Wer weiß, vielleicht beschäftigt er einen guten Wahrsager?«

Ich wusste in solchen Momenten nie, ob er sich über mich lustig machte oder wirklich daran glaubte.

»Wer immer dem Schützen seine Befehle gab, muss vor Ort gewesen sein«, stimmte mein Vater zu. »Und wer immer die Befehle ausführte, muss sich darüber im Klaren gewesen sein, dass er den Einsatz nicht überleben würde. Doch das hat ihn nicht gehindert.«

»Wie die jungen Männer, die dem Alten vom Berge dienten«, murmelte ich.

»Ein interessanter Vergleich«, sagte Tarmaschirin. »Doch nicht einmal der gute Phags-pa könnte den Alten von den Toten zurückholen.«

Die letzte Bemerkung brachte mich ins Grübeln.

»Was hast du?«, fragte mein Vater.

»Ich musste nur gerade daran denken, dass Phags-pa es war, der Chinkims Tiger untersuchte und für verzaubert erklärte. Er war immer in der Nähe, wenn sich ein Unglück ereignete, und übersetzte auch den Schriftverkehr zwischen den Song und dem Khan. Wenn jemand die Möglichkeit gehabt hätte, die Kapitulationsverhandlungen scheitern zu lassen, dann er.«

»Das hat er aber nicht«, sagte mein Vater. »Ich kenne ihn nicht gut genug, um seine Absichten zu beurteilen, aber wie alle engen Berater Kublais genießt er sein unbedingtes Vertrauen. Außerdem wissen wir nicht, ob die Anschläge auf Chinkim und auf dich überhaupt in Zusammenhang stehen. Vielleicht warst du bloß zwei Mal zur falschen Zeit am falschen Ort?«

»Vielleicht«, stimmte ich zu. »So wie wir alle gerade. Ich wünschte, ich wüsste, was in Xanadu vor sich geht.«

Mein Vater zögerte.

»Was ist?«, fragte ich ihn. Als er wieder sprach, klang seine Stimme betrübt.

»Es gibt noch etwas anderes, worüber ich mit dir reden muss. Ich hätte es schon auf der Reise tun sollen, doch ich wollte die gemeinsame Zeit mir dir genießen.«

»Nun sag schon«, bat ich beunruhigt.

»Ich kann nicht lange bleiben. Kublai will, dass ich spätestens zum Ende des Sommers zu ihm nach Xanadu stoße, um mich auf eine längere Reise zu begeben.«

»Eine Reise wohin?«

»Nach Karakorum.«

Einen Moment verschlug es mir die Sprache. Die alte Hauptstadt Dschingis Khans lag über tausend Meilen im Nordwesten und war weder über Flüsse noch größere Straßen erreichbar. Eine Reise nach Karakorum hieß eine Reise voller Entbehrungen und durch gefährliches Land.

»Wie lange weißt du das schon?«

»Einige Wochen. Der einzige Grund, weshalb mich Kublai nach der Kapitulation Quinsais überhaupt mit dir nach Khanbalik gehen ließ, war, weil ich ihn ausdrücklich darum gebeten habe.«

Ich kniff die Lippen zusammen. Es schmerzte mich, dass er mich schon wieder verließ, wo wir gerade erst die alten Konflikte begraben hatten. Vor allem aber machte ich mir Sorgen.

»Wieso schickt er dich nach Karakorum?«

»Es geht um Kaidu. Die letzten Jahre hat er sein Territorium immer mehr vergrößert. Keiner weiß, wie weit er zu gehen bereit ist – noch stichelt er nur, schlägt aber nicht zu. Er besetzt eine Stadt, Kublais Söhne und Generäle vertreiben ihn wieder. Bisher spielten sich diese Zankereien vor allem an der Grenze ihrer Territorien ab. Jetzt ist Kaidu mit einer größeren Streitmacht zurück. Einige unbedeutendere Prinzen haben sich mit ihm verbündet. Keiner weiß, was er als Nächstes vorhat.«

»Karakorum«, murmelte Tarmaschirin und nippte missmutig an seinem Wein. »Eine Stadt, die ihre Blüte längst hinter sich hat – wenn sie je eine hatte. Heute ist sie so gut wie wertlos. Aber hier fand früher der *Kurultai* statt, die Versammlung der Stammesfürsten, auf welcher die Großkhane ernannt wurden, ehe Kublai mit der Tradition brach. Wenn Kaidu Karakorum einnähme, wäre das ein wichtiges Zeichen an seine Verbündeten: die verschiedenen Prinzen des Chagatai-Khanats, das er beherrscht, und der Goldenen Horde. Was immer er vorhat, es kann nichts Gutes bedeuten.«

»Genau deshalb schickt der Khan Nomukhan und tausend Mann, um sich das einmal anzusehen.«

»Tausend Mann?«, fragte Tarmaschirin. »Das ist lächerlich! Das wird niemals reichen.«

»Wir sollen auch nicht mit ihm kämpfen, sondern mit ihm reden.«

»Reden!«, rief Tarmaschirin und schlug sich auf den Schenkel. »Das sind ja ganz neue Töne.«

»Und du?«, fragte ich. »Was wird deine Aufgabe sein?«

»Ich soll mit Kaidu verhandeln.« Mein Vater warf einen vorsichtigen Blick zu Tarmaschirin. »Nun ist das erfahrungsgemäß nicht gerade die Stärke der mongolischen Herrscher, aber nach den Erfolgen bei Saianfu und Quinsai entschloss sich Kublai, es zunächst auf ›meine Art‹ zu probieren, wie er es nannte.«

»Und was ist Eure Art?«, erkundigte sich Tarmaschirin interessiert.

»In diesen Tagen ist das leicht zu beantworten«, sagte Nicolò. »Immer das Gegenteil von dem, was mein Bruder ihm rät.« Sein Gesicht wurde ernst. »Das ist eine weitere Sache, über die ich mit dir reden muss, Marco. Jedoch würde ich es vorziehen, das alleine zu tun.«

Der alte Statthalter erhob sich keuchend. »Schon verstanden, ihr habt Familiendinge zu klären. Ich ziehe mich zurück und sehe einmal nach meinen Frauen.«

Mein Vater wartete, bis wir ungestört waren. Die Sonne war mittlerweile untergegangen, und eine friedliche Stille lag über dem Garten, die nur vom Gesang einiger Vögel durchsetzt wurde. »Ich weiß nicht, wie lange ich fort sein werde«, sagte Nicolò. »Ich hoffe, dass ich bald wieder zurück bin, aber falls nicht …«

»Ich gebe auf mich acht.« Es sollte aufmunternd klingen, doch er schüttelte den Kopf.

»Ich weiß, dass du erwachsen bist, Marco. Doch ich denke an unsere Familie, und was diese Familie verbindet …« Da war es wieder, dieses Gefühl eines unausgesprochenen Geheimnisses, das ich zuletzt in Xanadu gespürt hatte, als er und Maffeo mich von ihrer Unterredung mit dem Khan ausgeschlossen hatten.

»Hüte dich vor deinem Onkel«, sagte Nicolò. »Du kannst ihm nicht trauen.«

»Wie meinst du das?«, fragte ich überrascht.

»Ich weiß nicht recht, wie ich es sagen soll, aber er hat sich verändert. Früher, da war er nur ein Hitzkopf, der den Leuten gerne bewies, dass er schlauer war als sie. Der bereit war, über Grenzen zu gehen, vor denen andere zurückschreckten. Und ich habe ihn dafür bewundert. Für seine Furchtlosigkeit. Seine Gabe, sich einfach neu zu erfinden und jede noch so kleine Möglichkeit zu nutzen. Ohne ihn wären wir heute nicht hier. Ohne seinen Durchhaltewillen und sein unbedingtes Streben nach Erfolg hätte ich schon auf unserer ersten Reise versagt.«

So hatte ich ihn noch nie reden hören. Mein Vater beneidete Maffeo? Ich hatte immer geglaubt, dass ihm dessen respektlose Art eher ein Ärgernis war.

»Manchmal musste ich ihn zurückhalten, ihn in seine Schranken weisen«, fuhr Nicolò fort, als hätte er meine Gedanken erraten. »Aber er hatte fast immer recht mit den Risiken, die er einging. Nicht immer, aber fast immer.«

Ich dachte an unseren Streit in Hormuz, als es um die Frage ging, ob wir uns den persischen Booten anvertrauen sollten.

»Was hat sich geändert?«, fragte ich.

»Er hat jedes Maß verloren«, sagte mein Vater. »Bei Quinsai hast du ihn erlebt. Zum Glück musstest du ihn nicht vor Fancheng erleben. Marco, er hat nicht einfach nur in einer verzweifelten Lage den Oberbefehl an sich gerissen. *Er hat diese Stadt ausgelöscht, weil er es konnte.* Macht fasziniert ihn, und seit diesem Tag ist er trunken vor Macht.«

Ich dachte an das, was mir mein Onkel in den Ruinen von Balkh gesagt hatte: *Macht ist nichts ohne den Willen, sie auch zu einzusetzen.* Schon damals war diese ungesunde Regung in ihm deutlich zutage getreten, aber nach meiner Genesung hatte ich die Erinnerung an die leblosen Ruinen und was sich dort zutrug so gut es ging verdrängt.

»Du versuchst es nach wie vor«, stellte ich fest. »Ihn in seine Schranken zu weisen.«

»Das muss ich, Marco! Tue ich es nicht, wird er uns über kurz oder lang in einen Krieg stürzen, den selbst der Khan nicht gewinnen kann. Krieg ist seine Antwort auf alles, bei jeder einzelnen Besprechung, und der Khan schenkt ihm sein Ohr, weil er ihm sagt, was er hören will. Marco, selbst die Generäle wagen es kaum noch, ihm zu widersprechen. Kublai ist ein guter Menschenkenner, aber in einer Hinsicht ist er so blind wie Enrico Dandolo, als er gegen Byzanz zog: Das ist sein unerschütterlicher Glaube an das Mandat des Himmels.«

»Enrico Dandolo eroberte trotzdem Byzanz.«

»Und starb im Jahr darauf im nächsten Feldzug«, konterte Nicolò. »Nie in seinem ganzen Leben ist dem Khan je der Gedanke gekommen, dass seine Siege eines Tages enden könnten. Und diesen Glauben an seine Unbesiegbarkeit schürt Maffeo wie ein Feuer. Doch jedes Reich stößt irgendwann an seine Grenzen. Kublai kann nicht die ganze Welt erobern, selbst wenn er die Augen vor dieser Wahrheit verschließt.«

»Aber wieso? Weshalb tut Maffeo das?«

»Weil er dem Khan in dieser Hinsicht sehr ähnlich ist«, sagte mein Vater. »Er hat so viele Grenzen überschritten, dass er sie nicht einmal mehr wahrnimmt. Er ist wie Alexander am Ende seines Lebens: stolz und überheblich. Führe dir nur vor Augen, was er, ein gewöhnlicher Kaufmann, alles erreicht hat und noch erreichen mag! Er wird diesen Weg bis zum Ende gehen, ohne Rücksicht.«

Ich leerte meinen Pflaumenwein und starrte eine Weile in Tarmaschirins liebevoll gepflegten Garten hinaus. Der Mond spiegelte sich in dem Teich mit seinen goldenen Fischen, und der Glockenturm in der Ferne verkündete den Beginn der nächtlichen Ausgangssperre, die sehr viel früher begann als in Venedig und auch strikter umgesetzt wurde.

»Glaubt du, er hätte es lieber gesehen, wäre das Attentat auf mich erfolgreich gewesen?«, fragte ich nachdenklich.

»Ich weiß es nicht«, sagte mein Vater. »Ich glaube, dass er dich mag – aber ich weiß es nicht.«

»Ich danke dir.« Einerseits hatte mein Vater bestätigt, was ich bereits geahnt hatte, andererseits hatte ich Schwierigkeiten zu glauben, dass mein Onkel tatsächlich derart besessen war.

»Gib einfach auf dich acht, bis ich wiederkomme«, sagte Nicolò, und damit war das Thema beendet.

Kurz darauf kam Tarmaschirin mit einem Schlauch Airag zurück, und wir tranken und redeten von fröhlichen Dingen.

XI
Der silberne Baum
Karakorum, 1276

Für Nicolò und seine Begleiter war die Reise nach Karakorum auch eine Reise in die Vergangenheit. Sobald der Glanz Xanadus hinter ihnen zurückgeblieben war und das Reich des Großen Khans abermals zu einer Legende des fernen Ostens wurde, schien sich vor ihnen die Welt aufzutun, die Dschingis einst gekannt hatte und die sich seither kaum verändert hatte: endloses Grasland, genug, um Millionen von Tieren zu ernähren, doch zu trocken für einen einzigen Baum. Abseits aller Meere fiel nicht genug Regen für Wälder, und so sah das Auge nichts als weite Ebenen und sanfte, grüne Hügel unter dem endlosen Himmel. Hier hatten seit dem Anbeginn der Zeit die Nomadenvölker gelebt, die Dschingis vor siebzig Jahren geeint hatte. Eingesperrt zwischen den Gebirgen im Westen und den Küstenvölkern im Osten, der Eiseskälte des Nordens und der Gluthitze des Südens, hatten sie sich unter seiner Herrschaft befreit, hatten Berge und Wüsten durchquert und alle, die ihnen im Weg standen, besiegt.

Die Temperaturen schwankten zwischen Tag und Nacht so stark, dass Nicolò ständig damit beschäftigt war, zusätzliche Kleidung an- oder auszuziehen. Nomukhan und seine tausend Mann dagegen schienen in dem strengen Land geradezu aufzublühen. Beflügelt von der Kraft der Geschichte flogen sie auf ihren Pferden dahin, und Nicolò schaffte es kaum, mit ihnen Schritt zu halten. Sie ignorierten die spärlichen Kurierstationen und schlugen stattdessen ihr Lager in der Steppe auf. Trotzdem kamen sie viel besser voran als auf den Heerzügen durch das schwüle, von Flüssen und Sümpfen durchzogene Manzi.

Nur, wenn sie auf Nomaden stießen, machten sie kurz Halt, um einige Schafe oder Rinder zu schlachten. Sie nahmen den Hirten nicht mehr, als diese geben konnten, aber sie entlohnten sie auch nicht dafür. Der Sohn des Großen Khans reiste mit wichtigem Auftrag.

Nachts lagerten sie selbst wie ein Stamm zwischen Jurten und Feuern, tranken Airag und erzählten sich Geschichten von einst.

»Dies ist das mongolische Herzland, das Dschingis der Tradition gemäß seinem jüngsten Sohn Tolui vermachte; dem Vater meines Vaters«, sagte Nomukhan, während sie sich an den Flammen wärmten. Die kargen Sträucher gaben nur wenig Holz, und so brannten die Feuer heiß und schnell; so schnell, wie die Mongolen tranken, ehe sie sich zum Schlafen in die Jurten schleppten.

»Jochid, sein Ältester, bekam den Nordwesten, wo seine Nachfahren heute die Goldene Horde anführen. Chagatai bekam den Südwesten und Ögedei den Südosten. Ögedei bestimmte er auch als seinen Nachfolger, denn Jochids Gegner hatten schmutzige Gerüchte gestreut, dass Dschingis gar nicht Jochids Vater gewesen sei; und er und Chagatai waren verfeindet. Keiner hätte die Vorherrschaft des anderen akzeptiert.«

»Und Kaidu stammt aus der Linie Chagatais?« Nicolò war verunsichert.

»Nein, der Linie Ögedeis – trotzdem herrscht er heute über Chagatais Land. Und er ist praktisch der Einzige, der meinem Vater noch immer seinen Anspruch auf die Oberherrschaft streitig macht.« Nomukhan lachte und trank einen Schluck aus dem Schlauch. »Manchmal ist die Familie schlimmer als alle Feinde, was?«

»Ich weiß genau, was du meinst«, pflichtete Nicolò ihm bei.

»Dein Bruder und du, ihr seid wie Chagatai und Jochid,

stimmt's?« Kublais Sohn schlug die Fäuste zusammen und verschüttete dabei einen Schwall Airag, was ihn aber nicht kümmerte. Überhaupt war Nomukhan unbeschwerter und rauher als sein Bruder Chinkim, der sich mehr der feinsinnigeren Lebensweise der Kithaier angepasst hatte.

»Wie Brüder eben so sind: Wir teilen viel, und wir streiten viel«, wich Nicolò aus. Der Sohn des Khans brauchte seine Geheimnisse nicht zu kennen – es reichte, wenn Kublai und Bayan im Bilde waren. »Wie steht es denn mit dir und Chinkim? Stört es dich gar nicht, dass abermals der jüngere Bruder den Vorzug erhält?«

Jeder bei Hofe wusste, dass sich Kublai Chinkim als Nachfolger wünschte, und Nomukhan nahm ihm die Frage nicht krumm. »Was soll ich mit einem Reich dieser Größe? Sieh dir meinen Vater nur an: Sein Leben ist so von Ritualen bestimmt, dass ich mich manchmal frage, ob er überhaupt Freude daran empfindet. Nein, das soll ruhig Chinkim auf sich nehmen, wenn er es sich zutraut.«

»Und was ist mit dir?«

»Das wird sich bald zeigen«, sagte Nomukhan und gähnte herzhaft. »Vielleicht bilden wir ja eine Allianz mit Kaidu und werden reich entlohnt. Vielleicht rollen auch ein paar Köpfe, und es gibt neues Land zu verteilen.« Er wirkte ungewohnt nachdenklich. »Kennst du die Geschichten über Kaidus Familie? Seine Tochter soll eine große Kriegerin sein.«

Nicolò schüttelte den Kopf.

»Ihr Name ist Khutulun – Mondschein. Wer weiß, vielleicht rollen ja auch unsere Köpfe.« Und damit leerte er seinen Schlauch und schleppte sich in sein Zelt.

So ging es drei Wochen. An guten Tagen schafften sie sechzig Meilen, an schlechten weniger. Sie ritten ihre Tiere nicht bis zum Zusammenbruch, wie die Kuriere es taten, aber sie hatten genug Pferde zum Wechseln dabei. Immer öfter stießen sie auf Nomaden, die hier, fernab der großen Städte, ihre traditionelle Lebensart pflegten. Einige davon hatten Nomukhan bereits im Frühjahr Schwierigkeiten gemacht; anscheinend stachelte Kaidu die Stammesfürsten zur Rebellion auf, und mit einem kleineren Gefolge wäre die Reise vielleicht weniger friedlich verlaufen. Doch schließlich gelangten sie ohne ernste Zwischenfälle an ihr Ziel.

Die ersten Anzeichen, dass sie sich Karakorum näherten, waren die gigantischen Pferde- und Rinderherden, ein Meer aus schnaubenden, wiehernden Leibern, das sich bis zum Horizont erstreckte. Dann sahen sie die ersten Jurten und schließlich die Armee, zu der Jurten und Herden gehörten, und dahinter die Zinnen und Dächer einer Stadt am Ufer eines Flusses.

»Er hat Karakorum tatsächlich besetzt«, sagte Nomukhan. An seinem grimmigen Gesicht konnte Nicolò ablesen, was er von der Vielzahl von Kriegern hielt, die sich mitsamt ihren Familien in der alten Hauptstadt niedergelassen hatten – eine Unterscheidung, die ohnehin wenig Sinn ergab, wie sich Nicolò ins Gedächtnis rief: Jede mongolische Frau und jedes mongolische Kind konnte es leicht mit einem europäischen Knappen aufnehmen, denn sie lernten von früh auf, aus vollem Galopp mit Pfeil und Bogen zu schießen, während am anderen Ende der Welt erwachsene Männer ihre Zeit damit verschwendeten, ihren Herren die Pferde zu satteln und die Waffen anzureichen.

Erst fielen sie mit ihrem tausend Mann starken Heer kaum weiter auf, dann löste sich eine gleich große Reiterschar aus dem Meer um die Stadt und galoppierte auf sie zu. Beunruhigt nahm Nicolò die Zügel kürzer und unterbrach sein Pferd beim Rupfen. Schon aus einiger Entfernung kam ihm der Anführer des Trupps vage bekannt vor. Dann erkannte er ihn: Es war der Mongolenfürst, den sie auf ihrer Reise vor den Toren von Kashgar getroffen hatten – Shiregi, der sie widerwillig neu ausgestattet und Boten zum Hof des Khagans gesandt hatte.

»Wenn das nicht Nomukhan, der Sohn meines geschätzten Onkels ist!«, begrüßte Shiregi sein Gegenüber. Dann wandte er sich Nicolò zu. »So sieht man sich wieder, Lateiner.« Offenkundig hatte auch er ihre Begegnung nicht vergessen. »Wo hast du deinen Sohn und deinen vorlauten Bruder gelassen?«

»Vetter!«, unterbrach Nomukhan. »Wieso bringst du uns nicht zu deinem Herrn, damit wir den Grund unseres Besuchs erörtern können?«

»Ich bin mein eigener Herr«, grollte Shiregi. »Kaidu ist mein Verbündeter – und unser beider Blutsverwandter.«

»Genau darüber möchte ich mit ihm sprechen«, erwiderte Nomukhan. »Also?«

Shiregi spuckte aus und wendete sein graues Pferd, an dessen Sattel Nicolò nun einige dunkle Flecken auffielen. Er fragte sich, ob Shiregi in letzter Zeit eine Schlacht geschlagen hatte oder ob er die alten Flecken absichtlich nicht entfernte. Ohne ein weiteres Wort führte er sie zur Stadt.

»Ist er wirklich dein Vetter?«, fragte Nicolò im Flüsterton, und Nomukhan nickte.

»Sein Vater war mein Onkel Möngke, aber seine Mutter bloß eine unbedeutende Konkubine.«

»Dann ist er ein Prinz?«

Nomukhan grinste. »Frag lieber danach, was er alles nicht ist. Was immer Kaidu ihm versprochen hat – Männer wie er reiten nur mit dem Wind.«

Auch Karakorum orientierte sich ansatzweise am uralten Stadtideal der Kithaier. Doch im Vergleich zu Xanadu oder Khanbalik wirkte die Stadt noch unfertig, grobschlächtig. Eine unregelmäßige, mit Wachtürmen gespickte Mauer umschloss ein offenes Areal, in dem sich Jurten und Steingebäude zusammenballten. Manche der enormen Zelte waren größer als die feststehenden Bauten. Im hintersten Viertel der Stadt jedoch erhob sich das Dach eines schlichten Palasts.

Unter den misstrauischen Blicken zahlloser Krieger hielten sie Einzug durch eines der vier Tore. Dahinter wies man die meisten ihrer Begleiter an, mit ihren Pferden auf einer der weitläufigen Grasflächen zu warten. In Begleitung von hundert Mann ging es weiter Richtung Palast.

»Dschingis gab diesem Ort seinen Namen«, murmelte Nomukhan, dem die feindliche Übermacht nicht ganz geheuer schien. »Schwarze Feste. Oder schwarzes Gefängnis.«

»Wir bitten unser bescheidenes Heim zu entschuldigen!«, spottete Shiregi, der die Bemerkung aufgeschnappt hatte. »Möge der Sohn des Großen Khans Nachsicht mit uns haben! Vielleicht hätte sich sein Vater damals nicht gegen seinen eigenen Bruder stellen sollen? Dann wären wir heute die Hauptstadt, die Dschingis einst vorschwebte.«

Damit spielte er auf Kublais langen Streit mit Arik Böke an, dessen Ende Nicolò und Maffeo gerade versäumt hatten, als sie Kublai damals auf seinem Rückweg aus Karakorum begegnet waren. Dort hatte sich Arik Böke – fast zeitgleich mit seinem Bruder in Xanadu – von einem Kurultai zum Khagan ausrufen lassen. Darauf hatte Kublai Karakorum kurzzeitig besetzt gehalten.

Tatsächlich war der bebaute Teil der Anlage kaum mehr als ein Dorf – aber was für eines! Nicolò sah Mongolen, Kithaier und Türken, und selbst die einfachsten Bauten riefen Erinnerungen an weit entfernte Länder wach. Er sah Stupas, Tempel und Moscheen, hörte das Schmettern von Trompeten und Shofars, Glocken und Gongs. In der Ferne rief vernehmlich ein Muezzin, und einmal glaubte er Nestorianer zu hören, wie sie auf ihre Metalltafeln schlugen. Ein wildes Sprachengewirr drang an sein Ohr. Karakorum war ein Sammelbecken für wagemutige Händler und fehlgeleitete

Pilger, für fahrende Krieger und die Nachfahren verschleppter Gefangener. Unwillkürlich musste Nicolò an die Erzählung von Bruder Guglielmo und an Guillaume de Rubrouck denken, der in den fünfziger Jahren hier am Hofe Möngkes gelebt und sich über die mongolischen Sitten entsetzt hatte.

»Ich frage mich, ob Dschingis je eine Hauptstadt wollte«, flüsterte Nicolò. »Vielleicht wollte er genau dieses Pandämonium, das wir heute sehen?«

»Die Zukunft seines Reichs liegt im Osten, in Khanbalik«, war Nomukhan überzeugt. »Auch wenn nicht alle seiner Kinder das heute erkennen. Die Yuan-Dynastie ist ein neuer Anfang für uns alle. Dies ist nur das Ende des Alten.«

Sie passierten eine weitere Mauer. Innerhalb eines kleinen, schmucklosen Parks erhob sich auf einer Plattform ein zweistöckiger Holzpalast mit aufgewölbtem Dach, dessen Giebel von Drachen geziert wurden. Die Säulen, die das Dach stützten, erhoben sich vom Rücken steinerner Schildkröten. Und vor dem Palast, gleichfalls auf den Leibern vierer Drachen, wuchs ein hoher Baum ganz aus Silber empor, auf dessen Krone ein goldener Engel mit einer Trompete stand.

Im ersten Moment war Nicolò so sprachlos über dieses Wunder, dass er sich ungläubig die Augen rieb. Dann erst wurde er ihres Gastgebers gewahr, der in diesem Moment begleitet von mehreren Männern und Frauen aus dem Palast trat.

Selbst für einen Mongolen war Kaidu betont nachlässig gekleidet, mit nichts als einer Hose und ein paar Fellen über den Schultern. Er hatte eine breite Brust und lief etwas steif, als schmerzten ihn seine Muskeln vom ständigen Gebrauch, aber seine Blicke waren schnell wie die einer Schlange. Stirn und Schläfen hatte er ausrasiert, das restliche Haar trug er offen und lang. Dazu hatte er sich den charakteristischen Kinnbart aller Mongolenfürsten stehen lassen.

Die Arme weit ausgebreitet hieß er sie willkommen. »Nomukhan, Sohn des Kublai! Und Nicolò Polo aus dem fernen Venedig! Es ist lange her, dass wir solch hohe und weitgereiste Gäste begrüßen durften.«

»Du hast dir alle Mühe gegeben, uns herzulocken«, stellte Nomukhan fest.

Kaidu neigte den Kopf, als hätte Nomukhan ihm ein Kompliment gemacht. »Ihr müsst durstig sein nach der langen Reise. Was kann ich euch anbieten? Traubenwein oder Met, nach Art der Lateiner? Reiswein, nach Art der Kithaier? Oder doch einen guten Airag? Karakorum ist das Zentrum der Welt! Hier fließen alle Ströme, an denen ihr euch laben wollt.«

»Wenn das so ist, weshalb trinken wir nicht einen Traubenwein?«, fragte Nomukhan mit Blick auf Nicolò.

»Ich habe schon sehr lange keinen Wein mehr getrunken«, gestand dieser.

Kaidu klatschte in die Hände. »Traubenwein für unsere Gäste!«

Und wie von Zauberhand führte der Engel auf dem Baum seine Trompete an die Lippen und stieß hinein, worauf sie mit klarem Klang erschallte. Nicolò konnte es kaum glauben, und sah und hörte es doch.

Kaidu trat die Stufen des Palasts hinab und machte eine einladende Geste in Richtung des Baums. Und kaum, dass sie ihn erreichten, vollzog sich das eigentlich Wunder: Aus dem Maul eines der Drachen ergoss sich ein langer Schwall von Wein in eine darunter stehende Steinschale. Daneben standen mehrere Becher bereit; Kaidu griff sich einen und hielt ihn unter den Strahl. Nomukhan und Nicolò versuchten, sich ihr Staunen nicht anmerken zu lassen, und taten es ihm gleich.

Es war kein guter Wein. Aber es war Wein, der inmitten der mongolischen Steppe auf magische Weise aus einem

Drachenmaul sprudelte, überschattet von einem Baum aus purem Silber.

»Gefällt dir mein Brunnen?«, fragte Kaidu Nicolò. »Er wurde von einem alten Lateiner gebaut, der einen ähnlich weiten Weg hinter sich hatte wie du. Ein Goldschmied aus einer Stadt namens Paris. Unsere Brüder der Goldenen Horde haben ihn uns geschenkt. Soll ein verrückter alter Kerl gewesen sein, ständig am Beten – aber von Brunnen verstand er was.«

Natürlich! Dies musste die Skulptur jenes anderen Guillaume sein – Guillaume Boucher. Das Kunstwerk eines Verschleppten, der selbst eingedenk der schwersten Prüfung seines Lebens nicht den Glauben verlor. Ein christlicher Engel, der mit seiner Trompete die Gelage der Mongolen ankündigte – ausgerechnet an dem Ort, an dem der Tradition gemäß der Khagan ernannt wurde … Nicolò war sich nicht sicher, wer hier wem einen Streich gespielt hatte.

»›Du salbest mein Haupt mit Öl‹«, murmelte er. »›Und schenkst mir voll ein …‹«

Kaidu runzelte die Stirn. »Was war das?«

»Du trinkst unter dem Auge Gottes.«

»Soll mir recht sein.« Kaidu zuckte die Schultern. »Solange ich trinke, kann er gern zusehen!« Sein Gefolge brach in Gelächter aus.

Nicolò wollte noch etwas sagen, doch Nomukhan hielt ihn zurück.

»Also, was führt euch zu mir?« Kaidu rieb sich die Hände. »Wolltet ihr einfach nur nach der Familie sehen? Wie ihr euch überzeugen könnt, geht es uns prächtig. Ehrlich gesagt hatte ich gehofft, dein Vater würde mir persönlich die Ehre erweisen.«

»Mein Vater entbietet seine Grüße«, sagte Nomukhan. »Doch dies ist kein Besuch aus Höflichkeit. Es gibt Wichtiges zu bereden, und ich soll dir ein Angebot machen.«

»Ein Angebot?«, fragte Kaidu neugierig. »Was denn für eins?«

Nomukhan ließ den Blick über die Frauen vor dem Palast schweifen. »Ist deine Tochter da? Khutulun? Ich hörte schon viel von Prinzessin Mondschein.«

»Sicher«, sagte Kaidu stolz und drehte sich um. »Khutulun!«

Offensichtlich befand sich die Angesprochene unter seiner Eskorte. Nicolò hatte sich schon lange daran gewöhnt, dass die mongolischen Frauen nicht den Regeln des Westens gehorchten. Doch das Mädchen auf den Stufen des Palasts, das nun den Kopf wandte, hatte er zunächst für einen Mann gehalten. Sie war groß, und ihre Schultern waren fast so breit wie die ihres Vaters. Auch ihre dunkle Mähne und die Fell- und Ledertracht unterschied sich kaum von der eines wilden Kriegers. Sie trug einen Köcher auf dem Rücken und eine Axt an der Seite.

»Was ist?«, rief sie zurück, ohne sich die Mühe zu machen, näherzukommen.

Nomukhan grinste Kaidu an.

»Sag deiner Tochter, ich will sie zur Frau.«

XII
Drei magische Inseln
Khanbalik, 1276

Im Herbst traf der Hofstaat seine Vorbereitungen für die Rückkehr des Khans, und innere Stadt und Palast füllten sich mit Leben. Noch aber hatte ich weder von Kublais noch meiner Familie Nachricht erhalten. Wahrscheinlich galt die Aufmerksamkeit des Khans den Vorgängen im Westen und der Rebellion einiger verbliebener Song-Prinzen im Süden.

Obwohl er mit meiner Arbeit sehr zufrieden war, schlossen er und seine Vertrauten mich von allen militärischen Beratungen aus. Ich fragte mich, ob das auf Onkel Maffeos Einfluss zurückging. In jedem Fall machte ich einmal mehr die Erfahrung, dass Khanbalik nicht nur baulich aus vielen ineinander verborgenen Welten bestand, die sich trotz ihrer räumlichen Nähe nicht berührten. Es wäre falsch, zu sagen, dass ich mich wie in einem Gefängnis fühlte – denn ich war frei, zu kommen und zu gehen, wie es mir beliebte. Dennoch fühlte ich mich eingeschränkt. Ich fühlte, dass mir etwas fehlte.

Dann rief mich eines Tages Tarmaschirin zu sich und teilte mir mit, die Witwe Xie wünsche mich zu sehen.

»Was will sie von mir?«, fragte ich verwundert, denn seit dem denkwürdigen Tag der Kapitulation hatte ich von ihr und ihrer Familie nichts mehr gehört. Sie bewohnten ein prächtiges Haus auf der anderen Seite des großen Sees, westlich der Palastanlage. Manchmal sah ich sie von fern spazieren gehen: die Witwe, den letzten Kaiser, seine beiden Schwestern und ihre Dienerschaft. Wenn man sie so sah, dann wirkte es, als würde es ihnen an nichts mangeln. Der Khan hatte sein Wort gehalten – sie hatten ihr Reich verloren, aber ihr Leben behalten.

»Was sie will? Geh hin und frag sie«, schlug Tarmaschirin mir vor. »Die Witwe soll eine sehr kultivierte Dame sein, also würde ich mir keine Gedanken machen.«

Ich fragte lieber nicht, was für Gedanken er meinte, und folgte seinem Rat.

Die Witwe erwartete mich schon vor ihrem Haus, das selbst fast einem kleinen Palast glich. Sie trug ihre alte Staatsrobe und ihren Schmuck, inklusive eines kleinen Parfumbeutelchens am Gürtel, wie es Mode bei den vornehmen Damen Kithais war. Ihre auffallend kleinen Füße steckten in winzigen Pantoffeln, und sie stützte sich auf einen zusammengeklappten Schirm.

»Da bist du ja«, sagte sie auf Persisch. »Willst du mich auf einen Spaziergang begleiten?«

»Sehr gerne«, erwiderte ich vorsichtig. Die alte Dame weckte meine Neugierde, doch ich konnte mich des Eindrucks nicht erwehren, dass sie etwas im Schilde führte.

»Das ist sehr freundlich von dir«, sagte sie. »Denn du musst wissen, mir ist schrecklich langweilig. Diese kleinen Ausflüge sind alles, was ich habe, und all die Diener, die dein Vater mir gestattet, machen das Leben zwar leichter, aber sie verstehen keine kultivierte Unterhaltung zu führen.«

Ich brauchte einen Moment, um zu begreifen, dass sie mit meinem »Vater« den Khan meinte. Ich war ihr als Kublais Sohn vorgestellt worden, und das würde ich für sie auch immer bleiben, auch wenn sie natürlich genau wusste, dass er nicht mein leiblicher Vater war.

»Du wirst entschuldigen, dass ich mit dir in der Sprache der Händler spreche«, fuhr sie fort, während sie mich vom Haus fortführte, Richtung Seeufer. »Aber da du meiner Sprache nicht mächtig bist, scheint es die logische Wahl. Schließlich bist du ein Kaufmann, nicht wahr?« Ich fragte mich, wie viel die alte Dame von mir wusste, doch sie gab mir keine Gelegenheit zur Antwort. »In jedem Fall sehe ich keine Notwendigkeit, mich nur deinetwegen der Sprache der Barbaren zu befleißigen, die ja nicht einmal deine Muttersprache ist.«

Damit musste sie wohl Mongolisch meinen. Ich hatte die letzten Jahre stetig Fortschritte damit gemacht, so dass es mir inzwischen beinahe so vertraut wie Venezianisch war. »Euer Persisch ist deutlich besser als meins. Ich respektiere Euren Wunsch, doch Ihr müsst Nachsicht mit mir haben.«

Sie machte eine wegwerfende Geste, die so gar nicht zu ihrer eleganten Art zu passen schien. »Hast du nicht zugehört? Meine Ansprüche sind dieser Tage gering.«

Wir erreichten das Seeufer. Der See, der sich von Nord

nach Süd erstreckte, hatte eine Länge von über anderthalb Meilen. Er wurde von einem Fluss gespeist und war mit einer weiteren großen Wasserfläche in der äußeren Stadt verbunden. Dieser See aber war der schönere, eingebettet in einen Park, der im Winter Erinnerungen an Xanadu weckte. Wild graste friedlich unter exotischen Bäumen aus allen Winkeln des Reichs, die der Khan hier in eigens herbeigeschaffter Heimaterde aus den Tiefen der asiatischen Steppe hatte pflanzen lassen. Hinter der Palaststadt gab es einen großen Hügel voller immergrüner Pflanzen; vielleicht wuchsen auch die päpstlichen Oliven heute dort.

Wildgänse schwammen auf dem Wasser, und aus der Mitte des Sees erhoben sich drei Inseln. Die größte war über eine Brücke erreichbar. Dort hatte sich Kublai mehrere Pavillons und eine Empfangshalle bauen lassen.

»Kennst du die Geschichte dieser Inseln?«, fragte mich die Witwe Xie mit einem plötzlichen Anflug von Schwermut.

Ich gestand, dass ich bislang nicht einmal gewusst hatte, dass es eine Geschichte dazu gab.

»Der Legende nach gab es im östlichen Meer einst eine Gruppe magischer Eilande, auf denen die Acht Unsterblichen lebten. Die Schönheit dieser Inseln soll unbeschreiblich gewesen sein. Wer immer sie fand, lebte dort frei von Krankheit und Mühsal in Palästen aus Gold und trank das Elixier der ewigen Jugend. Viele tapfere Herrscher und viele weise Männer zogen im Laufe der Jahrhunderte aus, sie zu finden, doch stets vergebens.«

Ich musste an die Geschichten vom Priester Johannes denken. Vielleicht hätte es mich nicht überraschen sollen, dass selbst die Menschen Manzis Legenden eines Landes der Glückseligkeit kannten. Dennoch schien mir eine feine Ironie in dieser Einsicht zu liegen. Die Menschen suchten ihr Paradies immer jenseits des Horizonts.

»Wir kennen ähnliche Geschichten«, warf ich ein, doch die Witwe Xie fiel mir ins Wort.

»Da niemand diese Inseln je fand, taten die Kaiser das Nächstbeste: Sie bauten sich ihre eigenen. Vor fünfzehnhundert Jahren fing der Kaiser der Han in seiner Hauptstadt damit an, und wir folgten seinem Beispiel. Diese drei Inseln, junger Kaufmann, haben Song-Kaiser errichtet – meine Vorfahren, vor dreihundert Jahren. Die Jin haben alles umgebaut, und die Mongolen haben erst die Jin vernichtet und dann uns; aber diese Inseln sind nach wie vor hier. Das ist unsere Unsterblichkeit.«

Sie blieb stehen und spannte ihren Schirm auf, denn die Herbstsonne schien in diesen Tagen noch einmal sehr heiß. Dann streckte sie den Arm aus und deutete auf eine kleine Gruppe Menschen am Ufer. »Da sind sie ja!«

Ich beschattete die Augen mit der Hand und entdeckte den kleinen Zhao Xian, der auf dem Rasen spielte. Bei ihm waren seine Schwestern und, wie ich zu meiner Überraschung feststellte, Kokachin. Mein Herz schlug schneller vor Aufregung.

»Was ist?«, fragte die Witwe misstrauisch, wohl weil sich ein Kloß in meiner Kehle gebildet hatte.

»Er hat ja sein Schaf!«, brachte ich hervor, um von meinem inneren Aufruhr abzulenken; denn tatsächlich graste ein paar Schritte weiter ein schönes weißes Schaf auf dem Rasen. »Das wusste ich gar nicht.«

»Mei-Li hat die entsprechenden Stellen darum gebeten«, sagte die Witwe. »Schließlich hast du es versprochen, und er war einmal Kaiser!«

Betroffen schaute ich dem Kleinen beim Spielen zu. Wie musste sich ein kleiner Junge fühlen, dem einst ein Weltreich bestimmt gewesen war und der nun alles verloren hatte?

Der Witwe ging anscheinend ein ähnlicher Gedanke durch den Kopf, denn ein feuchter Schimmer trat in ihre alten Augen. Einen Moment standen wir schweigend, in den Anblick vertieft.

»Gehen wir doch zu ihnen«, sagte sie dann, als ob ihr die Idee erst eben gekommen wäre. »Oder spricht irgendetwas dagegen?«

»Nein.« Ich räusperte mich. »Natürlich nicht.«

Als wir näherkamen, wurde der Kleine auf uns aufmerksam und rannte freudig auf uns zu. Dann erkannte er mich und verlangsamte seine Schritte. Auch die jungen Frauen schauten uns abwartend entgegen.

»Euer Hoheit«, begrüßte ich ihn freundlich. Er lächelte mich unsicher an. Dann rief er »Tante Xie!«, zu meiner Überraschung auf Persisch, und warf sich der Witwe in die Arme. Nichts bewies besser, dass die letzte Herrscherfamilie sich mit dem Ende ihrer Dynastie abgefunden hatte, als die Tatsache, dass man den ehemaligen Kaiser die Sprache der Händler lehrte. Mochten im Süden auch noch einige trotzige Prinzen die letzten Reste ihrer Heere um sich sammeln – hier in Khanbalik war der Kampf geschlagen.

»Mein Bruder«, begrüßte mich Kokachin nicht ohne Spott, während die Witwe sich ihrer Familie widmete. Es tat so gut, sie wiederzusehen. Sie trug Hosen und einen formlosen Deel wie damals, als sie Chinkim und mich nach der Jagd abgepasst hatte. Nur zu den großen Festen trug sie einen Kopfschmuck ähnlich dem ihrer Mutter, obgleich die Boghta in der Regel nur von verheirateten Frauen getragen wurde. Kleidung und die Erwartungen der Menschen waren ein Spiel für sie.

»Bist du schon lange aus Xanadu zurück?«, fragte ich.

»Eine Weile«, wich sie mir aus. »Ebenso wie Chinkim.« Sie legte den Kopf schief, als wartete sie auf eine Reaktion. »Der Rest kommt nächste Woche, nehme ich an.«

»Kokachins Mutter hat sie geschickt, um sich um unser Wohlergehen zu kümmern«, mischte die Witwe Xie sich ein. »Chabi Khatun ist eine sehr vernünftige Frau. Ihrem Rat und dem deines Vaters verdanken wir unser Leben, wurde uns zugetragen. Ich meine jetzt deinen anderen Vater.«

»Ich höre nur Gutes über die Khatun«, sagte ich vorsichtig mit Blick zu Kokachin.

»Natürlich ist es nicht meine Absicht, deine eigenen Verdienste zu schmälern«, fuhr die Witwe fort. »Ich staunte nicht schlecht, als ich dich das erste Mal sah, und in meinem Alter erstaunt einen nicht mehr viel. Dasselbe ließe sich über deine Schwester Kokachin sagen, als sie mit diesem Schaf vor uns stand. Erfreulich, dass ihr Kinder uns Gesellschaft leistet, während die Eltern … tja, wer weiß schon, wo die sind?« Sie zuckte die Schultern.

»Du hast ihm das Schaf gebracht?«, fragte ich Kokachin verdattert, als gäbe es nichts Wichtigeres im Moment.

»Warum gehen wir nicht ein paar Schritte weiter?«, fragte die Witwe und fächelte sich Luft zu. »Mir wird heiß.« Sie deute auf ihre Großnichten. »Mei-Li hast du ja schon kennengelernt, richtig? Und das ist meine kleine Yin.«

»Ich hatte damals recht viel Schlamm im Gesicht«, versuchte ich zu scherzen, doch die Prinzessinnen gingen nicht darauf ein.

»Ich erzählte Marco gerade von den Inseln der Unsterblichen und den Ursprüngen unserer Dynastie«, klärte die Witwe Xie sie auf, während wir langsam am Ufer entlangspazierten. Trotz der idyllischen Szenerie war der Moment für mich voller Befangenheit, denn Kokachin, mit der ich mich gerne unterhalten hätte, hielt Abstand, während die Witwe, die mir nicht ganz geheuer war, gar nicht von mir ließ und mit ihren kleinen Schritten unsere Geschwindigkeit diktierte. Mir fiel auf, dass Mei-Li und ihre Schwester nicht über solch winzige Füße verfügten.

Natürlich bemerkte die Witwe meinen Blick, und obwohl

ich sofort beschämt in die andere Richtung sah, ließ sie es sich nicht nehmen, das Thema aufzugreifen.

»Nun kennst du unsere Wurzeln und auch das, was aus uns geworden ist: ein wehrloses Volk, das die Füße seiner eigenen Kinder bricht. Wie sollen wir da jemals lernen, auf ihnen zu stehen? Erst fingen die Kaiserinnen und ihre Töchter damit an, zuletzt tat es jeder, der sich für etwas Besseres hielt. Ich habe diesen Unsinn bei den Töchtern meines Neffen unterbunden. Wir haben Krieg, habe ich ihm gesagt. Und du willst deine Kinder am Weglaufen hindern? Du bist ein Narr!«

»Tante Xie«, sagte Mei-Li und schickte ihre jüngeren Geschwister voraus, damit sie das Geschimpfe nicht mit anhörten. »Bitte nicht.«

»Wieso?«, ereiferte sich die Witwe und blieb stehen, während ihr Großneffe sich vergnügt an die Verfolgung des Schafes machte, das vor ihm Reißaus nahm. »Der junge Kaufmannssohn soll ruhig hören, was für Schwächlinge die großen Song geworden sind, nachdem ihnen Jahrhunderte des Schauspiels und der Poesie zu Kopf gestiegen sind! Sie wurden fett und träge und ließen lieber andere für sich kämpfen, und irgendwann kümmerte es sie schon nicht mehr, wenn sie einen weiteren Teil ihres einst großen Reiches verloren. Sie zogen einfach tiefer in den Süden und vertrieben sich die Zeit mit eitlen Freuden, während die Sonne ihnen die Sinne vernebelte. So seht ihr uns doch, oder?«, fragte sie Kokachin, und plötzlich war ich mir nicht mehr sicher, auf wen sich ihre Wut wirklich richtete.

»Ihr kennt die Geschichte vom Falle Saianfus?«, fuhr sie fort. »Natürlich kennt ihr sie«, beantwortete sie ihre eigene Frage und ließ ihren Blick erst auf Kokachin, dann auf mir ruhen. »Schließlich hat dein Vater den Angriff befohlen, und deiner hat den Befehl ausgeführt. Dein anderer Vater, du weißt schon.«

»Das war mein Onkel«, stammelte ich. »Nicht mein Vater.«

Die Witwe machte abermals eine wegwerfende Geste. »Vergessen wir das. Aber wisst ihr, wie mein Neffe, der Kaiser, davon erfuhr, kurz bevor sich der Himmel von ihm abwandte? Wisst ihr, wer es ihm erzählt hat?«

Kokachin und ich schüttelten stumm die Köpfe.

»Eine seiner Konkubinen«, sagte die Witwe Xie. »Weil sein eigener Kanzler zu feige dazu war.«

Ich musste daran denken, was Bayan, den seit der Kapitulation alle nur noch »Bayan Hundertauge« nannten, im Feldlager erzählt hatte: dass die Witwe Xie ihren letzten Befehlshaber habe hinrichten lassen.

»Der gute Jia«, murmelte sie gedankenschwer und blickte zu den künstlichen Inseln hinaus. »Interessierte sich nur für seine Grillen. Er liebte die kleinen Dinger mehr als seine Soldaten! Manchmal ließ er sie sogar kämpfen – ich meine natürlich die Grillen. Schrieb er nicht ein Buch darüber, Liebes?«

»Das ist gut möglich, Tante Xie«, murmelte Mei-Li, der das Thema sichtlich Unbehagen bereitete.

»In jedem Fall traute Jia sich nicht, dem Kaiser die Niederlage einzugestehen. Nachdem der Kaiser es dennoch erfuhr und Jia damit öffentlich gedemütigt war, fand Jia heraus, welche der Konkubinen die Nachricht in den Palast getragen hatte, und zwang sie zum Selbstmord.« Sie seufzte tief. »Der arme Jia! Das Letzte, worum er bat, ehe man ihm den Kopf abschlug, war, dass sich jemand um seine Grillen kümmern möge. Was nun wohl aus ihnen wird?« Sie gackerte. »Wir sollten den Khan unbedingt bitten, dass man nach Jias Grillen sieht. Immerhin haben wir es ihm versprochen, nicht wahr, Liebes?«

»Tante Xie, ich bitte dich!«, rief Mei-Li.

»Jedenfalls wisst ihr nun, weshalb wir den Krieg verloren

haben«, sagte sie und schaute zu ihrem Großneffen. Dieser versuchte gerade mit Yins Hilfe, sein Schaf an eine goldene Leine zu legen. »Ist es nicht eigenartig? Da lehren wir unsere Kinder von früh auf, uns zu ehren, und hinterlassen ihnen nicht mal eine Zukunft. Dabei gehört die Zukunft doch ihnen, oder nicht?«

»Wir schaffen uns unsere eigene Zukunft«, sagte Kokachin. »Ich bin nicht darauf angewiesen, was man mir hinterlässt.«

»Große Worte für die Tochter des größten Kaisers aller Zeiten! Worauf könntest du noch hoffen, was man dir nicht längst geschenkt hat?«

»Ihr wisst nicht, was Ihr da redet.« Kokachin mühte sich, höflich zu bleiben, doch ich spürte, dass es um ihre Geduld knapp bestellt war.

»Und wie ist es mit dir?«, wandte sich die Witwe an mich. »Mit so vielen Vätern wie du hat man es sicher nicht leicht.«

Ich versuchte, ihren Spott zu ignorieren, konnte eine gewisse Schärfe aber nicht vermeiden. »Meine Familie gab sich stets größte Mühe, sich aus meinem Leben fernzuhalten. Heute treffe ich meine eigenen Entscheidungen.«

»Das ist ja rührend!«, sagte die Witwe Xie. »Ihr seid euch sehr ähnlich, wisst ihr das? Zwei trotzige Kinder, deren größtes Problem es ist, dass sie schon alles haben, was man sich wünschen kann.«

»Bei allem Respekt ...!«, protestierte Kokachin.

»Ich glaube nicht, dass Ihr ...!«, hob ich an, doch eine einzige Geste der Witwe brachte uns zum Schweigen. Ich glaubte, ich verstand nun, wie diese alleinstehende Frau es geschafft hatte, die letzten beiden Jahre ein ganzes Reich zu regieren.

»Ihr beide solltet heiraten«, sagte die Witwe, als wäre es die beste Idee aller Zeiten. »Gemeinsam könntet ihr die ganze Welt an eurem Selbstmitleid teilhaben lassen – von den

Höfen der Lateiner bis nach Quinsai. Zu dumm, dass ihr Geschwister seid.«

Ich spürte, wie mir die Schamesröte ins Gesicht stieg, und wandte den Blick ab, damit Kokachin es nicht sah.

»Kokachin!«, rief da eine Stimme vom anderen Ufer des Sees. Wir blickten auf und entdeckten zu unserer Überraschung Chinkim in Begleitung seiner Mutter und mehrerer Höflinge.

Ich glaube nicht, dass irgendwer von uns die unverhoffte Unterbrechung bedauerte. Schon eilte Kokachin voraus, und mit einem entschuldigenden Blick zur Witwe und Mei-Li folgte ich ihr nach. Allerdings hatte ich keine Chance, sie einzuholen; Kokachin war deutlich schneller als ich.

Am Südende des Sees fielen sich Bruder und Schwester in die Arme. Bis ich sie erreichte, trennten sie sich schon wieder voneinander.

»Marco«, sagte Chinkim. »Es freut mich, dich zu sehen, Anda.«

»Mich ebenso«, sagte ich, und etwas hölzern klopften wir einander auf die Schultern.

»Ich hatte erst in einigen Tagen mit dir gerechnet«, sagte Kokachin.

»Wir kamen gut voran«, sagte Chinkim. »Und es gibt Neuigkeiten. Mutter wird es ihr erzählen.« Er blickte zu Chabi Khatun, die zielstrebig auf die Witwe Xie zuhielt, welche gleichfalls unbeirrt ihr Tempo hielt; zwei Wandersterne, die einander am Himmel fanden, ohne auf das Getümmel unter ihnen zu achten. Sie waren die Vertreter zweier Welten, des alten und des neuen Reichs. Doch jeder, der die beiden Frauen gemeinsam sah, musste sie als Gleichrangige erkennen.

Weiter hinten wartete Mei-Li bei ihren Geschwistern und schaute der heraufziehenden Khatun besorgt entgegen.

»Was für Neuigkeiten meinst du?«, fragte Kokachin.

Chinkim lächelte verlegen. Ich war mir nicht sicher, ob er erfreut oder bekümmert wirkte.

»Es geht um Mei-Li«, sagte er. »Und um mich«, fügte er hinzu und schaute erst mich, dann seine Schwester an. »Wir sollen heiraten.«

XIII
Prinzessin Mondschein

Die Geschichte von Prinzessin Mondschein war eine Geschichte voller Missverständnisse.

Zum einen war da überhaupt nichts Mondscheinhaftes an ihrer Erscheinung, außer vielleicht dem glänzenden Weiß ihrer Augen, das in der Regel das Letzte war, was ihre Gegner im Kampf von der Welt sahen. Vielleicht auch das Blitzen ihrer Axt oder ihrer Zähne, aber das trieb das Bild schon zu weit.

Zum anderen war es falsch, dass sie nicht heiraten wolle – oder, wie böse Zungen behaupteten, kein Interesse an Männern habe. Sie mochte Männer, und sie hätte auch gerne einen gehabt, aber sie war sich nicht billig genug, einfach den Erstbesten zu nehmen. Außerdem gab es etwas, das sie fast noch lieber mochte als Männer, und das waren Pferde.

Deshalb hatte sie verfügt, dass derjenige, der sie heiraten wollte, sie erst im Zweikampf besiegen musste. Um die Sache reizvoller zu gestalten, musste er außerdem eine angemessene Zahl von Pferden einsetzen, die er zu entrichten hatte, wenn er unterlag. Eine Menge Männer hatte sich von dieser Wette schon versucht gefühlt und die Prinzessin herausgefordert. Doch abgesehen von zahlreichen Knochenbrüchen war bislang nichts dabei herausgekommen – außer, dass Prinzessin Mondschein heute über sehr viele Pferde verfügte. Tatsächlich nannte sie eine der größten Herden des Chagatai-Khanats, wenn nicht des gesamten Reichs, ihr eigen.

Ihr Vater und ihre Brüder waren schrecklich stolz auf sie.

Als Nomukhan nun seinen Antrag – oder vielleicht sollte man sagen, seine Herausforderung – ausgesprochen hatte, war die Prinzessin selbstsicher auf ihn zugetreten und hatte ihm mit einem freundlichen Stoß vor die Brust zu verstehen gegeben, dass sie den Kampf mit Kublais Sohn nicht scheute.

»Wie viele Pferde?«, war alles, was sie hatte wissen wollen.

»Alle, die wir haben«, hatte Nomukhan erwidert und das Kinn gereckt, denn ihre Augen waren auf einer Höhe. »Zur Not laufen wir heim. Oder wir warten, bis jemand uns abholt.«

Das hatte der Prinzessin gereicht – nicht aber ihrem Vater.

»Es gibt einige Dinge, über die wir erst reden müssen«, hatte Kaidu gesagt. »Heute Abend wollen wir ein Fest feiern, und alle Tränke meines Brunnens sollen fließen. Dann klären wir das.«

»Wie lange wusstest du schon von diesem Plan?«, fragte Nicolò seinen Gefährten, als sie zurück zu ihren Männern gingen, um die Jurten aufzubauen und sich zu beraten. »Ich dachte, wir sollen verhandeln! Frieden schließen, Kaidu zum Abzug bewegen …«

»Genau das tun wir«, erwiderte Nomukhan. »Mein Vater ist über alles im Bilde. Ich war mir nur nicht sicher, ob du unseren Plan gutheißen würdest. Ehrlich gesagt war ich mir selbst nicht sicher, bedenkt man den Ruf der Prinzessin.« Und er setzte Nicolò über ihre Person und die Missverständnisse, die sich an sie knüpften, in Kenntnis.

»Und?«, fragte Nicolò mit einem Seufzen, nachdem Nomukhan geendet hatte. »Nun, wo du sie gesehen hast – wie gefällt dir der Plan jetzt?«

Nomukhan zuckte die breiten Schultern. »Ich würde sagen, sie ist nach meinem Geschmack.«

Nicolò aber schmeckte die Sache ganz und gar nicht. Nomukhan mochte ein großer Krieger sein, aber Prinzessin Mondschein war eine ehrfurchtgebietende Erscheinung und hatte einen Ruf zu verteidigen – insbesondere, wenn viele tausend Pferde auf dem Spiel standen. Den Erfolg ihres Auftrags von einer solchen Wette abhängig zu machen, entsprach nicht seinen Vorstellungen. Was, wenn die Prinzessin gewann?

Er konnte nur hoffen und für Nomukhans Sieg beten.

Am Abend kehrten sie zurück zum Palast, während hinter ihnen Karakorum in einer Kakophonie von Gongs und Gebetsrufen versank und die Gerüche von Weihrauch und gebratenem Fleisch zum Himmel aufstiegen. Auf dem Platz vor dem Palast präsentierte sich das von Kaidu angekündigte Gelage. Der rebellische Mongolenfürst saß mit ausgestreckten Beinen auf einem Thron aus Holz und Fellen. Um ihn saßen seine Heerführer und seine Familie, darunter Shiregi und Prinzessin Khutulun, und hundert weitere Krieger. Einige von ihnen sangen den fremdartig gutturalen Gesang der Mongolen, bei dem man manchmal mehr Stimmen als Kehlen zu hören vermeint. Andere lachten und rauften sich und schlugen sich die Bäuche voll, und die Drachen des Silberbaums spien unentwegt in die Becken und Becher.

»Da seid ihr ja wieder!«, rief Kaidu. »Los, nehmt Platz! Esst und trinkt, so viel ihr wollt!« Dann legte er übertrieben grüblerisch die Stirn in Falten. »Andererseits haltet ihr euch vielleicht besser zurück. Zumindest auf dich wartet morgen früh ein Kampf mit meiner Tochter, Sohn des Kublai!«

Seine Generäle, Kinder und Kumpanen johlten.

»Was soll das?«, fragte Nomukhan und ließ sich auf einem abgewetzten Kissen nieder. »Ich meine, dies alles – du besetzt Karakorum und führst dich auf, als ob du der

Herrscher hier wärst. Die Söhne Chagatais mögen deine Vorherrschaft ja anerkennen, seit Borrak Khan dir nicht mehr im Weg steht. Dies ist aber nicht das Khanat Chagatais, sondern das meines Vaters. Dschingis hat das Land vor fünfzig Jahren aufgeteilt – und heute ist der Sohn Toluis Khagan, nicht der Enkel Ögedeis.«

Kaidu hieb mit der Faust auf die Lehne seines Throns. Alle blickten gespannt auf den Rebellen, erwarteten seine Reaktion.

Dann rülpste Kaidu vernehmlich und streckte sich. »Siehst du? Und da fangen die Probleme an: Dein Onkel Möngke und dein Vater hätten niemals Großkhan werden sollen. Dein Großvater Tolui war der jüngste der vier legitimen Söhne des Dschingis. Er bekam, wie es Brauch ist, das Heimatland. Aber mit welchem Recht greifen seine Söhne nach der Oberherrschaft?« Er deutete auf Shiregi. »Selbst er erkennt den Anspruch meiner Linie an! *Mein* Großvater Ögedei war es, der von Dschingis auserwählt wurde. Und er machte diese Stadt zu dem, was sie ist. Er sagte, man könne ein Reich wie das seines Vaters zwar vom Pferdrücken aus erobern, aber nicht regieren …«

»Eine alte Geschichte«, erwiderte Nomukhan ungerührt. »Ich kenne sie gut.«

»Dann kennst du vielleicht auch die, dass dein Großvater sogar sein Leben für meinen gab. Die Schamanen sagten, Ögedei sei vergiftet, und nur das Opfer eines Familienmitglieds könne ihn …«

»Dein Großvater soff sich zu Tode!«, unterbrach Nomukhan. »Und danach drohten seine Witwe Töregene und ihr Sohn, dein Onkel Güyük, das Reich in den Ruin zu treiben. Sorkhatani Beki, *meine* Großmutter, tat gut daran, einen Pakt mit den verbliebenen Prinzen zu schließen, so dass *mein* Onkel Möngke der nächste Großkhan wurde.«

»Es geschah also alles zum Wohle des Reichs.« Kaidu

lachte wieder. »Genau wie damals, als dein Vater nach Möngkes Tod Krieg gegen seinen Bruder Arik Böke führte …«

»Es wurde kein Tropfen brüderlichen Bluts vergossen«, stellte Nomukhan klar. Das Blut der Khansfamilie war heilig und durfte unter keinen Umständen den Boden tränken.

»Blut floss nur deshalb nicht, weil Arik Böke vergiftet wurde.«

»Zuvor ergab er sich aber.«

»Weil dein Vater Karakorum mit Gewalt einnahm …«

»Niemand will, dass sich die Geschichte wiederholt«, knurrte Nomukhan, der allmählich die Geduld verlor. Diesmal war es Nicolò, der ihn zurückhielt.

Kaidu erhob sich langsam von seinem Thron und kniff die Augen zusammen. »Willst du mir drohen?«

»Wir sind hier, weil wir den Frieden suchen!«, antwortete Nicolò anstelle Nomukhans. »Das große Reich des Dschingis ist an seine Grenzen gestoßen: die Mameluken im Westen, Mien im Süden und Cipangu im Osten haben seiner Ausdehnung Einhalt geboten. Wenn die Nachfahren des Dschingis sich nun zerstreiten, droht der innere Zerfall. Die Linien Toluis und Ögedeis sollten Frieden schließen. Nichts würde diesen Bund besser besiegeln als eine Vermählung Nomukhans und Khutuluns.«

Kaidu ließ sich langsam wieder auf seinen Thron sinken.

»Denk darüber nach!«, fuhr Nicolò fort. »Gemeinsam beherrscht ihr ein riesiges Gebiet, fast ganz Asien, und könnt dem Reich seine Stabilität wiedergeben. Du hättest Zugang zu den Städten und Reichtümern des Ostens …«

Kaidu grunzte. »Die Städte des Ostens! Manchmal denke ich, mein Großvater hat sich geirrt: Man kann und *muss* ein Reich vom Rücken eines Pferdes aus beherrschen, denn herrschen heißt immer auch kämpfen. Wenn man aufhört zu kämpfen, hat man schon verloren.«

»Das ist eine sehr enge Sichtweise«, sagte Nicolò, den die Rede des Rebellen stark an die Philosophie seines Bruders zu erinnern begann.

Doch Kaidu unterbrach ihn. »Karakorum ist ein Ort der Tradition. Es war dieser Ort, an dem zuletzt Einigkeit unter den Kindern des Dschingis herrschte. Kublai hat diese Einigkeit zerstört, als er sich in seinem Xanadu zum Khagan ausrief, nur mit Unterstützung seines Bruders Hulaku. Wer soll so was respektieren? Jeder weiß, dass ein Khagan nur auf einem ordentlichen Kurultai ernannt werden kann.« Er schaute Nomukhan anklagend an. »Ihr Kinder Toluis seid doch nur noch halbe Mongolen. Ihr habt den Krieg gewonnen, aber euch selbst verloren! Eure parfümierten Kissen und eure sauberen Städte sind euch wichtiger geworden als Dschingis' Erbe. Kublai dichtet und hält Hof wie ein Kaiser Kithais. Er kleidet sich wie sie und baut Tempel wie sie, schwingt gelehrte Reden und geht vor lauter Langeweile auf die Jagd. Wann ist er zuletzt in eine echte Schlacht gezogen? Wann hat er zuletzt den Steppenwind im Haar gespürt? Ihr seid schwach geworden!«

Er streckte die Hand aus und ließ sich ein Horn mit Airag von seinem Baum reichen. Shiregi und die übrigen Krieger taten es ihm gleich. Niemand gab sich mehr Mühe, Respekt für die Gäste zu heucheln. Sie johlten und lachten und schmähten sie – doch es waren zu viele, um es mit ihnen aufzunehmen. Kaidu hob sein Horn.

»Morgen hast du Gelegenheit, zu beweisen, was noch in dir steckt, Sohn Kublais! Und du, Lateiner – bete zu deinem Gott, dass dein Freund den Kampf gewinnt. Denn wenn nicht, verliere ich die Geduld mit euch Schwätzern. Und vielleicht finden wir dann heraus, was noch passieren muss, damit Kublai persönlich ein Pferd besteigt.«

Nomukhan schlug sich nicht schlecht. Als er der Tochter Kaidus in der Morgensonne gegenübertrat, wirkte er wie der Inbegriff des mongolischen Kriegers: stark wie ein Stier und stolz wie ein junges Fohlen. Da sie ohne Waffen kämpften, trug er nichts als seine Hosen. Er stemmte die nackten Füße in die festgetretene Erde des Kampfplatzes und ließ seine Brustmuskeln spielen.

Prinzessin Mondschein gefiel, was sie sah, aber sie ließ sich von den Reizen des Prinzen nicht beirren. Auch sie trug Hosen und darüber einen weiten Deel, der ihre Bewegungen nicht behinderte. Das Haar hatte sie zu einem festen Knoten gebunden.

Dann prallten sie aufeinander. Um sie standen Kaidus und Nomukhans Leute, die bei jedem Griff, jedem Stoß in wechselseitige Jubelrufe ausbrachen. Nomukhan packte Khutulun, doch sie entglitt ihm so mühelos, als hätte er tatsächlich nach dem Mondschein gegriffen. Dann trat sie ihm die Füße weg, und er stolperte einen Schritt, ehe er sein Gleichgewicht wiederfand. Bald vergaß er seine Skrupel und ging sie so hart wie jeden anderen Feind an, dennoch wehrte sie seine Angriffe ab. Im Gegenzug setzte sie jeden ihr bekannten Schlag und Tritt ein, aber der Sohn des Khans hielt ebenfalls stand.

So sah es eine Zeitlang ganz so aus, als wären beide Kämpfer einander ebenbürtig; und als sie sich dann packten und mit aller Kraft zu Boden zu ringen versuchten, wirkte es fast wie eine Umarmung, und man hätte meinen können, sie wären bereits Mann und Frau.

Dann aber hatte sie ihr Bein auf einmal zwischen seinen, rammte ihm das Knie in seinen Unterleib, wirbelte herum, hieb ihm den Ellenbogen in die Brust, und Nomukhan stürzte wie ein entwurzelter Baum. Im nächsten Moment saß sie auf seiner Brust, packte seinen Kopf mit beiden Händen und schlug ihn auf die Erde.

Der Prinz stöhnte auf. Seine Hände zuckten noch schwach, doch ihm fehlte die Kraft, sich zu erheben.

Nicolò stand wie versteinert. Er hatte gewusst, dass der Kampf hart werden würde, aber er hatte bis zuletzt an Nomukhans Sieg geglaubt. Nun war alles dahin – ihr Auftrag, die erhoffte Vermählung, die Aussicht auf Frieden zwischen den Khanen. Sie hatten ihre Pferde verloren und saßen in Karakorum fest, ganz auf Kaidus Gnade angewiesen.

Sobald die Prinzessin von Nomukhan abgelassen hatte und sich ihrer feiernden Familie zuwandte, stürmten Nomukhans Männer zu ihrem gefallenen Prinzen und halfen ihm auf. Nomukhan hinkte und hielt sich den Kopf, war aber wohlauf. Nervös wandte Nicolò den Kopf. Wenn sie sich schnell genug in ihr Lager zurückzogen, kam Kaidu vielleicht nicht auf dumme Ideen. Vielleicht konnten sie wenigstens einen Boten nach Xanadu schicken …

Doch kaum, dass er sich umdrehte, blickte er in eine Phalanx gesenkter Speere.

»Wohin so eilig?«, schallte Kaidus Stimme über den Kampfplatz. »Wir haben uns doch eben erst kennengelernt! Ich würde sagen, wir haben jetzt Zeit füreinander – sehr viel Zeit.«

XIV
Wen die Götter beschützen
Genua, März 1299

Diese Prinzessin Mondschein muss ja ein echter Wildfang gewesen sein«, sagte Luigi. Der hagere Küchengehilfe lehnte lässig in der Ecke, während Teresa und Filippo auf den neuen Stühlen Platz genommen hatten. »Eine wie die würde ich gerne mal kennenlernen!«

»Und was würdest du mit so einer anfangen?«, fragte die stämmige Wäscherin. »Die hätte dich doch mit Haut und Haaren verspeist!«

»So wie du?«, fragte Filippo. Entrüstet gab Teresa dem jungen Tischler einen Klaps, und sie lachten. Alle drei hatten in der letzten Zeit zu ihren treuesten Gästen gehört, aber sie waren beileibe nicht die einzigen.

»Figuren wie Khutulun gibt es auch in den germanischen Sagen«, sann Rustichello, der es sich auf seinem Bett gemütlich gemacht hatte. So sehr ihn der plötzliche Andrang in ihrem kleinen Quartier verstörte – das Essen und vor allem der Wein, den Luigi ihnen wie versprochen mitgebracht hatte, hatten ihn versöhnt. Er war zum ersten Mal seit vierzehn Jahren wieder angemessen betrunken. »In der Regel kommt früher oder später ein listenreicher Freier, der sie übertölpelt.«

»Das sieht euch Männern ähnlich!«, schalt Teresa. »Immer müsst ihr mit eurer Stärke prahlen – aber wenn eine Frau euch mal was vormacht, sucht ihr nach irgendwelchen Tricks!«

»Keine Sorge«, sagte der Venezianer. »Prinzessin Mondschein wurde nie von einem Mann hereingelegt.« Er hockte auf der Tischkante, hinter sich die Essensreste und in sicherem Abstand dazu das Manuskript, an dem Rustichello morgen weiterarbeiten würde, wenn der Venezianer sich wieder in der Küche oder der Tischlerei herumtrieb.

Rustichello hatte es sich abgewöhnt, an Abenden wie diesen mitzuschreiben. Er wusste, dass der Venezianer vor Publikum zu Übertreibungen neigte und seine Geschichte häufig an dessen Wünsche anpasste. Es war seine besondere Gabe: Er erfüllte die Erwartungen der Menschen, erzählte ihnen, was sie hören wollten. Dabei scheute er auch nicht davor zurück, Geschichten mehrfach zu erzählen und auf unterschiedliche Art und Weise. War dies Il Milione, der

Millionenmann, als den man ihn in seiner Heimat verspottet hatte? Er war so anders, wenn er mit Rustichello allein war. Doch solange der Venezianer ihm wenigstens im Zwiegespräch die Wahrheit erzählte, konnte Rustichello darüber hinwegsehen, dass er sich anderntags in den Mittelpunkt spielte.

Sorgen bereiteten ihm höchstens die Dinge, die der Venezianer bislang niemandem erzählt hatte, selbst ihm nicht.

»Was wurde denn aus Khutulun?«, fragte Luigi. »Ich hoffe doch, sie überlebt die Geschichte!«

»Sie hat immerhin den Sohn des Khagans verprügelt«, gab Filippo zu bedenken. »So was bleibt nicht ohne Folgen, oder?«

»Ich kann Euch beide beruhigen«, sagte der Venezianer. »Der Khagan vergaß nicht, was man seinem Sohn angetan hatte. Die Prinzessin aber war klug genug, ihren eigenen Weg zu gehen. Manche sagen, sie habe irgendwann doch noch geheiratet. Wie Damen von Stand eben so sind – man kennt das ja. Nicht wahr, Messere?«

Die Bemerkung war Rustichello nur ein Brummen wert. Falls es eine Anspielung auf die Tochter Conte Ugolinos sein sollte, so war sie ihm nicht willkommen.

Der Venezianer merkte seine Verstimmung und wechselte das Thema. »Doch lasst uns nicht vorgreifen, denn das schätzt Messere Rustichello nicht.«

»Habt Dank, habt Dank«, murmelte Rustichello und trank aus seinem Becher.

»Zunächst einmal also schickte der Khan, als er von Kaidus Unverfrorenheit erfuhr, eine Armee von Zehntausend unter dem Befehl von Bayan Hundertauge. Das war nur eine kleine Armee, doch war Eile geboten, und er musste Stärke beweisen. Mit Bayan ritt auch mein Onkel – ich glaube, er hätte nicht allzu sehr getrauert, wäre Nicolò einfach ermordet worden, aber der Gedanke, dass sein Bruder in der

Gewalt eines unberechenbaren Rebellen irgendwo in der Steppe festsaß, nagte auf eine Weise an ihm, die ich damals noch nicht verstand.«

»Versteht Ihr es denn heute?«, fragte Filippo, aber Rustichello hob warnend den Finger.

»Was war mit Euch?«, fragte Teresa. »Es muss doch furchtbar für Euch gewesen sein, Euren Vater in der Hand dieser Barbaren zu wissen!«

»Ich wäre sofort mit Bayan und seinen Kriegern aufgebrochen, aber wie so oft traf der Khan seine Entscheidungen, ohne sie mir mitzuteilen. Als ich davon erfuhr, war Bayans Armee bereits unterwegs.« Er zuckte die Schultern. »Vielleicht war es mein Glück, denn kaum die Hälfte von ihnen kam wieder zurück. Meine Anwesenheit hätte wenig geändert – weder für meinen Vater noch für Bayan oder meinen Onkel.«

»Was ist passiert?«, fragte Filippo besorgt.

»Kaidu war schlau genug, Karakorum nach der Gefangennahme Nomukhans und seiner Männer zu räumen. Um die Sache interessanter zu machen, ließ er jedoch eine kleine Streitmacht unter dem Kommando Shiregis zurück. Der Sohn Möngkes nahm den Auftrag dankend an, denn er liebte den Kampf – angeblich bevorzugte er ja sogar helle Pferde, weil auf denen das Blut seiner Gegner besser zur Geltung kam. Und als er sah, dass niemand Geringeres als der berühmte Bayan Hundertauge den Zug anführte, stachelte ihn das nur noch mehr an. Er lieferte Bayan ein typisch mongolisches Rückzugsgefecht voller Finten und Hinterhalte.

Bayan erkannte die Strategie – er wusste, dass es dem Gegner nicht darum ging, zu gewinnen, sondern nur, ihnen möglichst hohe Verluste zuzufügen. Er rechnete aber nicht damit, dass ein Prinz wie Shiregi sogar bereit war, notfalls sein eigenes Leben zu geben, einfach nur, um seinen Gegner wütend zu machen.

Als Bayan und seine Reiter den Rebellenprinzen schon beinahe gestellt hatten und jeder normale Mann sich vor der Wahl zwischen Flucht oder sicherem Tod gesehen hätte, wandte Shiregi sich noch einmal im Sattel um und schoss einen Pfeil in Richtung seiner Verfolger. Und durch eine grausame Fügung des Schicksals traf dieser Pfeil Bayan am Kopf. Sein Helm rettete ihm das Leben, aber ein Splitter bohrte sich in sein linkes Auge, so dass es erblindete. Ausgerechnet Bayan Hundertauge, der stolze Bezwinger Manzis!«

»Bayan Einauge«, murmelte Luigi.

Der Venezianer schenkte ihm ein grimmiges Grinsen. »Glaub mir, dem Ersten, der ihn hinterher so nannte, hat Bayan so das Gesicht zerschnitten, dass seine eigene Frau ihn nicht mehr erkannte, als er nach Hause kam.«

Teresa fasste sich vor Schreck an die Brust.

»Fast wäre dies Bayans Ende gewesen. Seine Krieger waren entsetzt, den General am Boden zu sehen, und Shiregi witterte schon die Gelegenheit, das Kriegsglück noch einmal zu wenden, als Maffeo wie schon bei Saianfu in die Bresche sprang und Bayans Männern den Befehl gab, die Verfolgung fortzusetzen. Hätte irgendein anderer das in diesem Moment versucht, hätten sie ihn wahrscheinlich missachtet oder vom Pferd geschossen. Maffeo aber war nicht irgendwer; sie wussten, dass er ein enges Verhältnis zu Bayan und dem Khan pflegte, und sie wussten, was bei der Belagerung Saianfus geschehen war; und so befolgten sie seinen Befehl, ohne zu zögern. Vielleicht verfügte er auch über das, was man als natürliche Autorität bezeichnet und ihn den Mongolen wie einen der ihren erscheinen ließ.

In jedem Fall rettete er Bayan gleich auf zweierlei Weise: Er verhinderte, dass Shiregis Pfeil ihn nicht nur das Auge, sondern auch den Sieg kostete, und er sorgte dafür, dass Bayans Männer ihren Anführer nicht im Moment seiner größten Schwäche sahen. Bis sie von der Verfolgung zurückkehrten, saß der General schon wieder im Sattel, das blutige Auge verbunden und den Bauch bis oben hin voll mit Airag.«

Die Zuhörer lachten, und auch Rustichello musste schmunzeln. Im Gegensatz zu ihnen wusste er, wie kompliziert das Verhältnis des Venezianers zu seinem Onkel war, aber wenn man ihn so hörte, klang es plötzlich so, als hielte er Maffeo für einen Helden.

»Haben sie diesen Shiregi gekriegt?«, fragte Luigi.

»Nein, diesmal nicht«, sagte der Venezianer, und Rustichello räusperte sich mahnend. »Aber Bayan schwor ihm furchtbare Rache, und niemand zweifelte daran, dass er seine Rache eines Tages vollziehen würde. Meinem Onkel war er fortan in Dankbarkeit verbunden.«

»Meint Ihr, das war vielleicht Maffeos Absicht?«, fragte Rustichello.

Der Venezianer zuckte die Schultern. »Mag sein – für die Aussicht, seine Stellung bei Hofe zu verbessern, hätte mein Onkel jederzeit alles riskiert. Ich denke aber, er mochte den alten General tatsächlich.«

»Was wurde aus Eurem Vater?«, fragte Teresa.

»Nun …« Der Venezianer warf Rustichello einen fragenden Blick zu. »Ich erfuhr zwar erst lange Zeit später davon, aber wenn wir die Geschichte in der rechten Reihenfolge erzählen wollen, dann wäre dies der Augenblick dafür.«

»Nur zu«, sagte Rustichello und trank einen Schluck.

* * *

Der Zug der Gefangenen stapfte durch die Steppe. Es waren mehrere hundert an der Zahl. Nur wenige ihrer Leute waren entkommen – absichtlich, nahm Nicolò an, damit sich die Kunde ihrer schmachvollen Gefangennahme verbreitete –, und einige hatten sich widersetzt und waren gefallen.

Nicolò hatte sein Glück nicht herausgefordert, denn er hing an seinem Leben, und auch Nomukhan hatte sich geschlagen gegeben, obgleich es Nicolò so vorkam, als rechnete der Sohn des Khans bis zuletzt damit, dass Kaidu zur Vernunft kam oder sich alles als grausamer Scherz erwies.

Stattdessen hatte man sie und die Männer in Ketten gelegt und hintereinander gebunden wie Vieh. Bewacht von einer Hundertschaft Krieger hatten sie ihren langen Weg nach Süden angetreten.

»Glaubst du, sie wollen Lösegeld für uns verlangen?«, fragte Nicolò Nomukhan eines Abends, als sie sich eng aneinandergedrängt zum Schlafen niederlegten.

»Wieso schickt er uns dann weg? In einem seiner Stützpunkte hätte er uns besser bewachen können. Nein, ich fürchte, sie haben etwas anderes mit uns vor.«

»Aber was?«

Der Sohn des Khans schüttelte ratlos den Kopf, den immer noch die Blessuren seines verlorenen Kampfes zeichneten. »Vielleicht wollen sie uns an einem fernen Ort verschwinden lassen. Schlimmstenfalls planen sie, uns als Sklaven zu verkaufen.«

So tonlos, wie er es sagte, klang es, als wäre dies nicht das erste Mal, dass so etwas geschah, und Nicolò tat in dieser Nacht vor Angst kein Auge zu.

Trotzdem versuchte er, die Hoffnung nicht aufzugeben. Er glaubte an das Gute im Menschen, und daher glaubte er auch, dass Menschen Schlechtes nicht ohne Grund taten. Und er konnte sich nicht vorstellen, was irgendwer dadurch gewinnen sollte, ihnen etwas anzutun.

Je weiter nach Süden sie kamen, desto unfruchtbarer wurde die Gegend. Das dichte Steppengras wich ödem, bergigem Land, wie er es häufig auf seinen Reisen gesehen hatte. Darüber kehrten seine Gedanken zu seinem Bruder und Marco zurück, und er fragte sich, ob er sie je wiedersehen würde.

Nomukhan wurde immer wortkarger und wich selbst den Blicken seiner eigenen Männer aus. Nicolò konnte nur ahnen, was für eine Schmach die Niederlage für den Sohn des Khans bedeutete: Er hatte seinen Auftrag nicht erfüllt, seinen Vater enttäuscht und den Zweikampf gegen Kaidus Tochter verloren. Vermutlich war er der Ansicht, dass er jedes Schicksal, das sie erwartete, verdient hatte.

Die Gegend, durch die ihr trauervoller Zug marschierte, wurde immer vertrauter. War es möglich, dass er hier schon einmal gewesen war? Wenn ihn sein Richtungssinn nicht trog, mussten sie bald den Rand der Wüste erreichen, irgendwo zwischen Jadetor und Campichu. Die Reiter, die sie bewachten, gingen jedoch immer sorgloser mit ihren Vorräten um. Wahrscheinlich waren sie fast am Ziel.

Dann überquerten sie eine hohe Hügelkette, und vor ihnen, an der Flanke eines kahlen Berges, klaffte eine aschefarbene Grube, so groß, als ob sich hier in grauer Vorzeit ein Höllentor aufgetan hätte.

Doch diese Hölle war nicht die der Christen oder Muslime. Der Alptraum, der sie erwartete, war menschengemacht.

Vor ihnen lagen die Salamanderminen von Dschingintalas.

* * *

Eine Weile schwiegen sie betroffen, und Rustichello bedauerte fast, dass er den Venezianer aufgefordert hatte, davon zu erzählen. »Und von alldem ahntet Ihr nichts?«, fragte Teresa schließlich teilnahmsvoll.

»Niemand ahnte irgendwas davon«, sagte der Venezianer. »Wie die meisten anderen dachte ich, dass Kaidu Nicolò und Nomukhan mit nach Westen genommen hatte und eines Tages Lösegeld für ihn verlangen würde. Als dieser Tag nicht kam, bat ich den Khan, Kontakt mit ihm aufzunehmen. Ich meldete mich sogar freiwillig als Bote, doch er wollte nichts davon hören. Also bat ich Chinkim, dass er mit seinem Vater spräche – was er auch tat, doch vergebens. Mein Onkel war in dieser Hinsicht leider keine Hilfe – zwar hätte er Nicolò gerne befreit, doch er hielt genau wie Bayan weiteres Verhandeln für Zeitverschwendung. Sie wollten den Krieg – für einen erfolgreichen Feldzug gegen Kaidu aber fehlten die Truppen, aus Gründen, die ich gleich noch erklären werden. Als mir gar nichts anderes mehr blieb, wandte ich mich an den einzigen Menschen, der beim Großen Khan vielleicht noch Gehör finden würde.«

»Und wer wäre das?«, fragte Rustichello.

»Seine Tochter«, antwortete der Venezianer.

* * *

Nur wer jemals in eine mongolische Prinzessin verliebt war, kann ermessen, wie viel Mut es mich kostete, sie anzusprechen. Um davor Angst zu haben, brauchte es gar keine Zweikämpfe, bei denen man seine Männlichkeit und herdenweise Pferde riskierte – ich war zweiundzwanzig, sie kaum zwanzig, und das war furchtbar genug. Dazu war sie mir stets auf ihre spitze Art begegnet, die mir gerade in den Wintermonaten, wenn wir uns in Khanbalik häufiger sahen, manch schlaflose Nacht beschert hatte. Nun schickte ich mich an, ins offene Messer zu laufen.

In Venedig hätte ich ihr vielleicht einen Brief geschrieben, aber mein geschriebenes Mongolisch war so schlecht, dass ich das nicht ohne Hilfe wagte, und ich wollte keinesfalls meinen Onkel oder gar Tarmaschirin in meine Nöte einweihen. Also schickte ich ihr einen Boten mit der Bitte, mich zu empfangen. Als dieser mit einer höflichen, aber nichtssagenden Antwort zurückkehrte, schickte ich ihn abermals, diesmal mit dem Zusatz, dass es um eine sehr wichtige Angelegenheit ginge. Da willigte sie ein.

Ich holte sie zur Mittagszeit am Palast ab. Sie trug einen schönen, himmelblauen Deel, als wollte sie den förmlichen Charakter unseres Treffens unterstreichen. Eine Weile spazierten wir ziellos durch die innere und äußere Stadt – Khanbalik war sehr sicher, und das einzige Risiko, das wir eingingen, war, dass die Leute auf der Straße uns erkannten und man uns respektvoll aus dem Weg ging. Um mich von meiner Nervosität abzulenken, redete ich fast unablässig – vor allem über meinen Vater, aber auch darüber, wie dankbar ich für alles war, was ihre Familie schon für mich getan hatte.

»Ich fürchte, ich kann dir nicht helfen«, sagte sie, als wir auf einer Brücke über den kleinen Fluss hielten, der den See in der inneren Stadt mit Wasser versorgte. »Die letzten Jahre war mein Vater im Rausch seiner Eroberungen. Mit Kaidu Frieden schließen zu wollen war eine gefährliche Idee, und Nicolò und Nomukhan sind ihm in die Falle gegangen. Einen solchen Fehler wird mein Vater nicht noch einmal zulassen.«

»Ich hoffe, dein Bruder kehrt wohlbehalten zurück.«

Sie blickte mich mit ihren dunklen Augen an, als gäbe ich ihr Rätsel auf, und strich sich eine Strähne aus der Stirn. »Und ich hoffe dasselbe für deinen Vater. Aber ich fürchte, du verkennst die Lage, in der wir uns befinden: Unsere Armeen im Süden schlagen noch immer die letzten Rebellen nieder. Gleichzeitig bereitet mein Vater einen neuen Schlag gegen Cipangu vor. Die Schmach des letzten Feldzugs sitzt tief bei ihm, und dein Onkel erinnert ihn täglich daran.«

»Das war mir nicht klar«, sagte ich betroffen und dachte an die Warnung meines Vaters, Maffeo nicht zu vertrauen. »Und ich dachte, er würde mir helfen.«

»Mein Vater und dein Onkel haben beide nie zu verlieren gelernt«, sagte Kokachin. »Ist es nicht so?«

»Ein altes Familienproblem«, versuchte ich zu scherzen, doch sie ging nicht darauf ein.

»Solange sich Kaidu in sein eigenes Territorium zurückzieht, hat er nichts Ernstes zu befürchten. Dasselbe gilt auch für seine Gefangenen. Mein Großvater und Kaidus Großvater waren Brüder, und das eigene Blut vergießt man nicht. Früher oder später wird Kaidu sich melden und etwas für ihre Freilassung verlangen.« Sie schaute mich wieder auf diese seltsame Art an. »Solche Dinge brauchen Zeit, Marco.«

Sie hatte selten so offen mit mir geredet, trotzdem war es nicht die Art von Vertrautheit, nach der ich mich sehnte. Sie redete, wie man mit seinem kleinen Bruder redet, wenn er tapfer sein soll.

»Ich werde die Hoffnung schon nicht aufgeben«, versprach ich und war plötzlich nicht mehr sicher, worüber wir in Wahrheit eigentlich sprachen. »Dennoch wünschte ich, ich könnte mehr tun als nur zu hoffen …«

»Du hast schon sehr viel getan«, sagte sie vorsichtig und spielte mit ihrer Unterlippe. War sie etwa nervös? »Aber du musst noch viel über uns lernen.« Sie deutete auf den großen, weißen Tempel an der westlichen Stadtmauer, der sich weithin sichtbar über die Hausdächer erhob. Der spitz zulaufende Bau war eine Mischung aus Stupa und Pagode, und obwohl er noch nicht zur Gänze fertig gestellt war, überragte er bereits alle anderen Gebäude der Stadt, höher noch als Trommel- und Glockenturm im Zentrum. »Warst du je dort drinnen?«

»Nein«, antwortete ich wahrheitsgemäß.

»Komm mit.«

Sie führte mich entlang der Westachse der Stadt bis zur Tempelanlage, aus der sich der schneeweiße Kegel erhob. Trotz der Bauarbeiten gingen bereits zahlreiche Mönche dort ihren Verrichtungen nach. »Phags-pa hat diesen Tempel für Vater bauen lassen«, sagte Kokachin leise, während wir eintraten. Im halbdunklen Inneren roch es nach Weihrauch und Kerzen. Nur durch eine kleine Öffnung in der halbfertigen Kuppel, hundert oder hundertfünfzig Fuß über uns, fiel Tageslicht herein. »Um ihm den Sieg über die Song zu bringen.«

»Das hat er erreicht«, murmelte ich. Etwas an Kokachins Tonfall machte mich misstrauisch. »Was für ein Tempel genau ist das hier?«

Und sie führte mich zu einem Schrein am rückwärtigen Ende, aus dem uns eine schwarze Götterstatue mit drei Augen und einem furchterregenden Maul entgegensah. Zahlreiche kleine Totenköpfe umkränzten ihr Haupt.

»Prinzessin!«, sagten die Mönche, die gerade ein Rauchopfer darbrachten, und machten uns ehrfürchtig Platz.

»Was ist das?«, fragte ich verstört. Ein solches Götzenbild hatte ich noch nie gesehen.

»Mahakala«, sagte Kokachin. »Der Todlose. Er beschützt seine Gläubigen und straft seine Gegner mit seinem Zorn. Etwas anderes als das kennt er nicht.«

»Und zu diesem … Mahakala betet dein Vater?«

»Immer häufiger. Phags-pa hat es ihn gelehrt.«

Schaudernd wandte ich mich von der Dämonenfratze ab. Ich musste mir wohl eingestehen, dass ich Kublai nicht halb so gut kannte, wie ich geglaubt hatte. Und auch mein Treffen mit Kokachin verlief wieder einmal anders als erhofft – fast schien uns noch mehr zu trennen als zuvor.

»Es tut mir leid«, sagte sie, als wir den Stupa wieder verlassen hatten und uns im hellen Sonnenschein wiederfanden. »Ich wollte dich nicht in Verlegenheit bringen.«

»Das hast du nicht.«

»Ich wollte dir nur zeigen, wie Vater denkt. Ich dachte, du solltest es sehen.«

»Eigentlich wollte ich *dich* sehen«, erwiderte ich und nahm all meinen Mut zusammen. »Verstehen, wie *du* denkst.«

»Über was?«, fragte sie.

»Nun … über mich zum Beispiel.« Wäre jedes meiner

Worte eine Flamme gewesen, ich wäre in diesem Moment zu Asche verbrannt.

»Marco«, sagte sie und legte mir die Hand auf die Schulter. »Du bist der *Anda* meines Bruders Chinkim …«

Ich verstand nicht, weshalb sie das so betonte. Ich wünschte, sie würde mehr als einen Freund der Familie in mir sehen. »Ist das alles, was ich für dich bin?«

Sie starrte mich an, als sprächen wir nicht dieselbe Sprache. »Zwischen Männern und Frauen herrschen andere Regeln.«

»Natürlich«, sagte ich, riss mich zusammen und wiederholte ihre Worte. »Es tut mir leid. Ich wollte dich nicht in Verlegenheit bringen.«

* * *

Teresa schaute den Venezianer an wie ein Hündchen mit einem gebrochenen Bein. »Ich glaube, Ihr habt wirklich nicht dieselbe Sprache gesprochen.«

»Sie hat dich als Bruder gesehen«, urteilte Luigi. »So sind die Frauen – wenn du den richtigen Zeitpunkt versäumst, sehen sie nie mehr als das in dir.«

»Klingt, als sprächest du aus Erfahrung«, feixte Teresa. »Vielleicht hättest du dich einfach früher erklären sollen?«

»Dann nennen sie dich einen Schuft oder schlimmer noch, einen Träumer.«

»Dann war es wohl *zu* früh«, sagte Teresa.

»Woher weiß man, wann es zu früh und wann es zu spät ist?«, erkundigte sich Filippo schüchtern.

»Ich danke Euch für Eure Anteilnahme«, unterbrach der Venezianer. »Aber das Missverständnis war ein anderes und komplizierter, als ich damals ahnte.«

»Ist es das nicht immer?«, fragte Rustichello. »Nichts ist komplizierter als die Liebe. Sonst gäbe es keine Dichtung.«

Der Venezianer lächelte traurig. »Was für einen Zweck hätte es, Zeile auf Zeile mit Versen über sie zu füllen? Über die Blicke ihrer schnellen Augen, als hätte sie etwas Eigenartigeres als mich nie gesehen – als müsste sie sich fragen, ob ich ihr gefährlich werden könne? Über die lässige Anmut, mit der sie jede ihrer Gesten setzte – das selbstvergessene Wippen ihrer Zopfes, wenn sie ging?« Er schüttelte langsam den Kopf. »Ich hatte die Geduld meines Vaters und die Sturheit meines Onkels geerbt. Also freundete ich mich mit dem Gedanken an, dass es vielleicht wirklich noch zu früh war.«

Die Runde nickte mitfühlend und sagte nichts weiter dazu. Der Venezianer schnitt den restlichen Käse und Schinken und reichte das Brett herum.

»Ich hoffe, Ihr bekommt keinen Ärger«, sagte Rustichello nach einer Weile zu Luigi. »Wegen des Essens, meine ich – Euer Koch soll ja ein übler Zeitgenosse sein.«

»Macht Euch keine Gedanken«, sagte der Küchengehilfe. »Er ist selten nüchtern und wird gar nicht merken, dass etwas fehlt.«

»Es ist alles Teil seines Plans«, erklärte der Venezianer mit vollem Mund. »Den Herrn seines Reiches so lange auszunehmen, bis er zusammenbricht. Nicht wahr?«

Luigi senkte seine scharf gezogenen Brauen und setzte ein teuflisches Grinsen auf. Sie lachten.

»Hat das mit dem finsteren Götzenbild denn etwas genutzt?«, fragte Filippo. »Wie lief der Krieg für den Khan?«

»Vorteilhaft auf dem Land«, sagte der Venezianer. »Und katastrophal zur See. Drei Jahre nach der Kapitulation Quinsais waren auch die letzten Getreuen der Song besiegt. Viele waren so stolz, dass sie den Freitod wählten. Die Überlebenden unterwarfen sich dem neuen Kaiser.«

»Dem Khan«, sagte Filippo.

»Das war jetzt ein und dasselbe. Kublai hatte sein größtes

Ziel erreicht: ganz Kithai und Manzi unter seiner Herrschaft zu einen. Doch für ihn war das wie immer nur der Anfang von etwas Neuem – Yuan – und Aufruf zu neuen Eroberungen.«

»Das ferne Cipangu mit seinen goldenen Dächern«, sann Rustichello.

Der Venezianer nickte grimmig. »Allerdings. Die letzten Botschafter, die Kublai über das Meer entsandt hatte, waren enthauptet worden – es gibt keine schlimmere Beleidigung als das. Nun ließ er eine Flotte bauen, wie sie die Welt noch nicht gesehen hatte: Tausende Schiffe mit hunderttausend Kriegern an Bord. Von den südlichen Häfen wie Zayton bis zu seinem Vasallenreich Kauli im Norden, überall stachen seine Schiffe in See: die mächtigsten doppelt so groß wie eine venezianische Galeere, die kleinsten kaum mehr als Fischerboote, bemannt mit Mongolen und zwangsrekrutierten Manzi, bewaffnet mit Katapulten und Himmelsberstern …«

»Ihr übertreibt«, mahnte Rustichello freundlich. »Wer sollte eine solche Streitmacht je aufhalten?«

»Götter und Menschen, mein Freund«, sagte der Venezianer. »Götter und Menschen. Die Bewohner Cipangus hatten ihre Küsten mittlerweile befestigt und trotzten den Landeversuchen der Vorhut. Sie müssen so wild gekämpft haben, dass ein feiger General vor lauter Angst seine eigenen Leute im Stich ließ und floh. Später machten Geschichten von unverwundbaren Kriegern die Runde, denen dank eines magischen Steins, den sie in ihren Armen unter der Haut trugen, keine Waffe etwas anhaben konnte.

Die Hauptstreitmacht aber erreichte noch nicht einmal die Küste. Angeblich hatten die Manzi, welche die Schiffe bauten, sie absichtlich beschädigt oder den Mongolen unbrauchbare Boote überlassen – Boote ohne Kiel, die man allenfalls auf Flüssen benutzen kann. Die Mongolen verstanden nichts von der Seefahrt und waren bei diesem Krieg auf die Hilfe ihrer neuen Untertanen angewiesen.

Selbst der Himmel hatte sich dieses Mal von ihnen abgewandt. Die Flotte näherte sich gerade der Küste, die Segel reichten von Horizont zu Horizont …« Der Venezianer hatte die Arme ausgebreitet und sprach nun immer schneller. »Da zog sich auf einmal das Firmament zusammen, als füllte sich der Himmel mit dunklem Rauch. Ein starker Wind kam auf, der Gischt und Regen vor sich hertrieb. Die Wellen wogten immer höher, bis selbst die mächtigsten der mongolischen Schiffe wie einsame Reiter durch Schluchten aus Wasser dahinflohen. Die Flucht blieb vergebens – die Wogen brachen über ihnen zusammen, und der dunkle Himmel sandte seinen Zorn auf sie hinab. Zwei Tage und zwei Nächte tobte dieser Sturm. Von vielen tausend Schiffen erreichte kaum eines sein Ziel, und keines kehrte nach Hause zurück.«

Der Venezianer verstummte, und Rustichello und ihre Gäste versuchten, sich die schreckliche Katastrophe auszumalen, welche die Seeleute befallen hatte.

»Auf Cipangu glaubte man, die Götter selbst hätten den Wind gesandt, der ihre Inseln beschützte. So nannten sie ihn auch: *Kamikaze* – göttlicher Wind.«

»Das kommt davon, wenn man sich mit finsteren Mächten einlässt«, murmelte Teresa und bekreuzigte sich.

»Es muss ein schwerer Schlag für den Khan gewesen sein«, sagte Rustichello.

»Allerdings«, bekräftigte der Venezianer. »Ich habe mich häufig gefragt, wie es für meinen Onkel Maffeo gewesen sein muss, der Überbringer solch schlechter Botschaften zu sein. Er war stets zu stolz, mir davon zu erzählen. Aber ich kann es mir ausmalen …«

* * *

Maffeo eilt durch die Gänge des Kaiserpalasts. Ob in Xanadu oder Khanbalik, es macht keinen Unterschied. Er weiß, wo er den Khan findet, zu jeder Tageszeit, denn er kennt jede seiner noch so kleinen Gepflogenheiten und weiß, dass die Menschen des Ostens in der Wiederholung dieser Rituale einen Dienst an der höheren Harmonie der Dinge sehen. Das macht sie bis zu einem gewissen Grad berechenbar; vor allem aber führt es ihm vor Augen, dass er niemals in ihre Welt gehören wird, denn Wiederholung ist für ihn gleichbedeutend mit Stillstand und Tod.

Er trifft einige Minister und Beamte auf seinem Weg. Manchen schenkt er ein Nicken, vor einigen wenigen verneigt er sich knapp. Nach all den Jahren in den Diensten des mächtigsten Mannes der Welt, nach allen Rückschlägen, sieht er sich heute so gut wie am Ziel. Der Khan schenkt ihm Gehör, und allenfalls Phags-pa, Ahmat Banakati und Bayan Hundertauge haben eine vergleichbare Stellung bei Hofe. Mit dem Ersten und dem Letzten hat Maffeo ein Auskommen, nur Banakati meidet ihn und erweist sich dennoch oft als Hindernis. Keiner der drei aber denkt und handelt wie der Khan – sie sind bloß seine Sinne und Werkzeuge: Der Kaiserliche Lehrer sagt Kublai, zu welchem Zeitpunkt er etwas tun sollte, der Bailo sagt ihm, was es kostet, und der General setzt es in die Tat um.

Maffeo dagegen verfügt über eine einzigartige Gabe: Er kann dem Khan sagen, was er will, *denn sie teilen denselben Blick auf die Welt, unverstellt vom Dienst an einer Religion oder einem anderen Herrn als sich selbst. Welchen Nutzen hat Macht, wenn man sie nicht ausübt? Wozu sonst ist die Welt da, als beherrscht zu werden? Die meisten Menschen wagen solche Gedanken nicht, weil sie an etwas glauben, das mächtiger ist als sie selbst. Kublai kam nie der Gedanke, dass es etwas Mächtigeres als ihn geben könnte, außer vielleicht Dschingis, und Dschingis ist tot.*

Vor dem Audienzsaal bleibt Maffeo kurz stehen, um sich zu sammeln. Die hünenhaften Kheshig beiderseits des großen Tors beachten ihn nicht. Erst wenn er sich ihnen nähert, werden sie die Flügel aufstoßen.

Maffeo starrt sein Spiegelbild in dem mit Jade verzierten Boden an. Die rote Jisün-Robe lastet schwer auf seinen Schultern. Er denkt an das Schicksal jenes feigen Generals, der seine Männer ihrem Schicksal überließ und sein Heil in der Flucht suchte. Der Khan ließ ihn in Büffelhaut einnähen, die sich beim Trocknen zusammenzog und ihn erstickte – damit er am eigenen Leib erfuhr, wie es war, im Stich gelassen zu werden. Der Khan ist schlechter Laune dieser Tage. Und nun haben sich selbst die Elemente gegen ihn verschworen.

Der Ewige Blaue Himmel!, denkt Maffeo voller Zorn. Die Flotte hätte obsiegen und ihrem Reich neues Land, neue Schätze, neue Untertanen schenken sollen. Stattdessen hat der Himmel, der Dschingis stets hold war, Kublai seinen Segen verwehrt und das verfluchte Cipangu sich ein weiteres Mal ihrem Einfluss entzogen. Die Bewohner der Insel behaupten, die Götter hätten sie beschützt.

Wenn das so ist, denkt Maffeo, wer schützt dann die Götter? Denn Schutz werden sie brauchen, wenn Kublai zum Gegenschlag ausholt!

Er streicht seine Robe glatt, holt tief Luft und tritt auf das Tor zu.

* * *

»Heilige Mutter Gottes«, sagte Teresa und leerte ihren Becher. »Also, Euer Onkel …«

Der Venezianer winkte müde ab. »Sagt es nicht.«

Rustichello unterließ es, darauf hinzuweisen, dass er ihr Entsetzen selbst herbeigerufen hatte. Manchmal schien er regelrecht besessen von Maffeo.

Filippo kämpfte sich matt auf die Beine und reckte sich. »Ich sollte allmählich gehen. Es ist schon sehr spät, und der Meister wird wütend, wenn ich bei der Arbeit einschlafe.«

»Hast du nichts gelernt?«, fragte Luigi und tippte sich an seine lange Nase. »Wir sollten unsere eigenen Meister sein! Los, du übernimmst die Tischlerei, ich die Küche. Lass uns sehen, wem es zuerst gelingt!«

Sie lachten und gingen zur Tür. Auf ein Klopfen hin kam ein Palastdiener, um sie in ihre Quartiere zu bringen. Es war alles so viel besser als die Jahre im Keller, dachte Rustichello. Dennoch neidete er den dreien ihre Freiheit, als die Tür sich öffnete.

»Genug gequatscht für heute?«, brummte der Palastdiener. »Wurde auch Zeit.«

»Können wir morgen wiederkommen?«, fragte Filippo zum Abschied.

»Sehr gerne«, sagte der Venezianer. »Und empfehlt mich weiter, wenn es Euch unterhielt!«

»Ich brenne darauf, zu erfahren, ob sich der Himmel nun wirklich gegen den Khan verschwor.«

Da wurde die Miene des Venezianers finster wie die sturmgepeitschte See, die er eben noch heraufbeschworen hatte.

»Früher oder später wendet sich das Schicksal selbst gegen die Mächtigsten«, sagte er. »Das Unglück kam aber weder als Sturm noch als Streitmacht – besiegt hat den Khan etwas anderes.«

XV
Bailo Ahmat
Khanbalik, 1281

Eines Sommerabends im Jahr der Metall-Schlange bekam ich überraschend Besuch von Chinkim. Erst überwog die Freude des Wiedersehens, doch bald schon merkte ich, dass ihn etwas bedrückte.

»Wie geht es dir?«, fragte ich und bot ihm etwas zu trinken an. Wie immer zu dieser Jahreszeit war es auch spät am Tag noch sehr warm. »Ich habe gehört, du bist Vater geworden! Wie geht es Mei-Li?« Tatsächlich hatten Boten bald nach der Hochzeit die Geburt des jungen Temür verkündet, und da es ein offenes Geheimnis war, dass Kublai sich Chinkim als seinen Nachfolger wünschte, war es mehr als wahrscheinlich, dass dieses kleine Kind eines Tages sein Reich erben würde.

»Genau darüber möchte ich mit dir reden«, sagte Chinkim, und ein sorgenvoller Schatten trat auf sein Gesicht. »Ich brauche deine Hilfe, Anda.«

Dass er diese Formulierung gebrauchte, war mir ein Zeichen, wie ernst sein Anliegen sein musste. Ungeachtet unserer Blutsbrüderschaft hatten wir die letzten Jahre nur wenig Kontakt gehabt. Chinkim, sein Vater und zu meinem Schmerz auch Kokachin, sie alle hielten mich auf Abstand. Sei es aufgrund dessen, was sich damals, im Jahr meiner Ankunft, auf der Jagd ereignet hatte; sei es, weil sie sich sagten: seine eigene Familie kennt keinen Zusammenhalt – weshalb sollten wir ihm trauen? Zumindest war es das, was ich mutmaßte. Und da mein Vater nach wie vor als verschollen galt und mein Onkel seine eigenen Pläne verfolgte, war Tarmaschirins Familie alles, was ich hatte.

»Natürlich«, sagte ich. »Jederzeit. Was kann ich für dich tun?«

»Nicht hier«, sagte Chinkim und schaute sich um, als könnte hinter jedem Vorhang im Hause des Statthalters ein Spion lauern. »Lass uns einen Spaziergang machen.«

»Es ist schon spät«, gab ich zu bedenken. »Bald darf niemand mehr auf die Straße.«

Chinkim lächelte müde, und mir wurde klar, wie belanglos dieser Einwand für den Sohn des Khans war. »Umso besser. Leere Straßen sind genau, was ich brauche.«

Wir verließen das Haus und schlenderten eine Weile entlang des Seeufers durch die innere Stadt. Chinkims Schritte aber trieben ihn weiter, weg von den großen Palästen und Tempeln, und so passierten wir kurz vor Sonnenuntergang ein Tor zur äußeren Stadt. In der Ferne erhoben sich die Silhouetten der hohen Türme, die über Khanbalik wachten. Die letzten Heimkehrer und Spätankömmlinge machten sich gerade auf den Weg zu ihren Häusern.

»Es geht um Mei-Lis kleine Schwester«, sagte Chinkim. »Yin.«

»Was ist mit ihr?«, fragte ich. Ich hatte Yin bisher erst ein oder zwei Mal flüchtig getroffen, meistens in Begleitung der Witwe Xie oder ihres jüngeren Bruders, Zhao Xian.

»Sie ist nicht mehr bei uns.«

»Was soll das heißen, sie ist nicht mehr bei euch? Willst du damit sagen …«

»Nein, nicht, was du denkst.« Chinkim schüttelte den Kopf. »Ahmat hat sie. Er hat sie einfach ohne jede Warnung abgeholt.«

»Ahmat!« Ich hatte diesen Mann, der selten den Schutz seiner Gemächer verließ und nie die gleichen Termine bei Hofe wahrnahm wie ich, allmählich für ein Phantom zu halten begonnen. Lediglich sein eitler Sohn Husain kreuzte gelegentlich meinen Weg, und unser Verhältnis hatte sich seit unserem ersten Treffen nicht gebessert. Tarmaschirin traf Ahmat manchmal im Palast und schimpfte danach stets auf seinen krankhaften Ehrgeiz. Selbst Kokachin beklagte zu einer Gelegenheit, dass ihr Vater seinem langjährigsten Gefolgsmann zu viel Gehör schenkte und blind gegenüber seinem Machtstreben war.

»Begreifst du, was das heißt?«, fragte Chinkim.

»Was hat er mit ihr vor?« Ich wagte es mir kaum auszumalen. Tarmaschirin und andere hatte mir von den Gepflogenheiten des Bailos erzählt: dass er alles Schöne und Wertvolle im Reich in seinen Besitz brachte. Angeblich hatte er sogar einen Harem nach Vorbild der persischen Herrscher.

»Er sagt, er will sie Husain zur Frau geben.«

»Hat denn niemand protestiert? Ich meine, du … oder die Witwe Xie …«

Chinkim schüttelte wieder den Kopf. »So einfach ist das nicht. Meine Mutter ist krank. Hast du das gewusst?«

Ich verneinte.

»Mutter ist krank, und mein Vater kann keinen klaren Gedanken mehr fassen seitdem. Man dringt kaum zu ihm durch – und solange er Ahmat vertraut, kann dieser praktisch tun, was er will. Beinahe hätte Ahmat es geschafft, Bayan Hundertauge vom Hof zu verbannen – bloß, weil Bayan es gewagt hat, eine Bemerkung über die Raffgier zu machen, mit der Ahmat und seine Söhne nach der Kapitulation der Song über Quinsai herfielen. Vater reagierte erst, als es schon fast zu spät war. Nun wird es endlich ein Treffen geben – in Xanadu –, bei dem wir über all das reden können, was seit Jahren aus dem Ruder läuft. Dies ist vielleicht die letzte Hoffnung für Yin … und auch für mich.« Er verzog das Gesicht zu einem leidvollen Lächeln. »All die alten Geschichten werden lebendig und holen uns ein …«

»Worauf genau willst du hinaus?«, fragte ich vorsichtig. »Du klingst, als ob du um dein Leben fürchtest. Was hat das mit dir zu tun?«

»Alles«, erwiderte Chinkim. »Es hat alles mit mir zu tun.«

Wir hatten inzwischen den Platz in der Stadtmitte erreicht, an dessen gegenüberliegenden Enden sich der Trommel- und der Glockenturm erhoben. Ich wusste, dass in diesen Türmen kunstvolle Wasseruhren mit ihren Tropfen die Stunden maßen – doppelt so lange wie die des Westens –, welche die Wachen nach einem komplizierten System mit Trommel- und Glockenschlägen der Stadt mitteilten.

Chinkim lehnte sich an eine Mauer, den Blick erhoben, und sah zum Glockenturm hinauf, als erinnerte ihn der Anblick an etwas. Dem Prinzen musste etwas Schlimmes widerfahren sein. Ich dachte an den übermütigen jungen Mann, der mich seinerzeit aus einer Laune heraus mit auf die Jagd genommen hatte – einfach, weil ich ihm gefiel. Heute schien er jede Lebensfreude verloren zu haben.

»Die Ärzte meiner Mutter glauben, dass man sie vergiftet hat«, flüsterte Chinkim. »Noch wissen sie es nicht mit Sicherheit. Es könnte auch Zauberei im Spiel sein.«

Ich schluckte. »Oh Chinkim … Das sind schreckliche Neuigkeiten. Kann nicht Phags-pa mehr darüber herausfinden?«

Da war es wieder, dieses freudlose Lächeln. »Das ist es ja – jemand hat das Gerücht in die Welt gesetzt, Phags-pa selbst habe vielleicht etwas damit zu tun. Und auf einmal stellen die Leute wieder Fragen darüber, was genau damals auf unserer unglückseligen Jagd passiert ist. Du weißt sicher noch, dass auch du damals einen Verdacht gegen den Lama geäußert hast.«

»Damals hast du mir nicht geglaubt.«

»Und das tue ich immer noch nicht«, sagte er entschieden. »Phags-pa brachte mir Lesen und Schreiben bei und war wie ein Vater für mich, während der Khan sich nur für die Jagd und den Krieg interessierte.«

Ich fragte mich, ob Chinkims eigene Jagdleidenschaft womöglich der einzige Weg gewesen war, Kublais Aufmerksamkeit zu gewinnen.

»Ich glaube aber, dass es jemand so aussehen lässt«, fuhr er fort. »Jemand benutzt die Krankheit meiner Mutter, um Phags-pa die Schuld in die Schuhe zu schieben. Oder schlimmer noch, jemand vergiftet sie tatsächlich und will sich im gleichen Zug auch seiner entledigen – vielleicht, weil er fürchtet, dass Phags-pa ihm sonst auf die Schliche kommen könnte.«

»Wer könnte so etwas tun?«, fragte ich, denn eine solche Heimtücke war mir fremd. Nicht einmal Onkel Maffeo traute ich so etwas zu.

»Derselbe, der damals auch unseren Tod wollte. Jemand, der mit unendlicher Geduld einen Gegner nach dem anderen beseitigt, wie man Steine aus einem Haus zieht, bis das ganze Haus zusammenstürzt.«

»Jemand, der eine ganze Stadt auslöschen würde, einfach nur, um sie leichter plündern zu können …«

Chinkim sah mich überrascht an. »Aber ja – dass ich daran nicht früher gedacht habe! Ich habe gehört, was vor den Toren Quinsais passiert ist. Du warst sehr tapfer.«

»Zhao Xian hat mich gerettet.«

»Die Götter vergessen keine gute Tat«, murmelte Chinkim. »Und keine schlechte.«

Ich sah, wie er mit sich rang, und fasste ihn am Arm. »Du hast dir nichts zuschulden kommen lassen. Wer immer dir oder uns nach dem Leben trachtet …«

Da erklangen vom gegenüberliegenden Ende des Platzes die Trommelschläge, welche die erste der fünf nächtlichen Wachen einleiteten. Kaum war der letzte Donner verhallt, antwortete über uns die Glocke, die über die Nacht die Aufgabe der Trommeln übernahm. Dies war der Beginn der allgemeinen Ausgangssperre. Die Tore Khanbaliks wurden geschlossen, und niemand außer Heilern und Hebammen durfte von nun an mehr sein Haus verlassen.

»Komm«, sagte Chinkim. »Gehen wir weiter.«

Kaum waren wir aus dem Schatten getreten, traten mehrere Wachen von den Türmen auf uns zu und hielten uns ihre Speere und Laternen entgegen. »Halt! Wer geht da?«

»Nur ich, Prinz Chinkim«, sagte Chinkim. »Und mein Freund Marco Polo.«

Sofort verbeugten sich die Wachen und entschuldigten sich dafür, ihn nicht sofort erkannt zu haben. Ohne ein weiteres Wort ging Chinkim weiter. Es war eigenartig: Einerseits schien er auf diese Machtdemonstration nur gewartet zu haben, andererseits hatte ich nicht den Eindruck, dass er seine Befehlsgewalt genoss.

Einsam schlenderten wir die verlassenen Straßen unter einem blassen Mond entlang. In Venedig und fast jeder anderen großen Stadt wären wir vor Freudenmädchen, Trunkenbolden und Halsabschneidern nicht mehr sicher gewesen. Khanbalik aber wirkte wie ausgestorben.

»Angeblich wandert auch Ahmat manchmal durch die Straßen«, sinnierte Chinkim. »Er mischt sich in Verkleidung unters Volk, wie der Kalif von Bagdad es einst tat, oder beobachtet es aus dem Schutz einer Sänfte. Ich hörte, er beschäftige sogar einen Doppelgänger, um an zwei Orten zugleich zu sein. Ich frage mich, ob er hasst, was er sieht. Es muss wohl so sein – denn warum sonst sollte er die Menschen derart quälen?«

»Ich habe diese Geschichten gehört«, sagte ich. »Aber glaubst du wirklich, dass es so einfach ist? Es stimmt wohl, dass Ahmat sich jahrelang auf Kosten des Volkes bereichert hat. Aber Statthalter Tarmaschirin und ich haben eine tüchtige und nachvollziehbare Verwaltung aufgebaut, die es ihm verwehrt, einfach alles an sich zu reißen.«

»Oh Marco«, sagte Chinkim. »Du bist entweder sehr gutgläubig, oder du schwebst in noch größerer Gefahr, als ich dachte. Wir alle schweben in Gefahr – und ich bin davon überzeugt, dass Ahmat hinter allem steckt. Ich werde sein nächstes Ziel sein.«

»Was lässt dich das glauben?«

Chinkim blieb stehen und fasste mich mit beiden Händen an den Schultern.

»Mein Anda, begreifst du es nicht? Muss ich es aussprechen? Ich liebe Männer, so wie andere Männer Frauen lieben. So ist es immer gewesen, ich bin so geboren. Und ich war sehr lange sehr einsam deshalb. Niemand durfte je davon erfahren. Dschingis bestrafte Männer wie mich mit dem Tode! Dann verlangte mein Vater von mir, dass ich Mei-Li heirate, weil sie die älteste Tochter des letzten Song-Kaisers ist und unsere Nachkommen einen Anspruch auf den kaiserlichen Thron hätten, den niemand uns je streitig machen könnte. Es war eine taktische Entscheidung, nichts weiter. Mei-Li und ich, wir achten uns – aber wir lieben einander nicht. Und ich kann sie nicht lieben, wie andere Männer das könnten. Zumindest nicht ohne weiteres. Doch mein Vater verlangte nach einem Erben, damit die Dynastie gesichert ist. Kannst du dir meinen Zwiespalt vorstellen? Muss ich mehr erklären?«

»Nein«, sagte ich mit einem Kloß in der Kehle. Sie hatten den Wunsch seines Vaters erfüllt – mehr brauchte ich nicht darüber zu wissen, was sich in ihrem Bett abspielte. »Mei-Li weiß also Bescheid?«

»Natürlich. Und in einem Moment der Schwäche hat sie sich ihrer Schwester Yin anvertraut. Ich glaube nicht, dass sie es mir jemals gestanden hätte, wenn nun nicht …«

»Du glaubst, dass Ahmat Yin in seine Gewalt brachte, weil sie dein Geheimnis kennt?«

»Ich glaube, dass er sie zunächst nur besitzen wollte, wie man ein Schmuckstück besitzen will – weil sie die Schwester der künftigen Khatun ist. Aber das Ergebnis ist dasselbe: Er wird alles aus ihr herauspressen, was ihm in seinen Ränken gegen mich und meine Familie nützlich sein kann. Und sie *weiß es.* Ewiger Himmel, sie weiß es!«

Tränen traten auf sein schönes Gesicht, und ich verstand nun, weshalb er solch düsterer Stimmung war.

»Chinkim, du darfst nicht verzweifeln. Du hast nichts Unrechtes getan, und vielleicht …«

Doch er unterbrach mich. »Ahmat wittert Geheimnisse wie ein Tiger seine Beute. Er oder Husain und seine Brüder werden die Wahrheit von Yin erfahren, zur Not mit Gewalt, und er wird mich vernichten. Mein Vater wird mir niemals verzeihen. Ich werde die Schande meiner Familie sein und das Gespött der ganzen Stadt. Niemand wird einen Kaiser wie mich akzeptieren, Marco. Niemand.«

So sehr es mich schmerzte, insgeheim dachte auch ich, dass Chinkim vielleicht besser nicht der nächste Kaiser werden sollte. Aber nicht, weil er Männer liebte – sondern weil ihm die Freude an der Macht fehlte, wie Kublai oder Maffeo sie besaßen. Er wäre ein sehr unglücklicher Kaiser.

»Ich muss ihn aufhalten, Marco. Ich muss Ahmat vernichten, bevor er mich vernichtet. Wirst du mir helfen, Anda?«

Ich musste nicht lange überlegen. »Das werde ich – aber nicht mit seinen Mitteln. Es muss einen anderen Weg geben, ihm das Handwerk zu legen.«

»Wenn das so einfach wäre, hätte ich es bereits getan. Aber wie gesagt ist es dieser Tage beinahe unmöglich, mit Worten etwas zu erreichen. Der Hof ist gelähmt.«

»Lass mich es versuchen«, bat ich. »Nimm mich mit nach Xanadu – lass mich mit deinem Vater reden.«

Da fiel er mir in die Arme, und als ich ihn hielt, fühlte ich ihn zittern vor Angst.

»Danke«, sagte er. »Ich wusste, ich kann mich auf dich verlassen.«

Der Weg nach Xanadu war mittlerweile sehr vertraut. Je älter der Khan wurde, desto mehr schien er sich wieder seiner kleineren, zuerst gebauten Residenz zuzuwenden. Zwar hielt er immer noch seinen Jahreszyklus ein, der ihn über den Winter nach Khanbalik führte, doch erinnerte er mich in diesen Monaten an einen alten Bären während der Winterruhe, dessen Lebensgeister erst im Frühjahr wiederkehrten, um neue Pläne zu schmieden und neue Feldzüge vorzubereiten.

Ich erinnerte mich noch daran, dass ich Xanadu zunächst für einen Traum gehalten und dank meiner Medizin selbst bei der Ankunft noch Probleme gehabt hatte, zwischen Traum und Wirklichkeit zu unterscheiden. Doch es war nicht meine Fantasie, die diesen Ort ersonnen hatte – Xanadu war der Stein gewordene Traum des Khans, und er träumte diesen Traum nach wie vor.

Auf der Reise sprachen Chinkim und ich viel über die Entwicklungen der letzten Jahre: den kurzen Feldzug, den Bayan gegen Kaidu geführt hatte, und die vergebliche Suche nach Chinkims Bruder Nomukhan und meinem Vater; den gescheiterten Krieg gegen Cipangu und die Rolle, die mein Onkel als Militärberater bei Hofe spielte. »Es scheint, die Schicksale unserer beider Familien sind im Guten wie im Schlechten aneinandergekettet«, sagte Chinkim. »Als ob die Götter damit einen Plan verfolgten. Normalerweise würde man einen solchen Bund mit mehr als einer Blutsbrüderschaft besiegeln. Wie kommt es, dass keiner von euch sich je eine Frau genommen hat?«

Mir fuhr ein Stich ins Herz, als er das fragte. Ob er mich damit auf die Probe stellen wollte? Ahnte er meine Gefühle für seine Schwester? Redeten sie miteinander über mich?

»Mein Vater hat zu Hause eine Frau, die auf ihn wartet und der er treu bleibt«, wich ich aus. »Und mein Onkel hat wahrscheinlich mehr Frauen als Ahmat, nur dass seine Liebe nie länger als eine Nacht dauert.«

Chinkim lachte. »Solche Männer gibt es oft, und trotzdem binden sie sich irgendwann.«

»Ich kann dir nicht sagen, was in ihm vorgeht, denn er redet mit mir nicht über solche Dinge. Manchmal ist mir, als würde ich ihn gar nicht kennen. Vielleicht hält er es für eine Schwäche, sich zu binden.«

»Vielleicht hat er recht damit«, sagte Chinkim.

Dann tauchten die vertrauten Dächer Xanadus vor uns auf, die im hellen Sonnenschein blitzten. Die Rauchfahnen der Lagerfeuer vor der äußeren Mauer liebkosten den Himmel, und Reiter teilten die großen Schafherden wie Boote, die durchs Wasser glitten. Es wunderte mich nicht, dass der Khan diesen malerischen Ort in der Steppe allen anderen Städten vorzog; er hatte all die Jahre nichts von seinem Zauber eingebüßt. Unwillkürlich hielt ich nach Kublais weißen Stuten Ausschau, konnte sie aber nirgends entdecken.

Sobald wir die innere Stadt erreicht hatten, wurde jedoch offensichtlich, dass sich in Wahrheit vieles geändert hatte: Der Frieden Xanadus war gestört, denn die Khatun war erkrankt und der Khan für niemanden außer dem engsten Familienkreis zu sprechen. Ich wollte mich nicht aufdrängen und wartete daher, bis Chinkim nach seiner Mutter gesehen hatte und sein Vater bereit für das geplante Treffen war.

Dieses fand in einer kleinen, geschützten Halle des Palasts statt, die ich bei meinen früheren Aufenthalten in der Stadt noch nicht betreten hatte. Manchmal erstaunte es mich, wie viele solcher geheimen, hinter Mauern versteckten Räumlichkeiten es in den Palästen Xanadus und Khanbaliks doch gab. Die Mongolen waren ein Volk des offenen Himmels, und doch hatte Kublai zahllose Schutzwälle zwischen sich und der Welt errichtet, als lebte er im Zentrum einer heiligen Lotosblüte.

Doch selbst durch die Harmonie dieses Allerheiligsten ging ein tiefer Riss. Denn außer dem Khan waren nicht bloß

Onkel Maffeo und Bayan Hundertauge zugegen, sondern auch ein Mann, den ich nun wahrlich nicht vermisst hatte: Ahmats Sohn Husain.

»Was macht ausgerechnet er denn hier?«, entrüstete sich Chinkim, der sicher ebenso wenig Wert auf Husains Anwesenheit legte wie ich.

»Ich bin hier, die Interessen meines Vaters zu wahren und ihn vor den haltlosen Anschuldigungen zu schützen, die gegen ihn erhoben werden«, antwortete Husain.

»Ich kann mich nicht erinnern, dich etwas gefragt zu haben«, schnappte der Prinz, doch Kublai hob besänftigend die Hand, und ich sah, wie müde er war. Nein, nicht nur müde – zum ersten Mal, seit ich ihn kannte, wirkte der Große Khan *alt.* Die breiten Schultern hingen schlaff herab, die Tränensäcke unter den Augen lasteten schwer, und selbst als er sprach, blieb sein Gesicht so gut wie reglos. Er trug eine dunkle, mit Drachen bestickte Seidenrobe und Kopfschmuck in der dazu passenden Farbe.

»Mäßige dich«, sagte er. »Es ist nur rechtens, dass Ahmat Gelegenheit hat, sich zu verteidigen. Und spricht es nicht für seine Pflichtergebenheit, dass er seinen Sohn entsendet, statt die Geschäfte in Khanbalik ruhen zu lassen?«

»Wäre er selbst gekommen, hätte er seine Lügen wenigstens persönlich äußern müssen«, entgegnete Chinkim.

»Genau deshalb bin ich hier: Um Lügen aus der Welt zu schaffen.« Husain schlug die geschminkten Augen nieder und vollzog eine gezierte Verbeugung.

»Dann fange am besten bei dir selbst und deiner ehrenhaften Familie an«, knurrte Bayan. »Wer hat denn versucht, mich des Diebstahls zu bezichtigen?«

»Und wer überreichte meinem Vater nach dem Fall von Quinsai einen Jadekelch mit den Worten, dies werde das Einzige sein, was er von den Reichtümern der Song je zu sehen bekommt?«

»Aber, aber«, schaltete sich Maffeo in den Streit ein. »Wir wollen doch keine alten Geschichten aufwärmen! Interessanter scheinen mir die Vorwürfe, die der Statthalter Saianfus, der geschätzte Zui Pin, erhebt.« Er wandte sich an Kublai. »Wir haben dem Khan bereits eine umfassende Liste der Vorwürfe zukommen lassen. So soll Ahmat fast zweihundert überflüssige Stellen in der Verwaltung der eroberten Städte geschaffen haben, die er mit Vertrauten oder Familienmitgliedern besetzt hat – eine Schattendynastie, die einzig ihm untersteht und sich quer durch Euer Reich zieht …«

Ich war mir nicht sicher, ob der Khan meinem Onkel wirklich zuhörte. Er saß schlaff auf seiner erhöhten Position, den teilnahmslosen Blick ins Nichts gerichtet wie ein in sich selbst vertiefter Mönch. »Ich dachte, diese Vorwürfe hätten sich erledigt?«

»Das haben sie, großer Khan«, sagte Husain. »Der Unruhestifter wurde hingerichtet.«

»Er wurde *was?*«, fragte Maffeo verdutzt.

»Es stellte sich heraus, dass Zui Pin mehrere kaiserliche Siegel gefälscht hatte, um seine falschen Anschuldigungen zu untermauern«, erklärte Husain. »Ein Verbrechen, auf das der Tod steht.«

»Zui Pin hat unter mir gedient, ehe er aus dem Armeedienst schied«, widersprach Bayan. »Ich kann nicht glauben, dass er eine derart dreiste Tat begangen hat! Er würde den Frieden des Reichs auch nicht mit leichtfertigen Behauptungen stören.«

Ich rief mir ins Gedächtnis, dass nach der traditionellen Auffassung Kithais auch der Ankläger, selbst wenn er im Recht war, eine gewisse Mitschuld an der Störung der öffentlichen Ordnung und dem Aufwand einer Gerichtsverhandlung trug. Dahinter stand der Wunsch, die Zahl solcher Streitigkeiten so gering wie möglich zu halten. Öffentliche Händel wurden nicht gern gesehen.

»Wer hat seine Hinrichtung angeordnet?«, fragte Chinkim. »Auch ich habe Zui Pin als ehrenhaften Mann gekannt. Geschah dies mit deinem Wissen, Vater?«

Kublai gab keine direkte Antwort darauf. »Was geschehen ist, ist geschehen. Was willst du jetzt noch ein Aufhebens davon machen?«

»Hätte ich eher davon erfahren, ich hätte …«

»Seht Ihr?«, fiel Husain dem Prinzen ins Wort. »Dies ist genau der Grund, weshalb wir schon seit längerem fordern, für die Finanzverwaltung und ihre Mitglieder eine unabhängige Gerichtsbarkeit zu schaffen, welche einzig uns selbst unterstellt ist. Damit ließe sich verhindern, dass ständig Streit wegen jeder noch so belanglosen Entscheidung ausbricht …«

»Belanglos?«, rief Chinkim, doch sein Vater brachte ihn und Husain zum Verstummen.

»Schweigt, alle beide! Dieser Wunsch, den dein Vater da äußert, Husain, geht zu weit. Ihr werdet keine unabhängige Gerichtsbarkeit bekommen. In dieser Sache wurde entschieden.«

Mir fiel ein Stein vom Herzen.

»Ich schätze die Verdienste deines Vaters«, fuhr Kublai an Husain gewandt fort. »Er ist die Säule meines Reichtums. Doch manchmal stünde es dem Kanzler gut zu Gesicht, sich in Bescheidenheit zu üben. Ich habe ihm bereits alles gewährt, was sich ein treuer Diener des Reichs wie er nur wünschen kann.«

»Hast du eben *Kanzler* gesagt?«, wiederholte Chinkim. Der Prinz war ganz bleich geworden. Anscheinend waren er und ich aber die Einzigen, die die Neuigkeit noch nicht vernommen hatten.

Auf den Zügen Husains wich die Entrüstung tiefer Zufriedenheit. »Es freut mich, dass Ihr Euch unserer Treue bewusst seid«, sagte er genüsslich. »Unser Haus wird stets bereitstehen, Verantwortung für das Reich zu übernehmen, wenn die Bürde eines Tages zu schwer auf Euren Schultern lastet.«

»Wie kannst du es wagen!«, spie Chinkim. »Was fällt dir ein, hier zu kriechen, während deine Familie Schritt für Schritt an unserem Untergang arbeitet? Vater! Du hast Schlangen in dein Reich und in dein Herz gelassen und gestattest ihnen, deinen Verstand zu vergiften. Du lässt sie deine Städte regieren und deine Untertanen hinrichten. Du siehst tatenlos zu, wie sie immer mehr Einfluss gewinnen, während du treue Gefährten wie Phags-pa von dir stößt …«

Da sprang der Große Khan auf die Beine und war für einen Moment wieder so wach und kraftvoll wie früher. »Sohn! Du gehst zu weit! Ich befehle dir, dich zu mäßigen!«

»Da habt Ihr es«, frohlockte Husain. »Ihr sucht Euch Hilfe bei den Falschen. Was für einen Beweis bräuchte es noch, dass der junge Prinz noch längst nicht bereit ist, Eure Nachfolge anzutreten?«

Da machte Chinkim zwei schnelle Schritte auf Husain zu und schlug ihm mit voller Wucht die Faust ins Gesicht. Ich hörte Knochen knirschen und sah Blut aus Husains Mund spritzen.

»Schluss damit!«, donnerte der Khan, und Bayan, mein Onkel und ich sprangen vor, um den Prinzen und den Sohn des Bailos voneinander zu trennen. Erst wollte Chinkim gar nicht mehr von ihm ablassen, doch es gelang mir, ihn zu beruhigen.

»Hinaus mit euch!«, befahl der Khan und schlug einen kleinen Gong neben seinem Sitz. »Fort mit euch allen!« Augenblicklich stürmte seine Leibgarde hinein. Überraschte Blicke trafen aufeinander, und nach einer quälend langen Sekunde, in der alles bis hin zu einem bewaffneten Kampf möglich schien, ließen sich Husain und Chinkim widerstrebend von den hünenhaften Kheshig zur Tür bringen. Maffeo und Bayan Hundertauge folgten.

»Du nicht«, sagte der Khan, als ich ebenfalls gehen wollte. Chinkim warf einen überraschten Blick zurück, dann presste er die Lippen zusammen und nickte mir über die Schulter hinweg zu. Maffeo und Bayan tauschten skeptische Blicke. Ich glaube, der General wusste nie, was er von mir halten sollte – meinen Onkel respektierte er, aber mein Vater und ich waren nie etwas anderes als venezianische Kaufleute für ihn gewesen.

Dann schloss sich die Tür zwischen uns.

Der Khan und ich waren alleine.

»Du bist der Einzige, der noch nicht gesprochen hat«, stellte Kublai fest.

»Es stand mir nicht zu«, sagte ich. »Denn ich kenne nicht die Fakten in diesem Streit.«

»Die Fakten«, murmelte der Khan gedankenschwer. »Die Fakten sind: Meine Frau, die ich über alles liebe, ist krank. Meine Zauberer sagen, jemand wolle ihren Tod, und mein ganzer Hofstaat schiebt sich gegenseitig die Schuld zu. Ahmat sagt, Phags-pa selbst stecke dahinter, und nannte einige sehr überzeugende Gründe. Schließlich kennt sich niemand besser mit den dunklen Künsten aus als Phags-pa – dafür habe ich ihn ja.

Phags-pa wiederum redet mir ein, Ahmat wolle ihn aus dem Weg räumen. Er sagt, mein Kanzler habe viele Geheimnisse, um die er fürchtet. Beweise dafür hat er noch keine geliefert, aber dass er und Ahmat einander misstrauen, ist leider nichts Neues. Und mein eigener Sohn verliert vor aller Augen die Beherrschung und stellt meine Entscheidungen in Frage!« Der Kahn seufzte tief.

»Einst träumten wir beide denselben Traum, Marco Polo: den Traum von Xanadu. Den Traum perfekter Harmonie. Nun droht dieser Traum zu zerbrechen, und ich weiß nicht mehr, wem ich glauben soll. Vielleicht habe ich zu lange denselben Zungen mein Ohr geliehen. Deshalb frage ich dich, der immer offen zu mir sprach und nie etwas für sich selbst forderte: Was soll ich tun? Habe ich einen Fehler begangen? Habe ich wirklich den Falschen vertraut?«

»Euer Sohn liebt Euch«, sagte ich. »Da bin ich gewiss. Alles, was er sagt und tut, entspringt seiner Überzeugung und seiner Treue zu Euch, seiner Familie und dem Reich.

Über Ahmat kann ich das nicht sagen, schon weil ich ihn nie kennengelernt habe. Manchmal fragte ich mich schon, ob es ihn wirklich gibt.«

Der Khan lächelte. »Oh, ihn gibt es, Marco, das kannst du mir glauben. In gewisser Weise ist er mir ähnlich: eine Herrschernatur, obschon er Führung bedarf. Doch er ist kein Mann großer Feste. Seine Welt sind die Hinterzimmer und die Schatzkammern, die er für mich füllt. Er liebt die Einsamkeit wie eine Katze, und wie eine Katze streift er am Liebsten nachts umher.«

»Vielleicht«, sagte ich vorsichtig, »ist er aber auch falsch wie eine Katze.«

»Sagt man das in deiner Heimat über Katzen?«, fragte der Khan interessiert.

»Vielleicht zu Unrecht«, lenkte ich ein. »Denn die Katzen machen den Menschen nicht vor, dass sie etwas anderes wären als Katzen – und Katzen denken immer zuerst an sich selbst. Die Menschen sind es, die sich etwas vormachen.«

»Du sagst also, ich mache mir etwas vor? Ich sehe in Ahmat zu Unrecht einen Freund? Du redest schon wie ein Konfuzianer. Die geben auch nie eine klare Antwort.«

Ich erwiderte sein Lächeln. Mir war bewusst, dass wir noch keine Gelegenheit gehabt hatten, über Yin zu reden; doch solange Kublai sich um seine Frau sorgte, würde ihn das Schicksal der jungen Song kaum berühren. Chinkim hatte recht: Wenn ich ihm und ihr helfen wollte, mussten wir es schaffen, dass Kublai seinen Kanzler fallen ließ.

»Ich weiß es nicht, Großer Khan«, antwortete ich auf

seine Frage. »Aber der Statthalter Tarmaschirin, der ein sehr weiser Mann ist, hat mich mehr als einmal auf Vorgänge aufmerksam gemacht, die ich für äußerst fragwürdig halte. Offen gesagt, in Venedig hätte man wahrscheinlich schon den Kopf Eures Kanzlers gefordert. Diese Vorgänge sind aber nicht leicht zu beweisen, und allein der Versuch würde zu Unruhe führen. Deshalb hat der Statthalter bislang nichts unternommen.«

»Dann ist er tatsächlich ein weiser Mann«, sagte der Khan. »Und du hast eine Menge gelernt, seit du zu uns kamst.«

»Ich hatte gute Lehrer.«

»Es gibt also Beweise, sagst du, nur schwer zu finden. Kannst du mir diese Beweise liefern, Marco Polo?«

Nicht zum ersten Mal in meinen Gesprächen mit ihm klopfte mir das Herz bis zum Hals. Diesmal ging es aber nicht um eine Bewährungsprobe. Das Schicksal mehrerer Menschen, die mir sehr teuer waren, hing davon ab, was ich nun sagte. Wenn ich unvorsichtig war, verspielte ich jede Aussicht darauf, Chinkims Familie den Frieden wiederzubringen, den dieser geheimnisvolle Mann ihnen geraubt hatte.

»Ja«, sagte ich. »Ich kann Euch die Beweise liefern. Euer Kanzler ist nicht, wofür Ihr ihn haltet. Ich werde zurück nach Khanbalik gehen und ihm die Maske, die er schon so lange trägt, vom Gesicht reißen.«

Wie erwartet war Tarmaschirin nicht gerade begeistert von meinem Vorhaben.

Allerdings nicht aus den Gründen, die ich angenommen hätte.

»Es wird Zeit, dass es dem alten Erpresser an den Kragen geht«, stimmte er mir zu. »Er treibt schon viel zu lange sein Unwesen. Aber müssen ausgerechnet wir es sein, die ihm das Handwerk legen? Weißt du, was für eine Arbeit das wird?«

»Wir sind die Einzigen, die die Möglichkeit dazu haben«, sagte ich. »Das Geld nimmt viele Wege in Khanbalik – aber alle Wege führen durch unsere Bücher, wie Straßen durch eine Kreuzung. Dank unserer Buchhaltung können wir jede Transaktion genau nachverfolgen …«

»Bis auf die, bei denen er die Finger im Spiel hatte«, führte er den Gedanken fort. »Ich sehe, worauf du hinauswillst.«

»Wir kehren die Beweislast um«, sagte ich. »Wir können bis ins kleinste Detail belegen, wofür wir die Steuern des Khans ausgegeben haben und womit wir einen Kauf oder eine Dienstleistung bezahlten. Und das über Jahre hinweg! Ich frage mich, ob Ahmat seinen Reichtum ebenso gut dokumentiert hat?«

»Der Sieg der Gründlichkeit«, sinnierte Tarmaschirin. »Der Triumph des ehrlichen Mannes! Dass ich das auf meine alten Tage noch erleben muss.« Die Narbe in seinem Mundwinkel verzog sich zu einem Grinsen. »Die Tage der Völlerei sind gezahlt. Lass uns ihm die Suppe versalzen!«

Also schafften wir unsere Bücher aus ihren Regalen und Kisten herbei und machten uns an die Arbeit.

Ich merkte rasch, weshalb Tarmaschirin vor dieser Aufgabe zurückgeschreckt war. Die Verwaltung von Khanbalik war nicht damit vergleichbar, ein Geschäft wie unser altes Familienunternehmen in Venedig zu führen – wir koordinierten ganze Flotten an Gütern und Heerscharen an Arbeitskräften, die unsere Stadt erreichten und wieder verließen. Dort, an der Grenze von Khanbalik, endete jedoch unsere Zuständigkeit. Ahmat kannte solche Beschränkungen nicht; dank seines weitverzweigten Netzwerks an Kontakten und Untergebenen in der Kanzlei und anderswo war er in der Lage, auch Gelder aus anderen Städten abzuzweigen, verfügte über kleinere Truppen und sogar Kriegsgefangene.

So musste sich ein römischer Podesta fühlen, der versuchte, sich mit dem Papst und seinen Kardinälen anzulegen, dachte ich.

Um keine Aufmerksamkeit auf unser Vorhaben zu ziehen, griffen wir nicht auf die Beamtenschaft des Palasts zurück und arbeiteten ausschließlich bei Tarmaschirin zu Hause. Unsere einzige Hilfe kam von seinen Kindern, die unter Führung seines ältesten Sohnes Naranbaatar unermüdlich neue Bücher, Briefe, Dekrete und andere Dokumente heranschafften. Tagelang befassten wir uns mit nichts anderem als dieser Spurensuche. Und bald begann sich ein eindeutiges Bild herauszuformen: überhöhte Rechnungen für nie erbrachte Dienste, gestundete Schulden, öffentliche Gelder, die aus unerfindlichen Gründen in Ahmats zahlreichen Kanälen verschwanden; eine ganze Schattenwirtschaft aus entfernten Verwandten, die Khanbalik seit Jahren systematisch aussaugte wie Entwässerungsgräben einen Acker trockenlegen.

Wir sahen bloß einen kleinen Ausschnitt des Ganzen, weil wir nur eine Seite dieser Transaktionen kannten; aber der Kaufmannssohn in mir war sicher, dass niemand, auch nicht der Kanzler, all diese Leerstellen jemals zufriedenstellend würde erklären können. Unsere Funde ließen nur einen einzigen Schluss zu: dass Ahmat Kublai in voller Absicht hinterging. Wenn wir dem Khan diese Beweise präsentierten, musste er zu demselben Schluss kommen.

»Ich habe dir unrecht getan«, sagte Tarmaschirin irgendwann, als er sich am Ende eines weiteren langen Tages eine Schale dunklen, besonders starken Reiswein einschenkte. Er kostete immer noch gerne jedes neue Getränk, das durch seine Stadt kam. »Einem derart dreisten Betrüger endlich auf die Schliche zu kommen ist eine durchaus befriedigende Aufgabe. Hätte ich geahnt, was für einen Spaß das macht, ich hätte ihn schon vor Jahren ans Messer geliefert.«

»Damals hätten wir noch weniger Belege gehabt, und der Khan hätte uns auch nicht geglaubt«, erwiderte ich. »Die Gelegenheit ist jetzt. Und wir werden sie nutzen.«

Von Chinkim erreichten mich keine Neuigkeiten. Er war in Xanadu geblieben, um nach seiner Mutter zu sehen, und wahrscheinlich kostete es ihn und seinen Vater eine Menge Kraft, ihr Zerwürfnis zu überwinden. Ich hoffte nur, dass uns genug Zeit blieb, um Ahmat zu überführen.

Denn wenn er wirklich von Chinkims Geheimnis erfahren sollte, so wäre der Sturz des Prinzen nicht mehr aufzuhalten.

XVI
Schattenspiel

Kaum zwei Wochen nach Beginn unserer Arbeit machte mir ein lange nicht mehr gesehener Freund seine Aufwartung.

Ich war gerade auf dem Rückweg von einem Geschädigten, den Ahmat vor Jahr und Tag um sein komplettes Vermögen gebracht hatte. Seine gründliche Frau aber hatte sämtliche Papiere zu dem Vorgang aufbewahrt und mir überlassen, in der Hoffnung, dass ihre Familie endlich zu ihrem Recht kam.

Als ich mich nun dem inneren Stadttor näherte, hätte ich die Dokumente beinahe fallen gelassen.

»Zurficar!«

Denn niemand anderes als der Kurier des Khans war es, der sich da aus den abendlichen Schatten löste.

»Marco!« Er lächelte mich höflich an. »Wie lange ist es nun her?«

»Zu lange«, sagte ich. Das letzte Mal hatte er mich kurz nach dem Fall von Quinsai besucht.

»Gut siehst du aus.«

»Auch dir scheint es nicht schlecht ergangen zu sein.«

Tatsächlich war der Kurier in einen edlen Seidendeel gekleidet und wirkte trotz seines Alters noch voller Tatendrang. Er trug sein Kopftuch, sein scharf geschnittenes Gesicht aber war unverschleiert und gepflegt wie immer. Nur seine Augen lagen noch tiefer in den Höhlen als früher, als fände er nur wenig Schlaf.

»Ich kann nicht klagen. Hast du zu tun?« Er deutete auf das Bündel Dokumente unter meinem Arm.

»Ich war gerade auf dem Weg nach Hause. Warum begleitest du mich nicht? Ich stelle dich dem Statthalter vor.«

»Ich habe leider nicht viel Zeit. Wir könnten aber eine Erfrischung in einem der Teehäuser einnehmen, wenn du möchtest. Danach breche ich auf.«

»Wie du meinst.« Mit dem steten Zuzug aus dem Süden hatten sich auch die Teehäuser der Kithaier immer weiter ausgebreitet. Die Einheimischen nahmen sie dankend an, und selbst die Witwe Xie sah man gelegentlich in einem der gehobeneren Häuser. Ich persönlich machte mir nicht viel aus dem heißen Blätteraufguss; Wein aus Trauben oder auch Reis war eher nach meinem Geschmack, im Sommer gerne auch kühler Airag.

Zurficar führte mich fort vom Tor und zu einem nahegelegenen Haus, dessen zur Straße hin offene Vorderfront einige kleine Tische und gemütliche Kissen offenbarte. Bis auf einen alten Mann mit milchigem Blick waren wir die einzige Kundschaft, und auch die Straßen leerten sich bereits; in einer Stunde war Ausgangssperre.

»Es ist gut, dass ich dich schnell gefunden habe«, sagte Zurficar, während wir Platz nahmen. »Die Wachen am Tor sagten, du wärst bald zurück. Ich staune immer noch über deine Karriere. Stellvertreter des Statthalters! Wenn ich daran denke, wie ich dich das erste Mal traf: ein kranker Junge, der seiner Familie in ein fremdes Land folgte, mit nichts als ein paar Träumen im Kopf …«

»Es ist viel geschehen«, gab ich zu.

»Du warst sehr mutig, deine Heimat und dein altes Leben hinter dir zu lassen.«

»Ich hatte Glück, mehr als einmal. Weshalb hast du nach mir gesucht?«

Die kleine Frau, die das Teehaus führte, trat mit leisen Schritten hinter einem Perlenvorhang hervor und stellte uns eine dampfende Kanne und zwei Tassen auf den Tisch. Das Geschirr war aus Porzellan – jenem schönen, glänzenden Material, nach dem man sich auf den Bazaren und Märkten des Westens verzehrte und das hier im Überfluss hergestellt wurde. Zurficar dankte ihr und wartete, bis sie sich wieder in den Nebenraum zurückgezogen hatte, dann sagte er: »Der Khan schickt mich. Er will, dass du nach Xanadu kommst.«

»Aber da komme ich doch gerade erst her«, sagte ich überrascht.

»Es hat sich etwas Neues ergeben. Er sagte, es ginge um deinen Vater.«

Auf einen Schlag war ich hellwach. »Was ist mit ihm?«

»Das hat er leider nicht gesagt. Nur, dass es wichtig wäre. Dein Vater ist in Gefangenschaft, nicht wahr?«

»Das nehmen wir an – schon einige Jahre. Du weißt davon?«

»Ich habe kürzlich erst davon erfahren.« Er goss uns Tee ein. »Ich wusste, dass Kublai Nomukhan nach Karakorum geschickt hatte und er und seine Begleiter verschleppt wurden. Ich wusste aber nicht, dass sich auch dein Vater unter den Gefangenen befindet. Es tut mir sehr leid.« Seine leise Stimme blieb unbewegt. »Vielleicht ist er ja bald schon zu Hause. Es kommt immer wieder vor, dass Geiseln freigekauft werden oder man sie einfach ziehen lässt, weil man ihren wahren Wert nicht kennt.«

Ich musste daran denken, dass Zurficar seine leiblichen Eltern in jungen Jahren verloren hatte, und auch unser Besuch bei Nergüi und Khulan fiel mir wieder ein.

»Wie geht es deinen Zieheltern?«

»Sie sind vor ein paar Jahren gestorben«, sagte Zurficar und nippte ruhig an seinem Tee. »Ich hatte sie schon lange nicht mehr gesehen, denn meine Aufträge führen mich nicht mehr häufig so weit in den Westen. Als es mich das letzte Mal an den Rand der Wüste verschlug, konnte ich sie nicht mehr finden. Erst dachte ich, sie wären weitergezogen. Wie Nomaden eben so sind. Dann erzählte man mir, Nergüi sei plötzlich erkrankt. Nun, er war ein alter Mann. Khulan folgte ihm bald darauf.«

»Mein Mitgefühl.«

»Sie hatten ein erfülltes Leben.« Zurficar hob eine spitze Braue. »Ich hätte sie wahrscheinlich häufiger besuchen sollen, aber wenn man viel auf Reisen ist, so wie ich, fällt es schwer, den Kontakt zu halten. Ich habe nicht viele Freunde.«

Seine Offenheit überraschte mich. »Ich weiß genau, wie schwer es ist«, sagte ich, denn ich nahm an, dass ihn Schuldgefühle plagten. »Ich habe auch viele Menschen zurückgelassen, und mit meinem Onkel wurde es die letzten Jahre immer schwieriger. Auch mit meinem Vater war es nicht immer einfach. Vielleicht hätte auch ich mir mehr Mühe geben müssen. Aber wenigstens habe ich ein paar Freunde, die zu mir halten.«

»Prinz Chinkim zum Beispiel.« Zurficar nickte. »Kaum, dass wir in Xanadu ankamen, lädt ausgerechnet der Prinz dich auf die Jagd ein, und dann kommt es beinahe zur Katastrophe! Du hast wirklich sehr großes Glück gehabt.«

»Dessen bin ich mir bewusst.«

»Nein«, sagte er da unvermittelt. »Du bist dir dessen nicht bewusst.« Er bedachte mich mit einem undeutbaren Blick seiner kalten Augen. »Ich muss dir ein Geständnis machen: Ich habe dein Schicksal über die Jahre aufmerksam verfolgt.

Vielleicht, weil du freiwillig auf dich genommen hast, was ich und viele andere nie entscheiden durften – ein Leben in der Fremde, ganz auf dich allein gestellt … Vielleicht auch all dieser Zufälle wegen – die weißen Stuten des Khans, die dich begrüßten … wie du erst dem Prinzen das Leben rettetest und dann vor Quinsai dieser andere Prinz das deine … Vielleicht waren es auch mehr als nur Zufälle. Ich bin davon überzeugt, dass dir ein besonderes Schicksal beschieden ist. Und ich weiß, dass der Khan das ebenfalls glaubt. Er sieht etwas Außergewöhnliches in dir. Weshalb sonst hätte er dich als seinen Sohn annehmen und dir sein Vertrauen schenken sollen?«

Mir fiel nichts dazu ein, denn ich hatte mich nie als etwas Besonderes gesehen, und dass Zurficar ein solches Interesse an mir zeigte, verwirrte mich. Ich nippte kurz an meiner Tasse und stellte sie ab.

»Es ist schon spät«, sagte ich. »Wir sollten besser gehen. Wenn ich morgen wirklich aufbrechen soll, habe ich noch eine Menge zu erledigen.«

»Dann wirst du dem Ruf des Khans nach Xanadu also folgen?«

»Natürlich.« Ich erhob mich. »Was bleibt mir anderes übrig?«

Fast wirkte der Kurier erleichtert. Er stand ebenfalls auf und legte ein paar Kupfermünzen für den Tee auf den Tisch. »Denke einfach an meine Worte: Dir ist Besonderes beschieden. Also gib auf dich acht.«

»Gib auch du auf dich acht«, erwiderte ich.

Ein Lächeln trat auf seine dünnen Lippen. Dann reichten wir einander die Hände und sagten Lebewohl.

Doch wie ich seine hagere Gestalt in die Dunkelheit verschwinden sah, konnte ich mich des Gefühls nicht erwehren, dass er mir nicht alles erzählt hatte.

* * *

Der hünenhafte Mann saß zusammengesunken vor seinem Tisch. Für einen Bewohner Kithais war er ein Riese, und selbst mit den Augen der alten Griechen betrachtet ließ sich die Ähnlichkeit zu einem müden Titanen nicht leugnen. Sein Rücken hob und senkte sich wie ein unruhiger Berg, mit den Schultern als zweifachem Gipfel. Mehrere Singmädchen umringten diesen Berg wie geduldige Pilger, und nur eine meisterliche Selbstdisziplin bewahrte ihn davor, zusammenzustürzen und den Tisch, die Kissen und Mädchen unter sich zu begraben.

Von der schweren Schlacht, die er geschlagen hatte, kündeten mehrere entleibte Krüge, Flaschen und Schalen vor ihm auf dem Tisch. Es war genug, eine Armee in die Knie zu zwingen, doch offenbar gerade recht für diesen altgedienten Krieger. Irgendein geheimnisvolles Etwas gab ihm die nötige Kraft, dort zu sitzen; und nichts, so schien es, konnte ihn aus dem Gleichgewicht bringen.

Nur einmal kam der mächtige Leib kurz ins Schwanken – als sich nämlich die zarte Hand eines Singmädchens, angelockt von einem unverhofften Messingschimmer, unter seine Kleidung verirrte. Da zuckte sein auf die Brust gesunkener Kopf, er atmete tief ein, eine grobe Pranke schloss sich um den verborgenen Schatz an seiner Seite, und die Hand des Singmädchens zog sich sorgsam zurück, um den schlafenden Drachen nicht zu wecken.

»Wang Zhu?«, fragte da eine leise Stimme, und die Singmädchen zerstoben in alle Winde wie Laub in einem Sturm. »Wang Zhu, ich rede mit dir!«

Die Stimme war sanft, sanfter vielleicht noch als die der Mädchen, doch sie duldete keinen Widerspruch. Nach und nach hob sich der schwere Kopf, und der müde Geist kehrte in die schlaffen Glieder zurück. Die Lider hoben sich unwillig, bis die geröteten Augen des Neuankömmlings gewahr wurden. Ein suchender Handrücken fand den Speichelfaden im Mundwinkel und wischte ihn beiseite. Ein angestrengtes Schlucken lockerte die tiefe Kehle.

»Was wollt Ihr?«, grollte eine Stimme aus dem Inneren des Berges.

»Bist du der Kheshig Wang Zhu, der bis vor vier Jahren in der Garde des Khans diente, ehe man ihn unehrenhaft entließ?«

Einen Moment lang schien der Hüne zu erwägen, ob er dieser Frage statt mit einer Antwort nicht lieber mit einem Fausthieb begegnen sollte, doch ein genauerer Blick auf seinen Besucher hielt ihn davon ab.

»Derselbe.«

»Dürfte ich das einmal sehen?« Ein graziler Finger deutete auf den Messingschimmer unter Wang Zhus Mantel.

Misstrauisch öffnete der ehemalige Gardist den Mantel ein Stück weit, damit der Fragesteller einen besseren Blick darauf hatte.

Der dünne Finger lockte. Widerstrebend zog der Kheshig die schimmernde Waffe – denn um nichts anderes handelte es sich – und streckte sie dem Besucher entgegen, freilich ohne sie loszulassen.

Ein leises Lachen wie Glöckchenklang entstieg der Kehle seines Gasts, denn er fand seine Frage bestätigt. »Danke, Wang Zhu«, sagte er höflich.

»Ihr habt mir immer noch nicht gesagt, was Ihr wollt.«

»Ich biete dir die Gelegenheit, deine Ehre zurückzugewinnen – das heißt, sofern du noch die Kraft hast, dich von diesem Tisch zu erheben.« Die Stimme blieb freundlich, trotz des Spotts. »Was sagst du, Wang Zhu?«

* * *

Nachdem er sich erst gegen die Arbeit gesträubt hatte, war Tarmaschirin nun gar nicht erfreut, sie so früh schon zu unterbrechen. Ihm blieb aber ebenso wenig eine Wahl wie mir. »Wenn der Khan ruft, müssen wir gehorchen«, erklärte er, als wäre es eine alte Bauernregel. »Und natürlich hoffe ich, dass es gute Neuigkeiten von deinem Vater gibt. Es wäre nicht das erste Mal, dass jemand aus der Gefangenschaft zurückkehrt.«

»Zurficar sagte etwas Ähnliches.« Wenn ich ehrlich war, hatte ich kaum noch damit gerechnet, meinen Vater je wiederzusehen. Trotzdem vermisste ich ihn.

»Der Zeitpunkt allein ist sehr ungünstig«, sagte der Statthalter. »Wir sind bald so weit, aber ich brauche deine Hilfe, um alles zusammenzufassen. Ich fürchte, momentan sind wir beiden die Einzigen, die verstehen, was wirklich hier drinsteckt.« Er tätschelte den hohen Dokumentenstapel auf seinem Tisch.

»Ich komme so schnell wie möglich zurück«, versprach ich ihm. »Nächsten Monat bin ich wieder da, und übernächsten wird es eine freie Stelle als Kanzler geben.«

»Kanzler!«, rief Tarmaschirin und streckte die Brust heraus, was ihm nicht mehr so leichtfiel wie früher einmal. »Nein, ich weiß nicht. Das sollen die jungen Leute machen, so wie du. Aber ein Haus am Meer, das wäre vielleicht was.«

»Keine Jurte?«, fragte ich mit gespieltem Entsetzen.

Er streckte sich und verzog das Gesicht. »Es ist mein verfluchtes Kreuz, weißt du? Warte nur ab, bis es auch dich einholt.« Und er schlug mir lachend auf den Rücken.

Am späten Vormittag brach ich in Begleitung zweier Leibwächter auf. Wir verließen die Stadt und kamen kurz nach Mittag an die große Brücke mit den ungezählten Steinlöwen, die ich nun schon so oft überquert hatte. In den Gärten vor den Häusern am Fluss arbeiteten die Menschen, und aus einer nahen, durch ein Wasserrad betriebenen Hammerschmiede drang der stete Schlag von Metall auf Metall.

Auf der anderen Seite des Flusses standen mehrere Reiter, die ebenfalls gerade die Brücke erreicht hatten und nun zu uns herübersahen.

Erstaunt kniff ich die Augen zusammen, doch es bestand kein Zweifel: Das war Kokachin mit ihrer Eskorte. Mein Herz machte einen Satz.

Zeitgleich ritten wir auf die Brücke hinaus und trafen uns in der Mitte. Sie hatte das Haar streng zurückgebunden und trug einen leichten Deel, wie sie ihn häufiger für Reisen anlegte.

»Kokachin! Wo kommst du denn her?«

Sie lächelte höflich. »Nun, ich komme von dieser Seite des Flusses und würde gerne auf die andere. Wie steht es mit dir, Marco?«

Ich lachte. »Ich bin auf dem Weg nach Xanadu.«

»Da komme ich gerade her. Hatte mein Vater dir nicht einen Auftrag erteilt?«

Ich zögerte einen Moment, denn ich wusste nicht, wie viel ihr Vater oder Chinkim ihr erzählt hatten. Ich hatte aber auch keine Lust, sie anzulügen.

»Das ist richtig, aber gestern hat mir ein Kurier bestellt, dass der Khan mich zu sehen wünsche. Angeblich gibt es Neuigkeiten von meinem Vater.«

Sie zog die Stirn kraus. »Ein Kurier?«

»Sein Name ist Zurficar. Wir kennen uns schon, seit ich das erste Mal an euren Hof kam.«

»Der Name sagt mir nichts.« Sie spielte mit ihrer Unterlippe, wie immer, wenn sie mit sich rang. Ihr selbst war das wahrscheinlich nicht bewusst, doch ich kannte diese Kleinigkeiten an ihr mittlerweile gut. »Eigenartig. Hat er dir nähere Gründe genannt oder ein Schriftstück gezeigt?«

»Nein.« Allerdings war es auch nicht die Art des Khans,

mir persönliche Botschaften in Schriftform zu senden. »Stimmt denn etwas nicht?«

Sie wandte kurz den Kopf, um sich nach ihrer Eskorte umzusehen. Ihre und meine Männer hielten respektvollen Abstand, und es waren gerade keine Reisenden auf der Brücke. Wir konnten uns ungestört unterhalten.

»Ich will ehrlich mit dir sein, Marco: Mutter geht es nicht gut. Und Vater verbringt fast jede Stunde bei ihr. Er lässt so gut wie niemanden mehr zu sich vor, und selbst wenn es Neuigkeiten von deinem Vater oder Nomukhan gäbe, bezweifle ich, dass er davon gehört hätte. Von daher wundert es mich, dass er nach dir geschickt hat.«

»Wer führt dann augenblicklich die Geschäfte in Xanadu?«

»Dein Onkel und Bayan Hundertauge.«

»Ich wünschte, das würde mich beruhigen.«

Sie lächelte schwach. »Da geht es dir nicht anders als mir. Der einzige Grund, weshalb ich hier und nicht bei meinem Vater bin, ist, dass ich nach meinem Bruder suche.«

»Chinkim ist in Khanbalik?«

»Dort wollte er zumindest hin. Sagte, er müsse etwas Wichtiges erledigen. Ich dachte, es hinge vielleicht mit Phags-pa zusammen – der ist kurz zuvor nämlich auch abgereist, und Chinkim mochte den Alten schon immer. Also bot ich ihm meine Hilfe an, er lehnte aber ab. Ich habe keine Ahnung, wo er jetzt steckt.« Sie merkte, wie sich mir die Kehle zusammenschnürte, und sah mich mit strengen Augen an. »Was? Weißt du etwa, was mit ihm ist?«

»Ich dachte, Chinkim wäre in Xanadu …«

»Nicht mehr. Aber du hast meine Frage nicht beantwortet. Was stimmt nicht mit ihm? Seit Wochen verhält er sich immer seltsamer, redet nicht mehr mit mir, dann holt er dich und zieht gegen Ahmat zu Feld, als ob es nichts Wichtigeres gäbe. Also, was hat er dir erzählt?«

Ich war in einem schrecklichen Dilemma: Chinkim war mein Anda, und ich durfte ihn nicht verraten. Andererseits, würde Kokachin nicht trotzdem zu ihrem Bruder halten? Und was hatte es zu bedeuten, dass er zurück in die Hauptstadt gekommen war, ohne sich mit mir in Verbindung zu setzen?

Mein Pferd spürte meine Unruhe und tänzelte schnaubend, bis ich es wieder beruhigt hatte. Unsere Eskorten blockierten nach wie vor die beiden Enden der langen Brücke, vor denen sich mittlerweile neugierige Reisende scharten.

Ich traf eine Entscheidung.

»Wenn ich dir sage, was ich weiß, wirst du mir helfen?«

Kokachins Augen wurden schmal wie Messer. »Wenn du es nicht tust, werde ich dir die Kehle durchschneiden. Wie klingt das?«

»Gut genug. Bitte sag das auch deinem Bruder, wenn er dich je danach fragt.« Ich holte tief Luft. »Chinkim liebt Männer. Ich weiß es, denn er hat mich einmal geküsst.«

Kokachin fuhr zusammen, als hätte eine Schlange sie gebissen. Wieder kam Unruhe in die Pferde, und ich fuhr schnell fort, ehe der Zorn sie überkam. »Es ist Jahre her und nichts weiter passiert! Wir haben das geklärt. Deshalb hat er mich zu seinem Blutsbruder gemacht …«

»Meinst du, das weiß ich nicht?«, schnappte sie. »Wem hast du noch davon erzählt? Na los, sag schon!«

»Niemandem«, antwortete ich wahrheitsgemäß. »Nur dir.«

Das besänftigte sie etwas, und sie ritt wieder neben mich. Auch unsere Eskorten waren kurz zusammengezuckt und entspannten sich nun wieder. »Gut. Und warum erzählst du mir es jetzt, während wir hier den Verkehr aufhalten?«

»Weil wir nicht mehr die Einzigen sind, die davon wissen.«

»Ich dachte …«

»Ich habe es niemandem erzählt! Chinkims Frau aber.«

»Mei-Li?« Das wütende Funkeln in Kokachins Augen wurde zu einem feuchten Schimmer. Sie hatte die Prinzessin der Song in ihr Herz geschlossen, zählte sie längst zu ihrer Familie.

»Mei-Li hat sich in einem unbedachten Moment ihrer Schwester Yin anvertraut. Und nun hat Ahmat Yin seinem Sohn Husain zur Frau gegeben.«

Sie erbleichte. »Das hätte niemals passieren dürfen! Wieso hat Chinkim mir das nicht erzählt? Gemeinsam hätten wir Vater dazu bringen können, dass er seine Zustimmung zu dieser Hochzeit verweigert!«

»Ich fürchte, er glaubte nicht an einen Erfolg. Aber alles, was Chinkim und ich seitdem taten, verfolgte das Ziel, Ahmat zu stürzen, ehe er Yin noch Schlimmeres antut und die Wahrheit über Chinkim ans Licht kommt. Deshalb trage ich mit Tarmaschirin Beweise gegen Ahmat zusammen – auch wenn der Statthalter den eigentlichen Grund dafür nicht kennt.«

»Verdammt«, fluchte Kokachin, und ihr Pferd stampfte mit dem Huf auf. »Verdammt!« Sie schüttelte den Kopf. »In einem habt ihr recht: Wir müssen Ahmat aus der Welt schaffen. Alles andere, was ihr getan habt, war dumm, dumm, dumm! Wie konntet ihr es wagen, mich nicht einzuweihen?«

Ich senkte den Kopf und gab keine Antwort. Vielleicht hätten wir Kokachin wirklich früher um Hilfe bitten sollen.

»Wie weit seit ihr mit euren Beweisen?«, fragte sie.

»Wir haben alles an Büchern und Dokumenten, was wir brauchen, aber es ist noch zu unsortiert. Um deinen Vater zu überzeugen, dass Ahmat ihn jahrelang getäuscht hat, müssen wir erst eine klare Anklage formulieren. Wenn ich aus Xanadu zurück bin …«

Sie schüttelte den Kopf. »Wir holen die Sachen jetzt gleich.«

»Aber Kokachin …«

»Ich habe keine Ahnung, wieso man dich nach Xanadu ruft, aber das kann sicher noch warten. Meinem Bruder läuft die Zeit davon! Wahrscheinlich ist er deshalb auf eigene Faust aufgebrochen. Ich habe Angst, dass er etwas wirklich Dummes tut. Deshalb holen wir jetzt alles, was ihr gegen Ahmat gefunden habt. Dann fragen wir beim Palast, ob irgendjemand weiß, wo Chinkim steckt. Und mit oder ohne ihn schaffen wir eure Bücher so schnell wie möglich nach Xanadu. Zur Not zwinge ich meinen Vater persönlich, dich anzuhören, und du machst ihm die Beweise irgendwie verständlich. Glaub mir, er hat eine Schwäche für dich. Es wird funktionieren!«

»Also gut.« Ich versuchte, mich nicht von ihrer Aufregung anstecken zu lassen, doch was sie sagte, ergab Sinn. Ohne ihre oder Chinkims Unterstützung standen Tarmaschirins und meine Mühen ohnehin unter keinem guten Stern. Kublais Kinder waren wichtige Verbündete. Außerdem war ich froh, Kokachin an meiner Seite zu wissen.

»Eine Frage noch, ehe wir diese Brücke verlassen und unsere Männer hinter unseren Rücken tuscheln«, sagte sie.

»Ja?«

»Was ist mir dir? Liebst du auch Männer?«

»Nein«, sagte ich. »Chinkim dachte es damals wahrscheinlich, aber er hat sich getäuscht. Als er seinen Irrtum bemerkte, sperrte er mich in den Tigerkäfig, und fast hätte er mich nicht mehr herausgelassen.«

Da lachte Kokachin laut auf, doch es war kein boshaftes Lachen. Eher war es das Lachen einer Frau, die endlich die Antwort auf eine Frage erhält, die sie sich lange gestellt hat.

»Und warum erzählst du mir das jetzt? Nach so langer Zeit?«

»Ich dachte nicht, dass du …«, stotterte ich. »Ich meine, ich dachte, du weißt …«

»Du bist ein sehr dummer Mann, Marco Polo«, sagte sie gelassen und setzte ihr Pferd in Bewegung. Hastig wich ich ihr aus und ritt an ihre Seite.

»Ein sehr dummer Mann!«

* * *

Der zierliche Mann bewegte sich mit tänzerischer Anmut durch den Pavillon. Der kleine Raum bot nicht viel Platz, und aufgrund des Dauerregens draußen fiel auch nicht viel Licht durch die offene Tür. Dennoch setzte er jeden seiner Schritte und jeden seiner Handgriffe zielsicher und präzise, denn seine Arbeit erforderte Perfektion – die Perfektion eines Künstlers. Immer wieder verharrte er in nachdenklicher Pose, die Finger mit den langen Nägeln leicht gespreizt, und unterzog sein Werk einer eingehenden Prüfung.

Der Gegenstand seiner ungeteilten Aufmerksamkeit war die frische Leiche eines Mannes, die an einem Hanfstrang vom mittleren der drei Deckenbalken herabbaumelte und unter den sanften Berührungen wie in einer leichten Brise schwang. Er war höchstens eine oder zwei Stunden tot, denn seine Glieder begannen gerade erst zu erstarren, und insbesondere in die endgültigen Gesichtszüge investierte der kritische Künstler viel Mühe. Er strebte einen Ausdruck heiterer Gelassenheit an, war sich jedoch noch unschlüssig, inwiefern ein leichter ironischer Unterton dem Gesamteindruck zuträglich wäre. Dazu bediente er sich auch einer Vielzahl verschiedener Salben und Auszüge, welche die Mundwinkel und Lider des Leichnams lockerten oder fixierten.

Das eigentlich Bemerkenswerte an seiner Schöpfung war jedoch, dass der Tote von der bestickten Robe bis zu den Satinpantoffeln haargenau so gekleidet war wie er selbst.

Beide Männer, der Lebende wie der Tote, waren mittleren

Alters und von schlanker Statur; sie hatten die gleiche Gesichtsform, dieselbe Frisur und hinreichend ähnliche Augen. Aus der Ferne betrachtet hätte man sie ohne weiteres für Zwillingsbrüder halten können, und selbst aus der Nähe war es verstörend zu sehen, wie der Mann seinen eigenen, leblosen Doppelgänger erschuf.

Die leise Stimme, die nun aus dem Regen erklang, schien jedoch eher amüsiert als abgestoßen. »Gao, Gao, Gao!«, sagte sie tadelnd, während nasse Stiefel kleine Pfützen auf dem Boden hinterließen. »Du kannst es nicht lassen, oder?«

Der Angesprochene zuckte zusammen und wirbelte graziös um die eigene Achse, doch das Messer, das auf dem kleinen Tisch bei den Schminksachen lag, hatte da schon den Besitzer gewechselt.

»Wenn du einen deiner Zauber versuchst, wird es dein letzter gewesen sein!«, drohte der Gast und klopfte sich die Robe trocken. »Du weißt, wer ich bin.«

Gao gab nur ein Zischen zur Antwort und versuchte, sich schützend vor den baumelnden Toten zu stellen.

»Eine beeindruckende Arbeit«, lobte sein Besucher. »Sehr viel überzeugender als der Letzte! Sag, wie oft hast du deinen Tod nun schon vorgetäuscht, und wie oft habe ich dich trotzdem gefunden?«

Gao spuckte in die nächste Ecke.

»Aber, aber, du willst mich doch nicht beleidigen.« Die Stimme wurde noch eine Spur freundlicher. »Wie wäre es stattdessen mit einem Handel? Du erledigst noch eine letzte Sache für mich – dann lasse ich dich für immer in Frieden.« Ein leichter Stoß brachte die aufgehängte Leiche zum Pendeln. »Und für dieses trauervolle Spiel besteht kein Grund mehr. Was sagst du, Gao?«

* * *

Wir sahen den Rauch bereits von fern, und wir hörten auch die Alarmglocken und die Rufe der Wachen, die mit Ochsenkarren trögeweise Wasser vom nahen See heranschafften. Ein plötzlicher Brand, noch dazu in der inneren Stadt, war ein seltenes Unglück in Khanbalik. Die Gebäude hatten so großen Abstand zueinander, dass keine Gefahr eines Flächenbrands bestand. Dennoch war man auf alles vorbereitet. Ich kannte die Vorschriften nur zu gut – denn ich selbst hatte sie nach Tarmaschirins Vorgaben überarbeitet.

Wir trieben unsere Pferde an und preschten so schnell es irgend ging durch die Straßen. Vielleicht erkannten uns die Wachen, oder wir waren zu schnell für sie, doch niemand hielt uns auf, bis wir das brennende Haus erreichten. Ein Teil von mir wusste bereits, was ich sehen würde, noch bevor wir um die letzte Ecke des vertrauten Weges bogen und die Menge der Schaulustigen sich vor uns teilte. Dennoch war mir, als verfolgte mein Verstand das Geschehen aus einer tiefen Höhle, sähe nur Schatten im Licht der flackernden Flammen. Ich handelte, ohne zu denken, sprang vom Pferd und zwängte mich durch die Menge, Kokachin dicht hinter mir.

Das Feuer konnte noch nicht allzu lange brennen, hatte mittlerweile aber fast das ganze Haus erfasst. Trotz der redlichen Bemühungen der Löschkräfte breiteten sich die Flammen weiter aus. Am Rand der Menge, dem Haus am nächsten, standen Sarangerel und Tsetseg, die einander weinend in Armen hielten, ihre Söhne und Töchter zwischen sich. Wachen hielten die Familie vom Feuer fern, doch Naranbaatar versuchte sich verzweifelt zurückzukämpfen.

»Was ist passiert?«, schrie ich, doch keiner konnte mir in diesem Moment eine klare Antwort geben.

»Tarmaschirin!«, schluchzte Sarangerel. »Mein lieber Tarmaschirin!«

»Sarnai!«, klagte Tsetseg.

Mit einem raschen Blick in die Gruppe stellte ich fest, dass von der kleinen Sarnai tatsächlich jede Spur fehlte, ebenso wie von ihrem Vater.

»Habt Ihr das Haus auch durchsucht?«, schrie ich die Wachen und Löschkräfte an.

Doch diese ließen sich auf keine Diskussion ein. »Bleibt zurück!«, war das Einzige, was ich aus ihnen herausbekam.

Kurzentschlossen riss ich Sarangerel ihren Seidenschal von den Schultern, tränkte ihn im nächsten Bottich und wickelte ihn mir um den Kopf, so dass er Nase und Mund bedeckte und nur einen schmalen Spalt um die Augen freiließ. Solcherart geschützt rannte ich in das brennende Haus.

Mein erster Weg führte mich ins Kinderzimmer. Das Feuer ergriff gerade erst Besitz von den Wänden und Möbeln, aber der Rauch nahm mir die Sicht und schmerzte beim Atmen.

»Sarnai!«, rief ich, doch erhielt keine Antwort. Ich drehte mich um die eigene Achse, um sicherzugehen, dass ich nichts übersehen hatte. Da merkte ich, dass Kokachin mir gefolgt war. Auch sie hatte sich ein Tuch ums Gesicht gebunden und ging geduckt, um die schlimmsten Rauchschwaden zu vermeiden.

»Kokachin!« Am liebsten hätte ich sie sofort nach draußen geschickt, aber ich bezweifelte, dass sie mir gehorcht hätte, und es blieb keine Zeit für Streit.

»Rasch!« Ich eilte weiter Richtung Arbeitszimmer, während sie die angrenzenden Räume überprüfte.

Wahrscheinlich waren wir noch keine Minute in dem brennenden Haus, aber die Hitze war unerträglich und wurde von Atemzug zu Atemzug schlimmer. Mein ganzer Körper fühlte sich an, als hätte ich mich in glühend heißem Wüstensand gewälzt, und der dünne Schal vor meinem Mund war bereits so gut wie durchgetrocknet.

Der Vorhang zum Arbeitszimmer war eine einzige Feuerwand. Ich griff mir einen Vasenständer und schlug ihn beiseite. Ein neuer Schwall Hitze und Rauch schlug mir entgegen.

Hustend und geduckt hastete ich hinein. Die Regale mit den Schriftrollen und Büchern waren nicht mehr zu retten, und schon leckten die Flammen mit teuflischer Gier an der Marien-Ikone, deren Augen trauervoll durch den Rauch blickten. Fast schien es, als hätte das Feuer hier seinen Anfang genommen, oder vielleicht fand es im Arbeitszimmer auch bloß am meisten Nahrung. Fundament und Außenmauern bestanden größtenteils aus Stein, aber fast das ganze Innere – Möbel, Kissen, Teppiche – war brennbar, und ich wusste nicht, wie lange die Dachbalken noch standhalten würden.

Ich tat noch zwei Schritte tiefer in diesen Höllenschlund, als der Rauch sich in einem Luftzug teilte und den Blick auf einen großen, reglosen Körper am Boden freigab.

»Tarmaschirin!«

Ich kroch unter den dicken, heißen Schwaden über den aufgeheizten Steinboden und kauerte neben ihm nieder.

Der Statthalter war tot. An seiner kahlen Schläfe klaffte eine Wunde wie von einem stumpfen Gegenstand. Ich sah meine schlimmsten Befürchtungen bestätigt: Jemand war hier eingedrungen, hatte Tarmaschirin ermordet und dann Feuer gelegt, um alle Beweise seiner Tat und auch für die Taten des Kanzlers zu vernichten.

»Marco!« Undeutlich sah ich Kokachin im Eingang stehen.

»Bleib, wo du bist!«, schrie ich, denn die Flammen hatten nun das Gebälk erfasst, und erste Holzstücke prasselten von der Decke. Panisch versuchte ich, meine Chancen für den Rückweg einzuschätzen. Sollte ich vielleicht lieber versuchen, durch den Garten zu fliehen?

Da erregte ein Wimmern meine Aufmerksamkeit, und ich

entdeckte ganz in meiner Nähe eine Wölbung unter dem Teppich, dessen Kanten schon zu schwelen begonnen hatten.

Es war Sarnai.

Abermals handelte ich, ohne zu denken. Ich sprang auf, packte das kleine Mädchen und stürzte aus dem Zimmer, im selben Moment, in dem ein Teil des Dachs in einem krachenden Feuerball herabbrach und Tarmaschirins Leichnam unter sich begrub.

Ich stieß gegen Kokachin und drückte ihr die Kleine in die Arme. Sie rannte los Richtung Ausgang, dann merkte sie, dass ich nicht folgte.

»Worauf wartest du? Raus hier!«

»Die Bücher!«, rief ich. »Ich brauche die Bücher!« Denn ich erinnerte mich, dass ich einige auch in meinem eigenen Zimmer verwahrt hatte.

Ich machte kehrt und versuchte, mir einen Weg tiefer ins Haus zu bahnen, doch es war aussichtslos. Schon schwanden mir im dichten Rauch die Sinne, und meine Kehle fühlte sich an, als atmete ich gemahlene Glassplitter. Es war schlimmer als jeder Sandsturm; schlimmer als die schwarzen Künste der Karaunas. Als ein weiterer Teil der Decke einstürzte, stolperte ich und ging zu Boden, und auf einmal wusste ich nicht mehr, wo oben oder unten, vorne oder hinten war. Meine Augen wollten tränen vor Schmerz, doch die Hitze versengte mir schon die Lider. Ich weiß nicht, wie lange ich dort hilflos wie eine auf den Rücken gedrehte Schildkröte lag, doch auf einmal packte mich eine Hand unter der Schulter, eine weitere legte sich um meine Brust, dann hob jemand meine Beine an, ich hörte laute Schreie, und einen Atemzug oder zwei später lag ich hustend und halb besinnungslos vor Schmerz vor Tarmaschirins Haus, und Kokachin und Naranbaatar gaben mir zu trinken und kühlten meine versengte Haut mit Wasser.

»Du bist ein Dummkopf«, sagte sie.

»Das sagtest du bereits.« Ich musste husten.

»Offenbar habe ich es noch nicht oft genug gesagt.«

»Tarmaschirin«, keuchte ich. »Unsere Bücher …«

»Es ist vorbei«, flüsterte Kokachin. »Er hat ihn ermordet. Sei froh, dass du noch lebst.«

»Es ist nicht vorbei«, widersprach ich. »Noch lange nicht!«

Sie drückte vorsichtig meine Hand, und mein Herzschlag beruhigte sich.

Hinter uns kümmerten sich Tsetseg und ihre Familie um die kleine Sarnai. Die Wachen drängten die Schaulustigen zurück und verhinderten damit auch, dass man Kokachin und mir neugierige Blicke zuwarf.

»Wir werden ihn kriegen«, versprach sie. »Die Frage ist – wem können wir noch trauen?«

Das brennende Haus stürzte in sich zusammen, und alles, was von Tarmaschirin und unserer jahrelangen Arbeit geblieben war, stieg in schwarzen Rauchfahnen zum Ewigen Blauen Himmel auf.

* * *

Nachts lag Nicolò oft wach und starrte zu den Sternen empor. Zwar verging kein Tag, an dem er von der Arbeit im Bergwerk nicht zu Tode erschöpft war; kein Tag, an dem ihm nicht der ganze Körper schmerzte und der allgegenwärtige Staub ihm den Atem raubte. Doch der Sternenhimmel in der Wüste war genauso schön wie immer. Allein dort oben war die Welt, wie sie sein sollte; dort oben war Freiheit. Wenn er sich in den Anblick des funkelnden Firmaments vertiefte, konnte er die Hölle, die sein Leben geworden war, für kurze Zeit vergessen.

An den schlimmen Tagen musste er das Gestein brechen und auf die Wagen verladen, oder seine Mitgefangenen brachen es, und er half die Wagen zu ziehen. An den weniger schlimmen Tagen sortierte er die Berge von hellem Geröll oder half, sie in großen Kupfermörsern zu mahlen und anschließend zu waschen, um an die begehrten weißen Fasern zu gelangen, aus denen der unbrennbare Stoff gewebt wurde. Hunderte, wenn nicht Tausende von Sklaven und Kriegsgefangenen schufteten in Dschingintalas wie Tiere. So verging Monat auf Monat, Jahr für Jahr. Neue Gefangene kamen und alte gingen oder verschwanden.

»Dieser Ort ist verflucht«, sagten manche der Älteren. »Selbst wenn du entkommst, stirbst du irgendwann.«

Nicolò hatte mit eigenen Augen verfolgt, dass viele der Arbeiter mit den Jahren erkrankten, sogar wenn sie genug zu essen bekamen. Und er dachte daran, was sie gehört hatten, als sie auf ihrer Hinreise einen flüchtigen Blick auf die Minen geworfen hatten: dass dem Gestein üble Dämpfe oder Geister innewohnten. Anfangs hatte er noch darauf geachtet, sich etwas vor den Mund zu binden, wenn der Staub wieder dicht war. Allerdings war es beinahe unmöglich, an diesem Ort an sauberes Tuch zu kommen, und mit den Jahren verloren Gifte oder Geister ihren Schrecken für ihn.

Das Einzige, was ihn noch beschäftigte, war, was wohl aus seiner Familie wurde, wenn er nicht zurückkehrte: Würde sein Bruder weiter nach Macht streben – dem Einzigen, das ihn zu interessieren schien? Würde Marco eines Tages seine eigene Familie gründen und sein venezianisches Erbe vergessen? Und wie war es um dieses Erbe bestellt? Ob Fiordelisa auf der anderen Seite der Welt noch an ihn dachte oder ihn für tot hielt? Er fragte sich, ob es denn einen Unterschied machte. Und dann musste er weinen, denn er dachte an ihren Jungen, den kleinen Maffeo. Wie alt er wohl inzwischen war? Acht Jahre? Zehn?

Häufig betete er, allein oder gemeinsam mit den Nestorianern und den Muslimen in der Mine. Er betete darum, seine Familie wiederzusehen, und bat Gott um Vergebung für seine Taten. Er betete sogar für seine Feinde, für Kaidu und Shiregi und ihre Aufseher. Er dachte an den Goldschmied Guillaume Boucher und glaubte, dass er ihn nun besser verstand. Sein Glaube allein gab ihm noch Kraft, und er war dankbar dafür.

Manchmal hatte er Gelegenheit, mit Nomukhan zu reden. Der Sohn des Khagans hatte die Gefangenschaft schlecht ertragen: Der bärenstarke Mann war abgemagert, sein langes Haar verfilzt und stumpf. Vielleicht war es die Demütigung der Niederlage gegen Khutulun, die er nie richtig verwunden hatte; vielleicht die Scham seines Scheiterns, die ihm den Glauben an eine Zukunft nahm.

»Selbst wenn man uns noch befreite«, pflegte er zu sagen, »wer zu Hause würde uns willkommen heißen? Meinst du wirklich, sie warten noch auf uns? Wahrscheinlich würden sie uns überhaupt nicht mehr erkennen.«

Damit mochte er sogar recht haben, denn auch von Nicolò hatte die Zeit ihren Tribut gefordert. Sein Rücken war von der Sonne verbrannt, seine Brust eingefallen, und man sah die Rippen unter der Haut. Prinz oder Kaufmann, Krieger oder Dieb, Dschingintalas machte sie alle gleich. Selbst ihre ehemaligen Krieger oder die Mitgefangenen, die erst Hoffnung geschöpft hatten, als sie vom Sohn des Großen Khans in ihrer Mitte erfuhren, kümmerten sich mittlerweile nicht mehr um sie. Und es bestand nur wenig Aussicht darauf, dass irgendwer sonst je von ihnen erfuhr, denn kaum einer verließ Dschingintalas, es sei denn im Tode.

Eine Weile hatte Nicolò herauszufinden versucht, wem das Bergwerk gehörte. Er hatte gehofft, dass ihm dies Aufschlüsse über ihr Schicksal liefern würde; weshalb man sie festgesetzt hatte und ob man sie jemals befreien würde. Doch alles, was er hörte, waren widersprüchliche Gerüchte.

»Angeblich benutzt Kaidu diesen Ort, um seine Feinde verschwinden zu lassen«, berichtete er Nomukhan, was er erfahren hatte. »Andere sagen, dass das Bergwerk einem geheimnisvollen Mann in Khanbalik gehört, der uns seinen Reichtum verdankt. Manche halten ihn für einen bösen Geist, und einige glauben sogar, dass er manchmal hier umgeht, um sich an unserem Leid zu ergötzen. Wieder andere sagen, dass Dschingintalas seit den Tagen der alten Kithaier existiert und man es im Osten und am Hof des Khans längst vergessen hat.«

»Vielleicht stimmt keine der Geschichten«, erwiderte Nomukhan. »Und vielleicht stimmen sie alle. Was für einen Unterschied macht es noch?«

Und er krümmte sich in einem der schlimmen Hustenanfälle zusammen, die ihm in letzter Zeit immer öfter zu schaffen machten.

Nicolò verfolgte diese Anfälle mit Sorge. Der Sohn des Khans war krank, und er glaubte nicht, dass er je wieder gesund werden würde.

Wahrscheinlich war es nur eine Frage der Zeit, bis ihn das gleiche Schicksal ereilen würde. Er dachte nicht darüber nach, wenn er nachts zu den Sternen aufsah. Aber er dachte viel an die Vergangenheit und die Entscheidungen, die er getroffen hatte. Wenn er überhaupt an die Zukunft dachte, dann nicht mehr an seine eigene. In der Zukunft gab es keinen Platz mehr für ihn.

Dann, eines Tages, als er längst die Hoffnung auf Rettung aufgegeben hatte, kamen zwei Männer zu ihm, als er gerade wieder vor einem Hügel Geröll saß und die salamanderhaltigen Stücke sortierte. Erst hatte er sie gar nicht bemerkt; er war in letzter Zeit immer unachtsamer geworden. Auf einmal standen sie vor ihm. Teilnahmslos und schlecht gelaunt blickten sie auf ihn herab.

»Bist du der Lateiner Nicolò Polo?«

»Der bin ich«, krächzte er.

»Na endlich«, brummte der Fremde. »Komm mit!«

»Wohin?«, fragte er.

»Khanbalik«, sagte sein Begleiter.

Einen Moment glaubte er, er hätte sich verhört. Konnte es wirklich wahr sein? Hatte der Fremde tatsächlich den Namen der Hauptstadt genannt?

»Soll ich verkauft werden?«

Der Fremde lachte. »Wer sollte für ein Knochengestell wie dich noch was zahlen? Nein, wir sollen dich einfach nur hinbringen. Dann kannst du machen, was du willst.«

»Heißt das, ich bin frei?«

»Kann man so sehen.«

Misstrauisch betrachte Nicolò die beiden Männer. Mit ihren alten Rüstungen und den zahlreichen Narben im Gesicht wirkten sie nicht sehr vertrauenswürdig. »Wer schickt euch?«

»Wenn du noch länger dumme Fragen stellst, stech ich dich ab und sag, ich hätt' dich nicht gefunden!«, beschwerte sich der Mann.

Doch das glaubte Nicolò nicht. Jemand – wer? – hatte sich die Mühe gemacht, herauszufinden, wo man ihn gefangen hielt. Dann hatte er diese Männer auf eine viele hundert Meilen lange Reise geschickt, um ihn zu holen. Er glaubte nicht, dass der Khan es war, denn der Khan hätte nicht nur zwei Mann gesandt, und nicht zwei so finstere Gestalten wie diese. Nein, irgendjemand bezahlte oder erpresste diese beiden. Und wahrscheinlich würde dieser Jemand sehr ärgerlich sein, wenn sie ihren Auftrag nicht erfüllten.

»Was ist mit meinem Freund?«, fragte Nicolò und deutete auf Nomukhan, der etwas abseits mit ausdruckslosem Gesicht und den immer gleichen Gesten das Gestein verlud. »Kann er auch gehen?«

»Es war nur von dir die Rede«, sagte der Mann.

»Seht ihn euch doch an!«, sagte Nicolò, als Nomukhan wieder husten musste. »Mein Freund ist krank. Man hat ihn gebrochen. Wahrscheinlich hat er nicht mehr lange zu leben, und ich habe ihm versprochen, dass er seine Familie wiedersieht.«

»Ich hab doch gesagt …«

»Ohne ihn gehe ich nicht«, erklärte Nicolò und griff nach einer Spitzhacke.

Die beiden Männer tauschten ratlose Blicke. Ein paar Wachen schauten verärgert in ihre Richtung.

»Leg das Ding weg und mach keinen Ärger. Wie heißt dein Freund?«

Nicolò überlegte nicht lang. Wenn sie nicht wussten, wer Nomukhan war, dann beließ er es besser dabei.

»Samson«, sagte Nicolò. »Sein Name ist Samson.«

XVII
Verschwörer

Im Keller der Witwe Xie herrschte duftendes Zwielicht. Kokachin entzündete eine weitere Bienenwachskerze und stellte sie neben die anderen. Das Zwielicht hob sich gerade genug, um die übrigen Gesichter in dem kleinen Raum zu erkennen.

Mit grimmigem Blick verfolgte Chinkim, wie seine Schwester wieder neben mir Platz nahm. Der Prinz, das hatte er uns deutlich zu verstehen gegeben, war weder erfreut darüber, dass wir sein an sich naheliegendes Versteck in der Hauptstadt so rasch gefunden hatten, noch dass wir nun plötzlich Teil seines Plans waren.

»Warum erzählt ihr es nicht gleich dem ganzen Hof?«, beschwerte er sich. »Wie viele Leute wollt ihr noch einweihen? Schreit es doch von den Türmen!«

Mir war klar, dass er damit nicht nur unseren Plan, gegen

Ahmat Banakati vorzugehen, meinte. Er liebte seine Schwester, doch selbst wenn er geahnt hatte, dass sie sein Geheimnis kannte, ärgerte es ihn, dass es keines mehr war.

»Du bist undankbar und fast so schwer von Begriff wie dein Blutsbruder!«, rügte ihn Kokachin, während die anderen beiden Männer am Tisch die Blicke abwandten. »Glaubst du ernsthaft, die Witwe Xie hat nicht bemerkt, was ihr in ihrem Keller treibt? Deine Schwiegermutter war lange genug Kaiserin, um eine Verschwörung zu erkennen, wenn sie eine im Haus hat!«

»Und wieso sollte sie uns helfen?«

»Vielleicht, weil sie alles, was sie noch hat, den Menschen hier in diesem Raum verdankt und Ahmat ihr am liebsten auch das genommen hätte?«, gab sie zurück.

Chinkim blieb eisern. »Trotzdem wünsche ich nicht, dass Mei-Li noch tiefer in diese Angelegenheit verstrickt wird. Genauso, wie ich mir gewünscht hätte, dass meine Schwester nicht in Gefahr gerät, *Anda.*« Er betonte das letzte Wort wie zum Spott.

»Ich habe Kokachin eingeweiht, weil du nicht da warst, als wir dich brauchten«, entgegnete ich höflich. »Du hättest nicht eigenmächtig vorpreschen sollen, Anda. Wir hatten einen Plan.«

»Und was hat er uns gebracht?«, rief Chinkim. »Allenfalls die Bestätigung dessen, was wir schon wussten: dass Ahmat jeden aus dem Weg räumt, der ihm gefährlich werden könnte. Erst Mutter, dann Phags-pa, nun der Statthalter – wer weiß, vielleicht hatte er sogar etwas mit der Entführung Nomukhans und deines Vaters zu tun. Mit Bayan und deinem Onkel hatte er noch keinen Erfolg, aber wer kommst als Nächstes? Willst du es sein? Soll ich es sein? Sind wir beide dem Tod nicht schon nahe genug gewesen?« Angst und Zorn spielten auf seinen Zügen. »Wenn wir noch länger warten, wird das Haus Toluis fallen, die Yuan-

Dynastie enden, bevor sie richtig begonnen hat, und das Haus Banakati wird das Land Kithai regieren!«

Ich hielt es nicht für nötig, ihn darauf hinzuweisen, dass er sich in Spekulationen erging. Wir wussten nicht, ob wirklich jemand Chabi Khatun vergiftete oder ob hinter der Gefangennahme Nicolòs und Nomukhans durch Kaidu noch mehr steckte. Doch wie man es auch drehte und wendete, in einem hatte er recht: Die junge Dynastie steckte in einer schweren Krise. Der stolze Kublai Khan war geschwächt. Die Bedrohung an seinen Grenzen wuchs von Jahr zu Jahr, während das Reich in seinem Inneren zerfiel. Es fehlte nicht mehr viel, und ein zu allem entschlossener Mann könnte ihm die Herrschaft aus der Hand nehmen.

Zwar war nie herausgekommen, wer damals in Xanadu der geheimnisvolle Drahtzieher des Anschlags auf Chinkims Jagdgesellschaft gewesen war oder wer vor Quinsai einen Attentäter auf mich angesetzt hatte. Es bestand für mich aber kein Zweifel daran, wer Tarmaschirin getötet und sein Haus und unsere Arbeit in Brand gesteckt hatte. Die Mahnung des Statthalters ging mir durch den Kopf: *Mord ist immer auch eine geschäftliche Angelegenheit. Unterschätze niemals die menschliche Habgier!*

Ahmat und seine Söhne gelüstete es nach Macht – und sie konnten jeden Moment nach ihr greifen.

»So weit wird es nicht kommen«, versprach ich. »Also wieso lassen wir nicht den Streit, und du stellst uns deine neuen Freunden vor?«

Chinkim legte beide Hände auf den Tisch und sammelte sich einen Augenblick. Dann nickte er und wies auf den hünenhaften Mann zu seiner Rechten. »Das ist Wang Zhu. Er hat ebenso guten Grund, mit Ahmat abzurechnen, wie wir.«

Dem Namen nach war Wang Zhu ein Kithaier, doch er hatte sich die Stirn nach Art der Mongolen rasiert, und als er das Wort ergriff, sprach er Mongolisch, wenngleich mit

Akzent. Im Süden waren Leute wie er noch verpönt; im Norden, der seit über hundertfünfzig Jahren unter wechselnder Fremdherrschaft lag, war er nichts Ungewöhnliches.

»Ahmat hat mir meine Frau und meine Tochter genommen«, grollte er. »Und als ich mein Wort gegen ihn erhob, sorgte er dafür, dass ich meine Arbeit und meinen Rang verlor.«

»Wang Zhu war mit einer Mongolin verheiratet und diente dem Khan lange Jahre als Kheshig«, erklärte Chinkim.

Ahmats Gier war mir immer noch unbegreiflich. »Wie viele Frauen besitzt er eigentlich?«, fragte ich fassungslos.

»Gerüchteweise mehrere hundert«, sagte Chinkim. »In verschiedenen Städten. Viele hat er mit seinen Söhnen verheiratet, andere hat er seinen Gefolgsleuten geschenkt. Ich bin mir nicht einmal sicher, ob er selbst Gefallen an ihnen findet – er sammelt sie einfach wie Gold oder Pferde, gebraucht sie als Lock- oder Druckmittel.«

»Meine Kehle ist trocken«, brummte Wang Zhu. »Können wir nicht etwas zu trinken haben?«

Chinkim sah bittend zu seiner Schwester, doch die schüttelte den Kopf. »Geh selbst, wenn du nicht willst, dass die Dienerschaft den Keller betritt.«

»Ich hole etwas«, erbot ich mich, ehe neuer Streit zwischen den Geschwistern ausbrach.

Ich stand auf und erklomm die steile Holzleiter nach oben. Wahrscheinlich hatte der Keller einmal als Lager gedient, doch außer ein paar alten Balken und Säcken war nicht mehr viel davon zu sehen. Dank der Zuwendungen Chabi Khatuns führte die Witwe Xie weiter das Leben einer wohlhabenden Frau, der man täglich frische Speisen brachte.

Ich fand sie im Kreis ihrer Familie vor dem Haus, von wo aus man einen schönen Blick über den Park bis zum Seeufer hatte. Ein alter Diener fächelte ihnen kühle Luft zu, doch

Mei-Li saß wie versteinert, Schweißperlen auf ihrer Stirn. Ich fragte mich, ob sie krank war.

Neben ihr saßen der kleine Temür und Zhao Xian. Der letzte Kaiser der Song war mittlerweile ein Junge von zehn Jahren und noch aufmerksamer und verständiger als früher, wenn das überhaupt möglich war. Es hatte etwas Ergreifendes, ihn mit Temür zu sehen. *Das alte und das neue Reich*, dachte ich.

»Hallo, Marco«, sagte Xian.

»Euer Hoheit«, sagte ich, so wie immer.

»Geht spielen«, sagte die Witwe Xie zu den Kindern. »Na los!«

Xian griff lachend Temürs Hand. Sie rannten los, einem Schmetterling nach. Mei-Li erhob sich ebenfalls und entfernte sich ohne ein Wort.

»Was machen die Barbaren in meinem Keller?«, fragte die Witwe Xie freundlich.

»Die Barbaren sind durstig«, antwortete ich.

Sie gab dem Diener einen Wink, und er legte den Fächer ab. »Das wollen wir nicht. Besser, die Barbaren sind guter Dinge.«

Ein zarter Wandel huschte über ihre alten Züge, und ihre Stimme wurde ernst.

»Werdet ihr mir meine Yin wiederbringen? Kokachin hat es versprochen.«

»Wir werden alles tun, was nötig ist. Wie geht es Mei-Li?«

»Ich möchte nicht, dass sie tiefer in diese Sache verwickelt wird«, sagte die Witwe. »Bis diese schändliche Angelegenheit vorüber ist, wird sie keinen weiteren Umgang mit euch pflegen.«

»Niemand will, dass ihr etwas geschieht«, versicherte ich ihr.

Die Witwe sah mich durchdringend an. »Ihr habt meiner Familie eure Gastfreundschaft versprochen«, erinnerte sie mich. »Du und dein *Vater.*« Damit meinte sie Kublai. »Nun hat sein Kanzler meine Yin geraubt. Die Soldaten holten sie mitten in der Nacht und sagten, sie werde verheiratet. Ist das eure Art von Gastfreundschaft? Alle guten Sitten mit Füßen zu treten?«

»Ich gelobe, dass der Kanzler für seine Verbrechen bezahlen wird«, sagte ich. »Er tötete Statthalter Tarmaschirin, der wie ein Vater für mich war.«

»Wie ein Vater, was?«, fragte die Witwe und musterte mich. »Sag, Marco Polo, wie viele Väter hast du eigentlich?«

»Keinen mehr«, gestand ich. »Man sagte mir einmal, wir Polos wären mit der ganzen Welt verheiratet. In Wahrheit bin ich ziemlich allein.«

»Vielleicht sind wir uns ähnlicher, als ich befürchtet habe«, seufzte die Witwe. »Nun, ich brauche wohl nicht zu sagen, wie ich mit einem Kanzler wie Ahmat verfahren würde, oder?« Sie blickte von mir zu ihrem Diener, der schon in Quinsai für sie gearbeitet hatte. »Jetzt geh zu deinen Barbaren, ehe sie unruhig werden.«

Der alte Diener führte mich zu einer Kammer, in der die Witwe mehrere Fässer Reis- und Pflaumenwein eingelagert hatte. Er füllte mir drei Flaschen Reiswein ab und wollte sie für mich in den Keller tragen, doch ich lehnte dankend ab. Mit Flaschen und Trinkschalen in einem Korb balancierte ich vorsichtig die Leiter hinab.

»Was macht die Witwe?«, fragte Chinkim, sobald sich die Klappe über mir geschlossen hatte.

»Sie sorgt sich um unser leibliches Wohl«, antwortete ich und stellte den Korb auf den Tisch. »Bitte sehr.«

Wang Zhu griff sich eine Flasche und trank, ohne sich um die kleinen Schälchen zu kümmern. Es brauchte nicht viel, um zu erkennen, dass er vor Wein nicht mehr Respekt hatte als umgekehrt.

Der Mann neben ihm aber griff ohne Eile nach einem

Schälchen und schenkte sich ein. Er hatte fein geschnittene Züge und sehr gepflegte Hände mit auffallend langen Fingernägeln. Seine weite, scharlachrote Robe war mit vielen geheimnisvollen Zeichen bestickt. Bis jetzt hatte ich ihn noch kein Wort sprechen hören.

»Das ist Gao«, sagte Chinkim, als er meinen Blick bemerkte. »Er beherrscht unsere Sprache nicht.«

»Wie will er uns dann unterstützen?«, stellte Kokachin die Frage, die auch mir durch den Kopf ging.

»Wang Zhu kann für uns übersetzen. Richtig, Wang Zhu?«

Der ehemalige Kheshig grollte eine unverständliche Antwort.

»In der Regel wird das aber nicht nötig sein. Gao braucht keine Übersetzer, denn er redet mit den Geistern. Ist es nicht so, Gao?«

Gao nippte an seinem Reiswein, dann sagte er ein paar melodische Worte, die ich nicht verstand. Mochte sein, dass es eine Antwort auf Chinkims Frage war, vielleicht aber auch nur ein Kommentar zu seinem Wein, den er nun mit einem Pülverchen aus einer kleinen Flasche zu versetzen begann.

»Geister«, wiederholte ich.

»Gao ist ein Zauberer der Taoisten«, sagte Chinkim, während der Kithaier mit einem seiner langen Nägel den Wein umrührte. »Und er kommt mit den höchsten Empfehlungen.« Ich war mir nicht sicher, glaubte aber, einen ironischen Unterton aus seiner Stimme herauszuhören.

»Und wessen Empfehlungen wären das?«, fragte ich.

»Die des einen Mannes, der uns allen hätte helfen können, wenn mein Vater ihn nicht in seiner Kurzsichtigkeit verstoßen hätte.«

»Du meinst Phags-pa«, stellte Kokachin fest. »Du hast mit ihm geredet?«

»Kurz bevor er Xanadu verließ.«

»Weißt du, wo er ist?«

Chinkim schüttelte den Kopf. »Glaub mir, ich wünschte, er wäre nun bei uns. Aber er wird uns dennoch helfen und hat bereits mehr getan, als ihr ahnt – zum Beispiel hat er diese beiden tapferen Freiwilligen für uns beschafft. Ich erzähle euch die ganze Geschichte gern später.«

»Ich verstehe nicht, weshalb du deinen Freunden und deiner Familie misstraust und gleichzeitig wildfremde Menschen ins Vertrauen ziehst«, sagte ich. »Was macht dich so sicher, dass Wang Zhu und Gao uns helfen werden?«

»Ganz einfach«, sagte Chinkim. »Unser Gao ist nicht nur ein zweitklassiger Zauberer, sondern auch ein erstklassiger Mörder. Nicht wahr, Gao? Wenn man dich nächstes Mal schnappt, kann dir niemand mehr helfen.«

Wieder war nicht ersichtlich, ob der zierlicher Kithaier verstand, worum es ging. Kichernd sah er zu, wie der Wein in seiner Schale die Farbe hin zu Blau änderte, dann trank er einen Schluck und machte eine lobende Bemerkung.

»Und was Wang Zhu betrifft ... wieso zeigst du es ihnen nicht selbst?«

Der stämmige Mann griff unter seinen Mantel und zog einen großen Knüppel aus schimmerndem Messing hervor, den er vor sich auf den Tisch legte. Im Kerzenschein glaubte ich eine unbeholfene Gravur in Staatsschrift darauf zu erkennen.

»Steht da ›Ahmat‹ auf diesem Knüppel?«, fragte ich ungläubig.

»Seit achtzehn Monden träume ich jede Nacht von nichts anderem, als ihm den Schädel damit einzuschlagen«, sagte Wang Zhu.

Chinkim breitete mit gewinnendem Lächeln die Hände aus. »Damit wäre das geklärt.«

Bei allem Tatendrang schien mir dies doch etwas kurz

gedacht. »Wir können nicht einfach in den Palast gehen und den Kanzler totschlagen. Wir müssen uns überlegen, wie wir das alles erklären. Leider sind beim Brand von Tarmaschirins Haus fast alle Beweise vernichtet worden, die wir die letzten Wochen über gegen Ahmat gesammelt haben …«

»Auch dafür wird gesorgt sein«, wehrte Chinkim ab. »Phags-pa hat es mir versprochen. An Ahmats Schuld werden keine Zweifel bestehen – Vater muss nur eine Durchsuchung seiner Häuser anordnen.«

Das klang fast zu einfach, um wahr zu sein. »Ich hoffe, du irrst dich nicht.«

»Wir werden nicht einmal in die Palaststadt müssen«, fuhr Chinkim fort. »Ahmat kommt zu uns.«

»Wie stellst du dir das vor?«, fragte Kokachin.

»Ganz einfach: Ich verlange, ihn am Tor zu sprechen. Ich bin immer noch der Thronerbe, auch wenn er mich für ein wertloses Ärgernis hält. Wenn ich ihn rufe, kann er es sich nicht erlauben, mir den Gehorsam zu verweigern. Besonders nicht vor Zeugen.«

»Zeugen«, wiederholte ich.

»Ich werde natürlich eine Eskorte haben. Alles andere wäre unglaubwürdig. Was Ahmat nicht weiß, ist, dass die Eskorte ausschließlich aus alten Freunden Wang Zhus besteht, die ihm noch treu ergeben sind.« Er bedachte den trinkenden Kheshig mit einem Lächeln. »Ihm und dem Geld, das sie erhalten werden, natürlich. Sie wissen nicht, was geschehen wird. Nur, dass sie uns zu beschützen haben, egal, was passiert.«

»Und was wird passieren?«, fragte ich.

»Sobald Ahmat vor uns steht, schlagen wir zu. Wer immer ihn zuerst erwischt, darf sich glücklich schätzen.«

»Nun, das werde nicht ich sein«, sagte Kokachin. »Für mich zählt vor allem, Yin zu befreien. Während ihr Ahmat zu euch lockt, dringe ich auf anderem Weg in seine Gemächer ein.«

»Das ist viel zu gefährlich!«, protestierte Chinkim, doch Kokachin lachte nur. »Ich glaube, du hast vor lauter Rachegedanken dein eigentliches Ziel aus den Augen verloren! Ging es ursprünglich nicht genau darum? Yin zu retten, bevor noch etwas Schlimmes passiert?« Sie musste nicht aussprechen, was sie damit meinte.

»Meint Ihr, meine Frau und Tochter sind vielleicht auch im Palast?«, fragte Wang Zhu, und Kokachin warf ihm einen strengen Blick zu. Sie traute den beiden Kithaiern genauso wenig wie ich, so viel war klar.

»Mag sein, dass sie irgendwo dort drinnen sind. Aber das habt ihr selbst in der Hand: Wenn euer brillanter Plan aufgeht, werden eine Menge Frauen ohne Mann sein.«

»Was ist mit dir, Marco?«, fragte Chinkim und hielt mich mit seinem Blick fest. »Wirst du uns helfen?«

»Was für eine Frage.« In Wahrheit hielt ich Chinkims Plan für unausgegoren, und das war noch höflich ausgedrückt. Doch ich sah die Entschlossenheit in seinem Gesicht und die Mordlust auf den Zügen Wang Zhus, und ich wusste, dass alle Einwände zu spät kamen. Ich konnte Chinkim entweder unterstützen oder ihn im Stich lassen – und Letzteres kam auf keinen Fall in Frage. »Ich freue mich darauf, den Kanzler endlich persönlich zu treffen.«

Chinkims Züge entspannten sich. Zufrieden trank er einen Schluck von seinem Reiswein.

»Eines habe ich noch nicht verstanden«, merkte ich an und deutete auf Gao, dessen Lippen inzwischen eine bläuliche Farbe angenommen hatten. »Wo wird Gao sein?«

Da lächelte Chinkim zufrieden. »Oh, ganz in der Nähe. Aber so, dass Ahmat ihn nicht sehen kann.«

»Und wie will er das anstellen?«

»Ganz einfach«, sagte Chinkim. »Er macht sich unsichtbar.«

XVIII
Nacht am Palast

Kurz vor Mitternacht trafen wir uns vor der Palastanlage. Es war eigenartig, so vor ihren Mauern herumzuschleichen, war es doch eigentlich der Palast des Khans, in dem auch Chinkim und seine Geschwister über Gemächer verfügten und in dem ich selbst über Jahre hinweg ein und aus gegangen war. Seit der Khan aber die Augen vor den Vorgängen in seiner Hauptstadt verschloss, war es in erster Linie der Palast Ahmats geworden, und keiner von uns wusste, wem wir darin noch trauen durften oder auf wessen Seite die Wachen standen.

Wir hatten uns dafür entschieden, einen der westlichen Eingänge zu benutzen, an dem nur eine schmale Brücke über den Wassergraben führte, der die Anlage von den meisten Seiten umschloss. Allenfalls vier Leute fanden dort nebeneinander Platz, so dass Wang Zhu und seine zehn gekauften Männer mehr als ausreichend waren, sie zu sichern. Wenn es uns gelang, Ahmat aus diesem Tor und auf die Brücke zu locken, waren wir in einer ausgezeichneten Position, ihn zu überwältigen.

Kokachin bestand darauf, alleine und an anderer Stelle in die Palaststadt einzudringen. Auf diese Weise glaubte sie Yin am ehesten erreichen zu können, ohne dass jemand etwas bemerkte; und wenn alles nach Plan verlief, bot unser Angriff auf der Westseite die geeignete Ablenkung für die beiden Frauen, um unbemerkt zu entkommen. Weder Chinkim noch mir behagte es, dass sie sich in Gefahr begab, aber wir wussten auch beide, wie sinnlos es war, der Prinzessin einen einmal gefassten Entschluss wieder ausreden zu wollen.

Gao machte derweil seinem Ruf alle Ehre: Der exzentrische Zauberer war nirgends zu sehen. Wang Zhu versicherte uns aber, dass er ganz in der Nähe sei.

»Willst du damit sagen, er hat sich tatsächlich unsichtbar gemacht?«

»Ich habe ihn mit eigenen Augen verschwinden sehen«, bekräftigte der ehemalige Kheshig. Ich roch den Reiswein in seinem Atem.

»Er wird schon auftauchen, wenn wir ihn brauchen«, beruhigte mich Chinkim. »Oder auch nicht.« Die letzte Bemerkung war wohl als Scherz gemeint, aber mir war nicht nach Lachen zumute.

»Und wenn er uns verrät?«

»Oh, er weiß genau, was ihm dann blüht«, sagte Chinkim. »Ich habe ihm gedroht, ihn vierteilen zu lassen – aber weißt du, was eigenartig ist? Ich glaube, davor hat er längst nicht so viel Angst wie vor dem, was Phags-pa mit ihm anstellen wird.«

Chinkim hatte mir in der Zwischenzeit berichtet, unter welchen Umständen Phags-pa Wang Zhu und Gao rekrutiert hatte. Über welche Druckmittel der oberste Lama verfügte, konnte ich aber nur raten. Ich beschloss, mich nicht in solche Angelegenheiten einzumischen.

Wir verließen den Schutz der Bäume und hielten direkt auf die Brücke zu. Die Wege in unmittelbarer Nähe des Palasts wurden von Laternen erhellt, die im frischen Wind pendelten. Mit klopfendem Herzen vergewisserte ich mich des gekrümmten Schwerts an meiner Seite, während wir raschen Schrittes auf die Brücke hinaustraten und auf das Tor zumarschierten. Die beiden Wachen, die dort standen, senkten alarmiert die schweren Speere, die nach Art von Hellebarden über zusätzliche Klingen verfügten. Als sie Chinkim erkannten, entspannten sie sich ein wenig.

»Euer Hoheit«, sagten sie überrascht, und ich konnte mir ihre Verwirrung gut denken. Niemand im Palast wusste, dass der Prinz wieder in Khanbalik weilte, und selbst wenn, hätte niemand damit gerechnet, ihn zu dieser Stunde unvermittelt vor einem Seiteneingang zu treffen, noch dazu in Begleitung einer so ungewöhnlichen Leibgarde.

»Ich wünsche den Kanzler zu sprechen«, sagte Chinkim. »Jetzt sofort.«

»Selbstverständlich«, stotterten die Wachen und wollten den Weg freigeben, doch Chinkim bellte sie an wie ein verärgerter General. »Soll ich den werten Kanzler etwa selbst aus dem Schlaf reißen? Na los! Sagt ihm, dass es dringend ist, und bringt ihn her. Und dass ihr uns hier nicht zu lange warten lasst!«

Die beiden Männer schraken zusammen und verschwanden eilig durch die kleine Tür, die im Tor eingelassen war. Wir verteilten uns auf der Brücke, als gälte es, den Ausfall eines belagerten Feindes abzuwehren. Aus den Augenwinkeln sah ich, wie Wang Zhu den Knüppel unter seinem Gewand packte.

»Dann wollen wir mal sehen«, murmelte Chinkim. Und wir warteten in gespanntem Schweigen.

Nach einer wahrscheinlich nur kurzen Zeit, die mir dennoch wie eine Ewigkeit vorkam, hörten wir, wie sich Schritte auf der anderen Seite des Tors näherten. Dann ging die Tür abermals auf, und heraus trat ein schlanker Mann in einem dunklen Gewand, begleitet von mehreren Wachleuten. Ich merkte, wie Wang Zhu sich verkrampfte.

»Das ist nicht Ahmat«, flüsterte Chinkim mit einem raschen Seitenblick. Vermutlich sorgte er sich ebenso wie ich, dass der ehemalige Kheshig die Nerven verlieren könnte. »Das ist Husain!«

Tatsächlich erkannte ich nun den Sohn des Kanzlers. Er trat aus den Schatten der Mauer auf uns zu und baute sich flankiert von seinen Männern vor uns auf, so dass sich nun zwei etwa gleich starke Gruppen auf der Brücke gegenüberstanden.

»Chinkim«, grüßte er den Prinzen herablassend. »Was kann ich für dich tun? Falls du dich für dein ungehobeltes Verhalten bei unserem letzten Treffen entschuldigen magst, so komm doch bitte morgen wieder! Es ist schon spät, und ich lausche gerade den Liedern zweier herrlicher Mädchen.« Damit spielte er auf eine Redewendung der Kithaier an – ich hatte längst gelernt, dass »Singen« bei Leuten wie ihm selten mit Musik zu tun hatte, selbst wenn dabei der Mund zum Einsatz kam. »Vielleicht nehme ich mir später noch Zeit für meine neue Frau. Sag, singt ihre Schwester ebenso schön?«

Eigentlich rechnete ich da fest damit, dass Chinkim ihm an die Kehle springen würde wie ein Tiger, doch etwas hielt ihn zurück. Vielleicht war es der Gedanke an Kokachin, die in diesen Minuten im Palast sein musste und die durch einen vorzeitigen Alarm in große Gefahr geriete. Vielleicht war es auch das Wissen, dass er niemals an Ahmat herankommen würde, wenn er jetzt die Beherrschung verlor. Ahmat war das Fundament seines Schattenreichs, die Wurzel allen Übels. Ohne ihn brach alles zusammen. Sein Sohn Husain war nur ein Vasall.

Chinkims Fäuste öffneten und schlossen sich, seine Nasenflügel blähten sich.

»Ich dachte, ich hätte mich klar ausgedrückt«, sagte er. »Ich wollte deinen Vater sprechen. Ich weiß nicht, was respektloser ist: dass er dich vorschickt oder dass du dir herausnimmst, mich in seinem Namen abzuweisen.«

»So, du findest mein Verhalten also respektlos?« Um Husains Selbstbeherrschung war es schlechter bestellt als um die des Prinzen. Wenn er sich bei ihrem letzten Aufeinandertreffen gemaßregelt hatte, so war dies einzig Kublais Gegenwart geschuldet gewesen. Nun aber fühlte er sich überlegen und war mit seiner Geduld rascher am Ende als ein Steuereintreiber bei einem störrischen Bauern. »Habt ihr gehört?«, rief er seinen Männern über die Schulter hin zu und hob eine Hand. »Prinz Chinkim fühlt sich *respektlos* behandelt. Vielleicht sollten wir ihm …«

Wir fanden niemals heraus, was für einen Vorschlag er hatte machen wollen, denn in diesem Moment blitzte es mit lautem Knall neben uns auf, und aus einer Wolke aus Funken und Rauch sprang Gao, von Kopf bis Fuß in Schwarz gekleidet, eine Klinge in jeder Hand. Ich hatte meine Zweifel an seinen Fähigkeiten gehabt, doch er erschien tatsächlich wie aus dem Nichts. Er war in Nacht gekleidet und atmete Nacht. Er *war* die Nacht.

Dumm nur, dass er ohne vorige Warnung erschien, denn wir erschraken alle fast so sehr wie unsere Gegner. Ich begriff auch nicht, weshalb er sich ausgerechnet diesen Moment für seinen Angriff ausgesucht hatte. War ihm überhaupt klar, dass Husain nicht der war, den wir suchten? Vielleicht hatte er sich schon gewundert, weshalb wir so viel Zeit mit Reden vergeudeten, statt endlich loszuschlagen.

Ein oder zwei Herzschläge lang standen wir wie gelähmt. Die Schattengestalt ließ ihre Klingen wirbeln, und zwei Soldaten fanden augenblicklich den Tod. Dann brach Chaos aus. Mit lautem Schrei schleuderte Husain Gao einen seiner eigenen Männer in den Weg, um sich eine Atempause zu verschaffen. Chinkim versuchte, seiner habhaft zu werden, musste sich aber erst den Weg zu ihm freikämpfen. Schon stürzte der Erste im Gedränge von der Brücke.

Wang Zhu sah seine Gelegenheit gekommen und schwang seinen Messingknüppel wie ein wahnsinniger Riese, zerschmetterte Speere und Knochen und legte einen Ring der Zerstörung um sich. Seine Männer wollten sich ihre Gegner suchen, kamen aber nicht an ihm vorbei. Ich zog mein Schwert, doch die Hiebe prasselten nur so auf mich ein, jemand schlug mir die Waffe aus der Hand, ich spürte einen scharfen Schmerz im Knie und ging zu Boden.

Das Letzte, was ich sah, war Husain, der abgeschnitten

vom rettenden Tor Richtung der äußeren Stadt rannte, Chinkim dicht auf den Fersen, und Gao, der von mehreren Speeren durchbohrt wurde. Etwas unter seiner Robe explodierte, beißender Rauch breitete sich aus, dann sandte mich ein stumpfer Schlag gegen die Schläfe in die Nacht.

Unbestimmte Zeit später kam ich wieder zu mir. Überall um mich herum lagen Gefallene, und irgendwo in der Ferne hörte ich Schreie. Ich wusste weder, wo Chinkim war, noch was aus Husain geworden war. Neben mir lag Wang Zhu. Sein Knüppel war ihm aus der Hand geglitten und neben mich gerollt. Mein Knie schmerzte, und ein pochender Druck in meinem Schädel machte jede Regung zur Qual. Der saure Geschmack in meinem Mund ließ mich vermuten, dass ich mich übergeben hatte. Von Gao war nur seine rauchende Robe geblieben. Vorsichtig drehte ich den Kopf, doch eine neue Welle der Übelkeit raubte mir die Sinne.

Als meine Sicht sich abermals klärte, sah ich die Gestalt. Sie war groß und hager und in einen schwarzen Umhang gekleidet und schritt langsam zwischen den reglosen Körpern umher, als böten sie aus jedem Blickwinkel eine neue Erkenntnis. Hinter ihr machte ich undeutlich einige Helfer aus, welche die Gefallenen durchs Tor zogen wie Raubtiere Beute in ihre Höhle. Dann fiel die Tür mit hohlem Klang ins Schloss. Die Gestalt war noch da.

Und auf einmal war ich gewiss, dass es sich bei ihr um niemand anderen als um jenen rätselhaften Mann handeln musste, der für mich bislang so unerreichbar wie eine Fata Morgana geblieben war: jenen Schattenkaiser, der seit Jahren die Schätze und Töchter des Reichs an sich raffte, als wäre er fest entschlossen, es langsam auszubluten zu lassen. Ahmat, der Herr der Heimlichkeit. Wen suchte er da zwischen den Toten?

Er wandte mir den Rücken zu.

Aus den Augenwinkeln wurde ich einer Bewegung gewahr. Wang Zhus Finger hatten unmerklich gezuckt. Der alte Kheshig hatte seinen letzten Kampf noch nicht aufgegeben. Da schlug er die Augen auf und blickte mich an, als hätte er die ganze Zeit gewusst, was um ihn herum vorging. Und ich verstand, was dieser Blick und sein schwacher Fingerzeig mir bedeuteten.

Lautlos schloss sich meine Hand um den Knüppel. Vielleicht war dies die letzte Hoffnung, die uns blieb. Für einen Kampf war ich zu schwach. Sobald Ahmat mir seine ungeteilte Aufmerksamkeit schenkte oder die Wachen zurückkamen, um uns zu holen, wäre es um mich geschehen. Noch aber hatte der Kanzler mich nicht bemerkt.

Ich hob den Knüppel vorsichtig an. Er war sehr schwer, lag aber gut in der Hand. Das polierte Messing schimmerte im Licht der fernen Laternen.

Als die hagere Gestalt einen Schritt zur Seite machte, um über einen Arm oder ein Bein zu steigen, hielt ich die Luft an. Nur wenige Schritte vor mir blieb sie stehen. Sie bückte sich kurz – ich holte aus –, und als sie sich wieder aufrichtete, warf ich den Knüppel mit aller Kraft.

Die Waffe flog in einem hellen, goldenen Wirbel und traf die Gestalt am Hinterkopf. Es gab ein Geräusch wie von einem knackenden Ast. Die Knie versagten ihr den Dienst, und sie sackte in sich zusammen.

Einen Augenblick lang war ich selbst überrascht. Es war ein Treffer, als hätten Geister mir die Hand geführt.

Ich rappelte mich auf und machte zwei unsichere Schritte auf den Niedergestreckten zu. Mir drehte sich immer noch alles, doch ich kämpfte die Übelkeit herab. Ich durfte mir keine weitere Schwäche erlauben. Noch waren wir allein auf der Brücke, aber die Wachen mochten jeden Moment zurückkommen …

Zögernd kniete ich mich neben den reglosen Körper. Ich spürte, wie Wang Zhus müder Blick auf mir ruhte. Dann nahm ich all meinen Mut zusammen und drehte die Gestalt auf den Rücken. Ich musste mich davon überzeugen, dass Ahmat tatsächlich tot war …

Es war nicht Ahmat.

Einen Moment wurde mir schwarz vor Augen. Ich konnte nicht glauben, was ich da sah. Dann, eines nach dem anderen wie die Steine eines großen Mosaiks, fielen die Teile an ihren Platz.

Die Adlernase, die scharfen Brauen …

Vor mir lag Zurficar.

Und mir wurde klar, weshalb ich Ahmat niemals getroffen hatte und wieso niemandem außer mir der Name Zurficar etwas sagte, mit Ausnahme vielleicht meines Vaters und Onkels, falls sie jenen vermeintlichen Kurier des Khans, der uns damals am Jadetor erwartet hatte, nicht längst aus dem Gedächtnis gestrichen hatten.

Ich dachte an den Prinzen Shiregi, der die Kunde unserer Ankunft seinerzeit nach Xanadu geschickt hatte und der heute mit Kaidu paktierte und Mitschuld am Schicksal Nicolòs und Nomukhans trug. Wie lange gab es schon diese Verbindung zwischen Zurficar und den Rebellen?

Er hatte mir seine Welt, sogar seine Zieheltern vorgestellt, immer höflich, immer neugierig, wie ich reagierte – ich, der Sohn des Lateiners, der dem Khan vor langer Zeit eine Allianz mit dem Papst versprochen hatte; der Junge mit dem Kopf voller Träume, den die weißen Stuten des Khans bei seiner Ankunft in Xanadu willkommen hießen. Er musste sich gefragt haben, ob ich und meine Familie eine Gefahr für ihn darstellten; ob Gott oder der Ewige Blaue Himmel uns gesandt hatten oder all dies nur eine Reihe unglaublicher Zufälle war.

Dann hatte er mitverfolgt, wie der Khan uns erst unserer

Vorrechte beraubte und wir seine Gunst Schritt für Schritt wieder errangen. Wie Kublai mich an Sohnes statt annahm und Nicolò und Maffeo zu seinen Beratern machte. Plötzlich *waren* wir eine Gefahr für ihn, und doch ließ er nicht von seinem Spiel, wie eine Katze, die den Zeitpunkt versäumt, ihr Opfer zu töten. Ich überlebte erst den Anschlag auf Chinkim, dann den auf mich selbst. Steckte er persönlich dahinter, oder erhielt er immer erst hinterher Kunde von der Rolle, die ich bei der Vereitelung seiner Pläne gespielt hatte?

Angeblich wandert Ahmat manchmal durch die Straßen. Er mischt sich in Verkleidung unters Volk …

Ich dachte an seinen letzten Besuch und das Mitgefühl, das er für meinen Vater gezeigt hatte. Hatte ihn etwa das Gewissen geplagt?

Ich habe kürzlich erst davon erfahren.

Und mich überkam ein großes Bedauern ob seiner Täuschung, auch Wut, doch vor allem trauerte ich um den Freund, den ich in ihm gesehen hatte und der nun durch meine Hand gefallen war.

Ermattet ließ ich mich neben ihm nieder.

Da schlug er die Augen auf.

»Marco«, flüsterte er schwach.

Ich gab keine Antwort.

»So kommt es also«, sagte er. »Ich wusste immer, dass du etwas Besonderes bist, vom ersten Tag an. Manchmal dachte ich, du erinnerst mich an die Jugend, die ich nie hatte. Nun weiß ich, dass ich meinen Tod in dir gesehen habe.«

»Warum?« war alles, was ich herausbrachte.

Er überlegte, als wäre dies eine Frage, über die er tatsächlich noch nie nachgedacht hatte.

»Weil ich es konnte«, sagte er dann. »Wieso führt der Khan die Kriege, die er führt, statt sich mit dem zu bescheiden, was er hat? Er hat sich längst ein Paradies geschaffen.«

»Du bist nicht der Khan«, stellte ich fest.

Er verzog die dünnen Lippen. »Richtig. Ich war ein Waisenkind. Dschingis Khan zerstörte Banakat. Die Mongolen haben meine Familie getötet und mich verschleppt. Sie ließen mich für sich schuften. Sie haben mich zu dem gemacht, was ich bin: niemandes Sohn.«

Niemand. *Nergüi.* »Wussten deine Zieheltern die Wahrheit?«

»Natürlich nicht. Für sie war ich immer nur Zurficar, Kublais Kurier, der stets auf der Reise ist und viel zu selten seine Eltern am Rand der Wüste besucht. Ich glaube, die Wahrheit hätte sie nicht stolzer gemacht.«

»Aber …« Mir stockte die Stimme. »Die Frauen … all das Leid, das du verursacht hast …«

Er zuckte die Achseln. »Beides hat mich nie gekümmert. Ich tat, was ich tat, weil ich meinem Willen folgte und weil niemand mich aufhielt. Dies ist das einzige Gesetz in Kublais Paradies …«

In gewisser Weise ist er mir ähnlich: eine Herrschernatur.

»Wie leicht es doch ist, Macht zu erlangen, wenn man stets tut, was nötig ist!« Sein Atem ging schwer, und er musste husten. »Meine Söhne stellten nie in Frage, was ich bin. Sie glaubten immer fest daran, dass wir das Reich eines Tages übernehmen würden.«

»Und du? War es das, was dich antrieb?«

»Nein«, sagte er. »Ich wollte es bloß zu Fall bringen. Es so lange ausnehmen, bis es zusammenbricht und Kublai dasselbe Schicksal zuteilwird wie mir: ein hilfloses Nichts ohne Heimat zu sein. Auch wenn es ein Leben lang dauern würde, das zu erreichen – ich wollte, dass er weiß, wie es ist, wenn einem alles genommen wird.«

Ich dachte an die seltsame Distanziertheit, mit der er mir auf unserer Reise Kublais Reich und Hof nähergebracht hatte, und fragte mich, was es aus einem Menschen macht, der Jahre, Jahrzehnte nur an der Zerstörung eines anderen arbeitet.

Er hustete wieder, und als er den Kopf hob, sah ich die dunkle Blutlache, die sich darunter gebildet hatte. Ich sah auch Blut in seinen Ohren, und seine Augenhöhlen waren fast schwarz.

»Ich wollte aber nie, dass es dich trifft«, flüsterte er.

»Was?«, fragte ich überrascht.

»Du warst immer nur zur falschen Zeit am falschen Ort«, sagte er und schaute mich an. »Die falsche Zeit … der falsche Ort …«

Ich merkte, wie seine Lebensgeister von ihm wichen. Und auf einmal empfand ich Mitleid mit diesem Mann, obwohl er doch ein Verbrecher war und seine Schergen mich mehr als einmal zu töten versucht hatten, ob mit oder ohne sein Wissen. Ich hatte Mitleid mit seiner Einsamkeit.

Ich legte ihm vorsichtig die Hand auf die Stirn, wagte aber nicht, nach seiner Wunde zu sehen. Die Blutlache breitete sich immer weiter aus.

»Marco«, sagte er noch einmal. »Da ist noch etwas …«

»Was?«, fragte ich, als er den Satz nicht beendete.

Erst dachte ich, er hätte mich nicht mehr gehört, dann aber bebten seine Lippen.

»Dein Vater«, sagte er. »Ich habe ihn …« Doch nur noch ein schwacher Hauch entfuhr seinem Mund. Sein Kopf kippte zur Seite, die Augen in die Ferne gerichtet.

Ahmat, der Bailo, war tot – und mit ihm der Kurier Zurficar.

Hatte er mir zuletzt seine Schuld gestehen wollen? Oder gab es noch etwas anderes?

In diesem Moment näherten sich zahlreiche Schritte aus der Ferne.

Ich musste mich schnell entscheiden: Waren es Chinkim oder Freunde, so war ich in Sicherheit – waren es aber

Ahmats Leute oder auch nur reguläre Wachen, würde ich niemals dieses schreckliche Blutbad erklären können.

Ich kämpfte mich auf die Beine, wobei mir abermals ein scharfer Schmerz ins Knie fuhr. Ich sah nach Wang Zhu, doch der große Mann hatte die Augen geschlossen, und mir blieb keine Zeit. Die Schritte kamen schnell näher.

In aller Eile taumelte ich davon, und mein Schmerz und meine Zweifel folgten mir, bis sie und ich mit dem Dunkel Khanbaliks verschmolzen.

XIX
Ein Sturm weissen Laubs

Der nächtliche Wind hatte weiter aufgefrischt und zerrte an meinen Kleidern, während ich zurück zu unserem Unterschlupf hinkte. Tiefe Unruhe hatte mich erfasst, nicht nur der ungeheuerlichen Einsicht wegen, jahrelang vom Drahtzieher allen Übels an der Nase herumgeführt worden zu sein. Ich machte mir Sorgen wegen Kokachin und Chinkim. Es war zu spät, irgendwem Vorwürfe zu machen. Unser Plan war schlecht gewesen – aber gab es einen guten Plan, den Kanzler des Khans zu ermorden? Waren wir also erfolgreich gewesen?

Ein Teil von mir ahnte, dass diese Nacht noch nicht vorüber war.

Gelegentlich glaubte ich, fernes Fußgetrappel in den Straßen zu hören. Aufgrund meiner Bewusstlosigkeit war ich mir nicht sicher, wie spät es mittlerweile war, aber ich wollte in meinem Zustand nicht von der Stadtwache aufgegriffen werden. Jeden Moment konnte Ahmats Leiche entdeckt und Alarm ausgelöst werden. Ich hoffte nur, dass Kokachin rechtzeitig entkommen war.

Wenigstens diese Sorge erwies sich als unbegründet. Der alte Diener der Witwe Xie ließ mich ein, und kaum, dass ich hineingeschlüpft war, fiel mir Kokachin um den Hals.

»Wo ist Chinkim?«, war das Erste, das sie mich fragte.

»Ich weiß es nicht. Er verfolgte Husain, ehe Ahmat den Palast verließ. Dann gab es einen Kampf. Ich bin mir nicht sicher, ob Wang Zhu noch lebt. Alle anderen sind tot oder gefangen.«

Kokachin wurde blass. »Und Ahmat?«

»Ich habe ihn getötet«, sagte ich.

Da drückte sie mich abermals. »Danke«, flüsterte sie. »Danke, dass du zurückgekommen bist.«

»Ich glaube, ich war der Einzige, mit dem er nicht gerechnet hat. So wie immer.«

»Wie meinst du das?«

Und da erzählte ich ihr alles, soweit dies in wenigen Minuten möglich war: wie Zurficar mich vom ersten Tag an unter seine Fittiche genommen und seine Maskerade all die Jahre aufrechterhalten hatte, um in seinem Spiel um die Macht zwei Menschen zugleich zu sein: mein Gegner und mein Freund. Kokachins Augen wurden größer und größer.

»Seine Anhänger müssen ihm bedingungslos ergeben gewesen sein«, schloss ich. »Männer, die nicht nur bereit waren, für ihn zu sterben, sondern auch, seine Lüge zu leben. Er ging ein hohes Risiko damit ein, wem er sich in welcher Rolle zeigte.«

»Oder er hatte einen Doppelgänger«, mutmaßte sie. »Jemand, der ihn als Ahmat bei bestimmten Anlässen vertrat, während er als Zurficar durchs Land reiste.«

»Chinkim glaubte das auch.«

»Das würde seinen Einfluss bei so vielen und unterschiedlichen Menschen erklären …«

»Und auch das Attentat vor Quinsai.« Wenn Ahmat heimlich vor Ort oder im Umland gewesen war, hätte er einem seiner Männer befehlen können, den Unterhändler zu töten – ahnungslos vielleicht, dass ausgerechnet ich es war.

Ich tat mich immer noch schwer damit, zu begreifen, dass er dieses Schattenspiel auch *meinetwegen* aufgeführt hatte. Was hatte er wirklich in mir gesehen? Ein einsamer Mann, der in seinen Lügen noch einsamer wurde.

»Wie geht es Yin?«, fragte ich sie. »Hattest du Erfolg?«

Sie warf einen Blick hinter sich, doch wir waren allein im Raum. Vom anderen Ende des Hauses hörte ich leise Schritte und den feinen Klang von Porzellan.

»Ja. Sie ist hier, aber es geht ihr sehr schlecht. Die Witwe und Mei-Li kümmern sich um sie.«

»Was ist denn mir ihr?«

»Ahmat oder Husain haben sie gefoltert.«

»Was –«

Doch sie schüttelte den Kopf, und ich verstummte. »Sie redet nicht mit mir. Ihre Wunden sind nicht lebensgefährlich, aber die tiefsten trägt sie nicht auf ihrer Haut.« Sie deutete auf mein Knie. »Bist du verletzt?«

Vorsichtig rollte ich meine Hose vom Knöchel her hoch. Das Knie war geschwollen und blau wie verlaufene Tinte. Ich glaubte aber nicht, dass es gebrochen war.

»Es wird schon wieder.«

»Ich muss nach Chinkim suchen«, sagte sie. »Er hätte schon längst wieder zurück sein sollen.«

»Ich komme mit«, sagte ich, ohne zu zögern.

Sie wollte es sich nicht anmerken lassen, aber ich sah die Erleichterung auf ihren Zügen. »Zieh dir einen sauberen Deel an«, riet sie und deutete auf die Blutspritzer auf meiner Kleidung; ich hatte sie bislang nicht bemerkt. Sie nahm mir mein Schwert ab und gürtete es sich selbst um. »Ahmat ist tot, das Versteckspiel ist vorbei.«

Kurz darauf waren wir nicht mehr zwei finstere Verschwörer, sondern wieder Prinzessin und Statthalter.

Dann traten wir abermals hinaus in die Nacht.

Die Stimmung in der Stadt war unwirklich, wie am Vorabend einer Katastrophe. Die Bäume der inneren Stadt beugten sich im Wind, und viele Häuser hatten aus Angst vor einem Brand ihre Laternen gelöscht. Immer wieder hörten wir das Klappern von Bambus, wenn sich Wachen gegenseitig riefen, gefolgt von fernen Schritten, doch es war ein Rennen ohne Richtung. Die Stadt war führerlos in diesen Stunden und schlief einen unruhigen Schlaf. Ich musste daran denken, wie Tarmaschirin mich das Zeichen für Erdrutsch und Kaisertod gelehrt hatte.

Wir lenkten unsere Schritte zunächst zurück zum Palast.

»Was ist hier los?«, herrschte ich den ersten Trupp Wachen an, auf den wir stießen.

Ich sah die Anspannung auf dem Gesicht des jungen Anführers und die zwei oder drei Herzschläge, die es brauchte, bis er mich und Kokachin erkannte und sich unserer Befehlsgewalt unterwarf. Er wirkte beinahe erleichtert.

»Es hat einen Angriff gegeben! Der Kanzler ist tot, seine Söhne sind unauffindbar!«

»Auch Prinz Chinkim ist verschwunden«, sagte Kokachin. »Wir haben es wahrscheinlich mit einem Aufstand zu tun.«

»Der Prinz ist hier?« Die Panik wollte den jungen Mann abermals überwältigen, doch er behielt sich im Griff.

»Sichert den Palast!«, befahl ich. »Niemand darf hinein oder hinaus. Alle Personen von Rang sollen zu ihrem eigenen Schutz in ihren Gemächern bleiben. Bei Sonnenaufgang erhaltet ihr neue Befehle!«

»Halt!«, rief Kokachin, als die Männer kehrtmachen wollten. »Ihr vier, mitkommen! Ihr anderen überbringt den Befehl des Statthalters.«

Begleitet von unserer kleinen Eskorte eilten wir weiter. Die Schmerzen in meinem Knie pochten mit jedem Schritt, doch mein Herz schlug einen so heftigen Rhythmus dagegen, dass ich sie kaum wahrnahm.

»Wie sollen wir ihn finden?«, raunte ich Kokachin zu, als wir uns einem der Tore zu äußeren Stadt näherten. »Khanbalik ist riesig.«

Sie strich sich eine Strähne aus der Stirn, die der stürmische Wind aus ihrem Zopf gelöst hatte.

»Chinkim hätte die Stadt nicht verlassen, ohne uns Bescheid zu geben«, flüsterte sie, so dass es die vier Wachen nicht hörten. »Und wenn ihm etwas zugestoßen wäre, wüssten wir inzwischen davon.« Ich merkte, wie sie sich an diese Hoffnung klammerte, und widersprach ihr nicht. »Also muss er immer noch auf Husains Fährte sein. Die Beute wird uns zum Jäger führen.«

»Wo aber könnte Husain zu dieser Stunde Unterschlupf finden? Was bleibt ihm noch, jetzt, da sein Vater tot ist?«

»Wenn er weiß, dass die Kinder Kublais sich gegen ihn verschworen haben, muss ihm klar sein, dass ihm nicht mehr viel Zeit bleibt.«

»Wie spät ist es überhaupt? Ich habe schon lange nicht mehr …«

Da begann in der Ferne, als hätte er nur darauf gewartet, der Glockenturm zu läuten: einmal, zweimal, dreimal, immer wieder …

Kokachin und ich schauten einander an. Die Glocke schlug nicht den Beginn der nächsten Wache – sie schlug einen Alarm. In diesem Augenblick wussten wir beide, dass nichts mehr so sein würde wie zuvor.

Wir lösten uns aus unserer Starre und rannten los, durch enge Gassen und immer breitere Straßen, bis der Mond für einen Moment zwischen den Wolken hervortrat und wir den hohen Turm mit seinen mehrfachen aufgewölbten Dachtraufen vor uns aufragen sahen. Ein Stück dahinter erahnten wir dunkel seinen Zwillingsbruder, den Trommelturm.

Noch bevor wir um die letzte Ecke bogen, wehte uns der Wind die ersten Blätter um die Füße. Zuerst hielt ich das Papier für Abfall, obwohl dies in einer so sauberen Stadt wie Khanbalik ungewöhnlich gewesen wäre. Vielleicht, dachte ich, hatte der Sturm es aus einem offenen Fenster geblasen. Doch die Blätter wurden immer mehr, und als wir schließlich auf den Platz zwischen den beiden Türmen hinaustraten, waren sie schon überall.

Das Zweite, was mir auffiel, war, dass der sonst so gut gesicherte Platz fast menschenleer war. Auch unsere Eskorte hatten wir verloren. Nur eine einsame Gestalt verharrte dort am Fuße des Turms.

Der Anblick, der sich uns bot, sollte sich für immer in unsere Herzen einprägen.

Vor dem Glockenturm stand Chinkim, gehüllt in eine Wolke wirbelnder Blätter wie in einen Sturm weißen Laubs. Er wandte uns den Rücken zu und hatte den Kopf in den Nacken gelegt. Wir sahen nicht, ob er zum Turm aufblickte oder nur das Gesicht in den Papiersturm hielt, der ihn umtanzte wie tausend wilde Schmetterlinge. Immer wieder schlug die Glocke, als gälte es, ganz Khanbalik aus dem Schlaf zu reißen. Der Himmel war nun voller Blätter, bedrohlich in ihrer Zahl, doch beinahe festlich, genug, die ganze Stadt damit zu schmücken. Es war ein Anblick eigenartiger, verstörender Schönheit.

Dann schlug mir eins der Blätter ins Gesicht, und als ich es fortwischte, bemerkte ich zum ersten Mal, dass es beschrieben war – nein, *bedruckt.* Ich bückte mich nach einem anderen Blatt, um sie zu vergleichen. Sie waren absolut identisch: ein kurzer Text in Phags-pas Staatsschrift, mit derselben geschnitzten Vorlage hunderttausendfach vervielfältigt, damit die Botschaft vom nächtlichen Wind bis in den hintersten Winkel der Hauptstadt getragen wurde …

Ein boshaftes Lachen schallte vom Dachgeschoss des

Turms zu uns herab. Jemand stand dort oben und schlug wie besessen die Glocke.

Und ich begriff, was geschehen war, noch bevor ich die ersten Worte entziffert hatte und Kokachin auf ihren Bruder zurannte.

»Chinkim!«

Der Prinz drehte den Kopf und blickte uns mit einem Ausdruck überraschten Bedauerns entgegen, als hätten wir ihn gerade aus einem friedlichen Traum gerissen. Kein Wort drang durch den Sturm an unsere Ohren, nur ein Lächeln spielte auf seinen Lippen. Dann wandte er sich ab und floh in den Glockenturm, schlug die Tür hinter sich zu.

Entsetzt rannte ich Kokachin hinterher und holte sie vor dem Eingang ein. Sie schrie und bearbeitete die Tür mit den Fäusten, doch ihr Bruder hatte sie verbarrikadiert.

»Gemeinsam!«, stieß ich aus, und auf mein Zeichen hin warfen wir uns beide dagegen. Meine Schulter erwachte in hellem Schmerz, die Tür ächzte, gab aber nicht nach.

»Noch einmal!«

Beim zweiten Mal war der Schmerz fast weniger schlimm. Die Tür brach auf, wurde jedoch von etwas Schwerem dahinter blockiert. Ich griff durch den Spalt und bekam eine Tischkante zu fassen. Ich zog den Tisch ein Stück weit zur Seite, und mit vereinten Kräften gelang es uns, die Tür aufzuschieben und uns hindurchzuzwängen.

Drinnen wartete eine dunkle Wachstube auf uns. Der Raum hatte eine hohe Decke und nahm das gesamte Untergeschoss des Turmes ein. Mehrere Leichen in der Rüstung der Wachmannschaft lagen zwischen umgestürzten Bänken. Weiter hinten konnte ich die Umrisse der großen Wasseruhren erahnen, welche die Zeit bis zum Beginn der nächsten Wache maßen. Wir hielten uns nicht länger auf und nahmen die steile Holztreppe nach oben.

Noch während wir die Stufen nach oben stürmten, hörte

ich über uns Kampfeslärm – und ich wusste, dass wir zu spät kamen.

Ein gellender Schrei zerriss die Nacht.

Die Glocke schlug noch ein letztes Mal und schwang dann aus.

Wir erreichten den obersten Treppenabsatz.

Das Obergeschoss war eine große, überdachte Holzterrasse, in deren Mitte die schwere Eisenglocke hing, die wir gehört hatten. Auch hier lagen überall die bedruckten Blätter. Sie stammten von mehreren Packen, die der Wind, der unter das Dach fuhr, fast schon abgetragen hatten. Die Reste bildeten ein Bett für die Toten. Blut tränkte das weiße Papier, so dass die gescheckten Blätter mehr denn je wie wirbelndes Herbstlaub wirkten.

Ich kann nicht mehr sagen, was wir zuerst taten oder sahen im Taumel der Angst und des Begreifens. Ich sah die Toten: die Stadtwachen und Husains Helfer, die sich mit ihrer tödlichen Fracht gewaltsam Zutritt verschafft hatten. Ich sah die Pfeile und Dolche, die noch in den Leibern steckten, und stellte mir vor, wie sie einander im Kampf um den Turm getötet hatten. Hatte Husain als Einziger überlebt, in dem sicheren Wissen, dass er gewonnen hatte, als er den ersten Packen öffnete, die Glocke schlug und seine Botschaft dem Wind anvertraute? Hatte er in den letzten Minuten seines Lebens seine Rache ausgekostet?

Diese Rache musste Husain von langer Hand geplant haben – vielleicht seit jenem Tag, als Chinkim ihn in Xanadu vor aller Augen schlug; vielleicht seit er Yin zur Frau begehrte oder noch länger. Wie lange hatte er schon geahnt, dass Chinkim ein Geheimnis vor seinem Vater und dem Hof besaß – ein Geheimnis, mit dem man ihn eines Tages vernichten könnte? Ein Geheimnis, das nun keines mehr war: Der Wind hatte es durch alle Straßen, in jedes Fenster geblasen, und spätestens morgen früh würde ganz Khanbalik die

Wahrheit über den Prinzen und seine verbotenen Vorlieben wissen.

Ich stellte mir Chinkim vor, wie er Husain durch die Stadt jagte, die ganze Nacht über, seine Spur verlor und wieder aufnahm, bis er ihn und seine Helfer im Glockenturm in der Falle glaubte – nur um mit dem ersten Fall weißen Papiers zu erkennen, dass es vorbei war.

Was blieb ihm noch zu tun?

Und ich sah Kokachin, wie sie schreiend zur Brüstung rannte, um Gewissheit zu erlangen, und mich selbst, wie ich neben sie trat und wir uns weinend in den Armen lagen – hoch über dem Leichnam des lächelnden Prinzen und des gestürzten Verräters, den Chinkim in seinem letzten Kampf mit in den Tod gerissen hatte.

Dann blies der Wind die ersten Regentropfen unter das Dach, und wir sahen die Laternen der Soldaten, die wie wir dem wildem Glockengeläut gefolgt waren.

Kokachin löste sich von mir und schritt kurz die Gefallenen ab. Einer von Husains Männern schien noch zu leben, doch sie stieß ihm das Schwert in den Leib.

»Du weißt, was heute Nacht hier passiert ist?«, fragte sie ernst. Nur das Beben ihrer Lippen verriet ihren Schmerz.

Ich musste nicht überlegen. Uns blieb keine Zeit mehr für Trauer. »Der Kanzler und sein Sohn wollten eine bösartige Lüge über den Prinzen Chinkim verbreiten. Ihre Absicht war es, seine Ehre und die seiner Familie zu beschmutzen und die Yuan-Dynastie zu schädigen, ja, zu vernichten.«

»Ganz genau so ist es«, sagte Kokachin. »Der Prinz gab sein Leben im Kampf um seine Ehre. Sein heldenhafter Tod beweist seine Unschuld! Und treue, aufgebrachte Bürger stürmten in ihrer Wut den Palast und erschlugen den Kanzler.«

»Morgen früh werde ich verlautbaren lassen, dass jeder, der diese Lügenblätter am Tor zur inneren Stadt abliefert, sie in bares Geld umtauschen kann.«

»Sag auch, dass jeder, der am Abend noch eines besitzt, hingerichtet wird«, sagte Kokachin, und ihr Blick ließ keinen Zweifel daran, dass es ihr ernst war.

»Sollen wir Ahmats Häuser durchsuchen lassen? Vielleicht gibt es noch mehr Exemplare. Auch die Druckvorlagen existieren sicher noch.«

»Nein«, sagte Kokachin. »Ahmats Besitz wird versiegelt, seine Familie unter Arrest gestellt. Alles andere muss warten, bis Vater eintrifft. Wenn Phags-pa tatsächlich Beweise deponiert hat, ist es am besten, wenn der Khan sie persönlich sieht.«

»Brauchen wir wirklich noch weitere Lügen?«

Sie musterte prüfend die Soldaten unter uns, die inzwischen den Platz abgesperrt hatten. »Ahmat hatte seine Männer überall. Wir können uns glücklich schätzen, wenn es uns gelingt, den Frieden in der Stadt zu wahren, bis Vater seine Entscheidung gefällt hat.«

Sie nahm mich bei der Hand. »Jetzt komm! Wir müssen Stärke zeigen – sonst war alles vergebens.«

Chabi Khatun verließ Xanadu niemals wieder. Sie starb friedlich, ihr Mann an ihrer Seite. Mit ihr verlor Kublai nicht nur die Frau, die ihm von all seinen Frauen am teuersten gewesen war, sondern auch eine treue Ratgeberin und unersetzliche Stütze. Ungeachtet seiner Minister, seiner Generäle und Wahrsager: Von nun an beherrschte er sein Reich allein.

Ob Chabis Tod eine natürliche Ursache gehabt hatte oder nicht, blieb ein Geheimnis. Phags-pa, Meister aller Geheimnisse bei Hofe, war verständig genug gewesen, sein Heil in der Flucht zu suchen, ehe zu viele Finger auf ihn zeigten. Manche sagten, er sei zurück in seine Heimat Tebet gegangen, wo es in den Jahren darauf zu großen Umstürzen kam.

Ebenfalls ist denkbar, dass er auf seiner Reise ermordet wurde, denn das Schattenreich, das Ahmats Helfer und Helfershelfer die letzten Jahre hinweg errichtet hatten, war nach wie vor gefährlich; ein mehrköpfiger Drache, dem man jedes seiner Häupter einzeln abschlagen musste.

Leider traf das Henkersbeil zunächst die Falschen. Auf Geheiß Cogatais, des Anführers der Stadtwache, wurden alle Verdächtigen, die mit dem Tod des Kanzlers und den Vorkommnissen dieser Nacht in Verbindung gebracht wurden, im Schnellverfahren hingerichtet – darunter auch Wang Zhu. Wir verdankten ihm viel, denn der Kheshig verriet keinen seiner Mitverschwörer. Vielleicht glaubte er bis zuletzt, dass Prinz Chinkim kommen würde, ihn zu retten. Doch bis Kokachin und ich erfuhren, wo man ihn festhielt, war es zu spät.

Später erfuhr ich, dass Cogatai seine Anweisungen bereits vor mehreren Wochen aus einem Brief erhalten hatte, der die Unterschrift meines Onkels trug. Im Wesentlichen stand darin, dass der Khan bis auf Widerruf kurzen Prozess mit jeglichen Aufrührern wünsche. Das wiederum legte nahe, dass Maffeo bereits mit einem Attentat gerechnet hatte, als Phags-pa Wang Zhu und Gao rekrutierte – und ich fragte mich, wer die eigentlichen Verschwörer waren. Hatten beide den entehrten Kheshig und den glücklosen Zauberer als Opfer eingeplant, um Prinz Chinkim auf seinem Zug gegen Ahmat den Rücken freizuhalten? Zuzutrauen wäre es ihnen.

Der Kanzler erhielt derweil ein Staatsbegräbnis, mit allen Ehren – nicht minder prunkvoll wie das Chinkims.

Betäubt vor Schmerz und rasend vor Zorn kehrte der Khan zurück nach Khanbalik, sobald er vom Schicksal seines Sohns und Erben erfuhr. Besessen vom Wunsch nach einem Schuldigen für den doppelten Verlust, der seine Familie heimgesucht hatte, ordnete er endlich eine gründliche

Durchsuchung von Ahmats Besitzungen an. Und was für Resultate diese Suche zutage förderte!

Als Kublais Männer einen Schrank im Keller eines der fraglichen Häuser aufbrachen, entdeckten sie darin mehrere sorgfältig präparierte Menschenhäute. Angeblich besaßen sie sogar noch Haare und Ohren. Weiterhin fanden sie eine gleiche Anzahl an Stühlen und geheimnisvolle, unverständliche Schriften, deren Illustrationen allerdings wenig Zweifel an der beabsichtigten Verwendung der Häute ließen. Es bestand kein Zweifel: Ahmat Banakati hatte mit Hilfe von Geistern und schwarzer Magie versucht, sich den Khan, ja das ganze Reich untertan zu machen.

Ich glaubte diese Geschichte keinen Moment. Offensichtlich handelte es sich bei dem makabren Fund um das Abschiedsgeschenk Phags-pas, der geahnt hatte, dass nicht weniger als das vonnöten wäre, Kublai von Ahmats Schuld zu überzeugen. Es war tragisch, dass Lügen bewirken mussten, was Wahrheit nicht vermocht hatte – aber letztlich verfehlte der Fund nicht seine Wirkung.

Ahmats Besitz, darunter ausgedehnte Ländereien mit Tausenden von Pferden und Kamelen, wurde beschlagnahmt. Häuser in Khanbalik, Kaifeng und Quinsai wechselten den Besitzer. Vierzig Frauen und vierhundert Konkubinen kehrten heim zu ihren Familien oder mussten sich ein neues Leben aufbauen – darunter auch Wang Zhus Frau und Tochter. Ahmats Söhne und seine Gefolgsleute wurden hingerichtet, wo immer man ihrer habhaft wurde, ihre Opfer rehabilitiert. Der Leichnam des Kanzlers wurde wieder ausgegraben und in einem großen öffentlichen Spektakel enthauptet. Anschließend verfütterte man seine Überreste an die Hunde.

Wie schon damals in Xanadu wohnte der gesamte Hofstaat diesem ehrlosen Ende bei, darunter auch Kokachin und ich. Das Spektakel bereitete mir Übelkeit – für mich war Ahmat trotz seiner Greueltaten genauso auch Zurficar gewesen. Und gleich, was man ihm im Tode noch antat, es brachte mir nicht die Menschen zurück, die mir die letzten Jahre Freunde und Familie gewesen waren: den alten, tapferen Statthalter Tarmaschirin und meinen unglücklichen, großherzigen Anda Chinkim. Ich wusste wirklich nicht, was aus mir werden sollte, ohne sie.

Und die Zeit der Trauer war noch nicht vorbei.

Auf Geheiß des Khans wurde Mei-Li ihr Sohn abgenommen. Zwar war es Kokachin und mir in den Tagen nach Chinkims Tod gelungen, Husains Schmähschrift fast spurlos aus dem Verkehr zu ziehen, und der Khan bekam meines Wissens nie ein Exemplar zu Gesicht. Auch der Regen beseitigte ihre Spuren. Die Bürger Khanbaliks aber kannten den Inhalt, und letztendlich erreichten die Gerüchte den Hof. Ich weiß nicht, ob Kublai ihnen Glauben schenkte. Vielleicht dachte er, eine gute Ehe hätte keinen Raum für das Aufkommen solcher Gerüchte lassen dürfen, oder er hielt es politisch für zu riskant, die Erziehung seines künftigen Erben allein der ältesten Tochter der Song zu überlassen. Jedenfalls lebte der kleine Temür fortan bei Kokachins Geschwistern, seinen Onkeln und Tanten.

Hätte man Mei-Li die Chance gegeben, um ihren Sohn zu kämpfen, so hätte sie nicht gezögert; doch man verwehrte ihr selbst das, und das Wort des Khans war Gesetz. So trug sie es mit eiserner Fassung, wie es die Edeldamen ihrer Heimat von klein auf lernten.

Die junge Yin aber sah in diesen dunklen Tagen nichts mehr, was das Leben für sie lebenswert machte. Man hatte sie gegen ihren Willen verheiratet, und ihr grausamer Mann hatte sie benutzt und ihr gewaltsam die Geheimnisse ihrer Familie entrissen, um sie gegen ihre Schwester und Prinz Chinkim zu verwenden. Nun war der Kronprinz tot, die Ehre ihrer Familie beschädigt, und ihrer Schwester hatte man den Sohn genommen. An alldem gab sich Yin die Schuld.

Und so schlich sie eines Nachts, als der letzte Diener im Haus der Witwe Xie zu Bett gegangen war, davon und ertränkte sich in dem See mit den drei magischen Inseln.

* * *

Eine lange Zeit herrschte Schweigen, bis Rustichello sich traute, etwas zu sagen. Sie waren allein in ihrem Zimmer, und der Venezianer hatte den letzten Abend und die ganze Nacht hindurch erzählt, unterbrochen nur von einer kurzen Schlafenspause. Jetzt war es schon Mittag vorbei, und Rustichellos Hand schmerzte von den vielen Notizen, die er sich gemacht hatte.

»Es tut mir sehr leid. Es ist zu schade …« Er biss sich auf die Lippen, denn was er hatte sagen wollen, hätte zu sehr nach dem Bedauern geklungen, das er auch beim Tode Guineveres oder dem Zerfall der Tafelrunde empfand. Manchmal vergaß er, dass der Venezianer diese Menschen tatsächlich gekannt hatte, ihr Freund, Sohn und Geliebter gewesen war.

»Ja«, sagte der Venezianer düster. »Das ist es. Das ist es immer.«

»Es ist keinem Menschen zu wünschen, dass sich solche Tragöden vollziehen.«

»Ist das Leben denn etwas anderes als eine Tragödie? Wir beginnen es mit hehren Zielen, berauschen uns an uns selbst und scheitern an unserem Hochmut.«

Rustichello schüttelte den Kopf. »Das ist Selbstmitleid. Eine Tragödie ist es, wenn andere darunter leiden.«

»Ihr habt recht.« Der Venezianer zögerte. »Ihr solltet wissen, dass mir das keine Freude bereitet.« Er blickte zum Tisch mit den Pergamenten. »Das Geschichtenerzählen ist einfach das Einzige, das mir geblieben ist … das Einzige, was ich tun kann, um die Vergangenheit wieder lebendig zu machen.«

»Ich verstehe sehr gut, was Ihr meint.« Rustichello griff seine Hand. »Doch manchmal reicht das nicht. Manchmal muss man die Vergangenheit loslassen, und das ist sehr viel schwerer.«

Der Venezianer schaute ihn an wie ein Feuer, das immer größer wird, zu groß, um es noch zu löschen. Dann wies er auf die Notizen.

»So habt Ihr alles, was Ihr braucht?«

»Mehr als das. Ihr vertraut mir da einen großen Schatz an. Manches davon wird Eurem Publikum vielleicht nicht gefallen. Ihr seid so anders, wenn wir unter uns sind.«

»Ich habe es Euch schon einmal gesagt – das, was ich Euch erzähle, und das, was ich den anderen erzähle, werden immer zwei Seiten derselben Geschichte sein. Vielleicht liegt die Wahrheit irgendwo dazwischen. Doch sie liegt näher an der Geschichte, die wir miteinander teilen.« Er legte ihm die Hand auf die Schulter. »Ich bitte Euch, selbst zu entscheiden, was davon wir dem endgültigen Buch anvertrauen. Ihr seid mein letzter Verbündeter und habt mir meinen Lebenswillen zurückgegeben. Ich weiß das Andenken meiner toten Freunde in guten Händen bei Euch.«

»Ich danke Euch.«

Der Venezianer erhob sich. »Vielleicht ist es Zeit für eine Pause«, überlegte er laut und schaute zum sonnenhellen Fenster. »Wenn Ihr mich einen Augenblick entschuldigen würdet?« Er klopfte an die Tür, um die Palastdiener zu rufen.

»Manchmal kommt es mir vor, als ob Ihr einfach gehen könntet, wenn Ihr wolltet«, scherzte Rustichello matt. »Nach Hause, meine ich, und diesem Ort den Rücken kehren. Seid Ihr sicher, dass Ihr noch ein Gefangener seid?« Er schaffte es, die Worte ohne Neid und Missgunst zu sagen.

»So weit sind wir noch nicht. Wie gesagt – ich mache das alles nicht aus Freude.« Der Venezianer zwinkerte. »Vielleicht wollt Ihr schon mal den Tisch beiseiteräumen. Ich bin bald zurück.«

Die Tür öffnete sich, und ehe Rustichello fragen konnte, was der Venezianer damit meinte, war dieser auch schon hinaus.

Ratlos tat Rustichello wie geheißen und schob den Tisch in die Ecke neben das Bett.

Eine halbe Stunde später öffnete sich die Tür erneut, und unter viel Gerumpel schafften die Palastdiener einen großen Waschzuber herein. Hinter ihnen kam der Venezianer, zwei dampfende Eimer in den Händen.

»Was ... soll das werden?«, fragte Rustichello und nahm hastig seinen Stuhl aus dem Weg.

»Ein Bad«, erklärte der Venezianer. »Vermutlich habt Ihr schon länger keines mehr gesehen. Habe ich recht?«

»Sehr lange«, bestätigte Rustichello.

»Die Zustände hierzulande sind beklagenswert«, sagte der Venezianer und schüttete die Eimer in den Zuber. Dann drückte er sie den Palastdienern in die Hand, die damit verschwanden und sie kurz darauf frisch gefüllt wiederbrachten. Die Tür ließen sie die ganze Zeit unbewacht, aber Rustichello dachte nicht an Flucht. Er dachte nur an heißes Wasser.

»Was ... tut dieses Bad in unserem Zimmer?«, fragte er vorsichtig.

»Kalt werden, wenn Ihr es nicht bald nehmt«, erwiderte der Venezianer, während sich die Eimer in den Zuber ergossen.

»Ich?« Er konnte es kaum glauben. »Das Bad ist für *mich?*«

»Für Euch«, bestätigte der Venezianer. »Ihr werdet Euch bald in bester Form präsentieren wollen.«

Er zückte einen Brief, den Rustichello noch nicht gesehen hatte. »Ich habe etwas zu lesen und werde Euch so lange mit Eurem Bad allein lassen. Ist das in Eurem Sinne?«

»In meinem Sinne?«, wiederholte Rustichello. »Ja, ist es.«

»Wir sehen uns.« Der Venezianer grüßte zum Abschied und folgte den Palastdienern nach draußen.

Rustichello war allein mit dem dampfenden Zuber. Wäre einer der Elefanten des Großen Khans in seinem Zimmer erschienen, sein Staunen wäre nicht größer gewesen.

Vorsichtig trat er näher und steckte einen Finger in das Wasser. Es war warm wie ein Sonnenstrahl und duftete nach altem Holz und Seife.

»Es ist ein Bad«, sagte er laut, als müsste er sich daran erinnern, was man damit anstellt. »Ein *Bad!*«

XX
Geister unter den Sternen

Später im Herbst erreichte mich Kunde, mein Vater kehre zurück.

Ich begriff nie recht, wie diese Botschaften ihren Weg fanden – ein Kurier, ein Gerücht, das sich ausbreitete wie Wellen auf einem See – aber ich hatte gelernt, ihnen zu glauben. Khanbalik war das Rom meiner Welt: Alle Straßen führten hierher.

Aufgeregt erzählte ich es allen, die mir zuhörten. Viele Menschen waren das nicht mehr. Ich hatte eine Bleibe am Rand der inneren Stadt bezogen, von wo aus ich Tarmaschirins Geschäfte weiterführte, bis Naranbaatar und sein jüngerer Bruder bereit dazu waren. Tarmaschirins Familie hatte ebenfalls ein neues Heim gefunden, doch es schien mir nicht angemessen, mit seinen Witwen und Kindern zu leben, als wäre ich das Familienoberhaupt. Die Lücke, die der Statthalter hinterlassen hatte, konnte ich niemals füllen. Das konnten allenfalls seine Söhne und Töchter.

Ähnlich verhielt es sich mit der Witwe Xie und Mei-Li. Die alte Frau bewies eine unglaubliche Kraft in diesen Wochen. Yin war für sie wie eine Tochter gewesen, und mit Chabi Khatun hatte sie ihre wichtigste Fürsprecherin, ja fast eine Freundin verloren. Sie machte mir und Kokachin keinen Vorwurf; wir hatten getan, was wir konnten, in der Hoffnung, größeres Elend zu verhindern. Dennoch hatten unsere Taten schreckliche Konsequenzen gehabt, und das Letzte, was sie im Moment brauchte, war unsere Einmischung. Sie ging ganz in ihrer Fürsorge für Zhao Xian auf, und auch Mei-Li ließ sie keinen Moment aus den Augen.

Kokachin bekam ich kaum zu sehen, denn sie verbrachte so viel Zeit wie möglich an der Seite ihres Vaters. Kublais Verfassung war besorgniserregend: Zwar war er aus seinem Zustand der Ohnmacht erwacht, doch an deren Stelle war eine dunkle Unruhe getreten, die wie ein eingesperrter Tiger nach einem Weg suchte, den Käfig, der sie gefangen hielt, zu sprengen. Mit dem Verlust der Rivalen Phags-pa und Ahmat waren Bayan und die anderen Heerführer auf einmal die wichtigsten Stimmen bei Hofe, und diese Stimmen sprachen nicht mehr von Weisheit oder Reichtum, sondern von Krieg. Ich hörte sie deutlich – denn eine dieser Stimmen gehörte meinem Onkel Maffeo.

Immerhin schien es Maffeo zu freuen, als wir die gute Nachricht von seinem Bruder erhielten. Ein seltenes Lächeln trat auf seine Züge, in das sich auch eine Spur Wehmut mischte, so als hätte er sich die letzten fünf Jahre hinweg jeden Gedanken an Nicolò verboten und als kehrte mit dem Verlorenen auch die Schuld zu ihm zurück. Wir sandten unsererseits Boten aus, um Nicolò in Empfang zu nehmen und seine Reise zu erleichtern. Darauf folgte der nächste Paukenschlag: Mit Nicolò reiste auch Kublais verlorener Sohn, der unglückliche Nomukhan, an den sich einst die Hoffnung auf einen Frieden mit Kaidu geknüpft hatte.

Ich rechnete mit einem Fest, doch es wurde ein stilles Willkommen. Zum Feiern bestand auch kaum Anlass, als man sie in den Palast führte: abgemagert bis auf die Knochen, die Gesichter totengleich, kaum noch genug Kraft zum Stehen. Ich schloss meinen Vater in die Arme, während Nomukhan von Kokachin und ihren Geschwistern zu ein paar Kissen geleitet wurde. Er war noch schwächer auf den Beinen als Nicolò.

»Ich war mir nicht sicher, ob ich dich je wiedersehen würde«, sagte mein Vater und drückte mich an sich.

»Ich mir auch nicht«, sagte ich und unterdrückte ein Schluchzen.

»Wir müssen reden.«

»Du musst schlafen«, widersprach ich. »Und wieder zu Kräften kommen.«

Der Gedanke schien ihm zu missfallen, als widerstrebte es ihm, auch nur einen Tag mehr seines Lebens zu verschwenden, doch auf Maffeos Drängen gab er nach.

Zwei Wochen verbrachte er unter Aufsicht verschiedenster Ärzte, die ihre ganze Kunst bemühten, um seinen Körper wieder ins Gleichgewicht zu bringen. Er gewöhnte seinen Magen schrittweise an kräftige Speisen, schlief Tag und Nacht und nahm dazwischen warme Bäder, auch wenn die mongolischen Heiler ihm davon abrieten. In der Zwischenzeit erfuhr ich über meine Kontakte bei Hof, wo er und Nomukhan die letzten Jahre verbracht hatten, und dachte mit Grauen an unseren kurzen Besuch in Dschingintalas vor acht Jahren zurück, als Zurficar unser Führer gewesen war. Hatte er damals Station gemacht, um nach dem Rechten zu sehen?

Dann, eines frühen Abends, stand mein Vater vor meiner Tür und fragte mich, ob ich ihn zum Observatorium begleiten wolle.

»Sicher«, sagte ich überrascht. Das restliche Tagewerk konnte ich getrost meinen Schreibern überlassen. »Was hast du da?«

Hinter ihm warteten zwei Träger, die auf Stangen eine große Holzkiste mitführten.

»Ich habe den Khan gebeten, mir irgendeine Aufgabe zu erteilen, damit ich mir nicht so nutzlos vorkomme«, gestand er. Er wirkte immer noch schwach, aber sein Gesicht hatte wieder eine gesündere Farbe, und er hatte auch etwas zugenommen. »Also helfe ich bei der Inventarisierung der Besitztümer des ehemaligen Kanzlers. Du würdest nicht glauben, was Ahmat alles in seinen Gemächern hatte.«

Ich verkniff mir eine Bemerkung. Nicolò war Jahre nicht mehr bei Hofe gewesen, und obgleich er mit Trauer die Nachricht vom Tod des Prinzen, der Khatun und des Statthalters vernommen hatte, konnte er die Zusammenhänge nur erahnen. Er kannte weder die Wahrheit über Ahmats Intrigen noch die genauen Umstände seines Todes. Ich war mir nicht einmal sicher, ob Maffeo das ganze Ausmaß meiner Verstrickung hierin ahnte, und ich verspürte keinen Wunsch, mit ihm darüber zu reden, weil mir seine eigene Rolle in diesem Spiel nicht klar war. Für den Moment reichte es, dass allein Kokachin wusste, was genau in dieser Nacht geschehen war.

»Was ist in der Kiste?«

»Ein altes Geschenk, das der Khan aus dem Nachlass seines Bruders Hulaku erhalten hat. Ahmat hatte es in seinen Besitz gebracht, und all die Jahre galt es als verschollen. Der Khan will es jetzt dem Observatorium zur Verfügung stellen. Glaub mir, du wirst staunen.«

Das Observatorium lag in der äußeren Stadt, in der

südöstlichen Ecke der Stadtmauer, was eine Strecke von über zwei Meilen darstellte. Ich machte mir Sorgen, ob mein Vater das schaffen würde, doch er hielt sich gut. Tatsächlich schien er den Spaziergang zu genießen. Es war ein schöner Herbsttag, und die Pistazien- und Ahornbäume färbten die Stadt.

Auf dem Weg erzählte er mir von seiner Reise nach Karakorum und Nomukhans unglücklichem Kampf gegen Prinzessin Mondschein. Er erzählte von ihrer Gefangennahme, und dass er heute glaubte, dass die Besetzung von Karakorum einzig und allein dem Zweck gedient hatte, möglichst hochrangige Unterhändler wie den Prinzen und ihn in die Falle zu locken. Von seiner Zeit in Dschingintalas erzählte er nur bruchstückhaft. Zwar konnte ich mir ein ungefähres Bild davon machen – schließlich hatte ich die Minen mit eigenen Augen gesehen. Es war aber klar, dass die Erinnerung ihn zu sehr schmerzte und es keine Worte gab, eine Folter wie diese zu beschreiben.

»Was glaubst du – wieso hat man euch gehen lassen?«, fragte ich.

»Ich weiß es nicht genau«, gestand er. »Aber ich habe mich erkundigt: Die Ländereien um Dschingintalas waren im Besitz des Kanzlers. Vielleicht hat Ahmat sie benutzt, um sich seiner Feinde zu entledigen, oder er kaufte einfach nur billige Sklaven. Heute gehören die Salamanderminen wieder dem Khan. Aber noch weiß niemand, wer darin alles schuftet.«

Ich schluckte. Chinkim hatte also recht behalten mit seinem Verdacht. Und ich dachte an die letzten Worte des Kanzlers vor seinem Tod. Sollte ich meinem Vater gestehen, dass ich Ahmat unter anderem Namen gekannt und der Kanzler vielleicht nur meinetwegen ein Einsehen mit ihm gehabt hatte? Ich brachte es nicht über mich.

Gegen Sonnenuntergang erreichten wir das Observatorium. Von außen sah es nicht weiter bemerkenswert aus: ein steinerner Turm mit einer breiten Plattform als Dach, von der man einen unverstellten Blick auf die Sterne hatte. Schon im Vorhof standen mehrere große Sonnenuhren und Quadranten aus Bronze und Stein.

Ich hatte das Observatorium noch nie betreten, weil es abseits meiner üblichen Routen inmitten von Warenhäusern und Gärten lag und nachts geradezu aus der Silhouette Khanbaliks verschwand – denn in weitem Umkreis war es niemandem gestattet, ein Licht zu entzünden, um die Arbeit der Astrologen und Geomanten nicht zu stören. Die fähigsten Gelehrten verbrachten hier ihre Nächte, um alljährlich die gefragten Almanache zu erstellen, nach denen jeder Kithaier sein Leben ausrichtete. Ohne den Segen der Sterne wurde kein Baum gepflanzt, keine Reise begonnen, kein Haus gebaut und keine Ehe geschlossen. Diese Almanache waren die meistgedruckten Bücher des Reichs, verbreiteter als jeder Atlas oder Gedichtband.

Das Tor schwang auf, wir hörten Werkzeuglärm, und ein alter Kithaier in einer prächtigen Seidenrobe hieß uns willkommen.

»Ich grüße Euch, Nicolò und Marco Polo. Ich hörte schon von Eurem Kommen.«

»Ihr müsst Meister Guo sein«, sagte mein Vater. »Der Große Khan schickt mich mit einem Geschenk für Euch.«

»Ich habe schon viel von Euch gehört«, fügte ich hinzu. Tatsächlich war Meister Guo einer der gefragtesten Architekten des Reichs, insbesondere auf dem Gebiet des Wasserbaus. Ihm oblag auch die Fertigstellung des oberen Abschnitts des Kaiserkanals, der Khanbalik bald mit Getreide aus dem Süden versorgen sollte.

»Und ich von Euch. Saianfu, Quinsai – wann immer eine der großen Stunden des Reiches schlug, Ihr wart dabei.«

Ich hörte keinen Vorwurf aus seiner Stimme, dennoch war mir das Thema unangenehm.

»Wohin dürfen wir ihn bringen?«, lenkte Nicolò das Gespräch zurück auf den geheimnisvollen Inhalt der Kiste.

»Am besten zunächst in die Werkstatt«, sagte Meister Guo.

Ich staunte nicht schlecht, als wir das Erdgeschoss des Observatoriums betraten. Es war, als würde hier allen Elementen ihre Form gegeben: Ich sah Tischler, die mannsgroße Gestelle fertigten, Schmiede, die mit ruhiger Hand konzentrische Ringe schliffen, sich eifrig drehende Wasserräder und makellose steinerne Kugeln.

»Was ist das?«, fragte ich und deutete auf eine Konstruktion, die mir besonders ins Auge fiel. Es handelte sich um einen runden Tisch, auf dem eine idealisierte Landschaft modelliert war. Wasser floss aus einem Tank in ein Rad und trieb mehrere kleinere Räder und Achsen an, welche die Berge und Wälder in regelmäßigen Abständen ein Stück weiterdrehten. Die Kunstfertigkeit des Apparats war unglaublich. Kleine Drachen krochen zwischen den Bergen umher und jagten Wolken aus Perlen, die über ihren Köpfen gespannt waren. »Ist es ein Stundenmesser?«

»Nur eine Studie«, wehrte Meister Guo bescheiden ab. »Wenn sie vollendet ist, erhält der Khan sie als Geschenk. Doch noch eifere ich der Perfektion des großen Su Song nach. Er baute vor zweihundert Jahren in Kaifeng einen gewaltigen Turm, der den Lauf der Gestirne wie den der Zeit abbildete, alles miteinander verbunden und vom selben Mechanismus getrieben. Die Jin zerstörten den Turm und schafften ihn in Teilen hierher. Wir haben es bis heute nicht geschafft, die Pläne, die uns erhalten blieben, zu vervollständigen.«

Die Träger hatten mittlerweile die Kiste abgestellt und Deckel und Seiten geöffnet. Sicher verpackt in Spänen und Tüchern kam eine große, bemalte Holzkugel auf einem geschwungenen Fuß zum Vorschein. Mein Vater und ich traten beiseite, bis die Männer den Schatz unter Meister Guos Aufsicht aus der Kiste gehoben hatten.

»Eine Himmelskugel«, riet ich, denn solche Kunstwerke hatte ich im Palast schon gesehen.

»Mitnichten«, sagte Meister Guo. »Dies ist ein seltener Erdglobus. Er war unter den astronomischen Objekten, die mein lieber Kollege Jamal ad-Din vor vielen Jahren vom Hofe des Ilkhans mitbrachte. Wir hielten den Globus für verschollen. Was für ein Pech, dass Jamal noch auf Reisen ist! Er wird Augen machen, wenn er zurückkommt. Er kartografiert gerade das Reich, müsst Ihr wissen.«

Ich zweifelte nicht daran, dass Meister Guo damit das *ganze* Reich meinte, und fragte nicht weiter.

Fasziniert trat ich näher an den Globus heran. Sicher, die alten Griechen hatten berechnet, dass die Welt die Form einer riesigen Kugel aufwies, und die Inder und Perser hatten die Tradition fortgeführt. Seefahrer berichteten, dass selbst die Sterne wie die Segel ferner Schiffe hinter dem Horizont versanken, wenn man weit genug fuhr. Die südlichen Breiten galten jedoch der großen Hitze dort wegen als unschiffbar, und die Unterseite der Welt daher als unbewohnt. Außerdem konnte man die Welt in ihrer Gänze nicht in gleicher Weise beobachten wie das Himmelszelt. Von daher schien es zunächst nicht sonderlich praktisch, sich die Mühe einer solchen Karte zu machen.

Nun musste ich meinen Irrtum erkennen. Zwar bestand der Globus zu gut sieben Teilen nur aus grünen Meeren. Doch der Anblick der weißen Landmassen und ihrer Küsten schlug mich in seinen Bann. Ich brauchte einen Moment, um mich zurechtzufinden: Die Größe Afrikas überraschte mich, obgleich die südlichen Küsten nicht dieselbe Detailfülle besaßen wie der Norden. Auch Teile des nördlichen und westlichen Europas sahen anders aus, als ich es von den Karten meiner Jugend in Erinnerung hatte. Aber dennoch:

Dieser kleine weiße Stiefel war meine Heimat Italien. Hier musste die Serenissima liegen, dort sah ich Candia und darüber Konstantinopel am Schwarzen Meer. Manche Regionen waren gesondert hervorgehoben, damit man Flüsse und Städte besser erkennen konnte. So sah ich Jerusalem und das Heilige Land und musste feststellen, dass die Achse der Welt weder durch Felsendom noch Grabeskirche führte. Ich sah Bagdad und den Golf von Hormuz und all die Länder, die wir durchquert hatten. Ich fand auch den Ort, an dem wir heute standen, obgleich er noch den Namen Zhongdu trug. Östlich von uns erstreckte sich nur das Meer – die Insel Cipangu war den Gelehrten, die dieses Kunstwerk erschufen, noch unbekannt gewesen.

Zum ersten Mal begriff ich, wie weit von Venedig wir wirklich entfernt waren. Wir hatten tatsächlich die andere Seite der Welt erreicht.

»Ich wusste nicht, dass dies ein Familientreffen werden soll«, riss mich eine Stimme aus meinen Gedanken.

Im Eingang stand Onkel Maffeo, der sich mit einer Mischung aus Überraschung und Ungeduld umblickte. »Ich nehme an, diese wichtige Sache, deretwegen Kublai mich herschickte, ist dann doch nicht so wichtig?«

»Es tut mir leid, wenn ich dich von deiner Arbeit abhalte«, sagte Nicolò. »Ich bat den Khan, uns Gelegenheit hierfür zu geben – weil ich ahnte, dass du eher auf ihn als auf mich hören würdest.«

Meister Guo, der die säuerliche Note im Gespräch der beiden Brüder bemerkte, senkte höflich den Kopf und entschuldigte sich, nicht ohne sich noch einmal für den Globus zu bedanken. Ich fragte mich, ob wir ihm peinlich waren. Nach den Maßstäben Kithais pflegten wir Polos einen beschämenden Umgang miteinander.

Maffeo machte eine wegwerfende Geste und schlenderte näher, um sich den Globus anzuschauen. Erst beugte er sich dicht darüber, als hoffte er, irgendwo in dem winzigen Khanbalik eine Spur des Observatoriums und unser selbst zu entdecken, dann drehte er die große Kugel wohlgefällig wie ein Händler, der eine seltene Ware in Augenschein nimmt.

»Wir haben es weit geschafft, nicht wahr?«, fragte mein Vater.

»Nicht weit genug«, erwiderte Maffeo.

»Wohin willst du denn noch?«, fragte Nicolò freundlich. »Es gibt nicht mehr viel.«

Maffeo grinste, und beim Anblick seines Grinsens, das über der Welt schwebte wie der Mond über dem Meer, wurde mir unbehaglich.

»Wer weiß? Hier fehlt Cipangu, und auch das Reich Mien und das südliche Indien widersetzen sich uns noch …«

»Uns?«, fragte ich. »Ich kann nicht behaupten, dass sich eins dieser Länder mir je widersetzt hätte.«

Maffeo lachte. »Schlaf nur weiter den Schlaf der Gerechten, Junge.«

»Ich wünschte, das könnte ich. Doch was mir den Schlaf raubt, ist nicht der Gedanke an ferne Reiche, die ich noch unterwerfen muss.«

»Ich bitte euch!«, versuchte Nicolò zu schlichten. »Seht ihr nicht, was aus uns geworden ist? Wir brachen auf, um Frieden zwischen den Ländern zu stiften. Heute herrscht nicht einmal mehr Frieden zwischen uns.«

»Keineswegs«, widersprach Maffeo. »Ich bin überglücklich, dass du unbeschadet von deiner Narrenfahrt zurückgekehrt bist. Aber wenn du damit irgendwas bewiesen hast, dann, dass es nur einen Weg zum Frieden geben kann.«

»In wie viele erfolglose Kriege hast du Kublai schon hereingeredet?«, fragte Nicolò. »Willst du einen neuen Bruderkrieg zwischen den Khanen anzetteln?«

»Es gibt nur einen Khan«, beharrte Maffeo und blickte

mich an. »Du zumindest solltest wissen, dass ich alles tue, um ihn zu beschützen – vor Gefahren von außen wie von innen.«

Auch wenn es ein paar Leben kostet, dachte ich bei mir. »Und nun ist eine Stelle als Kanzler frei geworden. Wirst du sie füllen? Wirst du der neue Ahmat Banakati, Onkel?«

»Hast du mich deshalb herbestellt?«, fragte Maffeo seinen Bruder. »Damit ihr mich beleidigen könnt?«

»Nein«, sagte Nicolò, der die Anspielung auf die Intrigen, die zu Ahmats Tod geführt hatten, nicht verstand. Er griff nach unseren Händen. »Ich wollte euch wiedersehen. Beide. So wie früher.«

»Früher«, wiederholte Maffeo zweifelnd.

»Leistet mir noch ein bisschen Gesellschaft«, bat Nicolò. »Wollen wir hinauf aufs Dach gehen? Die Sterne müssten bald sichtbar sein.«

Mürrisch, aber ohne weitere Widerrede willigte mein Onkel ein.

Auch die meisten Arbeiter verließen nun die Werkstatt, und nur eine kleine Zahl Sterndeuter und Schreiber blieb mit uns vor Ort. Ihre Arbeit fing jetzt erst an, wie ich mich überzeugte, als wir ihnen auf das weite Dach des Turmes folgten.

Dort oben, unter dem samtenen Himmel, der langsam in immer tieferer Schwärze versank, verteilten sie sich still, fast feierlich zwischen den großen Armillarsphären: mannshohe Weltmaschinen aus Bronze, deren drehbare Ringe die komplizierte Geometrie des Himmelsgewölbes abbildeten. Mit Hilfe dieser und anderer Instrumente, die auf den Rücken dienstbarer Drachen und Schildkröten ruhten, ließen sich der präzise Lauf der Gestirne, die vier Richtungen des Himmels und der Wandel der Jahreszeiten ablesen.

Alles im Lande Kithai hing hiervon ab: Aussaat und Ernte, die Ausrichtung von Straßen und Tempeln, das Weissagen der Zukunft. Doch eigentlich ging es noch um mehr als das: nämlich darum, die tiefere Harmonie der Welt zu verstehen. Jeder Mensch und jeder Stein, jeder Pavillon und jeder Hügel, alles stand in enger Verbindung und hatte seinen Platz in der natürlichen Ordnung. Diese Ordnung zu kennen, zu schützen und Jahr für Jahr zu erneuern, war das höchste Ziel aller Kithaier. Dieses Einvernehmen war es, was die Menschen des Ostens von denen des Westens unterschied; und ohne diese Weltsicht, die alle Gesellschaftsschichten und ganze Dynastien durchdrang, ließe sich ein Reich dieser Größe selbst mit roher Gewalt nicht zusammenhalten.

»In meiner Zeit in Dschingintalas habe ich häufig zu den Sternen aufgesehen«, sagte mein Vater auf Venezianisch und führte uns etwas abseits, an den Rand des Daches, wo wir unter uns waren und die einherschreitenden Weisen nicht störten. Die Luft war frisch, und es versprach eine klare Nacht zu werden. »Ich dachte darüber nach, dass es dieselben Sterne wie zu Hause in Venedig sind, und habe mich gefragt, ob ich euch jemals wiedersehen würde … und ob das, was wir erreicht haben, die Sache wert war.«

»Du warst ein Gefangener«, sagte mein Onkel. »Ein Sklave. Da ist es nur natürlich, dass man solche Gedanken hat. Ich bin froh, dass du wieder da bist.«

»Tatsächlich?«, fragte mein Vater mit prüfender Stimme, doch es war schon zu dunkel, um sein Gesicht zu erkennen. Wir waren nur noch drei Schatten auf diesem Dach, drei Geister mehr unter den Sternen.

Mein Onkel seufzte. »Nicolò, wir kennen unsere Differenzen. Trotzdem bleibst du mein Bruder. Mach mich nicht zu etwas, das ich nicht bin.«

»Etwas, das du nicht bist …«, flüsterte Nicolò nachdenklich. »Wie könnte ich.«

»Weshalb hast du mich wirklich hergelockt?«, fragte Maffeo. »Doch nicht nur, um zu den Sternen hochzusehen.«

»Nein«, sagte Nicolò. »Sondern um einen sehr alten Fehler zu revidieren.«

»Ich weiß nicht, wovon du redest.«

»Oh doch«, sagte mein Vater. »Das weißt du genau.«

»Das steht dir nicht zu!«, schnappte Maffeo. »Ich weigere mich, ein Teil davon zu sein …«

Er wollte sich schon abwenden, doch Nicolò hielt ihn zurück. »Ich biete dir die Möglichkeit, es zusammen zu tun! Wenn du jetzt gehst, treffe ich die Entscheidung für dich mit.«

Einen Moment lang sah es so aus, als würde sich mein Onkel auf meinen Vater stürzen – versuchen, ihn vom Dach zu stoßen, vielleicht. Beunruhigt trat ich an seine Seite. »Wovon redet ihr in drei Teufels Namen?«

»Nicht, Marco«, sagte Nicolò automatisch, als wäre ich noch ein kleiner Junge, der sich im Ton vergriff. »Hör mir zu! All die Jahre wusste ich nicht, ob ich Dschingintalas je wieder lebend verlassen würde. Du kannst dir nicht vorstellen, wie das war: Ich war verzweifelt, ich war wütend, ich haderte mit mir und mit Gott. Aber ein Gedanke ließ mich nicht los, und irgendwann erkannte ich, dass dieser Gedanke wichtiger war als meine Angst, wichtiger als alles andere.«

»Was für ein Gedanke war das?«, fragte ich vorsichtig.

»Dass du niemals die Wahrheit erfahren würdest.«

»Die Wahrheit …?«, wiederholte ich. »Die Wahrheit über was?«

»Nicolò!«, sagte Maffeo scharf. »Ich verbiete es dir!«

Nicolò lachte. »Das kannst du nicht. Und wenn es das Einzige ist, das du nicht kannst.«

»Du hast einen Schwur geleistet!«

»Und ich werde damit leben, ein Wortbrecher zu sein. Doch lieber das als ewig ein Lügner.«

»Denk daran, was wir aufgegeben haben!«, mahnte

Maffeo und trat einen Schritt näher. »Soll all das vergebens gewesen sein?« Ich sah seinen Schatten vor der Nacht, wie ein Drache, der das Licht der Sterne verdeckt. Unwillkürlich fiel mir wieder ein, wie er damals in Balkh vom Verlöschen des göttlichen Feuers gesprochen hatte. Ich spürte seine ungeheure Stärke, doch heute hatte ich keine Angst mehr vor ihm. Ich hatte immer geahnt, dass es ein dunkles Band zwischen ihm und meinem Vater gab, irgendein Geheimnis, das sie aneinanderfesselte.

Sein Schicksal geht uns beide an.

Ich dachte wieder an ihren Streit in der Herberge in Hormuz und an die geheime Unterredung mit dem Khan am Tag unserer Ankunft, an der ich nicht teilhaben durfte. Was immer mein Vater wusste – es gab ihm Macht über Maffeo.

»Was willst du mir sagen?«, fragte ich ruhig. »Was war die Lüge?«

Einen kurzen Augenblick lang herrschte Schweigen auf dem Dach des Observatoriums. Eine perfekte Stille, die nur vom leisen Klang der Armillarsphären gestört wurde, wenn die Astrologen einen neuen Stern ins Visier nahmen. Und hier standen wir, gleichsam ein Ring, der um einen unbekannten Mittelpunkt kreiste.

»Ich bin nicht dein Vater«, sagte Nicolò. »Dein wahrer Vater … ist Nicolò Polo.«

Ich schaute ihn verwirrt an. »Ich verstehe nicht … Natürlich bist du mein Vater.«

Doch Nicolò schüttelte den Kopf und deutete auf Maffeo. »Er ist dein Vater.«

»Aber du sagtest doch eben …« Und ich dachte an das Medaillon aus dem Nachlass meiner Mutter, das Fiordelisa mir gegeben hatte. Das Medaillon mit dem Bild meines Onkels, mit dem ich ihn in Venedig konfrontiert hatte und das nun hier in meinem Haus in Khanbalik bei meinen Siegeln und anderen Wertsachen lag. All die Jahre hatte ich es bewahrt, am Boden meiner Satteltasche oder bei meinen Notizen, weil es das Einzige war, das mir von meiner Mutter geblieben war. »Willst du sagen, dass er und Mutter …« Ich wandte mich an meinen Onkel. »Du hast gesagt, Nicolò sei mein Vater! Du hast mir die Unterlagen gezeigt. Du warst in Konstantinopel, als Mutter mich empfing!«

Falls Nicolò mein Wissen überraschte, ließ er es sich nicht anmerken.

»Du hast ihm nicht richtig zugehört«, sagte Maffeo. Offenbar hatte er akzeptiert, dass es für Leugnen zu spät war. »Er sagte: Dein Vater ist Nicolò Polo.«

»Aber das ist doch …« Mir fehlten die Worte. »Was –«

»Ich bin nicht Maffeo«, sagte Maffeo und deutete auf seinen Bruder. »Er ist Maffeo Polo.«

»Und er ist Nicolò«, sagte Nicolò.

Und auf einmal fiel alles an seinen Platz: das merkwürdige Verhalten von Onkel Giordano und Tante Bepina. Die heimlichen Absprachen, die angeblichen Beweise für Maffeos Abwesenheit …

Dein Vater ist Nicolò Polo, niemand sonst.

Meine Mutter hatte in dem Medaillon ein Bild ihres Ehemanns verwahrt.

Hatte Fiordelisa die Wahrheit geahnt, als sie es mir gab? Hatte Tante Bepina es ihr deshalb geschenkt?

»Wie«, brachte ich hervor. »Wieso …«

»Du musst wissen, dass keiner von uns von der Schwangerschaft deiner Mutter ahnte, als wir Venedig verließen«, erklärte der Mann, den ich mein ganzes Leben lang für meinen Vater gehalten hatte. »Nun stell dir vor, wie es uns ging, als wir von unserer Reise zurückkamen! Unsere Köpfe waren voll von aufgeblasenen Ideen und einer möglichen Allianz zwischen dem Khan und dem Papst. Wir waren weiter gereist als irgendwer sonst und fühlten uns wie die Herren der Welt. Und da kommt auf einmal ein Sohn ins Spiel, von dem ich all die Jahre nichts geahnt hatte. Schöne Herren waren wir, die eigene Familie im Stich zu lassen! Wir beschlossen, das Beste daraus zu machen.«

»Das Beste«, wiederholte ich.

»Nimm es mir nicht krumm«, sagte der Mann, den ich meinen Onkel gewähnt hatte. »Ich habe deine Mutter geliebt – sehr sogar. Wäre uns nur etwas mehr Zeit geblieben, wäre ich heute vielleicht nicht hier, sondern in Venedig im Kreis meiner Familie. Aber ehrlich gesagt war ich nie der Mann dafür. Ich bin unzuverlässig und denke nur an mich selbst. Ich war nie gottesfürchtig und immer schon ein schlechtes Vorbild. Bis zu unserer Rückkehr hatte ich nie richtig darüber nachgedacht, doch da in Akkon wurde mir klar, dass ich mich niemals als Vater gesehen hatte und auch nicht den Wunsch verspürte, Verantwortung für andere Menschen als mich selbst zu tragen. Dein Onkel dagegen …« Er deutete auf seinen Bruder. »Er hat sich immer eine Familie gewünscht.«

»Deine Mutter war eine wunderbare Frau«, sagte sein Bruder.

»Manchmal ging mir seine Bewunderung ehrlich gesagt etwas zu weit, und es war gut, dass wir eine Weile Abstand zueinander gewannen.«

Ich war ein ansehnlicher Mann, ließ ich mir sagen. Du kannst mir nicht vorwerfen, dass ich mein Glück bei ihr versucht habe – aber du weißt, wie es ausging.

»Nicht du bist alleine nach Konstantinopel gereist«, flüsterte ich wie betäubt. »Sondern *du.*«

»Ich hatte immer die größte Achtung vor deiner Mutter«, sagte der Mann, den meine Mutter nie geheiratet hatte. »Ich sagte immer, dein Vater solle sich glücklich schätzen, eine wie sie zu haben, denn ich habe nie ihresgleichen gefunden. Und ich verstand nie, wie er eine wie sie einfach zurücklassen konnte.«

»Das ist der Unterschied zwischen uns beiden«, sagte sein Bruder.

»Es schmerzte mich, als ich von ihrem Tod erfuhr. Und im Gegensatz zu ihm machte es mir bewusst, dass ich es auf meinen Reisen stets bedauert hatte, ohne Familie zu sein. Ich dachte immer, dass sich beides gegenseitig ausschloss – denn was für einen Nutzen hätte ein Vater, der nie zu Hause ist? Nun aber schenkte uns der Himmel plötzlich einen fünfzehnjährigen Sohn …«

»Und als wir darüber sprachen, was das für uns und unsere Zukunft bedeutete – unser Erbe, unser Unternehmen, unseren Auftrag –, wurde uns auf einmal klar, dass es eine sehr einfache Lösung für unser Problem gab.«

»Eine Lösung … für euer *Problem?*«, stieß ich aus, mit Tränen in den Augen.

»Dein Vater machte einen Vorschlag …«, sagte sein Bruder.

Ich habe ihn dafür bewundert. Für seine Furchtlosigkeit. Seine Gabe, sich einfach neu zu erfinden.

»Nenn es, wie du willst«, sagte der Mann, den mein Großvater einst auf den Namen Nicolò getauft hatte. »*Mundus vult decipi, ergo decipiatur.* Die Welt will betrogen sein – also lass sie betrogen sein. Das ist eine alte Weisheit, die immer noch gilt. Die Menschen glauben, was sie wollen, und schaffen sich ihre Wirklichkeit selbst.«

Hätte ich einen Sohn, dann wäre er wie Marco.

»Ganz so einfach, wie du es darstellst, war es nicht«, widersprach sein Bruder. »Die Menschen sind nicht immer so naiv, wie du glaubst. In diesem Fall lagen besondere Umstände vor.« Er schaute mich an. »Deine Mutter war tot, und du hattest deinen Vater nie kennengelernt. Fünfzehn Jahre waren wir fort gewesen, und kaum jemand in Venedig hat uns noch gekannt. Die einzigen Menschen, die unsere Täuschung mittragen mussten, waren Giordano Trevisan und seine Frau.«

Ich dachte daran, wie verschlossen und angespannt alle gewirkt hatten, als mein Vater in Venedig das erste Mal vor mich trat. Und wie ich dennoch geglaubt hatte – *gewollt* hatte –, dass da ein unsichtbares Band zwischen uns bestand.

»Anfangs sträubte sich der gute Fattore.« Der Mann, der sich heute Maffeo nannte, lachte. »Aber das großzügige Opfer, das mein Bruder erbrachte, überzeugte ihn schließlich.«

»Nenn es nicht so …«

»Ihr habt ihn bestochen, damit er mitspielt?« Ich hatte damals schon so etwas geahnt – nur die Hintergründe waren mir rätselhaft gewesen.

»Wir haben ihm das gegeben, was er am dringendsten brauchte: einen Erben. Siehst du, unseren Geschäftspartnern war es egal, wer die Verträge unterschrieb. Der Name Polo stand zwar auf den Dokumenten, geführt wurden die Geschäfte aber längst von den Trevisans. Mit der Vermählung Fiordelisas mit einem Polo wurde deren Zukunft auf alle Zeit gesichert. Und falls keiner von uns nach Venedig zurückkehrt, wird alles, was wir dort zurückließen, Fiordelisa und ihrem Sohn gehören. So hatte jeder endlich genau, was er wollte: die Trevisans einen Erben, mein Bruder eine Familie – und du einen Vater.«

Mir schwirrte der Kopf. Es war, als hätte sich die ganze Welt unter mir weggedreht, so wie der Globus, den wir vorhin bestaunten, und als wäre ich auf die falsche Seite abgeglitten – den Kopf nach unten, die Füße in der Luft. Ich verstand nicht, wie Menschen so etwas tun konnten, und ich verstand es doch. So vieles, über das ich mich die letzten Jahre hinweg verwundert hatte, ergab plötzlich einen Sinn. Doch die wahre Tragweite der Erkenntnis dämmerte mir erst nach und nach, und die widerstreitenden Gefühle in meiner Brust machten es mir schwer, einen klaren Gedanken zu fassen.

»Wie habt ihr wirklich von mir erfahren?«

Der Mann, der nicht mein wahrer Vater war, runzelte die Stirn. »Wie meinst du das?«

»Du sagtest immer, du hättest dich bei ein paar Landsleuten erkundigt. Es fiel mir immer schwer zu glauben, dass wirklich nie ein Brief von meiner Mutter oder dem Fattore seinen Weg zu euch fand, solange ihr noch in Konstantinopel oder Soldaia wart. Aber ausgerechnet in Akkon soll euch jemand von mir erzählt haben?«

Die Brüder tauschten kurz Blicke.

»Mag sein, dass es tatsächlich einen Brief gab«, gestand der Mann, der mich gezeugt hatte. »Und dass ich meinem Bruder erst in Akkon von dem Brief erzählte.« Er zuckte die Schultern. »Es hätte keinen Unterschied gemacht: Erst konnten wir nicht nach Hause, dann durften wir nicht. Es verletzt vielleicht deine Gefühle, Junge – aber unser Auftrag war wichtiger.«

»Hätte ich eher davon gewusst …«, setzte sein Bruder an, doch er fuhr ihm über den Mund.

»Tu nicht so! Du hättest mir allenfalls mit deinem Gewissen in den Ohren gelegen. Dabei hast du ebenso wie ich gespürt, dass die Gelegenheit, die sich uns bot, einmalig war. Hätte es vor zwölf Jahren nur einen verständigen Papst gegeben, der Kublai gab, was er wollte – wir könnten heute den Handel in ganz Asien beherrschen! Wir waren auserwählt.«

»Du warst ein Feigling!«, spie ich. »Du hast ein Kind in die Welt gesetzt, deine Frau verlassen und fünfzehn Jahre keinen Gedanken an sie verschwendet, um deine Großmachtträume nicht zu gefährden. Und als du nicht länger vor der Wahrheit davonlaufen konntest, hast du dich selbst verleugnet!«

Er ließ sich nicht aus der Ruhe bringen. »Was für einen Unterschied macht es, wer dich gezeugt hat? Ich habe dir einen besseren Vater geschenkt, als ich je einer hätte sein können. Und es ist ja nicht so, als ob wir keine gute Zeit gehabt hätten.« Er zwinkerte mir zu, wie er es immer tat. »Habe ich nicht recht?«

Am liebsten wäre ich da mit den Fäusten auf ihn losgegangen, und auch auf seinen Bruder, der die Lüge mitgetragen und sich einen Platz in meinem Leben erschlichen hatte, der ihm nicht zustand.

Gleichzeitig wurde mir bewusst, wie fürsorglich er sich um mich gekümmert hatte. Er hatte die undankbare Rolle des Vaters aus der Fremde angenommen, der viel zu spät in das Leben seines Sohnes trat, und mehr als einmal hatte ich ihm unrecht getan. Ich war fasziniert von der dreisten Sorglosigkeit seines Bruders gewesen – ehe ich dessen dunkle Seite kennenlernte.

Ich musste daran denken, wer mich damals vor den Karaunas gerettet hatte und wer zu mir hielt, als ich krank in jener Hütte im Gebirge lag und träumte.

Und ich musste daran denken, wer sich stets von mir abgewendet hatte, wenn ich zur Last wurde, und mich meinem Schicksal preisgab.

»Du bist mein Vater«, sagte ich zu diesem Mann, der mein Leben immer über sein eigenes gestellt hatte. »Und ich kann keinem von euch vorwerfen, nicht der gewesen zu sein, der er sein wollte.« Ich presste die Worte hervor. Fragte mich, woher dann die Wut kam, die ich trotz allem empfand. »Aber dass ihr geglaubt habt, einfach die Plätze tauschen zu können wie zwei Figuren auf einem Spielbrett … Ein ganzes Leben zu stehlen …!«

»Du redest schon wie Giordano«, sagte der Mann, der immer nur an sich selbst gedacht hatte. »Er nannte es gottlos, einen Akt der Hybris. Ich habe immer gesagt: Jeder Mensch ist seines Schicksals Schmied. Wir können alles tun, was in unserer Macht steht. Das war alles, was ich je gelernt habe, und alles, was ich dir je beizubringen versucht habe, Marco: Tu, was du willst.«

»Siehst du das auch so?«, fragte ich seinen Bruder, doch er gab keine Antwort. »Ihr habt mich belogen. Das ist es, was ich euch vorwerfe: Ihr habt mich belogen, und das nicht einmal gut. Ihr habt die Lüge immer weiter genährt, so dass sie wuchs wie ein Wald.«

»Das war leider notwendig«, gab er zu.

»Wer kennt noch die Wahrheit? Der Khan? Das war doch der Anlass eurer geheimen Unterredung, nicht wahr? Hat er euch deshalb sein Vertrauen entzogen: weil er erkennen musste, dass die beiden Gesandten, in die er solche Hoffnungen gesteckt hatte, sogar ihren eigenen Sohn hinters Licht führten?«

Dies scheint mir eine angemessene Strafe zu sein – für beide.

Darum war es also in Xanadu gegangen, und bei ihrem Streit in Hormuz …

Wenn wir unser Ziel erst erreichen …

»Kublai hat es schlechter aufgenommen als gedacht. Wir ahnten, dass es ein Problem sein würde … denn er kannte uns natürlich und würde sich daran erinnern, als wer wir uns das erste Mal vorgestellt hatten. Wir hofften, es würde keinen Unterschied für ihn machen, welcher der Lateiner sich nun Maffeo und welcher sich Nicolò nannte. Aber er nahm das sehr ernst.«

Er trägt unsere Lüge mit, damit wir unser Gesicht wahren können.

»Und doch hat auch er sich in euer Lügengespinst hineinziehen lassen …«

»Wir haben ihn darum gebeten, weil wir dir genau diesen Moment ersparen wollten!«, brauste mein leiblicher Vater auf. Seine Geduld mit mir war offenbar erschöpft. »Wir haben uns demütigen lassen für dich und mussten uns unsere teuer erkämpften Privilegien erneut verdienen!«

So konnte man es natürlich auch nennen: Er hatte eine

ganze Stadt geopfert, um die Gunst seines stolzen Herrn ein zweites Mal zu erringen.

»Wer weiß es noch?«, fragte ich seinen Bruder.

»Nur er und Bayan Hundertauge. Bayan war der Einzige bei Hofe, der auch damals zugegen war und uns von früher kannte. Allen anderen stellten wir uns unter unseren neuen Namen vor.«

Nicolò und Maffeo Polo.

Eine Weile schwiegen wir, und nur die leise Zwiesprache der Astrologen mit den Gestirnen wehte dann und wann an unsere Ohren.

»Nun sag du es uns«, forderte mein leiblicher Vater mich auf. »War es das wert? Macht es einen Unterschied für dich? Wird dein Leben nun anders verlaufen, als wenn du es nie erfahren hättest?«

Ich wusste nicht, was ich erwidern sollte. Ich wusste nicht mehr, was ich überhaupt noch sagen sollte. Ich wollte einfach nur noch allein sein.

»Ich muss darüber nachdenken.«

»Das verstehe ich gut«, sagte mein leiblicher Onkel und versuchte Zuversicht auszustrahlen. »Du hast es tapferer genommen als ich an deiner Stelle. Ich bitte dich nur um eines.«

»Nämlich?«, fragte ich schwach.

»Du kennst nun unser Geheimnis – aber auch du musst es wahren. Würden wir es jetzt allen erzählen oder unsere Namen abermals ändern, würden wir Kublai damit entehren. Er müsste uns töten lassen – meinen Bruder und mich, vielleicht auch uns alle. Alles muss so bleiben wie bisher.«

»Nichts«, erwiderte ich. »Nichts ist mehr wie bisher.«

Und damit drehte ich mich um und ließ sie unter den Sternen und den wispernden Schatten der Weissager zurück.

XXI
Abschied

Wochenlang vergrub ich mich in Arbeit und sah weder meinen Vater noch meinen Onkel. Ich lehrte Naranbaatar die Feinheiten der von seinem Vater und mir eingeführten Verwaltung und suchte gemeinsam mit ihm nach fähigen Männern, um die nach Ahmats Tod entstandenen Leerstellen im Machtgefüge Khanbaliks zu füllen. Traditionell war die Verwaltung in Kithai und Manzi gerade deshalb stark und effizient, weil Posten nicht aufgrund von Verwandtschaft oder Titeln vergeben wurden, sondern allein aufgrund von Eignung. Alle Bewerber mussten einen anspruchsvollen Test ablegen, und nur die Besten wurden genommen. Dahin, so waren wir uns einig, musste die Entwicklung nach der Korruption der letzten Jahre wieder gehen, wenn das Reich eine Zukunft haben sollte.

Ich fragte mich bloß, wo mein eigener Platz in diesem Reich, dieser Zukunft war.

Häufig dachte ich an Kokachin, die mir nun die Einzige schien, die mich kannte und der ich vertrauen konnte, doch sie verließ selten den Palast. Die Verfassung ihres Vaters war unbeständig: Er hatte seine Frau und seinen Erben verloren, sein Kanzler hatte ihn betrogen und sein ältester Sohn war zwar aus der Gefangenschaft zurück, aber krank nach jahrelanger Arbeit in den Minen. Mit bald siebzig Jahren machte der Khan zum ersten Mal in seinem Leben die Erfahrung, dass die Dinge ihm entglitten.

Eines Nachts – ich erfuhr davon erst etwas später – schreckte Kublai aus einem Traum, in dem ein bösartiger Drache seinen Palast bedrohte. Am nächsten Morgen suchte er, von einer dunklen Ahnung getrieben, die Stelle auf, an der er den Drachen gesehen hatte, und traf dort den nichtsahnenden Zhao Xian, der die Witwe Xie zu einem Besuch begleitet hatte und nun auf ihre Rückkehr wartete. Der Junge stand an exakt derselben Stelle wie der Drache, und Kublai war davon überzeugt, dass der Traum ein böses Omen darstellte und ihn vor einer Gefahr für seine Dynastie warnte – schließlich hatte Zhao Xian schon immer ein feines Gespür dafür bewiesen, an welchem Fleck er stand. Also befahl er, dass der letzte Kaiser der Song den Rest seiner Tage in Campichu verbringen solle – im Tempel des Schlafenden Buddhas, in dem Kublai das Licht der Welt erblickt und Sorkhatani Beki ihre letzte Ruhestatt gefunden hatte.

Tatsächlich stellte wohl niemand eine geringere Gefahr für den Khan dar als der machtlose Knabe, doch der Witwe Xie, die seit Chabis Tod kaum noch Rückhalt bei Hofe hatte, blieb nichts anderes übrig, als sich Kublais Willen zu beugen. Und so wurde aus dem Jungen, dem einst die Herrschaft über Manzi bestimmt gewesen war, ein Mönch.

Dann stand eines Abends überraschend Kokachin vor meiner Tür. Obwohl wir uns im Zuge der Tragödien dieses Jahres so nahe gekommen waren wie nie zuvor, hatte ich sie lange nicht mehr gesehen; und wie sie nun eintrat, das lange schwarze Haar wie Seide, die Augen in der Dämmerung zwei dunkle Sterne, wurde mir schmerzlich bewusst, wie sehr ich sie vermisst hatte.

»Du kommst kaum noch in den Palast«, sagte sie. »Ist es deine Familie?«

»Ja«, sagte ich. Ich zögerte, ihr mein Herz auszuschütten, denn es schien alles so absurd und auch unbedeutend verglichen mit ihrem eigenen Verlust.

Mein Blick ging zu dem Tisch, wo zwischen meinen Sachen das kleine silberne Medaillon meiner Mutter lag. Ich hatte es verwahrt, aber nie getragen, weil es mir zu eigenartig erschien, das Bild meines Onkels um den Hals zu haben. Fast hätte ich es nach dem Abend am Observatorium fortgeworfen – doch etwas hatte mich zurückgehalten. Stattdessen hatte ich sein Bild herausgebrochen und verbrannt.

»Mein Vater und mein Onkel haben mich belogen. Jahrelang. Und sogar dein Vater hat ihre Lüge gedeckt.«

»Das tut mir sehr leid«, sagte sie.

»Das muss es nicht. Ich hätte es früher erkennen sollen. Ich war so dumm …«

Da legte sie mir einen Finger auf den Mund und schloss mich in die Arme. »Sag das nicht«, flüsterte sie. »Dafür bin doch ich da.« Und mit diesen Worten, als wäre es die natürlichste Sache der Welt, küsste sie mich.

Im ersten Moment war ich so verdutzt, dass ich gar nicht wusste, wie mir geschah. Meine Lippen erwiderten ihren Kuss, und mein Körper schmiegte sich auch ohne Zutun meines Verstandes an ihren. Dann jedoch schüttelte ich den Kopf und löste mich von ihr.

»Was ist?«, fragte sie.

»Es gibt etwas, das du wissen solltest. Ich habe mit der Witwe Xie gesprochen. Sie ist alt und sagt, dass ihr nicht mehr viel Zeit bleibt. Deshalb hat sie deinen Vater gebeten, ihr und Mei-Li die Rückkehr nach Quinsai zu gestatten.«

»Ich weiß«, sagte Kokachin. »Mei-Li hat es mir erzählt. Sie glauben, dass hier nach allem, was war, kein Platz mehr für sie beide ist. Mei-Li möchte Temür nicht im Stich lassen, aber man lässt sie kaum zu ihm, und sie leidet unter der Einsamkeit. Vielleicht täte ihr die Rückkehr in ihre Heimatstadt gut.«

»Ich habe überlegt, ob ich mit ihnen gehe.«

Kokachin schaute mich überrascht an. »Du willst nach Quinsai?«

»Seit der Machtübernahme wurde die Stadt von Ahmats Söhnen ausgepresst. Man sagte mir, meine Hilfe dort wäre momentan sehr willkommen. Um eine ähnliche Verwaltung aufzubauen wie hier mit Tarmaschirin.«

Sie senkte den Kopf. »Das leuchtet ein.«

»Es geht nicht darum, dass ich fortmöchte – ich habe nur das Gefühl, dass ich mein Leben lang nur ein Spielball im Leben anderer gewesen bin. Ein unerwünschtes Kind wie der kleine Xian, für das man einen Platz finden muss, wo es nicht stört und nichts anrichten kann. Ich muss meinen eigenen Platz finden, mein eigenes Leben aufbauen …«

»Mir brauchst du das nicht zu erklären«, sagte sie. »Ich würde dasselbe tun, wenn ich könnte.«

»Wieso kannst du nicht?«

Statt einer Antwort gab sie mir abermals einen Kuss, und diesmal befreite ich mich nicht aus ihrer Umarmung, sondern gab mich ihr hin. Ich spürte ihre Zunge auf meinen Lippen und ihre Hände auf meinem Rücken, und ich vergaß meine Frage und meinen Schmerz, denn alles, was ich in diesem Moment wollte, war sie.

Halb drängte ich sie, halb zog sie mich in das angrenzende Zimmer zu meinem Bett. Ihre Hände fanden den Weg unter meinen Deel, ich löste die Schärpe des ihrigen, und mit einem Rauschen wie Flügelschläge glitt ihr die Seide von den Schultern. In fast derselben Bewegung folgten wir hinab auf das Bett. Nach so vielen Jahren, die wir einander versäumt hatten, strebten unsere Körper nun wie von selbst zueinander. Die Berührung ihrer Finger, das Gefühl von ihrer Haut auf meiner waren so fremd und kostbar wie Wasser, das einem nach einem langen Gang durch die Wüste die Kehle benetzt.

Sie verließ mich spät in der Nacht und ohne ein Wort. So vieles hätten wir noch sagen können – aber nichts davon war wirklich wichtig, denn wir hatten einander in dieser Nacht ein Versprechen gegeben, das schwerer wog als alle Worte.

XXII
Das Reich Mien
Genua, April 1299

Und Ihr müsst wissen«, sagte der Venezianer, »dass südlich des Landes Manzi das sagenhafte Reich Mien verborgen liegt, voll unzugänglicher Wälder und wertvoller Schätze. Es heißt, dass in seiner Hauptstadt zwei Türme stehen, einer aus Silber und einer aus Gold, deren Spitzen mit Glocken verziert sind, die ihr Lied erklingen lassen, wenn der warme Wind durch sie fährt. Auch heißt es, dieses Land sei so herrlich, dass keiner, der es erreicht, es je wieder verlassen will. Der Khan hatte bereits einmal Armeen nach Mien geschickt, kurz nach dem Fall Quinsais. Es waren nicht genug Krieger, um das Land einzunehmen – dennoch war der Feldzug ein Erfolg gewesen, wie ich Euch gleich berichten werde.«

Seufzend lehnte sich Rustichello gegen den Türrahmen und ließ den Blick über die Gäste schweifen. Hätte man ihm letzten Monat noch gesagt, dass ihre Reise durch den Palast noch nicht beendet war und sie in sein reich ausstaffiertes Obergeschoss führen würde, er hätte es nicht für möglich gehalten. Hätte man es ihm letztes Jahr gesagt, als er noch allein und bar jeder Hoffnung im Keller des Palasts seine Tage gefristet hatte, er hätte es als Fieberwahn abgetan.

Doch die Wirkmacht der Erzählung, die der Venezianer spann, die Lockung fremder Länder und ungehörter Abenteuer schien grenzenlos. Anders ließen sich die immer neuen Vorzüge, die er für sie errang, nicht erklären – kein Geld hätte ein derartiges Maß an Aufmerksamkeit, ja Respekt kaufen können.

Sie befanden sich in den ehemaligen Privatgemächern Guglielmo Boccanegras, drei verbundenen Zimmern, die fast die ganze Westfront des Palasts einnahmen. Die hohen, schmalen Glasfenster ließen sich öffnen und boten einen herrlichen Ausblick über die Stadt; und als vorhin die ersten Gäste eintrafen, hatte Rustichello sich erst gar nicht um sie gekümmert und dem Venezianer die Begrüßung überlassen, denn er hatte vor diesen Fenstern gestanden und geweint. Vor ihm war die tiefrote Sonne über den Dächern Genuas untergegangen. Es war sein erster Sonnenuntergang seit vierzehn Jahren gewesen.

Sie trugen saubere Hemden und Hosen, die sich auf Rustichellos Haut so sanft wie Seide anfühlten. Sie hatten beide gebadet und ihren Bart und die Haare gekürzt und gekämmt und sahen beinahe so menschlich aus wie ihre Gäste.

Die meisten dieser Gäste gehörten zum Gefängnis: Filippo, Luigi und Teresa waren da, natürlich einige Palastdiener, und endlich sogar der Leiter des Gefängnisses. Der alte Admiral schien leicht zu beeindrucken und war die meiste Zeit damit beschäftigt, seiner Frau jeden Wunsch von den Lippen abzulesen. Diese wiederum stand ganz im Bann des Venezianers, und vielleicht war ihre Gunst der Grund, weshalb die Tische unter der Last erlesener Speisen und Getränke ächzten, die Luigi und seine Helfer aus der geplünderten Küche herbeigeschafft hatten. Die Masse an Essen war nach der langen Zeit der Entbehrung fast schon obszön.

Die Frau des Admirals hatte auch ein paar wohlhabende Freunde eingeladen, um sich selbst ein Bild von Il Milione zu machen, von dem man sich in der Stadt wohl die wundersamsten Dinge erzählte. Diese Freunde scharten sich nun wie ein Hofstaat um den Venezianer, und Rustichello fragte sich, ob es in Kithai genauso gewesen war, nur mit stolzen Mongolenkriegern und eleganten Edelfrauen aus Manzi statt mit sensationsgierigen Genuesen.

»Seid Ihr neidisch?«, fragte Teresa und trat neben ihn,

eine Pastete zwischen den Fingern, während der Venezianer seine Erzählung für einen Becher Wein und einige Oliven unterbrach.

»Neidisch? Nein.« Rustichello suchte nach den rechten Worten, um seine Gefühle auszudrücken, und entschied sich dafür, höflich zu bleiben. »Etwas erstaunt vielleicht.«

Der Venezianer machte eine leise Bemerkung und schob einer der Damen eine Olive in den Mund, was ihre Freundinnen zu lautem Gekicher anregte.

»Wollt Ihr etwa sagen, dass Ihr nicht gerne im Mittelpunkt stündet wie er?«, neckte ihn die Wäscherin.

»Das ist es ja«, erwiderte er. »Ich bin mir nicht einmal sicher, dass er es genießt.« Und die Worte des Venezianers fielen ihm wieder ein: *Ihr solltet wissen, dass mir das keine Freude bereitet.*

Tatsächlich lag eine gewisse Verächtlichkeit in der Art, wie Il Milione seine Zuhörer hinhielt und mit ihnen spielte, als ginge ihm dieses Spiel allzu leicht von der Hand, oder als empfände er es im Grunde seines Herzens nicht für spielenswert. Gerade fasste ihn die Frau des Admirals am Ärmel und raunte ihm ein Kompliment ins Ohr, das er mit einer lässigen Geste fortwischte.

»Nun, die Hauptsache ist, dass wir es genießen«, sagte Teresa. »Und das wollen wir doch, oder?« Sie musterte ihn. »Das Bad hat Euch gutgetan, Messere.«

»Ich danke Euch«, murmelte Rustichello verdattert. Vielleicht lag es am vielen Wein, aber die Nähe der Wäscherin war auf ihre Weise ebenso außergewöhnlich wie der Sonnenuntergang. Allerdings machte sie ihm auch etwas Angst. »Da ist ja Luigi!«, rief er lauter als nötig und winkte dem Küchengehilfen, der sich zu ihnen gesellte.

Gemeinsam folgten sie der weiteren Erzählung.

»Wo war ich? Der erste Feldzug gegen Mien! General Nasruddin war damals mit nur fünfhundert Reitern in den

Süden aufgebrochen, und der König von Mien, der um seine fabelhaften Reichtümer fürchtete, schickte ihnen eine Armee von zweitausend Elefanten entgegen, jeder mit einem kleinen Bollwerk auf dem Rücken, in dem seine Soldaten saßen. Nun ist so ein Elefant, wenn er mit voller Kraft auf einen zugetrampelt kommt, eine wahre Urgewalt, und die Pferde der Mongolen bekamen es mit der Angst zu tun und wollten fliehen. Da Nasruddin aber keinesfalls sieglos zurückkehren wollte, traf er eine Entscheidung, die nur zu Triumph oder völliger Niederlage führen konnte: Er befahl seinen Männern, abzusteigen und sich nur mit ihren Bögen der anrückenden Horde entgegenzustellen.

Es zeugt vom Mut und der Treue dieser Männer, dass sie seinen Befehl befolgten. Und was soll ich sagen? Die Mongolen schossen, wie nie zuvor eine Armee geschossen hat, die Finger an den Sehnen flink wie die eines Harfners, dass die Pfeile nur so flogen und die Elefanten, noch ehe sie die Mongolen erreichten, gespickt waren wie die Stachelschweine.«

»Die was?«, fragte die Frau des Admirals.

»Ein anderes Untier, kleiner, doch nicht minder tödlich als ein Elefant«, erklärte der Venezianer.

»Sagt, habt Ihr Greifen gesehen in den Ländern, die Ihr bereist habt?«, erkundigte sich der General, der mit seinem Wissen über die Fabelwesen des Ostens keinesfalls hinter dem Il Miliones zurückstehen wollte.

»Nicht gesehen«, sagte der Venezianer. »Jedoch besteht kein Zweifel daran, dass sie auf den indischen Inseln leben, von denen ich noch berichten will, ebenso wie die Waldmenschen und Einhörner.«

Der alte Admiral nickte zufrieden.

»Ihr habt Einhörner gesehen?«, vergewisserte sich eine der Damen mit glühenden Wangen.

»Oh, Ihr würdet sie kaum erkennen«, versicherte ihr der

Venezianer. »Es sind garstige Wesen mit hässlichen Füßen, die so gar nichts mit den zauberhaften Wesen gemein haben, die vor langer Zeit in unseren Wäldern lebten.«

»Was willst du mit einem Einhorn?«, fragte die Frau des Admirals ihre Freundin. »Fangen könntest du es nicht, so viel ist gewiss!«

Worauf die Angesprochene ihre Ehre mit einem Tritt vor das Schienbein der Admiralsgattin verteidigte und erneut lautes Gekicher ausbrach.

»Wie endete die Schlacht?«, fragte der Admiral mit fachkundigem Interesse.

»Nun, trotz ihres untierhaften Äußeren sind Elefanten verständige Tiere«, sagte der Venezianer. »So taten sie, was jedes Wesen bei rechtem Verstand täte, dem ein nicht enden wollender Pfeilregen entgegenschwirrt: Sie machten kehrt – zur großen Erleichterung der Mongolen – und flohen geradewegs in das dichteste Bambusdickicht, das sie finden konnten – zur Verärgerung ihrer Reiter, die dabei mitsamt ihrer Bollwerke herabgefegt wurden. Manche kamen schnell genug davon, die übrigen wurden von den Mongolen erbarmungslos niedergemacht oder von wilden Tieren gefressen. Es gibt Leoparden und Tiger in den Wäldern von Mien – gefährliche Bestien – und riesige Schlangendrachen mit klauenbewehrten Beinen, die einen ganzen Mann am Stück verschlingen können.«

Ein Ausdruck des Schauderns trat auf die Gesichter der Damen.

»So war der erste Vorstoß nach Mien durchaus ein Erfolg für General Nasruddin, und der Kahn empfing ihn mit großen Ehren zurück. Trotzdem geschah die nächsten Jahre an dieser Front nichts weiter, denn der Khan führte einfach zu viele Kriege auf einmal: gegen Kaidu und seine Rebellen im Westen, gegen die letzten Song-Prinzen im Süden und gegen das ferne Reich Cipangu und seine göttlichen Winde im

Osten. So viele Kriege zugleich kann niemand gewinnen, selbst der Khan nicht.«

»Eine klassische Lehre«, bemerkte der alte Admiral, doch seine Frau nickte ungeduldig und wollte, dass der Venezianer fortfuhr.

»Nun hatte sich die Lage fünf Jahre später grundlegend gewandelt. Der Khan hatte einige schmerzhafte Verluste hinnehmen müssen, und Niederlagen waren ihm nicht länger fremd. Da dachte er abermals an jenes wunderbare Reich im tiefen Süden, das ihn lockte wie der letzte ungepflückte Apfel an einem Baum, und an den Turm aus Silber und den Turm aus Gold, deren Lied im warmen Wind erklang.«

Der Venezianer schlug an den Rand seines Bechers, der, obschon nur aus Zinn, einen wohlklingenden Ton erzeugte.

»Da beging General Nasruddin einen folgenschweren Fehler. Der General hatte ebenfalls schon lange keine Erfolge mehr vorzuweisen und war träge geworden vom Leben bei Hofe. Nun griff er Kublai Khans Gedanken auf und schwelgte im Glanz seines letzten Feldzugs. Dabei verstieg er sich zu der Behauptung, der Sieg sei ihm derart leicht gefallen, dass er mit nur ein paar hundert Mann mehr bis zur Hauptstadt hätte vorrücken können, wo die beiden legendären Türme standen und das Leben so herrlich war, dass niemand es je wieder missen wollte. Niemand, so der General, hätte ihn aufhalten können. Selbst einer Armee aus Gauklern hätte der König von Mien nichts entgegenzusetzen.

Eine solche Prahlerei verärgerte den Großen Khan, der verdrossen mit sich und der Welt auf seinem Thron saß, den Kopf schwer von Airag und dem Gedanken an bessere Tage. Wenn es sich so verhalte, sprach er, dann solle Nasruddin genau das bekommen – eine Armee von Gauklern.«

»Hat man so was schon gehört!«, rief der Admiral.

»Sagtet Ihr nicht selbst häufig, in der Flotte sei man nur von Narren umgeben?«, erkundigte sich seine Frau.

»Nun, in der venezianischen vielleicht!«, scherzte der Admiral. »Nichts für ungut, Messere.«

Der Venezianer lächelte milde.

»Wenn er so weitermacht, frisst ihm der Admiral aus der Hand«, raunte Luigi anerkennend.

»Er weiß genau, was er tut«, pflichtete Rustichello ihm bei. »Das hat er immer schon gewusst.« Und beim Blick in die Augen des Venezianers glaubte er, eine Spur jenes ungesunden Feuers zu erkennen, das dieser in ihren Gesprächen stets seinem Onkel – seinem *Vater,* verbesserte sich Rustichello – zugeschrieben hatte: die Flamme der Eitelkeit, die Überzeugung, andere Menschen wie Spielfiguren benutzen zu können. Und Rustichello fragte sich, was es wohl aus einem Menschen machte, wenn er erfuhr, dass sein Leben nur aus den Lügen anderer Leute bestand; und ob es aus dem, der sich kraft seiner Geschichten aus dieser Ohnmacht befreite, ebenfalls einen Lügner machte. *Wer bestimmt, wer wir sind? Wir oder die anderen?*

»Und der Khan rief alle Gaukler und Narren, alle Taschenspieler und Akrobaten seines Hofs zusammen und sprach zu General Nasruddin: ›Hier hast du deine Armee! Also nimm sie und so viele Pferde, Waffen und Proviant, wie du brauchst, und besiege den König von Mien! Und wage es nicht, mir unter die Augen zu treten, ehe du dieses Land nicht zu einer meiner Provinzen gemacht hast!‹

Da erkannte der General, dass er der größte Narr von allen gewesen war, denn er hatte mit seiner Prahlerei ein angenehmes und sorgloses Leben bei Hofe verspielt. Doch blieb ihm keine andere Wahl, wollte er sein Leben nicht im Exil oder auf einem Richtblock beschließen. Also nahm er seine Armee von Gauklern – es waren Tausende an der Zahl – und zog mit ihnen von Xanadu gen Süden.«

»Und, haben sie das Land Mien besiegt?«, fragte die Frau des Admirals.

»Nun, das ist schwer zu sagen.« Der Venezianer lächelte geheimnisvoll. »Denn schließlich heißt es doch, dass niemand, der die Wunder dieses Landes je schaute, von dort wieder zurückkehrte. Und eines ist gewiss: Keiner dieser tapferen Narren ward in Xanadu je wieder gesehen. So mag es sein, dass sie alle geflohen sind oder von Schlangendrachen gefressen oder unter den Füßen von Elefanten zertrampelt wurden; es mag aber auch sein, dass sie nun in jener sagenhaften Stadt leben und sich am Klang der Glocken erfreuen, die im warmen Wind an den Türmen aus Gold und aus Silber schwingen. Der Kahn erfuhr niemals, ob er diesen Krieg verloren hatte oder seine Narren tief im Süden im dichten Wald über eine Stadt voller Reichtümer herrschten.«

»Bravo!«, rief der Admiral und klatschte in die Hände, worauf die gesamte versammelte Gesellschaft in Beifall ausbrach. »Bravissimo!«

Der Venezianer verbeugte sich. »Nun habt Ihr vom Feldzug des Khans gegen das ferne Land Mien gehört. Beehrt uns bald wieder, und ich will Euch etwas Neues berichten.«

Rustichello schüttelte ungläubig den Kopf. »Er ist ein Naturtalent. Ein wahrer Meister seines Fachs.«

»Er ist Il Milione«, erklärte eine der fein gekleideten Damen, als wäre damit alles erklärt, und trat näher. »Und Ihr müsst dieser Schreiber sein, der für ihn arbeitet.«

Arbeitet?, wunderte sich Rustichello. Teresa warf der Besucherin misstrauische Blicke zu.

»Rustichello da Pisa«, stellte er sich vor.

»Oh, ein Pisaner! Sagt, wie gefällt Euch unsere Stadt?«

Das darf alles nicht wahr sein, dachte Rustichello und nahm einen tiefen Schluck von seinem Wein. Wusste diese Person wirklich nicht, dass sie sich in einem Gefängnis befand?

»Ich habe bislang nicht allzu viel von ihr gesehen, aber

das ist auch gut so, denn so hält mich weniger von der Arbeit ab. Nicht wahr?«

»Da habt Ihr sicher recht. Aber was für eine Mühe Ihr auf Euch genommen habt! Es muss doch sicher auch begabte Genuesen geben, die Il Miliones Leben für die Nachwelt hätten festhalten können.«

»Vielleicht waren sie alle verhindert?« Rustichello rang mit den Händen, und Teresa sah aus, als würde sie gleich einen Mord begehen. »Aber seid gewiss, meine Mühen waren nicht halb so groß wie die unseres venezianischen Freundes.«

»Ihr habt mich gerufen?« Der Venezianer hatte sich aus der Traube seiner Bewunderer gelöst und gesellte sich zu ihnen. Rustichello kannte ihn mittlerweile gut genug, um zu sehen, dass er betrunken war.

»Wir sprachen gerade von Euren Mühen«, sagte die feine Dame. »Und ob das Buch Eures Freundes denn bald fertig sein wird.«

»Nun, eine gute Geschichte benötigt Zeit«, sagte der Venezianer und sah Rustichello an. »Nicht wahr?«

»Allerdings.«

»Und wie viel Zeit wäre das?«

Der Venezianer zuckte die Schultern. »Die Zeit eines Lebens, nehme ich an.«

»Nehmt Euch nicht zu lange!«, neckte sie ihn. »Ich bin sicher, man wird Euch bald schon von Euren misslichen Verpflichtungen befreien.«

»Ihr meint meine Haft«, sagte der Venezianer, doch die feine Dame winkte ab, als hätte er etwas Ungebührliches gesagt. »Man munkelt von einem *Friedensvertrag*«, zischte sie verschwörerisch. Der Venezianer tat überrascht und legte den Kopf schief.

Dann hob sie wieder die Stimme und führte ihn Richtung der Fenster. »Ihr seid unser Gast, und Genua kann sich glücklich schätzen! Ich fragte gerade schon Euren Freund danach – habt Ihr jemals eine Stadt wie unsere gesehen auf Euren Reisen?«

»Wie Eure?«, wiederholte der Venezianer. »Das sicher nicht.« Und Rustichello sah, wie sein Blick in die Ferne ging. »Aber ich habe einige Jahre in Quinsai gelebt – der größten und prächtigsten Stadt der Welt. Man nennt sie auch die Stadt des Himmels …«

XXIII
Die Stadt des Himmels
Quinsai, 1287

Im neunten Monat meines sechsten Jahres in Quinsai erreichte mich Nachricht, die Witwe Xie bitte um die Ehre eines gemeinsamen Abendessen. Einen Moment war ich verdutzt, ja fast gelähmt ob all der Erinnerungen, die auf einen Schlag über mich hereinbrachen. Dann sagte ich dem Boten, dass ich die Einladung selbstverständlich annehmen werde.

Die letzten Jahre hatten wir nicht viel voneinander gehört. Sie hatte das Leben einer einstigen Kaiserin geführt, mit allen Annehmlichkeiten der verschwenderischen Oberschicht, doch unter ständiger Bewachung der Mongolen, die darauf achteten, dass sie keine weitreichenderen Pläne verfolgte. So war sie zwar machtlos, aber niemals allein.

Damit unterschied sie sich in jeder Hinsicht von mir selbst.

Mit nunmehr dreiunddreißig Jahren bestand mein Leben vor allem aus Arbeit, die meisten meiner Freunde waren in Wahrheit meine Untergebenen oder Verwaltungsbeamte. Anfangs war es schwierig gewesen, das moderne Finanzsystem von Khanbalik auf diese riesige alte Stadt zu übertragen, doch schließlich hatte es sich durchgesetzt und mir viel Anerkennung gebracht. Nach den Erfahrungen mit Bailo Ahmat und seinen Söhnen achteten wir peinlich darauf, dass niemand zu viel Einfluss auf sich vereinte; doch wenn ich ehrlich war, so war ich selbst derjenige, bei dem alle Fäden zusammenliefen. Zwar war ich Prinzen und Generälen Rechenschaft schuldig, wenn sie denn gerade in der Stadt weilten; doch der Khan und seine Kinder verirrten sich selten so tief in den Süden. Dazu bestand auch kein Anlass: Die Steuereinnahmen sprudelten nur so, und ohne die Korruption der letzten Jahre verdiente Kublai besser denn je. Und so gehörte Quinsai den größten Teil des Jahres faktisch mir.

Ich weiß nicht, was andere mit einer solchen Machtfülle angestellt hätten. Ich sah wenig Grund, darüber den Verstand zu verlieren; allerdings sagte sich das leichter, als es war. Schließlich konnte ich tun und lassen, was ich wollte – Geld spielte für mich als Kublais Stellvertreter keine Rolle. Selbst wenn ich niemanden bestahl, fand es ganz von selbst seinen Weg zu mir. Ganz gleich, wie zuvorkommend ich meine Beamten und Bediensteten behandelte, sie sahen in mir doch nie mehr als den Repräsentanten der Siegermacht – den Besatzer. Diese Erfahrung hatte ich in meinen ersten Jahren, als ich noch versucht hatte, ihr Vertrauen zu gewinnen, immer wieder gemacht. Nur ihre Kinder hatten nie ein anderes Leben gekannt.

Manchmal dachte ich an Tarmaschirin, der dieselbe Position wie ich in Khanbalik bekleidet hatten. Im Unterschied zu mir war er jedoch nie ein Außenseiter gewesen. Ich würde mich niemals so einfügen können wie er.

Mein Domizil war ein großes Haus auf dem Phönix-Hügel, den man in früheren Jahren als Hügel der Ausländer bezeichnet hatte. Ich besaß Diener, die das Haus in

Ordnung hielten, aber keine Frau und keine Familie. Zahllose Mädchen stünden mir jederzeit zur Verfügung – doch dies war nicht die Art von Gesellschaft, nach der ich mich sehnte.

Trotz meiner Jahre als Statthalter sprach ich nur wenige Worte der Landessprache, und meine Versuche, die dazugehörige Schrift zu meistern, hatte ich rasch aufgegeben. Dabei hatte ich es oft bedauert, dass ich zwar einen Wechsel lesen konnte, aber kein Gedicht – umso mehr, als Manzi über eine unglaublich reiche und vielfältige Kultur verfügte, die sich mir erst nach und nach erschloss, so wie einem Kind die Welt der Erwachsenen zunächst unverständlich erscheint. Mir war jedoch klar, dass diese Menschen ein Reich geschaffen hatten, das dem römischen in seiner Kunstfertigkeit und seiner Ideenvielfalt in nichts nachstand. Ihre einzige Verfehlung, wenn man es so nennen wollte, war ihre Friedfertigkeit gewesen. Sie verabscheuten den Krieg und überhaupt harte körperliche Arbeit; ein anständiger Mann, so lautete eine Redensart, wurde nicht Soldat.

Die Mongolen hatten diese Schwäche erkannt und ausgenutzt. Und wir Polos hatten sie dabei unterstützt und taten es noch.

Früher hatte ich mir über unsere Rollen in Kublais Diensten nur selten Gedanken gemacht. Heute war das anders. Vielleicht lag es daran, dass der Khan einst so viel größer gewesen war als alles, was ich mir hatte vorstellen können. Heute begann ich zu erkennen, dass auch Kublai und seine Macht Grenzen kannten. Der Krieg gegen Cipangu hatte das bewiesen. Doch schon seine Blindheit gegenüber Ahmats Machtstreben und dem Leid seines eigenen Sohnes hätte mir das zeigen sollen.

Vielleicht war es aber auch etwas anderes, dachte ich manchmal, wenn ich an meinem Tisch saß und wie einst – im Scheine eines Lagerfeuers oder auf dem Marktplatz einer fremden Stadt – meine Gedanken und Eindrücke auf Papier bannte: Wir waren weiter gereist als sonst je ein Mensch. Ich war von einem elternlosen Kaufmannssohn zum Statthalter der größten und prächtigsten Stadt der Welt geworden und hatte Wunder und Reichtümer gesehen, von denen man sich in Venedig oder Rom kein Bild machte.

Und doch empfand ich keine Freude über diese Dinge. Vielleicht litt ich an derselben Krankheit wie Kublai und wusste nicht, wann es genug war. Vielleicht hatte ich aber auch weniger erreicht, als es schien. Ich war bis ans Ende der Welt gereist, doch die Welt ging immer weiter: nach Cipangu und darüber hinaus, über das Meer, bis zur anderen Seite der Erde. Gleichzeitig spürte ich, dass ich das Ende meiner eigenen Reise erreicht hatte. Die Vergangenheit war voller Verheißung gewesen – die Gegenwart aber war Stillstand. Es hatte keinen Sinn, immer weiterzuziehen, der Versprechung einer goldenen Stadt oder eines allgewaltigen Herrschers entgegen. Wenn Jamal ad-Dins Erdglobus die Wahrheit zeigte, führte einen die Reise buchstäblich im Kreis; und der Einzige, den man, wohin man auch ging, stets unverändert antraf, war man selbst.

Ich war allein, und der einzige Mensch, der mir meine Einsamkeit hätte nehmen können, war nicht da.

Manchmal, wenn ich auf die wunderbare, unverständliche Metropole vor meinen Fenstern hinaussah, kam sie mir vor wie eine jener verzauberten Wüstenstädte, von denen die Beduinen berichten. Einerlei, wie tief ich in sie eindrang, ich würde sie niemals verstehen. Und gleich, wie viel Zeit ich mit ihren Bewohnern verbrachte, ich würde niemals dazugehören, genauso wenig wie die anderen Lateiner oder Türken, von denen viele ehemalige Sklaven oder die Kinder von Verschleppten waren. Wenn ich – so wie heute – auf meine offizielle Amtsrobe verzichtete und meine Diener davonschickte, konnte ich sogar als gesichtsloser Fremder durchgehen und unerkannt durch meine Stadt wandern. Und dann dachte ich an jenen anderen Mann, in dessen Fußstapfen ich mit jedem meiner Schritte trat, und der Gedanke machte mir Angst.

Vielleicht war ich Zurficar bereits ähnlicher geworden, als ich ahnte.

Solcherlei und ähnlich düstere Gedanken begleiteten mich, als ich mich anschickte, der Einladung der Witwe Xie Folge zu leisten. Ob sie eine bestimmte Absicht im Sinn hatte? Die Erfahrung hatte mich gelehrt, dass die ehemalige Kaiserin nie etwas ohne Hintergedanken tat, und das galt insbesondere, da wir so lange keinen Kontakt mehr gepflegt hatten. Dies lag natürlich auch an der Erinnerung an unsere Taten in Khanbalik, deren Folgen und an dem Geheimnis, das wir alle teilten: sie, Mei-Li, ich … und Kokachin.

Meine Hand schloss sich um das Medaillon, das ich wie immer die letzten Jahre unter meiner Kleidung trug. Das Medaillon meiner Mutter, das mich um die halbe Welt begleitet hatte und in dem sich heute das Bild von Kokachin befand, das sie mir auf meine Bitte hin vor meinem Aufbruch in den Süden noch gesandt hatte. Sie hatte nicht gefragt, wozu ich es brauchte, und mich um kein Gegengeschenk gebeten.

Ich verließ mein Haus, durchquerte den Garten und trat auf die Straße hinaus. Der Phönixhügel war nahe des ehemaligen Kaiserpalasts im Süden der Stadt gelegen. Wie alle von Geomanten konzipierten Städte folgte Quinsai den vier Himmelsrichtungen, schmiegte sich jedoch auf einer Länge von vier Meilen in das Terrain zwischen dem großen See im Westen und dem Fluss Zhe im Osten, auf dem man zum Meer und über den mehr als tausend Meilen langen Kaiserkanal binnen weniger Wochen bis Khanbalik gelangte. Dadurch war die Stadt nicht quadratisch, sondern in die Länge gezogen, mit der achtzig Schritt breiten Prunkstraße, die vom Palast drei Meilen nach Norden führte, als Hauptachse. Und dies war nur der innerhalb der Mauern gelegene Teil der Stadt.

Parallel zur Prunkstraße verlief der große, fünfzehn Schritt breite Kanal, auf dem Kähne den nötigen Reis in die Stadt transportierten. Erst hatte ich gar nicht glauben wollen, wie viele verschiedene Sorten Reis es gab und wie viel Reis Quinsai tagtäglich verschlang; es waren Hunderte Tonnen. Zahllose Brücken – obgleich keine zwölftausend, wie es damals bei der Belagerung hieß – überspannten den Kanal und seine Nebenarme und weckten ein starkes Heimweh nach Venedig in mir. Doch abgesehen von den Wasserwegen und den regenbogenförmigen Brückchen hätte Quinsai in seiner ruhigen Harmonie dem dunklen, verwinkelten Venedig nicht unähnlicher sein können. Man nannte Quinsai auch die Stadt des Himmels – und tatsächlich schien sie mir manchmal nicht von dieser Welt.

Eigentlich war Quinsai nie als Hauptstadt gedacht gewesen, eher als Paradies des Südens. Nach dem Verlust Kaifengs und des nördlichen Reiches vor hundertsechzig Jahren war den Song nichts anderes übrig geblieben, als Zuflucht in dieser malerischen Landschaft zu suchen, obgleich sie die Stadt noch lange als »vorübergehende Residenz« bezeichneten und aus ihren Gedichten eine unstillbare Sehnsucht nach dem verlorenen Norden sprach. In der Folge war Quinsai immer mehr gewachsen, bis die Stadt kurz vor ihrem Fall die unglaubliche Zahl von einer Million Einwohnern erreicht hatte. Hätte man mir als jungem Mann das berichtet, hätte ich gefragt, woher man dies überhaupt wissen solle. Die Antwort war ebenso einfach wie bezeichnend für die Mentalität der Song: Sie hatten ihre Untertanen gezählt. Die Mongolen hatten die Tradition übernommen, und auch meiner Arbeit kam die Ordnungsliebe der Eroberten zugute, denn bis heute standen die Namen eines jeden Mannes und jeder Frau an die Tür ihres Hauses geschrieben; und diese Häuser waren dichter und höher gebaut als irgendwo sonst.

Während in anderen Städten jedes Gebäude auf seinem eigenen Grundstück stand, bildeten die Häuser Quinsais besonders in den ärmeren Vierteln der Stadt durchgängige Fassaden, die verzierten Dächer wie eine einzige, ungebrochene Wellenlinie. Die höchsten von ihnen hatten fünf Stockwerke, mit einer Familie in jedem Stock und Werkstätten oder Gasthäusern im Erdgeschoss. Da sie überwiegend aus Holz und Bambus bestanden, waren Feuer eine ernstliche Bedrohung. Schon unter der Herrschaft der Song hatten Tausende von Soldaten für den Fall eines Brandes bereitgestanden. Die Mongolen hätten offenes Licht in den Nachtstunden am liebsten verboten, doch dies war unmöglich in einer Stadt, die seit jeher in ihre laternenhellen nächtlichen Märkte und Tavernen verliebt war. So bestand die Gefahr weiter, und im Norden der Stadt, wo das Kanalgeflecht besonders dicht war, konnte man spezielle, auf allen Seiten von Wasser umgebene Warenhäuser mieten, die als feuerfest galten.

Alle Straßen in Quinsai waren gepflastert und sauber, denn die Menschen sammelten ihren Unrat in Eimern, die von den morgendlichen »Leerern« in die Gärten oder hinaus vor die Tore geschafft wurden. Wie fast alle Berufe der Stadt waren auch die Leerer in einer Gilde organisiert: Zahnärzte, Arzneihändler, Wahrsager, Juweliere, Spielzeugverkäufer, selbst Bettler und Diebe hatten sich zu Bruderschaften mit verspielten Namen zusammengeschlossen: Die Schuster etwa nannten sich »die Gefährten des doppelten Zwirns«. Doch niemand wurde so geachtet wie die unscheinbaren Leerer – denn niemand wollte ihre Dienste missen.

Der gesamte Warenverkehr lief über die Kanäle, denn

abseits der großen Prunkstraße waren die Wege nicht für Fuhrwerke geeignet. Doch dies hieß nicht, dass die hohen Herrschaften, die sich zu dieser Stunde ins Vergnügen stürzten, zu Fuß gehen müssten: Die Männer ritten auf Pferden, die Damen ließen sich auf kleinen, verdeckten Stühlen tragen, die wie winzige Sänften zwischen den Stangen der Träger ruhten.

Die Männer trugen helle Hemden und Hosen, die reicheren farbenprächtige Roben mit Pflanzen- und Tiermotiven. Die Ärmel waren weit genug, dass sich auch Habseligkeiten darin transportieren ließen. Die Röcke und Kleider der Frauen waren golddurchwirkt, wenn sie es sich leisten konnten; an ihren Gürteln hingen Parfümsäckchen, Fächer und Börsen, und über den Schultern trugen sie leichte Tücher. Kein Bewohner Quinsais ging je barfuß, und niemand ging barhäuptig, denn dies war es, was sie ihrer Meinung nach von den Barbaren unterschied. Besonders der Kopfschmuck der Frauen war sehr einfallsreich und bestand oft aus mehr in die Frisur gesteckten Kämmen und Haarnadeln, als ich zählen konnte. Im Winter schminkten sich die Frauen zum Schutz vor dem schneidenden Wind, und sie bemalten auch ihre Nägel und zupften sich ihre Brauen, um sie mit Schminke wieder nachzuziehen. Das Schönheitsideal der Frauen Manzis war zierlich, kunstvoll und höchst reinlich.

Die reicheren Herrschaften der Stadt badeten mehrmals die Woche. Auch ich hatte Gefallen an diesem Brauch gefunden und genoss insbesondere die warmen Bäder, welche mit den schwarzen Kohlesteinen erhitzt wurden, die man fast überall hierzulande als Brennmaterial nutzte, weil sie billiger und auch ergiebiger waren als Holz. Dazu gab es eine Vielzahl an Seifen und Duftwässerchen.

Auf meinem Weg durch die Stadt passierte ich eine lange Abfolge von Märkten, darunter den zentralen Schweinemarkt, auf dem sich stets Tausende, manchmal Zehntausende

Menschen drängten, und den nicht minder imposanten Markt für Fisch – neben Reis waren Schwein und Fisch die Hauptnahrungsmittel der Stadt. Doch es gab auch Märkte für Krabben, für Gemüse und Blumen, Perlen und Edelsteine, Märkte für Bücher oder Obst – man bekam in Quinsai hervorragende Aprikosen, Birnen und Pflaumen; außerdem verschiedene Orangenarten, die sehr viel süßer schmeckten als die Sorte, die man in Italien und Spanien kannte, und kleine, kugelrunde Früchte, die man Drachenaugen nannte. Auf all diesen Märkten wurden im Schein der runden Laternen bis tief in die Nacht Geschäfte getrieben. Die Menschen Quinsais hassten die Arbeit, und doch arbeiteten sie unablässig. Die Woche bestand aus zehn Tagen, und abgesehen von den zahlreichen Festen, die sich nach dem Mondkalender richteten, gab es keinen Ruhetag.

Die Summen, die auf diesen Märkten umgesetzt wurden, übertrafen alles, was ich aus dem Land meiner Geburt kannte, und ich konnte mir kaum vorstellen, wie es vor der Einführung des fliegenden Geldes gewesen sein musste, als man noch mit Schnüren zu hundert oder zu tausend Kupfermünzen gezahlt hatte. Dennoch stellten die Händler im Vergleich zu den Nobiluomini Venedigs keine besonders mächtige Schicht dar, denn ihrem Reichtum stand eine sehr viel stärkere Staatsgewalt gegenüber. Und vielleicht hatte dies auch sein Gutes – denn die Händler Quinsais galten als herausragend ehrlich.

Auf dem fast zwei Meilen breiten Fluss vor den östlichen Toren legten Schiffe beladen mit Horn und Elfenbein, Korallen, Achaten, edlen Hölzern und Gewürzen an und verließen uns wieder voll mit Brokat und Porzellan. Dank des steten Warenstroms und der hochspezialisierten Berufe der Stadt ließen sich in Quinsai Dinge erstehen, die man nirgendwo sonst im ganzen Reich bekam: ob Echthaarperücken oder künstliche Blumen, geöltes Fensterpapier oder

Räucherpulver gegen Stechmücken, ob goldene Zierfische, winzige Bäume oder zahme Katzen, die man sich als Haustier hielt – hier bekam man alles, was das Herz begehrte. Schon deshalb nannte man Quinsai die Stadt des Himmels.

Natürlich waren all dies Luxusartikel, die eine Stadt nicht am Leben hielten – der stete Strom der Reiskähne legte davon Zeugnis ab. Quinsai lebte in einem ständigen Taumel, verliebt in die eigene Schönheit; gleichzeitig benötigte die Stadt so viel mehr, als sie selbst produzierte. Die Landbevölkerung stöhnte unter der Last, doch innerhalb der Stadtmauern erstreckte sich der Reichtum selbst auf die Ärmsten der Armen. Almosen sah man als eine Art göttliche Steuer an. Jeder Bewohner der Stadt erhielt Medizin, wenn er sie brauchte, und wenn man einen hilflosen Krüppel auf der Straße fand, brachte man ihn in ein Krankenhaus. Diese Tugend war auch den Lehren Sakyamuni Burkhans zu verdanken, und der Khan hatte sie beibehalten. Auch ich spendete jährlich einen Großteil meines Vermögens – nicht, um mir die Freundschaft der Menschen zu kaufen, sondern weil es ihnen gehörte, und nicht mir, und ihr Geld mich nicht glücklich machte.

Inzwischen war die Sonne untergegangen. Ich kam an einer kleinen Bühne vorbei, vor der sich eine Zuschauerschar drängte, um einem Schattentheater zu folgen. Die Puppenspieler standen dabei hinter einer erhellten Papierwand und führten mit ihren Figuren fantastische Geschichten auf. Ich mochte diese Art der Darbietung, weil ich ihr auch mit meinem beschränkten Wortschatz leicht folgen konnte. Ich wusste aber nur zu gut, dass mir eine Menge entging; Quinsai blickte auf eine lange Tradition an Lyrik und Erzählungen zurück, die sich gerade jetzt, unter dem Eindruck der Besatzung, wachsender Beliebtheit erfreute. Schauspieltruppen führten täglich auf den großen Plätzen ihre Stücke auf. Die Menschen liebten Lehrreiches und

Versonnenes genau wie Schauergeschichten und obszöne Anekdoten – jede Form von Unterhaltung. Man konnte in Quinsai als Stimmenimitator ebenso Karriere machen wie als Orchideenmaler oder Insektenabrichter.

Nur hundert Schritt weiter hatten Artisten ein Seil zwischen zwei Dächern gespannt und balancierten in schwindelerregender Höhe über die Gasse. Direkt darunter, als kümmerten sie sich nicht im mindesten um die Gefahr, saßen die alten Männer und spielten ihre vertrackten Spiele, bei denen Figuren und kleine Steine über verschiedene schachbrettähnliche Spielfelder gezogen wurden. Einige begnügten sich auch mit Würfeln, bei denen in Manzi die Vier – die Glückszahl – rot hervorgehoben war und immer gewann.

Wieder eine Ecke weiter spielten Musiker auf seitwärts gehaltenen Flöten und großen, wohlklingenden Instrumenten, bei denen Holzstäbe wie die Glocken eines Glockenspiels geschlagen wurden. Manchmal schien es mir, als lebten diese Menschen für nichts als die Kunst und das Vergnügen, als wollten sie den Schmerz und die Schande des verlorenen Krieges vergessen. Dann wieder fragte ich mich, ob es wirklich einen so großen Unterschied für sie machte. Der Khan war fern und gab sich alle Mühe, wie ein Kaiser des wiedervereinten Großreichs Manzi und Kithai aufzutreten; und hier in Quinsai genoss man das Leben weiter in vollen Zügen. Im Gegensatz zu Khanbalik gab es auch Glücksspiel und zahllose Singmädchen, deren feengleiches Äußeres die Männer bezauberte. Angeblich gab es kein Laster, das sich hier nicht finden ließ. Und auch deshalb nannte man Quinsai die Stadt des Himmels.

Nach etwa einer Stunde Fußweg erreichte ich die Straße und das Speisehaus, das man mir genannt hatte. Zwar konnte ich das Schild über dem Eingang nicht lesen, doch ich erkannte es an den gelben Glaslaternen und den aufwendigen

Blumengestecken, die das reich verzierte runde Tor schmückten. In den ersten Jahren nach der Eroberung hatte es strikte Ausgangssperren nach dem Vorbild der Hauptstadt gegeben; mittlerweile öffneten wohlhabende Häuser wie dieses wieder bis tief in die Nacht, und die Sicherheit in den Straßen hatte nicht darunter gelitten.

Drinnen empfing mich angenehmes Dämmerlicht. Decke, Wände und Balken waren aus dunklem Holz. Die meisten Möbel und Kissen waren schwarz oder rot und schluckten das Licht. Eine Angestellte des Hauses nahm mich in Empfang. Wahrscheinlich erkannte sie mich auch ohne mein Ornat, denn sie verbeugte sich respektvoll vor mir und führte mich zu einem der tiefen Tische, wo ich bereits erwartet wurde.

Die Witwe Xie war eine sehr alte Frau geworden. Alles an ihr wirkte winzig und eingefallen, die Haut über den Wangen dünn und durchscheinend wie feines Fensterpapier. Sie trug ein von Gold schimmerndes Gewand und eine riesenhafte Perücke voller Perlen. Neben ihr saß ihre Großnichte Mei-Li, das Gesicht ganz weiß und so stark geschminkt, dass es starr wie das einer Puppe wirkte. Sie lächelte höflich, als sie mich sah, und auch die Witwe Xie wandte den Kopf. Ihre Augen waren trübe und ins Leere gerichtet, trotzdem schien sie genau zu wissen, wo ich stand.

»Statthalter Polo«, begrüßte sie mich.

»Ich bitte Euch«, erwiderte ich und nahm im Schneidersitz auf den Kissen Platz. »Ihr habt mich in Khanbalik einen Kaufmannssohn genannt, und ich sehe nicht, was sich seitdem geändert hätte.«

Sie lachte. Es war ein freundliches Lachen, doch scharf und brüchig wie Glas. »Du versuchst mir entweder zu schmeicheln, oder du bist noch blinder als ich, oder sehr dumm, Marco Polo. In jedem Fall hat sich alles geändert seit jener Zeit.«

Abermals trat die Angestellte an unseren Tisch. Man sah in Häusern wie diesem häufig Frauen arbeiten; einige wurden sogar von ihnen geführt. Sie verbeugte sich mehrmals vor der ehemaligen Kaiserin und mir und stellte ein schwarz lackiertes Tablett mit mehreren Schalen vor uns ab. Weitere Teller und Schüsseln standen bereits auf dem Tisch; es ging in der Küche Manzis, die außerordentlich raffiniert war, nicht so sehr um die Menge als um Vielfalt. Je mehr verschiedene Speisen auf dem Tisch standen, desto besser, und ich hatte in all meiner Zeit nie Anlass zur Klage gehabt – allenfalls Milch und Käse vermisste ich manchmal, denn es gab hierzulande keine Milchwirtschaft. In der Regel wurden Rinder nicht einmal gegessen, denn sie waren selten im hiesigen Klima und zu wertvoll als Arbeitstiere.

»Du musst entschuldigen, dass wir schon gewählt haben«, sagte die Witwe.

»Ich muss mich entschuldigen, dass ich so spät bin. Ich wollte den Abend genießen und bin deshalb zu Fuß gekommen.«

»Oh, du bist nicht zu spät«, sagte die Witwe und lachte wieder. »Ich hatte bloß Hunger.« Sie pickte sich einen Streifen Fisch von einem kleinen Teller und hielt ihn ohne hinzusehen über einen halboffenen Korb neben sich, der mir eben erst auffiel. Sogleich fuhr eine orangerote Pfote aus dem Korb und angelte sich den Fisch. »Und der kleine Jia hatte auch schlimmen Hunger, nicht wahr?« Aus dem Korb drang wohliges Schmatzen.

»Ihr habt Eure Katze nach Eurem hingerichteten Kanzler benannt?«, fragte ich.

»Es schien mir nur angemessen. Ihr Talent im Kampf ist durchaus ebenbürtig.«

Ich kannte die Witwe mittlerweile lange genug, um mich nicht mehr über ihre provokanten Einfälle zu wundern. Mit einem dankenden Blick in die Runde, der keine Erwiderung fand, machte ich mich mit dem Essen vertraut. Mei-Li war bemüht, über meine unbeholfene Art hinwegzusehen, ihre Tante jedoch kommentierte bereitwillig jedes der Gerichte, die sie allein anhand ihres Dufts und ihrer Position auf dem Tisch identifizierte.

Außer dem Fisch, der mit Pflaumen angerichtet war, gab es mehrere kleine Pasteten, in Reiswein gekochte Muscheln, Lotussamensuppe, gedünstetes Wasserreh und mit Aprikosen verfeinerte Schwanengans, Letztere wahrscheinlich vom Westsee. Ich hatte mich längst an die speziellen, oft strengen Geschmäcker dieser Küche gewöhnt, die mit großen Mengen Ingwer, Piment, Bohnensoße, Sesam und Kardamon arbeitete. Gerade, wenn das Obst frisch war, hielt ich mich gerne an die leichteren Speisen.

Ich versuchte die Gans, die ausgezeichnet schmeckte. Wie üblich war sie bereits mundgerecht geschnitten. Den Gästen diese Arbeit zu überlassen galt als unhöflich. Alles, was man zum Essen benötigte, waren ein Löffel und die üblichen Stäbchen, in deren Benutzung ich inzwischen recht geschickt war.

»Was möchtet Ihr trinken?«, fragte die Angestellte, die geistergleich wieder neben mir auftauchte.

Hilfesuchend schweifte mein Blick über den Tisch. Die Witwe gehörte zu den Leuten, die so große Mengen an Tee tranken, dass er eine berauschende Wirkung entfaltete. Mei-Li trank von einem hellen Saft, bei dem es sich um Litschi handeln mochte. In dieser Hinsicht glich Quinsai meiner alten Heimat – niemand trank je Wasser, wenn er es irgendwie vermeiden konnte.

Als ich schon den üblichen Reiswein bestellen wollte, unterbrach mich die Witwe mit einem schnellen Redeschwall, dem ich nicht folgen konnte. Die Angestellte verneigte sich und huschte davon.

»Was habt Ihr bestellt?«, fragte ich.

»Etwas Besonderes«, versprach sie und fütterte die Katze. »Lass dich überraschen.«

Ich vertraute auf ihr Urteil und aß meine Gans, während sie sich an den verschiedenen Pasteten gütlich tat. Diese hatte ich mir zu meiden angewöhnt, seit ich zu anderer Gelegenheit einmal eine mit Seidenraupe erwischt hatte.

Die Angestellte kehrte mit einer Flasche zurück, und als sie mir einschenkte, staunte ich nicht schlecht – denn es handelte sich um roten Traubenwein. Solcher Wein war im Reich des Khans nur sehr schwer zu kriegen, und ich hatte ihn schon so lange nicht mehr getrunken, dass ich kaum mehr wusste, wie er schmeckte. Ich nippte behutsam.

Er war etwas zu warm – berauschende Getränke wurden für gewöhnlich körperwarm getrunken –, doch er schmeckte vorzüglich.

Ich sagte es der Witwe Xie, und sie lächelte still.

Trotz des opulenten Mahls war mir nicht wohl in meiner Haut. Nach wie vor wich Mei-Li meinem Blick aus, und nach wie vor hatte mir die Witwe nicht den Grund für ihre Einladung genannt. So sehr wir auch taten, als wären wir nichts als alte Bekannte – in Wahrheit hielt sie Hof, und ich erwies ihr die Höflichkeit. Die Vergangenheit stand unübersehbar zwischen uns: angefangen bei der Kapitulation Quinsais über das Exil Zhao Xians, der heute ein junger Mann sein musste, bis zu dem Verhängnis, das Yin und Chinkim das Leben gekostet hatte.

Mit ruhiger Hand legte ich meine Essstäbchen beiseite. »Weshalb wolltet Ihr mich sehen, Witwe?«

Sie lachte wieder. »Du traust uns nicht, oder? Du wirst uns niemals trauen.«

»Dafür respektiere ich Euch viel zu sehr«, entgegnete ich und prostete ihr mit dem Wein zu. »Euch zu trauen, hieße, Euren Erfindungsgeist geringzuschätzen.«

»Jetzt schmeichelst du mir wie einer meiner Minister.

Pass auf, sonst wird dereinst eine andere Katze in einem anderen Korb deinen Namen tragen.«

Ihr Lächeln aber wirkte zum ersten Mal aufrichtig. Ihre Finger griffen nach Mei-Lis Handgelenk, doch das weiße Gesicht zeigte keinerlei Regung.

»Mei-Li?«

»Sie ist eben hereingekommen, Tante.«

Mein Blick ging zum Eingang. Ich nahm sie wahr, noch ehe ich sie richtig sah, so wie man weiß, dass gerade ein Tiger aus dem Wald getreten ist.

Kokachin!

Meine Hand verkrampfte sich um den Becher, und ich stellte ihn ab, bevor ich den Wein verschüttete.

»Ich sagte doch, ich habe eine besondere Überraschung für dich«, sagte die Witwe, doch ich hörte sie kaum. Meine Gedanken gingen durcheinander, zurück zu früheren Tagen: Ich sah Kokachin, wie sie mir und Chinkim nach unserer schicksalhaften Jagd entgegengeflogen kam. Sah sie auf der Brücke der steinernen Löwen, als sie mich einen Dummkopf geheißen hatte, und in der dunklen Nacht, als wir verzweifelt nach ihrem Bruder gesucht hatten. Und ich sah sie in jener anderen Nacht, als sie mich besucht hatte und für eine magische Stunde oder zwei so getan hatte, als wäre alles ganz einfach und als könnten wir tun und lassen, was immer uns beliebt.

Ihr Blick traf den meinen. Falls dieses Treffen für sie eine ebensolche Überraschung war wie für mich, hielt sie sich bewundernswert im Griff.

Sie trat näher. Ich erhob mich.

»Marco«, sagte sie und studierte mein Gesicht. Sie war etwas hagerer geworden, und eine winzige Andeutung von Fältchen zeigte sich in ihren Mund- und Augenwinkeln. Doch nichts konnte schöner sein als ihre Echtheit, nichts erregender, als sie hier vor mir stehen zu sehen.

»Ich wusste nicht, dass du in Quinsai bist«, brachte ich hervor. Dann riss ich mich zusammen. »Ich freue mich, dich zu sehen.«

Sie schaute von Mei-Li zur Witwe und wieder zu mir. »Ja«, sagte sie mit einem Lächeln. »Ich freue mich ebenfalls. Ich freue mich sehr.«

XXIV
Der späte Garten
Xanadu, 1287

Es war bereits tief im Herbst, als der Khan seine Generäle und Berater zu sich in den Marmorpalast rief. Auch Nicolò folgte diesem Ruf; dabei fühlte es sich falsch an, so spät im Jahr noch in Xanadu zu weilen. In einer Welt, deren Zeitrechnung auf einer steten Abfolge wiederkehrender Rituale fußte, kam es einer Störung der natürlichen Ordnung gleich. Längst hätte die Milch der weißen Stuten verspritzt werden müssen; die Ginkgobäume begannen sich zu verfärben, und dass sie bald schon ihr Laub verlieren sollten, schien unvorstellbar. Xanadu war ein Ort des Frühlings und der ewigen Jugend, der niemals altern durfte.

Nicolò durchquerte die innere Stadt. Auch hier herrschte Durcheinander, denn alle Beamten und Bediensteten, die sonst den Umzug nach Khanbalik mitmachten, warteten auf die Weisung des Khans, was als Nächstes geschehen solle, und die Handwerker und Wachen, die über Winter in der Stadt blieben, störten sich an der Unruhe.

Auch Nicolò ertappte sich immer öfter dabei, dass ihm das Hofleben zu viel wurde: die Ratssitzungen, die Konkurrenz unter den Ministern und Generälen, die Verpflichtung, Kublai jeden Wunsch von den Lippen ablesen und umsetzen zu müssen, koste es, was es wolle. Seit den Jahren seiner Gefangenschaft hatte er nicht mehr die Kraft dafür; und manchmal fragte er sich, wie sein Leben wohl verlaufen wäre, wenn er Venedig kein zweites Mal verlassen hätte. Dann würde er in seinem Arbeitszimmer über seinen Büchern sitzen und mit Giordano die Bilanzen durchgehen ... Er würde sein Bett mit Fiordelisa teilen und seinen Kindern beim Aufwachsen zusehen. Sonntags würde er zum Gottesdienst in San Felice gehen, und sein Leben wäre nach dem Zyklus des Kirchenjahrs, des Karnevals und der anderen Feste Venedigs ausgerichtet.

Lange hatte er diese Gedanken als Tagträume gedeutet, ein Zeichen der Schwäche, die ihn seit Dschingintalas häufig überkam. Vielleicht war es aber auch etwas anderes. Vielleicht, dachte er, war es Heimweh. Und vielleicht wollte ihm der Mensch, der er einmal gewesen war, damit sagen, dass ihm nicht mehr viel Zeit blieb. Er ging nun auf die sechzig zu und würde bald nicht mehr die Kraft für eine weitere Reise haben.

Auf den Stufen des Palasts traf er seinen Bruder. Als dieser ihm vor achtzehn Jahren jenen ungeheuerlichen Vorschlag gemacht hatte, der ihrer beider Leben für immer verändern sollte, war ihm der Gedanke fast zu absurd erschienen: Sein älterer Bruder, jener unverbesserliche, arrogante Spieler, sollte auf einmal seinen Namen tragen und die Rolle des Jüngeren einnehmen? Es hatte Monate, ja Jahre gedauert, bis sie nicht mehr versehentlich auf den Namen des anderen reagierten und bei jeder Unterschrift, jeder Begrüßung damit rechneten, als Betrüger bloßgestellt zu werden. Doch heute, nach fast zwei Jahrzehnten der gelebten Lüge, war der hochgewachsene Mann mit dem herrischen Bart, der in seiner golddurchwirkten Robe fast wie ein König aussah, so selbstverständlich Maffeo, als wäre er mit diesem Namen geboren worden. Selbst wenn sie Marco die Wahrheit über ihre Sünde nun enthüllt hatten, ihre neuen Namen würden ihnen anhaften bis zu ihrem Tod. Manche Menschen bekamen eine zweite Chance – doch niemand bekam eine dritte.

Auch an Maffeo waren die Jahre nicht spurlos vorübergegangen. Sein Haar war ergraut, die einstmals schalkhaften Falten seines Gesichts tiefen Gräben gewichen. Trotzdem war er heute der Stärkere von ihnen – und seit er Ahmat Banakati als Kanzler beerbt hatte, auf dem Gipfel seiner Macht. Er besaß Häuser und Frauen im Überfluss und war wahrscheinlich reicher als der Doge von Venedig.

»Nicolò«, grüßte er ihn. Er benutzte den Namen ohne Anspielung oder Spott. Ihr Rollentausch war seine Initiative gewesen; vielleicht war der Gedanke ihnen beiden gekommen, doch er hatte ihn als Erster ausgesprochen und ihren geheimen Pakt stets mit heiligem Ernst befolgt. Allenfalls eine gewisse Geringschätzung schwang in seiner Stimme mit, seit Nicolò den Pakt gebrochen hatte, und er sah ihn an, wie man ein im Grunde überflüssiges Problem betrachtet.

»Was gibt es?«, fragte Nicolò. »Wieso ruft der Khan uns zu sich?«

»Es gibt Neuigkeiten von deinem alten Freund«, sagte Maffeo. »Kaidu ist zurück – und diesmal meint er es ernst.«

Bei der Erinnerung an den gefährlichen Rebell und die Demütigung, die er ihnen in Karakorum zugefügt hatte, gaben Nicolò fast die Knie nach. Maffeo registrierte die Zeichen seiner Schwäche wie ein Raubtier die Krankheit seiner Beute.

»Was soll das heißen? Kommt er etwa hierher – nach Xanadu?« Der Gedanke schien unvorstellbar.

»Noch ist es nicht so weit«, sagte Maffeo. »Aber wir werden ihm nicht die Gelegenheit geben. Die Zeichen stehen auf Krieg – und diesmal jagen wir ihn so lange, bis wir ihn haben. Bayan wird alles weitere erklären.«

Maffeo ließ ihm den Vortritt, bis sie die Wachen am

Eingang passiert hatten. Im Inneren fügte er auf Venezianisch hinzu: »Der Khan weiß Bescheid.«

Nicolò blieb stehen. »Was meinst du damit? Worüber weiß er Bescheid?«

»Dass du Marco die Wahrheit gesagt hast. Es schien mir nötig, denn es betrifft auch ihn.«

Nicolò ließ die Schultern hängen. »Das hättest du nicht tun sollen!«

Maffeo lachte. »Du bist derjenige, der das Versprechen brach, das wir uns gaben! Es war deine Idee, dem Jungen alles zu erzählen. Und was hast du damit erreicht? Er lief davon und lebt nun in Manzi. Wann hast du zuletzt von ihm gehört?«

Nicolò gab keine Antwort und ließ einige Diener vorbei. Die letzten Jahre hatten er und Marco allenfalls unpersönliche Nachrichten ausgetauscht.

»Alles, was wir aufgebaut haben, hast du zunichtegemacht«, fuhr Maffeo fort, sobald die Diener außer Hörweite ihres Streits waren. »Kublai hat uns damals nicht fallen lassen, weil wir ihm versprachen, die Gunst hundertfach zurückzuzahlen. All das war nun vergebens! Der Khan musste davon erfahren, ehe er es aus anderer Quelle erfährt. Er hält immer noch große Stücke auf deinen Jungen, und wenn Marco eines Tages auf die Idee kommt, ihn mit der Lüge zu konfrontieren, ist Kublai besser darauf vorbereitet, sonst kommt er noch auf die Idee, unsere ganze verrückte Familie mit der Wurzel auszureißen.«

Es gefiel Nicolò nicht, doch er musste seinem Bruder recht geben. Jeder Versuch, ein Geheimnis vor dem Großen Khan zu haben, hieß, sein Leben aufs Spiel zu setzen.

»Du nennst ihn immer noch meinen Jungen«, stellte er fest und lief weiter. »Aber solange du ihn von dir wegstößt, haben wir ihn beide verloren.« Er konnte förmlich hören, wie Maffeo hinter ihm die Fäuste ballte, dann folgten ihm seine Schritte.

Er erreichte die große Halle, in der sie damals an ihrem ersten Tag vor den Khan getreten waren und Marco die Geschichte ihrer Reise erzählt hatte. Die beiden Kheshig, die sie um einen guten Kopf überragten, öffneten ihnen die Tür.

Verglichen mit den prunkvollen Festen, die er in dieser Halle schon erlebt hatte, wirkte sie heute kalt und verlassen. Nur am Kopfende, wo der Khan auf seinem erhöhten Podest saß, scharten sich drei oder vier Dutzend Männer und Frauen und ließen sich Speisen und Getränke reichen.

Er erkannte Nambui, die jüngste Nebenfrau Kublais, mit der er den Schmerz über den Verlust seiner geliebten Chabi zu betäuben versuchte. Bei ihr saßen zwei ihrer Töchter, und auch der kleine Temür war anwesend. Alle älteren Kinder des Khans aber fehlten, und ihre Abwesenheit riss Löcher ins Herz Xanadus: Chinkim … Nomukhan … Selbst Kokachin war vor wenigen Wochen überraschend abgereist, und Kublai war darüber sehr erbost gewesen. Insbesondere deshalb, vermutete Nicolò, weil Kublai sich ebenso gut wie er selbst denken konnte, wohin seine Tochter verschwunden war.

Nicolò fragte sich, was aus Maffeo und ihm werden sollte, wenn Kublai nicht mehr war. Die jüngeren Kinder und Gefolgsleute des Khans misstrauten den beiden Lateinern, die nicht einmal einander zu vertrauen schienen. Die meisten waren erst in den Jahren seiner Gefangenschaft zu Einfluss bei Hofe gelangt. Die neue Generation schmiedete ihre Allianzen für eine nicht mehr ferne Zukunft, in der Temür unter Obhut seiner Räte neuer Khan sein würde, und das größte Reich der Welt um seinen Bestand bangen musste.

Nur wenige der alten Krieger waren geblieben, darunter der versehrte Bayan Hundertauge, der seinen Beinamen nun mit grausiger Ironie trug, und der rüstige General Aju. Wie lange aber würde das Glück ihnen noch hold bleiben? Mit plötzlicher Gewissheit erkannte Nicolò, als sein Blick über die Gesichter wanderte, dass seine Zeit hier vorüber war.

Auch der Khan war alt, dachte Nicolò, als er vor Kublai trat und sich verbeugte. Was war aus dem stattlichen, kraftstrotzenden Mann geworden, der ihn und seinen Bruder in einem anderen Leben – als er noch Maffeo und sein Bruder noch Nicolò gewesen war – in seine Dienste genommen hatte? Die Wandlung, die sich seit dem Tod Chabis und Chinkims mit ihm vollzogen hatte, war bedrückend. Das einstmals schwarze Haar war grau wie Salz, der Bart nur dünne Linien an Lippen und Kinn. Jeder Schritt bereitete ihm Schmerzen; angeblich rieten ihm seine Heiler, die gichtgeplagten Füße täglich in den frischen Eingeweiden eines Rindes zu wärmen, doch ohne Erfolg. Dazu war er fett geworden und dem gleichen Laster anheimgefallen wie sein Vetter Güyük und sein Onkel Ögedei: Seine Augen schwammen schwer in den Höhlen, und der Geruch von Wein tränkte seinen Atem, seinen Schweiß, seine Kleider.

»Und da ist ja auch der zweite Polo«, rief der Khan und klang wie eine alte Frau, die ihre Hühner zählt. »Du bist langsam geworden!«

»Das Alter meint es nicht gut mit mir«, entschuldigte sich Nicolò, als litte er unter einer seltenen Krankheit.

»Ich bin älter als du, Polo. Aber noch längst nicht so gebrechlich.«

»Der Ewige Blaue Himmel meint es besser mit Euch«, stimmte Nicolò zu, denn er hielt es nicht für klug, Kublai an seine lange Gefangenschaft und damit auch an das Schicksal seines Sohnes Nomukhan zu erinnern.

»Bayan!«, brüllte Kublai und hob seinen Becher, der ihm sogleich von einem Diener nachgefüllt wurde. »Erzähl ihnen, was du uns erzählt hast. Dann wollen wir sehen, ob sich die alten Lebensgeister in ihnen noch einmal regen!«

Mit lässigen Schritten, die von langen Monaten im Sattel

kündeten, trat der alte General vor und goss sich einen Becher Airag aus einem goldenen Krug ein. Er leerte ihn in einem Zug, dann strich er sich das Haar aus der hohen Stirn und wandte sich an die Versammlung.

»Wie ihr wisst, ist Kaidu im Anmarsch«, sagte Bayan. »Erst hat er Kashgar und Khotan geplündert. Inzwischen hat er wieder Karakorum eingenommen, und seine Truppen rücken noch weiter nach Osten vor. Angeblich sind es hunderttausend Mann, vielleicht auch ein paar mehr oder weniger.« Er rülpste laut und wischte sich den Mund. Niemand störte sich daran, auch nicht die Frauen. »Es heißt, er hätte sich zum christlichen Glauben bekannt und hielte sich seitdem für unbesiegbar.«

Nicolò glaubte, sich verhört zu haben. Kaidu, bekehrt? Er versuchte, sich den selbstgerechten Krieger, der ihn und Nomukhan verspottet und versklavt hatte, als Christ vorzustellen. »Bist du dir sicher?«

»Angeblich sprach eines Tages ein Engel zu ihm, als er betrunken mit dem Gesicht in einer Schale Wein lag.« Bayan lachte. »Auf jeden Fall ist er stärker und gefährlicher denn je. Er hat neue Verbündete um sich geschart und ihnen Hoffnung auf reiche Beute gemacht – alle Prinzen, die jemals etwas an der Aufteilung der Khanate auszusetzen hatten, und jeden Bastard, der seine Linie auf einen Bruder des großen Dschingis zurückführen kann und sich übergangen fühlt. Ist es nicht so, Aju?«

Der Enkel des legendären Subutai gesellte sich zu ihm. Er war noch älter als Bayan, doch neben dem zerzausten Einäugigen in seiner verkratzten Rüstung wirkte er fast wie ein Edelmann.

»Keine Woche vergeht, in der wir nicht von neuen Aufständen hören. Die jüngsten Nachrichten erreichten uns aus Chorcha und Kauli.« Beide Länder lagen im Nordosten, empfindlich nahe an Xanadu und Khanbalik.

»Aber du wirst dich doch darum kümmern, nicht wahr, Aju?«, rief Kublai.

»Ich breche morgen schon auf, Großer Khan«, gelobte Aju und schlug sich auf die Brust. »Ich werde die Rebellen zerschmettern.«

»Deine Worte erfreuen mein Herz.« Kublai hob seinen Becher. »Du bist mir ein ebenso treuer Diener, wie dein Großvater es meinem Großvater gewesen ist!«

»Um Kaidu kümmere ich mich«, knurrte Bayan. »Wie Ihr Euch sicher erinnert, habe ich noch eine Rechnung mit ihm offen – mit ihm und seinem guten Freund Shiregi.« Er tippte sich an das Narbengeflecht seines Auges, wo ihn einst der Pfeil des abtrünnigen Prinzen auf der Flucht getroffen hatte. Er weigerte sich, das Auge zu verhüllen, sondern trug seine Verletzung so stolz wie eine Paiza.

»Dein Kampf bleibt unvergessen«, sagte Maffeo, der Bayan damals beigestanden hatte. Er blickte Nicolò an und sagte: »Damals habt ihr es auf deine Art versucht – und wir haben gesehen, was Kaidu von dem Angebot hielt, mit ihm zu reden.« Maffeos Augen zuckten rasch zu Kublai, der den Kopf hängen ließ und in seinen Becher blickte. Auch Maffeo war schlau genug, nicht näher auf Nomukhans Niederlage gegen Kaidus Tochter einzugehen. »Heute reden wir in der einzigen Sprache mit Kaidu, die er versteht.«

Bayan hob zustimmend die Faust. »Der Kanzler hat recht! Diesmal dürfen wir Kaidu nicht entkommen lassen. Jeder, der sich uns in den Weg stellt, muss fallen.«

»Wahre Worte!«, rief der Khan und erhob sich. Die Anstrengung machte ihm sichtlich zu schaffen, und als er dann stand, sah man deutlich, wie betrunken er war. Er reckte seinen Becher und schmetterte seinem Hofstaat entgegen: »Und deshalb werde ich persönlich gegen den Verräter zu Feld ziehen! Ich werde ihn lehren, was es heißt, mir die Stirn zu bieten! Ich bin Kublai, Sohn des Tolui, Sohn des

Dschingis, Khagan aller Mongolen – und ich werde jeden, der mir mein Geburtsrecht streitig macht, zerquetschen!«

Nicolò sah, wie Aju und Bayan und selbst Maffeo das Blut aus den Gesichtern wich. Wahrscheinlich schaute er selbst ebenso entsetzt drein. Kublais Absicht war der blanke Wahnsinn – der Große Khan war seit über zwanzig Jahren nicht mehr persönlich ins Feld gezogen. Er war außer Form, und er war alt, auch wenn er sich das nicht eingestand. Ein Zweikampf könnte tödlich für ihn enden, besonders gegen einen Kontrahenten wie Kaidu. Wenn er wirklich ernst damit machte, würde die vorrangige Aufgabe seiner Männer darin bestehen, ihn zu beschützen.

Keiner wagte es, den Großen Khan auf sein Alter oder seinen körperlichen Zustand anzusprechen; doch Kublai entgingen nicht die Blicke, die sie tauschten.

»Passt euch etwas nicht? Fürchtet ihr um euren Ruhm in der Schlacht, wenn ich an ihrer Spitze stehe und nicht ihr?«

»Keinesfalls, Großer Khan!«, sagte Bayan und senkte ergeben das Haupt. »Unser Ruhm wird umso größer sein, wenn Ihr uns führt.«

Der Khan grinste zufrieden. »Du wirst schon sehen«, versprach er Bayan. »Und auch ihr Polos – denn ihr alle werdet mich begleiten. Macht die Hunde und die Elefanten bereit! Es geht auf die Jagd.«

XXV
Die weisse Schlange

Bis wir den Westsee erreichten, hatten die morgendlichen Herbstnebel sich schon fast verzogen. Trotz der südlichen Lage waren die Winter in Quinsai oft bitterkalt, und mehr als einmal hatte ich die Straßen verstopft von Schnee gesehen. Dann brannten alle Kohlesteinöfen in meinem Haus, und in den frühen Morgenstunden lag ich in meinem geschlossenen Bett und lauschte auf die Mönche, die noch vor Sonnenaufgang von ihren Klöstern herabkamen und unterlegt vom Klappern kleiner hölzerner Fische das Wetter kundtaten.

All dies war noch nicht mehr als eine Ahnung, doch man spürte die Tage schon kürzer werden, die Sonne ihre sommerliche Kraft verlieren. Ungeachtet dessen gingen die vornehmen Herrschaften Quinsais – alle, die es sich leisten konnte, die Arbeit ruhen zu lassen – weiter ihren Vergnügungen nach. Am See herrschte im Herbst, wenn sich die Feste häuften, stets dichtes Gedränge. Reiche Familien saßen mit ihren Kindern und Körben voll Essen und Getränken auf den Wiesen, Mönche pilgerten zwischen den Tempeln und Pagoden umher. Am anderen Ende des Sees ließen Kinder bunte Segel aus Bambus, Seide und Papier an langen Fäden in der Brise fliegen. Manchmal hörte man den Wind in dem hohlen Gestänge oder dem flatternden Schweif, weswegen man diese Segel auch Windzithern nannte.

»Es ist wunderschön«, sagte Kokachin und blickte auf den weiten See hinaus, auf dem heute Dutzende, wenn nicht Hunderte Boote unterwegs waren. »Wie ein einziger, riesiger Garten.«

»Das ist es auch«, sagte ich. »Der Westsee ist sehr alt und wurde mehrfach umgestaltet. Es macht viel Mühe, ihn sauber zu halten, und es gibt auch künstliche Inseln.« Ich dachte zurück an jenen Tag am See in Khanbalik, als die Witwe Xie uns von den magischen Inseln und den Acht Unsterblichen erzählt hatte. »Bloß ist alles viel größer.«

Tatsächlich hatte der See einen Umfang von neun Meilen, und man konnte einen ganzen Tag damit verbringen, an seinen Ufern unter den alten Bäumen zu spazieren und die zahlreichen Pavillons zu bewundern.

»Ich beginne zu verstehen, weshalb die Manzi in solch hohen Tönen von dieser Stadt sprechen.«

»Es heißt, dass jeder, der einmal hier lebte und die Stadt des Himmels verlässt, sich sein Leben lang nach ihr zurücksehnt.« *So wie nach Xanadu. Der Serenissima. Dem Paradies des Alten vom Berge.*

»Wie geht es dir?«, fragte sie und schaute mich mit ihren dunklen Augen an. »Wonach sehnst du dich?«

»Im Augenblick bin ich sehr glücklich«, sagte ich und deutete auf die Anlegestelle am Ufer. »Such dir ein Boot aus.«

»Egal welches?«

»Ganz egal.«

Man hatte mich bereits erkannt und beeilte sich, meinen Wünschen nachzukommen. Und so saßen wir bald darauf im seidenen Schatten eines Sonnensegels an Bord eines für sehr viel größere Gruppen ausgelegten Bootes. Auf dem langen Tisch in seiner Mitte standen Obstschalen und Krüge angerichtet. Zwei Diener kümmerten sich um unser leibliches Wohl, und ein Zitherspieler spann eine schläfrige Melodie, in deren Takt der Bootsführer uns mit seinem Ruder durch den seichten See steuerte. Ich kam nicht umhin, an die Schiffer der venezianischen Kanäle zu denken.

Östlich von uns reckte sich die Silhouette der großen Stadt in all ihrer Herrlichkeit in den verwaschenen goldenen Himmel: die Giebel des alten Palasts und die geschwungenen Dächer des Phönixhügels, die Moschee und die nestorianische Kirche, die zahllosen Wachtürme und Tempel.

Südlich von uns glitt das Ufer stetig davon. Die hundertachtzig Fuß hohe Leifeng-Pagode wirkte wie ein riesiger Leuchtturm im diesigen Herbstlicht.

»Angeblich liegt unter dieser Pagode eine weiße Schlange«, sagte ich und erzählte Kokachin das alte Volksmärchen, das auf mich längst nicht mehr so eigentümlich wirkte wie vor einigen Jahren noch. »Einer der Acht Unsterblichen machte ihr das Geschenk der Magie, und kraft ihrer Magie verwandelte sich die Schlange in eine Frau und verliebte sich in einen sterblichen Mann. Doch eine Schildkröte, die ebenfalls zu Zauberkraft gelangte, neidete ihr das Glück und sperrte sie in ihr Gefängnis unter der Pagode. Erst, wenn die Pagode fällt, soll sie wieder freikommen.«

»Wenn die Schlange einen Sterblichen liebt, sollte sie sich besser beeilen«, bemerkte Kokachin. »Liebenden wie ihr bleibt nicht viel Zeit.«

Ich wandte den Blick vom Ufer ab und schaute sie an. »Wir haben nie den richtigen Zeitpunkt erwischt, nicht wahr?«

Sie schüttelte den Kopf. »Nein.«

Ein anderes großes Boot kreuzte unseren Weg. Sein Bug hatte die Form eines Löwenkopfes, und farbenfrohe Wimpel zierten sein Deck. Eine ausgelassene Gesellschaft saß lachend um ein großes Bankett, und Flötenspieler und Trommler spielten eine lebhafte Melodie. Ich konnte die Schriftzeichen am Rumpf nicht lesen, wusste aber, dass es sich um den »Goldenen Löwen« handelte. Alle Schiffe auf dem See trugen Namen wie diesen; unseres hieß »Vier Juwelen«.

Die Gäste an Bord des »Löwen« neigten die Köpfe, die Bootsführer grüßten einander, und die Musikanten setzten höflich die Instrumente ab, bis wir aneinander vorübergeglitten waren.

»Lange dachte ich, ich bedeute dir nichts«, sagte ich, sobald wir wieder außer Sicht waren.

»Und ich dachte, du machst dir nichts aus Frauen.«

»Dann dachte ich, es wäre zu spät.«

Abermals schüttelte sie den Kopf, und ich rechnete damit, dass sie mich wieder einen Dummkopf nennen würde. Stattdessen sagte sie: »Ich verstehe dich nicht. Früher glaubte ich, es läge daran, dass du ein Lateiner bist und seltsame Ideen über die Menschen oder die Welt hast. Mittlerweile glaube ich, es liegt an dir.«

»Das mag sein – aber mir geht es nicht anders.«

»Was, du verstehst dich selbst nicht?«

Ich lachte. »Du bist in jener Nacht in Khanbalik bei mir geblieben. Obwohl du wusstest, dass ich nach Quinsai wollte, und du mich nicht begleiten würdest.«

»Ich konnte meine Familie damals nicht verlassen«, sagte sie. »Warum musstest du unbedingt gehen?«

»Ich habe versucht, es dir zu erklären. Mein Onkel und mein Vater ...«

»Sind nicht dein Onkel und dein Vater ... sondern dein Vater und dein Onkel.«

»Du weißt davon?«, fragte ich überrascht.

»Mein Vater hat es mir erzählt.«

Ein Stein formte sich in meiner Brust. »Das hätte er nicht tun sollen.«

»Bitte hör mich an.« Ihre Augen hatten einen Ausdruck, den ich noch nie an ihr gesehen hatte. Ich war mir nicht sicher, ob es Mitleid oder Sorge war, aber beides passte nicht zu der Kokachin, die ich kannte.

»Du weißt nicht, wie es bei Hofe aussieht. Nomukhan ist gestorben ...«

Mir stockte der Atem. »Das tut mir sehr leid.« Ich hatte nie viel mit dem Prinzen zu tun gehabt, aber für Kokachin war es nach Chinkim und ihrer Mutter schon der dritte Trauerfall in wenigen Jahren. Sie trug es mit schon unheimlicher Fassung.

»Es war eine Erlösung für ihn. Er bekam gegen Ende kaum noch Luft und wäre nie wieder der Mensch geworden, der er sein wollte. Er konnte weder reiten noch kämpfen noch Feste feiern und schämte sich, Vater unter die Augen zu treten ...« Einen Moment lang schwieg sie bekümmert.

»Jetzt fürchtet Vater um sein Reich. Der tüchtigste seiner Prinzen ist mein Halbbruder Toghan, der gerade einen Feldzug gegen Annam und Champa anführt. Er ist aber kein Sohn Chabis …«

Aus dieser Lage mochten noch ernste Folgen erwachsen. Ahmats Teufeleien wirkten immer noch nach.

»Und es ist noch etwas anderes passiert«, fuhr Kokachin fort. »Etwas, das auch uns beide betrifft. Letztes Jahr starb die Dame Bolgana – die Frau von Arghun, Abakas Sohn.«

Ich kannte den Namen des neuen Ilkhans, der seinen Vater vor wenigen Jahren beerbt hatte, aber ich verstand nicht, was das mit uns zu tun hatte.

»Offenbar gibt es in ganz Persien keine geeignete Frau, sie zu ersetzen. Deshalb bat Arghun meinen Vater, ihm eine Braut zu schicken.«

Mir stockte der Atem. Ich ahnte, was als Nächstes kam, noch ehe sie es sagte.

»Mein Vater will, dass ich die neue Khatun Persiens werde. Er sagt, dies würde die Familie und die alte Allianz mit Persien stärken. Er glaubt, dass Persien sich sonst von uns fortbewegt. Ich glaube, vor allem stört es ihn schon lange, dass ich keinen Mann habe. Ich werde nicht jünger.«

Es schmerzte, sie zu hören. Für mich würde sie immer das junge Mädchen bleiben, das mich in Xanadu wutentbrannt anfuhr, weshalb sein großer Bruder verletzt von der Jagd heimkehre.

»Was hast du deinem Vater gesagt?«, fragte ich.

Sie lachte. »Was ich dem Großen Khan gesagt habe? Ich habe ihm gesagt, dass ich kein Interesse daran habe, einen Neffen zweiten Grades zu heiraten, den ich nie getroffen habe und der ein Land beherrscht, in dem nicht mal richtiges Gras wächst.« Sie stockte. »Und ich habe ihm gesagt, dass ich keine gute Frau für Arghun wäre. Wer will schon eine Braut, die in Gedanken immer bei einem anderen ist?«

Ich griff ihre Hand, und sie sank in meine Arme. Seit jener Nacht in Khanbalik war sie mir nicht mehr so nahe gewesen, aber mein Körper hatte keine Sekunde dieser Nacht vergessen. Ich suchte ihre Lippen, wir küssten uns, ich drückte sie fest an mich, und Bootsführer und Diener wandten respektvoll den Blick ab. Eine Weile war da nur der zarte Klang der Zither, das Plätschern des Sees an den Planken und fernes Gelächter.

Ihre Finger spielten mit dem Medaillon um meinen Hals. »Das hast du also noch«, flüsterte sie.

»Du bist das Einzige, das ich habe«, erwiderte ich. »Alles andere bedeutet mir nichts. Ich konnte nicht länger in Khanbalik bleiben, aber es verging kein Tag, an dem ich nicht an dich dachte. Ich würde ganz Quinsai für dich geben.«

»Dann tu es«, sagte sie. »Komm mit zurück nach Khanbalik.«

»Was hat dein Vater über mich erzählt?«, fragte ich, und sie löste sich aus meiner Umarmung.

»Er wurde sehr wütend, weil ich ihm Widerrede geleistet hatte …«

»Was hat er gesagt?«, hakte ich nach.

Sie seufzte. »Er sagte, du seist wie ein Sohn für ihn und der beste Statthalter, den er je hatte, selbst wenn du manchmal zu nachsichtig bist. Aber er sagte auch, es gäbe keine Zukunft für jemanden ohne Vergangenheit. Dass du lange deine eigenen Wurzeln nicht gekannt hättest. Ich fragte ihn, was er damit meine, und da hat er es mir erzählt: dass dein eigener Vater und Onkel dich belogen haben. Er sagte, ihr hättet euch alle zu Narren gemacht, und es sei vielleicht nicht deine Schuld, aber du seist ein schwacher Mann.«

Die Worte fuhren mir wie ein Stich ins Herz. Sie studierte mich mit schmalen Augen, dann sagte sie: »Jetzt willst du wissen, ob ich das ebenfalls glaube. Ist es nicht so?«

»Nun, du hast mich immer für einen Dummkopf gehalten, und jetzt weißt du, dass du recht damit hattest«, sagte ich, aber sie lachte nicht. »Alles, was er gesagt hat, ist wahr: Mein eigener Vater hat mich verleumdet, weil er entschied, dass er kein Vater sein wollte. Und mein Onkel log mir etwas vor, weil es ihn zum Oberhaupt dieser unglückseligen Familie machte und ihm das bescherte, was er nie hatte.«

»Dennoch bist du nur ein Dummkopf, wenn du dich selbst dazu machst. Und du solltest etwas Wichtiges nicht vergessen.«

»Nämlich?«

»Es ist ganz egal, wer von den beiden Nicolò oder Maffeo ist. Dein Vater ist Kublai – eigentlich sind wir Geschwister.«

»Das ist nicht sehr beruhigend«, scherzte ich.

»In der Tat«, sagte sie ernst. »Verstehst du nicht? Chinkim war dein Anda, und mein Vater hat dich an Sohnes statt angenommen. Als dieser bist du aufgetreten, als du dich im Austausch gegen Zhao Xian als Geisel erboten hast, und ganz Kithai und Manzi haben dich in dieser Rolle akzeptiert. Seitdem handelst und herrschst du in Vaters Namen. Was würde wohl geschehen, wenn du nun seine Tochter zur Frau nähmst? Denn das könntest du, trotz allem – wir sind keine Blutsverwandten.«

Da begriff ich. »Willst du damit sagen, dein Vater … hat Angst vor mir?«

»Natürlich hat er Angst!«, rief sie. »Chinkim, sein Erbe, ist tot, und Temür noch ein kleines Kind. Ein paar meiner Halbbrüder machen sich schon Hoffnungen, aber keiner wäre in der Lage, das Reich zusammenzuhalten. Vater ist alt. Was würde wohl geschehen, wenn er morgen stirbt?«

Ich schwieg betroffen. Kokachin hatte eine Menge Verluste zu erleiden gehabt, doch diese unbarmherzige Sichtweise auf ihre Familie war mir neu.

»Ich könnte niemals Khan werden«, sagte ich und meinte

es auch. Allein der Gedanke erfüllte mich mit Schrecken – und die Vorstellung, der Große Khan könnte sich vor mir ängstigen, schien mir absurd.

»Nein«, sagte sie. »Natürlich könntest du nicht Khan werden. Du bist ein Lateiner. Aber wir könnten Temür aus dem Weg räumen und unser eigenes Kind als Erben einsetzen. Wahrscheinlich würde es Krieg geben, aber wir hätten einen starken Anspruch. Deine Familie würde dich unterstützen, vielleicht auch Bayan und einige Generäle, wenn wir ihnen genug bieten.«

»So denkst du?«, entfuhr es mir, und es klang härter als beabsichtigt.

Kokachin blieb unbeeindruckt. »Nein. Aber mein Vater denkt so – und als sein Sohn, ob leiblich oder nicht, sollte dich das nicht überraschen.«

Meine Gedanken rasten. Wie war es nur so weit gekommen? Einst war Kublai fast wie eine Sagengestalt für mich gewesen, später hatte ich tatsächlich etwas Ähnliches wie einen Vater in ihm gefunden. Auch er hatte etwas Besonderes in mir gesehen. Aber mit den Jahren hatten wir uns voneinander entfernt, auch durch den Einfluss Maffeos – ich weigerte mich nach wie vor, ihn meinen Vater zu nennen. Ich hatte Kublai hintergangen, als ich mit seinem Sohn das Komplott gegen seinen Kanzler geschmiedet hatte. Ahnte er, was wirklich geschehen war? Es war einerlei – wenn Kublai in mir eine Konkurrenz sah, war ich meines Lebens nicht mehr sicher.

»Wenn du recht damit hast, kann ich nie mehr zurück nach Khanbalik. Er müsste mich – wie hast du es ausgedrückt? – aus dem Weg räumen. Du hast es damals schon gewusst, nicht wahr?«

»Was gewusst?«

»Als ich sagte, dass ich nach Quinsai gehe. Du hast meine genauen Gründe noch nicht gekannt, aber du hast bereits gewusst, dass es so besser für uns war. Getrennt waren wir beide in Sicherheit.«

Sie gab keine Antwort auf meine Frage. »In Sicherheit«, wiederholte sie nur, als wäre der Klang des Wortes ihr fremd, und ließ die Hand über den Bootsrand baumeln. Wir durchquerten gerade ein Seerosenfeld, dessen weitgespannter Teppich jadegrün auf den Wellen schaukelte. Als unter ihr, zwischen den Blättern, eine Schildkröte vorübertauchte, lachte sie bitter. »In Sicherheit wie die verzauberte Schlange unter der Pagode. Lebendig begraben.«

»Diese Schildkröte ist kein böser Geist«, sagte ich. »Wahrscheinlich haben die Mönche sie ausgesetzt. Jedes Frühjahr gibt es ein großes Fest, zu dem sie einem Lebewesen die Freiheit schenken.«

»Dann ist sie freier als wir«, sagte Kokachin, und eine Weile lauschten wir der Zither und starrten schweigend auf die funkelnde Blütenpracht hinaus.

»Es gibt vielleicht noch einen anderen Weg«, sagte sie dann.

»Nämlich?«

»Überzeuge Vater davon, dass du keine Gefahr für ihn darstellst.«

»Ich wüsste nicht, wie ich ihn von dieser Idee abbringen sollte. Allein der Gedanke …! Ich bin nicht wie Maffeo, Kokachin. Macht hat keinen Reiz für mich – so viel habe ich die letzten Jahre gelernt.«

Sie lächelte. »Ich wusste vom ersten Tag an, dass du nicht ganz richtig im Kopf bist. Aber gerade deshalb kannst du etwas tun, wozu Maffeo niemals fähig wäre: Du kannst loslassen.«

»Loslassen?«

»Hast du nie daran gedacht, nach Hause zurückzugehen?«

Einen Augenblick lang war ich so überrascht, dass ich

nicht wusste, was ich sagen sollte. Mein Blick ging zu ihr, die mir in diesem Moment so nahe war, das schwarze Haar wie Pinselstriche vor dem trüben Weiß des Himmels, dann zu der goldenen Stadt, die sich von Horizont zu Horizont erstreckte und die niemals meine Heimat sein würde. Und ich erkannte, dass ich die Antwort auf diese Frage schon lange in mir getragen hatte – als hätte ich all die Jahre nur darauf gewartet, dass jemand sie stellte. Plötzlich schien die Zukunft wieder ein Ort der Verheißung.

»Erzähl mir von deiner Heimat«, sagte Kokachin. »Gibt es dort auch Schlangen … und Schildkröten?«

XXVI
Die letzte Schlacht

So kam es, dass der Große Khan spät im Jahr des Feuer-Schweins seine Elefanten bestieg und seine Hunde um sich scharte, ganz so, als ginge es zur Frühjahrsjagd; und fast sein ganzer Hofstaat begleitete ihn. Es war ein wahrhaft majestätischer Anblick, die vier riesenhaften Tiere in ihrem Geschirr zu sehen, und auf ihrem Rücken die große Sänfte, die eher schon eine kleine Festung war. Gleichzeitig drängte sich jedem bei dem Anblick die Frage auf, ob der Khagan eigentlich wusste, was er da tat.

»Ob er wirklich glaubt, dass er zur Jagd reitet?«, fragte Nicolò seinen Bruder vor den Toren Xanadus, während die Generäle ihre Heere versammelten. »Weiß er denn nicht, dass es Krieg gibt?«

»Betest du noch?«, entgegnete Maffeo mit regloser Miene. »Dann bete, dass Kublai niemals den Unterschied bemerkt, bis er wieder von seinen Elefanten steigt.«

Sobald die letzte Ausrüstung verstaut, die letzten Tiere

bereit waren, setzte sich der mächtige Tross in Bewegung. Sie trugen die aufwendig genähte Lamellenrüstung mongolischer Krieger, und unter dem Leder einen dicken Steppanzer aus Rohseide. Dazu führten sie Streitkolben und verschiedene Klingenwaffen mit sich. Maffeo gürtete sich einen langen und auffällig dünnen Säbel um, bei dem es sich um Beutegut aus einem der Kriege gegen Cipangu handelte. Die Mongolen scherzten über die schlanke Waffe, Maffeo aber liebte sie heiß und innig.

Auch Nicolò verliehen Rüstung und Waffen ein Gefühl der Sicherheit; andererseits erinnerten sie ihn beständig daran, wie fehl am Platz er in dieser Armee war. Weder konnte er richtig kämpfen, noch fühlte er sich in seiner Rüstung wohl. Dabei versicherte ihm jeder, dass er sie richtig angelegt hatte und es eine der leichtesten Rüstungen war, die es gab.

Flankiert wurde die Jagdgesellschaft von den vereinten Armeen Bayan Hundertauges und mehrerer Kublai treu ergebener Prinzen. Mit Bayan reiste auch sein junger Sohn; er konnte höchstens fünfzehn Jahre alt sein, doch er brannte darauf, mit dem Khan in die Schlacht zu ziehen und Geschichte zu schreiben.

Insgesamt waren es rund hundertzwanzigtausend Reiter und noch einmal so viele Pferde zum Wechseln. Auch Schafe und Rinder hatten sie dabei, als Schlacht- und als Lasttiere, und Wagen mit Kriegsgerät. Es war keine geordnete Armee wie eine römische Legion, in Reih und Glied, mit Anführern und Bannerträgern. Eher sah es so aus, als wäre eine riesige Stadt unterwegs. Freilich war beides, Armeen und Städte, für viele Mongolen ein und dasselbe – es war ihr traditioneller Vorteil. Immer in Bewegung, immer zu allem bereit, waren sie nie auf eine einzige Strategie festgelegt. Aus demselben Grund führten sie mehrere hundert Feuerpfeile mit sich, wie sie bei der Belagerung von Saianfu auf sie abgeschossen worden waren. Mit ihnen reisten die Alchemisten, die notwendig waren, sie einzusetzen.

Dieser Krieg, dachte Nicolò, während sie in die Steppe vorstießen, war auch ein Krieg der Lebensarten, von Vergangenheit und Zukunft, der einen grundsätzlichen Entscheid über das Schicksal des Großreichs bringen mochte. Die Nachfahren Dschingis Khans, ob in Persien, der Goldenen Horde oder Kithai, gerieten zunehmend unter den Einfluss anderer Kulturen. Sie folgten Sakyamuni oder Mohammed, lebten in Städten und Palästen, bauten Schiffe und schrieben Gedichte. Darüber waren sie ihren alten Brüdern und Schwestern fremd geworden. Vielleicht war ihre enorme Anpassungsgabe also gleichzeitig Stärke wie Schwäche. Das war zumindest, was die Aufrührer um Kaidu glaubten: dass ihr Platz in den Grasmeeren Asiens war und Kublai das Erbe seiner Ahnen verraten hatte, als er sich zum Kaiser Kithais ausrief.

Was für eine Ironie, wenn der Lauf der Zeit auch vor Kaidu nicht haltgemacht hatte.

»Meinst du, er ist wirklich Christ geworden?«, fragte er seinen Bruder eines Abends, als die reisende Stadt für wenige Stunden ihre Wurzeln in den Boden geschlagen hatte. Er hatte seine Rüstung abgelegt und sich erschöpft in eine Decke gehüllt, und der Schein der Feuer und der Geruch gebratenen Fleischs erstreckten sich weiter, als die Sinne reichten, durch die Dunkelheit.

»Er wäre nicht der Erste«, erinnerte ihn Maffeo und polierte sein Schwert mit einem dünnen Papier. »Kublais Mutter war Christin, genau wie alle Keraiten.« Die Keraiten waren ein Stammesverband an den Ufern des heiligen Flusses Tuul gewesen, östlich des heutigen Karakorum, ehe Dschingis sie in sein Reich eingegliedert hatte. »Macht es denn einen Unterschied für dich, ob du einen Heiden tötest oder einen Nestorianer?«

»Ich wünschte, es würde überhaupt niemand getötet werden.«

»Kaidu hat dich in die Falle gelockt, dich versklavt und in seinem Bergwerk schuften lassen – dich und Nomukhan und eure Männer, und ihr wart sicher nicht die Ersten. Würdest du ihm ernsthaft eine Träne nachweinen?«

»Vielleicht hat er ja bereut und ist deshalb Christ geworden«, sagte Nicolò.

»Da erscheint mir die Geschichte mit dem Engel und der Schale Wein doch deutlich wahrscheinlicher.«

Nicolò dachte an den Engel auf dem silbernen Brunnen von Karakorum, und wie ihm bei dem Anblick unwillkürlich der Psalm des Hirten in den Sinn gestiegen war. Hatte er mit seinen Worten bei Kaidu womöglich einen späten Sinneswandel bewirkt?

»Ich habe sogar für ihn gebetet, weißt du.«

Doch Maffeo stieß nur ein lautes »Pah!« aus. Dann verstaute er sein Schwert, legte sich auf den Rücken und starrte zum Sternenhimmel.

»Weshalb tust du, was du tust?«, fragte Nicolò nach einer Weile. »Ich habe es dich sicher schon öfter gefragt, aber je älter ich werde, desto weniger verstehe ich dich.«

Er rechnete mit einer überheblichen oder provokanten Bemerkung, wie er sie über die Jahre immer wieder gehört hatte, aber zu seiner Überraschung blieb Maffeo ernst. »Weil Stillstand den Tod bedeutet«, sagte er. »Ich habe an den Khan geglaubt, fast mein ganzes Leben lang. Ich war überzeugt, in ihm den größten Herrscher der Menschheitsgeschichte gefunden zu haben, größer noch als Alexander, Caesar oder Karl der Große. Doch die letzten Jahre hat er jeden Krieg verloren. Sieh dir an, was aus ihm geworden ist! Ein alter, dicker Trunkenbold, der um sein Erbe bangt. Er muss diese Schlacht schlagen, und er muss sie gewinnen – oder untergehen und uns alle mit sich reißen. Entweder, die

Dynastie der Yuan wird das, was sie erreicht hat, in die Zukunft tragen, oder alles, was seit Dschingis' Tagen geschehen ist, war nur ein Traum, eine verrückte Geschichte wie die vom Priester Johannes, die bald vergessen sein wird.«

»Manchmal hatten wir Angst um dich«, sagte Nicolò. »Marco und ich. Und manchmal hatten wir Angst *vor dir.* Du bist völlig besessen.«

»Auch das höre ich nicht zum ersten Mal«, erwiderte Maffeo ungerührt. »Aber kannst du mir auch sagen, von was ich besessen bin? Das würde mir helfen.«

»Davon, die Geschicke anderer Menschen zu leiten«, sagte Nicolò. »Marcos, meines – selbst Kublai ist für dich nur eine Marionette, die du mit großer Vorsicht und Geduld zu meistern gelernt hast. Wenn du könntest, würdest du ihn zum Herrscher der Welt machen. Doch was dann, Maffeo? Würdest du an seine Stelle treten? Was würdest du mit der Welt anfangen, wenn du sie hättest?«

Maffeo verschränkte die Arme hinter dem Kopf und schaute weiter zu den Sternen auf. Er gab keine Antwort auf die Frage, doch Nicolò sah das Flackern des Feuers in seinen Augen.

So ritten sie zwei Wochen durch das Grasmeer. Stießen sie auf eine Siedlung oder eine Herde, so nahmen sie Menschen und Tiere in sich auf wie ein Schwarm Fische seine verlorenen Brüder. Tag für Tag bauten sie ihre Jurten auf und wieder ab, und der Khan hielt Hof und feierte seine Feste, ganz so, wie er es zu dieser Zeit sonst in Khanbalik getan hätte.

Dann meldeten die Späher eines Mittags, dass sie die Truppen Kaidus entdeckt hatten, und Bayan und die übrigen Heerführer scharten ihre Männer um sich. Aus der Ferne sah es so aus, als zögen dunkle Wolken über die Hänge, ein vager Schleier zuerst, dann eine geballte Macht, als die Reiter ihre Reihen dichter schlossen. Und eine beinahe ebenbürtige Gewitterfront zog ihnen gegenüber auf.

»Es ist so weit«, sagte Maffeo grimmig und setzte seinen Helm auf. Nicolò tat es ihm gleich, doch seine Finger zitterte so sehr, dass ihm der Helm beinahe vom Pferd gefallen wäre.

Mit fast feierlicher Ruhe dräuten beide Heere über den Hügelketten. Hunderttausend Reiter auf der einen, hundertzwanzigtausend auf der anderen, Helme, Speerspitzen und Bögen bis zum Horizont. Beide Armeen taxierten sich. Von Kaidu war erst nichts zu erkennen, wohingegen Kublais Elefantenfestung weithin sichtbar war. Dann öffneten sich die gegnerischen Reihen, und ein gigantisches Gefährt kam herausgerollt, gezogen von zweiundzwanzig Ochsen. Es sah aus wie eine enorme Jurte, beinahe wie eins von Kublais Prunkzelten, nur auf einem Wagen mit nie gesehenem Achsenstand – ein rollender Palast. Dann wurde vor dem monströsen Gefährt ein großes Holzkreuz aufgerichtet, und Fußsoldaten traten zwischen den Pferden hervor und hoben Schilde, ebenfalls mit dem christlichen Zeichen.

Nicolò sank das Herz bei dem Anblick. Seine Gebete waren also erhört worden. Er versuchte sich vorzustellen, was für eine Zukunft Kaidu sich für seine Leute ausmalte: ein gottesfürchtiges Volk von Nomaden und Viehzüchtern, das ein sesshaftes Leben ablehnte und seinem Fürsten in bedingungsloser Treue ergeben war? Eine schlichte Form des Christentums, ursprünglicher als die römische, aber rückwärtsgewandt.

Freilich war es egal, welchem Glauben eine Kriegspartei angehörte: Christen, Muslime oder Mongolen, selbst die alten Römer hatten ganze Städte ausgelöscht und sich dabei stets im Recht gefühlt. Dennoch hätte Nicolò nie damit gerechnet, einmal dem Zeichen des Kreuzes in der Schlacht gegenüberzustehen. Diese Perspektive war normalerweise anderen vorbehalten …

Und wenn der Priester Johannes in den Krieg zieht, lässt er goldene Kreuze vor seinen Mannen hertragen, und jedem

Kreuz folgen zehntausend Ritter und hunderttausend Soldaten.

Er musste daran denken, wie er einst davon geträumt hatte, Kublai unter diesem Zeichen zu sehen. Er war ein schlechter Verkünder für Gottes Wort gewesen.

In der Zwischenzeit hatten die Truppen des Khans die mannsgroßen Kurga-Trommeln abgeladen. Und nun begann, Schlag auf Schlag, der unheilvolle Donnertakt, der den nahen Kampf vorhersagte. Das Dröhnen rollte über die Hügel wie die Schritte eines Riesen, unter dessen Füßen die Erde erbebt. Aus Nicolòs Unbehagen wurde nackte Angst, und auch die Pferde begannen zu scheuen. Dann setzten sich die Heere in Bewegung, ergossen sich im Takt des Gewittergrollens ins Tal.

Noch standen die Elefanten und der enge Kreis von Reitern um die Khansfestung still, warteten darauf, dass die vorderste Front abgeflossen war. Es war wie das Warten auf das Zerrinnen des Sandes in einem Stundenglas. Nicolò saß wie gelähmt auf seinem Pferd.

Auf einmal war Maffeo neben ihm und drückte ihm seinen Streitkolben an die Brust. »Den wirst du brauchen. Pferden auf die Beine, Menschen auf den Kopf! Wenn es dir hilft, sag dir einfach, ich hätte dich dazu verleitet.«

Einige hundert Schritt voraus schossen die ersten Reiter aus vollem Galopp ihre Bögen ab, und die ersten gegnerischen Pfeile bohrten sich in die Rüstungen. Ein geübter mongolischer Schütze konnte alle paar Herzschläge einen Pfeil vom Pferderücken abgeben und besaß Köcher zu je dreißig Pfeilen unterschiedlicher Länge für unterschiedliche Distanz. Erst sah es aus der Ferne so aus, als ergösse sich ein schwerer Regen aus den tosenden Reiterwolken; dann wurde aus dem Regen ein drängender Hagel, als die Reiter zusammentrafen und beide Fronten sich ineinanderschoben, die Ränder zerrissen, blutig und ruhelos wie Rauch.

Die Mongolen ritten Angriff auf Angriff, zogen sich zum Schein zurück, versuchten, ihre Gegner in die Falle zu locken, rückten wieder ein Stück weit vor. Noch immer donnerten die Trommeln, und nun wanderte auch ein Wetterleuchten die Front entlang, als die Alchemisten die erste Salve Feuerpfeile abschossen. Nicolò hatte diese Waffen am eigenen Leib erlebt, und selbst jetzt erfüllten die fauchenden Schweife ihn mit Furcht. Die Elefanten hoben die Rüssel und stießen einen protestierenden Ruf aus, als die gleißenden Lichtfinger aus ihren Stellungen an ihnen vorüberblitzten, und die Pferde bäumten sich auf vor Entsetzen. Schwefelrauch zog über sie hinweg, die Geschosse verschwanden in der Ferne. Dann öffneten sich vor ihnen die Reihen, als die nächste Welle Reiter losgaloppierte, und der Khan und seine Gefolgsleute, darunter auch sie, setzten sich in Bewegung.

Vor sich sah Nicolò die Armeen in tödlichen Zweikämpfen verbissen. Er wünschte sich nichts weniger, als tiefer in diese Schlacht vorzurücken, aber ihm blieb nichts anderes übrig. Sein Pferd folgte dem Herdentrieb, und abzusteigen und zu fliehen hieße, totgetrampelt zu werden. Er schaute sich kurz nach seinem Bruder um, konnte ihn aber nirgends entdecken. Auch Bayan war lange im Getümmel verschwunden. Allein die schaukelnde Khansfestung auf den Elefantenrücken gab ihm eine Orientierung.

Abermals schossen Feuerpfeile über sie hinweg, und diesmal konnte Nicolò erahnen, dass sie nahe Kaidus riesenhafter rollender Jurte einschlugen. Feuer brach hinter den gegnerischen Reihen aus. Unmerklich steigerten die Kesseltrommeln ihren Rhythmus, als wären sie das große Herz, das die Armee antrieb, und die Reiter hoben zu wildem Kampfgeheul an. Dann schlugen die Krieger unmittelbar vor ihm mit lautem Kreischen in die feindlichen Reihen, Stahl klirrte, Leder knirschte, Knochen brachen, und

Nicolòs Pferd machte einen plötzlichen Satz zur Seite, dass es ihn aus dem Sattel riss. Zwischen den scheuenden Pferdebeinen schlug er ins Gras und spürte einen dumpfen Schmerz in seinem Rücken. Einen Moment blieb ihm die Luft weg, und ein Hustenanfall schnürte ihm die Kehle zu. Dann kämpfte er sich wieder auf die schwachen Beine.

Es war sein Glück, dass die Angriffswelle sich inzwischen kaum noch bewegte. Sein Pferd aber war im Gemenge verschwunden. Er fand seinen Streitkolben und hielt ihn schützend vor sich. Überall um ihn herum verfingen sich Krieger in Zweikämpfe. Pferde stürzten und begruben ihre Reiter, Säbel und Äxte bissen sich in die Lamellenpanzer.

Ein Reiter drängte sich aus den feindlichen Reihen heraus. Der Mongole entdeckte ihn, hob den langen Speer, trieb sein Pferd an und preschte auf ihn zu.

Da hieb jemand dem Pferd eine Waffe zwischen die Beine, das Tier brach mit lautem Wiehern zusammen, und Nicolò warf sich zur Seite und rollte in eine Senke, während der Reiter über ihn hinwegflog. Kaum aber, dass er abermals auf dem schmerzenden Rücken zu liegen kam, stand der Mongole auch schon wieder über ihm. Er war unglaublich schnell – und Nicolò schaffte es nicht einmal, seinen Streitkolben rechtzeitig emporzureißen.

Im letzten Augenblick, ehe der Speer des Mongolen niederstieß, dachte er, wie falsch es sich anfühlte, hier und jetzt zu sterben. Er hätte dem Khan nicht folgen, hätte desertieren sollen. Er hätte, als er aus den Minen freikam, Marco holen und mit ihm nach Hause gehen sollen. Was hatte er hier verloren, mitten in der asiatischen Steppe? Er war ein venezianischer Kaufmann! Er hatte eine Frau, mit der er kaum Zeit verbracht hatte. Er wollte noch einmal die Kanäle seiner Heimat sehen, den Markusdom …

All dies war nur ein rascher Gedanke, ein starker Wunsch, ein spätes Erkennen. Dann sah er auf einmal Maffeo, von

Kopf bis Fuß blutverspritzt, wie er dem Mongolen mit aller Kraft sein Schwert in den Rücken stach. Der Mann zuckte wie ein aufgespießter Fisch, Blut quoll aus seiner Brust, und sein Speer ging ins Leere. Dann brach er röchelnd neben Nicolò zusammen.

»Danke«, keuchte Nicolò.

Statt einer Antwort streckte sein Bruder die Hand nach ihm aus. Nicolò griff danach, und Maffeo packte zu und zog ihn hoch.

Mit schwindelnden Sinnen sah er sich um. Die Kämpfe im näheren Umkreis endeten mit den letzten Todesschreien. Die wenigen überlebenden Kämpfer Kaidus erkannten, dass sie in der Unterzahl waren, und ergriffen die Flucht. Nur in der Ferne nahm Nicolò noch Brände und Kampfeslärm wahr.

»Ist es vorbei?«, fragte er, während sie aus der Senke stolperten.

»Ging es dir denn nicht lange genug?«, fragte Maffeo.

»Ich hätte überhaupt nicht hier sein sollen«, sprach Nicolò den Gedanken aus, den er eben noch für seinen letzten gehalten hatte. Er begann die Schmerzen in seinem Rücken und seiner Schulter nun stärker zu spüren. Er konnte sich gar nicht erinnern, sich an der Schulter verletzt zu haben. Seine Seite war unter dem Arm voller Blut, und er wusste nicht, wessen Blut es war. Seine Hose war ebenfalls durchnässt.

»Da mag etwas dran sein.«

»Ich dachte, solche Kämpfe dauern Stunden. Tage! Aber ich bin nur vom Pferd gefallen und beinahe gestorben …«

»Viele waren schon tot, ehe sie stürzten. Dauern wird es allenfalls, die letzten Flüchtigen zu fangen – die Mongolen sind da sehr gründlich.« Maffeo schaute sich ebenfalls um und hielt an. »Für den Moment sind wir in Sicherheit, würde ich sagen.«

Fast im selben Moment gaben Nicolò die Beine nach, und er ging in die Knie. Er spuckte bittere Galle und musste abermals husten. Sein Bruder blieb bei ihm und gab auf ihn acht.

Gemeinsam verfolgten sie, wie Kublais Krieger die Reste von Kaidus Heer hinwegspülten. Der rollende Palast war in Flammen aufgegangen. Kublais Festung aber erhob sich nach wie vor aus dem Wald von Speeren, Pfeilen und verkrümmten Leibern, der aus der blutgetränkten Ebene spross. Einer der Elefanten schien verletzt, denn die Festung stand schief. Zahllose Pfeile steckten in ihren Wänden.

Sobald Nicolò wieder gehen konnte, schleppten sie sich mit den übrigen Überlebenden in Richtung der Elefanten. Einmal griff ein am Boden liegender Krieger nach seinem Bogen und legte auf sie an; doch ehe er schießen konnte, hatte Maffeo ihm den Todesstoß versetzt.

Als sie ankamen, wurden sie Zeuge, wie die ersten Gefangenen herbeigebracht wurden, allesamt hochrangige Feldherren. In der Festung über ihnen klappte ein pfeilgespicktes Fenster auf, und Kublai schaute heraus und ließ den müden Blick über das Schlachtfeld schweifen. Dann öffnete sich eine größere Öffnung in der Seitenwand, eine Strickleiter wurde herabgelassen, und mit Hilfe mehrerer Diener kämpfte sich der Khagan ächzend und prustend von seinem Elefanten herab.

Sie sahen auch Bayan Hundertauge und seinen Sohn, der die Schlacht unbeschadet überstanden hatte. Offenbar hatten sie Beute gemacht, denn Bayan hatte ein graues Pferd an seines angebunden. Darauf lag der Leichnam eines Mannes, dessen Blut dem Pferd aus mehreren Wunden über Flanken und Brust geströmt war. Bayan stieg ab, dann zerrte er mit Hilfe seines Sohnes den Toten vom Pferd und warf ihn vor sich zu Boden.

Erst war sich Nicolò nicht sicher, um wen es sich handelte, dann erkannte er ihn: Es war Prinz Shiregi.

Etwa zeitgleich führte ein großer Pulk Reiter einen weiteren Gefangen heran. Er war gefesselt und stolperte steifbeinig vor ihren Speerspitzen her.

Ihn erkannte Nicolò sofort.

Kaidu war älter und grauer als bei ihrem letzte Treffen, aber er hatte immer noch die wilden Haare und den stolzen Blick wie damals, in Karakorum. Obwohl er wissen musste, dass er seinen letzten Kampf geschlagen hatte, hielt er sich mit so viel Würde, wie es einem gefesselten Mann möglich war. Um den Hals trug er ein silbernes Kreuz an einem Lederband.

Als er Nicolò in der Menge entdeckte, weiteten sich seine Augen vor Überraschung.

»Ich hätte nicht gedacht, dass wir uns noch einmal begegnen, Lateiner«, sagte Kaidu. »Wo hast du deinen Freund gelassen?«

Nicolò wusste, dass er Nomukhan meinte.

»Er ist nicht hier«, sagte er.

»Sag ihm, Khutulun entbietet ihre Grüße.« Der Gefangene lachte.

»Wo ist sie?«

»Nicht hier«, wiederholte Kaidu. Dann wandte er den Kopf, denn der Große Khan trat nun zu den Gefangenen. Zwei Krieger packten Kaidu und zwangen ihn auf die Knie.

Statt sich jedoch um den Rebellen zu kümmern, warf Kublai einen strafenden Blick auf Shiregis Leichnam.

»Wer hat ihn getötet?«, verlangte er zu wissen.

»Das war ich, Großer Khan«, sagte Bayan Hundertauge.

»Und wer, glaubst du, gab dir das Recht dazu?«

Bayan erstarrte. »Er nahm mir mein Auge, als wir uns das letzte Mal trafen!«

»Und doch war er Möngkes Sohn«, rief der Khan. »Mein Neffe! Du hast das Blut eines Prinzen vergossen!«

Ein unheilvolles Schweigen breitete sich aus. Zwar wusste jeder, der ihn hörte, dass Kublai die Wahrheit sprach, aber keiner hätte erwartet, dass er sich in diesem Moment des Triumphs daran störte. Selbst Kaidu wirkte erstaunt und verfolgte das Schauspiel mit Interesse.

»Großer Khan!«, rief da Bayans Sohn. »Mein Vater tötete Shiregi nicht aus Rachsucht, sondern um mich zu retten!«

Bayan legte seinem Jungen die schwere Hand auf die Schulter, um ihn zum Schweigen zu bringen. Zum ersten Mal, seit er ihn kannte, sah Nicolò Angst in Bayans Gesicht. »Hört nicht auf ihn. Ich tötete Bayan aus freien Stücken und im offenen Kampf.«

»Dein Sohn hat doch laut und deutlich gesprochen«, erwiderte Kublai. »Wieso soll ich da nicht auf ihn hören?«

»Großer Khan!«, sprang Maffeo dem alten General bei. »Es ist doch offensichtlich, dass der Junge lügt, um seinen Vater zu schützen.«

Erst überraschte es Nicolò, dass sein Bruder sich einmischte. Dann dachte er daran, dass Maffeo Bayan schon damals bei der Jagd auf Kaidu und Shiregi geholfen hatte. Er war dabei gewesen, als Bayan sein Auge verlor. Machte er deshalb diese Angelegenheit zu seiner eigenen? Oder sah er in Bayan etwa einen Freund?

Kublai schien sich eine ähnliche Frage zu stellen, denn sein müder Blick ging zwischen Bayan und Maffeo hin und her. Bayan schüttelte unmerklich den Kopf. Kublai winkte ab, als ob Maffeo seine Aufmerksamkeit nicht verdiente.

»Großer Khan«, setzte Maffeo nach, doch diesmal fuhr der Khan herum und schrie: »Schweig, Polo! Das geht dich nichts an!«

Einen Augenblick verlor Kublai fast das Gleichgewicht, dann hatte er seinen schweren Leib wieder unter Kontrolle. Nicolò fragte sich, ob der Khan wieder betrunken war.

Kublais schmale Augen bohrten sich in Bayans Sohn. Er schnaufte wie ein alter Ochse, und seine Fäuste schlossen und öffneten sich.

»Der Lateiner sagt, dass du lügst«, sagte Kublai. »Und dein Vater sagt, ich solle nicht auf dich hören. Also entscheide dich, Junge. Lügst du, oder sprichst du die Wahrheit?«

Bayan wollte etwas sagen, doch der Khan ließ ihm keine Gelegenheit. »Kein Wort von dir! Ich habe deinen Sohn gefragt.«

Der junge Krieger erwiderte stolz seinen Blick. »Ich spreche die Wahrheit. Prinz Shiregi war im Begriff, mich zu töten. Meinem Vater blieb keine andere Wahl.«

Kublai schnaufte. »Dann sagst du also, dass dein Blut mehr wert ist als das meines Bruders und seiner Kinder? Habe ich das richtig verstanden?«

Bayans Hand verkrampfte sich um die Schulter seines Sohns.

»Wenn Ihr das nicht versteht«, sagte Bayans Sohn, »dann seid Ihr ein schlechter Vater.«

Kublai wandte sich von ihm ab.

»Schneidet ihm die Zunge heraus«, sagte er zu seinen Soldaten.

»Khagan!«, rief Bayan. »Ich flehe Euch an!«

»Genug!«, schrie Kublai. »Deine Familie hat sich heute selbst entehrt. Bringt sie fort!«

Seine Männer packten Bayan und seinen Sohn und schleppten sie mit. Maffeo wollte ihnen nacheilen, doch man drängte ihn zurück. Nicolò sah den Zorn und die Hilflosigkeit im Blick seines Bruders, doch sie wussten beide, dass sie nichts tun konnten. Zehntausende Krieger standen bereit, sie auf einen Fingerzeig des Khagans festzunehmen oder Schlimmeres.

Sekunden später drang der Schrei von Bayans Jungen an ihre Ohren.

Der Große Khan baute sich vor Kaidu auf, der immer noch auf den Knien war, und musterte ihn mit ausdrucksloser Miene. Der Rebell erwiderte seinen Blick ohne Furcht.

Nachdenklich griff Kublai nach dem Kreuz um Kaidus Hals. Dann riss er es ab und warf es in den Schmutz.

»Du bist es nicht wert, den Glauben meiner Mutter zu teilen«, murmelte er. »Und er hat dich nicht beschützt.«

»Dann wirst du auch mein Blut vergießen?«, fragte Kaidu. »Muss ich dich daran erinnern, dass dein Vater und mein Großvater Brüder waren?«

»Nein«, sagte Kublai. »Das musst du nicht.« Er hob die Stimme, so dass alle ihn hörten. »Das Blut des großen Dschingis soll nicht den Boden tränken!«

Auf seinen Befehl hin schafften seine Männer einen schweren Teppich aus seiner Sänfte herbei. Kaidu zeigte keine Regung.

»Vater, vergib ihnen«, waren seine letzten Worte. »Und breite den Ewigen Blauen Himmel über dein Volk.«

Die Soldaten stießen Kaidu zu Boden und wickelten ihn in den Teppich. Dann brachten sie die Elefanten und halfen Kublai, die Strickleiter zu erklimmen.

Ögedeis Enkel verlor sein Leben, ohne dass ein einziger Tropfen seines Blutes die Steppe tränkte.

XXVII
Der Gang von Zeit und Welt

Rustichello schlug die schweren Augen auf und wünschte, die Welt würde weggehen; doch die Welt blieb, wo sie war. Aus dem Winkel, aus dem sie ihn anschaute, schloss er, dass er auf dem Boden lag, und der weiche Teppich unter seiner Wange gab dem recht.

Vorsichtig brachte er sich in eine aufrechte Position, wobei sein pochender Schädel und sein protestierender Magen um seine Aufmerksamkeit buhlten. Wahrscheinlich, dachte er, waren fünfzehn Jahre Abstinenz nicht spurlos an ihm vorübergegangen … der Wein war es trotzdem wert gewesen.

Die Welt hatte keine Meinung dazu und starrte ihn weiter an.

Die Gäste hatten sie verlassen und ihnen ein Schlachtfeld an schmutzigen Bechern und Tellern vermacht. Niedergebrannte Kerzen hatten ihr Wachs auf die Tische vertropft, einige Stühle lagen umgestürzt am Boden. Durch die hohen Fenster bohrte sich helles Licht.

Rustichello entdeckte den Venezianer, der es bis zu einem gepolsterten Sessel geschafft hatte. Sein Gesicht war verquollen und sein Bart struppig und weinverklebt.

»Ist es vorbei?«, fragte Rustichello.

»Ging es Euch denn nicht lange genug?«

Rustichello deutete auf die leere Zimmerflucht, die sich nun riesiger denn je darbot. »Ich meine, können wir bleiben?«

Der Venezianer zuckte die Schultern. »Schätze schon.«

»Was für ein Fest«, sagte Rustichello.

»Erinnert mich daran, dass ich Euch von den Festen erzähle, die ich in Quinsai gefeiert habe …« Der Venezianer hustete und rieb sich den Schädel. »Später«, fügte er hinzu.

* * *

Nirgends habe ich solche Feste gesehen wie in Quinsai. Die Menschen feiern das ganze Jahr, und ihre Feste dienen dazu, das Leben und die Zeit selbst zu erneuern, so dass die Welt nie älter ist als ein Jahr. Und doch verändert sie sich.

In den Tagen vor Neujahr wird auf den Märkten Quinsais Reis in den Farben der Himmelsrichtungen verkauft: Rot, Grün, Weiß und Schwarz und Gelb für das Zentrum. Der Reis dient als Abschiedsgeschenk eines Gottes, der zur Neujahrsnacht zu seiner Familie im Himmel auffährt.

Schneit es, schenken sich die Menschen kleine Figuren aus Schnee. Bettler ziehen verkleidet als Götter mit Trommeln und Gongs durch die Stadt. Man schießt glitzernde Feuerpfeile in den nächtlichen Himmel und verbrennt Bambusrohre, die mit demselben Schwefel- und Kohlesteinpulver gefüllt sind, so dass sie knallen und rauchende Funken schlagen. Man nennt dieses Pulver »Feuermedizin«. Eine Maskenprozession bricht unter Flötenklang vom Palast auf, um das neue Jahr zu begrüßen. Früher hätte der Kaiser bei Dämmerung etwas Weihrauch verbrannt und eine gute Ernte erbeten. Eine Weile übernahm die Witwe Xie diese Pflicht, heute erfüllt sie einer meiner Beamten – denn ich kann es nicht tun.

In den Vollmondnächten des ersten Monats findet das Laternenfest statt. Laternen aller Art schmücken die Straßen, manche fast zwei Ellen groß; sie sind aus buntem Glas, bespanntem Holz oder Perlmutt und Horn. Auf manche sind Rätsel geschrieben, und man erhält ein Geschenk, wenn man es löst. Lampions aus Papier steigen, getragen vom heißen Wind, in die Lüfte, und in ihrem Licht finden die Liebenden zueinander.

Kokachin steckt mir eine Blume ins Haar, sie selbst trägt einen Schmetterling. Die ganze Stadt hält ein dreitägiges Festmahl, und überall erklingt Musik von Zithern und Flöten.

Zum Gildenfest tragen Tänzer große Standarten durch die Stadt. Auf dem See tragen Drachenboote mit bunten Wimpeln ihren Wettstreit aus, und die Kämpfer versuchen, sich gegenseitig ins Wasser zu stoßen. Eine Woche später ziehen die Menschen zum Blumenfest in die Gärten, wo nun die Pfirsichbäume blühen, und richten ein Bankett für die Ältesten aus. Die Taoisten feiern in ihrem Tempel die Geburt ihres Meisters Lao-Tse, während die Buddhisten in ihren Klöstern des Eingangs Sakyamunis ins große Nichts gedenken.

Dann wird der neue Reiswein in großen Fässern durch die Stadt getragen. Die Singmädchen haben sich herausgeputzt, und selbst die Acht Unsterblichen mischen sich, dargestellt von Verkleideten, unter das Volk. Für mich ist es ein trauriger Tag, denn es sind die ersten Tages des Frühjahrs, zu denen der Khan auf der Jagd weilt, und Kokachin nutzt diese Zeit, um heimzukehren zu ihren Brüdern und Schwestern. Sie spielt mit ihrem Vater Katz und Maus, doch ihre Geschwister sollen wissen, dass es ihr gut geht.

Sie verlässt die Stadt nach dem Totenfest, wenn drei Tage kein Feuer brennen darf und es nur kaltes Essen gibt, bis einer meiner Beamten mit einem Weidenzweig die erste Flamme entzündet. Weitere Weidenzweige zieren die Häuser, um die Bewohner vor Krankheit zu schützen; die ganze Stadt scheint zu grünen, während die Menschen an die Gräber ihrer Liebsten ziehen und Weihrauch darbringen.

Am achten Tag des vierten Monats ist Sakyamunis Geburtstag, und die Mönche schenken am See Tieren die Freiheit. Auch waschen sie ihre Götzen und verkaufen das heilige Wasser gegen Almosen. Kokachin ist nun in Khanbalik oder Xanadu.

Der fünfte Tag des fünften Monats gilt als schlechtes Datum, an dem man sich vor Unfällen, bösen Tieren und Geistern schützen muss. Deshalb kauft man Amulette, isst Speisen in den fünf Farben und hängt Kräuter über seine Tür. Ich teile diesen Aberglauben nicht und bin guter Dinge – denn ich weiß, dass Kokachin bald zurückkehrt. Spätestens zum Herbst ist sie wieder bei mir.

Der Herbst beginnt nicht einfach in Quinsai – er wird erklärt, und mit den Worten fallen die ersten Blätter. Zugleich pflanze ich im Hof des Kaiserpalasts eine Akazie, wie es seit jeher geschieht. Diesen Brauch halte ich gerne am Leben.

Am siebten Tag des siebten Monats ist das Weberfest, zu dem alle Kinder neue Kleider tragen und in den Gärten die letzten Bankette gefeiert werden. Auch ist dies die einzige Nacht, in der die von der Milchstraße getrennten Sterne des Hirtenjungen und des Webermädchens je zusammenfinden; sie sind uns sehr ähnlich, dieser Junge und dieses Mädchen. Die Weberinnen setzen kleine Spinnen in silberne Kästchen. Am nächsten Morgen öffnen sie die Kästchen und sehen nach, was sie gesponnen haben.

Ich öffne die Tür, und vor mir steht Kokachin.

So geht es Jahr für Jahr.

Zur Herbstmitte isst man Früchte mit Kernen, damit man viele Kinder bekommt, und die Liebenden in den Pavillons senden ihre Wünsche zu Zitherklängen zum Mond empor.

An den drei darauffolgenden Tagen versammelt sich die ganze Stadt vor den östlichen Mauern am Fluss, um die Ankunft des Silbernen Drachen zu erleben – eine gewaltige Welle, die ausgelöst von der Springflut den großen Fluss Zhe hinaufrollt. Sie beginnt als Silberstreif am Horizont, von einem fernen Rauschen begleitet, das man schon Stunden vor ihrer Ankunft erahnt, und stürmt unaufhaltsam voran. Dann braust sie mit der Macht eines Untiers vorbei, dreißig Fuß hoch und höher, und reißt jeden, der nicht auf sich achtgibt, davon. Wir verfolgen sie von den Wehrgängen oder den Mauern des alten Palasts aus; und obgleich die Menschen von einem Drachen sprechen, sehe ich tausend weiße Stuten, die an mir vorbeireiten und meine Gebete mit sich davontragen – Khiimori.

Zum Chrysanthemenfest versinkt die Stadt in einem Blumenmeer; es gibt achtzig Sorten Chrysanthemen in Quinsai, und selbst im Wein findet man zu dieser Zeit Blüten. Am ersten Tag des zehnten Monats verbrennt man alte Schuhe und Kleider, Hüte und Fußmatten zu Ehren der Toten.

Dann beginnt der Kreislauf von neuem, Schnee fällt vom Himmel, und der Lärm von Gongs und Feuermedizin erfüllt die Nacht. Lampions steigen zu den Sternen, die

Drachenboote legen ab, und die Singmädchen tragen den neuen Wein durch die Straßen. Die Mönche lassen ihre Tiere frei, ich pflanze einen Baum, die Spinnen weben ihre Netze. Und immer, wenn Hirtenjunge und Webermädchen vereint sind, sind auch wir vereint. Wir verbrennen unsere alten Kleider für die Witwe Xie, die nicht mehr bei uns ist, und im Frühjahr bringen Kokachin und Mei-Li Weihrauch an ihr Grab. Beide haben sie einander verziehen: den Tod des Bruders und den Tod der Schwester; und wenn man sie zum Chrysanthemenfest zusammen sieht, beide mit Blüten im schwarzen Haar, könnte man sie beinahe für Geschwister halten.

Doch wir wissen, dass es nicht ewig so gehen kann. Wollen Hirtenjunge und Webermädchen dauerhaft zueinander finden, müssen sie Quinsai verlassen und den Kreislauf durchbrechen.

Sie müssen nach Khanbalik und sich ihren Vätern stellen.

XXVIII
Wie es endet
Khanbalik, 1290

Nicolòs Zustand erschreckte mich – denn im Alter unserer Familie und Freunde erkennen wir unser eigenes Altern. Ich dachte daran, wie unerschütterlich er mir in meiner Jugend erschienen war. Heute war sein Haar fast komplett ergraut, seine Brust war schmal, seine ganze Statur wirkte gebrechlich. Doch als er mich sah, schien er regelrecht aufzublühen.

Es fiel mir schwer, ihm seine Täuschung länger nachzutragen. Die letzten Jahre war für mich immer mehr in den Vordergrund getreten, dass er sich meiner stets angenommen hatte, während mein leiblicher Vater sich von mir abgewandt hatte. Nicolò hatte mich angelogen, gewiss; aber er war dennoch für mich da gewesen.

Wir redeten den ganzen Abend, während Kokachin ging, um sich mit ihren Geschwistern zu treffen. Mit uns war auch Mei-Li in die Hauptstadt gereist, denn Kokachin hatte ihr versprochen, dass sie ihren Sohn Temür sehen könne.

»Du willst also gehen?«, fragte mich Nicolò, als wir beisammensaßen. Er lebte in bescheidenen Verhältnissen, in einem kleinen Haus am Rand der inneren Stadt, nicht unähnlich meiner alten Bleibe. Ein kleiner Kohlesteinofen wärmte das mit Teppichen ausgelegte Zimmer. Nicolò schien häufig zu frieren.

»Ich will meine Freiheit«, sagte ich.

Bekümmert senkte er den Blick. »Hätte ich gewusst, dass es so endet …«

»Was dann?«, fragte ich. »Wärst du nie nach Kithai gegangen? Wir wissen beide, dass das nicht stimmt. Du und dein Bruder, ihr habt mehr erreicht als sonst ein Mensch auf der Welt. Das Leben, das wir hier führten, war ein gutes Leben. Und ich hätte nie Kokachin kennengelernt …«

»Sie bedeutet dir sehr viel«, stellte Nicolò fest.

Ich nickte.

»Der Khan wird sie dir niemals zur Frau geben. Kokachin ist dem Ilkhan Persiens versprochen. Arghuns Botschafter wohnen jetzt schon drei Jahre bei Hofe. Sie leben wie die Könige, doch ihre Geduld ist erschöpft.«

»Sie sagte, vielleicht könne sie ihn mit Hilfe ihrer Brüder noch umstimmen …«

Nicolò schüttelte den Kopf. »Das Einzige, was Kublai dieser Tage noch umstimmt, ist seine Trinksucht. Wann immer er an Kokachin denkt, ist er außer sich vor Zorn. Es war euer Glück, dass er die letzten Jahre über mit anderen Dingen beschäftigt war.«

»Ich habe von dem Krieg gegen Kaidu gehört«, sagte ich. »Es freut mich, dass du wohlbehalten zurückgekehrt bist.«

»Ich hatte Glück.« Nicolò erhob sich, raffte seinen Deel zusammen und legte ein paar Kohlesteine nach. »Mehr als andere. Selbst als mein Bruder.«

»Was ist mit Maffeo?«, fragte ich vorsichtig. Ich ging nicht davon aus, dass ihm etwas Ernstes zugestoßen war, denn davon hätte ich gehört. Die Stille, die ihn umgab, war jedoch geradezu auffällig.

»Er fiel in Ungnade, als er sich nach der Schlacht für Bayan Hundertauge einsetzte. Bayan hatte Prinz Shiregi getötet und dabei königliches Blut vergossen. Darüber kam es zum Streit, und Kublai ließ Bayans Sohn wegen einer unbedeutenden Beleidigung die Zunge herausschneiden. Dann verbannte er beide, Vater und Sohn, in die westliche Provinz – und als Maffeo versuchte, ihn umzustimmen, hat Kublai ihn gleich mitgeschickt.«

»Maffeo ist verbannt?«

»Er war es, eine Weile lang. Seit einem guten Jahr ist er wieder zurück, aber der Khan weiht ihn nicht mehr in seine Entscheidungen ein. Du kannst dir denken, wie das für Maffeo ist – nicht mehr im Zentrum der Welt zu stehen.«

Das konnte ich allerdings. Nachdem er eine Weile der zweitmächtigste Mann im Reich gewesen war, musste es sich für ihn anfühlen, wie lebendig begraben zu sein. »Meinst du, er würde uns helfen?«

Nicolò zögerte. »Es ist dir also wirklich ernst? Du willst heim? Nach Venedig?«

»Schau uns doch an!«, sagte ich. »Wir führen ein Leben wie Könige – in einem goldenen Käfig. Wir können kein Geschäft tätigen, kein Haus kaufen, keine Familie gründen, ohne dass der Khan es billigt. Wir sind wie ein Rädchen in einer seiner Maschinen. Mein einziger Lebenssinn und mein einziger Schutz sind die Reichtümer, die Quinsai in seine Schatzkammern spült.«

»Das ist richtig«, sagte Nicolò. »Er redet nur selten von dir, aber sehr häufig davon, wie gewinnbringend die alte Hauptstadt der Song ist. Du scheinst gute Arbeit zu leisten.«

»Trotzdem wäre jeder Kaufmann, der in Venedig vergleichbare Reichtümer erwirtschaftet, mächtiger als der Doge und könnte tun und lassen, was er will. Der Statthalter einer Stadt wie Quinsai wäre ein Fürst, der Papst und Kaiser seine Bedingungen diktieren kann.«

»Du redest fast wie Maffeo«, lachte Nicolò, dann musste er husten.

»Mir geht es nicht um Macht, sondern um Freiheit.«

»Du darfst aber auch nicht vergessen, dass es solche Reichtümer und Städte in unserem Teil der Welt nicht gibt«, gab er zu bedenken, sobald der Husten vorbei war. »Jedes Leben hat seinen Preis. Der Preis für unser Leben in Kithai ist, dass dies das Reich des Khans ist, und es beginnt und endet mit ihm.«

»Für mich beginnt und endet es mit Kokachin.«

Nicolò schwieg eine Weile. »Ich bin alt«, sagte er dann. »Und ich habe die letzten Jahre oft ähnliche Gedanken angestellt. Wenn ich Venedig jemals wiedersehen will, dann bleibt mir nicht viel Zeit. Ich habe aber nicht die Kraft, die Reise allein anzutreten.«

»Das musst du nicht«, sagte ich, doch er hob die Hand, und ich ließ ihn aussprechen.

»Auch Kublai ist alt, und ganz gleich, was Kokachin denkt – wenn er stirbt, brechen unruhige Zeiten an, auch für uns. Für die meisten Prinzen und Generäle sind wir Fremde, Störenfriede, die nur deshalb nützlich sind, weil sie etwas von Finanzen verstehen. Maffeos Lebenswerk ist gescheitert. Mit Bayans Verbannung hat er seinen wichtigsten

Verbündeten bei Hofe verloren. Der nächste Khan, wer immer den kommenden Machtkampf gewinnt, wird Maffeo kein Gehör mehr schenken – und er wird niemals selbst Großkhan werden, falls er das je ernsthaft glaubte. Wir haben ein fürstliches Leben geführt, doch nun ist es vorbei.«

»Komm mit mir«, sagte ich. »Lass uns gemeinsam gehen!«

Ich konnte sehen, wie er mit sich rang. »Wenn wir uns gegen Kublai stellen, ist das ein unumkehrbarer Schritt, Marco. Unseren Willen gegen seinen durchzusetzen, heißt, alles aufs Spiel zu setzen. Er kann uns unsere Ränge nehmen, unseren Reichtum. Er kann jedes Heer und jede Patrouille, jede Kurierstation und jede Stadt anweisen, uns zu töten. Er kann *alle* Lateiner in seinem Reich erschlagen lassen, falls ihm der Sinn danach steht, und niemand wird seinen Befehl in Frage stellen.«

Was Nicolò sagte, war leider die Wahrheit. Vermutlich hatte ich es nicht sehen wollen, weil zwischen Kublai und mir einst dieses besondere Band existiert hatte und weil Kokachin ihn trotz allem als ihren Vater liebte. Wir hatten uns in Sicherheit gewogen und geglaubt, wir könnten davonlaufen wie zwei Bauernkinder, die im nächsten Dorf schon in Sicherheit sind. Doch die Augen des Khans waren überall. Wahrscheinlich hatte er selbst in Quinsai seine Spione. Ob er wusste, dass seine Tochter und ich das Lager teilten? Ich fragte mich, weshalb er noch nichts dagegen unternommen hatte.

»Du hast recht«, sagte ich. »Und aus all diesen Gründen ist die Zeit zu gehen jetzt. Je länger wir warten, desto schwieriger wird es.«

Er nickte. »Wir gehen also? Gemeinsam?«

»Wir gehen«, sagte ich.

Da stand er auf und schloss mich in die Arme. »Ich freue mich«, sagte er. »Ich freue mich, Marco!«

Siebzehn Jahre, dachte ich. Siebzehn Jahre war es her, dass ich das erste Mal vor diesem Mann gekniet hatte. Damals war ich noch ein Jüngling gewesen, voll wilder Träume; mein einziges Kapital waren Geschichten gewesen. Heute stand ich in der Mitte meines Lebens, und Kublai, Herrscher des östlichen Teiles der Welt, war ein aufgedunsener, vom Wein gebrochener Greis, der sich nicht mehr für Geschichten oder Träume interessierte. Vor siebzehn Jahren hatte er mich in seine Familie aufgenommen – aus Dankbarkeit, weil ich seinen Sohn gerettet hatte, und vielleicht aus Mitleid, weil mein wahrer Vater sich von mir abgewandt hatte. Heute war seine eigene Familie zerbrochen. Nur wir Polos waren geblieben, knieten noch immer vor ihm, erbaten seine Gunst.

»Erhebt Euch«, befahl der Khan, und Nicolò und ich standen auf. Er saß vor uns in der großen Halle von Khanbalik, und die zehn Schritte, die uns von seinem Thron trennten, waren eine ganze Welt. Bei ihm saßen und standen seine Minister und Feldherren, seine Frauen und Kinder, darunter auch Temür, Mei-Li und Kokachin.

Der Einzige, der fehlte, war Maffeo, und das machte mich nervös. Nicolò sagte zwar, sein Bruder wolle uns begleiten, doch weder er noch ich wussten, wo er steckte. Angeblich hatte er noch etwas mit Bayan zu klären.

»Es betrübt mich, dich unter diesen Zeichen wiederzusehen«, sagte der Khan. »Wieso bist du nicht in Quinsai geblieben? Ist die größte und reichste Stadt der Welt dir nicht mehr genug?«

»Ich begehre weder Reichtum noch Macht, Großer Khan, und beanspruche weder Quinsai noch sonst einen Platz in Eurem Reich.«

»Und doch hast du mich hintergangen.«

»Nichts läge mir ferner, Großer Khan.«

»Ach ja?« Er hob anklagend die Hand. »Ist es denn nicht

richtig, dass du meine eigene Tochter vor mir versteckt hieltest, als sie ihr närrisches Spiel mit mir trieb?«

»Ich könnte vor dem allsehenden Khan niemals etwas verstecken, selbst wenn ich das wollte«, antwortete ich demütig. »Schon gar nicht einen Schatz wie seine Tochter. Und mit Euch zu spielen würde uns nie einfallen. Deshalb sind wir heute hier.«

»Uns?«, fragte der Khan. »Wir?«

»Vater«, erhob Kokachin die Stimme, doch der Khan donnerte »Schweig!«, und sie senkte den Blick. Er war der einzige Mann auf der Welt, von dem sich Kokachin den Mund verbieten ließ; doch in seinem Zustand war er so gefährlich wie ein Fass Feuermedizin, und wir waren übereingekommen, ihn ebenso vorsichtig zu behandeln wie ein solches.

»Warum?«, fragte er mich. »Weshalb bist du hier?«

»Es gibt nur eines in Eurem ganzen weiten Reich, das ich begehre«, sagte ich ruhig. »Und das ist die Hand Eurer Tochter.«

Der Khan schwieg. Wir hatten damit gerechnet, dass er schimpfen oder toben könnte, dass er die Audienz beendete oder mich hinauswerfen ließ. Doch der Khan schwieg nur, und mit ihm schwieg der Hofstaat, und ich glaubte Kublais Atem in der weiten Halle zu hören. Ich dachte daran, was Kokachin mir in Quinsai gesagt hatte: dass der Khan Angst vor mir hatte, weil eine Verbindung seiner Tochter und seines Adoptivsohns eine Gefahr für seine Dynastie darstellen könnte.

»Das kommt nicht in Frage«, sagte er bestimmt, wie um zu zeigen, dass er gründlich über mein Anliegen nachgedacht hatte. »Du verkennst deinen Platz, Lateiner! Das Blut des Dschingis fließt in Kokachins Adern, nicht in deinen. Meine Tochter soll keinen Fremden heiraten.«

Ich spürte Kokachins Blick auf mir ruhen, konzentrierte

mich aber weiter ganz auf Kublai. Auch hierüber hatten wir geredet: Erst sollte ich es erreichen, dass ihr Vater mich aus seinen Diensten entließ; dann würde sie nach einem Weg suchen, mich zu begleiten.

»Wenn ich nicht mehr als ein Fremder für Euch bin, Großer Khan, habe ich vielleicht tatsächlich meinen Platz verkannt. Ich bitte Euch daher, mich von meinen Pflichten freizustellen, damit ich zurück in meine Heimat gehen kann.«

»Du leistest gute Arbeit in Quinsai«, widersprach der Khan. »Die Salz- und Zuckerproduktion ist sehr zufriedenstellend, ebenso die Einnahmen aus Gewürzen und Kohlestein. Du hast die Ausgaben gesenkt, und die Steuern auf Seide, Wein und den Überseehandel sind ertragreicher denn je.«

»Andere können meine Arbeit fortführen. Meine Beamten beherrschen die Kunst der Buchführung so gut wie ich. Es gibt keinen Grund mehr für mich, zu bleiben.«

Der Khan schnaufte. »Willst du mit mir streiten?«

Alle Augen des Hofstaats ruhten auf mir. Ich hatte fast vergessen, wie sich das anfühlte: im Mittelpunkt der Aufmerksamkeit zu stehen, nur einen Befehl von der eigenen Hinrichtung entfernt.

»Keineswegs«, sagte ich. »Doch mein Vater ist alt und krank und wünscht sich, seine Heimat wiederzusehen. Ist es nicht die Pflicht eines Sohnes, für seinen Vater da zu sein?« Alle im Saal kannten die Antwort hierauf; die kindliche Pietät war einer der Grundsteine des Konfuzianismus.

»Ist das wahr?«, fragte der Khan Nicolò. »Wünschst du dir die Rückkehr ins Reich der Lateiner, Polo?« Seit die Lüge, die er mitgetragen hatte, ein offenes Geheimnis war, nannte er meinen Vater und Onkel nur noch beim Nachnamen.

»Ich wünsche mir nichts sehnlicher, als noch einmal den Hafen Venedigs zu sehen«, sagte Nicolò. »Auch habe ich eine Frau zu Hause, die ich nicht im Stich lassen kann.«

»Eine Frau, die du seit fast zwanzig Jahren nicht mehr gesehen hast«, stellte der Khan fest.

»Das entbindet mich nicht von meiner christlichen Pflicht ihr gegenüber.«

»Ich bitte Euch, Großer Khan«, sagte ich. »Lasst mich meinen Vater begleiten. So wie er seine Pflicht kennt, kenne ich die meine.«

»Deine Pflicht!«, höhnte der Khan. »Hältst du mich für dumm genug, mir solche Lügen zu verkaufen? Dieser Mann, dem du dich angeblich verpflichtet fühlst, ist nicht dein Vater. Er hat dich belogen, genau wie dein Onkel, welcher in Wahrheit dein Vater ist.«

Er ließ gewinnend den Blick umherschweifen, während der Hofstaat in erregtes Gemurmel ausbrach. Ich wusste nicht, ob er mich mit dieser Bloßstellung zu überraschen hoffte oder einfach nur vor aller Augen demütigen wollte.

»Ihr redet von Lügen?«, fragte ich. Gerne hätte ich ihn selbst einen Lügner genannt, aber ich spürte Nicolòs Anspannung und dachte daran, was mit Bayans Sohn geschehen war. »Wieso enthüllt Ihr Euer Wissen erst jetzt? Wenn mein Vater in Wahrheit Maffeo ist, wieso habt Ihr ihn und damit mich entehrt?«

»Hüte deine Zunge, wenn sie dir lieb ist«, drohte der Khan. »Entehrt hat sich dein Vater selbst – mehr als einmal.« Er klatschte in die Hände, und da öffnete sich die große Tür, und zwei Kheshig eskortierten Maffeo herein. Erschrocken sah ich, dass sie ihn in Ketten gelegt hatten. Seine edle Robe war in Fetzen gerissen. Hinter ihm stolperte ein junger Mann, den ich nicht kannte.

»Er hat den Sohn des verbannten Hundertauge nach Khanbalik eingeladen und sich damit meinem direkten Befehl widersetzt«, erklärte der Khan. »Sag du es mir – was soll ich jetzt mit ihm tun?«

»Lasst ihn frei«, sagte ich ruhig. »Und lasst ihn mit uns nach Hause gehen.«

Maffeo wandte kurz den Kopf in meine Richtung. Dass ich mich für ihn einsetzte, schien ihn zu überraschen, doch er griff nicht in das Gespräch ein. Ich wusste nicht, was vorgefallen war und wieso Bayans Sohn bei ihm war. Eines aber war klar: Maffeo hatte hier keine Zukunft mehr, und es kam nicht in Frage, ihn zurückzulassen.

Kublai brütete über meiner Bitte wie ein alter Drache über seinem Schatz. »Du bittest mich um einen großen Gefallen«, knurrte er. »Und doch zeigst du nur wenig Dankbarkeit.«

Da stiegen mir Tränen der Wut in die Augen, und einen Moment lang vergaß ich meine Zurückhaltung. »Für was sollte ich dankbar sein? Ihr habt mich an Sohnes statt angenommen, und nun nehmt Ihr mir meine Familie und nennt mich einen Fremden?« Und ich rief aus voller Kraft: »Ich will meinen Vater, Großer Khan!«

»Genug!«, schrie der Khan und kämpfte sich auf die Füße. Noch nie hatte ich ihn so erlebt, und ich erkannte, dass ich zu weit gegangen war, als ich meine Stimme gegen ihn erhob. »Du hast nichts zu fordern! Du bist nicht einmal von meinem Blut! Ich könnte dir die Kehle durchschneiden und dich ausbluten lassen wie Vieh!«

»Vater! Ich bitte dich! Tu ihm nichts an!« Kokachins helle Stimme zerriss die Halle. Die Prinzessin sprang auf und eilte an meine Seite. »Mein Herz hängt an ihm, und ich würde alles für ihn tun!«

Kublais Augen wurden klein wie Messerspitzen. »Auch du hast meine Geduld lange genug auf die Probe gestellt, Tochter. Deine Pflicht gilt in erster Linie mir, deinem Vater! Hast du verstanden?«

Mit eiserner Beherrschung senkte Kokachin das Haupt. »Ich bin Euer Diener, Großer Khan.«

»Ich bin Euer Diener«, wiederholte ich und tat es ihr gleich. Auch Nicolò, Maffeo und Bayans Sohn hatten die Köpfe gesenkt und verharrten in angstvoller Erwartung. Am Rande meines Gesichtsfelds konnte ich erahnen, wie Kublais Blick fassungslos zwischen Kokachin und mir hin und her ging.

»Hört meinen Befehl«, grollte er und nahm wieder Platz. »Meine Tochter Kokachin wird Ilkhan Arghun zur Frau gegeben. Wo sind die persischen Botschafter?«

»Hier, großer Khan!«, ertönte eine demütige Stimme von weiter hinten aus der Halle, und drei reich gekleidete Männer rauschten an unsere Seite und verbeugten sich.

»Ich überstelle Kokachin Eurem Gewahrsam. Möge sie Arghun eine bessere Khatun sein, als sie mir eine Tochter war!«

Ich spürte einen Stich im Herzen und hörte ein Wimmern der Wut aus Kokachins Kehle.

»Als Zeichen meines Wohlwollens, und als Entschuldigung für die lange Zeit, die ihr auf diesen Moment habt warten müssen, sende ich eurem Herrn ebenfalls die letzte Prinzessin der Song für seinen Harem.«

»Vater, ich …«

»Schweig!«, donnerte Kublai, und der Schmerz in meiner Brust bohrte sich noch tiefer. Ich begriff, was Kublai bezweckte: Er entledigte sich aller Menschen, die ihm noch gefährlich werden konnten. Mei-Li war das Überbleibsel einer vergangenen Zeit. Sein Erbe Temür sollte als Sohn des Chinkim aufwachsen, welcher den Heldentod fand, als Enkel des Kublai, Enkel des Dschingis – aber nichts am Hofe sollte mehr auf seine Mutter und ihre Wurzeln im Lande Manzi verweisen.

»Was nun euch Polos betrifft«, fuhr Kublai fort und gab den Kheshig einen Wink. »Da ihr unbedingt gehen wollt – geht! Und den jungen Verräter nehmt ebenfalls mit!« Mit lautem Klirren fielen Maffeo die Ketten von den Gelenken. Dann befreiten sie Bayans Sohn. »Ihr gebt eine gute Eskorte ab: der Anda meines toten Sohnes, mein ehemaliger Kanzler und ein enger Berater. Ihr werdet Kokachin nach Persien begleiten! Sobald sie sicher Arghuns Hof erreicht hat, seid ihr frei, zu gehen. Kehrt zurück in eure Heimat, zu euren Frauen, zu eurem Papst. Aber findet einen Platz unter dem Ewigen Blauen Himmel, der weit genug weg ist, dass mein Blick nicht dorthin fällt! Denn wenn ihr mir noch einmal unter die Augen tretet, bei Dschingis – ich werde mit eurem Blut den Garten meines Palasts tränken. Und nun fort mit euch! Fort mit euch allen!«

Die Wachen brachten Mei-Li zu uns und nahmen uns in die Mitte. Ich wünschte, ich könnte etwas tun – doch alle weiteren Worte würden nur unser Ende beschleunigen.

So endet es also, dachte ich, als ich ein letztes Mal dem Mann ins Gesicht sah, der siebzehn Jahre mein Herr und Beschützer gewesen war. Es war seltsam, denn er wirkte selbst wie jemand, der Schutz brauchte, wie er da auf seinem Thron saß und uns aus winzigen Augen betrachtete.

Dann führten uns die Kheshig aus der Halle, einer ungewissen Zukunft entgegen.

Das Buch der Heimkehr

1291–1298

* * *

Mai bis August 1299

I
Der Brief
Genua, Mai 1299

Sie mag Euch.«

Rustichello hatte es sich in einem gepolsterten Sessel gemütlich gemacht und beobachtete den Venezianer, der am Fenster mit ernster Miene den Brief las, den er heute früh erhalten hatte.

Die Gemächer im obersten Stockwerk des Palazzos waren in einem betrüblichen Zustand. Rustichello hatte längst den Überblick darüber verloren, wie viele Feste inzwischen durch ihre Zimmer gezogen waren – doch sie hatten ihre Spuren hinterlassen. Möbelstücke waren wie Treibgut von Raum zu Raum gespült worden, um an den Ufern der dicken Teppiche zu stranden, und die Bezüge und Decken waren voller Weinflecken.

»Wer?«, fragte der Venezianer zerstreut und schaute von seinem Brief auf.

»Die Frau des Gefängnisleiters. Dieses alten Admirals.«

Der Venezianer lachte. »Ihr seht Gespenster, Messere.«

»Immerhin hat sie Euch dieses Früchtebrot geschickt.« Er deutete auf das Krümelfeld vor dem Tisch. »Ich hatte zwar nicht viel davon, aber es war köstlich.«

»Ich habe gar nichts davon gegessen.« Der Venezianer zuckte die Schultern. »Es ging alles so schnell.«

»Meint Ihr, wir verdanken ihr auch diese Gemächer?« Rustichello breitete die Arme aus. »Wir leben wie die Könige, und fast scheint es, wir könnten einfach davonspazieren, wenn wir wollten.«

»Täuscht Euch nicht! Es ist wahr, dass man uns freundlich gesinnt ist. Offenbar steht ein Friedensschluss mit Venedig unmittelbar bevor. Der *Signore* von Mailand – ein

Visconti, ist das nicht schön? – hat sich als Vermittler erboten. Venedig soll die Vorherrschaft Genuas über das Ligurische Meer anerkennen und Genua die Venedigs über die Adria. Und ich hörte, selbst mit Pisa hat man Verhandlungen aufgenommen.«

»Nach so langer Zeit ist das schwer zu glauben«, sagte Rustichello. »Wieso ausgerechnet jetzt?«

»Angeblich ist man in Pisa bereit, sich von Korsika zu trennen.«

Rustichello war sich nicht sicher, was er bei dieser Nachricht empfand. Gewiss war nur, dass seine Heimat nicht mehr die alte war.

»Steht das alles in dem Brief?«, fragte er und deutete auf das Schreiben.

Der Venezianer schaute, als sähe er es zum ersten Mal. »Was? Nein. Die Frau des Gefängnisleiters hat es mir erzählt.« Er lachte wieder, diesmal unsicherer. »Was vielleicht Euren vorigen Punkt unter Beweis stellt. Wie auch immer! Die Freundlichkeit, mit der man uns behandelt, ist an Bedingungen geknüpft. Wenn wir das Vertrauen, das man uns entgegenbringt, missbrauchen, wird man uns diese Privilegien schnell wieder entziehen.« Er ließ den Blick über die umgestürzten Möbel und die Essensreste schweifen. »Von daher sollten wir wohl lieber Ordnung schaffen, ehe unsere Gäste zurückkehren …«

»Da stimme ich Euch zu. Eure Bewunderer sollten keinen schlechten Eindruck von uns bekommen.«

»Bewunderer?«, wiederholte der Venezianer. »Meint Ihr das ernst?«

»Aber natürlich. Oder glaubt Ihr ernsthaft, unsere Gäste, wie Ihr sie nennt, kämen meinetwegen? Ihr habt sie alle in den Bann geschlagen, besonders die Damen. Ich bin doch nicht blind.«

»Ach ja?«, konterte der Venezianer. »Was ist denn mit

dieser Wäscherin, Teresa? Ich sehe die Blicke, die sie Euch zuwirft.«

Rustichello senkte betreten den Kopf.

Der Venezianer grinste. »Dachte ich's mir doch! Wie steht es mit Euch? Mögt Ihr sie?«

»Sie trägt einen Ehering. Es ist mir nicht gleich aufgefallen, aber sie muss einen Mann haben. Einer der Palastdiener, nehme ich an.«

»Meint Ihr?«, fragte der Venezianer, ohne zu erkennen zu geben, was er von der Annahme hielt. »Was ein Jammer.«

Rustichello zuckte die Schultern. »Mag sein. Andererseits – nach beinahe fünfzehn Jahren ohne eine Frau wüsste ich wahrscheinlich gar nichts mit ihr anzufangen.«

Der Venezianer betrachtete ihn nachdenklich und spielte mit dem Brief in seiner Hand.

»Was ist mit der Geschichte?«, fragte Rustichello. »Wir haben noch etwas Zeit. Sollen wir fortfahren?«

»Früher oder später müssen wir das wohl, nicht wahr?« Der Venezianer legte den Brief beiseite und atmete tief durch. »Holt Euer Papier und Eure Feder, Messere.«

* * *

Anfang des Jahres 1291 erreichten wir Zayton, den größten und wichtigsten Hafen Manzis. Von hier hatten die Flotten abgelegt, die der Khan Richtung Cipangu geschickt hatte. Von hier gelangten die Waren ins Landesinnere, deren Anblick mir auf den Märkten Quinsais irgendwann so selbstverständlich erschienen war. Auch Porzellan wurde hier hergestellt und in ferne Länder verkauft; und an jedem dieser Güter verdiente der Khan den zehnten Teil.

Da im Chagatai-Khanat nach Kaidus Tod ein neuer Kampf um die Nachfolge entbrannt war und Reisen durch das Gebiet zu gefährlich für eine Delegation wie die unsrige waren, sollten wir auf dem Seeweg nach Persien gelangen. Eingedenk dessen, dass wir eine solche Reise vor knapp zwanzig Jahren schon einmal erwogen, dann aber verworfen hatten, sah ich diesem Plan mit gemischten Gefühlen entgegen – wenn sich aber irgendwo die geeigneten Schiffe dafür fanden, dann hier.

Seefahrer aus allen Teilen Indiens und aus Persien kamen nach Zayton. Wir sahen Händler und Mönche jeder erdenklichen Religion, reich gekleidete Gelehrte und halbnackte Vagabunden, die sich die Körper auf schmerzhafte Weise mit Tausenden kleinen Nadelstichen bemalen ließen. Das Sprachengemisch war unentwirrbar, und der einheimische Dialekt selbst für Manzi schwer zu verstehen. Einige Reisende stammten aus Afrika und sogar dem Heiligen Land. Zum ersten Mal seit langem sah ich wieder eine größere Zahl von Lateinern – gestrandete Genuesen wahrscheinlich –, doch wir hatten weder die Gelegenheit noch den Wunsch, uns mit ihnen auszutauschen.

Im Hafen wartete die Flotte, die uns nach Hormuz bringen sollte. Sie bestand aus dreizehn riesenhaften Dschunken – sehr viel größer als die Flussschiffe, und mehr als doppelt so groß wie die mächtigsten Galeeren des Mittelmeers. Uneinnehmbar wie schwimmende Festungen wirkten sie mit ihrer kastenförmigen Bauweise und den großen Segeln aus Bambusmatten. Sie besaßen nur ein Ruder, aber vier Masten und zwei Hilfsmasten, und waren aus gutem Holz und Eisennägeln, doppelt und unter der Wasserlinie gar dreifach beplankt, abgedichtet mit einer Mischung aus Kalk, Hanf und einem bestimmten Baumöl. Blies kein Wind, trieb man sie mit großen Riemen an, an denen mindestens zehn Ruderer saßen, so dass man pro Schiff mindestens dreihundert Mann Besatzung brauchte. Die meisten dieser Männer waren Manzi. Dazu kamen etwa noch mal so viele Soldaten, vor allem mongolische Bogenschützen.

Ich musste an die beklagenswerten Schiffe denken, die wir damals im Hafen von Hormuz gesehen hatten und von denen ich keines in Zayton entdecken konnte; wahrscheinlich schafften sie es allenfalls bis nach Indien. Die Dschunken dagegen verfügten über vier Decks, und die unteren Laderäume waren in mehrere Bereiche unterteilt, die man im Falle eines Wassereinbruchs einzeln verschließen konnte. Es waren tüchtige Schiffe, der langen Fahrt über die offene See gewachsen.

Und da begriff ich zum ersten Mal, dass wir tatsächlich in die Heimat zurückkehren würden …«

* * *

Der Venezianer unterbrach seinen Bericht, stand auf und trat mit raschen Schritten ans Fenster. Er wirkte nicht, als hätte er etwas gesehen oder gehört – eher, als wollte er fliehen.

»Messere?«, fragte Rustichello. »Ist alles in Ordnung? Ich frage mich …« Er befeuchtete sich die Lippen, ordnete seine Gedanken. »Das ist alles sehr interessant, aber was war denn mit Eurer Familie? Was wurde aus Bayans Sohn?«

»Pietro«, murmelte der Venezianer abwesend. »Pietro ging mit uns.«

»Wieso denn ›Pietro‹?«, fragte Rustichello verwirrt.

»Weil Bayan Maffeo als letzten Dienst darum bat, seinen Sohn mit nach Venedig zu nehmen. Bayan glaubte, dass er in seiner Heimat, ebenso wie wir, keine Zukunft mehr hatte – entehrt, verstümmelt, stumm –, und wahrscheinlich hatte er recht damit. Ich weiß nicht, wer ihm den Namen gab, aber es war der Beginn seines neuen Lebens. Deshalb war er bei Maffeo in Khanbalik – sie wurden bloß festgenommen, ehe sie mit uns reden konnten.«

»Nun schön«, murmelte Rustichello. »Und wie ging es

Kokachin und Euch? Das muss doch eine schwere Zeit für Euch gewesen sein! Zu wissen, dass Ihr zwar zurückkehren würdet, aber Eure Liebste einem anderen versprochen war …«

Der Venezianer wandte ihm weiter den Rücken zu, und Rustichello dachte schon, dass der Schmerz der Erinnerung zu groß für ihn wäre, als er endlich fortfuhr. »Die drei Botschafter, denen der Khan unser Schicksal anvertraut hatte, ließen uns schon auf der Reise kaum Gelegenheit, miteinander zu reden. Ihre Namen waren Uladai, Apushka und Goza, und mit ihnen reiste eine persische Gesandtschaft von hundert Mann – zusätzlich zu Kublais Kriegern –, die ihnen treu ergeben war und ein Auge auf uns hielt. Von dem Moment an, da Kublai sein Machtwort über uns gesprochen hatte, bestand kein Zweifel mehr daran, was wir waren: Wir waren Gefangene, auch ohne Ketten.«

Er legte die Hände hinter dem Rücken zusammen, und Rustichello konnte sehen, wie seine Finger miteinander rangen.

»Die drei waren sehr unterschiedlich: Uladai war der Älteste und auch der Geradlinigste der drei. Er glaubte an den Ewigen Blauen Himmel, den Khan und die Wichtigkeit seines Auftrags. Die anderen beiden bekannten sich wie viele persische Mongolen zum Glauben an Allah; das war aber auch ihre einzige Gemeinsamkeit. Apushka war ein Hitzkopf, der nie wusste, wann es genug war. Goza, der Jüngste, war ein kleiner Mann mit sanfter Stimme, der immer nach einer friedlichen Lösung suchte. Jeder befehligte sein eigenes Schiff: Uladai das Flaggschiff; Apushka machte es zur Ehrenfrage, persönlich auf Kokachin und Mei-Li achtzugeben; wir übrigen reisten auf Gozas Schiff.«

»Man hat Euch getrennt?« Rustichello malte sich die Wut und Verzweiflung aus, die der Venezianer verspürt haben musste. »Ich dachte, Ihr solltet als Eskorte der Prinzessin dienen …«

»Eine Rolle, die wir spätestens in Persien auch zu spielen hätten. Doch was für einen Sinn hatte eine Eskorte auf hoher See? Keiner der Botschafter legte Wert darauf, dass Kokachin und ich mehr Zeit als nötig miteinander verbrachten. Sie war Arghuns zukünftige Frau, ich zuvorderst ein Störenfried, eine Abnormität: ein weitgereister Lateiner, der dem Großen Khan Widerrede geleistet hatte und trotzdem noch seinen Kopf auf den Schultern trug. Ein ehemaliger Statthalter, der freiwillig aus Kublais Diensten schied. Ich glaube nicht, dass sie das verstanden. Was sie verstanden, war, dass ich der Prinzessin den Kopf verdreht hatte, oder sie mir, und das eine Gefahr für die geplante Vermählung darstellte. Wir hatten in Khanbalik vor aller Augen unsere Liebe erklärt, und es brauchte nicht viel, um zu erraten, wessen Bild ich in dem Medaillon um meinen Hals trug.«

»Die Trennung muss schrecklich für Euch gewesen sein.«

»Die meiste Zeit, wenn ich an Deck stand und zu den anderen zwölf Schiffen sah, wusste ich nicht einmal mit Sicherheit, auf welchem sie sich befand. Eine solche Flotte zusammenzuhalten ist auch nicht leicht. Wir verloren schon am Anfang der Reise viel Zeit, obwohl wir uns kaum mit den Ländern auf unserem Weg aufhielten.«

»Wollt Ihr von diesen Ländern erzählen?«, fragte Rustichello und griff nach der Feder.

Der Venezianer drehte sich zu ihm um. »Da gibt es nicht viel zu erzählen. Es sind reiche Länder mit reichen Königen und armen Menschen. Der alte König Accambale beispielsweise, der das Königreich Champa im tiefen Süden des Festlands regierte, war nach dem Ärger, den Prinz Toghan ihm bereitet hatte, ein treuer Vasall geworden, der Kublai mit einem steten Strom an Elefanten versorgte. Er genoss das Vorzugsrecht auf alle Frauen seines Reichs, die nur mit seiner Genehmigung einen anderen heiraten durften. Angeblich hatte er über dreihundert Kinder.« Er seufzte. »Wie Ihr

Euch vielleicht denken könnt, hatte ich von solchen Menschen mittlerweile genug. Alles, was mich interessierte, war, ob von Apushkas Schiff Boote mit Passagieren zum Festland ablegten, aber es war nur das übliche Verladen von Vorräten und Wasser, das sich tagelang hinzog.«

»Wie ging es Eurem Vater und Onkel?«

»Nicolò war wohl der Einzige von uns, der beim Gedanken an unser Ziel echte Freude empfand, auch wenn er es aus Rücksicht auf mich nicht zeigte. Einmal fragte er mich, ob ich meinte, dass Fiordelisa und ihr Junge wohlauf seien und ob sie ihn wohl noch erkennen würden, und ich sagte, ich wisse es nicht, und er verfolgte das Thema nicht weiter.« Er schüttelte den Kopf. »Dabei war die Heimkehr ja meine Idee gewesen! Aber wann immer ich in diesen Tagen an Venedig dachte, schien es mir eine Welt meiner Kindheit zu sein, in der ich mit Beatrice und Andrea Pläne geschmiedet hatte, die wir niemals in die Tat umsetzten. Fast hatte ich Schwierigkeiten zu glauben, dass die Serenissima noch existierte.

So verbrachte ich die meiste Zeit in meiner Kabine. Von denen gab es mehr als genug, und viele verfügten sogar über richtige Betten. Verglichen mit den schlichten Galeeren, die uns vor langer Zeit ins Heilige Land gebracht hatten, war es fast, wie in einer Sänfte zu reisen. Trotzdem habe ich mich mein ganzes Leben nicht so nutzlos gefühlt.«

»Und Maffeo?«

»Maffeo sprach die ersten drei Monate der Reise kaum ein Wort mit uns. Seit seiner Verbannung war er nicht mehr derselbe – er stand in unserer Schuld, aber der Schmerz darüber, was er alles verloren hatte, saß wohl zu tief. Wie in den Sagen, deren Moral ihm stets zuwider gewesen war, hatte er zu viel gewollt und war gescheitert, sein großer Traum an der Wirklichkeit der Menschen zerschellt. Die meiste Zeit verbrachte er mit Pietro, zu dem er ein inniges Verhältnis aufbaute. Ich will nicht sagen, dass er sich als Vater sah ... aber eigenartig war es schon, zu sehen, wie er zum ersten Mal in seinem Leben Verantwortung übernahm.

Den Rest der Zeit bedrängte er den Steuermann und den Navigator, die uns anhand der Sterne und der Kompassnadel stetig nach Süden führten. Ihr erinnert Euch noch an den Erdglobus im Observatorium? Wir waren im Begriff, herauszufinden, ob er der Wahrheit entsprach. Bald schon stand der Nordstern dicht über dem Horizont, und wir näherten uns jenen unheilvollen Breiten, die gelehrte Geister hierzulande für unbewohnbar oder gar den Eingang in die Hölle halten.«

»Sieht Maffeo ähnlich, dass er Euch in die Hölle führen würde«, scherzte Rustichello, und der Venezianer lächelte schwach.

»Die Künste der Sterndeuter und Geomanten hatten ihn immer schon fasziniert. Vor allem aber, glaube ich, ertrug er es nicht, ohne Bedeutung zu sein. Die Arbeit mit Kompass und Kamal – das ist ein einfaches Brett an einer Schnur, mit dem sich die Höhe der Sterne am Himmel messen lässt – spendete ihm ein Gefühl der Sicherheit, als könnte es auch ihm die Richtung weisen.« Der Venezianer machte eine Pause. »Es gab auch einen Quadranten an Bord, eine an die Benutzung zur See angepasste Variante der Instrumente, die ich in Khanbalik gesehen hatte. Vielleicht war es unser Glück, dass der Navigator ihm diesen Schatz nicht anvertraute.«

Rustichello lachte.

»So ging es eine ganze Weile. Anderthalbtausend Meilen nach Süden und Westen, bis wir die Inseln Sondur und Condur anliefen. Dort gibt es edle Hölzer, und die Menschen benutzen Muscheln als Zahlungsmittel ...« Der Venezianer wartete, bis Rustichello sich das notiert hatte, und fuhr dann mit leiserer Stimme fort. »Vor allem aber war es der letzte

Zwischenstopp vor dem gefährlichsten Teil unserer Reise. Bis hier hatten wir fast immer die Küste gesehen. Nun aber hieß es fast schnurgerade nach Süden zu fahren, zum sagenhaften Drachenzahntor, jenseits dessen man durch eine Meerenge nach Westen gelangt. Der Ozean wird dort so flach, dass man das Ruder anheben muss. Zwei spitze Felsnadeln wachsen direkt aus dem Meer …«

Er bekam einen abwesenden Gesichtsausdruck, als könnte er das Tor, von dem er sprach, gleich hinter Rustichellos Schulter sehen. Dann schüttelte er den Kopf. »Vielleicht sollten wir das wirklich ein anderes Mal fortsetzen. Bitte verzeiht … aber das, was nun kommt, ist nicht leicht für mich.«

Beinahe hätte Rustichello gesagt, was Menschen in solchen Momenten immer sagen – dass schon alles gut werden würde, denn schließlich waren sie hier, in ihren Gemächern, wo es ihnen an nichts mangelte …

Dann schalt er sich einen Narren, denn natürlich mangelte es ihnen an einer Sache von entscheidender Bedeutung: ihrer Freiheit. Ganz gleich, wie viele weiche Kissen und Süßspeisen man ihnen auch schenkte, sie saßen immer noch in einem Gefängnis. Nach wie vor wusste er nicht, wie der Venezianer zu dem mal überschwenglichen, dann wieder verschlossenen Il Milione geworden war, der sich häufig selbst im Weg zu stehen schien. Wie war es zu seiner Gefangennahme in der Schlacht von Curzola gekommen? Was hatte er überhaupt dort verloren gehabt? Hatte ihm das Leben in der Heimat derart übel mitgespielt?

Rustichello begann zu befürchten, dass es keinen guten Ausgang mit dieser Reise nehmen würde.

»Keine Ursache«, sagte er und legte die Feder beiseite. »Ich sehe doch, dass Ihr mit Euren Gedanken woanders seid.« Einer Eingebung folgend, fügte er hinzu: »Liegt es an dem Brief, den Ihr heute erhalten habt? Ihr erwähntet bereits vor einiger Zeit Komplikationen mit Eurer Familie … ist es das?«

Der Venezianer zuckte nur unmerklich zusammen, doch schon diese kleine Reaktion bewies Rustichello, dass es so war. »Ich muss eine Weile nachdenken«, sagte er und ging zur Verbindungstür zu seinem Schlafzimmer. »Ihr entschuldigt mich doch?«

»Ihr wisst ja, wo Ihr mich findet, wenn Ihr jemanden zum Reden braucht.«

»Ich danke Euch, Messere. Offen gesagt wüsste ich manchmal nicht, was ich ohne Euch täte.«

Rustichello machte eine beschwichtigende Geste. »Keine Sorge – ich gehe nicht weg.«

* * *

Der Sturm hat sich schon eine Weile lang angekündigt. Erst im immer dunkler werdenden Himmel, der einem anfangs noch Hoffnung ließ, es könnte sich nur um den frühen Einbruch der Nacht handeln, denn die Sonne versinkt in diesen Breiten so schnell und senkrecht im Meer wie ein fallender Stein. Dann, nachdem sich diese Hoffnung zerschlug, in den sorgenvollen Augen der Sterndeuter und Seeleute, kalt und grau wie Stein, als vertriebe die Angst alles Leben aus ihnen.

Es ist noch zu früh für die großen Stürme des Jahres, sagt Goza, doch der Gesichtsausdruck seines Steuermanns straft ihn Lügen. Auch Maffeo, der sich, getrieben von alten Machtinstinkten, ebenfalls in der Nähe des Steuers hält, blickt noch düsterer als sonst. Schon weht ihm der Wind das rauchgraue Haar in die Stirn, und kleine Salzkristalle glitzern in seinem Bart.

Die Schiffe müssen zusammenbleiben, weist Goza den Steuermann an. Achte darauf, dass wir niemanden verlieren, den anderen aber auch nicht zu nahe kommen!

Dann wendet er sich an die Besatzung, sagt: Senkt die Hilfsmasten! Kontrolliert die Ladung, ob sie auch sicher vertäut ist. Löscht alle Kerzen. Jeder, der nicht gebraucht wird, soll sich ausruhen. Heute Nacht werden wir wenig Schlaf bekommen.

Schon machen sich die Männer an die Arbeit. Goza hat zwar die Befehlsgewalt über das Schiff, aber viele an Bord verfügen über mehr Erfahrung zur See als der schmächtige Botschafter. Viel mehr, als die Ladung zu sichern und die kleinen Masten zu senken, können sie aber auch nicht tun. Die schweren, durchgelatteten Segel einer Dschunke werden nicht herabgelassen. Dafür halten sie stärkeren Winden stand und können frei in jede Richtung gedreht werden. Unsere Laderäume sind gefüllt, und wir liegen tief im Wasser. Wir können nur hoffen, dass die Götter nicht ihren Zorn auf uns niedersenden.

Dennoch finde ich nur wenig Ruhe in meiner Kabine, während draußen der Wind pfeift und das Schiff von Stunde zu Stunde stärker zu schaukeln beginnt. Irgendwann in der Nacht ertrage ich es nicht länger: Ich stehe auf und taste mich durch den dunklen Gang zur Treppe nach oben. Der Wind faucht und reißt da schon wie Drachen an den Planken, der Boden ist nass, ich schmecke kaltes Salzwasser auf den Lippen und höre die Schreie der Seeleute. In den tiefen Eingeweiden des Schiffs rumpelt und rumort es, Holz und Tauwerk ächzen, und die Bambussegel schlagen im Wind.

Dann erreiche ich das obere Deck. Regen prasselt auf mich ein, und ich muss mich festhalten, um nicht von den Füßen gefegt zu werden, als eine gewaltige Woge mit voller Wucht auf die senkrechte Schiffswand schlägt und einen kalten Sprühregen über uns spritzt. Es ist pechschwarze Nacht, nur undeutlich erkenne ich die Schemen von Seeleuten. Sie hängen an den Seilen, winzig wie Kinder, die verzweifelt versuchen, ein wildes Pferd zu bändigen. Schon bin ich bis auf die Knochen durchnässt.

Unwillkürlich denke ich an das Schicksal jener unglück-

lichen Flotte, die Kublai gegen Cipangu sandte und die dem göttlichen Wind zum Opfer fiel. Kamikaze! So muss es sich für sie angefühlt haben … Ich strenge meine Augen an und versuche, in der Nacht etwas zu erkennen. Ich denke: Irgendwo dort draußen ist Kokachin. Als hätte sie meine Gedanken gehört, reißen die Wolken kurz auf, und in einer Sekunde Mondlicht oder zweien sehe ich einen riesigen Bug vor uns aufragen, eine nachtgraue Wand, wie aus Fels geschlagen. Es ist eins unserer Schiffe, doch ich weiß nicht, welches.

Die Besatzung schreit auf, dann stoßen die beiden schwimmenden Festungen zusammen. Der Schlag reißt mich von den Beinen, und gerade noch packe ich das Geländer der Treppe. Holz birst, Menschen rufen um Hilfe, und beide Schiffe neigen sich zur Seite, werden zum Spielball der Elemente. Ein Brecher rollt über das Deck, ich ducke mich in den Treppenabgang. Unser Heck senkt sich wie ein Katapult, das zum Schuss gespannt wird, dann schlägt der Bug zurück ins Wasser. Ich stoße mir den Kopf und verliere einen Augenblick die Orientierung. Nur meine Hand hält weiter das Geländer umklammert; das rettet mir das Leben. Menschen stolpern an mir vorbei, schreien; es gibt einen Wassereinbruch.

Als der Mond noch einmal zwischen den Wolken durchscheint, sehe ich erst keine Spur des anderen Schiffs. Dann erahne ich eine hohe Holzwand, viel weiter entfernt, als ich in der kurzen Zeit für möglich gehalten hätte. Doch etwas stimmt nicht – ich sehe keine Masten, kein Bug und kein Heck. Dann begreife ich: Das Schiff liegt auf der Seite, ist gekentert. Zwei mächtige Wellenberge rollen heran, hoch wie der Glockenturm von Khanbalik, und schlagen über dem hilflosen Schiff zusammen. Der Mond verschwindet, und als er wieder erscheint, kann ich das andere Schiff nicht mehr finden.

Alles, woran ich denke, ist Kokachin.

* * *

Als Rustichello am nächsten Morgen die Augen aufschlug, saß der Venezianer neben seinem Bett. Neben sich hatte er ein Brett mit Brot und Käse, und es sah aus, als hätte er nur darauf gewartet, dass Rustichello erwachte.

»Habt Ihr Hunger?«, fragte er.

»Ist es nicht etwas früh für Essen?«, murmelte Rustichello, bediente sich aber. Nach mehr als zweimal sieben schlechten Jahre sollten ihm ein paar Wochen Maßlosigkeit zustehen.

Der Venezianer zuckte die Schultern. »Ich bin schon eine Weile wach.«

»Schlecht geschlafen?«

»Ich habe geträumt, ich sei wieder in dem Sturm. Manchmal scheint das, was ich erlebt habe, erst wieder lebendig zu werden, wenn ich es erzähle ... Vieles habe ich versucht zu vergessen, jedoch ...«

»Seid Ihr deshalb in den Krieg gezogen?«, fragte Rustichello, als sein Gefährte nicht weitersprach. »Um zu vergessen?«

Der Venezianer zögerte erst, und Rustichello dachte, er würde ihn wieder daran erinnern, dass er der Geschichte nicht vorgreifen sollte; dann aber nickte er. »Ich wollte Euch um einen Gefallen bitten.«

Rustichello spürte, dass er das vorige Thema nicht weiter vertiefen wollte. »Sprecht. Um was geht es?«

Der Venezianer griff neben sich und hatte wieder den Brief in der Hand, den er gestern erhalten hatte.

»Ich wollte Euch bitten, ob Ihr etwas für mich schreiben könnt.«

Rustichello verkniff sich ein Schmunzeln und wischte sich den Mund. »Tue ich das nicht bereits?«

»Das Buch kann warten – schließlich wissen wir beide schon, wie es ausgeht, oder nicht? Das hier ist im Moment wichtiger.«

Rustichello war geneigt, zu protestieren, doch der ernste Tonfall hielt ihn davon ab. »Erklärt mir, was ich für Euch tun soll.«

Der Venezianer faltete den Brief auseinander und studierte ihn, als wäre er in einer Schrift verfasst, die er nur unter Mühen entziffern konnte. »Ihr sollt einen Brief an eine junge Dame schreiben.«

»Was für eine Art von Brief?«, fragte Rustichello misstrauisch.

»Nun, als Erzähler der großen Lieder und Epen habt Ihr doch sicher Erfahrung mit dem Verfassen romantischer Inhalte … oder nicht?«

»Ihr wollt, dass ich einen Liebesbrief schreibe?«

»Wenn das in Eurer Macht steht.«

Rustichello schluckte. »Für wen ist der Brief?«

»Ihr Name ist Donata Badoer. Sie ist die verwitwete Tochter eines angesehenen Kaufmanns.«

»Wieso …« Tausend Fragen gingen Rustichello durch den Kopf. Er legte die Reste des Frühstücks beiseite und erhob sich. »Wieso sollte ich einen Liebesbrief an diese Donata schreiben?«

»Weil Ihr so viel besser mit Worten seid als ich.«

Rustichello schüttelte den Kopf. »Lasst mich die Frage anders stellen: Wieso sollt *Ihr* einen Liebesbrief an Monna Donata schreiben?«

»Weil sie meine Frau werden soll.«

»Eure Frau?«, wiederholte Rustichello ungläubig. *Das war es also, was er mit »Komplikationen« meinte …*

Der Venezianer hob matt den Brief. »So wünscht man es von mir – tatsächlich ist es die Bedingung für weitere Zuwendungen. Das Geschäft muss weitergehen, versteht Ihr? Wir sind nie wirklich frei. Das Haus der Polos braucht neue Erben.« Er lachte bitter. »Jemand, der den Familienfluch fortführt.«

Rustichello schnappte nach Luft wie ein Karpfen. Er störte sich nicht einmal daran, dass der Venezianer wieder grimmige Scherze trieb. Er störte sich daran, dass es da draußen eine Donata gab, der nichts Besseres einfiel, als diesen Mann einfach zu *heiraten,* und es war ihm gleich, was die Familie des Venezianers …

»Aber«, japste er. »Die Prinzessin Kokachin? Verzeiht, ich weiß, es geht mich nichts an, und Ihr sollt auch nicht vorgreifen, aber ich ging stets davon aus, dass Ihr … und sie … irgendwann?«

Der Venezianer schüttelte schwach den Kopf.

Eine Weile herrschte düsteres Schweigen. Dann ging Rustichello zu seinem Tisch, schob die Unordnung darauf beiseite und legte ein frisches, unbeschriebenes Pergament vor sich.

»Es ist also Euer Ernst? Ihr wollt Donata eine romantische Botschaft senden, die Euer beider Schicksale verbindet – und Ihr wollt, dass ich dieses ehrlose Geschäft übernehme?«

»Wenn Ihr so großzügig wäret«, sagte der Venezianer ohne jeden Spott.

»Nun …« Ungeachtet dessen, was er von der ganzen Sache hielt, hatte der Venezianer seinen Ehrgeiz angespornt. Welche größere Herausforderung konnte es für einen Schriftsteller geben? »Welche Strategie schlagt Ihr vor? Wünscht Ihr erst nur eine zarte Note auf den Saiten ihres Herzens anzuschlagen, oder soll sie gleich in Leidenschaft für Euch entflammen? Soll sie vor dem Schlafengehen einen süßen Gedanken an Euch verschwenden, oder soll das Versprechen Eurer starken Umarmung ihr die Nachtruhe rauben?«

»Das Erste«, sagte der Venezianer. »Zunächst sollt Ihr Donata nur mitteilen, dass der Vorschlag einer Vereinigung unserer beider Familien im Bund der Ehe mir sehr genehm erscheint und dass ich ihr und ihren Eltern danke, mir solcherart einen Ausweg aus meiner misslichen Lage aufzuzeigen.«

»Das ist Eure Vorstellung von Romantik?«, schnaubte Rustichello und tauchte die Feder ins Tintenfass. »Ich schlage vor, dass Ihr die Ausgestaltung Eurer Gefühle einem Fachmann überlasst.«

»Da seht Ihr's«, sagte der Venezianer. »Übertreibt es aber nicht – es wird nicht der letzte Brief sein, den Ihr schreibt.« Und als wäre damit alles gesagt, ging sein Blick wieder zum Fenster, und eine Weile erfüllte nur das Kratzen der Feder das Zimmer, während draußen die Maisonne über den Dächern Genuas aufstieg.

II
Das Versprechen
Klein-Java, Mai 1291

Wir waren gerade auf dem Rückweg zum Lager, als wir die Fremden auf dem Strand sahen. Es war eine große Gruppe prächtig gekleideter braunhäutiger Menschen, umstanden von gut hundert unserer Leute. Wir legten zum Schutz vor der blendenden Sonne die Hand über die Augen und versuchten, zu erkennen, was vor sich ging. Apushka und der Anführer der Fremden schienen angeregt zu diskutieren. Noch war alles friedlich, trotzdem beschleunigten wir unsere Schritte und kamen rasch ins Schwitzen. Wie immer war es heiß, und nur der Seewind brachte etwa Kühle.

Seit einem Monat lag wir nun schon vor Klein-Java vor Anker. Nur sieben Schiffe waren uns nach dem Sturm geblieben, und erst nach und nach begannen wir das wahre Ausmaß der Schäden zu erfassen. Wenn wir Pech hatten, würden wir noch weitere Schiffe zurücklassen müssen.

Zwei Schiffe hatten wir sinken sehen. Was aus den restlichen vier geworden war, wussten wir nicht. Vielleicht waren sie nur von uns getrennt worden, lagen in einem sicheren Hafen oder befanden sich bereits auf dem Heimweg. Wahrscheinlicher aber war, dass sie das Unglück nicht überstanden hatten. Viele Tage hatten wir in der Meerenge gekreuzt und die fremden, bewaldeten Küsten nach Zeichen von Überlebenden abgesucht; doch vergebens.

Unter den vermissten Schiffen befand sich auch Uladais Flaggschiff. Apushka hatte daraufhin, ohne zu zögern, das Kommando über die Flotte an sich gerissen und die Suche nach einem geeigneten Ankerplatz angeordnet. Der Sturm hatte uns nach Südwesten abgetrieben, und viele Schiffe kämpften mit Wasser in den Laderäumen. Die besondere Bauweise der Dschunken mit ihren abgetrennten Bereichen hatte uns das Leben gerettet – die meisten westlichen Schiffe wären vollgelaufen und gesunken. Das Problem war, dass wir mindestens zwei Monate mit Reparaturen verlieren würden und die Winde bis dahin zu ungünstig für eine Durchquerung der indischen See stünden. Besser, rieten die Sterndeuter, wir warteten bis zum Herbst mit der Weiterfahrt.

So hatten wir schließlich diese Bucht an der Nordwestspitze Klein-Javas erreicht und unser Lager aufgebaut. Rasch wurden die ersten Expeditionen auf die Suche nach Frischwasser und geeignetem Bauholz entsandt. Freiwillige gab es genug, denn nach dieser schrecklichen Erfahrung zur See brannten die Männer darauf, wieder festen Boden unter den Füßen zu haben.

Und natürlich konnten sie es nicht erwarten, ihre Freunde und Brüder wieder in die Arme zu schließen.

Kokachin löste sich aus der Menge und kam über den Strand auf mich zugerannt, kaum dass sie uns entdeckte. Ihr leichter Seidenmantel flatterte im Wind. Auch ich beschleunigte meine Schritte, während Nicolò die übrigen Männer weiter zum Lager führte.

In respektvollem Abstand vor ihr hielt ich an und vollführte die knappe Verbeugung, die wir uns angewöhnt hatten, um nicht das Missfallen unserer Aufpasser zu erregen. Zwar waren wir für den Augenblick alle in der gleichen Lage: gestrandet und aufeinander angewiesen. Dennoch wäre es ein Fehler gewesen, zu meinen, der Sturm habe den eigentlichen Zweck unserer Reise ausgelöscht oder die Standesunterschiede weggespült.

Die Botschafter und ihre Untergebenen hatten ein wachsames Auge auf uns. Ungeachtet meiner langjährigen Dienste für Kublai und meiner Freundschaft zu seiner Familie ließen sie es nicht zu, dass ich der zukünftigen Frau des Ilkhans zu nahe kam. Kokachins Ehre wurde zu keiner Zeit von weniger als vier Männern geschützt; nur Sekunden nach unserer Begrüßung hatten diese uns eingeholt und verfolgten jede Geste, jedes Wort. Es war ein hässliches Spiel, das wir da spielten, ohne dass es jemand aussprach – sie taten so, als wüssten sie nicht, was wir füreinander empfanden, und wir taten so, als merkten wir nicht, dass sie uns misstrauten. Ich kam mir vor wie ein unglücklicher Ritter, der seiner Herzensdame nicht zu nahe kommen darf.

Und seit jenen schrecklichen Stunden im Sturm, als ich nicht gewusst hatte, ob sie noch lebte oder tot war, dachte ich jede Minute an sie.

»Wart ihr erfolgreich?«, fragte Kokachin.

»Wir haben einen kleinen See gefunden, nur drei oder vier Meilen von hier. Er war hinter einem Hügelkamm verborgen. Dort wachsen Palmen und Bananen und viele andere Früchte.« Ich griff in meinen Beutel und reichte ihr eine der gekrümmten gelben Früchte. Ich hatte diese schon flüchtig in Persien gesehen, hätte aber nie erwartet, sie in dieser Ecke der Welt vorzufinden, und noch weniger, dass sie so gut schmeckten.

Kokachin schälte die Frucht und kostete sie. Ich nickte in Richtung der Delegation, die sich nach wie vor lebhaft mit Apushka und seinen Leuten unterhielt. »Ist alles in Ordnung?«

»Die Einheimischen haben uns Hilfe angeboten.« Sie zuckte die Schultern. »Offenbar sind wir nicht die ersten Fremden, die sie treffen. Sie kommen aus einer Stadt oder Siedlung namens Ferlek eine Tagesreise südlich von hier und glauben an Allah und seinen Propheten.«

Staunend ging mein Blick von ihrem selbstbewusst gestikulierenden Anführer zu den bergigen, unzugänglich wirkenden Wäldern im Landesinneren.

»Wie verständigen sie sich?«

»Sie können ein wenig Persisch. Seefahrer müssen es ihnen beigebracht haben. Komm.«

Wir gingen zurück zu den anderen, bis wir über dem Rauschen der Brandung dem Gespräch folgen konnten. Apushka vereinbarte gerade die Lieferung einer größeren Menge von Äxten, Seilen und Baumaterial im Tausch gegen edle Stoffe und einige Schwerter. Beide Seiten wirkten sehr zufrieden mit dem Ausgang der Verhandlungen.

»Aber nehmt Euch in acht«, sagte der Anführer der Fremden in schwer verständlichem Persisch und deutete auf eine Region im Südosten der Insel. »Die Leute auf diesen Bergen sind böse! Sie glauben nicht an den Propheten und essen Menschenfleisch.«

»Wenn einer dieser Wilden uns zu nahe kommt, werden wir ihm eine Lektion erteilten«, versprach Apushka. »Wann könnt Ihr uns die erste Lieferung Äxte und Bauholz bringen?«

»In vier Tagen«, sagte der Anführer.

»Ausgezeichnet.«

»As-Salamu Alaikum!«

»Wa-Alaikum Us-Salam!«

Die Delegation nahm ihre Vorräte und Speere, die sie in den Sand gesteckt hatten, und machte sich auf den Heimweg. Apushka wandte sich lächelnd um, dann erblickte er Kokachin und mich, und seine Züge versteinerten.

»Und Ihr seid auch zurück«, stellte er fest. »Was esst Ihr da?«

Kokachin warf die Bananenschale Richtung Brandung. »Obst. Glaubst du, er will mich vergiften?«

Apushkas Miene verfinsterte sich noch mehr, doch er verfolgte das Thema nicht weiter. »Habt Ihr von diesen Menschenfressern gehört? Wir müssen eine Palisade errichten. Jeder packt mit an!«

Wenn er mit Widerrede gerechnet hatte, musste ich ihn enttäuschen. Uns allen war bewusst, dass wir auf dieser fremden Insel so lange gestrandet waren, bis wir unsere Schiffe ausgebessert hatten und wieder der Nordost-Monsun blies. Im Gegensatz zu Apushka, Goza und ihren Männern hatten Kokachin und ich es aber nicht eilig, von hier zu verschwinden. Jeder Monat, den wir das Unausweichliche aufschoben, war ein Gewinn für uns. Dazu war Klein-Java nach allem, was wir bislang gesehen hatten, ein Paradies – und weder Apushka noch irgendwelche Menschenfresser konnten uns die Freude daran verderben.

Die nächsten Wochen wuchs unser Lager, bis es beinahe eine kleine Stadt zwischen Waldrand und Meer geworden war. Umgeben war es von einer starken Palisade aus gefällten Palmen, hinter der wenn nötig bis zu zweitausend Menschen Platz fanden. Die übrigen Männer waren im Wechsel auf den Schiffen beschäftigt, die gut hundert Schritt vor der Küstenlinie vor Anker lagen. Ein geschäftiger Bootsverkehr herrschte zwischen Schiffen und Strand.

Innerhalb der Palisade gab es eine Schmiede, mehrere Schreinereien und Depots für Vorräte und Waffen. Die Muslime aus dem Gefolge der Botschafter beteten zu den vorgeschrieben Zeiten, und die Seefahrer aus Manzi musizierten oder spielten Würfel, wenn sie gerade nichts zu tun hatten. Manchmal gab es auch einen Bogenwettstreit oder einen Ringkampf unter den Kriegern. Der Geruch von Braten und geräuchertem Fisch lag in der Luft, und der rege Tauschhandel zwischen der Besatzung und Besuchern aus Ferlek verlieh dem Lager den Anschein eines großen Bazars.

Im Zentrum, wie der Palast in einer mongolischen Stadt, ruhte das große Wohngebäude, in dem Botschafter, Schiffskommandanten und die wenigen Frauen von unseren Schiffen wohnten. Die meisten gehörten zur Familie der Kommandanten und ihres engsten Stabs. Auch die beiden Prinzessinnen und wir Lateiner waren in diesem zentralen Bau untergebracht. Dort gab es bequeme Betten, aber tagsüber war es unter den mit Palmwedeln gedeckten Dächern zu stickig, als dass man es lange darunter ausgehalten hätte. Mittags stand die Sonne senkrecht am Himmel, und die Tage waren ausnahmslos heiß mit wilden Regengüssen, die erst im Laufe des Sommers seltener wurden. Die Nächte waren häufig klar und zeigten den fremden Sternenhimmel des Südens, an dem unbekannte Sternbilder und zwei geisterhafte Schleier glitzerten. Tag und Nacht waren immer gleich lang, und abgesehen vom Regen gab es keine echten Jahreszeiten.

Von den gefährlichen Bewohnern des Inlands bekamen wir zum Glück nichts zu sehen. Nur manchmal, wenn wir die Wälder betraten, glaubte ich Gesichter im Blattwerk auszumachen, die uns mit ruhigem Blick verfolgten, ehe sie von einem Moment auf den nächsten verschwanden. Doch ich war mir nie sicher, ob es Menschen waren oder Geister, die dort in den Bäumen lebten, denn sie hatten wildes, feuerrotes Haar und sprachen nie ein Wort. Es herrschte jedoch keinesfalls Stille im Wald. Zahllose Tiere nannten ihn ihr Zuhause, darunter gewitzte Äffchen und schweineähnliche Tiere mit langen Schnauzen. Eine kleine Hirschart bejagten wir, aber Leoparden und Tiger machten uns die Beute streitig. Es gab Bären und Elefanten, und die Vielzahl farbenprächtiger Papageien und anderer Vögel übertraf alles, was ich in meinem Leben gesehen hatte.

So wagten wir uns stets nur in größeren, bewaffneten Gruppen in die Wälder. Nichtsdestoweniger genoss ich unsere Ausflüge, besonders, wenn Kokachin uns begleitete, denn nie kamen wir der Freiheit näher als zu diesen Gelegenheiten.

Am liebsten hätte Apushka sie natürlich überhaupt nicht aus dem Lager gelassen, doch Kokachin gab ihm wiederholt zu verstehen, dass sie nicht vorhatte, die nächsten Monate seine Gefangene zu sein. »Du magst über meine Zukunft bestimmen«, waren ihre Worte, als Apushka eines Tages wieder damit anfing. »Doch bis wir Persien erreichen, gehört mein Leben mir.«

Apushka protestierte, doch Goza besänftigte ihn. »Du weißt, was man sich über die Prinzessinnen des Ostens erzählt«, scherzte er. »Wäre ich ein wildes Tier – ich würde ihr aus dem Weg gehen.«

»Ich bin gut darin, mich wilden Tieren in den Weg zu werfen«, fügte ich hinzu, und Apushka schaute mich an, als würde er mich am liebsten auspeitschen lassen.

»Da hört ihr's«, sagte Kokachin. »Der Anda meines geliebten Bruders würde sich für mich sogar fressen lassen. Könnt ihr dasselbe von euch behaupten?« Sie hob eine Braue, und das Thema war damit erledigt.

»Was erzählt man sich denn über die Prinzessinnen des Ostens?«, fragte ich unschuldig, als wir später durch den Wald stapften, begleitet von einer zehnköpfigen Eskorte. Auch Nicolò, dessen Gesundheit sich während der letzten

Wochen dank der warmen Seeluft etwas gebessert hatte, war dabei, genau wie Mei-Li, die ihren kleinen Schirm aufspannte, um sich vor der Sonne zu schützen. Wir sahen aus wie eine vornehme Gesellschaft, die in den Gärten Khanbaliks oder am Ufer des Westsees von Quinsai spazierte. Gleichzeitig waren wir Entdecker – Könige und Königinnen unseres kleinen Paradieses.

»Ach, du weißt schon«, entgegnete Kokachin. »Wir ringen mit Bären und reißen unseren Feinden den Kopf ab.«

»Ich kannte einst eine Prinzessin, auf die das zutraf«, merkte Nicolò vorsichtig an.

»Außerdem trinken wir den ganzen Tag Airag, und wir waschen uns nie.«

»Auch das ist richtig«, pflichtete Mei-Li mit ernster Miene bei.

»Erinnert mich daran, dass ich mich hinter euch stelle, wenn wir einem wilden Tier begegnen«, sagte Kokachin. »Ich bin gespannt zu sehen, wen von euch es zuerst frisst.«

»Falls es dazu nicht kommt, könnten wir ja zu dem See, den wir entdeckt haben«, schlug ich vor. »Ich zumindest würde es begrüßen, mich zu waschen.«

»Du redest wie ein echter Barbar«, sagte Kokachin und kniff die Augen zusammen. »Die Jahre in Manzi haben dich weich gemacht.«

»Und du musst noch eine Menge über höfisches Leben lernen«, stellte Mei-Li fest. »Bald bist du Khatun, und glaub mir – du willst deine Untertanen mit deiner Schönheit beeindrucken, nicht mit deinem Geruch.«

»Barbaren, allesamt«, murmelte Kokachin, und wir lachten. Unsere Eskorte aber warf sich verunsicherte Blicke zu. Ganz offenkundig wussten sie nicht, was wir im Scherz sagten und was nicht.

Der See war eigentlich ein Becken unter einem kleinen Wasserfall, aus dem ein Bach Richtung Küste floss. Die Ufer waren dicht bewachsen, und im Sprühnebel unter den schattigen Baumkronen glitzerte das Licht in allen Farben des Regenbogens.

»Es ist wunderschön«, sagte Kokachin und wandte sich an unsere Eskorte. »Lasst uns allein.«

»Das dürfen wir nicht«, erklärte der Anführer. »Apushka hat uns befohlen …«

Kokachin baute sich vor ihm auf. »Ich wünsche einige Minuten ungestört zu sein, während ich mich entkleide. Oder soll ich Apushka sagen, dass ihr mir schamlose Blicke zugeworfen habt?«

Der Angstschweiß trat den Männern auf die Stirn. »In Ordnung«, murmelten sie. »Wir warten dort drüben, bei den Felsen.«

»Gut.« Mei-Li trat neben sie. Uns Übrige versuchte die Eskorte wegzudrängen.

»Meine Freunde bleiben hier«, sagte Kokachin.

»Aber sie sind …«

»Der alte Lateiner ist ein frommer Christ und hat eine Frau zu Hause. Wenn er mich auch nur anschaut, kommt er in die Hölle.«

»Aber …«

»Und sein Sohn interessiert sich in Wahrheit gar nicht für Frauen«, sagte Kokachin und schenkte mir ein süffisantes Lächeln. »Merkt ihr nicht, wie ungeschickt er ist? Ein Knabe müsste vielleicht vor ihm beschützt werden, aber zum Glück ist gerade keiner hier.«

»Nun ist es heraus«, erklärte ich und breitete die Arme aus. »Ich bin ein ruchloser Sodomit.«

Nicolò, dem ich die Hintergründe meiner komplizierten Freundschaft mit Chinkim und Kokachin nie erklärt hatte, blickte verstört drein, war aber schlau genug, mitzuspielen. »Du entehrst mich vor diesen Männern, mein Sohn!«

»Und wenn schon.« Ich begann mich zu entkleiden. »Wenigstens habe ich gelebt!«

Da wurde es den Männern zu viel, und sie zogen sich wie versprochen einige Schritte in den Wald zurück.

»Dafür wirst du büßen, sobald du im Wasser bist«, raunte ich Kokachin zu und sprang an ihr vorbei in den See.

Da die beiden Frauen keine guten Schwimmerinnen waren und wir nicht wussten, welche Tiere vielleicht in dem See lebten, blieben wir in Ufernähe. Dennoch hatte ich mich seit Monaten nicht mehr so unbeschwert gefühlt wie in diesen Minuten.

»Wir könnten einfach verschwinden«, sagte ich und schwamm neben sie.

»Und nackt durch den Wald fliehen, bis sie die Suche nach uns aufgeben?«

Mein Blick fiel auf die glitzernden Tropfen auf ihrer nackten Schulter. »Klingt aufregend.«

Sie schüttelte traurig den Kopf. »Apushka wirkt auf mich nicht wie jemand, der rasch aufgibt. Er hat drei Jahre gewartet, bis er mich gekriegt hat. Er gibt mich nicht mehr her.«

»Es ist noch nicht zu spät«, hob ich an, doch sie legte mir einen Finger auf die Lippen und gab mir einen Kuss. Mei-Li wandte den Blick ab, und auch Nicolò tat, als hätte er nichts gesehen.

»Sag: ›Ich bin für immer dein‹«, sagte sie.

»Ich bin für immer dein.«

»Nun sag es in der Sprache deiner Heimat.«

»Son tuo per sempre – wenn es ein Mann sagt.«

»Und wenn es eine Frau sagt?«

»Dann sagt sie ›tua‹ statt ›tuo‹.«

»Son tua per sempre.«

Wir hatten uns gerade wieder angekleidet, als es im Unterholz laut krachte. Wir fuhren herum und erstarrten. Vor uns stand ein Tier, fast so groß wie ein Pferd, doch sehr viel massiger, mit grauer, dicker Haut wie ein Elefant und rötlichem Flaum. Am auffälligsten jedoch war die gehörnte Nase, die es abwehrbereit in unsere Richtung hielt. Es schien fast genauso überrascht wie wir.

»Das ist ein Einhorn!«, entfuhr es mir.

»Wenn du recht hast, ist der Name schlecht gewählt, denn es hat eindeutig zwei Hörner«, flüsterte Kokachin.

»Ich glaube nicht, dass es sich daran stört. Was machen wir jetzt?«

»Sagtest du nicht, du wärst gut darin, dich wilden Tieren in den Weg zu werfen? Das wäre deine Gelegenheit!«

Ich atmete ganz flach und versuchte, das Untier nicht zu erschrecken. »In meiner Heimat glaubt man, dass nur eine Jungfrau ein Einhorn besänftigen kann.«

»Da bin ich leider keine große Hilfe, wie du weißt. Mei-Li, was sieht das höfische Leben für Momente wie diesen vor?«

Die Kaisertochter fluchte etwas in ihrer Heimatsprache und spannte schützend ihren Schirm vor sich auf.

Das Einhorn scharrte mit dem Vorderhuf.

»Wie willst du den Ilkhan überzeugen, wenn nicht mal ein Einhorn dir glaubt?«, fragte ich nervös.

»Mir fällt schon was ein«, zischte Kokachin. »Vielleicht bin ich als junges Ding zu viel geritten? Du weißt, was man sich von den Prinzessinnen des Ostens erzählt …«

»Kinder!«, ermahnte uns Nicolò. »Das bringt uns nicht weiter …«

In diesem Moment trat unsere Eskorte zwischen den Bäumen heraus. Das Einhorn schielte überrascht zur Seite wie ein zu dicker Mann, der etwas am Rande seines Gesichtsfelds bemerkt, aber den Kopf nicht weit genug drehen kann. Dann machte es aufgeregt kehrt und rannte zurück in die Richtung, aus der es gekommen war. Die Männer schrien aus vollem Hals – entweder vor Angst, oder weil sie hofften, dass es dem Tier Angst machte, und sandten ihm einige Pfeile hinterher, die jedoch ins Leere gingen.

Da löste sich unsere Anspannung, und wir brachen in lautes Gelächter aus.

Der Anführer der Eskorte bedachte uns mit einem finsteren Blick.

»Kein Wort hierüber«, raunte er Kokachin zu.

Von einem Moment auf den nächsten war sie wieder so ernst, wie man es sich von einer Khatun nur wünschen konnte.

»Kein Wort«, versprach sie.

Es blieb nicht unser letzter gemeinsamer Ausflug, doch je weiter der Sommer vorrückte und je näher die Zeit des Aufbruchs kam, desto tiefer sank uns das Gemüt – denn wir wussten, dass man uns bald wieder trennen würde, und nicht mehr lange, da würden wir einander für immer verlieren. Schon kündigte sich die nächste Regenzeit an, und mit ihr schlugen auch die Winde um.

Eines Tages kam Apushka mit einem größeren Trupp von einer Reise nach Ferlek zurück, bei der sie letzte Vorräte und Wertobjekte erstanden hatten, darunter Adlerholz, Kampfer, Nardenöl und Gold. Ich hatte die Stadt nie gesehen, weil sie nach den Berichten Maffeos, der gemeinsam mit Pietro eine vorige Expedition begleitet hatte, wenig beeindruckend war. Außerdem war der Weg lang und beschwerlich, und ich verbrachte meine Zeit lieber mit Kokachin als mit Apushka, der die Verhandlungen mit den Einheimischen meist führte.

Der Reichtum der Insel war sicher beeindruckend; jedoch

stellte ich fest, dass all die Schätze mich kaltließen. Vielleicht, dachte ich, als ich die Rückkehrer von der Palisade aus verfolgte, hatte ich zu lange ein sorgloses Leben geführt – aber die Kunst des Handels, mit dem meine Familie so lange ihren Unterhalt bestritten hatte, schien mir heute reizlos und kleinlich.

Etwas war dieses Mal wohl nicht nach Plan verlaufen. Kaum hatten sie das Tor passiert, ließen sich mehrere von Apushkas Männern erschöpft in den Schatten fallen. Da erst sah ich, dass sie verwundet waren.

»Was ist passiert?«, fragte ich, während die persischen Heiler sich der Verletzten annahmen.

»Wir haben endlich die Bekanntschaft der Hochlandbewohner gemacht«, knurrte Apushka. »Ihr wisst schon – die, vor denen uns die Städter gewarnt haben. Die Menschenfresser.«

»Haben sie Euch angegriffen?« Auch Maffeo war hinzugetreten, gefolgt von Goza und den anderen Kommandanten.

»Dazu ließen wir ihnen keine Gelegenheit. Erst dachten wir, es wären wieder diese rothaarigen Waldgeister. Dann erkannten wir aber, dass es Menschen mit Speeren waren. Wir riefen sie auf Persisch an – und sobald klar war, dass sie nicht aus Ferlek stammen, kamen wir ihnen zuvor.«

»Was soll das heißen?«, fragte Goza.

»Wir haben ihnen eine Kostprobe unserer Bögen gegeben«, sagte Apushka stolz. »Die meisten haben wir erwischt, aber ein paar kamen davon.«

»Ob das sehr klug war?«, gab Goza zu bedenken. »Wir wissen nicht, was sie wollten. Nun haben wir sie zum Feind …«

»Reicht es nicht, dass sie Menschenfresser sind?«, schnappte Apushka und baute sich vor dem kleineren Mann auf. »Vielleicht hätte ich sie in unser Lager einladen sollen?«

»Goza hat recht!«, sagte ich. »Würde es immer stimmen, was Menschen über ihre Nachbarn erzählen, wäre ich heute nicht hier. Die ganze Welt müsste aus Menschenfressern bestehen! Ist es nicht so?« Ich schaute Maffeo an.

»Die Erfahrung hat mich gelehrt, dass jeder das Zeug dazu hat«, erwiderte dieser. »Früher oder später fressen die Leute alles.«

»Wir müssen uns darauf einstellen, dass wir Besuch bekommen«, sagte Goza. »Mit etwas Glück sind wir schneller als sie. Die Schiffe sind beinahe fertig.«

Tatsächlich hatten wir den Sommer über gute Fortschritte gemacht. Fünf der Schiffe waren so gut wie neu. Die anderen beiden hatten noch Schäden – zwar waren sie seetüchtig, doch einige der Laderäume liefen immer wieder voll, wodurch sie schwerer wurden und mit den übrigen Schiffen nicht mithalten konnten. Da diese Schäden ohne eine ordentliche Werft kaum zu reparieren waren, entschied Apushka, die beiden Schiffe zurückzuschicken, solange der Monsun das noch zuließ. Sie sollten in Küstennähe bis nach Champa oder einem anderen Vasallenreich des Khans fahren. Die übrigen fünf Schiffe wurden bis zum Rand mit neuen Vorräten aufgestockt – genug für unsere lange Reise über das offene Meer.

Dann machten wir uns daran, das Lager aufzulösen, in dem wir fast fünf Monate gelebt hatten. Der Großteil der Besatzungen war bereits auf den Schiffen; die Botschafter, die Prinzessinnen und meine Familie bildeten mit den letzten Soldaten den Abschluss. Fast tat es mir weh, diesen Ort zu verlassen.

Als es an die Verteilung unserer Besitztümer auf die einzelnen Boote ging, traf ich eine Entscheidung.

»Ich wünsche mit der Prinzessin auf demselben Schiff zu

reisen«, sagte ich Apushka. »Ich möchte nicht noch einmal eine solche Ungewissheit wie während des Sturms ertragen.«

»Ihr verbringt bereits zu viel Zeit mit der künftigen Khatun. Glaubt Ihr, ich sehe nicht, was da vorgeht?« Der Botschafter deutete zornig auf das Medaillon um meinen Hals. »Ich verstehe nicht, was Ihr Euch davon versprecht. Hofft Ihr, die Zukunft noch aufhalten zu können? Wie auch immer – die Antwort ist nein.«

»Ich glaube, dass wir besser aufeinander achtgeben könnten, wenn wir zusammenblieben. Ihr habt bereits Uladai und sein Schiff verloren.«

»Und wenn ich Eures auch verliere, wäre es kein Schaden!«, fuhr er mich an.

Der Streit hatte derweil die Aufmerksamkeit Gozas, der Prinzessinnen und meiner Familie auf sich gezogen.

»Täuscht Euch nicht«, mahnte ihn Nicolò. »Ungeachtet dessen, was Ihr von uns haltet, erwartet der Große Khan doch, dass wir wohlbehalten Persien erreichen, um seinem Großneffen die Ehre zu erweisen.«

»Ich hatte eher den Eindruck, dass er Euch niemals wiedersehen will.«

»Ihr meint, im Gegensatz zu Euch?«, fragte Maffeo unbeeindruckt. »Die Ihr drei Jahre an seinem Rockzipfel gehangen und um eine Frau für den Ilkhan gebettelt habt?«

Apushka sah aus, als würde er gleich sein Schwert ziehen. Doch Goza stellte sich schützend vor uns und legte dem größeren Mann die Hand auf die Schulter.

»Wenn du mein Schiff wirklich für entbehrlich hältst, sollte ich vielleicht in deiner Nähe bleiben. Oder?« Er lächelte seinen Gefährten an. »Vielleicht gewinnen wir alle dadurch.«

»Ich lasse mir von diesen Lateinern nicht vorschreiben, wie ich meinen Auftrag ausführe …«

Da hob Kokachin die Stimme. »Als deine künftige Khatun

befehle ich dir, deinen Stolz herunterzuschlucken! Ich wünsche, dass die Lateiner und wir auf demselben Schiff reisen. Sonst springe ich vor lauter Freude über deine Gesellschaft noch von Bord.«

Apushka wollte noch etwas erwidern, als auf einmal vom Wachturm Alarm geschlagen wurde. Wir vergaßen für den Moment unseren Streit und rannten zur Palisade.

»Was ist los?«

»Die Menschenfresser!«, schrien die Wachen. »Sie kommen uns holen!«

Rasch erklomm ich die Leiter, um mir ein Bild zu machen. Tatsächlich: Hunderte von Kriegern kamen den Strand hinab auf uns zu, bewaffnet mit Speeren und Blasrohren. Ich hatte sie mir als eine Horde nackter Wilder vorgestellt – doch sie trugen bunte Kleidung fast wie die Menschen aus Ferlek und rückten so entschlossen vor wie jede andere Armee. In jedem Fall war es ein furchterregender Anblick. Aus der Ferne hörten wir nun auch den steten Schlag von Trommeln über der Brandung – uns blieb höchstens noch eine Minute.

»Zu den Booten!«, rief Goza, und eine Sekunde lang wirkte Apushka verdutzt, so als hätte er mit einem großen Kampf gerechnet statt mit Flucht. Doch schon im nächsten Augenblick griffen sich die Männer und Frauen alles, was sie tragen konnten, und rannten damit hinab zum Wasser.

Die Ruderer hatten die Gefahr schon erkannt. Sie halfen den Flüchtenden an Bord, und so manches wertvolle Gut wurde doch noch ins Meer geworfen, um Platz auf den Bänken zu schaffen. Eigentlich gab es genug Boote für alle, trotzdem brach in der Eile ein großes Durcheinander aus, in dem einige Boote hoffnungslos überfüllt wurden und andere beinahe leer blieben. Maffeo und Nicolò wurden von uns getrennt, und ich konnte nur hoffen, dass sie in Sicherheit waren. Verzweifelte Männer taumelten durch das Wasser, warfen sich in die Fluten oder versuchten, die Schiffe schwimmend zu erreichen. Weiter oben am Strand trafen die ersten Krieger aufeinander.

Gemeinsam mit Goza half ich den Frauen, das nächste Boot zu besteigen, dann streckten Kokachin und er die Hand nach mir aus, um auch mich hochzuziehen.

Apushka aber, der bereits an Bord war, sah die Gelegenheit gekommen, sich meiner zu entledigen. »Das Boot ist voll!«, rief er und versuchte, mich zurück ins Wasser zu stoßen.

»Apushka!«, schrie Kokachin und packte seinen Arm. Das ganze Boot schwankte und kenterte fast in der Brandung. Ich warf mich auf den Botschafter und rang ihn nieder. Doch er rollte unter mir weg und versetzte mir einen Hieb, während Goza und Kokachin ihn zu packen versuchten und die Männer an den Riemen um unser Leben ruderten.

Das Letzte, was ich sah und hörte, waren der blaue Himmel über mir und die Schreie der Sterbenden, die hinter uns verklangen.

III
Die Geschichte von Sakyamuni Burkhan

Genua, Juni 1299

»Diese Wilden …«, hob der Priester an, doch Rustichello hob abwehrend die Hand.

»Gottlos, allesamt«, gähnte er. »Wissen wir.«

»Eine gottlose Insel«, bekräftigte der Priester. »Ein gottloser Teil der Welt.«

Er konnte sich nicht mehr erinnern, wie der Priester hieß oder was er überhaupt hier suchte. Eigentlich hätte dies die Feier anlässlich des gerade geschlossenen Friedensvertrages mit Venedig werden sollen. Aber irgendjemand im Palazzo musste eine Beichte abgelegt oder seine letzte Ölung erhalten haben, und der Ruf des Venezianers hatte wohl so weite Kreise gezogen, dass selbst ein Mann der Kirche nicht die Gelegenheit versäumte, ihm mit eigenen Ohren zu lauschen.

Wenn sich Rustichello umsah, musste er sich eingestehen, dass der Priester beileibe nicht der Eigenartigste ihrer Gäste war – in jedem Falle war er der Nüchternste.

»Oh, Götter gab es genug«, versicherte der Venezianer. »Nur nicht den, den Ihr Euch wünscht …«

»Von diesen Menschenfressern weiß man ja, dass sie das Erstbeste anbeten, was ihnen an einem Tag ins Auge fällt«, sagte der Gefängnisleiter weltgewandt und legte schmatzend seinen Hähnchenschlegel nieder. »Und am nächsten Tag wieder etwas Neues.«

»Wenn Ihr es sagt.« Der Venezianer prostete ihm zu und trank von seinem Wein.

»Aber Alonzo«, neckte seine Frau den Admiral. »Warst du etwa selbst einmal bei den Wilden? Gibt es etwas über dich, das ich nicht weiß?«

»Es kann ja bei den Wilden nicht viel wilder hergegangen sein als bei uns«, sagte Rustichello, und einer seiner jüngeren Gäste prustete los, als hätte er noch nie einen solch guten Witz gehört. Rustichello machte sich nicht die Mühe, aufzusehen. Wahrscheinlich einer der Küchenjungen, die alle zu betrunken für ihr Alter waren.

»Wenn es die Wildnis ist, die Euch lockt, dann besucht die Insel Angamanain«, sagte der Venezianer mit wissendem Lächeln. »Nirgends sind die Menschen Tieren ähnlicher. Sie tragen sogar Hundeköpfe!« Seinen Zuhörern quollen vor Staunen fast die Augen aus dem Kopf.

»Die Geschichten von Kynokephalen sind doch ein alter Hut«, warf Rustichello ein. Manchmal war es deprimierend, wie anspruchslos ihr Publikum in seinem Wunsch nach

Unterhaltung doch geworden war. »Walter von Speyer beschrieb sogar den heiligen Christopherus als hundeköpfig. Wenn Ihr mich fragt, hat der gute Walter irgendwas mit *Canaan* und *caninus* falsch verstanden …«

»Es steht zu hoffen, dass schon bald ein paar mutige Brüder ihren Weg auf diese Inseln finden und die verirrten Seelen bekehren, ehe es zu spät ist!«, beharrte der Priester.

»Seid Ihr sicher, dass es nicht nur das Gold ist, das Euch lockt?«, spottete der Admiral und griff seinerseits nach dem Weinkrug.

»Ich höre wohl, was Ihr der Mutter Kirche unterstellt«, wehrte sich der Priester. »Tatsache ist nun aber doch, dass Gold in Händen derer, die seinen wahren Wert nicht kennen, verschwendet ist.«

»Den Wert von Gold kennen alle Menschen«, widersprach der Venezianer. »Das ist vielleicht das Einzige, was uns verbindet.«

»Ich habe ja noch immer Probleme zu glauben, dass Ihr so weit gereist seid, dass man nicht mal mehr die Sterne in diesen Ländern sah …«

»Da habt Ihr nicht richtig aufgepasst.« Die Augen des Venezianers verengten sich. »Wisst Ihr noch, was ich über Götter gesagt habe? Auch Sterne gab es genug. Bloß nicht die, die Ihr kennt.«

»Ihr wollt ja wohl nicht andeuten, dass unser Herrgott und die falschen Götzen dieser Heiden irgendetwas gemein hätten!«, entrüstete sich der Priester.

»Ich erzähle Euch gerne mehr darüber, wenn Ihr mich lasst.« Seine Stimme hatte nun einen angriffslustigen Ton. Rustichello erlebte das nicht zum ersten Mal: Wenn irgendwer den Wahrheitsgehalt seiner Geschichte in Zweifel zog, legte der Venezianer gerne noch einen drauf, wie um zu beweisen, dass ihm sowieso niemand das Gegenteil beweisen konnte. Es war eine seiner unschönen und schädlichen

Eigenarten, die er seltsamerweise nur in Gesellschaft Dritter entwickelte.

»Bitte«, sagte der Priester und lehnte sich mit verschränkten Armen zurück. »Ich höre.«

Der Venezianer trank noch einen Schluck und stellte den Becher ab. Erwartungsvoll rückten die Gäste näher. Rustichello entdeckte Teresa und Luigi, die aus dem angrenzenden Zimmer zurückkehrten und sich wieder einen Platz suchten. Offenbar hatte die Wäscherin einen Neuen gefunden, mit dem sie sich über ihren Ehemann hinwegtrösten konnte. Es tat ihm nicht weh – die Freiheit, die der Venezianer mit seinen Geschichten ihm bot, bedeutete ihm mehr als die Zuwendungen ihrer Gäste oder einer unglücklichen Ehefrau. Außerdem hatte er gestern zum ersten Mal Antwort von Monna Donata erhalten und zu seiner großen Freude festgestellt, dass seine Worte bei ihr auf fruchtbaren Boden gefallen waren.

»Viele Wochen segelten wir nach Westen durch den großen Golf von Bangala. Manchmal war das Wetter stürmisch, die See rauh und wild, doch nie war es so schlimm wie in dem Sturm vor Klein-Java. Ich kannte nun die Gefahren der indischen See und war froh, sie damals in Hormuz nicht herausgefordert zu haben. Mit den Schiffen, denen wir dort den Rücken gekehrt hatten, wäre eine solche Fahrt fern der Küste niemals denkbar gewesen. An manchen Tagen konnte man es fast genießen – kein Land in irgendeiner Richtung, keine Segel am Horizont, nur unsere kleine Flotte. Und dank Gozas Einsatz – oder weil er Apushka nicht länger traute – reisten wir auch nicht länger getrennt, sondern alle gemeinsam: mein Vater, mein Onkel, Mei-Li, Kokachin und ich.«

»Na immerhin einer hatte ein Herz mit Euch«, sagte die Frau des Admirals.

»Ja«, sagte der Venezianer. »Immerhin einer.« Und ein feuchter Schimmer trat in seine Augen. Dann fuhr er fort.

»Nachts standen Kokachin und ich oft am Bug und fühlten uns herrlich frei, allein unter dem Sternenhimmel. Der Nordstern war immer noch vom Rand der Welt verborgen, aber Wega und Altair, beiderseits der Milchstraße, leuchteten hell und erinnerten uns an jenen Tag, an dem in Quinsai die jungen Mädchen Spinnen in ihre Kästchen setzen und Webermädchen und Hirtenjunge für einen Tag zueinander finden ...«

Die Frau des Gefängnisleiters griff nach der Hand ihres Mannes, was sie nicht häufig tat, und auch Teresa und Luigi rückten enger zusammen.

»Allerdings wussten wir häufig gar nicht, was für ein Tag es war. Sie waren kaum unterscheidbar ohne Städte und Menschen, die den Kalender mit Bedeutung füllten ...« Der Venezianer fuhr sich über die Augen. »Die Hauptsache war, dass Steuermann und Navigator es wussten. Und so erreichten wir im Oktober die Insel Seilan. Das ist die größte Insel in diesen Gewässern, und manche behaupten, sie sei früher noch größer gewesen, ehe Teile von ihr im Meer versanken. Verschiedene Völker beanspruchten dieses schöne Stück Land, jedes mit seinem eigenen König. Der mächtigste dieser Könige herrschte zu dieser Zeit im Norden der Insel; er war der zweite König seit den Tagen des großen Sendemain, von dem ich am Hofe des Khans schon gehört hatte, denn es hieß, dass er den größten Rubin der Welt besäße. Kublai hätte diesen Stein gerne in seinen Besitz gebracht und bot Sendemain angeblich eine ganze Stadt dafür, doch Sendemain war zu stolz.«

»Das muss fürwahr ein prächtiger Rubin gewesen sein!«, rief der Gefängnisleiter mit einem Funkeln in den Augen.

»So groß wie eine Faust«, bestätigte der Venezianer.

»Habt Ihr ihn mit eigenen Augen gesehen?«

Der Venezianer schüttelte bedauernd den Kopf. »Aber ich habe genug Rubine, Saphire und Topase am Hof des

Königs gesehen, dass ich keinen Zweifel daran hege – wenn ein solches Juwel irgendwo existiert, dann auf der Insel Seilan. Auch Zimt gibt es dort und Rotholz und andere Reichtümer. Wir blieben einige Wochen, um unsere Vorräte aufzufrischen und uns zu erholen, und der König war wirklich sehr gastfreundlich. Er hatte schon viele Geschichten über den Großen Khan gehört und wollte alles über ihn wissen.«

»Und, habt Ihr seinem Wunsch Folge geleistet?«, fragte die Frau des Admirals.

»Ich saß vor ihm, wie ich heute vor Euch sitze.«

»Geschichten sind manchmal eben noch größere Schätze als Juwelen«, sagte der Gefängnisleiter und handelte sich einen skeptischen Blick seiner Frau damit ein.

»Hört, hört«, murmelte Rustichello.

Der Venezianer grinste verschmitzt. »Darüber ließe sich trefflich streiten, nehme ich an. Unbestreitbar aber war der größte Schatz der Insel Seilan weder ein Stein noch eine Geschichte – obwohl er in gewisser Weise sogar beides war.«

Die Zuhörer hingen gebannt an seinen Lippen.

»Denn Ihr müsst wissen, dass sich im Herzen dieser Insel, versteckt zwischen tiefen Wäldern voller wilder Tiere, Adams Berg erhebt. Dort, so erzählen es sich die Muslime, hat der erste Mensch der Welt und unser aller Vater seinen Fußabdruck hinterlassen – und dort ist auch sein Grab.«

»Was für ein Unsinn!«, entrüstete sich der Priester. »Was für eine gotteslästerliche Lüge! Als hätten Sarazenen Kenntnis von so etwas!«

»Immerhin teilen sie unseren Glauben an Abraham und andere wesentliche Teile der Heiligen Schrift. Und heißt es nicht, Adam und Eva seien nach ihrer Vertreibung aus dem Garten Eden in den Osten gegangen?« Der Venezianer genoss es sichtlich, den Priester zu provozieren. »Aber ich kann es nicht abschließend beurteilen, denn ich habe diesen Berg nicht bestiegen. Möglich wäre es wohl gewesen, denn die Gläubigen haben Ketten in den Fels geschlagen, mit deren Hilfe man sich bis zum Gipfel ziehen kann. Eine dieser Ketten nennen sie die Kette der Gebete – denn wer an ihr hängt und in den Abgrund blickt, der fürchtet um sein Leben. Doch der weise Pilger blickt erst herab, wenn er sicher die Bergspitze erreicht hat. Von dort, so heißt es, sieht man die ganze Schöpfung unter sich ausgebreitet.«

»Weshalb habt Ihr den Gipfel nicht bestiegen?«, fragte Luigi.

»Weil ich den Muslimen nicht glaubte.« Der Priester atmete auf. »Und weil ich kein Gläubiger bin.« Der Priester schreckte zusammen. »Es gibt nämlich noch eine andere Geschichte, wem der Fußabdruck gehörte – ich hatte vor langer Zeit bereits ein paar fromme Brüder kennengelernt, die einem anderen Fußbadruck desselben Mannes nachspürten.«

»Ihr meint die Mönche auf dem Dach der Welt«, sagte Rustichello. »Die nach dem Königreich des weißen Pferdes suchten.«

Der Venezianer neigte ergeben den Kopf. »Euer Gedächtnis trügt Euch nicht, Messere Rustichello. Die Buddhisten auf Seilan sagten, dass auf diesem Berg niemand anderes als Sakyamuni selbst begraben liege. Das erschien mir glaubhafter als die Geschichte der Muslime. Und ich dachte an die Höhlen der Tausend Buddhas, in die mich Zurficar als jungen Mann geführt hatte, und an den Tempel des Schlafenden Buddhas in Campichu, in dem Sorkhatani Beki begraben lag und Mei-Lis Bruder Xian nun sein Exil fristete. Auch die Weiße Pagode in Khanbalik fiel mir ein, obgleich das etwas … anderes war.« Er seufzte. »In jedem Fall, und das klingt jetzt vielleicht abergläubisch, wusste ich, was mich dort oben erwarten würde; und ich hatte das Gefühl, dass mein Besuch solcher Heiligen Stätten selten irgendwem Glück gebracht hatte. Also ließ ich es.«

»Eine weise Entscheidung«, sagte der Priester.

»Ich brachte aber zum ersten Mal mehr über das Leben Sakyamunis in Erfahrung – und diese Geschichte will ich Euch erzählen. Vielleicht werdet Ihr Euer Urteil über die Gemeinsamkeiten zwischen den Religionen dann noch einmal überdenken.«

»Ich warne Euch«, sagte der Priester. »Zwar ist mein Glaube unerschütterlich, doch ich kann nicht zulassen, dass Ihr einen verderblichen Einfluss auf Eure Zuhörer ausübt ...«

»Ich möchte ja nicht für die anderen sprechen«, unterbrach die Frau des Gefängnisleiters. »Aber mich darf Messere Marco jederzeit in Versuchung führen.« Ehe ihr Mann oder der Priester protestieren konnten, beugte sie sich vor, um ihm ein breites Lächeln und einen vorteilhaften Blick in ihren Ausschnitt zu schenken. »Ich bitte Euch – erzählt!«

* * *

Vor langer Zeit, da lebte ein Prinz, der hatte keine Freude im Herzen. Sein Name – je nachdem, wen man fragt – war Sakya Sinha, oder Sakya Muni Burkhan, oder Siddhartha Gautama. Doch all diese Namen drückten nur aus, dass dem Jungen von den Göttern Großes bestimmt war, denn sie bedeuten »der Weise«, »der Erleuchtete«, »der Löwe« oder auch »der sein Ziel erreicht hat«. Seinem Vater, dem König, waren diese Prophezeiungen bekannt, doch man hatte ihn auch gewarnt, dass dieses Ziel nicht dasselbe sein würde wie das, welches er für seinen Sohn vorgesehen hatte.

Schon früh wurde offenbar, dass weltliche Dinge dem jungen Prinzen nichts bedeuteten. Er wünschte weder auf seines Vater Thron zu sitzen, noch seine Schätze zu zählen. Er pflegte zu sagen, dass es keinen Unterschied mache, ob er dieses oder jenes Mannes Sohn war und ob er arm war oder reich, denn er musste seinen eigenen Weg finden. Freilich kannte er da noch nichts von der Welt, denn sein Vater versuchte alles von ihm fernzuhalten, was seinen Schwermut, den der König nicht verstand, noch verstärken mochte.

Stattdessen baute er ihm drei Paläste in einer entlegenen Stadt, einen für jede Jahreszeit, geschützt von einem weitläufigen Park und einer Mauer, auf dass dem Prinzen seine Zeit nicht lang wurde und seine Sinne jeden Tag aufs Neue umschmeichelt wurden. Die Schönheit dieser Paläste und des Parks übertraf alle anderen Orte der Welt; doch der Prinz hatte nie andere Orte gesehen. Musik erfüllte die Gemächer, zauberhafter als alle Weisen an anderen Höfen; doch der Prinz hatte diese Weisen nie gehört. Man bereitete ihm die erlesensten Speisen und die köstlichsten Tränke; doch der Prinz hatte nie gelernt, was es hieß, Mangel zu leiden. In seinem Harem schenkten ihm die schönsten Prinzessinnen, die je ein Mann erblickt hatte, ihre Liebe; doch der Prinz hatte niemals Einsamkeit gekannt. Und so wurde er trotz all dieser Wunder von Tag zu Tag schwermütiger und fragte sich, ob dies wirklich alles war, was es von der Welt zu wissen gab.

Eines Tages ertrug der Prinz diese Rastlosigkeit nicht länger, und zum Entsetzen seiner Diener sattelte er sein Pferd und erklärte, er wünsche den Palast und den Park zu verlassen und durch die Stadt zu reiten, die sich vor seinen Mauern erstreckte, auf dass er die Untertanen seines Vaters, die eines Tages seine Untertanen sein würden, besser kennenlerne.

Diese Rede erfüllte alle, die sie hörten, mit großer Angst – denn dies war genau das, was der König stets zu verhindern gesucht hatte. Da sie aber sahen, dass sie den Prinzen nicht von seinem Vorhaben abbringen konnten, blieb den Dienern nichts anderes übrig, als sich seinem Wunsch zu beugen und ihn zu begleiten, damit ihm in der Welt dort draußen, die er nie kennengelernt hatte, kein Unglück widerfuhr.

So sattelten sie ihre Pferde und folgten ihm durch den Park und das Tor in der Mauer hinaus in die Stadt.

Und beim ersten Menschen, den sie trafen, wunderte sich der Prinz, dass dieser gebeugt ging von langer Arbeit und eine Narbe trug von einer schlecht verheilten Wunde, und dass der Blick seiner Augen sich kreuzte (denn so war er geboren worden); denn der Prinz wusste weder von Mühsal noch von Schmerzen und Makeln. Er fragte seine Diener, was für ein Unglück diesem Mann widerfahren sei, und sie antworteten, dass sie es nicht wüssten und ihnen der Mann nicht weiter bemerkenswert schien. Und der Prinz fragte, ob dies heiße, dass es viele Menschen gäbe wie ihn, und seine Diener gestanden, dass tatsächlich die meisten Menschen so waren. Das machte den Prinzen sehr nachdenklich, und sie ritten weiter.

Und nicht lange, da trafen sie eine alte Frau, die müde an einer Wegkreuzung saß und Vögel mit Brotkrumen fütterte. Ihr Haar war grau, ihre Haut dünn und faltig, und sie hatte keine Zähne mehr im Mund. Und ihr Anblick verwirrte den Prinzen über alle Maßen, denn er hatte noch nie einen alten Menschen gesehen. Und mehr noch verstörte ihn, dass die Frau weder klagte noch unglücklich wirkte, sondern einfach nur an der Wegkreuzung saß und die Vögel fütterte. Und er fragte seine Diener, was mit dieser Frau sei, dass sie keine Zähne mehr hatte und alle Farbe aus ihrem Haar und ihrer Haut gewichen war, und seine Diener antworteten, dass diese Frau alt sei. Und er fragte, ob es viele alte Menschen auf der Welt gebe, und da tauschten sie hilflose Blicke und sagten, dass alle Menschen eines Tages so würden wie sie. Und er fragte, ob das hieße, dass es auch sein Schicksal war, eines Tages alt und schwach zu werden, und sie sagten, ja – alle Menschen, ohne Ausnahme. Und sie ritten weiter, und der Prinz war noch nachdenklicher als zuvor.

Und nicht viel später, da sahen sie am Straßenrand einen

Toten liegen. Er musste schon einige Tage dort liegen, denn die Vögel hatten ihm die Augen ausgepickt, und Fliegen krochen über seine Haut. Der Prinz wurde von großer Angst erfüllt und fragte, was dieses Ding sei, das dort lag. Und seine Diener antworteten furchtsam, dass dies ein Toter sei, den man versäumt habe zu bestatten, wie es eigentlich Sitte war. Und der Prinz fragte, was das zu bedeuten habe und weshalb dieser Mann tot sei und nicht lebendig. Und seine Diener ließen demütig die Köpfe hängen und enthüllten ihm, dass alle Menschen eines Tages sterben mussten, wie es das Schicksal aller lebenden Wesen war – der Pflanzen, der Tiere, der Männer und Frauen – und auch das seinige.

Und da rief der Prinz, dass dies eine schlechte Welt sei, in der es das Schicksal aller Menschen war, ein Leben in Mühsal zu führen, bis sie alt wurden und starben, und dass er mit einer solchen Welt nichts zu tun haben wolle. Und er wendete sein Pferd und kehrte um und ritt zurück zu seinem Park und seinem Palast.

Seine Diener folgten ihm beschämt, doch auch erleichtert, denn sie dachten, dass er nun den Wert seines glücklichen Lebens im Palast mehr zu schätzen wissen würde und nicht länger den Wunsch verspürte, die Welt vor den Toren des Parks kennenzulernen. Sicher, dachten sie, werde er nun seinen vorbestimmten Weg beschreiten und ein guter König für seine Untertanen werden.

In der nächsten Nacht aber sattelte der Prinz sein Pferd erneut und band Tücher um die Hufe, damit man es nicht hörte, und verließ den Park durch das Tor und ließ sein altes Leben und den Palast und seine Schätze hinter sich zurück.

Denn er wusste nun, dass all diese Dinge vergänglich waren und nichtig und es dem Menschen kein Glück brachte, am Vergänglichen festzuhalten. Es sei falsch, sagte er sich, König zu werden, denn es würde weder sein eigenes Leid noch das seiner Untertanen mindern; und er könne den Menschen nicht helfen, solange es ihm nicht gelang, sich von seinem eigenen Leid zu befreien. Also entsagte er allem, was nur dazu diente, ihn zu täuschen oder zu zerstreuen, und ritt in die Wildnis, wo er forthin das Leben eines Asketen führte. Wäre er ein Christ gewesen, so wäre er als Frommster aller Heiligen in die Geschichte eingegangen; Muslime hätten ihn vielleicht einen Freund Gottes genannt; doch all dies trug sich vor langer Zeit zu, bevor Mohammed oder Jesus Christus auf die Welt kamen.

Und es heißt, dass der Prinz nach vielen Jahren endlich inneren Frieden fand und das Leid der Welt ihn nicht länger plagte; und dass er, bevor er diese Welt verließ, die Menschen lehrte, wie sie gleichfalls ihrem Leid entkommen können; und dass er, als er ging, nicht wie andere Menschen gezwungen wurde, ein neues Leben und neues Leid zu beginnen, sondern den Kreislauf von Leben und Leid hinter sich ließ. Und seiner Lehre folgten die Menschen, die ihn kannten, und jene, die diesen nachfolgten, bis heute; und sie sagen, dass im Loslassen und der Abkehr von den flüchtigen Freuden vergänglicher Dinge der Schlüssel zu leidlosem Leben liege.

Sein greiser Vater aber, den er hinterließ, verzehrte sich vor Qual, als er vom Schicksal seines Sohnes erfuhr; denn alle Prophezeiungen hatten sich erfüllt, und sein Sohn war gegangen, um sein Ziel anderswo und auf andere Weise zu erreichen, als der König es sich erträumt hatte. Erst auf dem Sterbebett begriff der König, was seinen Sohn dazu bewogen und wie viel Gutes der Prinz mit seinen Lehren seitdem bewirkt hatte; denn sein Ziel war es gewesen, das Leid der ganzen Welt zu mindern.

Und so ließ der König zu Ehren seines Sohnes die erste jener Statuen fertigen, die man heute überall im Osten der Welt findet; und er verfügte, dass man den Prinzen auf jenem Berg bestattete, von dem die Muslime heute sagen, dass schon der erste Mensch der Welt dort seine Ruhestatt gefunden habe.

* * *

Zur Mittagszeit kam der Venezianer in sein Zimmer gestolpert. Er rieb sich den Nacken und wirkte, als hätte er eine schlechte Nacht hinter sich.

»Ihr seid schon auf?«, fragte er.

»Aber sicher«, antwortete Rustichello, ohne von seinem Brief aufzusehen.

»Ihr seid früh zu Bett gegangen.«

»Das, was nach Eurer Geschichte noch folgte, schien deren Moral doch zu sehr im Wege zu stehen.«

»Was meint Ihr damit?«

Rustichello legte seufzend die Feder beiseite. »Schaut Euch doch um«, sagte er und deutete auf das Zimmer. Essensreste hatten Möbel und Teppiche besudelt. In den Ecken häuften sich die Abfälle, und neben der Tür stand ein übelriechender Eimer. In den übrigen Räumen waren die Vorhänge zugezogen; doch es war hell genug, um zu ahnen, dass ein Mehr an Licht den Anblick nur noch schlimmer machen würde.

»Weltliche Genüsse«, mahnte Rustichello.

»Was ist dagegen einzuwenden?«

»Ihr erzählt die Geschichte Eures angeblichen Heiligen einem Priester, der kurz davor steht, Euch der Gotteslästerung zu bezichtigen. Dazu stopft Ihr Euch mit Fleisch und Wein voll, dass es eine wahre Sünde ist. Und hinterher wundert Ihr Euch, dass man Euch für, sagen wir … etwas eigen hält?«

Der Venezianer brummte widerstrebend. »Ich habe wohl übertrieben«, gab er zu.

»Euer Problem ist, dass Ihr aufgehört habt, Euren eigenen Geschichten zu glauben. Es macht also keinen Unterschied, ob man dieses oder jenes Mannes Sohn ist? Von wem habt Ihr da gestern wirklich erzählt?«

Der Venezianer gab keine Antwort.

»Ihr versteckt Euch hinter Euren Geschichten, weil sich diese schön erzählen. In Wahrheit aber dreht sich alles nur um Euch. Im Gegensatz zum tapferen Sakyamuni habt Ihr niemals Euren Frieden mit der Welt gemacht.«

»Sollte ich das denn?«, fragte der Venezianer ernst.

»Diese Frage kann ich noch nicht abschließend beantworten, denn noch weiß ich nicht, wie Eure Geschichte ausgeht. Jedoch drängt sich mir zunehmend der Eindruck auf, dass auch Ihr Euch ein Loslassen wünscht. Ein Ende des Kreislaufs von Leben und Leid …« Rustichello zögerte. »Ihr habt sie verloren, nicht wahr? Ich weiß, ich wollte, dass Ihr die Reihenfolge der Geschichte wahrt. Aber ich würde Euch besser verstehen, wenn …« Er winkte ab. »Vergesst, was ich gesagt habe. Es ist Euer Leben.«

»Mein Leben.« Der Venezianer nickte. Dann schaute er sich erneut um. »Sollen wir aufräumen?«

»Rechnet Ihr denn damit, dass unsere Gäste uns noch einmal beehren?«

»War es so schlimm?«

»Nun, dieser Priester und der Gefängnisleiter wirkten gegen Ende nicht gerade glücklich mit …« Er lies hilflos die Hand kreisen. »Alldem hier. Euch. Uns.«

»Ihr habt ihn aber auch gereizt mit Eurem hundeköpfigen Christopherus.«

Rustichello zuckte die Schultern. »Euer Höhenflug verlangte nach einem Dämpfer.«

»Ihr habt recht.« Müde zog sich der Venezianer einen Stuhl heran. »Ich schätze, es reicht fürs Erste. Genug ist genug.«

Rustichello nahm die Feder wieder auf und schrieb nach reiflicher Abwägung einige Worte auf das Pergament. Dann hielt er inne, um sich die nächsten zurechtzulegen. So ging es eine Weile; der Venezianer schaute währenddessen mal zum Fenster, mal auf das Pergament.

»Was tut Ihr da eigentlich?«, fragte er irgendwann. »Sind das Eure Notizen zu gestern?«

»Das«, sagte Rustichello, »wird ein neuer Brief an Eure künftige Frau.«

»An Donata?« Hätte er ihn nicht besser gekannt, Rustichello hätte den Gesichtsausdruck des Venezianers für Scham gehalten. »Darf ich es sehen?«

»Sicher. Schließlich ist sie Eure Frau.«

Der Venezianer überflog den begonnenen Brief. »Das ist gut«, murmelte er. Dann runzelte er die Stirn, als er zum Ende kam. »Ist das ein Gedicht?«

»Gefällt es Euch?«

»Ja. Das heißt, ich glaube … ich weiß nicht, ob ich so etwas schreiben könnte.«

»Das müsst Ihr auch nicht, denn dazu habt Ihr ja mich. Ihr müsst sie nur heiraten.«

Der Venezianer ging nicht auf die letzte Bemerkung ein. »Ihr macht das sehr gut.«

»Danke. Sie ist aber auch eine sehr liebenswerte Person.« Er griff nach der Ledermappe im hintersten Winkel des Tisches, in der er seine Pergamente verwahrte. »Habt Ihr eigentlich je Donatas Antwort gelesen?«

Der Venezianer schüttelte den Kopf. Erst, als Rustichello ihm nachdrücklich die Bögen in die Hand drückte, nahm er sich ein Herz und überflog sie.

»Euer erstes Schreiben hat ihr gefallen.«

»Ich gab mein Bestes. Allerdings würde mir die Korrespondenz noch leichter fallen, wenn ich mehr über sie wüsste. Euch kenne ich ja mittlerweile gut – aber sie …«

»Ich habe Euch alles erzählt, was ich weiß«, sagte der Venezianer. »Monna Donata ist die älteste Tochter Vitale Badoers, eines angesehenen venezianischen Kaufmanns. Sie ist dreißig Jahre alt. Ihr erster Mann starb an einem Fieber – sie hatten keine Kinder, aber ihr Vater sagt, es sei nicht ihre Schuld, denn all seine anderen Töchter seien gesund, während Donatas Mann zuvor ebenfalls eine andere Frau hatte, mit der er auch keine Kinder zeugte …«

Rustichello hob abwehrend die Hände. »Das meine ich nicht. Das mögen alles wichtige Erwägungen für Euer beider Familien sein, doch es eignet sich kaum für eine Korrespondenz mit ihr. Was mag sie? Hat sie Venedig schon einmal verlassen? Liest sie Bücher? Ist sie eine fromme Person? Schließlich ist sie im Begriff, den welterfahrensten Reisenden und Gotteslästerer zu heiraten, der je vorgab, ein sesshaftes Leben führen zu wollen.«

»Ist dies das Bild, das Ihr von mir vermittelt?«, fragte der Venezianer.

»Wie gesagt – ich kenne Euch recht gut mittlerweile.«

»Dann werdet Ihr sicher auch sie mit der Zeit besser kennenlernen.« Er lehnte sich auf seinem Stuhl zurück und verschränkte die Hände hinter dem Kopf.

»Ihr habt nicht das geringste Interesse an ihr«, stellte Rustichello fest. »Und ich kann es Euch nicht verübeln. Was aber werdet Ihr tun, wenn man Euch aus dem Gefängnis entlässt? Die Friedensverträge müssen noch ratifiziert werden, aber das kann nur noch eine Frage von ein paar Wochen sein. Und was dann? Manchmal glaube ich fast, Ihr genießt Eure Haft. Hier seid Ihr weder lebendig noch tot, seid weder Il Milione noch der Mann, der Ihr zuvor einmal wart – nur der allseits beliebte Geschichtenerzähler. Früher oder später müsst Ihr Euch Eurem Leben wieder stellen. Ich weiß zwar kaum noch, wie die Welt dort draußen aussieht – aber ich bin sicher, sie ist immer noch die alte.«

»Die Welt!« Der Venezianer schüttelte den Kopf. »Wisst Ihr noch, was Maffeo einst sagte? Die Welt will betrogen sein …«

IV
Die Bawarij

Indischer Ozean, 1292

Zum Jahreswechsel umsegelten wir das Kap von Comari, die südlichste Spitze Indiens, und dann die Westküste entlang nach Norden. Eine Weile schon sahen wir wieder den Nordstern, und von Tag zu Tag stieg er höher. Doch die Wirkung auf die Menschen an Bord hätte unterschiedlicher nicht sein können: Die Besatzung hieß ihn willkommen wie einen verlorenen Freund, und auch Nicolò sah ich die Freude an, als nach und nach wieder die vertrauten Sternbilder der Heimat aufgingen, zu denen er in Dschingintalas voll Sehnsucht aufgeblickt hatte. Für Kokachin und mich jedoch war der Nordstern wie ein böses Omen. Für uns hieß das Ziel unserer Reise, Abschied zu nehmen – und im gleichen Zuge, in dem er am Himmel stieg, sank uns der Mut.

Wir legten in vielen Häfen an, von Coilum über Eli und Tana bis Semenat. Apushka und Goza holten zu diesen Gelegenheiten Neuigkeiten aus Persien ein, und wann immer sie auf Landsleute stießen, die in dieselbe Richtung reisten wie wir, gaben sie ihnen Botschaften für den Hof mit, die dem Ilkhan unser Kommen ankündigten. Unsere Flotte kam nach wie vor nur langsam voran, da wir in jedem Hafen eine gute Woche verloren, was Kokachin und mir aber nur recht war.

Die Seeleute aus Manzi wiederum nutzten die Zwischenstopps, um Handel zu treiben, denn natürlich hofften sie darauf, an unserem Ziel in Hormuz nicht nur eine Belohnung für ihre Dienste zu erhalten, sondern auch, mit einem ordentlichen Profit in die Heimat zurückzukehren. Es gab in diesen Häfen Cassia, Ingwer, Pfeffer, Weihrauch und Turpitwurzel, außerdem Kokosnüsse, Indigo, Baumwolle und Buckram. Und obgleich Kokachin und ich nicht an Geschäften interessiert waren, brannten wir auf jede Gelegenheit, uns die Füße zu vertreten.

Apushka jedoch behielt uns genau im Auge; und während er mir und meiner Familie einen Landgang in der Regel nicht verwehrte, ließ er die Prinzessinnen, wenn überhaupt, nur unter Bewachung von Bord. »Diesen Indern ist nicht zu trauen«, pflegte er zu sagen. »Manche von ihnen mögen ehrlich und aufrichtig wirken, doch die meisten sind Halsabschneider.«

In Wahrheit ging es ihm natürlich darum, uns keine Gelegenheit zur Flucht zu geben. Er wusste es, wir wussten es. Was die Inder anging, so waren sie keine besseren oder schlechteren Menschen als alle anderen, die ich auf meinen Reisen kennengelernt hatte. Zwar galten die Gewässer Westindiens als piratenverseucht, aber dies lag eher am Fehlen einer starken Ordnungsmacht. In den Häfen und auf den Märkten ging es friedlich zu, denn schließlich wollte man hier Geschäfte treiben. So gesehen waren selbst ausgemachte Piratenstützpunkte vergleichsweise sicher, die Gewässer dazwischen aber gefährlich. Besonders in Küstennähe hatten Piraten beste Aussichten, Schiffe abzufangen.

Bei einer der Gelegenheiten, zu denen Kokachin, Mei-Li und ich gemeinsam mit den Botschaftern einen Markt besuchten – in einer schönen Stadt namens Cambay, zwischen Tana und Semenat gelegen –, suchten wir einen jener frommen Asketen auf, welche die Einheimischen als *Chughis* oder *Jogis* bezeichnen. Dies waren mit Sicherheit die fremdartigsten Weisen, die ich je getroffen hatte: Weder trugen sie

Kleidung, noch schnitten sie sich das Haar, dennoch begegnete ihnen jeder mit dem größten Respekt. Das Rind war ihnen heilig, generell töteten sie kein noch so kleines Tier. Ich fragte mich, was die Botschafter von ihm wollten, denn eigentlich erwarteten sie von ihren Glaubensbrüdern, dass sie den Aufenthalt zum Besuch einer der großen Moscheen nutzten. Der Glaube der Inder, soweit ich mit ihm Bekanntschaft gemacht hatte, dreht sich dagegen um Wesen, fantastischer als alles, was sich unsereiner ausmalen kann – und manchmal riefen die Götzenbilder, die ich an Marktständen oder Tempelwänden sah, unangenehme Erinnerungen an Mahakala, den schwarzen Beschützer, wach.

Apushka positionierte zwei Männer zwischen den Prinzessinnen und dem Jogi, auf dass sein Anblick sie nicht beleidigte, und begann eine umständliche Verhandlung. Diese wurde einerseits durch den Unwillen des Jogis erschwert, überhaupt zu reden, und als er es dann tat, durch seine nur bruchstückhafte Beherrschung des Persischen.

»Man hat mir gesagt, ich solle mich an dich wenden«, sagte Apushka. »Du sollst in Besitz des Elixiers sein, das langes Leben verheißt …«

Kokachin und Mei-Li wandten sich gelangweilt ab und widmeten sich stattdessen einem Stand mit bunten Papageien. Ich verfolgte noch, wie der Jogi sich brummend aus seiner sehr unbequem wirkenden Sitzposition erhob und Apushka zu einem Stein führte, wo er seine wenigen Besitztümer verwahrte. Goza und die übrigen Männer blieben bei uns.

»Überall suchen Menschen nach der Unsterblichkeit«, kommentierte Kokachin. »Gefunden hat sie noch keiner.«

»Der Ilkhan glaubt diese Geschichten«, sagte Goza. »Er lässt sich seit vielen Jahren mit indischer Medizin behandeln, die ihn jung und stark hält.«

»Dann wird er es ja sicher nicht eilig haben«, sagte

Kokachin. »Wieso bleiben wir nicht noch ein oder zwei Jahre hier?«

»Ihr habt unsere Rückkehr bereits ausreichend verzögert«, stellte Goza fest. »Prinzessin«, fügte er hinzu, um nicht respektlos zu klingen. Mir war schon häufig aufgefallen, dass der kleine Mann trotz seiner Treue zum Khan und seinem Auftrag stets auf einen höflichen Umgang bedacht war.

»Kauf mir diesen Vogel«, sagte Kokachin und deutete auf einen schönen roten Papagei in einem Käfig. Natürlich hätte sie ihn auch selbst erstehen können, aber sie mochte es, ihren Bewachern Befehle zu geben.

Goza entsprach ihrem Wunsch, ohne Fragen zu stellen, obgleich der Papagei ein kleines Vermögen kostete. Etwa zur gleichen Zeit kam Apushka mit einem unscheinbaren Fläschchen zurück, das er Kokachin stolz präsentierte.

»Dies wird ein würdiges Geschenk für Euren künftigen Mann sein«, sagte er. »Verwahrt es wohl!«

»Du willst, dass ich dem Ilkhan als Mitgift einen Trank überreiche, den du auf dem Markt bei einem nackten Mann gekauft hast?«, vergewisserte sich Kokachin.

»Woraus besteht dieses Elixier?«, fragte ich, denn auch mir war die Sache nicht ganz geheuer.

»Wenn die Jogis uns dieses Geheimnis verraten würden, entginge ihnen ein gutes Geschäft«, sagte Apushka. »Nur die Hauptbestandteile sind bekannt.«

»Und welche wären dies?«

»Schwefel und Quecksilber.«

Ein wenig enttäuschte mich die Antwort. Ich hatte mit der Milch eines heiligen Tiers oder Wasser aus einer besonderen Quelle gerechnet – vielleicht sogar mit Mohnsaft. Diese Mischung aber klang doch sehr nach einem typischen Alchemistengebräu, und bei denen wusste man nie.

Unbeeindruckt steckte Kokachin das Elixier ein. »Steht

mir der Käfig?«, fragte sie und hielt sich den Vogel vor das Gesicht.

Mir fuhr ein Stich ins Herz.

»Mein Anda gibt keine Antwort«, stellte sie fest. Sie hatte wieder angefangen, mich Bruder oder Anda zu nennen, weil sie gemerkt hatte, dass es die Botschafter ärgerte. »Das ist kein gutes Zeichen. Die Antwort eines Mannes sollte ohne Überlegung kommen. Ich schenke dir diesen Vogel, Mei-Li.«

»Du gestattest doch?«, fragte Mei-Li an Goza gerichtet und nahm den Käfig entgegen.

Der Botschafter lächelte säuerlich und ließ es geschehen.

Wir trafen Nicolò, Maffeo und Pietro an einem Stand, der Schnitzwerke aus Elfenbein und riesige Eier verkaufte, die größer waren als mein Kopf. Sie stammten von der Insel Madeigascar, tief im Süden; angeblich lebte dort der Vogel Roch, der so gewaltig war, dass er selbst junge Elefanten davontrug. Diese Eier waren teurer als alles, was wir bislang gesehen hatten; doch bevor Kokachin auf dumme Gedanken kommen und eines davon für sich einfordern konnte, erklärten die Botschafter den Rundgang für beendet und brachten uns zurück aufs Schiff.

Von Semenat nach Hormuz waren es weniger als tausend Meilen nach Westen. Selbst unter widrigen Bedingungen war die Reise nur noch eine Frage einiger Wochen, und bei den Seeleuten – eigentlich allen an Bord außer uns selbst – breitete sich Vorfreude aus, getrübt nur von einer schwer fassbaren Anspannung, die mir abergläubisch erschien.

Dass diese Vorbehalte nicht unberechtigt waren, erwies sich, als wir wenige Tage später in eine Flaute gerieten. Die ganze Fahrt über hatten wir bislang eher mit zu viel statt mit zu wenig Wind zu kämpfen gehabt. Nun sah sich die

Besatzung kurz vor dem Ziel gezwungen, sich an die Riemen zu setzen. Trotz ihrer Mühen machten wir nur schleppend Fahrt.

»Bring uns weiter auf die offene See hinaus«, wies Apushka den Steuermann an. »Vielleicht frischen die Winde dort auf.«

Ich stand an der Reling und schaute auf das spiegelglatte Meer. In der Ferne hatte die Windstille einige Wale an die Oberfläche gelockt. Fasziniert beobachtete ich die riesenhaften Leiber, die träge im glitzernden Wasser trieben und dann und wann unvermittelt hohe Fontänen ausstießen, mit einem Klang, als hätte sich ein Schlund in eine andere Welt aufgetan. Solch große Tiere konnten einem Schiff durchaus gefährlich werden, doch die Wale interessierten sich nicht für uns.

Dann, es war noch vor Mittag, erklang die Stimme des Ausgucks: »Schiffe voraus! Viele Schiffe!«

Besorgt eilten wir zum Bug, und mehrere Seeleute erklommen die Masten, um sich ein Bild zu machen. So ruhig, wie die See lag, hatte sich die Sichtung rasch bestätigt: mindestens ein Dutzend Schiffe spannte sich in einer langen Kette vom südwestlichen zum nordwestlichen Horizont. Zwischen jedem der Schiffe lag ein Abstand von zwei bis drei Meilen, sodass sie ein Netz von etwa dreißig Meilen über die See spannten. Dass sie aber zusammengehörten, daran bestand kaum ein Zweifel. Zum einen schienen sie in etwa dieselbe Größe zu haben, zum anderen waren es für ein zufälliges Aufeinandertreffen selbst in küstennahen Gewässern zu viele.

Wie um unsere schlimmsten Ahnungen zu bestätigen, vollzog sich nun ein bemerkenswertes Schauspiel: ein helles Blitzen wie von großen Spiegeln wanderte die Kette entlang, funkelnde Juwelen, Tautropfen im Sonnenlicht.

»Wendet das Schiff!«, rief Apushka. »Kurs nach Osten! Verstärkt die Ruderer!«

Zu jeder anderen Gelegenheit wäre die Flucht gegen den

Wind selbst mit den Dschunkensegeln die ungünstigste Richtung gewesen. Solange aber ohnehin kein Lufthauch wehte, war sie so gut wie jede andere, und der Steuermann befolgte den Befehl ohne zu zögern. Die zusätzlichen Männer nahmen neben den Ruderern Platz und stemmten sich mit grimmigen Mienen in die Riemen.

Die anderen Schiffe hatten die Lage gleichfalls erfasst und machten das Manöver mit, während die Fremden weiter in unsere Richtung fuhren.

»Sind es Piraten?«, fragte ich Apushka, obschon ich die Antwort ahnte.

»Betet zu Eurem Gott, dass Ihr es nicht herausfindet«, knurrte der Botschafter.

Goza trat neben mich und studierte sorgenvoll den Horizont. »Den Schiffen nach wahrscheinlich *Bawarij.* Sie haben sich weit von ihrem Heimathafen fortgewagt.«

»Die Mühe ehrt uns«, bemerkte ich. »Wo stammen sie denn her?«

»Scotra. Das ist eine Insel vor der afrikanischen Küste, am Eingang des Golfs von Aden. Früher waren sie wohl Glaubensbrüder von Euch. Heute weiß niemand mehr so genau, woran sie glauben oder mit was für Mächten sie sich eingelassen haben. Angeblich sind sie sogar in der Lage, den Winden zu befehlen ...« Er blickte finster zu den reglosen Segeln. »Sieht ganz so aus, als ob die Geschichten nicht erfunden wären. Allah beschütze uns!«

Ich hatte Goza noch nie so furchtsam erlebt. Unangenehme Erinnerungen an jenen Tag vor vielen Jahren wurden in mir wach, als unsere Karawane im persischen Bergland von den Karaunas überfallen worden war.

»Piraten sind auch nur Geschäftsleute«, erklang die Stimme Maffeos hinter mir. »In der Regel plündern sie ihre Opfer bloß aus und ziehen ihrer Wege. Das erzählt man sich zumindest in den indischen Häfen.«

Ich hatte keine Gelegenheit, ihn zu fragen, mit was für Leuten er sich dort unterhalten hatte, denn Apushka wollte nichts davon hören. »Dazu müssen sie uns erst kriegen!«, rief er zornig über das Deck. »Und dann werden sie sich noch wünschen, sie hätten sich uns niemals in den Weg gestellt!«

Die nächsten Stunden entspann sich eine quälend langsame Verfolgungsjagd. Die feindlichen Schiffe waren in Größe und Ruderzahl zwar jeder venezianischen Galeere unterlegen – trotzdem waren sie schneller als wir und eindeutig auf Kampf ausgelegt: voll bemannt und ohne irgendwelche Aufbauten, die Angriffsfläche für unsere Geschütze boten.

Jedes unserer Schiffe verfügte über zwei drehbare Katapulte mit Steinen und einem begrenzten Vorrat an Naphtha als Munition, jedoch über keine Himmelsberster oder andere Kriegswaffen. Ich verfluchte den Großen Khan, dass er die Schiffe, die seine eigene Tochter eskortieren, nicht besser ausgestattet hatte. Stattdessen hatte er uns gut zweitausend Bogenschützen mitgegeben, von denen wir fast die Hälfte mit der übrigen Besatzung vor Klein-Java verloren hatten. Doch eigentlich sollte ich mich nicht wundern – Menschenleben zählten in Kublais Reich weniger als die Geheimnisse der Kriegskunst.

Die Soldaten sahen ihre Stunde jetzt gekommen. Sie spannten die kompakten Katapulte und legten ihre Munition bereit. Ich sah Maffeo, wie er gemeinsam mit Pietro mehrere Brandsätze wie wertvolle Schätze nebeneinander aufreihte. Sie bestanden aus mit Naphtha gefüllten Tonkrügen, die zusammen mit scharfzackigen Krähenfüßen in dicken Stoff gewickelt waren. Der Stoff tränkte sich mit der brennbaren Flüssigkeit und bohrte sich mittels der Krähenfüße ins Ziel. Wasser konnte diesen Brand nicht löschen; tatsächlich *schwamm* ein solches Feuer auf Wasser. Nur Essig half gegen das Feuer und angeblich Urin.

Die Katapulte hatten eine Reichweite von bis zu vierhundert Schritt, waren aber nicht zielgenau. Wichtiger für unser Überleben waren die Bogenschützen. Auch ich nahm mir eine Armbrust und einen Köcher mit Bolzen. Es war lange her, dass ich das Schießen geübt hatte – aber schrecklicher noch, als wehrlos zu sein, war das Gefühl der Nutzlosigkeit. Dazu bekam jeder Schütze einen Schild, hinter dem er in Deckung gehen konnte.

»Pass auf dich auf!«, sagte Kokachin, ehe sie sich auf Drängen Gozas unter Deck begab, zusammen mit Mei-Li und Nicolò. »Son tua per sempre.«

»Son tuo per sempre«, erwiderte ich und wünschte, ich hätte sie in die Arme schließen können.

Angespannt lag ich mit den Soldaten auf der Lauer, während die Sonne auf uns niederbrannte und die Bawarij wie ein Rudel gieriger Wölfe immer weiter aufschlossen. Dabei änderten sie ihre Formation: Es sah aus, als hätten sie vor, einen Keil zwischen unsere fünf Schiffe zu treiben. Die anderen Kommandanten aber brachten ihre Dschunken schützend zwischen das Flaggschiff und die Piraten.

Dann kamen die Bawarij in Schussreichweite.

Die Besatzungen zweier Schiffe sandten ihren Pfeilregen dem vordersten der Verfolger entgegen. Aus meiner Deckung heraus sah ich nicht, ob die Pfeile ihr Ziel fanden, und über dem Ächzen der Ruderer und dem steten Wellenschlag hörte ich auch keine Schreie. Dann aber folgten die nächsten Salven, und auf Apushkas Signal hin standen auch wir auf, gaben unsere Schüsse ab und duckten uns rasch wieder hinter die Schilde.

In den wenigen Sekunden, die ich aufgestanden war, hatte ich gesehen, dass die hinterste unserer Dschunken inzwischen fast längsseits mit zwei Piratenschiffen lag. Diese waren schon über und über mit Pfeilen gespickt, ihre Decks aber waren überdacht – und unter diesem Dach fanden die

Piraten Schutz. Dann schlug eine Naphthabombe in das Holz ein, verhakte sich und ergoss ihre brennende Fracht über das Deck.

Auch unser Katapult gab den ersten Schuss ab, verfehlte jedoch. Ich erhaschte einen Blick auf Maffeo, der fluchend half, den Schusswinkel nachzubessern. Dann schrie der Schütze neben mir aus vollem Hals: »In Deckung!«

Ohne nachzudenken, riss ich meinen Schild empor, und fast im selben Moment schlugen in rascher Folge zwei Pfeile darin ein. Die Wucht war so groß, dass mir ein scharfer Schmerz in die Schulter schoss, und einer der Pfeile bohrte sich durch das Holz, so dass die Spitze nur eine Handbreit vor meinem Gesicht verharrte.

Dann war es wieder an uns, zu schießen. Zweimal, dreimal ging es so hin und her, doch bald war jede Ordnung aus dem Kampf verschwunden. Um mich stolperten die Schützen. Jeder schoss, wie es ihm einfiel. Ruderer rutschten tödlich getroffen von ihren Bänken und wurden ersetzt, das Deck war voller Verwundeter, und Pfeile steckten in den Segeln, den Masten, der Reling, den Schilden, dass die ganze Dschunke wie ein riesiges, winterliches Dornendickicht wirkte. Beißender Rauch breitete sich von den Brandherden über das Wasser aus, und die Schreie derer, die lebendig in Flammen standen, gellten mir in den Ohren.

All dies war, verglichen mit dem langen Warten zuvor, so plötzlich gegangen, dass ich völlig die Orientierung verloren hatte und zusammenzuckte, als mich jemand von hinten an der Schulter zog.

Ich drehte mich um und sah Goza, unter einen Schild geduckt.

»Kommt mit!«, rief er.

»Wohin?«, fragte ich, denn ich wollte die anderen nicht im Stich lassen.

»Unter Deck werdet Ihr dringender gebraucht!«

Widerwillig gab ich meine Position auf und eilte mit ihm im Schutz meines Schildes zur nächsten Treppe, während der Pfeilregen wie eine biblische Plage auf uns einprasselte.

Er führte mich zum untersten Deck, in einen der hinteren Laderäume, wo vor allem Tauwerk, Planken und Werkzeug verwahrt wurden. Ich war erst selten in dieser entlegenen Ecke des Schiffes gewesen und fragte mich, was Goza hier wollte.

»Wohin bringt Ihr mich?«

Zu meiner Überraschung öffnete er eine versteckte Tür in der rückwärtigen Wand. Dahinter kam ein dunkler Verschlag zum Vorschein – und darin drängten sich Kokachin, Mei-Li, Nicolò, Maffeo und Pietro, wie ich mit Armbrüsten bewaffnet. Ich hatte gar nicht bemerkt, dass Maffeo sich vom Katapult entfernt hatte.

»Marco!«, rief Kokachin und schloss mich in die Arme, ohne sich um Goza zu kümmern.

»Wir verstecken uns?«, fragte ich.

»Die Prinzessinnen sind zu wertvoll, als dass wir ihr Leben aufs Spiel setzen dürften«, erklärte der Botschafter.

»Ich habe ihm gesagt, dass ich mit einem Bogen in der Hand allemal nützlicher bin als hier in diesem Rattenloch«, sagte Kokachin. »Aber er wollte nicht hören.«

»Es war der Wunsch des Großen Khans, dass wir wohlbehalten unser Ziel erreichen«, widersprach er. »Ihr – und Eure Eskorte. Dort oben im Gemetzel können wir nichts mehr ausrichten. Hier unten aber haben wir vielleicht eine Aussicht, zu überleben. Na los!«, drängte er mich. »Tretet ein!«

»Was ist mit Apushka?«, fragte Maffeo.

»Ich habe ihn nicht gefunden«, sagte Goza knapp, trat nach mir ein und zog die Tür hinter sich zu. Im letzten Licht, das auf sein Gesicht fiel, glaubte ich zu erkennen, dass es ihm ebenso wenig gefiel wie uns, hier eingesperrt auf unser Schicksal zu warten.

Dann schloss sich die Tür, und wir waren allein mit der Dunkelheit und dem Lärm und dem Sterben über uns an Deck.

V
Der Fall

Die Palastdiener drangen in den frühen Morgenstunden in ihre Gemächer ein, bevor Rustichello einen klaren Gedanken fassen konnte. Im einen Moment lag er noch auf den Kissen, den Kopf schwer von Wein, und wunderte sich über den plötzlichen Lärm; im nächsten wurde er auch schon am Kragen gepackt und auf die Füße gestellt. Er konnte gerade noch in seine Schuhe schlüpfen.

»Was …«, brachte er über die Lippen, dann stieß man ihn vorwärts. Ehe er recht begriff, wie ihm geschah, war er an der Tür. Er drehte sich um und sah, wie auch der Venezianer von zwei weiteren Bewaffneten aus dem angrenzenden Raum geschleppt wurde. Seine Augen waren schreckgeweitet, als hätte man ihn eben aus einem Alptraum gerissen, nur um ihn in einen neuen zu stoßen.

»Was habt Ihr mit uns vor?«, rief er. »Wohin bringt Ihr uns?«

Die Palastdiener gaben keine Antwort, zerrten sie nur grob voran. Da erst fiel Rustichello auf, dass er diese Männer noch nie zuvor gesehen hatte. Hatte es wieder einen Wechsel in der Führung des Palasts gegeben?

»Das ist ein Missverständnis!«, rief er, während man sie den Gang hinab zur Treppe schleifte. »Man gestattet uns, im Obergeschoss zu wohnen! Wir bezahlen für unsere

Privilegien! Die Familie dieses Mannes ist sehr reich – wisst Ihr denn nicht, wer wir sind?«

Doch da polterten sie schon die Treppe hinab. Nur der unbarmherzige Klammergriff der Männer bewahrte sie davor, sich den Nacken zu brechen …

»Lasst gut sein, Messere«, sagte der Venezianer, während die Wachen sie durchs Treppenhaus ins Erdgeschoss stießen und dann weiter zur Tür hinaus. »Ich denke, sie wissen genau, wer wir sind. Oder es interessiert sie nicht …«

Doch Rustichello wollte nicht wahrhaben, wie ihnen geschah, selbst als sie schon den Hof überquerten. Die Sonne war noch nicht über die Dächer gestiegen, nur graues Morgenlicht lag auf dem Pflaster. Panisch blickte er sich um, ob er nicht vielleicht Teresa oder ein anderes bekanntes Gesicht entdeckte, doch eine unheimliche Stille lag über dem Palazzo. Wie konnte bei diesem Lärm irgendwer schlafen?

»Nein, nein, nein«, stotterte er, als er erkannte, was die Wachen vorhatten. »Nicht!«

Vor ihm gähnte der Schlund des Kellers, jenes Höllenloch, in dem er zehn Jahre seines Lebens in einer ununterscheidbaren Folge dunkler Nächte und einsamer Stunden verloren hatte wie einen Ring, der einem vom Finger in einen finsteren See glitt.

Kaum hatten sie die Treppe betreten, schlugen ihm auch schon die alten Gerüche und Geräusche entgegen: der Gestank von Moder und der schwere Atem der beklagenswerten Kreaturen, die in der Tiefe ihr Dasein fristeten.

All seine Fragen und all sein Flehen verhallten ungehört. Die Palastdiener schleppten ihn und den Venezianer die Treppe hinunter und den verwinkelten Gang hinab. Er hatte gehofft, diesen Ort nie mehr wiederzusehen, doch dieser hatte seiner geharrt, als hätte er immer gewusst, dass Rustichello eines Tages zu ihm zurückkehren würde.

Dann jedoch ging es vorbei an jenen beiden Zellen, die er

so gut kannte, und um eine letzte Biegung zu einer Tür, die er zwar manchmal gehört, aber noch nie gesehen hatte.

»Schöne Grüße vom Capitano del Popolo«, sagte einer der Diener. Dann stießen sie den Venezianer und ihn in die Zelle, und mit einem Knall so laut wie tausend Schmiedehämmer fiel die Tür hinter ihnen ins Schloss.

* * *

Eine Stunde oder zwei standen wir in der Dunkelheit und starrten zur Decke, zu den Geräuschen – dort, wo sich das Grauen vollzog. Nur ein einziger dünner Lichtstrahl fiel durch einen Spalt in der Wand, und so war alles, was wir sahen, das Weiß unserer Augen, wie wir dort warteten, in Angstschweiß getränkt, unsere Armbrüste in der Hand, auch wenn von Stunde zu Stunde ungewisser wurde, gegen wen wir sie einsetzen sollten, falls sich die Tür zu unserem Versteck wirklich öffnete – gegen unsere Angreifer oder gegen uns selbst.

Einmal fuhr ein heftiger Schlag durch das Schiff, als der Rumpf eines zweiten dagegenstieß. Mehrfach hörten wir, wie ganz in der Nähe Körper ins Meer fielen. Und eine lange Zeit herrschte aufgeregtes Getrappel auf den Decks und Treppen. Wir fragten uns, was das zu bedeuten hatte – hatte die Besatzung das Schiff erfolgreich verteidigt, oder war es nun in der Hand der Bawarij? –, bis wir schließlich vor der Tür im Laderaum zwei fremde Stimmen hörten, die sich heiser und fluchend unterhielten. Offenbar durchforsteten sie die Kisten mit Werkzeug, um ihnen dann mit einem enttäuschten Tritt den Rücken zu kehren. Ich sah das blanke Entsetzen in Gozas Augen. Unsere schlimmsten Befürchtungen hatten sich bestätigt – das Schiff war erobert.

Dann kehrte Stille ein.

Wir warteten noch eine Stunde, dann eine weitere. Inzwischen musste es Abend sein, und wir waren erschöpft vor lauter Angst und der schlechten Luft im Verschlag. Nicolò musste husten, und sein Bruder hielt ihm die Hand vor den Mund aus Angst, er könnte sie verraten.

Erst, als Nicolò kaum noch Luft bekam, willigte Goza ein, unser Versteck zu verlassen. Vorsichtig, die Armbrüste im Anschlag, traten wir in den Laderaum hinaus und schlichen zum Eingang. Niemand war zu sehen.

Goza wollte, dass die Prinzessinnen zunächst unter Deck blieben, Kokachin aber hörte nicht mehr auf ihn. So blieb Nicolò, der langsam erst wieder zu Kräften kam, bei Mei-Li, und Maffeo, Pietro, Kokachin und ich gingen los, um mit Goza die Lage an Deck zu erkunden.

Oft heißt es, dass die Wirklichkeit nie so schlimm sein kann, wie wir es uns in unserer Fantasie ausmalen. Nun lernte ich, dass das nicht stimmte.

Die Wirklichkeit war schlimmer als alles, was ich mir dort unten in der Dunkelheit vorgestellt hatte.

Das Deck war ein Leichenmeer. Anders konnte man den Anblick nicht beschreiben, der sich uns bot. Die Leiber der Besatzung und der Soldaten lagen in verkrümmten, blutüberströmten Haufen übereinander, gespickt mit Pfeilen, von Klingen zerteilt. Die Bawarij mussten sie so hingeworfen haben, um Gassen für das Verladen unserer Waren auf ihr Schiff zu schaffen. Schon hatten sich die ersten Fliegen im trocknenden Blut niedergelassen, und ich wandte den Blick von den Gesichtern, den schreckgeweiteten Augen. Viele dieser Männer hatte ich beim Namen gekannt, auch wenn ich nie so viel Zeit mit der Besatzung verbracht hatte wie Maffeo oder Goza. Andere waren mir unbekannt, hatten vielleicht sogar zu den Angreifern gehört. Im Tod waren sie alle gleich.

Von den anderen Schiffen war fast nichts geblieben. Das Meer lag geradezu geisterhaft glatt und verlassen. Nur in der

Ferne, vor der tief stehenden Sonne, sahen wir rauchende Wrackteile im Meer treiben.

Vielleicht waren die übrigen Schiffe verbrannt oder gesunken; vielleicht hatten die Bawarij sie übernommen und waren davongerudert. Vielleicht, redete ich mir ein, waren sie auch entkommen – aber ich wusste, dass dies am unwahrscheinlichsten war.

Ich schaute zu Goza. Das Gesicht des Botschafters war wie aus Stein, und er wusste augenscheinlich nicht, was er tun sollte.

»Die Leichen müssen über Bord«, sagte Maffeo, wie immer derjenige, der das Grauen am besten ertrug oder sich am wenigsten eine Blöße geben wollte. »Pack mit an, Marco.«

Ich gehorchte schweigend, und dann fassten auch Pietro, Kokachin und Goza mit an. Kokachin zeigte keine Regung. Sie war ganz die gefasste Mongolin, die tat, was getan werden musste, wie eine Bäuerin, die einem Tier die Haut abzieht. Nach und nach warfen wir die Toten ins Meer. Es war eine respektlose Art, die sterblichen Überreste unserer Gefährten zu beseitigen, aber das Schiff war ein Trümmerfeld, auf dem wir Tage, vielleicht Wochen würden überleben müssen. Ich versuchte, nicht zu denken, nichts wahrzunehmen, sondern einfach nur zu arbeiten. Falls unter den Leichen auch die von Apushka war, so erkannte ich ihn nicht.

Die Sonne berührte den Horizont, als wir, völlig entkräftet und blutverschmiert, mit der Arbeit fertig waren. Hinter dem Schiff, das langsam auf den sanften Wellen trieb, zog sich ein endloser Teppich von Körpern zum Horizont, um den sich schon die Haie balgten.

Insgesamt acht Überlebende hatten wir zwischen den Leichen entdeckt – alles Männer, die ich nicht näher kannte – doch ihr Zustand war so schlecht, dass es fraglich war, ob sie die Nacht überstehen würden. Ich machte mir Vorwürfe, dass wir nicht eher unser Versteck verlassen hatten. Ich versuchte mir zu sagen, dass jeder Überlebende eine gute Nachricht war. Trotzdem waren es nur acht – von beinahe sechshundert. Wir schafften sie unter Deck, wo Nicolò und Mei-Li ihre Wunden wuschen.

Wahrscheinlich würden wir niemals erfahren, was in jenen Stunden, die wir in der Dunkelheit ausgeharrt hatten, wirklich passiert war. Weshalb sich Apushka und seine Männer nicht ergeben und die Bawarij sie bis zum letzten Mann abgeschlachtet hatten. Normalerweise plünderten Piraten in diesen Gewässern nur des Profits wegen – wie Maffeo betont hatte, hofften sie in erster Linie, für die erbeuteten Waren einen guten Preis auf ihren Märkten zu erzielen. Angeblich kam es sogar vor, dass sie und ihre Opfer sich mehrfach begegneten, weil die Piraten ganz genau wussten, dass ein verschontes Schiff im nächsten Jahr dieselbe Route fahren und abermals gute Beute bringen würde.

»Wieso?«, fragte ich Goza, als wir bei Sonnenuntergang zusammensaßen und wie gelähmt auf die See hinausstarrten. »Wieso haben sie bis zuletzt gekämpft?«

Doch der Botschafter gab keine Antwort und wich meinem Blick aus. Ich war schon selbst wieder in Starre versunken, als Kokachin sagte: »Unseretwegen. Sie kämpften unseretwegen.«

Ich spürte, dass sie recht hatte, und fragte nicht weiter.

Die Nacht über trieben wir ohne jede Möglichkeit, das Schiff zu steuern. Maffeo durchsuchte die Kabine des Navigators in der Hoffnung, auf Karten und den Quadranten zu stoßen; die Bawarij waren ihm jedoch zuvorgekommen. So hatte er weiter nicht mehr als einen Kamal zur Verfügung. Er mutmaßte, dass wir ein Stück weit nach Südosten abgetrieben waren, aber eine genaue Positionsbestimmung war unmöglich. Nach anfänglichem Zögern entzündeten wir Laternen an Heck und Bug und teilten Wachen ein, damit uns keine Aussicht auf Rettung entging.

Drei der Überlebenden starben in dieser ersten Nacht.

Wir konnten nichts für sie tun.

Am nächsten Morgen machten wir uns ein Bild vom Zustand des Schiffs. Die Laderäume, in denen wir die kostbaren Hölzer, Gewürze und Stoffe verwahrt hatten, waren geplündert. Auch von den Rubinen, die wir und andere auf Seilan erstanden hatten, fehlte jede Spur. Vielleicht hatten die Bawarij sie gefunden, vielleicht lagen sie mit ihren Besitzern auf dem Meeresgrund. Bis auf das, was wir am Körper trugen, und ein paar wenige Dinge in unseren Kabinen, welche die Räuber verschmäht hatten – darunter mein Medaillon, meine ungeordneten Reisenotizen und das unscheinbare Fläschchen Lebenselixier –, waren wir mittellos.

Zwei der Laderäume waren mit Wasser vollgelaufen; entweder von der Kollision mit dem anderen Schiff, oder weil die Piraten versucht hatten, uns zu versenken, und an der Konstruktion der Dschunke gescheitert waren. Die großen Riemen waren wertlos für uns, da wir zu wenige waren, um sie zu bedienen. Die meisten Segel aber waren noch intakt, und sobald wieder Wind blies, konnten wir versuchen, in nordwestliche Richtung zu segeln, wo wir früher oder später auf Kesmacoran und dahinter auf Persien stoßen mussten. Der Wind blieb aber noch aus, und so blieb uns nichts, als zu warten.

Im Laufe des Tages trugen wir alles an Vorräten zusammen, was wir finden konnten: alte Brote aus der Küche, gesalzene Fische aus einer Tonne, ein paar getrocknete Früchte aus den Kabinen. Auch gesammeltes Regenwasser und sogar ein altes Fass mit Reiswein fanden wir. Wir schätzten, dass wir etwa eine Woche durchhalten konnten, vielleicht auch etwas länger.

Während die anderen damit beschäftigt waren, die Vorräte zu rationieren, nahm ich Kokachin beiseite und verschwand mit ihr in eine der freien Kabinen. Das Schiff war riesig nur für uns sieben und die Verwundeten, so dass wir uns erstmals seit Monaten frei unterhalten konnten, ohne uns ständig nervös umzusehen.

»Du weißt, dass dieses Unglück auch eine Chance für uns ist«, sagte ich.

»Natürlich weiß ich das«, sagte sie. »Aber so einfach ist es nicht.«

»Wenn wir von ein paar Händlern aufgegriffen werden, die uns in einem sicheren Hafen absetzen, können wir uns zu Land nach Venedig durchschlagen …«

»Der Ilkhan und mein Vater werden nach mir suchen lassen.«

»Sie werden dich für tot halten. Und selbst wenn – in Venedig wird dich niemand finden. Die Stadt ist groß und verwinkelt, und ich könnte dich als meine Frau oder meine Sklavin ausgeben.«

Sie grinste schwach. »Das würde dir gefallen, was?«

»Es sei denn, du wirst doch lieber die Khatun Persiens. Nicht das schlechteste Los …«

»Red keinen Unsinn.« Sie drückte mir einen Kuss auf die Lippen. »Wir müssen aber auch an Mei-Li denken. Sie hat weder Heimat noch Familie.«

»Mei-Li kann uns begleiten, wenn sie will.«

»Und was ist mit Goza? Er wird kaum einverstanden damit sein.«

»Was will er denn machen?«, gab ich zurück. »Er ist ganz allein. Er kann uns zu nichts zwingen – und ob er wirklich zugeben würde, dass du ihm weggelaufen bist? Ich glaube, er wäre schlau genug, dich für tot auszugeben.«

Sie nickte nachdenklich. »Es kommt alles darauf an, wer uns zuerst findet. Vielleicht fallen wir auch den nächsten

Piraten in die Hände, oder wir geraten in einen Sturm – dann ist es aus mit uns. Es ist noch zu früh, sich Hoffnungen zu machen.«

»Ich denke lediglich voraus …«

»Meinst du, das tue ich nicht? Im Moment aber sollten wir nur ans Hier und Jetzt denken.« Und mit diesen Worten stieß sie mich aufs Bett.

Eine knappe Stunde später streckte Mei-Li den Kopf zur Tür hinein. »Hier steckt ihr«, sagte sie mit unverhohlener Kritik, wahrscheinlich unserer mangelnden Vorsicht wegen. »Goza sucht euch schon. Wir teilen wieder Wachen ein.«

So ging es drei Tage: Tagsüber hielten wir Ausschau nach Schiffen und versuchten uns mit wenig Erfolg in der Kunst des Angelns, nachts entzündeten wir unsere Laternen. Goza gegenüber taten wir so, als hofften wir, dass der Ilkhan mittlerweile Kenntnis von unserer baldigen Ankunft erhalten hatte und uns vielleicht eine Eskorte entgegenschickte. Hinter seinem Rücken aber wünschten Kokachin und ich uns nichts sehnlicher, als dass irgendein anderes Schiff Arghun zuvorkam.

Unser Schicksal lag in den Händen des Himmels.

* * *

Rustichellos Schritte führten ihn im Kreis. *Immerzu ein Kreis,* dachte er: *Zellentür, Zellenwand, in der Ecke sitzt der Venezianer, Wand, Wand, Zellentür – es ist alles ein Kreislauf – Keller, Erdgeschoss, Obergeschoss, Keller – Tag, Nacht, Leben, Tod …* Auch seine Gedanken führten ihn nirgends hin, doch er konnte nicht aufhören, sie zu denken, bis der Venezianer schließlich den Kopf hob und ihn ansprach.

»Ich hoffe, es hilft Euch, so im Kreis zu marschieren«, sagte er. »Denn mich macht es wahnsinnig.«

Verdutzt blieb Rustichello stehen. »Euch? Euch macht es wahnsinnig?«

»Ich finde diese neue Situation ebenso unerfreulich wie Ihr. Aber wir müssen damit umgehen, ohne uns gegenseitig umzubringen … oder wäre es Euch lieber, wir würden wieder in getrennten Zellen sitzen?«

Rustichello bebte. Das Zittern erfasste seinen ganzen Körper wie ein Schüttelfrost, bis er seine Gedanken wieder unter Kontrolle hatte.

»Bitte hört auf, so zu tun, als ob Ihr der Vernünftige von uns beiden wäret! Wieso hat man uns wohl wieder in den Keller geworfen? Ihr habt doch völlig den Bezug zur Welt verloren. Ihr spielt mit diesen Menschen, stoßt sie vor den Kopf – Priester, Admiräle, hohe Damen –, und dann staunt Ihr, dass Ihr Euch da draußen Feinde macht? Ihr seid keinen Deut besser als Euer Vater – und damit meine ich alle beide. Ihr und die verfluchte Eitelkeit Eurer Familie haben alles verspielt!«

»Ihr solltet nicht vergessen, was Euch die Vorzüge beschert hat, deren Verlust Ihr bedauert«, entgegnete der Venezianer. Seine Augen funkelten im schwachen Licht, das durch das schmale, vergitterte Fenster fiel. »Wer hat denn für die Genüsse des letzten halben Jahres gezahlt?«

»Ach, und weil der Herr es gab, darf er's auch wieder nehmen?«, spottete Rustichello. »Wollt Ihr das damit sagen? Ich bin nicht Euer Spielball, Messere! Eine Figur aus Euren Geschichten, mit der Ihr tun könnt, was Ihr wollt! Wann lernt *Ihr*, Verantwortung für andere zu übernehmen? Die Folgen Eures Handelns zu bedenken?«

Da sprang der Venezianer auf die Füße. »Es reicht!«, schrie er Rustichello an. »Ihr wisst ja nicht, was Ihr redet, und Ihr habt nicht das geringste Recht, mir zu sagen, wie ich zu leben habe! Wann habe ich denn jemals nicht Verantwortung getragen? Habt Ihr mir all die Zeit über eigentlich zugehört? Mein ganzes Leben habe ich die Spiele anderer Menschen mitgespielt, aus Pflichtgefühl oder Rücksicht oder weil mir nie eine Wahl blieb. Ich habe mir mein Leben nicht ausgesucht – doch ich habe immer versucht, das Beste daraus zu machen. Und wofür?« Er schnaubte.

»Ich habe meine Heimat aufgegeben, um mit meinem Vater zu gehen, nur um zu erfahren, dass mein wahrer Vater mich nie wollte. Ich habe mein Leben riskiert und Schrecklicheres mitgemacht als alles, was sich zwischen diesen Mauern abspielt. Immer wieder habe ich von vorn begonnen: in Xanadu, in Khanbalik, Quinsai – und immer habe ich alles verloren. Alle Menschen, die mir je etwas bedeuteten, haben mich betrogen, sind tot oder wurden mir genommen. Was bleibt mir denn heute? Was?« Seine Stimme brach.

»Ich bin nur ein Kriegsgefangener, dem die Leute gern zuhören, weil er abenteuerliche Geschichten erzählt. Allein dafür interessieren sie sich. Und allein in meinen Geschichten kann ich noch Einfluss auf mein Schicksal nehmen. Nur in meinen Geschichten habe ich ein Leben, das die Bezeichnung verdient.« Er deutete mit der Hand verächtlich auf sich, ihn, die Zelle. »Das ist doch kein Leben!«

Rustichello schüttelte entschieden den Kopf. Er hatte den Venezianer noch nie so aufgebracht erlebt, aber wenigstens zeigte er jetzt sein wahres Gesicht. Wie tief verstrickt in sein Legendengeflecht er doch war, und was für unsinnige Ideen ihn trieben.

»Wenn Ihr das wirklich glaubt, seid Ihr ein noch größerer Narr, als ich dachte. Niemand von uns hat die Macht, Schicksal zu spielen, schon gar nicht, wenn er sich zur Figur seiner eigenen Geschichte macht. An der Wahrheit führt kein Weg vorbei, alles andere sind bloß Schimären!«

»Ich kann meine Geschichten erzählen, wie ich will.«

»Dann seid Ihr nicht nur ein Narr, sondern auch ein Lügner. Als Geschichtenerzähler seid Ihr der Wahrheit verpflichtet.«

»Der Wahrheit!«, höhnte der Venezianer. »Nun fangt Ihr wieder damit an. Ich erzähle meine Geschichten nicht für

Euch oder die Nachwelt, sondern nur für mich selbst. Und ich allein entscheide, was die Wahrheit ist.«

»Ihr macht Euch dennoch etwas vor. Keine Geschichte, und ist sie noch so gut, kann Euer Leben ändern. Glaubt mir – ich weiß, wovon ich rede! Ich hatte nie etwas anderes als Geschichten, und seht, an welchen Ort es mich geführt hat. Ich wünschte, ich hätte ein Leben! Ich würde all meine Geschichten geben, hätte ich wieder ein Leben.«

Und damit warf er sich erschöpft in die gegenüberliegende Ecke und versuchte, den Venezianer nicht länger anzusehen.

So saßen sie schweigend eine lange Stunde, oder auch zwei. Ein knapper Tag im dumpfen Zwielicht dieses Kellers, und schon begann Rustichello wieder das Zeitgefühl zu verlieren. Fast wünschte er, er könnte wieder in seinen alten Dämmerzustand versinken, in dem er früher vor sich hingelebt hatte. Doch stets, wenn er glaubte, diesen dunklen Ruhepunkt gefunden zu haben, kratzte der Venezianer sich den Bart und scharrte mit dem Fuß.

Wer immer dafür verantwortlich war, dass sie gemeinsam in diesem Kellerloch saßen, er hatte seine Strafe schlau gewählt. Nichts war schlimmer, als sein Leben forthin mit diesem größenwahnsinnigen Sturkopf zu teilen.

Irgendwann schoben die Palastdiener ihnen ein altes Stück Brot und einen Krug wässriges Bier durch die Klappe. *Es muss wohl Sonntag sein,* dachte er. Doch keiner von ihnen rührte es an.

Eine lange Zeit später stieß Rustichello einen Seufzer aus. »Wenn Ihr wirklich glaubt, was Ihr sagt«, sagte er, als hätten sie ihr Gespräch nie unterbrochen, »dann könnt Ihr Eure Geschichte auch ebenso gut weitererzählen. Viel mehr bleibt uns im Moment ja wohl nicht … oder?«

* * *

Die zweite Nacht verlief sehr ruhig. Wir hatten keine weiteren Todesfälle zu beklagen, der Zustand der Verletzten gab aber weiter Anlass zur Sorge.

Am dritten Tag frischte der Wind auf, und gemeinsam schafften wir es, die Segel so zu stellen, dass wir etwas Fahrt aufnahmen. Unsere Freude darüber war so groß, dass wir in Jubel ausbrachen. Am Abend öffneten wir das Fass Reiswein, als wären wir bereits gerettet, und feierten ein bescheidenes Fest. Nur Goza lehnte den Wein dankend ab. »Ich weiß«, sagte er. »Viele meiner Glaubensbrüder sehen es weniger eng, aber der Prophet hielt uns an, den Wein zu meiden – und ich denke, dass er weise genug war, jeden Wein damit zu meinen. Dennoch freue ich mich mit Euch.«

Das Steuer musste nun rund um die Uhr besetzt sein. Nicolò, Maffeo und Goza übernahmen die ersten Nachtwachen, ich ließ mich für eine der Tagwachen einteilen. Grund dafür war, dass ich tagsüber möglichst an Deck sein wollte, falls wir ein Schiff sahen. Immer wieder erklomm Pietro die Masten und suchte den Horizont ab. Auch die Prinzessinnen lernten den Umgang mit Steuer und Segel, und die sonst so blasse Mei-Li bekam einen Sonnenbrand wie wir anderen auch.

Ich merkte, wie nervös Goza wurde, wann immer eine der Frauen am Steuer stand. Ich konnte es ihm nicht verübeln. Zwar war dem Botschafter klar, dass wir einander vertrauen mussten, wollten wir überleben. Und die letzten Monate hatten wir uns oftmals gegenseitig unterstützt, sei es gegen Apushkas Jähzorn oder die Gefahren der See. Jetzt jedoch stand eine Menge für ihn auf dem Spiel – abgesehen vom reinen Überleben hatten wir gegenläufige Interessen.

Am vierten Tag nahm der Wind stetig zu, als wollte er wettmachen, was er die Tage zuvor versäumt hatte, und wir mussten uns mit aller Kraft in die Leinen hängen, um die Segel unter Kontrolle zu halten. Unsere Freude wich Furcht, denn der indische Ozean ließ uns spüren, was er mit uns anstellen konnte. Bald waren wir über und über mit Salz verklebt, und unsere Muskeln schmerzten vor Anstrengung. Die Nacht über fand keiner von uns Schlaf. Wir fürchteten um unser aller Leben und stießen Stoßgebete zu Gott, Allah und dem Ewigen Blauen Himmel aus.

Am fünften Tag beruhigte sich das Wetter wieder. Zwei der Segel waren durch die Sturmböen beschädigt, dennoch machten wir gute Fahrt nach Westen. Was uns Sorgen bereitete, waren die Vorräte. Wasser hatten wir zwar noch genug, aber Brot und Fisch neigten sich dem Ende zu.

Am sechsten Tag, gegen Abend, sah Pietro ein Segel am westlichen Horizont.

Sofort entzündeten wir unsere Laternen, und Goza und ich schafften ein Fass zum Bug, in dem wir ein Feuer aus Holz- und Stoffresten entzündeten – alles, was Rauch machte. Nach einigen Minuten brannte das Feuer so hoch, dass wir das Fass ins Meer stoßen mussten, aber die Rauchsäule stand noch eine Weile über der Dschunke. Wir konnten nur hoffen, dass das andere Schiff sie vor dem abendlichen Himmel auch bemerkt hatte. Eine halbe Stunde später bestand kein Zweifel mehr: Das Schiff hatte den Kurs geändert und hielt nun direkt auf uns zu.

Kokachin und ich warfen uns einen bedeutungsvollen Blick zu. Auch auf den Gesichtern Gozas und der Übrigen stand dieselbe Mischung aus Erleichterung und Angst. Dieses Schiff konnte Rettung oder Tod bedeuten – für Kokachin und mich entschied es auch über unsere Zukunft. Maffeo wurde von Unruhe gepackt und holte mit Pietro unsere Armbrüste – was immer er damit zu bewirken hoffte. Mei-Li ging unter Deck, um nach den Verwundeten zu sehen. Wir anderen warteten.

Bald konnten wir das Schiff deutlich vor der untergehenden Sonne erkennen. Es hatte zwei Lateinersegel, mit denen es hart am Wind segelte, und wirkte etwas verloren auf der weiten See. Aus der Ferne konnten wir es weder einem bestimmten Land zuordnen, noch seine Absicht erraten. Wir würden wohl warten müssen, bis sie in Rufweite kamen, und dann entscheiden …

»Botschafter«, sagte Mei-Li, die unvermittelt hinter uns auftauchte, und wir zuckten zusammen vor Schreck.

»Was gibt es denn?«, fragte Goza ungeduldig.

»Einer der Verwundeten teilt deine Religion. Er liegt im Sterben und wünscht sich, ein letztes Gebet mit einem Glaubensbruder zu sprechen.«

»Ausgerechnet jetzt?«, fuhr der Botschafter sie an; dann bereute er seinen scharfen Tonfall und nickte. »Danke, Prinzessin. Ich werde ihn nicht im Stich lassen.« Er warf Kokachin, Nicolò, Maffeo, Pietro und mir reihum Blicke zu. »Ruft mich, wenn sie uns erreichen oder es Probleme gibt!«

»Das werden wir«, versicherte ihm Nicolò.

Widerwillig folgte Goza Mei-Li nach unten.

Es war ein Glücksfall. Eine unerhoffte Gelegenheit. Ich sah, dass Kokachin dasselbe dachte wie ich. »Rede du mit ihnen«, sagte sie und ging hinter einem der Ruderboote in Deckung, während das andere Schiff allmählich näher kam. Auch meine Familie begriff, was dieser Moment für uns bedeutete. Sie ließen mir ohne Widerrede den Vortritt, und als Pietro Maffeo fragend ansah und Richtung Treppe wies, hielt der ihn zurück – dieses Gespräch würden wir ohne den Botschafter führen. Goza würde das Ergebnis früh genug erfahren.

»He da!«, rief ich auf Persisch, denn dies war die geläufigste Sprache auf den Meeren und hielt uns alle Möglichkeiten offen.

»As-Salamu Alaikum!«, ertönte es vom anderen Schiff, wo nun mehrere Männer mit den bunten Turbanen an die Reling traten. Es waren anscheinend tatsächlich Perser – aber das hatte noch nichts zu bedeuten.

»Wa-Alaikum Us-Salam!«, erwiderte ich, auch wenn ich aus ihrer Sicht ein Ungläubiger war. »Wir wurden überfallen und brauchen Hilfe!«

»Euer Schiff ist eine Dschunke der Manzi«, kam die Antwort. »Ein seltener Anblick westlich von Indien!« Es klang nicht wie eine Frage, aber der Sprecher erwartete offenbar eine Erklärung.

»Sei ehrlich«, raunte mir Nicolò zu.

»Wir haben einen weiten Weg hinter uns«, rief ich. »Vor einer Woche wurden wir überfallen. Die Piraten haben fast alle getötet.«

»Vor zwei Tagen haben wir Trümmer im Meer gefunden«, bestätigten die Perser. An der Art, wie sie die Köpfe zusammensteckten, konnte ich erahnen, dass sie sich ebenfalls berieten. Fürchteten sie sich vor einer Falle? Dachten sie vielleicht, dass hundert kampfbereite Männer unter Deck nur darauf warteten, über sie herzufallen? Die Größe unseres Schiffs gab das sicherlich her. Gleichzeitig mussten sie sehen, in was für einem schlechten Zustand die Dschunke war.

»Ist dies eines der Schiffe, die im Auftrag des Ilkhans die Botschafter Uladai, Apushka und Goza und die Prinzessin Kokachin nach Hormuz bringen sollen?«, fragte der Perser. »Ihr könnt uns vertrauen! Der Ilkhan entbietet seine Grüße.«

Mein Herz setzte einen Schlag lang aus. Sie wussten Bescheid – der Ilkhan musste seinen Schiffen in diesen Gewässern aufgetragen haben, nach uns Ausschau zu halten. Vielleicht vermisste man uns schon seit unserem Aufenthalt auf Klein-Java. Vielleicht hatte auch ein indischer Kurier unser Kommen gemeldet.

Ich warf Kokachin einen verzweifelten Blick zu. Sie begegnete ihm erst starr, dann biss sie sich auf die Lippe und schüttelte langsam den Kopf.

Sie hatte recht – uns blieb keine Wahl. Logen wir, würden sie uns entweder aufbringen und die Lüge im Handumdrehen erkennen – oder sie würden uns im Stich lassen, und wir mussten darauf hoffen, dass ein anderes Schiff uns rechtzeitig fand. Das Risiko war in beiden Fällen zu groß, und wir durften unser Schicksal nicht über das der anderen an Bord stellen.

»Ja«, erwiderte ich mit einem Kloß im Hals. »Dies ist eins dieser Schiffe.«

»Und ist die Braut Ghazans wohlauf?«

»Ghazan?«, erwiderte ich verwirrt. Wollten sie mich auf die Probe stellen? »Die Prinzessin Kokachin wurde Arghun versprochen.«

»Arghun ist tot«, rief der Perser. »Er starb vor einem Vierteljahr. Sein Sohn Ghazan wird die Prinzessin zur Frau nehmen.«

Ich traute meinen Ohren kaum. Was für eine Häme! Kokachins jahrelanges Versteckspiel, unsere entbehrungsvolle Reise, das halbe Jahr auf Klein-Java … Wir hatten es geschafft, den Ilkhan zu überleben – und wofür?

»Sein *Sohn?*«, murmelte ich ungläubig.

»Es ist der normale Gang der Dinge«, flüsterte Kokachin ruhig. »Sag ihm, dass ich lebe. Ich kann mich nicht vor ihnen verstecken.«

Ich holte tief Luft. »Die Prinzessin ist wohlauf! Werdet Ihr uns helfen?«

»Wir kommen an Bord.«

Ich wandte mich ab, ehe mir die Tränen in die Augen stiegen, und machte mich auf den Weg in den Laderaum, in dem wir die Verwundeten versorgten, um Goza zu informieren. Kokachin folgte mir stumm, ohne einen Blick hinüber zu dem anderen Schiff zu werfen. Maffeo, Nicolò und Pietro holten die Laternen und Leinen, um den Persern beim Längsseitsgehen zu helfen. Es war nun fast dunkel.

Unter Deck griff Kokachin meine Hand. Ich erwiderte ihren Druck. Sobald wir unser Ziel erreichten, ließ sie los.

Im Laderaum brannte nur eine einzige Laterne. Die Luft

war schlecht, und man hörte den rasselnden Atem der Verletzten. Neben einem von ihnen kniete Goza auf einem kleinen Teppich. Mei-Li stand hinter ihm, einige Tücher in der Hand, die sie in Reiswein getränkt hatte, um die Wunden zu säubern, denn etwas anderes hatten wir nicht. Keiner der fünf Männer war bei Bewusstsein.

Als wir eintraten, wandte Goza den Kopf. »Nun?«, fragte er aufgeregt.

»Es ist ein Schiff des Ilkhans«, sagte ich.

Grenzenlose Erleichterung trat auf Gozas Gesicht.

»Arghun ist tot, aber sein Sohn Ghazan soll der neue Bräutigam sein.«

Der Botschafter war so voller Freude, dass er gar nicht bemerkte, dass niemand sonst im Raum die Freude teilte. Er sprang auf die Füße und strahlte uns an.

»Allah sei Dank! Gehen wir unsere Retter begrüßen!«

Da erst bemerkte er Kokachins eiserne Miene. Ich folgte Kokachins Blick zu Mei-Li, die kurz die Augen niederschlug und dann nähertrat.

»Was ist?«, fragte Goza.

»Botschafter«, sagte Mei-Li. »Da wäre noch etwas …«

VI
Antworten

Da ist ein Brief für euch«, knurrte der Palastdiener.

Rustichello schrak zusammen und blinzelte zur Tür. Dort stand ein breitschultriger Mann, den er nicht kannte – wobei es durchaus sein konnte, dass es einer der Grobiane war, die ihn und den Venezianer vor zwei Wochen zurück in das Verlies geschleppt hatten. Er hatte nur undeutliche Erinnerungen an diese Minuten.

»Wie bitte?«, fragte er verblüfft, denn es war das erste Mal seitdem, dass sich jemand vom Palast für sie interessierte. Der Venezianer wälzte sich nur im Stroh. Entweder er schlief, oder er tat so, als interessierte ihn all das nicht.

»Ein Brief«, wiederholte der Palastdiener und warf ihn vor sich auf den schmutzigen Boden.

»Ihr bringt uns noch Briefe, aber haltet uns in diesem Dreckloch gefangen?«, vergewisserte sich Rustichello. »Was geht dort oben eigentlich vor?«

»Ich befolge nur meine Befehle.« Der Palastdiener wollte sich umdrehen und gehen.

»Haltet ein!«, rief Rustichello und reckte flehentlich die Hand. »Bitte sagt uns wenigstens, was nun aus uns werden soll!«

»Gar nichts«, antwortete der Palastdiener. »Wir sorgen nur dafür, dass dieses Gefängnis wieder ordentlich geführt wird. Waren ja keine Zustände hier, als wir ankamen! Egal, was die Zukunft bringt, noch seid ihr Kriegsgefangene. Eine Menge Mütter da draußen haben ihre Söhne verloren wegen welchen wie euch.« Er spuckte aus.

»Das ... das tut mir sehr leid«, stotterte Rustichello. »Ich dachte nur, dass wir ...«

»Was ihr mit der vorigen Führung vereinbart habt, juckt uns nicht«, unterbrach ihn der Mann. »Von nun an müssen eure Freunde da draußen schon mit dem Capitano del Popolo verhandeln, wenn sie etwas wollen.«

»Was ist mit unseren Sachen? Ihr müsst in den Zimmern eine Mappe mit einem Manuskript gefunden haben ...«

»Auch das entscheidet der Capitano. Also haltet ihn euch besser gewogen.«

Und damit stapfte der Palastdiener hinaus und schlug die Tür hinter sich zu.

Eine Weile saß Rustichello reglos da und starrte den Brief an.

Er glaubte, er verstand – offenbar hatte sich der alte Admiral mit seiner laxen Art nicht nur Freunde in der Politik Genuas gemacht. Vielleicht hatte es mit den ausufernden Festen im Obergeschoss zu tun, vielleicht lag das Problem auch an anderer Stelle – etwa dem Capitano del Popolo, wer immer das gerade war. In jedem Fall hatte jemand entschieden, dass der Palazzo einer neuen Führung bedurfte.

Und diese neue Führung hielt nun ihrerseits die Hand auf.

Sein Blick fiel auf den Venezianer, der zu schnarchen begann. Vielleicht hatte er ihm bei ihrem Streit unrecht getan?

Vorsichtig hob er das gefaltete Pergament vom Boden auf und strich es sauber. Er glaubte einen schwachen Rosenduft daran wahrzunehmen. Das Siegel war dasselbe, das er bereits kannte, und unversehrt. Anscheinend begannen die Schmiergelder wieder zu fließen.

Mit zitternden Fingern erbrach er das Siegel, hielt den Brief ins schwache Licht des Fensters und begann zu lesen.

»Was tut Ihr da?«, riss ihn die Stimme des Venezianers eine Weile später aus seinen Gedanken.

Rustichello schaute auf. »Ich lese einen Brief«, sagte er. »Von Eurer künftigen Frau«, fügte er hinzu.

Der Venezianer setzte sich auf und musterte ihn. Sie hatten seit ihrem Streit zwar so getan, als wäre wieder alles beim Alten, doch die gegenseitigen Vorwürfe wirkten noch nach. »Und was schreibt sie?«

Rustichello seufzte und hielt dem Venezianer den Brief hin. Der aber schüttelte den Kopf.

»Sie bedankt sich für das Gedicht«, sagte Rustichello. »Und sie freut sich sehr darauf, Euch kennenzulernen. Auch berichtet sie von einer kurzen Reise nach Bologna, die sie mit ihrem Vater unternahm, und bittet um Rat, was den Kauf eines Kleides angeht. Dann wäre da noch etwas …«

»Was denn?«

»Sie fragt, ob die Gerüchte stimmen, die sie gehört hat. Dass sie nicht Eure erste Frau wäre, sondern dass Ihr Euer Herz einer Mongolin geschenkt hättet. Sie entschuldigt sich für die Frage und hofft, Euch nicht zu nahe zu treten …«

»Das schreibt sie?«

Rustichello hielt ihm abermals den Brief hin. Widerstrebend griff der Venezianer danach und überflog mit steinerner Miene die Zeilen.

»Messere?«, fragte Rustichello, als er ihm den Brief zurückgab. »Was soll ich ihr antworten?«

»Antworten? Wie wollt Ihr denn antworten?« Der Venezianer breitete die Arme aus. »Ich sehe weder Schreibtisch noch Papier. Wenn wir Pech haben, ist unsere gesamte Arbeit umsonst gewesen …«

»Nun macht Euch nicht lächerlich! Jemand – Donatas Familie oder die Eurige – zahlt eine Menge Geld für diesen Briefwechsel. Offenkundig geht dieser Jemand nach wie vor davon aus, dass Ihr mit Ratifizierung des Friedensvertrags freikommen werdet.« Rustichello wedelte mit dem Brief. »Dies ist der erste Hoffnungsschimmer, den wir erhalten, seit man uns wieder wegsperrte!«

»Hoffnungsschimmer.« Der Venezianer schnaubte.

»In jedem Fall wird die Gebühr für eine Antwort entrichtet werden. Früher oder später wird man uns auch unser Schreibzeug wiederbringen, davon bin ich nun überzeugt. Also überlegt Euch besser schon einmal, was wir antworten wollen.«

»Da gibt es nichts zu überlegen«, sagte der Venezianer grimmig und wandte den Blick ab. Es war klar, dass er weder Lust hatte, das Thema seiner Hochzeit weiter zu verfolgen, noch auf Rustichellos eigentliche Frage einzugehen.

Rustichello stellte sie trotzdem.

»Wie ging die Geschichte weiter? Ihr wurdet von den Persern aufgelesen – und die Prinzessin …?«

»Prinzessin Kokachin wurde die Frau des Ilkhans«, erwiderte der Venezianer brüsk. »So, wie es ihr immer bestimmt war.« Er ließ sich wieder ins Stroh sinken und starrte zur Decke. »Das könnt Ihr gerne auch Monna Donata schreiben, falls man Euch tatsächlich Pergament und Feder bringt.«

Die Antwort verwirrte Rustichello. »Woher weiß sie dann von Kokachin?«

»Aus meinen Geschichten wahrscheinlich. Was dachtet Ihr denn?«

»Ich dachte …« Rustichello stockte. »Ich dachte, das Blatt wendet sich vielleicht noch.«

»Nach all der Zeit hofft Ihr noch auf Wunder?« Der Venezianer schüttelte den Kopf. »Tun wir doch nicht so, als ob wir nicht wüssten, wie solche Geschichten ausgehen. Es ist ja wirklich nicht das erste Mal. Wie Damen von Stand eben so sind, nicht wahr?«

Rustichello ließ die Schultern hängen. »War Mei-Li denn nicht gerade im Begriff, sich für ihre Freundin einzusetzen?«

»Auch Mei-Li musste an ihre Zukunft denken. Schließlich hatte der Khan sie als Geschenk für Arghuns Harem mitgesandt – das ist keine gute Verhandlungsbasis. Was hätte sie denn Eurer Meinung nach tun sollen?«

Die Stimme des Venezianers war nur noch ein Flüstern, und hätte Rustichello ihn nicht besser gekannt, er hätte gemeint, ein Schluchzen darin zu hören. »Ich frage Euch – was?«

»Ich erinnere mich – an die letzten Tage zur See auf dem persischen Schiff und wie wir unseren Rettern Freude über den glücklichen Ausgang unserer Odyssee vorspielten. An die lähmende Angst, sie könnten doch noch die Wahrheit über mich und Kokachin erraten; aber sie schöpften keinen Verdacht. Selbst die Mongolen unter ihnen waren mittlerweile mehr Perser als Kinder der Steppe, und Kokachin, selbst Kublai, waren nur Namen für sie, Befehle, die sie befolgten. Khanbalik hatte den Klang einer fernen Legende für diese Männer, deren Aufmerksamkeit ganz anderen Problemen galt, nicht zuletzt dem Sultan von Ägypten, der gerade erst Akkon erobert und seinen Machthunger noch längst nicht gestillt hatte.

Ich erinnere mich an Nicolòs Gesicht, als er diese Neuigkeiten erfuhr – keine christlichen Kreuzfahrer mehr im Heiligen Land. Auch Tebaldo Visconti lebte schon lange nicht mehr. Nicolò fragte: ›Was sich wohl sonst noch geändert hat, während wir weg waren? Ob die Welt, in die wir zurückkehren wollten, noch existiert? Oder werden wir Fremde in der eigenen Heimat sein?‹ Ich hatte keine Antwort für ihn.

Wir legten an und nahmen Abschied von der Besatzung. Nur zwei der Verwundeten von unserer Dschunke hatten letztlich überlebt. Dass wir anderen noch einmal festen Boden unter unseren Füßen spüren durften, grenzte an ein Wunder. Die Perser eskortierten uns von Bord.

Im Hafen von Hormuz herrschte noch immer das gleiche Sprachengewirr. Perser, Araber, Abessinier und Inder drängten sich über den Kai, stritten über Fässern und Körben, Krügen und Kisten, handelten Muskatblüten, Nelken, Safran, Reis, Benzoe und Rosenöl, Messer und Dolche. Obwohl noch früh im Jahr, war es schon wieder drückend heiß. Ich dachte daran, wie ich hier am Rande des Hafens gesessen hatte, fast noch ein Knabe, gerade meiner ersten Begegnung mit dem Tode entkommen, und vergeblich versucht hatte, den Aufruhr in meinem Kopf zu besänftigen. Ich hatte damals ja nicht geahnt, wie viel komplizierter, wie viel leidvoller mein Leben noch werden würde.

Eine Delegation von fast zweihundert Mann nahm uns in Empfang, kaum dass wir den Hafen verließen. Die Männer trugen weiße Kaftane mit weiten Schärpen und waren mit Schwertern und Bögen bewaffnet. Wir erfuhren, dass sie von Ghazan persönlich geschickt worden waren und ein unsicherer Friede im Ilkhanat herrschte.

›Ghazan ist nominell gar nicht Ilkhan‹, berichtete Maffeo nach einem Gespräch mit dem Anführer der Garde. Anscheinend hatte Arghuns Bruder Gaykhatu die Macht in Tabriz übernommen. Er ließ seinen Neffen gewähren, solange dieser ihn unterstützte. Zurzeit weilte Gaykhatu in der alten Hauptstadt Bagdad, die sich in den zwanzig Jahren unserer Abwesenheit wieder mit Leben gefüllt hatte. Ghazan aber würde uns in Tabriz empfangen.

Nun wurde uns auch klar, weshalb wir eine Eskorte brauchten: Gaykhatu schien die Verkörperung jedes Lasters zu sein, das man sich nur denken konnte. Er trank, war gierig und vergriff sich an Frauen wie an Knaben. Gerüchteweise hatte er auch eine Rolle beim Ableben seines Bruders Arghun gespielt; und über seine Hauptfrau Padishah und deren Familie gab es ähnlich düstere Geschichten. Sie waren ein mörderisches Paar, und vielleicht war Ghazan weise, darauf zu vertrauen, dass diese beiden keine Zukunft hatten und seine Zeit schon noch kommen würde.

Ich fragte den Anführer, wie genau Ilkhan Arghun gestorben war, und er sagte, er habe zu viel von seiner eigenen Medizin getrunken.

›Was für eine Medizin?‹, wollte ich wissen, und er sagte, ein Elixier, das ihm eigentlich ein langes Leben hätte schenken sollen. Doch zu viel davon brachte den Tod.

Sobald wir unter uns waren, erzählte ich Kokachin davon. ›Ob es dasselbe Elixier war, das Apushka auf dem Markt von Cambay bei dem Jogi kaufte? Der Trank aus Schwefel und Quecksilber?‹

›Wer weiß‹, antwortete sie. ›Es hätte mein Geschenk für Arghun sein sollen – vielleicht wird es auch der Braut des Ghazan nützlich sein …‹

Wir zogen wieder durch die Berge, doch mit unserer schwer bewaffneten Eskorte brauchten wir uns nicht vor Räubern zu fürchten. Zum dritten Mal in meinem Leben kam ich durch Kerman und dachte an den Jungen Ismael mit seinen Falken, der damals für kurze Zeit mein Freund geworden war. Und ich dachte an die anderen Freunde, die ich seitdem gewonnen und wieder verloren hatte: Chinkim. Tarmaschirin. Die Witwe Xie. Selbst Zurficar hatte mir auf seine eigene, diabolische Weise ein Loch ins Herz gerissen.

Und die Zeit der Verluste war noch längst nicht vorbei.

Wir erreichten Yazd mit seinen Kanälen und Windfängern. Die Stadt schien sich nicht verändert zu haben, als hätte der heiße Wüstenwind sie bewahrt wie einen trockenen Leichnam, verdorrt in der Sonne. Der Wind fuhr über die Dachmas der Feueranbeter und durch die Badgire und saugte mir alles Leben aus dem Leib.

Mei-Li litt unter der Hitze, die unbarmherziger war als alles, was sie in Quinsai je erlebt hat. Mehr Sorge aber bereitete mir Nicolò; seit wir zu Land reisten, war sein Husten wieder schlimmer geworden. Häufig bekam er kaum Luft, und jeder Schritt fiel ihm schwer.

›Es ist der Fluch des Salamanders‹, sagte er. ›Die Sklavenarbeiter in Dschingintalas wussten davon.‹

›Du wirst wieder gesund‹, sagte ich, doch er schüttelte den Kopf.

›Ich bin ein alter Mann‹, sagte er.

›Du bist ein Jammerlappen‹, sagte Maffeo, doch zu meiner Überraschung meinte er es nicht unfreundlich, sondern stützte seinen Bruder, bis es ihm wieder besser ging.

Weiter ging es auf der Karawanenstraße durch das persische Hochland, und dann erstreckte sich vor uns Tabriz mit seinen fruchtbaren Obstgärten und prunkvollen Häusern. Doch diesmal betraten wir nicht die Stadt, besuchten nicht den Bazar mit seinen verschwörerisch stummen Händlern, kosteten nicht den süßen Wein. Unser Ziel lag noch ein Stückchen weiter.

Sommer- und Winterlager der Ilkhane befanden sich noch außerhalb der großen Zentren – weil die Mongolen hier wie anderswo der Sesshaftigkeit der Eroberten misstrauten und sie als Grund ihrer Schwäche sahen. Längst waren diese Lager aber selbst so etwas wie Städte. So war auf Arghuns Geheiß westlich von Tabriz Arghuniyya entstanden, eine Ansammlung prunkvoller Bauten und Tempel, die mich an eine kleinere Version von Xanadu erinnerte und die Ghazan eines Tages weiter ausbauen würde, wie man uns versicherte.

Ebenso, wie Kublai nach und nach die Lebensweise Kithais übernommen hatte, wurden die Ilkhane den Kalifen und ihren Nachfolgern immer ähnlicher. Selbst Ghazans Mongolisch hatte einen starken Akzent, wie wir feststellten, als wir ihn dann trafen; und die meiste Zeit redete er Persisch.

Ghazan war noch sehr jung. Er empfing uns zuvorkommend und richtete ein großes Bankett für uns aus, dankte uns überschwenglich für unsere Mühen. Er hatte sogar seine Inspektion der Grenzen in Khorasan für uns aufgeschoben. Als Lohn für die lange Reise und Erleichterung für den Heimweg händigte er jedem von uns eine Paiza, neue Kleider und einen Beutel Juwelen aus. So musste Judas sich gefühlt haben, dachte ich, während ich verloren im Schatten der offenen Hallen und Bogengänge über den marmornen Hof mit seinen Wasserspielen wanderte, der Klang eines Santurs die warme Luft erfüllte und die Hochzeitsvorbereitungen ihren Gang nahmen.

›Er ist ein guter Mann‹, versuchte Kokachin mir meine Sorgen zu nehmen. ›Er wird einmal ein guter Herrscher sein, wenn sein Onkel nicht mehr ist, und ein guter Ehemann für seine Khatun.‹

›Ein guter Mann‹, wiederholte ich, um auch ihr Mut zu machen.

Die Woche bis zur Hochzeit war die längste Woche meines Lebens. Auch in den Gesichtern meiner Familie stand die Ungeduld, dazu die Sorge, dass ich noch eine Torheit begehen könnte. Nur zu gerne wären wir sofort weitergereist, doch hätte dies eine Beleidigung bedeutet, die alles nur noch schlimmer gemacht hätte. So wahrten wir den Anschein, verbargen unsere Gefühle, schlossen sie tief in uns ein, während unsere Begleiter verträumt den Tänzerinnen zuschauten und sich weltlichen Genüssen hingaben.

Dann war es so weit: Arghuns Sohn feierte Hochzeit, mit allem Prunk, der eines solchen Anlasses würdig war. Zumindest erzählte man sich das hinterher. Ich erinnere mich an viel … doch nicht mehr daran. Nur an den Abschied am nächsten Tag.

Und an die Tränen in Kokachins Augen.

›Ich werde dich niemals vergessen‹, sagte sie.

›Bitte vergib mir.‹

›Es gibt nichts zu vergeben‹, sagte Kokachin. ›Du hast mir das größte Geschenk gemacht, das es gibt: mein Leben.‹

›Mein Leben gehört dir.‹

Und mit einem letzten Blick auf die neue Khatun verließen wir Ghazans Hof und traten den letzten Teil unserer Reise an.

Die nächsten Tage dachte ich noch lange über Kokachins Worte nach. Und trotz aller Gespräche, die ich mit ihr oder Nicolò zuvor oder danach darüber führte oder führen würde, wusste ich nicht mehr, was richtig und was falsch war.

Ich weiß es bis heute nicht.

Wir alle zahlen einen Preis für unser Leben – dieser Preis aber war zu hoch …«

Es war schon seltsam, dachte Rustichello in der Nacht und sah zu dem kleinen vergitterten Fenster auf.

All der Stolz. All die Überheblichkeit – dahin. Er kam sich sehr dumm vor. So lange hatte er darum gekämpft, hinter die Fassade zu schauen, die der Venezianer um sich errichtet hatte. Sich gefragt, wie aus dem umsichtigen, selbstlosen Jüngling von einst der verbohrte, wankelmütige Prahlhans geworden war, der nun in seinem Schoß lag und weinte.

Wir alle tragen ein Siegfriedsmal auf dem Rücken, dachte Rustichello. *Einen Punkt, an dem wir brechen.*

Der Venezianer hatte nie aufgehört, dieser Jüngling zu sein. Er hatte sich bloß hinter Il Milione versteckt.

»Ihr habt sie tatsächlich verloren«, stellte er fest.

Der Venezianer nickte unmerklich.

»Es tut mir leid. Das hätte ich trotz allem nicht erwartet. Vielleicht wollte ich es auch einfach nicht glauben. Ich meine …« Er zuckte hilflos die Schultern. »Das Letzte, was diese Geschichte braucht, ist noch eine Dame von Stand, die den Falschen heiratet.«

Der Venezianer verzog gutmütig die Lippen. Dann wandte er den Kopf und blickte gleichfalls zum Fenster, durch das ein Schimmer Mondlicht einfiel.

»Ich habe sie alle verloren«, flüsterte er. »Einfach alle.«

»Euren Vater?«, fragte Rustichello. »Ich meine … Nicolò?« Er stellte fest, dass er die Frage nicht eindeutig formulieren konnte, aber der Venezianer verstand ihn auch so und nickte.

»Und Euer Onkel?«

»Wer, Messere, schickt uns wohl diese Briefe und zahlt für unser Wohlbefinden?«

»Maffeo führt die Familie?«, staunte Rustichello.

»Kommt darauf an, wen Ihr fragt.«

»Ich frage Euch.«

Der Venezianer zuckte schwach mit den Brauen. »Was von ihr übrig ist.«

»Ist die Heirat mit Donata deshalb so wichtig? Damit die Familie weiterbesteht?«

»Irgendetwas geht immer weiter. Maffeo hat sich nie um die Familie geschert. Aber irgendwann fiel ihm auf, dass er nichts anderes mehr hat. Rein gar nichts. Der Einzige, der ihm heute noch zuhört, ist Pietro.«

»Pietro ist in Venedig?«

»Aber ja.« Der Venezianer schmunzelte. »Merkt Ihr, was wir da gerade tun, Messere?«

»Was denn?«

»Wir greifen der Geschichte vor. Dabei war das einst Euer höchstes Gebot – wichtiger noch als die Aufrichtigkeit.«

Rustichello erwiderte das Schmunzeln. »Das tut mir sehr leid. Wart Ihr denn unaufrichtig?«

»Nein«, sagte der Venezianer. »Alles, was ich gesagt habe, ist wahr.«

Rustichello schwieg. Dachte an all die Gelegenheiten, zu denen er an Il Milione gezweifelt hatte, und an das alte Paradoxon des Kreters Epimenides, der alle Kreter als Lügner bezeichnet hatte. Machte dies den Satz wahr oder unwahr? Nicht überraschend, dass Epimenides als Bewohner Candias heute ebenfalls Venezianer gewesen wäre …

»Was wurde aus Mei-Li?«, fragte er nach einer Weile.

»Mei-Li?« Er hörte den Schmerz in der Stimme. »Mei-Li blieb in Persien.«

»Wollt Ihr mir davon erzählen?«

Der Venezianer schüttelte stumm den Kopf.

»Ihr sagtet aber, wir griffen vor«, versuchte es Rustichello. »Es ist also noch nicht alles erzählt?«

»Das Ende«, sagte der Venezianer. »Es fehlt noch das Ende …«

VII
Salbei und Hundefett
Trapezunt, 1292

Für den letzten Abschnitt der Reise wählten wir den Weg über Trapezunt, weil uns die Mittelmeerküste zu gefährlich erschien. Die Mameluken unter Sultan Chalil hatten gerade erst Akkon erobert, und wir hatten zu lange in der Ferne geweilt, um die Bedrohung beurteilen zu können. Wenn wir die Truppen des Sultans weitläufig umgehen wollten, war es leichter, bis zum Schwarzen Meer zu reisen und von dort ein Schiff in die Heimat zu nehmen.

Ein weiterer Grund dafür war Nicolòs Krankheit. Die meiste Zeit war er so schwach, dass er auf einem Esel ritt, und wir wollten ihn so schnell wie möglich auf ein Schiff schaffen, zurück in die Lande der Christenheit. Ich kam nicht umhin, unsere auf ihn, Maffeo, Pietro und mich zusammengeschrumpfte Gesellschaft mit den hoffnungsvollen Abenteurern zu vergleichen, die vor zwanzig Jahren in Begleitung zweier ängstlicher Mönche den Weg in die umgekehrte Richtung genommen hatten.

Unterwegs trieben wir etwas Handel und holten dabei Auskünfte über die politische Lage ein. Mit der Zeit setzte sich das gewohnte Bild heimischer Ränkespiele und Intrigen zusammen.

Trapezunt war nach der Plünderung von Byzanz im vierten Kreuzzug durch Enrico Dandolo einer der Nachfolgestaaten des Oströmischen Reichs gewesen. Als Maffeo und Nicolò vor ihrer ersten Reise am Bosporus weilten, hatte sich Michael Palaiologos aus dem benachbarten Nikaia gerade angeschickt, Konstantinopel zurückzuerobern – was ihm im Jahr darauf mit Unterstützung Genuas auch gelungen war.

Allianzen waren Palaiologos' große Stärke gewesen: Kurz nach unserem Aufbruch schloss er sogar Frieden mit Tebaldo Visconti, mittlerweile Papst Gregor X. Nicht lange, und man begann sich im neuen Byzanz laut zu fragen, wozu genau man den kleinen Bruder Trapezunt im Osten noch brauchte, der stur auf seinen Anspruch auf den Kaisertitel und die Vorherrschaft des griechischen Glaubens beharrte. Palaiologos tat, was er meistens tat, und gab dem Großkomnenen von Trapezunt, Johannes II., eine seiner zahlreichen Töchter zur Frau, was den Störenfried bis auf weiteres ruhigstellte.

Heute herrschte in Konstantinopel Michaels Sohn, Andronikos II. In Trapezunt aber war immer noch Johannes II. an der Macht und nannte sich inzwischen Kaiser und Despot des Ostens – in Wahrheit herrschte er über ein kleines, von Feinden umzingeltes Reich, das auf die Billigung und Unterstützung des mächtigen Verbündeten im Westen angewiesen war.

Und auch unsere alten Freunde, die Genuesen, waren nicht weit, wie wir zu unserem Leidwesen bald feststellten.

Wir bezogen Quartier in einer einfachen Herberge. Trapezunt war die erste christliche Stadt, die wir in zwanzig Jahren betraten, und hatte den Reiz eines alten Paars Schuhe, die man nicht noch einmal zu tragen erwartet hätte: Sie passten zwar, aber es war einem fast unangenehm, darin gesehen zu werden.

Die Hauptstadt des gleichnamigen Reiches war klein. Für europäische Maßstäbe war Trapezunt ein wichtiger Hafen, doch gemessen an den Metropolen Manzis ging es geradezu lächerlich provinziell zu. Die Menschen wirkten schmutzig, und ich hatte seit Jahrzehnten nicht mehr so viele und vor allem so ungepflegte Bärte gesehen. Fast niemand hier trug Seide, selbst wohlhabende Händler waren in erdfarbene Woll- und Leinenstoffe gehüllt. Das immerhin kam uns gelegen: Wir hatten den Großteil unserer Juwelen in unsere bescheidenen Kaftane eingenäht, denn niemand sollte uns ansehen, was für eine leichte Beute wir abgaben.

Da Nicolòs Husten die letzte Wochen über immer schlimmer geworden war, kümmerten wir uns zunächst um einen Heiler. An denen herrschte zwar kein Mangel, jedoch schien es fast unmöglich, zwei mit derselben Meinung zu finden. Einig waren sie sich allenfalls darin, dass Nicolò an einem Überschuss von üblen Säften litt, wahrscheinlich fauliges Phlegma, aber schon an der Frage, ob zu viel Trockenheit oder zu viel Nässe die Ursache war, schieden sich die Geister. Sollten wir Nicolò kühlen oder warm halten? Das Phlegma lösen oder seine Austritt verhindern? So diskutierten wir in einem lange nicht mehr genutzten Kauderwelsch aus Griechisch, Persisch und Latein über seinem Krankenbett.

Der erste Arzt verabreichte Nicolò einen Auszug aus Thymian und Salbei, der den Hustenreiz aber nur wenig linderte. Der zweite rieb ihm Brust und Rücken ein – als wir danach fragten, woraus die Salbe bestand, gestand er, dass es sich um Hundefett handelte.

Darauf bezahlten wir einem dritten Arzt ein kleines Vermögen für einen Balsam aus Terebinthenöl. Ein vierter mischte uns Tränke aus Heilerde. Da waren bereits Wochen vergangen, und immer noch konnten wir Nicolò die Weiterreise nicht zumuten.

Sein Bruder fluchte schon tagein, tagaus, dass wir so kurz vor dem Ziel wieder gestrandet waren, und ich fühlte mich an seine Ungeduld erinnert, als ich auf der Reise nach Xanadu erkrankt war und uns ebenfalls aufgehalten hatte.

Nicolòs Krankheit aber war anders, als meine es gewesen war. Er hustete kein Blut und hatte auch kein Fieber; war er wach, war er klaren Verstandes. Eher war es so, dass ihn selbst die kleinste Anstrengung erschöpfte. Das Atmen tat ihm nicht weh, fiel ihm jedoch unglaublich schwer.

»Es wird schon wieder werden«, sagte er. »Es kommt, und es geht.«

»Es wird aber immer schlimmer«, widersprach ich.

»Ich will nicht, dass ihr euer ganzes Geld an diese Scharlatane verschwendet.«

Ich griff beruhigend nach seiner Hand. »Bislang haben wir nur mit Kleingeld bezahlt.«

Ganz so einfach war es freilich nicht: Gute Heiler waren teuer, und die Überfahrt nach Venedig würde es ebenfalls werden. Es wurde nötig, die ersten Edelsteine einzutauschen.

Der nächste Heiler, den wir fanden, schwor auf das Ausräuchern des Krankenzimmers mit Schwefeldämpfen. Bald stank die ganze Herberge wie eine Höllenküche, und wir mussten dem Wirt den Ausfall seiner Kundschaft ersetzen. Der Heiler darauf mischte seinen eigenen Theriak aus Mohn, Rizinus, Schlangenfleisch, Myrrhe und Zimt, und obgleich Nicolò die Medizin auf den Magen schlug, förderte sie doch wenigstens seinen Schlaf.

Als der Herbst kam, hatten wir die Bekanntschaft jedes einzelnen Heilkundigen in der Stadt gemacht; und endlich, wie durch ein Wunder, kam Nicolò wieder zu Kräften. Schon frohlockten wir, dass wir Venedig doch noch vor Anbruch des neuen Jahres sehen würden – doch leider hatten unsere Mühen mittlerweile weitere Kreise gezogen, als uns lieb war.

Eines Tages standen mehrere Bewaffnete vor der Herberge und verlangten uns zu sehen.

»Seid Ihr die Venezianer mit dem Kranken?«

»Das sind wir wohl«, antworteten wir vorsichtig.

Ohne weitere Worte drängten sie sich hinein, warfen den Wirt und die übrigen Bewohner hinaus und durchsuchten unser Zimmer und unsere Sachen. Sie taten uns kein Leid an, aber alle Proteste verhallten ungehört.

Insgeheim stießen wir leise Gebete aus, dass die Soldaten unsere Juwelen nicht fanden. Zu unserer grenzenlosen Erleichterung beendeten sie ihre Durchsuchung unverrichteter Dinge.

»Ich will jetzt endlich wissen, was das zu bedeuten hat!«, herrschte Maffeo den Anführer des Trupps an, und Pietro baute sich bedrohlich vor ihm auf.

Der Anführer aber ließ sich nicht aus der Ruhe bringen. »Der Großkomnene von Trapezunt, Johannes II., Kaiser und Despot des Ostens, wünscht Euch zu sehen.«

* * *

»Es war das letzte Mal, dass ich vor einem Herrscher stand«, sagte der Venezianer und stocherte lustlos in seinem Essen, das noch schlechter war als der Fraß, der ihnen früher hier im Keller vorgesetzt worden war. Bei Nacht war es nur eine übelriechende Masse, bei Tag aber offenbarte es seine ganze farblose Unansehnlichkeit. »Es war wenig beeindruckend.«

»Was wollte der Despot von Euch?«, fragte Rustichello. Er hatte immer noch nicht sein Schreibzeug zurück, aber sich den mündlichen Bericht zu merken, lenkte ihn von ihrem Elend ab.

»Unser Geld.« Der Venezianer lachte grimmig. »Nicolòs Sorge war nicht grundlos gewesen. Allerdings hätten wir nicht gedacht, dass der Despot eine größere Gefahr für unsere Börsen darstellte als die ganze Heilerschar. Er musste über die getauschten Juwelen auf uns aufmerksam geworden sein; irgendein Geldwechsler hatte ihm von uns erzählt, und nun war er begierig, diese mysteriösen Reichen aus dem Morgenland kennenzulernen … und zu erleichtern.«

»Ein unwürdiges Verhalten für einen Herrscher«, befand Rustichello.

Der Venezianer zuckte die Schultern. »Er hätte einen

brauchbaren Steuereintreiber an Kublais Hof abgeben. In der alten Zeit, bevor Tarmaschirin und ich das System reformierten.«

Rustichello lachte.

»Das eigentliche Problem mit Johannes II. war, dass er Venezianer nicht mochte – kein Wunder, bedenkt man die ganze ärgerliche Sache mit der Plünderung Konstantinopels und dem Lateinischen Kaiserreich. Mit den Genuesen aber, die in immer größerer Zahl nach Trapezunt strömten, trieb er blendende Geschäfte. Ich glaube, dass er uns nur deshalb am Leben ließ, weil seine Männer in unserem Gepäck die Paizas fanden, die Ghazan uns gegeben hatte. Mit den Mongolen wollte er sich nämlich lieber nicht anlegen.«

»Die standen ja gewissermaßen direkt vor seiner Haustür.«

»Ihr sagt es. Tatsächlich hatte der letzte Papst ihn sogar gebeten, den Botschafter für ihn zu spielen – aber Johannes II. wusste nie so recht, wie er das anstellen sollte.«

»Botschafter? Bei den Mongolen?«

»Das hat er uns jedenfalls erzählt. Nikolaus IV. schien ein umtriebiger Mann gewesen zu sein, Legat unter Visconti und der erste Franziskaner auf dem Heiligen Stuhl. Mittlerweile aber war er tot, genau wie sechs weitere Päpste, die Rom seit Viscontis Pontifikat verschlissen hatte – nur die Sultane Ägyptens hatten eine noch geringere Lebenserwartung.« Er lachte bitter. »All die großen Pläne, dahin. Und wieder konnten sich die Kardinäle auf keinen Nachfolger einigen.«

»Manche Dinge ändern sich nie – einen richtigen Kaiser wird es ja anscheinend auch nie mehr geben. Hat der Despot die Juwelen denn gefunden?«

»Zum Glück ging er nicht so weit, uns die Kleider vom Leib zu reißen. Aber er verstand es, uns gründlich zu schröpfen – und das war fast ebenso demütigend.

Er schickte seine Hofheiler zu Nicolò, obwohl der das gar nicht wollte. Wieder fing das mit dem Hundefett an, diesmal aber mussten wir in Gold dafür zahlen. Der Despot fand nicht heraus, woher wir es nahmen, aber alle Geldwechsler und Pfandleiher der Stadt berechneten uns plötzlich einen horrenden Aufpreis. Eigentlich wollten wir ja nur noch weg, doch selbst die Kapitäne im Hafen verlangten auf einmal das Doppelte. Dazu kamen Sonderzuschläge auf jede erdenkliche Ware und Dienstleistung, die wir in Anspruch nahmen.«

Der Venezianer seufzte. »Insgesamt kostete uns seine Zuwendung fast viertausend Hyperpyra. Zusätzlich zu dem, was wir bereits vorher ausgeben hatten.«

»Trapezunt muss eine blühende Stadt gewesen sein, als Ihr sie verlassen habt«, bemerkte Rustichello.

»Kann man wohl sagen – und Maffeo schäumte vor Wut. Später im Jahr fanden wir endlich ein Schiff, und die Soldaten, die uns inzwischen auf Schritt und Tritt begleiteten, griffen nicht ein, als wir an Bord gingen. Andernfalls weiß ich nicht, was passiert wäre, denn in uns allen hatte sich eine gehörige Wut aufgestaut. Vielleicht hätten wir lieber durch das Reich des Sultans reisen sollen als durch Trapezunt, aber dazu war es nun zu spät.

Das Einzige, was noch zählte, war, dass wir uns endlich auf den Heimweg machten.«

VIII
Die neuen Polos
Venedig, 1293

Unsere Galeere brachte uns sicher die Südküste des Schwarzen Meeres entlang, die noch zum Einflussgebiet der Seldschuken gehörte. Diese nannten ihr Reich zwar stolz das »Sultanat von Rum« – Persisch für das »römische Sultanat«, weil sie es vom Oströmischen Reich erobert hatten. In Wahrheit bangten aber auch sie um ihr Überleben, eingesperrt zwischen neuem Byzanz und Ilkhanat, dessen Vasallen sie faktisch bereits waren. In jedem Fall waren wir dankbar, dass die Reise ohne Zwischenfälle verlief.

Schließlich erreichten wir wieder christliche Gewässer und liefen den Hafen von Konstantinopel an. Die Fahrt auf der engen Galeere war eine Qual, so dass wir während unseres Aufenthalts von der ehrwürdigen Stadt nicht viel mehr als eine Hafentaverne sahen, in der wir in Betten schliefen und anständiges Essen aßen.

Andronikos II. hatte die Union mit der Kirche Roms wieder aufgekündigt und sich auf die griechischen Wurzeln seines Reichs besonnen; die meisten Menschen, die wir danach fragten, was wir die letzten Jahrzehnte über versäumt hatten, lobten ihn für diesen Schritt. Gleichzeitig sah auch er sich von allen Seiten von Feinden umgeben, und seine Möglichkeiten waren begrenzt. So war das neue Byzanz nur noch ein Schatten seiner selbst, obschon die Metropole auf der Schwelle zwischen Morgen- und Abendland noch immer die einzige Weltstadt der Christenheit war, die diesen Namen verdiente. Und je weiter nach Westen wir kamen, desto häufiger hörten wir auch wieder den seltsam unvertrauten Klang von Venezianisch inmitten des Sprachgewirrs.

Mit einer kleinen Handelsflotte ging es weiter durch

Bosporus, Marmarameer und Dardanellen in die Ägäis. Eine Weile hatten wir Gesellschaft von Genuesen, die noch präsenter in diesen Gewässern waren als früher; sicher hatten sie Michael VIII. ihre Unterstützung nicht aus Selbstlosigkeit angetragen. Unser Kapitän ließ die Bordwaffen bereit machen, und erst, als die Genuesen sahen, dass die Schiffe unserer Muda gut bewaffnet waren, drehten sie ab.

Spätestens bei unserem Halt in Candia begann ich zu begreifen, dass wir wirklich nach Hause zurückkehrten. Wir fuhren nun dieselbe Strecke die dalmatinische Küste entlang, die wir bereits damals genommen hatten. Die meisten Häfen erkannte ich noch wieder.

Zwei Jahre nach unserem Aufbruch aus Zayton erreichten wir endlich Venedig.

Mit stetem Ruderschlag fuhr die Galeere in die Lagune ein. Es war ein grauer Tag im Januar, und ein kalter Wind fuhr über das Meer. Nur gelegentlich riss die Wolkendecke auf, und helle Lichtfinger huschten über die Küste, um sogleich wieder zu verblassen. Wir passierten den Lido mit der Kirche San Nicolò, und dann lag sie vor uns: die Serenissima, das alte Juwel in der Krone der Welt, eine verzauberte Insel, und zugleich ein Schatten meiner Kindheit, den ich schon fast für einen Traum gehalten hatte. Vorbei an San Giorgio Maggiore glitten wir in den Hafen. Voraus erhob sich der Campanile, noch immer einer der stolzesten Bauten, die Menschenhände je schufen. Davor drängten sich die Reisenden über die Piazzetta – wie viel größer sie mir als Knabe doch erschienen war –, und hinter dem dreiflügligen Dogenpalast konnte man bereits die Kuppeln des Markusdoms unter dem bleiernen Himmel erahnen.

Wir legten an und luden mit Pietros Hilfe unser verbliebenes Gepäck aus. Rasch hatten wir ein paar Träger besorgt, und da wir nicht wussten, was wir anderes tun sollten, machten wir uns ohne Umschweife auf den Weg zu unserem alten Zuhause in Cannaregio. Ein leichter Nieselregen setzte ein und beschleunigte unsere Schritte.

Wie soll ich meine ersten Eindrücke der Wiederkehr beschreiben? Es war, als wäre ich in eine andere Zeit zurückgereist, in ein anderes Leben. Die Masse an Stein, wohin ich auch blickte, erdrückte mich fast, und ich fragte mich, wie es sein konnte, dass eine so schwere Stadt nicht längst auf den Grund der Lagune gesunken war. Ich dachte an die Leichtigkeit der Architektur Quinsais, die geraden Wasserwege und die weitläufigen Gärten vor der Stadt. Wie eng Venedig im Vergleich dazu war! Wie dunkel und wie schmutzig! Der Brackwassergestank lastete in den Straßen, und ein Blick auf das Pflaster offenbarte, dass es hier keine Gilde der Leerer gab, die für die Sauberkeit der Straßen Sorge trug. Die Brücken hingen tief und traurig über den Kanälen, in manche Gassen fiel fast gar kein Licht. Das Verhalten der Menschen schien mir wirr und unachtsam. Selbst im Eingang der Kirchen drängten sich schnatternde Massen. Ich fragte mich, wie irgendwer bei diesem Lärm überhaupt beten wollte. Noch ergaben die Worte für mich kaum einen Sinn; erst nach und nach stellte sich mein Ohr wieder auf meine Muttersprache ein. Unwillkürlich schaute ich zu Pietro. Wie musste es für ihn erst sein?

Eine Stunde, nachdem wir unser Schiff verlassen hatten, standen wir mit unseren Sachen vor der Ca' Polo. Unsere Kleider waren klamm und kalt vom Regen, doch vor lauter Aufregung merkten wir es kaum. Was würde uns erwarten?

Ich nickte Nicolò aufmunternd zu. Darauf holte er tief Luft, und gestützt von seinem Bruder trat er vor die Tür und klopfte an.

Es öffnete eine ältere, stämmige Frau mit dicken Armen, auf denen sie ein Kind trug. Wahrscheinlich eine Amme oder eine Magd, die wir nicht kannten.

»Was wünscht Ihr?«, fragte sie.

»Wir sind Nicolò und Maffeo Polo. Das ist unser Sohn Marco. Dies ist unser Zuhause.«

Sie schaute uns an, als versuchte sie zu ergründen, ob wir eine Gefahr darstellten.

»Wer?«, fragte sie.

»Nicolò und Maffeo Polo«, wiederholte Nicolò.

»Tut mir leid, Ihr müsst Euch täuschen«, sagte die Amme und schlug die Tür zu.

Wir schwiegen. Schauten uns an, bis das Schweigen selbst Pietro unangenehm wurde.

»Vielleicht«, murmelte Nicolò, »hat sie recht. Vielleicht täuschen wir uns. Vielleicht sind wir nicht mehr Nicolò und Maffeo.«

»Das werden wir noch sehen«, sagte sein Bruder und klopfte abermals.

»Wir wünschen den Herrn des Hauses zu sprechen!«, bellte er, kaum dass die Amme die Tür wieder öffnete. »Es ist wichtig.«

Sie zögerte eine Herzschlag, gehorchte dann aber. Kurz darauf stand ein stattlich gekleideter junger Mann vor uns. Auch ihn hatte ich noch nie gesehen, aber was hieß das schon nach zweiundzwanzig Jahren? War es möglich, dass dies mein Halbbruder Maffeo war?

»Was wollt Ihr?«

»Wir sind Maffeo und Nicolò Polo. Dies ist unser Haus. Vor zweiundzwanzig Jahren brachen wir im Auftrag des Papstes auf eine Reise zum Hof des Großen Khans auf. Nun sind wir zurück.«

Der Mann runzelte die Stirn. Dann lachte er trocken. »Treibt Ihr Scherze?«

»Wie ist Euer Name?«, fragte Nicolò, der sich dieselbe Frage gestellt haben musste wie ich.

»Ich bin Felice Sagredo. Meine Familie führt seit fast fünfzehn Jahren die Geschäfte dieses Unternehmens. Wer aber seid Ihr? Ihr klingt nicht wie Venezianer. Sprecht die Wahrheit!«

»Wollt Ihr etwa behaupten, dass Ihr nie von uns gehört habt?«, brauste Maffeo auf. Er wollte sich vorbeidrängen, doch Sagredo versperrte ihm den Weg.

»Guter Mann!«, sagte Nicolò. »Es muss eine Fiordelisa Polo hier leben – meine Frau. Und Maffeo der Jüngere, unser gemeinsamer Sohn und Erbe.«

Die Miene Sagredos verfinsterte sich. »Meine Schwägerin lebt schon lange nicht mehr in Venedig«, brummte er. »Und wo ihr Sohn sich gerade herumtreibt, das dürft Ihr mich nicht fragen! Wir haben seit Wochen nichts mehr von ihm gehört.«

Ich sah, wie Nicolò bei dieser Nachricht das Herz brach. »Eure … Schwägerin?«, fragte ich nach. »Seid Ihr … Floras Ehemann?«

»Passt auf«, sagte Sagredo. »Ich weiß nicht, wer Ihr seid oder was Ihr hier sucht. Aber egal, was vor zweiundzwanzig Jahren war – hier ist kein Platz für Euch!«

Und damit schlug er die Tür zu und ließ uns vor der Ca' Polo im Regen stehen.

* * *

»Beängstigend«, sagte Rustichello nach einer Weile. »Zu seinem alten Leben zurückzukehren, nur um festzustellen, dass es nicht mehr da ist …«

»Wenn ich eines gelernt habe, dann, dass es gar nicht anders sein kann«, sagte Venezianer. »Ihr könnt an Orte zurückkehren, gewiss; aber nie zu dem Leben, das Ihr dort geführt habt. Was Ihr eigentlich vermisst, das ist die Zeit, die Ihr dort verbracht habt – und die bekommt Ihr niemals zurück.«

Rustichello dachte darüber nach. »Wenn ich mir das

vorstelle – dass man mich eines Tages endlich entlässt, und ich gehe nach Hause, und nichts ist mehr, wie ich es verlassen habe – fast bin ich froh, dass dies niemals geschehen wird.«

»Wieso nicht? Auch mit Pisa wird es Frieden geben. Der Tag Eurer Entlassung ist nicht mehr fern.«

»Aber ich habe kein Zuhause mehr. Niemand in Pisa erinnert sich meiner – das haben die letzten fünfzehn Jahre eindrucksvoll bewiesen. Ich wüsste gar nicht, was ich mit mir anstellen sollte.«

»Ihr könntet unser Buch verbreiten«, schlug der Venezianer freundlich vor. »Unsere Geschichte erzählen.«

»Das kann ich überall, und wahrscheinlich werde ich das auch. Aber wie ich schon sagte – ich wünschte, ich hätte zur Abwechslung nicht nur eine Geschichte, sondern auch ein Leben dazu. Ich würde gerne etwas erzählen, das wahr ist, und nicht bloß von anderen abgeschrieben …«

Der Venezianer lächelte schwach. »Auf die Gefahr hin, dass auch ich mich wiederhole – Ihr könnt mein Leben gerne haben. Ich hatte es lange genug, und ich hänge nicht mehr daran.«

Rustichello schüttelte den Kopf. »Redet keinen Unsinn. Wer sagte einst, das Leben sei wichtiger als das Wort? Also versündigt Euch nicht! Ihr habt so viel erreicht, so viel erlebt …«

»Das ist es ja gerade.« Der Venezianer ließ kraftlos die Schultern hängen. »Das Venedig, das wir fanden, war nicht mehr das Venedig meiner Kindheit. Es bot aber auch keine Zukunft für mich. Unsere eigene Familie – oder was aus ihr wurde – kannte uns nicht mehr.«

»Was war denn mit Euren Cousinen? Fiordelisa und Flora?«

»Wir erkundigten uns natürlich, aber es brauchte eine Weile, bis wir durch Nachbarn und Nachfragen bei verschiedenen Ratsmitgliedern und Handelspartnern herausfanden, was wir alles versäumt hatten, und sich ein Bild zusammensetzte. Die Wahrheit war wieder einmal merkwürdiger als alles, was wir erwartet hatten, und erklärte bis zu einem gewissen Grad auch Sagredos unfreundliche Reaktion.

Wie sich herausstellte, hatten wir unsere Familie schon vor langer Zeit verloren. Giordano Trevisan und Tante Bepina waren in hohem Alter verstorben. Zuvor hatten sie noch die Ehe zwischen Flora und Felice Sagredo arrangiert – ein erfolgreicher Geschäftsmann, aber kein besonders liebenswerter Zeitgenosse. Eine Weile hielt es Flora mit ihm aus, doch eines Tages … verschwand sie einfach.«

»Sie verschwand?«

Der Venezianer zuckte die Schultern. »Hättet Ihr Flora gekannt, würdet Ihr Euch nicht wundern. Sie hatte schon als Kind ihren Dickkopf.«

»Und Fiordelisa?«

»Fiordelisa hatte eine duldsamere Natur, aber irgendwann war es auch ihr genug. Sobald ihr Sohn volljährig und Nicolò noch immer verschollen war, ließ sie ihren Mann mit Hilfe ihres Priesters für tot erklären. Sie verließ Venedig und ging in ein Kloster. Es würde mich nicht wundern, wenn Sagredo sich diesen Umzug einiges kosten ließ; wahrscheinlich hatte er zu diesem Zeitpunkt von unserer Familie mehr als genug und verfolgte seine eigenen Pläne.«

»Für Nicolò müssen das schlimme Neuigkeiten gewesen sein. Erst Frau und Kind zurückgelassen … und nun das?«

»Er machte sich schreckliche Vorwürfe, und der Kummer zehrte an seiner ohnehin fast aufgebrauchten Kraft. Sein erster Wunsch war, nach Fiordelisa zu suchen, doch sein Bruder brachte ihn davon ab, und ausnahmsweise neigte ich dazu, Maffeo recht zu geben. Die Ehe mit Fiordelisa war nie mehr als ein Handel gewesen – und was, wenn sie den wahren Grund dafür ahnte oder ihre Eltern ihr auf dem Totenbett alles gebeichtet hatten? Nicolòs Rückkehr hätte alles nur komplizierter für Fiordelisa gemacht.«

»Im Kloster hätte sie jedenfalls keinen Platz mehr gehabt.«

Der Venezianer schüttelte den Kopf. »Besser, sie hielt ihren Mann weiterhin für tot, auch wenn das sehr schwer für Nicolò war. Er hatte alles verloren, was er je besessen hatte, und keiner seiner Träume hatte sich erfüllt. Sein ganzes Leben hatte er in den Dienst des Papstes, des Khans und des Traums einer Brücke zwischen beiden Welten gestellt – doch die Kluft dazwischen hatte sich als zu groß erwiesen. Nicht der Ferne, sondern der Menschen wegen. Und dann hatte er auch die verloren.«

Rustichello sagte nichts dazu.

»Maffeo ging es auf seine Weise nicht besser. Auch seine Pläne – all seine Höhenflüge – hatten sich zerschlagen. Im Gegensatz zu Nicolò war er jedoch entschlossen, um das wenige, das noch erreichbar schien, zu kämpfen. Und das war das Familienunternehmen.«

»Ausgerechnet Maffeo bangte um sein Erbe!« Rustichello musste lachen.

»Ich sehe, die Ironie ist Euch nicht entgangen.«

»Man erkennt wohl immer erst den Wert einer Sache, wenn man sie zu verlieren droht …«

»Ihr sagt es. Doch beinahe war es dafür schon zu spät: Neuer Fattore war Felice Sagredo. Die letzten Jahre über hatte er immer mehr Befugnisse an sich gerissen. Im selben Zuge, in dem er den Kontakt zu unseren entfernteren Verwandten abbrach, hatte er eigene Brüder, Neffen und Cousins mit an Bord geholt. Und wie der Zufall es wollte, hatte er auch eine jüngere Schwester, Catarina, die er mit meinem Halbbruder Maffeo verheiratete. Seht Ihr, worauf es hinauslief?«

Rustichello malte mit ein paar Strichen einen Stammbaum in den Staub und runzelte die Stirn. »Es scheint, als ob Euer Unternehmen nur dem Namen nach noch den Polos gehörte.«

»Ganz recht – es war eine Übernahme. Sagredo hatte beendet, was die Trevisans begonnen hatten. Der Einzige, der noch auf den Namen Polo hörte, ehe wir mit unserer Ankunft alles durcheinanderbrachten, war mein Halbbruder Maffeo – aber der war, wie man hörte, weder fähig noch willens, in das Geschäft einzusteigen. Man konnte es ihm kaum verübeln: Er war de facto eine Waise und trug das Geld, das ihm aus seinem Anteil ausgezahlt wurde, direkt in die Tavernen und zu leichten Mädchen, mit denen er seine Frau betrog.«

Rustichello seufzte. »Anteile hatte er aber noch?«

»Genau das ist der Punkt. Seht Ihr, es gibt eine alte Klausel in den Statuten unseres Unternehmens, die im Wesentlichen besagt, dass jeder aus der direkten Linie meines Großvaters einen automatischen Anteil an allen erwirtschafteten Profiten besitzt – selbst wenn er nichts anderes tut, als sein Geld zu vertrinken. Nicht nur kann man ihm diesen Anteil nicht nehmen – man kann ihm auch nicht verwehren, sich zusätzliche Anteile zu kaufen, wenn er das nötige Geld aufbringt.«

»Eine Rückversicherung für die direkten Nachfahren also.«

»Exakt. Nun beläuft sich der Wert eines Unternehmens wie unserem nicht nur auf das Tagesgeschäft – sonst hätte Sagredo auch einfach sein eigenes gründen können. Es ging auch um unsere Wechsel bei diversen Geldverleihern, unsere Rücklagen, unser weitverzweigtes Netz an Kontakten, den guten Namen, den mein Großvater, Nicolò, Maffeo und Onkel Giordano über drei Generationen hinweg aufgebaut hatten. Es war keine Goldgrube – aber genug, dass eine größere Familie gut davon leben konnte.«

»Hattet Ihr denn Geldnöte?«

»Wir hatten in Trapezunt einen herben Rückschlag erlitten. Trotzdem besaßen wir noch genug Juwelen, dass ich meinte, mir die nächsten Jahre keine ernstlichen Sorgen machen zu müssen. Maffeo aber dachte schon wieder an die Zukunft, und Nicolò ging es glaube ich vor allem darum, Abbitte bei seinem verlorenen Sohn zu leisten – obgleich es auch dafür vielleicht schon zu spät war. Irgendwann überzeugten sie mich.«

»Was habt Ihr unternommen?«

»Wir haben ein Fest veranstaltet«, sagte der Venezianer. »Zum Karneval. Für mich war es das erste und auch einzige Mal, dass ich die Menschen traf, die unseren Platz eingenommen hatten. Die Sagredos waren eine große Familie; der Einzige, der fehlte, war mein Halbbruder Maffeo. Zwar war es Nicolò gelungen, Kontakt zu ihm aufzunehmen, er weigerte sich jedoch, uns zu sehen.

Ich weiß noch, wie ich am Rande des schönen Saales stand, den wir gemietet hatten, und mich an jenen Karneval in der Ca' Dandolo erinnert fühlte, als ich mit Andrea darüber sprach, was wir uns vom Leben erhofften, und mich in seine Schwester Beatrice verliebte.

Diesmal aber war es der stumme Pietro, mit dem ich dort stand, und mein Vater und mein Onkel, die ihren seltsamen Tanz aufführten. Stündlich wechselten sie die Kostüme, die besten Stücke aus den schönsten Stoffen, welche wir durch die Tragödien der Heimfahrt hatten retten können: strahlende Seide und prunkvoller Brokat. Ihre Absicht war es, den Versammelten zu imponieren; das Schauspiel, das sie darboten, war jedoch ein Zerrbild der Kulturen, die wir tatsächlich gesehen hatten. Ich beteiligte mich nicht daran, weil es mir würdelos erschien, wie sie ein fantastisches Kostüm nach dem nächsten anlegten und eine plumpe Geschichte dazu erzählten, um es dann demonstrativ zu verschenken.

Zu guter Letzt erzählten sie, wie wir dem Despoten von Trapezunt entkommen waren, und schnitten sich dazu großspurig die Ärmel auf, in denen sie zuvor eigens für diesen Anlass ein paar Juwelen versteckt hatten – so, wie wir es auf der Hinfahrt tatsächlich getan hatten. Auch diese Juwelen verschenkten sie … und so gewannen sie im Laufe dieses Abends viele neue Freunde.«

Rustichello lachte trocken. »Mir scheint, sie haben sich diese Freundschaft teuer erkauft.«

»Tatsächlich trennten sie sich von einem nicht unwesentlichen Teil unseres Vermögens, und Nicolò kostete der Abend nicht nur Geld, sondern auch sehr viel Kraft. Doch immerhin glaubte man uns nun, wer wir waren, und hörte uns zu. Für Maffeo öffnete der Abend eine Menge Türen – nicht nur bei unseren Verwandten. Er erhielt sogar wieder seinen Sitz im Großen Rat, den unsere Familie seit fast vierzig Jahren nicht mehr wahrgenommen hatte. Fast machte es den Anschein, als schickte er sich an, nach seinem Scheitern in Kithai nun Venedig zu erobern.«

»Und Ihr?«, fragte Rustichello. »Wie erging es Euch?«

»Ich stellte fest, dass dies nicht mehr meine Welt war …«

IX
Il Milione (1)

Ich traf Andrea in einer Schenke am Arsenal, in der vor allem Ratsmitglieder, Gildenmeister und Kapitäne verkehrten. Zutritt zur Werft selbst war nur befugten Personen gestattet; denn sie war der Schlüssel zu Venedigs Reichtum und Stärke. Das Arsenal war die Schiffsschmiede, der die Serenissima ihre Macht zur See verdankte.

Ich hatte lange überlegt, ob dieses Treffen eine gute Idee

war, doch er war der einzige Mensch in Venedig, der mich noch von früher kannte. Und wie er sich verändert hatte! Aus dem schlaksigen Jungen mit dem ungebärdigen Haar war ein muskulöser Mann mit strengem Bart geworden. In seinem Gesicht spiegelte sich mein eigenes Alter. Eines aber hatte sich nicht verändert, wurde mir rasch klar – er sorgte sich nach wie vor darum, was sein Vater von ihm halten würde. Und da Giovanni Dandolo nicht mehr lebte, war diese Bürde schwerer denn je.

»Er ist also tatsächlich noch Doge geworden?«

Andrea nickte mit leuchtenden Augen. »Lange, nachdem du weg warst. Er führte Venedig durch schwierige Zeiten und mehrte trotzdem unseren Wohlstand.« Er lachte trocken. »Er liebte das Gold einfach mehr als alles andere.«

»Mir fiel schon auf, dass man mittlerweile auch in Gold zahlt. Hat dein Vater die Dukaten eingeführt?«

»Niemand anderes«, bestätigte Andrea. »Es ist sein bleibendes Vermächtnis.«

»Und nun ist ein Gradenigo Doge?«

»Zum Glück«, sagte Andrea und hob seinen Becher. »Möge ihm ein langes Leben beschieden sein!«

Pflichtschuldig stieß ich mit ihm an. Immerhin war der italienische Wein noch so gut, wie ich ihn in Erinnerung hatte, wenn nicht besser. Der Geschmack war gleichermaßen köstlich wie ungewohnt nach zwei Jahrzehnten des Reisweins und der Stutenmilch. Genauso merkwürdig fühlten sich die hohen Tische und Stühle nach wie vor an.

»Du hast keine Ambitionen auf das Amt mehr?«, vergewisserte ich mich.

Andrea schüttelte entschieden den Kopf. »Mein Platz ist heute bei der Flotte. Politik ist nichts für mich! Und Gradenigo war eine gute Wahl. Allemal besser als noch ein Tiepolo.«

Ich wusste noch, wie schmerzhaft die Niederlage seines

Vaters gegen Lorenzo Tiepolo in unserer Jugend für ihn gewesen war. Und ich erinnerte mich dunkel, dass bereits lange vor unserer Geburt ein anderer Dandolo um Haaresbreite gegen einen anderen Tiepolo verloren hatte. Beide Familien verband seither eine innige Feindschaft.

»Ist es wahr, dass man den Zugang zum Großen Rat vielleicht beschränken will? Mein Onkel erzählte mir davon.«

»Dein Onkel sollte vorsichtig sein, mit wem er darüber redet«, riet mir Andrea. »Aber was für eine Wahl bleibt uns denn? Die neuen Familien, so wie die Tiepolos, versprechen den Menschen das Blaue vom Himmel. Und natürlich sind sie beim Volk sehr beliebt, denn es hält sie für seinesgleichen. In Wahrheit aber sind sie eine Gefahr für unsere Ordnung. Lorenzo Tiepolo hat das deutlich gezeigt – am liebsten hätte er seinen Titel einfach weitervererbt. Eine solche Dynastie ist das Letzte, was wir brauchen. Und wenn wir einige Familien dafür von der Dogenwahl ausschließen müssen …« Er machte eine wegwerfende Geste. »Aber du willst dich doch sicher nicht über Politik unterhalten. Ausgerechnet du! Was du die letzten Jahre alles gesehen haben musst …«

»Ehrlich gesagt stelle ich mir die letzten Wochen und Monate immer wieder die Frage, ob es das alles wert war«, gestand ich. »Und ich bin es leid, die immer gleichen Geschichten zu erzählen. Nichts von dem, was ich erlebt habe, ist hier von Belang, denn die Menschen haben ihre eigenen Probleme. Und niemand von ihnen kann sich vorstellen, wie es wirklich für uns war … Was wir durchgemacht haben.«

»Dann hast du eine wichtige Lektion gelernt«, sagte Andrea. »Die Menschen wollen nicht hören, dass etwas schmerzhaft ist. Sie wollen Geschichten über Erfolge und Siege.«

»Klingt, als ob du wüsstest, wovon du redest«, sagte ich,

froh, dass er mich nicht weiter drängte. »Erzähl mir von deinen Siegen.«

Andrea lachte. »Ich wünschte, ich könnte. Seit dem Verlust Akkons liefern sich Genua und wir einen Wettlauf um die verbliebenen Häfen zum Osten.«

»Das habe ich auch schon gemerkt.« Ich dachte an unsere Begegnungen in Trapezunt und in den Gewässern vor Konstantinopel. »Jeder sucht die Nähe seiner Freunde und mehr noch die seiner Feinde.«

»Mittlerweile ist es mehr als das. Wir überfallen ihre Stützpunkte, sie kapern unsere Schiffe. Und sie rüsten auf – das Arsenal kommt mit dem Bau kaum noch hinterher.«

»Machst du dir Sorgen?«

»Nein. Die Serenissmia wird auch diesen Konflikt meistern. Und dann kommt der nächste. Das ganze Leben ist ein Kampf – und nur die Stärksten gehen siegreich daraus hervor.«

»Manchmal bin ich es müde, zu kämpfen.« Ich leerte meinen Becher. »Und für was? Für noch mehr Gold? Noch mehr Land?«

Andrea runzelte gutmütig die Stirn. »Wir führen hier keine Feldzüge so wie dein Khan. Manchmal ist es aber nötig, seine Heimat zu verteidigen – sonst ist sie nächstes Mal, wenn du heimkehrst, vielleicht nicht mehr da. Der Handel ist unsere Lebensgrundlage. Wenn Genua uns das nimmt …«

»Vielleicht hast du recht.« Die Song zum Beispiel hatten die mongolische Gefahr zu lange ignoriert. Die Genuesen waren aber genauso wenig Mongolen wie wir. Meiner Meinung nach ging es hier nicht um unseren Fortbestand, sondern nur um Profite, doch ich wollte nicht streiten.

»Wie geht es Beatrice?«, fragte ich stattdessen, und da lächelte er wissend und erzählte mir, dass seine Schwester einen Florentiner Banchieri geheiratet habe. Es stimmte mich gleichermaßen traurig wie versöhnlich, dass meine

Jugendliebe nicht mehr in Venedig wohnte, aber offenbar ein glückliches Leben führte. Sie hatte es mehr als verdient.

»Falls der alte Kampfgeist dich je wieder überkommt, weiß du, wo du mich findest«, sagte Andrea zum Abschied. »Einen so erfahrenen Seemann und Strategen wie dich können wir immer gebrauchen.«

Ich fragte nicht, was für Geschichten über mich oder meine Familie ihm da zu Ohren gekommen waren, sondern bedankte mich für das Kompliment und ging.

Die Wahrheit war, ich fühlte mich Venedig nicht länger verbunden, auch wenn ich nicht recht hätte sagen können, woran es lag. Bei näherem Hinsehen hatte sich die Serenissima durchaus verändert: die Glasbläser waren nach Murano umgezogen, damit ihre Öfen im Fall der Fälle nicht die ganze Stadt in Brand setzten. Dafür hielten die ersten Seidenwebereien Einzug. Der alte geflügelte Löwe auf der Piazzetta erstrahlte in neuem Glanz. Doch einer Stadt vorzuwerfen, dass sie sich änderte, war genauso töricht, wie es einem Menschen anzukreiden. Und die Gassen und Brücken, die noch genauso aussahen wie in meiner Kindheit, waren mir fast noch unheimlicher.

Nachts lag ich häufig wach und lauschte auf den Regen vor dem Fenster, der so viel leiser klang durch Stein und Glas als der Regen Quinsais, wenn er vom Wind unter die Holzdächer und gegen die Papierfenster getrieben wurde. Manchmal erwartete ich, in den frühen Morgenstunden die Rufe der Wettermönche zu vernehmen, und schrak zusammen, wenn dafür die Glocken der ersten Kirchen ihr lautes Konzert anstimmten. Das Angebot auf den Märkten erschien mir bescheiden, und in den Wirtshäusern hatte man kaum Auswahl, sondern bekam, was es gerade gab. Ich vermisste die kunstvollen öffentlichen Schauspiele, die prächtigen Feste und die Ruhe der Gärten.

Meine Familie sah ich nur selten. Mir war bewusst, dass ich damit zum Spiegel meines Halbbruders wurde, der uns ebenfalls mied. Der einzige Unterschied zwischen ihm und mir war, dass er zu wenig und ich zu viel Familie gehabt hatte.

Maffeo dagegen kannte keine Scheu, Gewinn aus unserer Lebensgeschichte zu schlagen. Er hatte mit Nicolò eine eigene Wohnung bezogen, nur wenige Minuten von der alten entfernt. Bei jeder Gelegenheit mischte er sich in die Familiengeschäfte und die Ratspolitik ein – in Absprache, wie ich annahm, mit seinem kranken Bruder, der die Wohnung aber nur selten verließ. Auch Pietro wohnte bei ihnen und wuchs weiter in seine Rolle als Maffeos rechte Hand. Er behandelte uns alle mit größtem Respekt, doch ich fragte mich oft, was der junge Mongole insgeheim von seinem neuen Leben hielt.

Mehrfach luden sie mich ein, ihren hohen Gästen eine Episode aus dem Reich des Khans zu erzählen – weil ich, so sagten sie, es einfach besser erzählen könne. Vielleicht auch, weil ich Kublai und seiner Familie zeitweise näher gestanden hatte als sie; auch über die Kultur Manzis wussten sie nicht halb so viel aus erster Hand wie ich.

Mir waren diese Abende, an denen man uns und vor allem Pietro bestaunte, zuwider. Und ich fand es unwürdig, eine solche Legendenbildung zu betreiben, insbesondere eingedenk unseres mehrfachen Scheiterns und der Tragödien, die daraus erwachsen waren. Wir waren nach Xanadu gegangen, weil wir auf Frieden zwischen West und Ost gehofft hatten, auf freien Handel und sichere Straßen. Was wir dabei übersehen hatten, war, dass die Menschen nirgends davor gefeit sind, dieselben Fehler zu begehen wie wir. Unsere Gier und unser Stolz hatten uns zu Fall gebracht. Wir hatten alles gewettet und alles verloren. Maffeo und Nicolò aber wollten das nicht wahrhaben. Sie klammerten sich an ihr Vermächtnis.

Wie verzweifelt Maffeo war, wurde mir bewusst, als man mir eine Episode zutrug, die sich kurz nach unserem lächerlichen Karneval ereignet hatte.

Offenbar hatte seine Haushälterin beim Versuch, etwas Ordnung in seine Garderobe zu bringen, einen fremdländischen Lumpen entsorgt, der so gar nicht zu seiner sonstigen vornehmen Kleidung zu passen schien – einen alten Kaftan, den er auf unserer Rückreise getragen und aus Bequemlichkeit oder Nachlässigkeit nie hatte stopfen lassen. Allerdings handelte es sich auch um eines jener unscheinbaren Kleidungsstücke, in denen wir aus Angst vor Räubern und den Schergen des Despoten einen Teil unserer Juwelen versteckt hatten – und wie sich nun herausstellte, hatte Maffeo diese letzte Reserve nie angezapft.

Nun war es zu spät, und alles, was sich auf die Schnelle in Erfahrung bringen ließ, war, dass der Lumpen, kaum, dass die Unglückliche ihn vor die Tür getragen hatte, einen Abnehmer in Gestalt eines noch ärmlicher gekleideten Bettlers gefunden hatte. Der hatte sich den Kaftan dankend übergezogen und war weitergetrottet, zur Freude der ordnungsliebenden Haushälterin.

Die Freude währte nicht lange. Ich mochte mir gar nicht ausmalen, wie groß das Entsetzen und der Zorn Maffeos gewesen sein mussten, als er das Missgeschick bemerkte. Natürlich war der Bettler da längst über alle Berge, und die ungenaue Beschreibung der in Tränen aufgelösten Frau half niemandem weiter.

Also ersann Maffeo einen Plan, der selbst für seine Verhältnisse einen neuen Tiefpunkt darstellte. Wenn er den Bettler nicht finden konnte, musste dieser wohl zu ihm kommen. Da Maffeo aber zu geizig war, sich in Wohltaten zu ergehen, war das einzige Lockmittel, auf das er zählen konnte, die Neugierde des unfreiwilligen Diebs. Die Neugierde eines venezianischen Bettlers zu erregen, erforderte allerdings einen besonderen Erfindungsgeist.

Tag auf Tag setzte sich Maffeo in der auffälligsten Kleidung, die er finden konnte, an die Rialtobrücke und mimte den Verrückten. Er gebärdete sich so närrisch er nur konnte, und war sich auch nicht zu schade, sich zur Erheiterung seiner Zuschauer zu entblößen. Als selbst das nichts half, besorgte er sich ein kaputtes Spinnrad, auf dem er forthin unsichtbaren Faden für unsichtbare Kleidung spann, die er für gleichfalls unsichtbares Geld verkaufte. Selbst mich erreichten die Geschichten dieses neuesten Verrückten irgendwann, und mehr als einmal fragte man mich, ob ich nicht gehen wolle, ihn mir anzusehen. Ich lehnte stets dankend ab. Das Einzige, was mir Sorgen bereitete, war die Vorstellung, dass ein anderes Ratsmitglied ihn erkennen könnte.

Letztlich aber zahlte seine Strategie sich aus: Eines Tages kam der fragliche Bettler an der Brücke vorbei und gesellte sich zu der Menge, die sich dort wie immer um Maffeo und sein Spinnrad versammelt hatte. Er trug den alten Kaftan, den Maffeo natürlich gleich wiedererkannte; und kaum, dass Maffeo des Neuankömmlings gewahr wurde, beendete er seine unsichtbare Spinnerei, marschierte auf den Nichtsahnenden zu und schlug ihn nieder. Dann nahm er ihm vor aller Augen den Kaftan ab, vergewisserte sich, dass die Steine noch eingenäht im Saum steckten, und ließ die sprachlose Menge ohne ein Wort der Erklärung zurück.

Er erzählte die Geschichte in den Jahren darauf stets so, als hätte es sich um einen seiner schlauesten Einfälle gehandelt. Mir bewies es lediglich, was ich schon lange gewusst hatte: dass Maffeo Gold und Juwelen mehr liebte als Menschen.

Mit Nicolòs Gesundheit ging es im selben Zeitraum immer weiter bergab. Jeder Schritt raubte ihm Kraft, und er verbrachte seine Tage nur noch im Bett. Ich besuchte ihn regelmäßig, aber ich wusste meistens nicht, worüber ich mit ihm reden sollte.

Der Grund hierfür mochte allerdings sein, dass es nicht zu wenig, sondern zu viel gab, über das wir zu reden hätten. Dabei war ich nicht mehr wütend auf ihn und seine Lebenslüge; wenn, dann war ich wütend auf Maffeo, aber Maffeo tat ja sein Möglichstes, dass man ihn nicht weiter ernst nahm. Nicolò war trotz allem immer für mich da gewesen. Ich hatte lange gebraucht, das zu erkennen, doch seine Beweggründe waren immer seine Ideale und die Menschen, die er liebte, gewesen. Wieso also fiel es mir so schwer, mich ihm zu öffnen?

Eines Tages nahm ich meinen Mut zusammen.

»Deine Krankheit«, sprach ich ihn an, als ich neben seinem Bett saß und nicht zu sehen versuchte, wie ausgemergelt und blass er war. »Du bist sicher, dass sie vom Salamander verursacht wurde?«

»Ich habe in Dschingintalas viele ältere Arbeiter erlebt, die an derselben Krankheit litten und mich davor warnten.«

»Aber es begann erst so lange danach …«

Er versuchte sich an einem Schulterzucken und musste husten. »Vielleicht hast du recht. Mit Sicherheit lässt sich das heute kaum sagen. Wieso fängst du wieder mit alten Geschichten an?«

Er meinte es als Scherz, doch augenscheinlich ahnte er, dass ich auf etwas Bestimmtes hinauswollte.

»Weil ich weiß, wer dir das in Wahrheit angetan hat. Und ich habe auch eine Ahnung, weshalb du wieder freikamst.«

Er runzelte die Stirn. »Was soll das heißen? Kanzler Ahmat …«

»So einfach ist das nicht«, unterbrach ich ihn und zwang mich dazu, ihm in die Augen zu sehen. »Es war Zurficar.«

Kaum war es heraus, war mir, als fiele eine Last von mir ab, die ich viel zu lange schon mit mir herumgeschleppt hatte. Doch Nicolòs Gesichtsausdruck war noch genauso verwirrt wie zuvor. Ich begriff, dass er gar nicht wusste, wen ich meinte.

»Zurficar, der Kurier«, half ich ihm auf die Sprünge. »Der uns mit seinen Männern am Jadetor empfing und nach Xanadu eskortierte. Ich habe ihn noch öfter getroffen …«

Meine Stimme verebbte. Mir wurde klar, dass ich so gut wie nie mit jemandem über unsere Freundschaft gesprochen hatte – zwangsläufig, da niemand außer mir Zurficar gekannt hatte.

»Ich verstehe immer noch nicht«, flüsterte Nicolò. »Wieso sollte Zurficar …«

»Weil er und Ahmat ein und dieselbe Person waren. Ihm gehörten die Minen und unzählige andere Liegenschaften im Reich. Er muss ein Abkommen mit Kaidu gehabt haben und ließ regelmäßig Leute, die einem von beiden im Weg standen, in den Minen verschwinden.«

»Du wusstest davon?«, fragte Nicolò entsetzt.

»Nein!«, beteuerte ich. »Ich habe Ahmat nie getroffen! Ich kannte nur Zurficar, und er belog mich. Er schuf sich ein zweites Leben, um all die Dinge zu tun, die ihm als Kanzler nicht möglich waren …«

Beinahe hätte ich gesagt: *Fast wie du und Maffeo.*

»Ich glaube aber, er hielt mich für eine Art … Freund. Deshalb ließ er dich gehen.«

»Du … warst der Freund dieses Mannes?«

Mir traten Tränen in die Augen. »Bitte glaub mir, dass ich nichts damit zu tun hatte! Das alles fand ich erst später heraus. In erster Linie wollte Ahmat Nomukhan, und das eigentliche Ziel war Kublai. Alles, was Ahmat tat, zielte darauf ab, den Khan und seine Familie zu schwächen … seine Erben zu beseitigen … die Dynastie zu Fall zu bringen.«

»Aber wieso das alles?«

»Weil er ihm die Schuld für den Tod seiner Eltern gab. Zurficars Dorf wurde in seiner Kindheit von Mongolen überfallen. Es war seine Rache – nichts weiter. Seine langsame, kindische, grausame Rache an seinen Feinden.«

Nicolò schüttelte fassungslos den Kopf. »Und wann hast du von alldem erfahren? Sag mir die Wahrheit!«

»Als ich ihn tötete«, antwortete ich. Und ich gestand ihm zum ersten Mal die Wahrheit über meine Freundschaft zu Chinkim, unsere Verschwörung und die Geschehnisse in jener Nacht in Khanbalik, die Chinkim, Ahmat und so viele andere das Leben gekostet hatten.

Es war wie ein Dammbruch. Die Worte sprudelten nur so aus mir heraus, und ich erkannte, wie viel in meinem Leben es gab, das ich seit dem Abend am Observatorium vor ihm verschlossen hatte, und auch vor seinem Bruder, der einen Teil der Wahrheit vielleicht ahnte. Selbst mit Kokachin hatte ich nur noch darüber gesprochen, wenn es unbedingt nötig war.

Anfangs hatte ich den Eindruck, er glaubte nicht recht, was alles passiert war, ohne dass er je davon erfahren hatte. Dann begann er zu begreifen, dass für Kokachin und mich mit dem Tod ihres Bruders und unserer Freunde eine Welt zerbrochen war, und am Ende lagen wir uns weinend in den Armen.

»Es tut mir so leid«, sagte ich immer wieder.

»Mir tut es leid«, sagte er. »Mir tut es leid.«

Eines Tages kam ich auf der Riva degli Schiavoni am Platz eines Sklavenhändlers vorbei. Ich hatte nie Interesse an Geschäften mit Sklaven gehabt, an diesem Tag jedoch fiel mein Blick auf eine der angeketteten Frauen. Sie war eine Mongolin, ungefähr in meinem Alter, und vielleicht dachte ich einen Moment, ich hätte sie schon einmal gesehen, oder war einfach nur verblüfft, hier in Venedig nach so lange Zeit wieder in ein anderes mongolisches Gesicht zu blicken.

»Sie stammt aus dem Heiligen Land«, erklärte mir der Sklavenhändler, ein pausbäckiger, gelangweilt wirkender Grieche. »Das heißt, wahrscheinlich wohl aus Persien. Kann arbeiten wie ein Mann. Habt Ihr Interesse?«

»Ich habe nur … ich war einmal dort«, murmelte ich, denn ich wollte mich eigentlich nicht mit ihm unterhalten, und dass ich gestarrt hatte, war mir nun peinlich.

»Was, in Persien?«

Ich beachtete ihn nicht weiter. »Wie heißt du?«, fragte ich auf Mongolisch.

»Gerel«, antwortete sie knapp und wirkte – im Gegensatz zu dem Griechen – kein bisschen verblüfft, dass ich ihre Sprache beherrschte. Unwillkürlich musste ich an Tarmaschirins Frau denken, die einen ähnlichen Namen getragen hatte.

»Woher kommst du?«

»Unsere Jurten standen zuletzt bei Tabriz.«

»Ich kaufe sie«, sagte ich dem Händler und zahlte ihm ohne langes Gefeilsche den Preis, den er mir nannte.

»Warst du je im Reich des Großen Khans?«, fragte ich Gerel.

»Als ich noch ganz klein war.«

»Ich war sehr lange dort«, sagte ich, während der Grieche sie kopfschüttelnd loskettete. »An Kublais Hof.«

»Kublai ist tot«, sagte sie da, und ich erstarrte.

»Wie war das?«

»Der Khagan ist gestorben. Das war eins der letzten Dinge, die ich hörte, ehe …« Sie warf dem Griechen einen bedeutungsvollen Blick zu.

»Wer ist neuer Khagan?«, fragte ich.

»Temür.«

Mein Herz machte vor Freude einen Satz. »Sein Enkel?«

Sie nickte.

Chinkims und Mei-Lis Sohn.

Ich holte tief Luft und versuchte, die Gefühle, die in meiner Brust aufstiegen, zurückzudrängen. Gerel sah mich abwartend an und rieb sich die Gelenke.

»Du bist frei zu gehen, wenn du willst«, sagte ich ihr. »Oder du arbeitest für mich und verdienst dir Geld für die Heimreise.«

Sie blickte aufs Meer hinaus und zu den Schiffen im Hafen. Dann zu den Zinnen des Dogenpalasts, den Türmen der Stadt. Schließlich schaute sie mich an.

»Ich arbeite«, sagte sie.

»Gut. Deine erste Aufgabe wird darin bestehen, mir alles zu erzählen, was du in Tabriz gehört hast. Komm mit.«

Ohne weitere Fragen folgte sie mir.

Und sie erzählte mir alles.

In der Nacht denke ich an Kublai – alt, von Gicht gebeugt, der Körper aufgedunsen. Er weiß, dass sein Ende nah ist, als er nicht mehr die Kraft hat, am Neujahrsfest teilzunehmen. Doch sein Geist ist klar wie schon lange nicht mehr. Kurz vor seinem Tod ruft er seinen alten Gefährten Bayan zurück an den Hof und setzt ihn zum Verwalter seines Nachlasses ein. Der Khan kann nicht um Verzeihung bitten, aber Bayan versteht ihn auch so.

Der Mann, der das größte Reich der Welt erschuf, stirbt kurz nach Jahresbeginn in seinem Bett. Dann setzt sich der Leichenzug in Bewegung: Hunderte von Wagen, die sich auf den langen Weg nach Norden zum heiligen Berg Burkhan Khaldun machen, wo schon sein Großvater Dschingis seine letzte Ruhestatt fand. Kublais Leichnam liegt in einem seidenverhüllten, versiegelten Sarg in einem Zelt auf einem

Wagen, der ihn in das Land trägt, das er nie selbst gesehen hat, das aber immer seine Heimat war.

Die Hänge des hohen Berges sind tannenbestanden, Schnee liegt auf den Wipfeln. Neun Zelte erheben sich aus dem felsigen Geröll und wachen über Dschingis' geheimes Grab. Der Geruch von Weihrauch liegt über diesem verbotenen Land, das handverlesene Männer schon lange für Kublai bewachen. Außer ihnen leben nur die Geister der Ahnen hier.

Ein Schamane mit einer Trommel führt das letzte Geleit an. Er trägt eine Maske und ein Gewand aus langen Stoffstreifen, die ihm das Aussehen eines wilden Vogels verleihen. Wie schon bei seinem Großvater wird auch Kublais Grab nicht markiert werden. Er wird eins mit dem Land sein, eins mit den Ahnen – eins mit Dschingis.

Mit diesen Gedanken gleite ich in einen unruhigen Traum. Doch im Halbschlaf sehe ich die Geister der Toten an Kublais Grab vorüberschreiten: seine Frau Chabi und seine Söhne, Chinkim und Nomukhan. Die Witwe Xie ist da, und Yin, und Statthalter Tarmaschirin. Ich sehe Phags-pa mit stillem Lächeln, Wang Zhu und Gao, und dahinter Zurficar, die Augen tief in den Höhlen. Sogar Husain und Shiregi erweisen dem Khan die letzte Ehre, gefolgt von den persischen Botschaftern, die mir anklagende Blicke zuwerfen. Zu viele Menschen, die ich gekannt habe, sind tot. Ich wende mich von ihnen ab und sehe in der Ferne Ismael und seinen Vater, und dahinter in der langen Reihe meine Mutter in Begleitung der Trevisans. Und ich sehe Nicolò.

Die Reihe, weiß ich, reißt nie ab.

Nicolò starb zu Beginn des Jahres 1297. Es war ein langsamer und peinvoller Tod, und ich blieb bis zuletzt bei ihm, weil sein nichtsnutziger Bruder wieder einmal Besseres zu tun hatte. Vielleicht machte ich mir etwas vor, aber ich sah es als meine Pflicht an, Nicolò auf dieser letzten Wegstrecke zu begleiten. Ich war sein Sohn; er war mein Vater; und beide waren wir in diesen Wochen von allen verlassen.

Dann kam der Priester von San Giovanni Crisostomo, um ihm die Beichte abzunehmen und ihm die letzte Ölung zu geben.

»Es gibt nichts, was du zu beichten hättest«, flüsterte ich, ehe ich ihn mit dem Priester allein ließ. »Nichts, von dem ich wüsste.«

Er drückte schwach meine Hand. »Ich würde es jederzeit wieder tun.«

Der Priester warf mir einen finsteren Blick zu, dann ging ich hinaus.

Das Leben, so heißt es, geht weiter, auch nach dem Tod eines geliebten Menschen.

Vielleicht mag dies für manche Leute stimmen.

Bei mir war es anders.

Ich war einsamer als je zuvor in meinem Leben. Ich hatte niemanden, dem ich mich hätte anvertrauen können, nicht einmal einen Priester – denn mein ganzes Leben war auf Lügen begründet, die aufzulösen den Einsturz des gesamten Gebäudes bedeutet hätte.

Der Einzige, der mich nun wirklich kannte, war Maffeo. Dieser drängte mich mehr denn je, mich mit ihm zusammenzutun: unsere Vorherrschaft im Unternehmen auszubauen, die Sagredos aus dem Geschäft zu drängen, über den Großen Rat mehr Einfluss auf die Politik zu nehmen.

Mir fehlten die Worte, ihm zu beschreiben, wie sehr mich seine Ziele abstießen. Also ging ich ihm so gut ich konnte aus dem Weg.

Eines Tages stand Pietro vor meiner Tür und überreichte

mir lächelnd einen Brief von Maffeo. Darin appellierte er an die Familienehre und unsere gemeinsamen Abenteuer. *Du bist ein Polo!*, schrieb er. *Hilf mir, die Familie wieder stark zu machen!*

Ich verbrannte den Brief im Kamin.

Kaum ein Tag verging, an dem ich nicht ziellos zum Hafen wanderte oder den Canal Grande entlangirrte, nur um in stetem Wechsel Brücke auf Brücke zu überqueren; geschäftig, vergebens wie Nadel und Faden eines Arztes, der eine Wunde zu nähen versucht, die sich doch nicht schließen will.

Die Serenissima kam mir vor wie ein Gefängnis, mein Leben wie eine einzige Aneinanderreihung von Fehlern, von denen der größte die Rückkehr an den Ausgangspunkt gewesen war.

Es muss zu dieser Zeit gewesen sein, dass ich zum ersten Mal die Zeilen Alighieris hörte, die mir forthin im Gedächtnis blieben:

Des Weges ritt ich jüngst und dacht' im Leide
Dass ich die Fahrt nur ungern unternommen.
Da sah ich meine Liebe mir entgegenkommen
Den Leib umhüllt mit leichtem Pilgerkleide …

»Und hinter der eisernen Pforte«, hörte ich einen der Bettler am Rialto rufen, »liegen die Lande Gog und Magog, wo die Menschenfresser hausen!«

Die Zuhörer rückten enger zusammen, ein paar Kinder fassten sich bei der Hand.

»Unsinn!«, entgegnete ich, aus meinen Gedanken gerissen. »Jenseits der Länder des Alexanders liegen lediglich die Länder, in die es Alexander nicht geschafft hat. Dort regiert heute Temür Khan, Enkel des Kublai, Enkel des Dschingis.«

Der Bettler deutete herausfordernd mit dem Finger auf mich.

»Und woher will er das wissen? Woher? Woher?«

»Ich war dort«, erwiderte ich. »Ich habe dort gelebt. Erst in Kublais Hauptstadt Khanbalik, dann in Quinsai, der größten Stadt der Welt.«

Ein paar der Zuhörer drehten sich zweifelnd in meine Richtung.

»Größer als Venedig?«, fragte ein Straßenhändler.

»Zehnmal so groß.«

»Wie viele Menschen leben dort?«, fragte ein Kind.

»Etwa eine Million.«

Der Händler lachte. »So viele Menschen leben in keiner Stadt!«

»Es ist die Wahrheit.«

»Habt Ihr sie gezählt?«, spottete er.

»Ich war ihr Statthalter.«

Der Mann kniff die Augen zusammen. »Wenn das so ist, sprecht Ihr sicher auch die Landessprache. Was heißt: ›Ich halte Euch für einen ausgemachten Lügner?‹«

Ich sagte es ihm: Erst auf Mongolisch, dann auf Persisch, und einen Fluch der Manzi, dessen wahre Bedeutung sich mir nie erschlossen hatte, fügte ich auch noch hinzu.

Die Umstehenden lachten, aber nicht mehr über mich. »Erzähl uns mehr!«, rief ein zweites Kind.

Ich weiß nicht, welcher Teufel mich ritt, aber ich begann zu erzählen: von der Heeren des Khans und seinen Elefanten, den Palästen und Tempeln seiner Städte, den Kriegen, die er focht, seinen Gefährten und Feinden. Ich erzählte von den Reichtümern Cipangus mit seinen goldenen Dächern und der stürmischen See, von den Geistern, die in der Wüste umgingen, und den Drachen unter den Bergen.

Bald hatte ich die übrigen Bettler, Gaukler und Geschichtenerzähler verdrängt und fand mich an derselben Stelle wieder, an der Maffeo sein unsichtbares Garn gesponnen hatte. Ich erzählte, bis die Sonne unterging, und als ich am nächsten Tag wiederkam, fand ich, dass die Leute mich bereits erwarteten. Es war, als redete ich mir all das von der Seele, was ich so lange in mir weggeschlossen hatte – und anfangs war es eine Erleichterung. An den guten Tagen fühlte ich mich von den Menschen verstanden, an den schlechten spie ich ihnen meine Verachtung ins Gesicht: für meine Fehler und ihren Unglauben; meine Unfähigkeit, sie zu überzeugen, und ihren Unwillen, den Unterschied zwischen Lüge und Wahrheit zu erkennen.

Die schlechten Tage waren häufiger.

Bald war es ein unseliger Wettstreit, bei dem ich meine Zuhörer immer mehr vor den Kopf stieß, bis sie mich einen Aufschneider schalten. Ich hasste sie dafür, dass sie mich der Lüge bezichtigten, doch wenn ich ehrlich zu mir selbst war, so machte es keinen Unterschied, ob sie mir glaubten oder nicht. So hasste ich uns einfach dafür, ein so bedeutungsloser und winziger Teil einer so unfassbar weiten, schönen und furchtbaren Welt zu sein.

Dies war die Zeit, als man mich zum ersten Mal Il Milione hieß – den Millionenmann. Der Name klebte an mir und war bald untrennbar mit meinen Geschichten verbunden. Als ich es bemerkte, war es schon zu spät, und eine Weile spielte ich das Spiel sogar mit:

Wie viele Reiter zogen in die Schlacht?
Einhunderttausend.
Und auf der anderen Seite?
Genauso viel und zwanzigtausend mehr.
Wie viele Pferde hatte der Khan?
Eine Million und eine weitere in Reserve.
Wie viele Schiffe sandte er aus?
So viele, dass sie von Horizont zu Horizont reichten.

Es war ein freudloses Spiel, und irgendwann wusste ich nicht mehr, weshalb ich es eigentlich spielte. Ich stellte mir vor, was Kokachin davon hielte, wenn sie nur sehen könnte, wie ich mich zum Narren hielt und das, was einst unser Leben gewesen war, wie billigen Fisch an die Menge verschleuderte.

Also ließ ich es. Ich ging nicht mehr an den Rialto, und wenn man mich auf der Straße erkannte, senkte ich den Kopf und verschwand in einer Gasse, von denen es in Venedig zum Glück ja mehr als genug gibt.

So entzog ich Venedig meine Geschichten; doch die Geschichten fanden mich.

Und auch Neuigkeiten vom Konflikt mit Genua erreichten mein Ohr.

Nachdem Oberto Doria die Serenissima mit einer stolzen Flotte von 165 Galeeren herausgefordert hatte, war eine venezianische Streitmacht unter dem Kommando des berüchtigten Malabranca Morosini über mehrere genuesische Kolonien in der Ägäis und am Schwarzen Meer hergefallen. Natürlich war »Malabranca« nicht sein richtiger Name – man nannte ihn nur die »böse Klaue«, weil seine Unerbittlichkeit selbst einen Mongolen stolz gemacht hätte. Als sich genuesische Galeeren das nächste Mal in die Adria vorwagten, jagten unsere Schiffe – diesmal unter dem Befehl Andrea Dandolos – sie bis hinter Sizilien.

Eines Abends saß ich in einer Schenke im Sestiere Castello über einer Flasche Wein. Es war dieselbe Schenke, in der ich mich nach unserer Rückkehr mit Andrea getroffen hatte, aber wenn dies mehr als nur ein Zufall war, so gestand ich mir das noch nicht ein. So oder so war Andrea nicht hier, sondern zur See. Mein Kopf war schon schwer, und ich wollte nach Hause gehen, als mich ein Gespräch am Nebentisch hellhörig werden ließ.

»Verzeiht«, sagte ich, als einer der Gäste sich kurz darauf erhob und bei mir vorbeikam. »Wie sagtet Ihr doch gleich, lautet der Name des jungen Mannes dort hinten?«

Der Fragliche, über den sich die beiden Gäste am Nachbartisch unterhalten hatten, saß zusammengesunken vor seinem Becher und gab ein noch beklagenswerteres Bild ab als ich. Sein Blick war glasig, seine Kleider weinbesudelt. Sein Gesicht aber schien mir auf unheimliche Weise vertraut, obwohl ich es zum ersten Mal sah.

»Das ist Maffeo Polo«, sagte der Gast. »Ein armer Tropf! Sein Vater hat ihn gleich nach der Geburt im Stich gelassen, seine Mutter ist fort, und der Rest der Verwandtschaft will nur an sein Geld. Nun ist sein Vater vor ein paar Jahren zurückgekommen, aber irgendwie haben sie nie richtig geredet, und jetzt ist der Alte anscheinend tot.« Er beäugte mich neugierig. »Sagt mal, seid Ihr nicht der, den man Il Milione nennt?«

»Ihr müsst mich verwechseln«, murmelte ich und erhob mich. »Und auch ich muss einer Verwechslung aufgesessen sein! Bitte entschuldigt mich.«

Sobald Andrea wieder in Venedig war, suchte ich ihn auf und bat darum, mir das Kommando über eine Galeere zu geben.

Andrea war hoch erfreut darüber, denn die nächste Eskalation des Konfliktes stand unmittelbar bevor. Im Arsenal wurde bereits eine Galeere nach der anderen zusammengesetzt, doch Flotten von weniger als fünfzig Schiffen brauchten zurzeit gar nicht erst auszulaufen. Andrea wollte hundert.

»Mir lacht das Herz, dass es dir wieder besser geht!«, rief er. »Und umso mehr, dass du dich entschieden hast, für deine Heimat zu kämpfen. Es erfüllt uns mit Stolz, dass der weitgereiste Marco Polo sich uns anschließt.«

»Mich hält es einfach nicht lange an einem Platz«, log ich. »Die See, sie ruft mich.« Nichts war weiter von der Wahrheit entfernt als das – schließlich hatten sich einige der schrecklichsten Erfahrungen meines Lebens zur See zugetragen. Doch ich hielt es für unklug, ihm die wahren Gründe meiner Entscheidung zu nennen, und selbst wenn ich sie in Worte hätten fassen können, er hätte sie nicht verstanden.

»Ein gutes Omen«, sagte er und schlug mir auf die Schulter.

»Wann stechen wir in See?«

Da wiegte er bekümmert den Kopf. »Siehst du, das Problem ist, ich habe keine Schiffe zu verteilen – der Krieg verschlingt jetzt schon mehr, als wir bauen können. Und geeignete Besatzungen erst! Du machst dir ja keine Vorstellung.« Er seufzte. »Was wir mehr als alles andere brauchen, sind Edelmänner und angesehene Familien wie deine, die uns unterstützen.«

»Du meinst Geld?«, fragte ich überrascht.

»Material haben wir«, sagte er. »Und die Schiffsbauer im Arsenal setzen es dir in Windeseile zusammen. Aber irgendjemand muss das Holz und die Arbeiter bezahlen.« Er grinste vertraulich. »Das ist immer noch Venedig, nicht das Reich deines Khans.«

Ich zuckte die Schultern. »Das heißt, ich muss mir mein Schiff selbst bauen?«

Andrea lachte. »Du zahlst natürlich nur die Herstellung – als Zeichen deiner patriotischen Gesinnung. Dann erteile ich dir gerne das Kommando über dein Schiff.«

»So funktioniert das also?«, fragte ich, denn ich hatte bislang tatsächlich keine Vorstellung davon gehabt, woher die ganzen Kriegsschiffe eigentlich kamen.

»So und nicht anders.«

»Ich besorge das Geld«, versprach ich. »Sag den Arbeitern, sie sollen schon anfangen.«

X
Der Sohn des Dogen
Genua, Juli 1299

»Ich habe noch einmal nachgedacht«, sagte Rustichello eines Morgens. »Und ich verstehe es nicht. Ich gebe mir Mühe, es zu verstehen – aber ich verstehe es nicht.«

»Was versteht Ihr nicht?«, fragte der Venezianer.

Rustichello wählte seine Worte mit Bedacht. Er wollte den Venezianer nicht verletzen, denn er hatte Mitleid mit ihm und wollte ihn keinesfalls der Lüge bezichtigen, jetzt, da er wusste, wie er zu dem berüchtigten Il Milione geworden war.

»Eure Geschichte der Heimkehr – mir scheint, etwas fehlt daran. Ich kann nicht recht den Finger darauf legen, denn dieses Gefühl begleitet mich schon länger, aber ich kann es jetzt erst benennen: Irgendetwas fehlt. Ihr habt mir nicht alles erzählt.«

Der Gesichtsausdruck des Venezianers blieb so verschlossen und ausdruckslos wie die dämmrige Zelle, der graue Kellerstein in seinem Rücken.

»Mir ist klar, dass Ihr mehrere Jahre übersprungen habt, und es schwierig ist, unser Verhalten über einen so langen Zeitraum schlüssig zu erklären. Manchmal ändern sich die Dinge, ohne dass man es recht bemerkt. Und doch …«

Der Venezianer hob eine Braue. »Wenn Ihr mir eine Frage stellen wollt, müsst Ihr schon etwas deutlicher werden.«

»Es scheint mir, dass Ihr erst nach langer Zeit – nach dem Tode Kublais und dem Eures Vaters – die Reaktion zeigtet, die ich eigentlich nach Persien erwartet hätte. Versteht Ihr, was ich meine?«

Der Venezianer schüttelte den Kopf.

»Ihr musstet auf Eurer Heimreise einen schrecklichen

Schlag nach dem nächsten hinnehmen: Erst entkommt Ihr mehrmals mit knapper Not dem Tode, dann greifen Euch kurz vor dem Ziel die Bawarij an. Ihr überlebt auch diese, dann kommt die Rettung ausgerechnet in Gestalt der Perser. Ihr verliert Prinzessin Kokachin, mit der Ihr so lange von einer gemeinsamen Zukunft geträumt habt. Und dann handelt Ihr die Reise durch Persien mit ein paar schmuckvollen Bildern ab und berichtet stattdessen in Länge von Euren Schwierigkeiten in Trapezunt und Euren Mühen, wieder ins heimische Geschäft einzusteigen. Und kein Gedanke an sie, und was aus ihr wurde?«

»Ihr wollt, dass ich meine Wunde noch weiter für Euch aufreiße?«, fragte der Venezianer. »Klafft Sie Euch noch nicht blutig genug?«

Rustichello hob besänftigend die Hände. »Es wundert mich nur, dass Ihr so viel Schwierigkeiten damit zu haben scheint, Euren Schmerz über Kokachins Schicksal einzugestehen, aber umso freimütiger über Eure Trauer beispielsweise über Nicolò redet.«

»Wenn Euch das wundert, dann kennt Ihr die Menschen schlecht«, sagte der Venezianer trotzig. »Kommt Euch wirklich nicht der Gedanke, dass es Dinge gibt, über die wir nicht gerne reden, ja nicht einmal nachdenken wollen? Ich wusste wochenlang nicht ein noch aus. Der Schmerz saß mir so tief in den Knochen, dass sie manchmal unter der Last meiner Schuld zu zerbrechen drohten …«

»Ihr redet von Schuld. Euch trifft doch keine Schuld.«

Der Venezianer schenkte ihm einen langen Blick. »Natürlich trifft mich Schuld, denn ich ließ sie im Stich.«

»Aber …«

»Nichts aber«, unterbrach er ihn. »Vielleicht habt Ihr ja recht: Vielleicht brauchte es erst den Tod aller Menschen, die mich noch mit der Vergangenheit verbanden, um zu erkennen, dass sie tatsächlich vergangen war. Ich sagte ja, ich war sehr einsam. Ich hatte es bloß lange geschafft, mich davon abzulenken. Wieso wohl gab ich mich überhaupt mit Maffeo und seinen kleinlichen Geldsorgen ab? Weil es ein willkommener Quell der Zerstreuung war. Doch jeder Quell muss irgendwann versiegen.«

Rustichello nickte langsam. Was der Venezianer sagte, ergab Sinn. Was hatte er nicht selbst in seinem Leben für Torheiten begangen, nur um über bestimmte Dinge nicht nachdenken zu müssen!

»Habt Ihr Euch deshalb freiwillig für den Krieg gemeldet?«, fragte er nach einer Weile. »Um Euch zu zerstreuen?«

»Ich bin nicht wirklich stolz darauf.« Der Venezianer zuckte die Schultern. »Wie war es denn bei Euch?«

»Wie meinen?«, fragte Rustichello überrascht.

»Wir haben dieses Gespräch schon einmal geführt, aber es ist schon eine lange Weile her – kurz nachdem wir uns kennenlernten. Ihr erzähltet mir von der Schlacht von Meloria und dem Verrat des Conte Ugolino, dessen Geschwader die Flotte feige ihrem Schicksal überließ. Euer Gegner in dieser Schlacht war derselbe Oberto Doria, der noch viele Jahre später vor lauter Übermut seine Kräfte mit der Serenissima messen wollte und es dank seiner einflussreichen Familie zum Capitano del Popolo brachte. Ein Ghibelline, wie er im Buche steht.«

Rustichello schnaubte. »Spottet nur.«

Der Venezianer grinste schwach. »Es tut mir leid. Ihr erzähltet mir jedenfalls nie, was Euch, einen Schriftsteller, überhaupt nach Meloria verschlug.«

»Ihr habt ein gutes Gedächtnis«, seufzte Rustichello. »Da erinnert Ihr Euch doch sicher noch, dass Ugolino eine unverdient liebreizende Tochter besaß.«

»An die Ihr damals Euer Herz verloren hattet.«

Rustichello breitete die Hände aus. »Da habt Ihr Eure Antwort.«

»Ihr seid in den Krieg gezogen, um …« Der Venezianer schüttelte den Kopf. »Was? Ihren Vater zu beeindrucken?«

Rustichello seufzte abermals. »Frauen bevorzugen Männer der Tat. Dies ist die Quintessenz aller Geschichten, die jemals erzählt wurden.«

»Die von Männern erzählt wurden«, merkte der Venezianer an.

»Sind sie dadurch denn weniger wahr?«

»Ich weiß es nicht. Doch wie stand es um Eure Qualifikation? Ihr habt das Kriegshandwerk doch hoffentlich nicht von den Rittern der Tafelrunde gelernt.«

»Kommt darauf an, welche Tafel Ihr meint«, sagte Rustichello. »Ich war ein ordentlicher Koch – deshalb leide ich hier auch so unter dem Essen.«

»Ihr wart Koch an Bord Eures Schiffes?«

»Hohe Ansprüche gibt es auf einer Galeere ja nicht. Richtig gekocht wird nur im Hafen, den Rest der Zeit teilt man Rationen aus.« Rustichello zuckte die Schultern. »Nun kennt Ihr die Wahrheit über mich. Enttäusche ich Euch?«

»Im Gegenteil«, sagte der Venezianer. »Ich bewundere Euren Mut. Immerhin hattet Ihr einen Grund für Eure Taten und einen Nutzen für die Männer.«

»Zurück zu Euch«, bat Rustichello, um nicht mehr an alte Niederlagen zu denken. »Als wir damals zum ersten Mal davon sprachen, zeigtet Ihr Euch noch widerwillig, mir von Eurer Gefangennahme zu berichten. Ihr habt Euch mehrfach bitten lassen und – wenn ich mich recht entsinne – diesen Teil doch nie erzählt.«

»Ich habe Euch gewarnt, dass mein Leben schon für mich zu viel ist.«

»Und ich habe mich erboten, diese Last mit Euch zu schultern.« Er räusperte sich. »Mir scheint, die Zeit ist nun gekommen. Seid Ihr bereit, das letzte Kapitel aufzuschlagen?«

Statt einer Antwort nahm der Venezianer seinen Löffel und kratzte damit eine krude Karte in den schmutzigen Boden. Mit etwas Fantasie mochte sie eine zerklüftete Insel zeigen, und darüber eine weitere Küste. Rustichello schaute geduldig zu, bis der Venezianer zufrieden damit war.

»Das hier ist Curzola«, sagte er und klopfte nachdrücklich mit dem Löffelstiel auf die Insel. »Ein kleines, stolzes Eiland in der Adria mit einer bewegten Geschichte. Und das hier ist die dalmatinische Küste, genauer die Halbinsel Sabbioncello. Eine schöne Beute für die Genuesen. Mögt Ihr raten, wer das Kommando über ihre Flotte hatte?«

»Doch nicht etwa auch …«

»Fast, Messere. Lamba Doria, Obertos kleiner Bruder.« Der Venezianer grinste grausam. »Wir sind Leidtragende derselben Familie: zwei Schlachten, zwei Brüder, zwei Gefangene. Irgendwie macht uns das auch zu Brüdern, meint Ihr nicht?«

»Das seid Ihr längst«, sagte Rustichello, und der Ernst seiner Stimme ließ den Venezianer kurz innehalten. Dann malte dieser mit dem Löffelstiel eine Reihe von Tupfen in den Staub, die sich wie eine Perlenkette von Nord nach Süd zwischen beiden Küsten spannte.

»Das war Dorias Flotte, mit der er schon auf uns wartete. Siebenundsiebzig Galeeren lagen da vor Anker. Stattlich, doch uns zahlenmäßig unterlegen – immerhin achtundneunzig Schiffe hatte Andrea unter seinem Kommando versammelt. Was wir nicht wussten, war, dass Doria nur kurz zuvor in einen Sturm geraten war und einen Teil seiner Flotte verloren hatte. Merkt es Euch, denn dieser Teil wird noch wichtig.«

»Mir schwant Übles.«

»Andrea ließ uns eine Formation wie einen flachen Halbmond einnehmen, in der Absicht, die nördliche Flanke der Genuesen zu umzingeln. Es war jedoch bereits spät am

Abend, und so blieb uns nichts übrig, als uns die Nacht über zu belauern.« Er trug mit dem Löffel die Position der eigenen Schiffe nach. »Jeder vernünftige Kommandant hätte angesichts unserer Übermacht aufgegeben, aber Andrea befürchtete, dass Doria zu stolz dafür war. Um sicherzugehen, dass er ihn nicht um seinen Sieg brachte, ließ Andrea ein paar Boote zu Wasser, die achtgaben, dass die Genuesen sich nicht heimlich aus dem Staub machten.«

»Wie ging es Euch dabei?«

»Mir? Nun, ich hatte bislang nicht viel mehr zu tun gehabt, als die Befehle von Andreas Flaggschiff an meine Männer weiterzugeben. In dieser Nacht begriff ich vielleicht zum ersten Mal, worauf ich mich da eingelassen hatte, durfte aber keine Schwäche zeigen. Zu meiner Schande muss ich gestehen, dass ich dem Kampf sogar entgegenfieberte.«

»Ich weiß genau, wie es Euch erging«, gestand Rustichello.

»Am nächsten Morgen waren die Genuesen jedenfalls noch genau dort, wo wir sie tags zuvor gesehen hatten. Also gab Andrea den Befehl, vorzurücken und sie von Norden her einzukesseln. Doria erkannte, was wir vorhatten, und schickte uns ein knappes Dutzend Schiffe entgegen. Bald flogen die ersten Pfeile, aber wir schlugen die Vorhut ohne Schwierigkeiten in die Flucht. Dann jedoch verloren einige unserer Kapitäne die Nerven – unsere Besatzungen waren, wie Ihr vielleicht schon erraten habt, hastig zusammengewürfelt, und viele Kapitäne waren noch unerfahrener als ich.« Er lachte trocken. »Ehe wir wussten, wie uns geschah, brach unsere schöne Formation auseinander.

Da gab Doria den Befehl, die Anker zu kappen, die genuesischen Galeeren schwärmten aus, und auf einmal waren wir diejenigen, die umzingelt wurden. Leider sind die neuen genuesischen Galeeren recht tüchtige Schiffe, und wenn es darauf ankommt, sind sie mit ihren drei Ruderern pro Bank auch etwas schneller und wendiger als unsere …«

»Wir hatten ebenfalls unsere Probleme mit ihnen.«

»Und Ihr wisst sicher auch, was als Nächstes geschah«, sagte der Venezianer. »Egal, was die großen Feldherren erzählen, egal, was in den Büchern steht: Ab einem bestimmten Zeitpunkt gibt es im Krieg keine Regeln mehr. Jeder kämpft nur noch um sein nacktes Überleben, und die Angst und der Zorn spülen alle anderen Gefühle hinweg. Von dem Moment an, als wir in die ersten direkten Gefechte verwickelt wurden, bis zum Schluss ...«

»Habt Ihr getötet?«, fragte Rustichello teilnahmsvoll.

Der Venezianer schaute auf. »Ich persönlich? Nein. Unser Schiff wurde bis zuletzt nicht geentert, und meine Aufgabe war es vor allem, den Überblick in dieser Hölle zu bewahren. Natürlich gab ich den Befehl zum Schießen, wieder und immer wieder. Auch unser Bugkatapult fand mehr als einmal sein Ziel. Von daher ... ich habe sicher getötet.«

»Das ist nicht dasselbe«, sagte Rustichello.

»Meint Ihr? Ich glaube, dass es wenig Unterschied macht, ob man einen Menschen tötet oder es einfach geschehen lässt. In diesen Stunden spielte es sicher keine Rolle. Es war wohl die größte Schlacht in der Geschichte der Serenissima. Ganz gewiss war es unsere schlimmste Niederlage. Das Sterben zog sich endlos hin. Gut die Hälfte meiner Besatzung starb im Pfeilhagel. Den Genuesen ging es zunächst nicht besser. Hinterher erfuhr ich, dass Dorias eigener Sohn an Bord seines Schiffes war und von einem unserer Bolzen getroffen wurde. Angeblich hat Doria ihn eigenhändig über Bord geworfen und gerufen, dass die See eine ehrenvolle Ruhestatt für ihn wäre.«

Rustichello schluckte.

»Das Blatt wendete sich erst, als aus heiterem Himmel Dorias versprengte Nachhut zurückkehrte. Ihr erinnert Euch? Zu diesem Zeitpunkt hatten wir bereits kaum noch manövrierfähige Schiffe, geschweige denn genug Besatzung. Die Verstärkung versetzte uns den Todesstoß. Von achtundneunzig Schiffen kehrten nur zwölf in die Heimat zurück. Siebentausend Männer tot, und mehr als zehntausend gefangen. Ehrlich gesagt wunderte es mich, dass die Genuesen überhaupt Gefangene machten. Als ich den Befehl zur Kapitulation erteilte, rechnete ich fast damit, dass sie uns massakrieren oder unser Schiff in Brand stecken würden. Einen großen Unterschied hätte es nicht mehr gemacht. Wir waren am Ende.«

»Sie massakrierten Euch aber nicht«, stellte Rustichello fest.

»Nein«, sagte der Venezianer. »Sie legten uns in Ketten und ließen sich von uns nach Hause rudern. Am sechzehnten Oktober erreichten wir unser Ziel: Genua, *La Superba,* gleichermaßen schön und schrecklich mit ihren olivenbestandenen Hügeln und den hohen Türmen und Palästen.

Lamba Doria wurde als Held gefeiert. Für seine Verdienste erhielt er einen neuen Palazzo, und der dreizehnjährige Sultan Ägyptens schickte ihm als dem Feind seines Feindes Venedig Glückwünsche und teure Geschenke.«

»Etwas sagt mir, dass ihm all das seinen Sohn nicht wiedergebracht hat«, murmelte Rustichello. »Ihr sagtet doch, seine Familie sei einflussreich. Meint Ihr, er hat vielleicht etwas mit dem Führungswechsel im Gefängnis zu tun? Ist Doria heute Capitano del Popolo?«

Der Venezianer zuckte die Schultern.

»Was wurde aus Eurem Freund, Andrea Dandolo?«

»Andrea?« Der Venezianer wich seinem Blick aus, legte den Kopf in den Nacken und starrte zur Decke. »Andrea schenkte man ein christliches Begräbnis …«

* * *

Das war es also, dachte ich immer wieder, während ich stoisch den Riemen an mich zog. *Dafür habe ich das alles doch getan, oder? Nur dafür.*

Mit mir auf den Bänken festgekettet saßen die traurigen Überreste unserer Flotte. Die Genuesen hatten uns zu ihren Sklaven gemacht – zumindest, bis wir ihre Heimat erreichten. Sie hatten es nicht getan, um uns zu demütigen. Die Wahrheit war, dass sie selbst zu viele Männer verloren hatten, um ihre verbliebenen Schiffe nach Hause zu rudern. Die eroberten Galeeren hatten sie verbrannt, und der Anblick unserer in Flammen stehenden Schiffe und der Geruch des Feuers hatten uns noch lange verfolgt.

Ich hatte keine Angst vor dem Tod. Ich glaube, ein Teil von mir hatte ganz genau gewusst, wie es enden würde, als ich Andrea meine Dienste antrug. Vielleicht hatte ich nach so vielen Schlachten, die ich nur aus sicherer Entfernung verfolgt hatte, endlich wissen wollen, wie es sich aus nächster Nähe anfühlte. Wenig überraschend hatte ich gelernt, dass es in keiner Hinsicht anders war als die anderen Gelegenheiten, zu denen ich dem Tod ins Auge gesehen hatte. Vielleicht hatte ich seinem Blick dieses Mal einfach nur länger standhalten wollen.

Und wofür genau? Für einen Handelsvorteil? Die Vormacht der Serenissima im Mittelmeer? Wenn ich ehrlich war, so waren mir die Gründe ganz egal gewesen. Ich kannte keinen Stolz und keinen Ehrgeiz mehr. Ich hatte gekämpft, so lange ich konnte – aber es spielte keine Rolle für mich, wer gewonnen hatte. Mein Leben war schon vor dieser Niederlage vorbei gewesen.

In Anbetracht der zahllosen Toten, die diese Narretei gefordert hatte, behandelten uns die Genuesen durchaus wie gute Christenmenschen. Sie schlugen uns nicht, solange wir nur fleißig ruderten, und sie gaben uns zu essen. Natürlich war die Ruderei eine Qual, und man gönnte uns nur wenig

Schlaf. Doch musste ich feststellen, dass der menschliche Körper viel mehr zu leisten imstande ist, als man meint. Bald spürte ich die Arbeit kaum noch. Der Takt der Ruder hatte fast etwas Beruhigendes. Er diktierte meine Gedanken, er ordnete meine Welt; und der Schlag meines Medaillons gegen meine schweißverklebte Brust wurde zum Schlag meines Herzens. Wenn dieser Takt mich meinem Ende entgegentrug, so war dies nur angemessen.

Das Einzige, was mir weh tat, war die Qual meiner Freunde. All die enttäuschte Hoffnung. Die Schmach und die Angst. Die Männer, die gehofft hatten, siegreich und unversehrt zu ihren Familien heimzukehren. Hätte ich sie besser beschützen können? Ich hatte getan, was ich konnte.

Nun gab es nichts mehr zu tun.

Ein paar Reihen vor mir saß Andrea. Sein Schicksal schmerzte mich am meisten. Und ich dachte wieder an den kleinen Jungen, der mir einst, in einem anderen Leben, gestanden hatte, dass er seine Schwester Beatrice für ihre Führungsstärke bewunderte.

Ist es das, was du willst? Ein Heer befehligen?

Ich möchte, dass mein Vater stolz auf mich ist.

Woher weißt du, was dein Vater von dir erwartet?

Glaub mir, das lässt er mich spüren – jeden einzelnen Tag.

Mir war es gleich, ob die Genuesen mich töteten oder in einen Kerker warfen, denn es gab niemanden mehr, zu dem ich hätte zurückkehren wollen.

Andrea aber, der Sohn des letzten Dogen, hatte alles verloren: seine Flotte, seine Männer, seine Ehre, seinen Ruhm. Er hatte sich mit Lamba Doria gemessen, und Doria hatte gesiegt – selbst wenn er für diesen Sieg einen furchtbaren Preis gezahlt hatte.

Für beide musste dies der dunkelste Tag ihres Lebens sein.

Ich sah, wie Andrea dieselbe Erkenntnis überkam. Es war, als legte sich ein Schatten über sein Gesicht, der immer finsterer wurde. Wenn ich ihn ansah, wich er meinem Blick aus. Wenn ich mit ihm zu reden versuchte, gab er keine Antwort. Der Schatten senkte sich tiefer mit jedem Tag. Ich spürte, alles, woran Andrea noch denken konnte, war die Schande, die ihn in Genua erwartete. Er verweigerte das Essen und schließlich sogar Wasser.

Am dritten Tag nach unserer Niederlage hörte er einfach zu rudern auf.

Erst merkten es die Genuesen nicht, dann trat einer der Adjutanten Dorias zu ihm hin und herrschte ihn an.

»Was, ist der große Andrea Dandolo etwa müde? Los, rudere, oder ich lehre dich Gehorsam!«

Da drehte sich Andrea von ihm fort und schlug seinen Kopf mit aller Kraft gegen die nächste Bank. Seine Mitgefangenen schraken entsetzt zusammen, versuchten, ihn zu besänftigen, Aufruhr brach aus, doch die Ketten hielten uns auf unseren Plätzen. Abermals schlug Andrea die blutige Stirn gegen die Bank. Der Genuese wollte sich zu ihm drängen, doch er erreichte ihn viel zu spät.

Ich wandte den Blick ab. Noch zweimal hörte ich, wie mein alter Freund zuschlug – dann lag er endlich still auf dem Boden.

XI
Das Wunder

Glaubt Ihr an Gott?«, fragte der Venezianer.

Rustichello reagierte erst gar nicht, weil die Frage so still und unschuldig wie ein verirrter Engel im Raum stand und er sich lange damit abgefunden hatte, dass der Venezianer und seine Sturheit für die Heilige Mutter Kirche verloren waren.

Dann dämmerte ihm, dass er die Frage tatsächlich gehört hatte. Er hob den Kopf aus dem Stroh und blinzelte den Venezianer an. Dieser saß wieder in der Ecke neben der Tür, den Blick zur Decke gewandt. Seine Augen waren rot, als hätte er wieder geweint, und er drückte einen Brief an seine Brust. Seltsamerweise lächelte er.

»Messere? Habt Ihr mit mir geredet?«

Der Venezianer lachte und trocknete sich das Gesicht. »Mit wem hätte ich wohl sonst reden sollen?«

»Ihr macht Euch nicht über mich lustig?«

»Ihr habt keine hohe Meinung von mir.«

»Bitte verzeiht.« Rustichello suchte nach Worten. »Ja, natürlich glaube ich an Gott. Alles andere wäre unvernünftig und würde nichts an den Tatsachen ändern. Gott ist das Gute auf der Welt und in uns allen, das selbst an Orten wie diesem existiert.« Er zögerte. »Beantwortet das Eure Frage?«

Der Venezianer musste schluchzen. »Manchmal erinnert Ihr mich an Nicolò, wisst Ihr das? Euer Vertrauen. Eure Zuversicht.«

»Wie bitte?« Rustichello machte eine abwehrende Geste. »Da täuscht Ihr Euch. Euer Vater war ein Held, der größere Martyrien durchlitt, als ich jemals ertragen könnte. Er hat auf Eurer Reise mehr als einmal Mut und Standhaftigkeit bewiesen und sein Ende nicht verdient. Ich hingegen habe immer nur Pech gehabt und bin darüber verzagt. Verglichen mit Nicolò bin ich ein Feigling, ein Niemand.«

»Redet keinen Unsinn«, widersprach der Venezianer. »Eure Geduld wurde belohnt! Ihr habt mich zum rechten Glauben zurückgeführt – das ist die größte Heldentat von allen.«

»Ihr macht Euch doch über mich lustig.«

»Vielleicht ein wenig«, räumte der Venezianer ein.

»Davon abgesehen: Wenn ich Nicolò bin und Ihr wie

mein Bruder – zu wem macht das dann Euch? Diesen Schuh wollt Ihr Euch nicht anziehen.«

Er hatte es als Scherz gemeint. Der Venezianer aber schüttelte nur schwach den Kopf und drückte den Brief an seine Brust.

»Messere …« Rustichello deutete auf den Brief. »Was steht darin?«

Sein Zellengefährte setzte sich auf und holte tief Atem.

»Ich muss Euch ein Geständnis machen, Messere.« Sein Tonfall war so ungewohnt feierlich, dass Rustichello sich unwillkürlich das Stroh von der Kleidung zupfte.

»Ja? Was ist denn?«

»Ihr hattet recht. Ich habe Euch wirklich nicht die ganze Wahrheit erzählt.«

Rustichello seufzte. »Ich habe es befürchtet! So habt Ihr gelogen?«

»Nein. Ich habe Euch nur nicht die ganze Wahrheit erzählt.«

»Solche Feinheiten sind Euch sehr wichtig, nicht wahr?«

»Könnt Ihr mir verzeihen?«

Rustichello breitete die Arme aus. »Ich bin nicht Euer Priester, nur Euer ergebener Zuhörer. Als Euer Biograph bin ich enttäuscht über Eure Halbwahrheiten, aber da ich momentan nicht einmal meine Pergamente zur Verfügung habe, macht es keinen Unterschied. Es gibt nichts zu berichtigen und nichts zu verzeihen.«

»Ich danke Euch«, sagte der Venezianer und klang aufrichtig erleichtert. »Ihr seid ein guter Freund, Messere Rustichello.«

»Ihr habt mir immer noch nicht gesagt, was in dem Brief steht«, merkte er an. »Sind es denn wenigstens gute Neuigkeiten?«

»Das sind sie.«

»Das freut mich.« Er blickte den Venezianer aufmunternd

an. »Nun spannt mich nicht länger auf die Folter! Was habt Ihr zu erzählen?«

»Was«, fragte der Venezianer, »wenn alle Entscheidungen, die ich seit meiner Rückkehr traf, grundfalsch waren? Wenn ich mich getäuscht habe … weil ich es nicht besser wusste? Dabei hätte ich es wissen müssen! Oh, die Ironie …«

»Messere!«, ermahnte ihn Rustichello freundlich, aber bestimmt, denn ihm platzte bald der Kragen vor Ungeduld.

»Was«, hauchte der Venezianer, »wenn ich überzeugt war, den wichtigsten Menschen in meinem Leben verloren zu haben … doch die Hoffnung auf ein Wunder zu früh aufgab?«

Rustichello zögerte. »Eure Kokachin?«

Der Venezianer nickte.

»Es geht ihr gut?«

Der Venezianer nickte abermals.

»Wo ist sie?«

»Nicht mehr weit.«

»Sie ist zurück?«, staunte Rustichello. »Aus Persien?« Er stieß einen Jubelruf aus. »Das ist wahrhaft ein Wunder!«

Der Venezianer lachte. »Das ist es. Aber nicht so, wie Ihr meint. Denn seht Ihr – eigentlich war sie nie richtig fort …«

XII
Die Wahrheit (1)

Auf dem letzten Abschnitt unserer Reise begannen sich unsere Rollen umzukehren: Ich wurde der Einheimische, Kokachin die Frau aus der Fremde. Als Nicolò in Trapezunt nicht mehr konnte, harrte sie mit uns aus und half, ihn zu pflegen. Vor dem Despoten versteckten wir sie, denn wir trauten ihm nicht. In Byzanz hielt man sie bereits für meine Sklavin, und es gefiel ihr noch weniger als erwartet.

Als wir in die Lagune von Venedig einfuhren, stand sie als meine Frau an meiner Seite. Es war mir egal, was man von uns dachte oder für wen man uns hielt. Schließlich war dies Venedig, meine Heimat – hier würden wir in Sicherheit sein, ein neues Leben beginnen.

Das zumindest war es, was ich mir weismachte.

»Wir haben es geschafft«, sagte ich. In ihren Augen spiegelten sich die flüchtigen Sonnenstrahlen, als sie zum ersten Mal des Wunders der Lagunenstadt ansichtig wurde, all der Türme und Paläste, die mich meine Kindheit lang begleitet hatten.

Wir hatten das Ziel unserer Reise erreicht.

Während wir mit Pietros Hilfe unser Gepäck verluden, blickte sie sich neugierig um, staunte über die Enge und das Gedränge im Hafen, die schwindelerregende Höhe des Glockenturms, das Durcheinander der Bauten aus zahllosen Jahrhunderten, die abseits des Dogenpalasts und der Piazza keine Regeln, keinerlei Harmonie kannten. Jedes Haus sah anders aus, und keines davon scherte sich um die vier Richtungen des Himmels. Die Wasserwege waren noch zahlreicher und wichtiger als in Quinsai, ja mancherorts die einzige Möglichkeit, ein Gebäude, einen Eingang überhaupt zu erreichen, doch sie waren so klein und krumm wie ein Wurzelgeflecht. Wo in Manzi die Ordnung regiert hatte, herrschte hier das Chaos. Wo die Menschen dort ihren Platz gekannt hatten, gebärdeten sie sich hier wie die Könige, stießen und drängten uns aus dem Weg, wenn wir nicht achtgaben. Ein ums andere Mal schenkte mir Kokachin ein unsicheres Lächeln, das ich mit gespielter Zuversicht erwiderte. Unsicherheit stand ihr nicht, doch ich konnte es ihr nicht verübeln. Auch Pietro wirkte überfordert von der Masse unbekannter Eindrücke.

Spätestens, als wir vor unserer alten Tür im Regen standen und keinen Einlass erhielten, merkte auch ich, dass es nicht so leicht werden würde, wie wir es uns erhofft hatten. Ich war aber nicht mit ihr um die halbe Welt gereist, um nun aufzugeben. Wir würden Zeit brauchen, uns an all die Neuerungen zu gewöhnen – das war alles.

Während Maffeo mit Nicolòs Unterstützung in den kommenden Monaten um die Gunst unserer Verwandten buhlte, bezogen wir ein einfaches Haus im Sestiere Dorsoduro, möglichst weit von beiden Ca' Polos entfernt, und lebten von unseren Rücklagen, bis ich mit Maffeos Hilfe und oft auch in seinem Namen wieder kleinere Geschäfte tätigte. Unermüdlich baute er sein Unternehmen im Unternehmen auf, doch seine Pläne interessierten mich nicht. Mein Name interessierte mich nicht. Ich wollte nicht länger dazugehören – ich wollte nur mein eigenes Leben führen, gemeinsam mit Kokachin. Sie war alles, was für mich zählte. Der Abend mit Andrea am Arsenal war das einzige Mal, dass ich nach Spuren meines früheren Lebens forschte.

Nachts, wenn wir gemeinsam in unserem Bett lagen und auf den Regen lauschten, war es beinahe wieder wie damals in Quinsai. Doch dann erschallten die Kirchenglocken und zerstörten die Illusion. Sobald sie verstummten, drehte Kokachin sich zu mir und gab mir einen Kuss, und manchmal schliefen wir noch einmal ein und träumten von der Vergangenheit.

Sich eine Zukunft aufzubauen gestaltete sich deutlich schwieriger. Venedig war nicht Quinsai. Zerstreuungen waren rar, das Leben rauher, und alles, was wir begehrten, hatte einen Preis. Geld war für Kublais Statthalter und Tochter nie ein Thema gewesen. Nach einer Weile begann ich mich wieder daran zu gewöhnen, denn ich hatte als junger Mann auf der Reise schon entbehrungsreichere Zeiten erlebt.

Kokachin hingegen fiel die Umstellung sehr schwer. Sie misstraute dem verwinkelten Steinlabyrinth der Stadt und fragte mich mehr als einmal halb im Scherz, weshalb man dieses Schlachtfeld aus Märkten, Kanälen und Abfällen die Serenissima nannte. Zwar lernte sie Venezianisch, so gut sie konnte, doch obgleich sie sich wie eine Einheimische kleidete und ich sie stets als meine Frau vorstellte, blieb sie den Venezianern doch fremd. Sie hasste es, keine Autorität mehr zu haben und überall mit Vorurteilen gegen ihren Stand, ihre Herkunft, ihr Geschlecht konfrontiert zu sein. Manchmal dachten wir, am besten wäre es, wir würden fortgehen, auf das Festland ziehen, uns ein Heim an einem ruhigen Fleckchen suchen, wo wir unser eigener Herr sein konnten; wo man bis zum Horizont sehen und den Wind vom Rücken eines Pferdes aus genießen konnte. Doch unsere schwindenden Mittel und besonders der Zustand Nicolòs ließen das nicht zu.

Von meiner Familie hielt sie sich fern. Maffeo misstraute ihr wie einem bösen Omen, wohl weil sie ihn an ihren Vater erinnerte und daran, wie vollständig er in Kublais Diensten gescheitert war. Nicolò sagte zwar, er freue sich für uns, aber ich wusste, er hielt die Entscheidungen, die wir getroffen hatten, für grundfalsch und bezweifelte, dass meine Verbindung mit einer Heidin in der christlichen Welt von Bestand sein konnte. Kokachin wiederum wollte sich nicht in das komplizierte Verhältnis zwischen ihm und mir einmischen, insbesondere, solange es noch so viel zu klären gab. Die Sagredos bekamen Kokachin nach jenem ersten Tag im Regen nie wieder zu sehen.

Als ich daher eines Tages an dem Sklavenhändler auf der Riva degli Schiavoni vorbeikam, war es nicht nur Mitleid, das mich bewog, die Mongolin Gerel freizukaufen, sondern auch die Hoffnung, dass sie Neuigkeiten aus Persien und Kithai wusste, die Kokachins Heimweh vielleicht etwas lindern würden. Dass sich Kokachin wieder mit jemandem in ihrer Muttersprache unterhalten konnte.

Dass sie solcherart vom Tode ihres Vaters erfuhr, war nicht meine Absicht gewesen.

Ihr Gesicht war wie aus Stein, als Gerel es ihr erzählte. Ich war überzeugt, dass Kokachin in jungen Jahren ihren Vater abgöttisch geliebt hatte, aber je herrschsüchtiger und starrsinniger Kublai geworden war, desto mehr hatte sie sich von ihm entfernt. Schließlich hatte Chinkim auch seinetwegen den Freitod gewählt, und seinetwegen hatte sie sich jahrelang bei mir versteckt. Zwar war die letzte Entscheidung bereits gefallen, als wir in Zayton nach dem Zerwürfnis mit Kublai unsere Schiffe bestiegen. Nun aber spürte sie, was es hieß, dass es nie mehr eine Aussprache mit ihm geben würde. Und es war immer ihr Wunsch gewesen, dass ich mich mit Nicolò versöhnte, den sie genau wie ich als meinen wahren Vater sah: damit es mir nicht ebenso erging wie ihr.

Gerel aber staunte nicht schlecht, als sie erfuhr, wer ihre neue Schutzherrin war, und schob ihre Pläne für eine Rückkehr in die Heimat noch eine Weile auf.

Doch das Leben scherte sich ohnehin nicht um unsere Pläne. Im Herbst 1296 begab ich mich mit Maffeo auf eine mehrmonatige Reise nach Firenze und Siena. Er hatte mich dazu überredet, weil es um einen Abschluss mit verschiedenen Gildenvertretern ging, der unsere Einkünfte auf Jahre hinweg sichern könnte, er für die Verhandlungen angeblich aber einen zweiten Polo brauchte und Nicolò die Reise nicht mehr zumutbar war.

»Du vertraust mir?«, hatte ich gefragt, ehrlich überrascht.

»Was für eine Wahl hast du denn?«, hatte er ungerührt erwidert. »Willst du für Geld Geschichten am Rialto erzählen?« Damals war das noch ein schlechter Scherz gewesen.

Es hatte mir widerstrebt, Kokachin so lange allein zu lassen, doch sie hatte mir versichert, dass sie mit Gerels Hilfe zurechtkommen würde. Wenn es wirklich um so viel Geld gehe, hatte sie gesagt, solle ich Maffeos Bitte entsprechen.

Ich hätte wissen sollen, dass der Grund, den Maffeo mir nannte, wie so oft bei ihm nur ein Vorwand war. Leider erkannte ich die Wahrheit erst recht spät.

»Du willst mich verkuppeln!«, schalt ich ihn auf dem Rückweg, als wir mit unseren Pferden durch die Toskana ritten. »All die Treffen mit der Tochter des Podestas? Das war der eigentlich Grund für unsere Reise, oder nicht?«

»Dank deines Verhaltens hat sich diese Frage erledigt«, erwiderte er streng, und der Goldbesatz seines Kragens blitzte in der Sonne. Seit er wieder das Spiel der Reichen und Mächtigen spielte, kleidete er sich auch wieder wie sie. »Macht es dir Spaß, alles niederzureißen, was ich aufbaue?«

»Was *du* aufbaust?«, fragte ich fassungslos.

»Sicher«, sagte er. Seine Augen unter den schweren Brauen bohrten sich in mich. »Was soll denn bleiben von dir? Deine Prinzessin ist kinderlos und nicht viel jünger als du. Die Polos enden mit dir und deinem nichtsnutzigen Halbbruder. Was wir für dich brauchen, ist eine gute Christin im gebärfähigen Alter.«

»Du widerst mich an«, sagte ich. »Ich bin froh, dass du damals deinen Platz für Nicolò geräumt hast. Ich wünschte, er hätte mir nie die Wahrheit erzählt.«

»Damit sind wir schon zwei«, sagte er und trieb sein Pferd an.

Es wäre nicht mehr als eine weitere ärgerliche Episode gewesen, hätten sich die Ereignisse in unserer Abwesenheit nicht überstürzt. Nicolòs Zustand hatte sich rapide verschlechtert.

Und Kokachin war nicht mehr da.

Unser Haus war verlassen, Staub lag auf den Tischen. Ihre Sachen hatte sie gepackt. Auch von Gerel fehlte jede Spur. Auf unserem gemeinsamen Bett fand ich einen Brief. Mit zitternden Fingern schlug ich ihn auf, während sich mein erregter Verstand alle möglichen Schreckensszenarien ausmalte.

Beim Anblick von Phags-pas Staatsschrift, von ihrer unsicheren Hand mit Tinte und Feder auf Pergament gekratzt, musste ich fast weinen. Kokachin schrieb ungefähr so schlecht, wie ich lesen konnte, aber es war unsere einzige Möglichkeit, uns eine Nachricht zukommen zu lassen.

In dem Brief teilte sie mir mit, dass sie und Gerel nach Persien aufgebrochen waren. Sie sagte, dass all das, was geschehen war, nicht vergebens sein dürfe. Sie fühlte sich schuldig. Sie sagte, wir hätten immer gewusst, dass dieser Tag kommen werde, und bat mich um Verzeihung dafür, ohne Abschied zu gehen, meinte aber, dass es so einfacher wäre für uns.

Die letzten vier Worte ergaben zunächst keinen Sinn – bis ich begriff, dass sie Venezianisch waren.

Der Brief war bereits drei Monate alt, als ich ihn fand. Und obwohl Kokachin mich ausdrücklich gebeten hatte, ihr nicht zu folgen, hätte ich genau das getan – wäre da nicht Nicolò gewesen. Ich ahnte, wenn ich ihn jetzt zurückließe, würde es kein nächstes Mal geben. Er wäre nicht mehr am Leben, bis ich wiederkam. Und sein Bruder war gleich nach unserer Rückkehr wieder aufgebrochen, diesmal nach Milano. Kokachin hätte gewollt, dass ich mich um meinen Vater kümmere.

Also blieb ich bei ihm, bis es vorüber war.

Wen hatten wir auch sonst noch, er und ich?

Als mich nichts und niemand mehr hielt, packte ich meine Sachen, um mich auf die vielleicht letzte Reise meines Lebens zu begeben. Es würde schwierig werden, Kokachin nach so langer Zeit noch zu finden, doch mir blieb keine Wahl. Meine Gedanken waren Tag und Nacht bei ihr, und ich machte mir furchtbare Vorwürfe, weil ich nicht bei ihr war. Ich musste ihr beistehen.

Doch das Schicksal kam mir abermals in die Quere.

Kurz bevor mein Schiff in See stach, stand auf einmal ein fremder Mann vor meiner Tür. Er war ein Mongole und fragte mich rundheraus, ob ich der Marco Polo sei, der zwanzig Jahre in den Diensten des Großen Khans gestanden hatte.

Mein Herz setzte einen Schlag lang aus, und ich verfluchte mich, keine Waffe in Reichweite zu haben. Doch als ich seine Frage vorsichtig bejahte, verbeugte er sich mit einem wissenden Lächeln und überreichte mir einen Brief.

»Mahmud Ghazan entbietet seinen Gruß.«

Dann verschwand er ebenso plötzlich, wie er gekommen war.

Der Brief trug das Siegel des Ilkhans von Persien. Meine Hände begannen zu zittern. Ich wusste, dass Ghazan vor einem Jahr nach langen Intrigen endlich den Thron seines Vaters bestiegen hatte. Auch dass er zum Islam konvertiert war, hatte sich in der christlichen Welt herumgesprochen. Aber ich hätte niemals damit gerechnet, dass er mich aufspürte …

Mit zugeschnürter Kehle brach ich das Siegel.

Der Brief war in einer wunderschönen Handschrift verfasst, einmal auf Persisch, einmal auf Latein, offenkundig von einem gelehrten Übersetzer. Doch der Inhalt war so knapp, dass ich ihn fast in jeder Sprache verstanden hätte.

Wir grüßen den ehrlosen Hund, den Kaufmannssohn Marco Polo!
Wisset, dass Euer Verrat ans Licht kam.
Nun spürt den Stich in Eurem Herzen und teilt unsere Trauer!
Prinzessin Kokachin, Tochter des Kublai, ist tot.
Möge Allah Euch für Eure Sünden strafen!

In dem gefalteten Pergament lag noch etwas anderes. Ich starrte es einen Moment lang verständnislos an, ehe ich begriff. Es war eine silberne Haarnadel, die Kokachin einst von Mei-Li geschenkt bekommen hatte.

Das Leben, so heißt es, geht weiter, auch nach dem Tod eines geliebten Menschen.

Vielleicht mag dies für manche Leute stimmen.

Bei mir war es anders.

XIII
Der Vorschlag

Das war es also?«, fragte Rustichello. »Deshalb die Verzweiflung, das Gefühl des Gefangenseins? Weil Ihr nicht da wart, als Kokachin fortging, und Ihr sie für tot hieltet? Ist das die Wunde, von der Ihr spracht – der Grund für Eure Selbstvorwürfe, Eure Schuldgefühle?«

Der Venezianer nickte. Es schmerzte Rustichello, den einst stolzen Mann so zu sehen, und nur zu gerne hätte er ihm etwas Raum, ein wenig Zeit für sich gegeben, doch war dies schwer zu zweit in einer Zelle, in der man sich vom Essen bis zum Eimer alles teilte.

Innerlich versuchte er, die Stücke des Mosaiks neu zu ordnen: Kokachin war also *nicht* in Persien geblieben, sondern mit nach Venedig gegangen – der Venezianer hatte dies bloß erst unterschlagen. Sie hatten friedlich, aber unter schwierigen Bedingungen ein paar Jahre dort gelebt. Waren sie glücklich gewesen? Wahrscheinlich. Aber war es das gewesen, was sie sich erhofft hatten? Sicher nicht. Sie waren Außenseiter gewesen, ein Kuriosum, so fehl am Platz wie zwei Elefanten in einer Kirche.

Allein, wie es zu alldem gekommen war, verstand Rustichello immer noch nicht. Was war in Persien wirklich passiert? Wie hatten sie es angestellt, dass Ghazan sie ziehen ließ – und wieso um alles in der Welt war Kokachin zu ihm zurückgekehrt? Denn das und nichts anderes mussten die beiden Botschaften doch zu bedeuten haben. Wofür sollte Kokachin sich schuldig fühlen? Was war ihr bei ihrer Rückkehr widerfahren? Und was genau waren die Sünden, von denen der Ilkhan in seinem Brief sprach?

Ihn beschlich das nagende Gefühl, dass der Venezianer abermals nicht die ganze Wahrheit erzählt hatte. Sollte er dieser Version der Geschichte wirklich glauben? Etwas an dem neuen Bild stimmte noch nicht. Es gab etwas, das der Venezianer niemandem eingestehen mochte – vielleicht auch sich selbst nicht.

Nachdenklich studierte Rustichello das bärtige, rotwangige Gesicht seines Gefährten, zerrissen zwischen schmerzhafter Erinnerung und der unerwarteten Nachricht: Kokachin lebte. Sie lebte, und alles, was er seit ihrer Rückkehr nach Persien getan hatte – seine Selbsterniedrigung, sein Davonlaufen, die Schlacht von Curzola –, war nicht mehr als eine große Dummheit gewesen. Eine Tragödie. Er hatte den Tod gesucht, doch im Gegensatz zu seinem Freund Andrea und so vielen anderen hatte er ihn nicht gefunden.

Rustichello wusste, er konnte ihn nicht dazu zwingen, mehr zu erzählen, als er wollte. Er war weder Priester noch Richter, sondern ein Freund. Und das Letzte, was sein Freund in seinem jetzigen Zustand brauchte, war, dass ihn wieder jemand der Lüge bezichtigte. Ihn Il Milione nannte. Ihm ins Gesicht sagte, dass er nicht genug war.

»Ich danke Euch«, sagte Rustichello. »Für Eure Offenheit«, fügte er hinzu, als der Venezianer überrascht aufblickte. »Und es erfüllt mich mit großer Freude, dass Kokachin dank Gottes Gnade zu Euch zurückfand.«

»Gott?«, fragte der Venezianer, immer noch zweifelnd.

»Nennt ihn ruhig den Ewigen Blauen Himmel, wenn es Euer Heidenherz erfreut«, sagte Rustichello. »Mich kümmert es nicht. Kokachin lebt, sie ist zurück, und das allein zählt. Webermädchen und Hirtenjunge sind endlich vereint.«

Dem Venezianer traten wieder die Tränen in die Augen.

»Danke, Messere.«

»Wofür? Ich freue mich für Euch! Ich glaube, dank Eurer verqueren Erzählweise hielt ich die Prinzessin noch öfter für verloren als Ihr.«

Der Venezianer lachte. Es tat gut, ihn wieder lachen zu hören.

»Natürlich gibt es jetzt ein Problem«, sagte Rustichello, und auf einmal geschah etwas sehr Seltsames mit ihm: Als wäre ein heller Lichtstrahl durch ihr kleines Fenster gefallen, sah er auf einmal alles ganz klar. Es war ein Moment, wie er nur selten im Leben auftritt, und Rustichello hatte es so lange nicht mehr erlebt, dass ihm erst gar kein Wort für dieses neue Gefühl der Klarheit einfiel. Es war, als kannte er die Lösung des Problems, noch ehe ihm das Problem bewusst wurde. Er wusste genau, was zu tun war, und es fühlte sich gut an.

Dann fiel ihm auch wieder ein, wie man dieses spezielle Gefühl nannte: Es hieß Zuversicht.

Der Venezianer schaute ihn fragend an.

»Sehr bald schon wird man uns entlassen«, sagte Rustichello. »Vielleicht schon morgen, vielleicht nächste oder übernächste Woche. Vielleicht trifft es mich zuerst, vielleicht Euch. Ihr werdet zu Eurer Kokachin gehen, und ich … nun, was ich tun werde, muss sich noch zeigen.«

»Wo liegt das Problem, von dem Ihr spracht?« Der Venezianer schien es wirklich nicht zu sehen. Wahre Liebe, nahm Rustichello an. Nur wahre Liebe machte so blind.

»Ihr seid einer anderen versprochen«, erinnerte er ihn.

»Donata Badoer. Es ist alles arrangiert, und sie freut sich sehr auf die Hochzeit.« Mit leichtem Tadel fügte er hinzu: »Hättet Ihr ihre Briefe gelesen, wüsstet Ihr das.«

»Aber natürlich.« Der Venezianer ließ sich matt gegen die Wand sinken. »Donata!« Er schüttelte den Kopf. »Verzeiht, aber da Ihr Eure Aufgabe so glanzvoll bewältigt habt, muss ich irgendwann ganz vergessen haben, dass Ihr all die Briefe in meinem Namen schriebt …« Seine Augen wurden groß. »Und die Gedichte!«

»Sie denkt, Ihr liebt sie. Soweit dies möglich ist, ohne jemanden jemals getroffen zu haben.«

»Ich kenne sie gar nicht«, gestand der Venezianer.

»Ihren Briefen nach zu urteilen, ist sie eine reizende Person.«

Der Venezianer schüttelte wieder den Kopf, diesmal nachdrücklicher. »Ich hasse es, einer schuldlosen Dame das Herz zu brechen, aber so muss es wohl sein.«

»Ihr macht es Euch da recht einfach.«

»Was soll ich denn tun? Es wird nicht das letzte Mal sein, dass Maffeo mich zu einer Ehe drängt, und es wird nicht das letzte Mal sein, dass ich mich dem entziehe. Donata ist noch jung, sie wird jemand anderen finden.«

»Sie will Euch«, widersprach Rustichello.

»Ich hätte mich ja darauf eingelassen – sonst hätte ich Euch niemals gebeten, ihr Hoffnung zu machen! Aber ich wusste nicht, dass Kokachin …«

»Es gibt noch eine andere Möglichkeit«, sagte Rustichello ruhig.

Der Venezianer setzte sich auf. »Ja? Welche denn? Bitte sprecht!«

Rustichello befeuchtete sich die Lippen.

»Marco Polo heiratet Donata Badoer – und Ihr verschwindet mit Kokachin über alle Berge und gleichsam aus dieser Geschichte.«

Der Venezianer sah ihn an, als wäre einer von ihnen beiden schwer von Begriff.

»Ich verstehe nicht.«

Rustichello sprach die Worte so langsam und deutlich, als leistete er bereits den Eheschwur.

»Marco Polo heiratet Donata Badoer, und Ihr verschwindet mit Kokachin.« Er holte tief Luft. »Niemand hat gesagt, dass Ihr Marco Polo sein müsst.«

Ein tiefes Schweigen legte sich über die Zelle.

»Nun glaube ich, ich verstehe Euch zwar, aber ich kann nicht glauben, was Ihr da sagt. Ich muss mich verhört haben.«

»Lasst mich an Eure Stelle treten. Ich werde Marco Polo! Ihr werdet Rustichello da Pisa.«

»Nun redet Ihr irre.«

»Ach ja?« Rustichello hob die Stimme. »Es ist die naheliegende, die einfachste, die einzig sinnvolle Möglichkeit. Wieso muss ich das ausgerechnet Euch erklären? Ihr habt jede Menge Erfahrung damit! Euer eigener Vater hat es Euch vorgemacht. Fast könnte man sagen, es liegt Euch im Blut.«

»Redet Ihr mir nicht von Blut!«, fuhr der Venezianer ihn an und sprang auf die Füße. »Ich *weiß*, was es heißt, Blut an den Händen zu haben! Jedes Mal, wenn sich Menschen in ihrem Hochmut dazu verstiegen, jemand anderes sein zu wollen …«

Verwundert schaute Rustichello zu ihm auf. »Wie meint Ihr das, jedes Mal? Wessen Blut habt Ihr im Sinn?«

»Zurficar«, sagte der Venezianer knapp. »Ich dachte an Zurficar.«

»Zurficars Fehler war es, zwei Leben zugleich zu führen und nicht zu wissen, wer er eigentlich sein wollte. Unser Fall liegt völlig anders. Wir tauschen die Plätze, das ist alles.«

Der Venezianer schnaubte. »Das ist alles? Was wurde aus Euren Mahnungen, sich nicht zu gottgleicher Macht zu versteigen? Geht nun die Eitelkeit mit Euch durch?«

»Ihr übertreibt«, wehrte Rustichello ab. Doch einen Augenblick staunte er selbst über den Wandel, den er durchgemacht hatte. War es Hochmut oder einfach nur Mut? Und die Frage, die er sich schon einmal gestellt hatte, fiel ihm wieder ein: *Wer bestimmt, wer wir sind? Wir oder die anderen?*

Er wusste keine Antwort darauf. Trotzdem war er von seinem eingeschlagenen Weg überzeugt und wollte sich nicht mehr davon abbringen lassen.

»Wer sagte denn, er glaube fest daran, dass wir mit genug Mühe zu jedem Menschen werden können, der zu sein wir uns wünschen?«

»Das meinte ich in einem völlig anderen Zusammenhang …«

»Und wer sagte, er habe immer gespürt, dass ihm ein Leben wie das seines Vaters bestimmt war?«

»Aber doch nicht so! Wollt Ihr mir nun seine Schuhe anziehen?«

Rustichello raffte sich auf.

»Ich verstehe ja, dass Euch die Vorstellung schreckt, Eurem Vater – Eurem leiblichen Vater – zu ähnlich zu werden. Schließlich habt Ihr ihm jahrelang Vorwürfe gemacht, und zu Recht, wie ich meine. Hier geht es aber nicht darum, sich aus der Verantwortung zu stehlen. Hier geht es darum, das Richtige zu tun. Lasst uns diesen neuen Weg beschreiten und unsere Zukunft in die eigenen Hände nehmen! Die einzigen Menschen, die unsere Entscheidung beträfe, wären Maffeo – und ich darf annehmen, dass Euch das nicht hindern wird – und zwei Damen, die Ihr andernfalls in tiefes Unglück stürzen würdet.«

Er trat zu ihm hin und legte ihm die Hände auf die Schultern.

»Wenn ich Euch recht verstehe, geht es Maffeo nur noch darum, seine Macht über das Familienunternehmen zu festigen. Dazu braucht er einen zweiten Polo, der ihn unterstützt – nicht mehr und nicht weniger. An Euch persönlich ist ihm nicht gelegen. Oder sehe ich das falsch?«

»Nein«, sagte der Venezianer. »Das sehr Ihr ganz richtig.«

»Dann bleibt lediglich die Frage: Wollt Ihr wirklich Euer und Kokachins Leben und das der armen Donata wegwerfen – oder habt Ihr den Mut für einen Neuanfang? Ich glaube, Euer alter Mentor Tarmaschirin war es, der sagte: Man soll nie zu stolz sein, sein Leben zu retten oder ein neues zu beginnen.«

»Ihr tut, als wolltet Ihr ehrenhaft handeln. In Wahrheit schlagt Ihr vor, Donata zu betrügen.«

»*Ihr* wart das!«, erinnerte ihn Rustichello. »*Ihr* habt mich gebeten, Donata an Euer statt zu schreiben. Sie kennt nur mich. Für sie bin ich immer schon Marco Polo gewesen – von der ersten Seite an.«

Der Venezianer machte drei schnelle Schritte zur nächsten Wand, blieb stehen und ballte mehrmals konzentriert die Fäuste. Rustichello sagte nichts mehr und gab ihm Zeit, über seine Worte nachzudenken.

»Wieso schlagt Ihr das wirklich vor?«, fragte der Venezianer, den Blick zur Wand.

»Ich mag Donata.«

Der Venezianer fuhr herum und funkelte ihn an. »Sprecht die Wahrheit!«, forderte er.

Ich habe kein Zuhause mehr.

Rustichello dachte an ihre letzten Gespräche.

Ich wüsste gar nicht, was ich mit mir noch anstellen sollte.

Ihr könntet unser Buch verbreiten. Unsere Geschichte erzählen.

»Ich mag sie wirklich«, sagte Rustichello. »Und ich mag Euch.«

Ich wünschte, ich hätte nicht nur eine Geschichte, sondern auch ein Leben dazu. Ich würde all meine Geschichten geben, hätte ich wieder ein Leben.

Rustichello schüttelte den Kopf. »Aber vielleicht mag ich mich selbst nicht.«

Ihr könnt mein Leben gerne haben. Ich hatte es lange genug, und ich hänge nicht mehr daran.

»Ihr seid ein guter Mensch, Messere«, sagte der Venezianer. »Ein weitaus besserer als ich.«

Rustichello dachte an seine Jugend in Pisa. Seine erste Veröffentlichung. An seine Briefe mit Leonor de Castilla und die Zeit am sizilianischen Hof, als die ganze Welt ihm wie eine seiner Romanzen erschienen war. An seine vergeudete Liebe zu Conte Ugolinos treuloser Tochter und die Schlacht von Meloria.

»Ich bedaure nicht, wer ich einst war«, sagte er. »Doch nach fünfzehn Jahren in diesem Gefängnis weiß ich nicht mehr, wer ich eigentlich bin.«

Der Venezianer musterte ihn ernst. »Wer weiß es sonst? Wer ist Euch geblieben? Wer kennt Rustichello da Pisa?«

»Meine Familie lebt seit vielen Jahren nicht mehr. Rustichello da Pisa ist nur noch ein Name – auf einem verblichenen Pergament.«

Des Venezianers Blicke wanderten unruhig umher. Rustichello sah, wie es in ihm arbeitete.

»Was ist mit den Palastdienern? Habt Ihr mit denen geredet?«

»Sehr gesprächig sind unsere neuen Bewacher ja nicht, und die alten Gesichter habe ich nicht mehr gesehen, seit man uns aus dem Obergeschoss warf. Seither schert es niemanden mehr, wer wir eigentlich sind.«

»Sicher hat man es ihnen aber gesagt. Und sie bringen uns Briefe.«

»Doch haben sie Euch jemals mit Namen angesprochen? Euch persönlich?«

»Nein«, gestand der Venezianer. »Euch?«

Rustichello schüttelte den Kopf.

»Es käme auf den Versuch an«, überlegte der Venezianer.

»Wir könnten einfach die Kleidung tauschen«, schlug Rustichello vor. »Wenn sie uns das nächste Mal Essen bringen oder den Eimer leeren, rede ich Euch mit Messere Rustichello an, und Ihr mich mit Messere Marco. Wir werden schon sehen, was dann passiert.«

»Vermutlich gar nichts.« Der Venezianer lachte. »Ihr habt einen Bart, ich habe einen Bart. Ihr stinkt, ich stinke auch. Leiden können sie uns beide nicht.«

Rustichello stimmte in das Lachen ein. »Die Welt will betrogen sein.«

Eine Weile sagte niemand ein Wort.

Dann nickte der Venezianer. »Betrügen wir sie.«

Langsam, fast schamvoll, kleidete er sich aus. Unter seinem Hemd kam ein kleines Silbermedaillon zum Vorschein.

Rustichello nahm den Anblick in sich auf.

»Ihr habt sie bei Euch getragen«, stellte er fest. »Die ganze Zeit.«

Der Venezianer nickte wieder.

Rustichello entkleidete sich ebenfalls. Dann zogen sie die Lumpen des jeweils anderen an und betrachteten einander; zwei Räuber, die sich auf frischer Tat in einem fremden Haus ertappen.

»Gut seht Ihr aus«, sagte Rustichello und verbeugte sich höflich. »Messere Rustichello!«

Der Venezianer wirkte noch nicht überzeugt. »Ohne Maffeos Hilfe wird es nicht gehen. Ich kenne sein Geheimnis, und er ist mir etwas schuldig – trotzdem muss ich ihm schreiben und ihn auf eine Änderung unserer Pläne einstimmen.«

»Sagt ihm, ich freue mich darauf, Geschäfte mit ihm zu machen.«

»Ihr werdet Euch ihm mit Leib und Seele verkaufen müssen! Und ihm mindestens drei Söhne schenken.«

»Ich werde es Donata gerne vorschlagen.« Rustichello lächelte entschuldigend. »Aber ich kann nichts versprechen.«

»Wenn Euch irgendjemand etwas fragt ...«

»Messere«, unterbrach Rustichello. »Ich kenne Euer Leben. Ich kenne es sogar sehr gut.«

»Dennoch ...« Der Venezianer holte tief Luft. »Geht meiner Familie wenn möglich aus dem Weg. Tut, was Maffeo von Euch verlangt, leistet Eure Unterschriften ... aber meidet die Sagredos! Sie haben mich nur ein- oder zweimal gesehen, und das ist Jahre her – aber nichts ist schwerer, als eine Lüge zu leben. Um Donatas Willen ...«

»Ich bin ein vorsichtiger Mensch.«

Der Venezianer nickte. »In meinem Haus werdet Ihr auch meine Notizen finden. Was aber wird aus Eurem Manuskript?«

»Das wird man nun Euch geben, wenn man Euch entlässt. Ich hoffe, dass es Euch Glück bringt.«

»Ihr wollt, dass ich es verbreite?«

»Unbedingt.« Rustichello lächelte. »Seht Ihr, das Wunderbare an Eurem Leben ist, dass es für uns beide reicht: Ich führe es fort, doch Euch obliegt fortan die Geschichte – die Geschichte Eures Lebens.«

»Unser Leben«, sagte der Venezianer. »Unsere Geschichte.«

»Dann sind wir uns einig?«

Statt einer Antwort breitete der Venezianer die Arme aus. Rustichello trat zu ihm, und sie drückten einander.

»Ich danke Euch«, flüsterte der Venezianer.

»Es gibt nichts zu danken«, sagte Rustichello. »Ihr habt mir wieder ein Leben geschenkt.«

»Mein Leben gehört Euch«, murmelte der Venezianer.

Etwas ließ Rustichello innehalten. Er löste sich aus der Umarmung und schaute den Venezianer fragend an. »Waren das nicht einst Eure Abschiedsworte? An Kokachin? Oder war diese Version der Geschichte ... nicht wahr?«

Der Venezianer versteifte sich.

»Es waren Abschiedsworte«, sagte er. »Aber nicht meine.«

»Werdet Ihr mir den letzten Teil der Geschichte noch erzählen?«

Der Venezianer machte eine ausweichende Geste, die halb Nicken, halb Kopfschütteln war, und trat zur Tür.

»Ihr wollt die Wahrheit?«, fragte er. »Finden wir es heraus ...«

Und er klopfte lautstark gegen die Tür.

»Wachen? Messere Marco wünscht einen dringenden Brief an seinen Onkel Maffeo zu schreiben. Bringt uns Pergament und Feder! Es soll Euer Schaden nicht sein.«

XIV
Die Wahrheit (2)

Im Laderaum brennt nur eine einzige Laterne. Es riecht nach Schweiß und Blut, und der Atem der Verwundeten geht schwer, doch keiner von ihnen ist bei Bewusstsein. Botschafter Goza, der gerade für einen der Männer gebetet hat, erhebt sich von seinem Teppich, als wir eintreten.

»Nun?«, fragt er aufgeregt. Mei-Li steht hinter ihm, reisweingetränkte Tücher über dem Arm.

»Es ist ein Schiff des Ilkhans«, sage ich. »Arghun ist tot, aber sein Sohn Ghazan soll der neue Bräutigam sein.«

Die Erleichterung auf Gozas Gesicht ist ohne Grenzen. Er strahlt wie ein kleines Kind und merkt nicht einmal, dass niemand sonst im Raum die Freude teilt.

»Allah sei Dank! Gehen wir unsere Retter begrüßen!«

Da erst fällt ihm Kokachins eiserne Miene auf. Sie sieht zu Mei-Li, die ruhig die Augen niederschlägt und nähertritt.

»Was ist?«, fragt Goza.

»Botschafter«, sagt Mei-Li. Die Tücher gleiten langsam von ihrem Arm. »Da wäre noch etwas …«

»Ja?«, fragt Goza und will sich zu ihr umdrehen. Was …

Das Messer in Mei-Lis Hand blitzt so unerwartet auf, wie der Schnabel eines Fischreihers das Wasser durchstößt. In einer schnellen Geste gleitet die Klinge seine Kehle entlang, der Pinselschwung einer Kaligraphie, und hinterlässt eine rote Spur auf der Haut. Noch ehe der Botschafter reagieren kann, macht sie einen raschen Schritt zurück und betrachtet ihr Werk. Fast wäre ich vorgesprungen, um ihm zu helfen, doch Kokachin packt mich am Arm.

Und so lasse ich es geschehen.

Goza presst die Hände auf die Kehle, als könnte er die Wunde schließen, doch das Blut schießt wie aus einem übervollen Weinschlauch zwischen seinen Fingern hervor, besudelt sein Gewand, trieft auf den Teppich. Der Botschafter geht in die Knie, als wollte er wieder beten, und schaut uns aus großen Augen an. Ich spüre, er versteht bis zuletzt nicht, zu welchem Zeitpunkt er einen Fehler gemacht hat und wie er sich so in uns hat täuschen können. Er blickt Kokachin an, dann mich. Versucht, etwas zu sagen, doch nur ein Gurgeln dringt über seine Lippen. Mit jedem Herzschlag spritzt mehr von seinem Blut vor unsere Füße, als wollte sein Herz uns anklagen, an eine der vielen Gelegenheiten erinnern, zu denen er sich schützend vor uns gestellt oder sich für uns eingesetzt hat. Doch jeder Schlag verhallt ungehört – und all die Zeit wendet niemand von uns den Blick von ihm, und niemand rührt einen Finger.

Die Laterne flackert wie ein Spiegel seines stummen Kampfes – dann ist es endlich vorbei. Das Leben weicht aus Gozas Augen, er stürzt vor uns hin, und eine dunkle Lache breitet sich unter ihm aus. Der Gebetsteppich ist blutgetränkt wie ein frischer Verband. Ich schaue Mei-Li an, dann Kokachin. Sie wirkt nicht überrascht.

»Ihr habt es geplant?«, frage ich fassungslos.

»Fass mit an«, sagt Kokachin und nimmt seine Füße. »Seine Wunde ist zu auffällig. Wir müssen ihn über Bord werfen, ehe die Perser ihn finden.«

Über uns höre ich die Schritte meiner Familie an Deck, die sich bereitmacht, die Delegation willkommen zu heißen.

Ich packe den Botschafter unter den Schultern. Sein Kopf fällt zur Seite, und einen schrecklichen Moment lang habe ich Angst, er könnte abreißen, deshalb kippe ich ihn nach vorn, auf die blutgetränkte Brust. Zum Glück ist der kleine Mann recht leicht, dennoch ist es die schwerste Last, die ich je getragen habe. Gemeinsam schleppen wir ihn durch den dunklen Gang vor dem Laderaum bis zur nächsten Kabine, die ein geeignetes Fenster besitzt. Mit jedem Mal, da der Leichnam gegen eine Wand oder einen Türrahmen stößt, zucke ich zusammen, als könnte der Tote sich noch weh tun.

Dann stemmen wir Gozas leblosen Körper durch das Fenster und werfen ihn auf der dem persischen Schiff abgewandten Seite in die nächtliche See.

»Was nun?«, frage ich Kokachin. »Wir haben den Persern gesagt, dass du wohlauf bist! Sie werden dich …«

»Die Perser wissen nur von mir«, unterbricht sie mich. »Aber nicht von Mei-Li! Alles, was sie wollen – alles, was sie erwarten –, ist eine Frau für den Ilkhan. Alles andere ist ihnen egal.«

Da begreife ich, was die beiden Frauen vorhaben.

Und ich erkenne, wie weit sie tatsächlich vorausdachten.

Als wir zurückkommen, hat Mei-Li sich bereits entkleidet und reicht Kokachin ihre Sachen. »Du bist sicher, dass du das willst?«, fragt Kokachin streng. »Das ist die letzte Gelegenheit.«

»Mir ist kalt«, sagt Mei-Li.

Ohne weitere Worte legt Kokachin ihren Deel ab. Als Mei-Li ihn hastig anzieht, tritt sie auf den feuchten Gebetsteppich.

Wie aus einem Moospolster quillt Gozas Blut zwischen ihren Zehen hervor. Mit einem Zischen wischt sie sich den Fuß ab, während Kokachin Mei-Lis Kleider anlegt. Dann hat Kokachin von irgendwoher auf einmal die Boghta, die sie als Khatun hätte tragen sollen, in der Hand, und reicht sie Mei-Li, die ihr dafür eilig mit ihren Haarnadeln den Zopf hochsteckt.

Schließlich stehen sie sich gegenüber und betrachten einander im Licht der Laterne.

»Du siehst furchtbar aus«, sagt Mei-Li mit Tränen in den Augen.

»Niemand, der bei klarem Verstand ist, wird dich je für eine Mongolin halten«, erwidert Kokachin.

»Was, bin ich dir nicht barbarisch genug?«, lacht Mei-Li.

»Rede mit niemandem, es sei denn, man fragt dich etwas! Rede nur Persisch. Höchstens eine Handvoll Leute an Ghazans Hof war je in Kithai. Sie haben sich genauso weit von Dschingis' Erbe entfernt wie wir, bloß in die andere Richtung.«

»Ist es gut, häufig von Dschingis zu reden?«, fragt Mei-Li.

»Am besten sagst du gar nichts! So mögen sie ihre Frauen.«

»Ich habe diese Rolle mein Leben lang geübt«, versichert ihr die letzte Prinzessin der Song. »Nur hätte ich nicht gedacht, dass der Thron an meiner Seite der von Persien sein wird. Persien!« Sie trocknet sich die Augen.

Ich habe den Wechsel nur sprachlos verfolgt. Die Mei-Li, die ich kenne, ist keine kalte Mörderin. Ich denke an die Schicksalsschläge, die sie hat hinnehmen müssen, und wie nach dem Tode Yins und Chinkims alle Kraft und Freude aus ihr wich, bis nur noch eine blasse Hülle blieb. Auf unheimliche Weise scheint sie nun lebendiger als die Jahre zuvor. Und obgleich sie immer noch eine Gefangene ist, wirkt sie freier denn je.

Ich schüttele den Kopf. In meiner Brust ringen Entsetzen, Unglaube … und grenzenlose Dankbarkeit.

»Komm her«, sagt Mei-Li, als sie meinen Blick bemerkt. *Ich will etwas sagen, doch mir fehlen die Worte. Als ich sie umarme, merke ich, wie sie zittert, und dass meine Hände noch voller Blut sind.*

»Das wischst du besser ab«, sagt sie und reicht mir ein Tuch.

»Wieso tust du das?«, frage ich sie.

»Ich tue es für euch, du Esel«, sagt sie. »Denn im Gegensatz zu mir habt ihr noch einen Ort, an den ihr gehen könnt. Genießt eure Freiheit, und verspielt sie mir nicht!« Sie wirft die blutigen Tücher in einen Eimer. »Außerdem ist ein Leben als Khatun allemal besser als eines im Harem.«

»Marco?«, höre ich die Stimme Nicolòs von oben. »Ist alles gut?«

Kokachin schaut mich durchdringend an. »Was ist mit deinem Vater und Onkel? Werden sie zu uns halten?«

»Ja«, verspreche ich, drücke sie an mich und gebe ihr einen Kuss.

»Ja!«, rufe ich lauter, damit Nicolò mich hört. »Alles ist gut!«

Die letzten Tage zur See spielen wir den Persern Freude über unsere Rettung vor. In Wahrheit verzehrt uns die Angst, sie könnten uns auf die Schliche kommen, unseren ungeheuerlichen Verrat durchschauen. Das Medaillon um meinen Hals scheint zu pulsieren, gefährlich wie eine Schlange.

Doch die Perser schöpfen keinen Verdacht. Tatsächlich sind sie nicht fähig, eine mongolische Prinzessin von einer Manzi zu unterscheiden. Sie reden nicht einmal mit den Frauen, sehen nur eine kostbare Ware in Mei-Li und das ehrlose Weib eines Lateiners in Kokachin. Maffeo und Pietro verziehen nie eine Miene. Fast glaube ich so etwas wie Respekt in den Blicken von Bayans Sohn zu erkennen. Nur

Nicolò sehe ich die Verbitterung an. Er wird nie billigen, was wir getan haben, doch er wird uns auch nie verraten – denn wir sind alles, was er noch hat.

Im Hafen von Hormuz nimmt man uns in Empfang und erzählt uns von Arghuns Tod. Von dem Elixier, das ihm zum Verhängnis wurde. Und wir begreifen, dass wir statt eines Geschenks ein tödliches Gift in unserem Besitz haben.

»Der Trank aus Schwefel und Quecksilber …«

»Es hätte mein Geschenk für Arghun sein sollen«, sagt Kokachin. »Vielleicht wird es auch der Braut des Ghazan nützlich sein.« Und sie schenkt Mei-Li das Elixier, für den Fall, dass sie es eines Tages braucht.

Ghazan jedoch empfängt uns freundlich. Jung, wie er ist, wird er so rasch auch kein Lebenselixier benötigen.

»Er wird einmal ein guter Herrscher sein«, sagt Kokachin, als die Zeit des Abschieds kommt. »Und ein guter Ehemann für seine Khatun.«

Die Worte sind nur ein schwacher Trost. Als wir seiner Braut nach der Hochzeit Lebewohl sagen, stehen Kokachin Tränen in den Augen. Auch Mei-Li zeigt ein letztes Mal ihr wahres, sanftmütiges Selbst.

»Ich werde dich niemals vergessen«, sagt Kokachin.

»Bitte vergib mir«, sagt Mei-Li, und ich spüre, dass sie sich bis zu diesem Tag die Schuld an Chinkims Tod gibt – dafür, dass sie sein Geheimnis verriet, das ihn das Leben kostete.

»Es gibt nichts zu vergeben«, sagt Kokachin. »Du hast mir das größte Geschenk gemacht, das es gibt: mein Leben.«

»Mein Leben gehört dir«, antwortet Mei-Li, und für einen Moment sehe ich noch einmal die stolze Prinzessin vor mir, die mir wütend vor den Toren Quinsais entgegenflog, um ihren kleinen Bruder zu schützen. Die heimatlose Song, der Chabi Khatun ein zweites Leben in den Mauern Khanbaliks schenkte.

Mit einem letzten Blick auf die neue Khatun verlassen wir Ghazans Hof.

Mei-Li bleibt in Persien.

* * *

Bitte verzeih, dass ich ohne ein Wort schied. Wir wussten immer, dass die Vergangenheit uns einholen könnte. Nun hat sie es getan.

Kurz nachdem Du aufbrachst, erreichte mich Nachricht aus Persien. Uladai ist zurück – sein Schiff ging im Sturm vor Klein-Java verloren, erreichte aber schwer beschädigt eine Küste. Mei-Li fürchtet, dass er ihre Verkleidung durchschaut und dass Ghazan einen Mörder nach Venedig schickt, falls die Wahrheit ans Licht kommt.

Ich sende Dir keine Nachricht, denn dies würde nur größeren Schmerz bedeuten. Ich hoffe, Du kannst mir vergeben. Aber meine Entscheidung steht fest.

Ich reise mit Gerel nach Persien. Mei-Li weiß nichts davon und hat mich nicht darum gebeten. Aber ich bin es ihr schuldig. Ihr Opfer für uns darf nicht vergebens sein! Auch nicht das, was wir getan haben, oder die Entscheidungen, die wir trafen.

Ich reise ebenfalls in Verkleidung – denn noch weiß ich nicht, welche Rolle von mir erwartet wird. Doch wenn mir nichts anderes bleibt, muss ich dem Ilkhan die Wahrheit enthüllen und ihn um Vergebung bitten. Das Blut des Dschingis fließt in unser beider Adern. Er wird mich erhören.

Folge mir nicht! Ich weiß nicht, was mich erwartet und was nötig sein wird. Aber solange ich lebe, werde ich kämpfen – und zu Dir zurückkehren.

Son tua per sempre

* * *

Nachts liege ich wach, und mein Körper fühlt sich so leicht an, als gehörte er nicht mehr mir; als wäre ich gestorben und Gott oder Allah oder der Ewige Blaue Himmel riefen mich zu sich.

Ist es nicht seltsam, denke ich. Ich habe mehr erlebt als je ein Mensch zuvor, und doch war das größte Geschenk, das man mir machte, die Bürde meines Lebens von mir zu nehmen. Nicht länger muss ich mir zur Last fallen. Mich nach etwas anderem verzehren. Endlich bin ich so frei, wie ich es als Kind immer ersehnte: frei, mich zu verlieren und einfach dazuzugehören.

Alles, was von mir bleibt, sind meine Geschichten – die Geschichten, die niemals enden.

Manche haben sich für kurze Zeit mit denen anderer Menschen gekreuzt und wieder von ihnen getrennt. Andere bleiben für immer miteinander verknüpft. Manche wachsen wie Bäume, breiten ihr Dach über die Menschen, werden zu Sagen und Legenden: der Priester Johannes – der Alte vom Berge – Kublai Khan. Und Erzähler wie Eleazar oder ich tragen ihren Samen in alle Winkel der Welt.

Wie sagte der Abessinier? Es gibt solche, die etwas suchen, und solche, die Geschichten darüber erzählen – damit sie nicht länger suchen müssen.

Andere Geschichten werden niemals erzählt, weil wir uns oder die Menschen, die wir lieben, beschützen müssen. Diese Geschichten gehen nur die etwas an, die dabei waren.

Ich denke an Kokachin, wie sie in ihrer Rolle als Mei-Li zurück nach Persien reist, nur in Begleitung der aufrechten Gerel, zwei findige Frauen, die sich gegen alle Widerstände durchschlagen, bis sie ihr Ziel erreichen: ein vom Bürgerkrieg zerfressenes Land, in dem Ilkhane, Generäle und Emire einander nach dem Leben trachten.

Doch sie kommen zu spät: Ghazan hat seine Khatun verstoßen, sobald er erfuhr, dass sie in einem früheren Leben die

Geliebte eines Lateiners war; eben jenes Lateiners, der sie im Auftrag ihres Vaters an seinen Hof brachte, der Ghazans Gastfreundschaft genoss und ihm ins Gesicht lachte. Wutentbrannt greift der Ilkhan zur Feder und schreibt einen Brief, hofft, dass der Tod der Khatun den Lateiner genauso schmerzen wird wie ihn.

Dass seine Frau und der Lateiner ihn einst betrogen, hat ihm der alte Botschafter seines Vaters erzählt, der unverhofft aus dem fernen Osten zurück in die Heimat gelangte.

Dass seine Frau in Wahrheit gar nicht die ist, für die Ghazan sie hält, konnte Uladai ihm nicht mehr erzählen – denn er erhielt nach seiner Ankunft am Hof keine Gelegenheit mehr, der Khatun in ihr verschleiertes Gesicht zu blicken. Er berichtete bloß von den Geschehnissen in Kithai, von Kublais Zorn auf seine Tochter und von Kokachins unerlaubter Liebe. Dann starb er überraschend in den Armen einer Dienerin.

Manche sagen, er trank von dem verbotenen Elixier; dem Elixier, das langes Leben versprach.

Auch die Khatun lässt ihr Leben – aber nicht so, wie der Ilkhan es in seinem Zorn befahl, auf einem Richtblock oder der Ehre halber in einen Teppich gehüllt, in Erwartung eines blutlosen Todes. Es stellt sich heraus, dass sie des Ilkhans Kind erwartet. Deshalb wird ihr eine Gnadenfrist gewährt, bis sie ihre Pflicht erfüllt hat.

Als Kokachin und Gerel sie aus dem Kerker befreien, weiß sie, dass ihr nicht mehr viel Zeit bleibt.

Ich versuche mir auszumalen, wie es ihnen gelang, Mei-Li vor dem Henker zu retten; was es sie kostete oder wer sonst den Preis dafür zahlte. Gerne würde ich eine Antwort auf die letzten Fragen geben: zu welchem Zeitpunkt genau Ghazan erkannte, dass man ihn abermals übervorteilt hatte; oder wie eine silberne Haarnadel aus dem Besitz der Khatun, die ihren Weg im Haar einer oder zweier Frauen um die halbe Welt fand, so viele Menschen verbinden und für jeden etwas anderes bedeuten kann.

Doch ich kann es nicht, denn ich war nicht dabei, und die Geschichte dieser drei Frauen wurde mir noch nicht enthüllt.

Und niemand soll je erfahren, an welchem versteckten Ort die letzte Prinzessin der Song nach langer Flucht schließlich ihr Ende fand; und was aus ihrer kleinen Tochter wurde, deren Halbbruder im fernen Osten heute das größte Reich der Welt beherrscht.

Vielleicht werde ich der Kleinen eines Tages die Wahrheit über sich und ihre Herkunft erzählen, denn vielleicht steht es ihr zu. Aber vielleicht ist es auch mehr, als sie glauben kann – und trachten nicht bereits zu viele Menschen nach Rache und Antworten, die niemand hat? Wir alle kannten diesen Schmerz, manche zu lange …

Heute ist alles vergessen und alles verziehen – zumindest ist dies meine Hoffnung. Und ich will diese Hoffnung nicht aufgeben.

Was ich weiß, ist, dass Kokachin bis zuletzt bei ihrer Freundin blieb.

Dann, sobald die Straßen für sie wieder sicher waren, kehrte Gerel zu ihrer Familie heim, und Kokachin und das Kind fuhren zurück nach Venedig.

Ich höre Euch sagen: Eine Frau mit einem Säugling, die ganz alleine von Persien nach Italien reist? Wer soll so etwas glauben?

Und ich sage Euch: Ihr kennt die Tochter des Kublai nicht.

Denn sie ist auch die Tochter der Chabi und die Enkelin der Sorkhatani Beki, und sie geht ihren eigenen Weg.

Vielleicht wird die Geschichte dieser letzten Fahrt eines Tages erzählt werden, doch nicht von einem Il Milione, einem Weltbetrüger, sondern einem ehrbaren Erzähler. Einem Mann, der die großen und kleinen Geschichten, Legenden und Lebensbeichten, deren Teil wir alle sind, wahrheitsgetreu wiedergibt: um zu unterhalten, zu lehren und Menschen zum Träumen zu bringen.

Jemandem wie Messere Rustichello da Pisa.

XV
Il Milione (2)
Genua, August 1299

Die Palastdiener rissen sie aus dem Schlaf, noch ehe die ersten Sonnenstrahlen in den Hof des Palazzos fielen. Rustichello schrak zusammen, als die ersten Türen auf dem Flur knallten, doch er spürte keine Angst.

Dies war nicht das Ende, sondern der Anfang.

Auch der Venezianer war erwacht und hatte sich aufgesetzt.

»Es ist so weit«, flüsterte er.

»Ich wünsche Euch viel Glück.«

»Viel Glück auch Euch.«.

Dann warteten sie stumm, bis die Schritte auf dem Gang näher kamen und die Reihe an ihnen war.

Die Kerkertür öffnete sich mit lautem Rasseln. Zwei Palastdiener traten ein und schwenkten eine Laterne, bis sie beide Insassen der Zelle im Blick hatten.

»Na los, freut euch«, sagte der erste, begleitet vom Gackern des anderen Mannes. »Die Verträge sind besiegelt – Genua hat Frieden geschlossen.«

»Mit Pisa oder mit Venedig?«

»Venedig«, sagte der Palastdiener. »Pisa ist nächste Woche dran.«

Sein Kompagnon warf einen konzentrierten Blick auf eine kleine Tafel und zeigte sie dem ersten, der forschend die Laterne hob.

»Also, wer von euch beiden ist Marco Polo?«

Rustichello warf dem Venezianer einen knappen Blick zu. Dieser deutete ein unmerkliches Nicken an.

»Ich bin Marco Polo«, sagte Rustichello und erhob sich.

Der Palastdiener mit der Laterne baute sich vor ihm auf und musterte ihn. »So so«, sagte er. »Du bist also Marco Polo.« Er reichte die Laterne dem Mann mit der Tafel. »Hältst du das mal bitte?«

»Was …«, fragte Rustichello und wurde jäh unterbrochen, als der Mann ihm ohne jede Warnung die Faust in die Magengrube hieb.

»Das ist für den endlosen Ärger, den dein verrückter Onkel uns seit Wochen mit seinen Briefen und Extrawünschen macht!«, erklärte der Palastdiener und nahm seelenruhig wieder die Laterne entgegen. »Können wir?«

»Augenblick«, japste Rustichello und hob beschwichtigend die Hand, denn der Venezianer war auf die Füße gesprungen. »Haltet ein, Messere Rustichello! Ihr wollt so kurz vor Eurer Freilassung doch keine Torheit begehen!«

»Hört auf Euren Freund«, riet ihm der Palastdiener. »Und jetzt kommt, wir haben noch zu tun!« Sein gackernder Gefährte zog die Tür auf und marschierte voraus.

»Lebt wohl, Messere«, sagte der Venezianer mit feuchten Augen und reichte ihm Donatas letzten Brief. Den von Kokachin hatte er unter dem Stroh versteckt.

»Lebt wohl, Messere«, sagte Rustichello und rang sich ein tapferes Lächeln ab.

Dann stieß der Palastdiener mit der Laterne ihn vor sich her: hinaus in den Flur, um die Biegungen, vorbei an den anderen Zellen, von denen viele nun offen standen, dann zur Treppe und Stufe für Stufe empor in die kühle Morgenluft.

Ein grauer Schleier lag über dem Hof mit den schwarzweißen Spitzbögen. Etwa ein Dutzend Männer stand dort versammelt, genau wie er in Lumpen gekleidet, einige mit einem Sack über der Schulter. Allesamt Venezianer, nahm er an. Mehrere Bewaffnete, die er noch nie gesehen hatte, bewachten sie.

»Name?«, fragte ihr Anführer.

»Polo«, sagten die beiden Palastdiener, worauf der Offizier ihn von seiner Liste strich und die Palastdiener wieder nach unten verschwanden. Ein zweiter Soldat reichte ihm einen Sack. Darin waren die Kleider, die der Venezianer während des Winters und Frühjahrs in Erd- und Obergeschoss des Palasts getragen hatte.

Rustichello entging nicht das leise Raunen, das sich unter den übrigen Gefangenen ausbreitete. »Il Milione!«, hörte er eine Stimme. »Das ist Il Milione!«

Er kümmerte sich nicht darum, sondern schulterte seinen Sack und trat beiseite, Donatas Brief fest an die Brust gedrückt. Dann wartete er, bis die Palastdiener mit dem nächsten Gefangenen zurückkehrten.

»Sind das jetzt alle?«, fragte der mit der Laterne.

»Was ist mit dem hier?«, entgegnete der Offizier und deutete auf seine Liste. »Maurizio Vico?«

Der Palastdiener stöhnte. »Der alte Hundertauge ist schlecht zu Fuß. Glaube nicht, dass er die Treppe noch schafft.«

Rustichello versteifte sich. *Das kann doch kein Zufall sein …*

»Dann tragt ihn!«, blaffte der Offizier sie an. »Frieden ist Frieden, und Befehl ist Befehl!«

Mürrisch trabten die beiden Männer wieder nach unten. Rustichello stand weiter am Rand der tuschelnden Menge und vermied Blickkontakt. Wenn er nur wüsste, was das zu bedeuten hatte …

Jetzt nur keinen Fehler machen.

Unter lautem Ächzen schleppten die Palastdiener einen alten Gefangenen die Treppe hoch. Er war verkrümmt wie eine Weide, aber in jungen Jahren musste er ein stattlicher Mann gewesen sein. Rustichello warf ihm einen verstohlenen Blick zu. Der Alte besaß nur noch ein einziges Auge, und auch mit dem anderen sah er offenkundig nur noch schlecht.

Der Venezianer hatte oft Freigang und Küchendienst. Da hat er ihn bestimmt getroffen oder von ihm gehört und ihm den Spitznamen gegeben. Das muss die Erklärung sein.

Tunlichst auf Abstand zu seinen Mitgefangenen bedacht, wartete Rustichello, bis der Offizier sich von ihrer Vollzähligkeit überzeugt hatte. *Wie viele dieser Männer hat der Venezianer getroffen? Wie viele kennen ihn?* Erst jetzt wurde ihm bewusst, was für ein gefährliches Spiel er spielte.

Die Kathedrale San Lorenzo schlug zur Prim.

Der Offizier gab das Zeichen, und die Gruppe setzte sich in Bewegung.

Kurz bevor sie das große Tor des Palazzos erreichten, öffnete sich darin die kleine Tür, und die ersten Beschäftigten betraten den Hof. Mit klopfendem Herzen erkannte Rustichello Luigi, der sich aber nicht für sie interessierte und raschen Schrittes weiter Richtung Küche ging. Er hatte tiefe Augenringe an diesem Morgen, und nicht zum ersten Mal dachte Rustichello, wie sehr der hagere Mann mit der Adlernase doch dem Bild von Zurficar entsprach, das er die ganze Zeit vor Augen gehabt hatte. Ob Luigi sich in dem Kanzler wiedererkannt hätte?

Zu was er mich jetzt wieder macht! Ich bin ein Niemand.

Weiter hinten watschelte ein schwerer Mann mit schmalen Augen und einer schlaffen Haube auf dem Kopf. Trotz der mehr als frühen Stunde wirkte er angetrunken. Rustichello kannte ihn zwar nicht – aber das musste der Koch sein, von dem ihm der Venezianer erzählt hatte. Der herrische Vorgesetzte, den Luigi eines Tages abzulösen hoffte.

Er geht, als ob er große Schmerzen hat. Ist das etwa die Gicht …?

Und ein eigenartiges Gefühl beschlich Rustichello, das ihm ganz und gar nicht gefiel.

Ein übles Temperament. Ein echter Tyrann.

An der Seite des Kochs ging Teresa, ebenfalls mit einer Haube, ausladender noch als seine.

Sie muss einen Mann haben. Einer der Palastdiener, nehme ich an.

Meint Ihr? Was ein Jammer.

Rustichellos Finger verkrampften sich.

Da warf Teresa einen neugierigen Blick zu den Gefangenen, und Rustichello wandte erschrocken den Kopf ab. Er dachte wieder daran, wie die Mönche Guglielmo und Niccolò ihn an die streitsüchtigen Palastdiener Sergio und Giovanni erinnert hatten. Oder der sanfte Filippo an den Prinzen Chinkim …

Ihr mögt es nicht glauben, aber wir sind uns gar nicht so unähnlich.

Und nun dieser Koch … Teresas Mann …

Er hat die Gicht! Genau wie Kublai!

»Na los, trödel nicht rum!«, schalt ihn einer der Soldaten und stieß ihn in den Rücken. Das große Tor war mittlerweile geöffnet, und die ersten Gefangenen traten unter den Schlägen der Glocke staunend in den Morgen Genuas hinaus. Die Sonne ging gerade auf.

Hastig taumelte Rustichello ihnen nach und schalt sich einen Narren. *Wahrscheinlich siehst du Gespenster. Deine Fantasie geht mit dir durch!* Er versuchte, seinen Atem zu beruhigen. Sagte sich, dass der Venezianer ihn niemals belogen hätte. Nicht so …

Vielleicht hat er ein paar der Figuren aus seiner Geschichte mit den Zügen echter Menschen ausgeschmückt, mit denen er tagsüber zu tun hatte. Was ist schon dabei? Es muss nicht einmal Absicht gewesen sein – immerhin sind viele dieser Figuren fast zwanzig Jahre tot, da spielt einem die Erinnerung schon mal einen Streich …

Und doch wogen die Gelegenheiten, zu denen der Venezianer ihn belogen hatte, plötzlich sehr viel schwerer als die, zu denen er sich ihm geöffnet hatte. Wenn alle Welt ihn Il Milione nannte, gab es da nicht vielleicht einen Grund dafür?

Ich kann meine Geschichten erzählen, wie ich will.

Hatte der Venezianer ihm nicht selbst mehr als einmal auf den Kopf zugesagt, was er von der Wahrheit hielt?

Die Wahrheit über Menschen und ihre Geschichten ist, dass sie manchmal voller Lügen stecken. Ich allein entscheide, was die Wahrheit ist!

Er erreichte als Letzter der Gruppe das Tor und trat hinaus auf die Straße. Weitgereiste Besucher schlossen ihre lange gemissten Familienangehörigen in die Arme. Die Wachen zogen das Tor hinter ihm zu.

Und wie Rustichello sich im ersten Tageslicht umblickte und ihn zum ersten Mal seit fünfzehn Jahren etwas anderes als die Mauern des Palazzos umgab – *Genua, das ist Genua; eine ganze Stadt, eine ganze Welt!* –, kam ihm ein anderer Gedanke: Es war ganz egal, wie viel von dem, was der Venezianer erzählt hatte, der Wahrheit entsprach.

Er hatte sich und ihm und allen, die ihm zuhörten, ein Geschenk gemacht. Er hatte sich das Herz herausgerissen, wie damals am Rialto, um inmitten der Verzweiflung und in tiefster Nacht einen Hoffnungsstreif für sie an den Himmel zu malen. Das allein zählte.

Was für Fantasien auch immer Il Milione der Welt angedichtet hatte – es war sein Vermächtnis. Nun war *er* Il Milione, und er konnte mit diesem Vermächtnis verfahren, wie es ihm beliebte.

Die Glocke schlug ein letztes Mal und verhallte.

Die Menge begann sich bereits zu zerstreuen, als er eines fremdländisch wirkenden Mannes vor einem einfachen Pferdefuhrwerk gewahr wurde, der auf ihn zu warten schien. Rustichellos Herz machte einen Satz.

Das ist ein Mongole!

Denn tatsächlich hatte der junge Mann die typischen schmalen Mandelaugen des Ostens, und obgleich sein Baumwollmantel auf den ersten Blick nicht ungewöhnlich aussah, so verrieten seine wettergegerbte Haut, seine langen Haare, ja selbst sein schlaues Lächeln deutlich, dass dieser Mann in seinem Leben schon mehr gesehen hatte als jeder andere zu dieser Stunde auf der Straße.

»Pietro?«, fragte Rustichello und hob seinen Brief. »Bist das du, Pietro?«

Der Mongole grinste und bedeutete ihm, näher zu kommen.

Der Sohn von Bayan Hundertauge!

Auf einen Schlag waren die Zweifel, die Rustichello bis eben gequält hatten, verflogen.

Dieser Teil der Geschichte ist also wahr – und dahinter mag sich noch so viel mehr verbergen …

»Po-lo!«, formte der Mongole angestrengt mit seinem zungenlosen Mund, und aus der anderen Richtung erscholl helles Frauenlachen, und ein Kleinkind schrie.

»Kokachin?« Rustichello drehte sich um, hoffte, dass tatsächlich sie es war, und dass es die Prinzessin nicht zu sehr enttäuschte, statt ihres Geliebten nur ihn anzutreffen und sich noch eine Woche gedulden zu müssen.

Doch wer immer die Frau gewesen war, die über die Nennung seines Namens gelacht hatte, sie war schon in der nächsten Gasse verschwunden. Er hörte nur noch fernes Pferdewiehern …

»Messere!«, rief da eine andere Stimme, und Rustichello blieb abrupt stehen, denn er wäre fast in den letzten seiner

Mitgefangenen gelaufen, der etwas verloren auf der Straße zwischen ihm und dem Fuhrwerk stand.

»Bitte entschuldigt! Ich war abgelenkt …«

»Verzeiht mir die Frage!«, sagte der Mann. Er war alt, hatte nicht mehr viele Zähne und reckte zitternd die Hände wie zum Gebet. »Seid Ihr wirklich dieser Weltenfahrer? Der Mann, den man Il Milione nennt?«

Rustichello holte tief Luft. Die Blicke des Alten und des Mongolen ruhten auf ihm.

»Ja und nein«, sagte er. »Ihr solltet nicht alles glauben, was man erzählt.«

»Wie meint Ihr das?«, fragte der Alte verwirrt.

»Ich meine, dass es nicht schön ist, einen Mann einen Lügner zu nennen.«

»Das war nicht meine Absicht!«, beteuerte der Alte. »Wie wünscht Ihr, dass ich Euch nenne?«

Da fiel die letzte Angst von Rustichello ab, und als er wieder sprach, tat er es im Brustton der Überzeugung.

»Mein Name ist Marco Polo«, sagte er. »Und alles, was ich gesagt habe, ist wahr.«

ENDE

Anhänge

1. Figurenverzeichnis

In Venedig

Marco Polo
Nicolò und Maffeo Polo – sein Vater und Onkel
Bepina Trevisan – Marcos Tante, Schwester seiner Mutter
Giordano Trevisan – Fattore der Polos, Bepinas Ehemann
Flora und Fiordelisa – Töchter der Trevisans, Marcos Cousinen
Andrea Dandolo – Marcos Jugendfreund
Beatrice Dandolo – Andreas Schwester, Marcos Jugendliebe
Maffeo der Jüngere – Sohn Nicolòs und Fiordelisas, Marcos Halbbruder
Felice Sagredo – ein Geschäftsmann

In Genua

Rustichello da Pisa
Sergio und Giovanni – zwei streitsüchtige Palastdiener
Luigi – ein Küchengehilfe
Filippo – ein junger Tischler
Teresa – eine Wäscherin
Alonzo – ein älterer Admiral

Auf der Reise

Tebaldo Visconti – päpstlicher Legat in Akkon
Guglielmo da Tripoli und Niccolò da Vicenza – zwei Dominikaner
Yussuf – ein Karawanenführer
Ismael – Yussufs Sohn
Leyla – eine persische Edeldame
Eleazar – ein abessinischer Geschichtenerzähler
Delilah – eine abessinische Tänzerin
Meryem – eine Hirtentochter
Zurficar – ein Kurier
Nergüi und Khulan – Zurficars Zieheltern

Am Hof des Khans

Kublai Khan – Khagan aller Mongolen, Enkel des Dschingis
Chabi Khatun – Kublais Frau
Prinz Chinkim – Sohn Kublais und Chabis, Kublais Kronprinz
Prinz Nomukhan – Sohn Kublais und Chabis, Chinkims älterer Bruder
Prinzessin Kokachin – Tochter Kublais und Chabis, Chinkims und Nomukhans jüngere Schwester
Prinz Temür – Sohn Chinkims und Mei-Lis
Ahmat Banakati – Kublais »Bailo«, später Kanzler
Husain – Ahmats Sohn
Phags-pa – Lama und Kaiserlicher Lehrer
General Bayan, genannt »Hundertauge« – Feldherr Kublais
General Aju – Feldherr Kublais, Enkel des Subutai
Prinz Toghan – Sohn Kublais und einer Nebenfrau
»Pietro« – Sohn Bayans

In Kithai und Manzi

Tarmaschirin – Statthalter von Khanbalik, ein ehemaliger Baskake
Sarangerel und Tsetseg – seine Frauen
Naranbaatar und Sarnai – seine Kinder
Meister Guo – Sterndeuter und Architekt
Witwe Xie – Tante des letzten Song-Kaisers von Manzi
Mei-Li und Yin – Töchter des letzten Kaisers
Zhao Xian – Sohn des letzten Kaisers und Thronerbe der Song
Wang Zhu – ein ehemaliger Kheshig
Gao – ein glückloser Zauberer
Talib – ein persischer Katapultbauer
Ibrahim und Muhammad – Talibs Söhne

Sonstige Figuren

Kaidu Khan – Khan des Chagatai-Khanats, Enkel Ögedeis
Prinzessin Khutulun – Kaidus Tochter
Prinz Shiregi – Sohn Möngkes und einer Konkubine
Uladai, Apushka und Goza – Botschafter des Ilkhans Arghun
Ghazan – Ilkhan Persiens, Arghuns Sohn

2.
Historische Ereignisse

1204 Venedig erobert Byzanz, Gründung Lateinisches Kaiserreich
1215 Dschingis Khan erobert Zhongdu; Geburt Kublai

1220 Dschingis erobert Balkh; Gründung von Karakorum
1227 Tod Dschingis

1234 Ögedei erobert Kaifeng, Ende der Jin-Dynastie

1241 Tod Ögedei
1244 Fall von Jerusalem
1245 Tod des letzten Stauferkaisers Friedrich II.

1254 Geburt Marco; Guillaume de Rubrouck reist nach Karakorum
1256 Gründung von Xanadu; Hulaku erobert Alamut
1258 Hulaku erobert Bagdad
1259 Tod Möngke
1260 Kublai ruft sich in Xanadu zum Khagan aus, Arik Böke in Karakorum
1260 Michael VIII. erobert Konstantinopel, Ende des Lateinischen Kaiserreichs

1262 Krieg Hulaku gegen Berke (Goldene Horde)
1264 Arik Böke ergibt sich Kublai
1265 Tod Hulaku
1267 Gründung von Khanbalik
1269 Nicolò und Maffeo kehren nach Venedig zurück; Phags-pa stellt seine Schrift fertig

1270 Prinz Edward bricht in Dover auf und überwintert auf Sizilien; Tod Louis IX. (Frankreich); Tod Borrak (Chagatai-Khanat)

1271 Prinz Edward erreicht Akkon; Polos verlassen Venedig; Gregor X. wird Papst nach dreijähriger Sedisvakanz; Kublai ruft die Yuan-Dynastie aus

1272 Edward verlässt Akkon, wird König (England)

1273 Belagerung von Xiangyang

1276 Fall von Hangzhou; Tod Gregor X.

1281 Verlust der mongolischen Flotte vor Japan im Sturm

1282 Tod Abaka

1284 Schlacht von Meloria

1287 Arghun bittet um neue Gemahlin

1291 Tod Arghun

1294 Tod Kublai

1298 Schlacht von Curzola

1299 Frieden Genuas mit Venedig und Pisa

3. Ortsverzeichnis

Marco Polos Name	*Heutiger deutscher Name (in Klammern: existiert nicht mehr)*
Akkon	Akkon, Israel
Angamanain	Andamanen, Indien
Annam & Champa	Vietnam
Balkh	Balch, Afghanistan
Bukhara	Buchara, Usbekistan
Cambay	Khambhat, Gujarat, Indien
Campichu	Zhangye, Gansu, China
Candia	Iraklio, Kreta
Chorcha	Mandschurei, China
Cipangu	Japan
Coilum	Kollam, Kerala, Indien
Curzola	Korcula, Kroatien
Drachenzahntor	(Long Ya Men, Singapur)
Eli	Payyanur, Kerala, Indien
Fancheng & Saianfu	Xiangyang, Hubei, China
Ferlek	Perlak, Aceh, Indonesien
Herat	Herat, Afghanistan
Hormuz	(Hormus, Iran)
Kaifeng	Kaifeng, Henan, China
Kap von Comari	Kap Komorin
Karakorum	(Karakorum, Mongolei)
Kashgar	Kaxgar, Xinjiang, China
Kauli	Korea
Kerman	Kerman, Iran
Kesmacoran	Makran, Iran / Pakistan
Khanbalik	Peking

Khotan	Hotan, Xinjiang, China
Klein-Java	Sumatra, Indonesien
Kobinan	Kuhbanan, Iran
Konstantinopel (Byzanz)	Istanbul, Türkei
Laias	Yumurtalik, Türkei
Lop	(Wüste Lop Nor)
Madeigascar	Madagaskar
Mien	Myanmar
Modon	Methoni, Peloponnes
Oase am Jadetor	Mondsichelsee; Dunhuang, Gansu, China
Quinsai	Hangzhou, Zhejiang, China
Ragusa	Dubrovnik, Kroatien
Saba	Saveh, Iran
Sabbioncello	Peljesac, Kroatien
Samarkand	Samarkand, Usbekistan
Sapurgan	Schebergan, Afghanistan
Sarai	(Sarai, Russland)
Scotra	Sokotra, Jemen
Seilan	Sri Lanka
Semenat	Somnath, Gujarat, Indien
Soldaia	Sudak, Krim
Sondur und Condur	Con Dao, Vietnam
Tabas	Tabas, Iran
Tabriz	Täbris, Iran
Tana	Thane, Maharashtra, Indien
Tebet	Tibet
Trapezunt	Trabzon, Türkei
Xanadu	(Shangdu, Innere Mongolei, China)
Yazd	Yazd, Iran
Zayton	Quanzhou, Fujian, China

4.
Nachwort

Dieser Roman ist kein Geschichtsbuch. Er ist ein Werk der Fantasie – ein Teppich, gewebt auf einem Gerüst von Fakten.

Kaum ein ernstzunehmender Historiker zweifelt Marco Polos Reise grundsätzlich an. Aber nur wenige Eckdaten seines Lebens können als gesichert gelten: Gemeinsam mit seinem Onkel und seinem Vater, die erst zwei Jahre zuvor von ihrer ersten Fahrt in den Orient zurückkehrten, reiste der siebzehnjährige Marco 1271 auf der (damals noch namenlosen) Seidenstraße nach China. Die meisten Autoren gehen davon aus, dass er 1275 dort ankam, in die Dienste des Großkhans Kublai trat und 1295 auf dem Seeweg zurückkehrte. In den zwanzig Jahren dazwischen wurde er Zeuge eines der größten Umbrüche der chinesischen Geschichte. Was genau er aber in China tat, dafür haben wir (fast) nur sein Wort. Nach eigener Darstellung machten er und seine Familie sich als Verwalter so unentbehrlich, dass erst die Vermählung der Prinzessin Kokachin mit dem Ilkhan von Persien ihnen Gelegenheit gab, ihrem goldenen Käfig zu entkommen.

1298 (oder auch 1296) wurde er in einer Seeschlacht gefangen genommen und in Genua wahrscheinlich im Palazzo del Capitano del Popolo (heute Palazzo San Giorgio) inhaftiert, wo er seine Lebensgeschichte seinem Mithäftling Rustichello da Pisa diktierte. 1299 wurde er entlassen, heiratete, bekam drei Töchter und verließ Venedig nie wieder.

Das Buch, das er und Rustichello hinterließen – *Livre des Merveilles du Monde* oder *Devisement du Monde* –, wurde zu einem der wirkmächtigsten Dokumente des europäischen Mittelalters, Zeugnis der ersten großen Begegnung zwischen Ost und West. Sein altfranzösisches Original ist nicht mehr erhalten; alle Ausgaben, die heute existierten, sind Abschriften, Übersetzungen und Editionen aus verschiedenen Jahrhunderten. Allein deshalb ist es unmöglich, alle Widersprüche und Halbwahrheiten der Geschichte aufzulösen, die nicht ohne Grund nach ihrem Helden bald den Namen *Il Milione* trug. Manche Episoden kommen nur in bestimmten Ausgaben vor; einige (wie Ahmats Tod oder Kokachins Heirat) sind durch historische Quellen gedeckt, andere (wie die Beteiligung der Polos an der Belagerung von Xiangyang im Jahre 1273) können sich nicht wie behauptet zugetragen haben. Dessen ungeachtet hat sich im Laufe der Zeit ein Kanon von Figuren und Ereignissen herausgebildet, die mehr oder weniger plausibel mit Marco Polos Reisen in Zusammenhang gebracht werden.

Ähnlich wie in meinen historisch geprägten Romanen *Der Kristallpalast* und *Die Magier von Montparnasse* habe ich mein Bestes gegeben, die tatsächlichen Begebenheiten so gründlich wie möglich zu recherchieren und nur abzuändern, wo sie der Geschichte, die ich erzählen wollte, im Weg standen. Dennoch sind mir sicherlich auch Fehler unterlaufen – diese bitte ich zu entschuldigen.

Nachfolgend möchte ich auf verschiedene Aspekte des Romans näher eingehen, um dem interessierten Leser Anhaltspunkte zu geben, in welchem Verhältnis Fakten und Fiktion zueinander stehen.

Vorweg: Meine Orts- und Personennamen folgen keiner einheitlichen Transkription und sind verschiedenen Quellen und Sprachen und teils auch Marcos Bericht entlehnt. So hieß Quinsai (das heutige Hangzhou) damals Lin'an, und »Quinsai« ist wahrscheinlich nicht mehr als der falsch verstandene Begriff für »Hauptstadt«. Gerade Namen wie »Xanadu« transportieren für den heutigen Leser jedoch eine besondere Sehnsucht, die als Spiegel von Marcos eigenen

Gefühlen dienen mag, als er sie zum ersten Mal hörte. Auch eigentlich unzeitgemäße Begriffe der Geschichtsforschung wie »Byzanz« werden verwendet, aus demselben Grund.

Als wichtigste Quelle und zugleich Primärtext diente mir der als »Yule-Cordier-Edition« bekannte Doppelband *The Travels of Marco Polo* (1903 mit späteren Ergänzungen). Abgleiche erfolgten mit der Ausgabe von Moule und Pelliot (1938) sowie der deutschen Übersetzung von Elise Guignard, die auf Benedettos Ausgabe von 1928 basiert. Wertvolle historische Quellen, die ich in Auszügen oder aus zweiter Hand rezipiert habe, stellen die Schriften des Franziskaners Wilhelm von Rubruck, des Forschungsreisenden Ibn Battuta, des persischen Wesirs Raschid ad-Din sowie die *Geheime Geschichte der Mongolen* dar.

Unverzichtbare wissenschaftliche Quellen waren für mich Leonardo Olschkis *Marco Polo's Asia* und Jacques Gernets *Daily Life in China on the Eve of the Mongol Invasion.* Ebenso wichtig waren die farbenfrohen populärwissenschaftlichen Werke John Mans und Laurence Bergreens sowie der Klassiker *Venetian Adventurer* von Henry H. Hart.

Zu großem Dank verpflichtet bin ich darüber hinaus dem britischen Reiseschriftsteller Bradley Mayhew, der Marco Polos Weg für die TV-Dokumentation *Die Marco-Polo-Fährte – Abenteuer Seidenstraße* folgte. Nicht ungenannt bleiben soll auch Giuliano Montaldos Miniserie *Marco Polo* von 1982, die trotz einiger Längen ein sehr viel akkurateres Bild des alten Chinas zeigt als die aktuelle Netflix-Produktion und in ihrer Tonlage auch meine Vorstellung von Marco Polo besser trifft.

Ein wertvolles Beispiel dessen, was ich *nicht* schreiben wollte, war hingegen Gary Jennings Roman *The Journeyer* von 1984 – ein bemerkenswert borniertes Buch, reich an Detailwissen, aber auch an in jedem Sinne durchsichtigen

Sex- und Gewaltfantasien. Die Weltsicht »meines« Marco mag im Vergleich dazu betont liberal wirken – doch besteht in unserer Welt kein Mangel an Vorurteilen, weswegen ich mich nicht bemüßigt fühlte, ein weiteres Buch damit zu füllen. Und wer sollte sich im dreizehnten Jahrhundert eher über die Engstirnigkeit seiner Zeitgenossen hinweggesetzt haben als ein undogmatischer Venezianer, der bereits als junger Mann mehr von der Welt gesehen hatte als alle Kaiser, Päpste und Feldherren zuvor?

Die Verwandtschaftsbeziehungen der Polos sind nur in Teilen überliefert, weswegen ich einige der bekannten Namen – Fiordelisa Trevisan, Catarina Sagredo – frei anordnete. Den in Konstantinopel ansässigen Marco den Älteren, der nach dem Fall des Lateinischen Kaiserreichs in die Heimat zurückkehrte und um 1280 verstarb, habe ich ausgespart, da meine älteren Polos auch ohne einen dritten Bruder bereits komplizierte Biographien besaßen. Sein Testament und das Maffeos des Jüngeren (Marcos Halbbruder) sind zwei wichtige Zeugnisse dieser einflussreichen Familie, die in Wahrheit wohl noch sehr viel größer war als in meinem Roman.

Für die zahlreichen Doppelgängermotive meines Buchs gibt es keine historischen Indizien.

Die Beschreibungen des alten Venedigs sind weitgehend Bergreen und Hart geschuldet. Hart war neben Steven Runciman auch meine wichtigste Quelle für die Beschreibung Akkons und Jerusalems; was die Grabeskirche und ihre faszinierende Geschichte betrifft (an der sich die letzten Jahrhunderte nur wenig geändert hat), möchte ich auf Hajo Schomerus' wunderbare Dokumentation *Im Haus meines Vaters sind viele Wohnungen* von 2010 verweisen.

Das erste Treffen der Polos mit Tebaldo Visconti kann sich nicht wie von Marco angegeben 1269 zugetragen haben, da Visconti Akkon erst 1271 erreichte. Dass neben

Visconti auch Rustichello mit großer Wahrscheinlichkeit zum Gefolge von Prinz Edward gehörte, ist ein bizarrer Zufall – tatsächlich wäre es gut denkbar, dass Marco und Rustichello einander schon im Heiligen Land begegneten. Dass der fleißige Autor stattdessen in Sizilien überwinterte und seine Zeit mit der Abschrift von Büchern aus dem Besitz der Prinzessin Eleonore verbrachte, orientiert sich an der Interpretation Moules und Pelliots sowie Fabrizio Cignis.

Der Reiseweg der Polos folgt dem von Olschki gezeichneten, die Details dieser Reise vornehmlich den Erläuterungen Yules und Cordiers. Zu den Freiheiten, die ich mir nahm, gehört, dass der Feuertempel bei Täbris besser ans Ufer des Kaspischen Meers gepasst hätte und die beiden Dominikaner schon deutlich früher das Handtuch warfen. Der historische Wilhelm von Tripolis mag eine aufgeschlossenere Person gewesen sein als die des Romans. Die übrigen Figuren der Reise, darunter Ismael, Eleazar und Delilah, sind meine Erfindung.

Marcos Krankheit und Aufenthalt in der Gegend um Shiva Lake im Pamirgebirge wird von Yule als glaubhaft angesehen. Dass Marco zu dieser Zeit regelmäßig Opium einnahm, ist eine Bergreen entlehnte Theorie, die natürlich schön zu Coleridges berühmtem Gedicht passt. Aus dramaturgischen Gründen habe ich die Hinreise um zwei Jahre verkürzt, wodurch die anschließende Reise der älteren Polos nach Xiangyang zumindest ein wenig glaubhafter wurde.

Meine Darstellung des mongolischen Hofs, der politischen Ereignisse und insbesondere Shangdus und Khanbaliks ist weitgehend Man zu verdanken. Darüber hinaus waren Stephen G. Haw und George Lane eine große Hilfe. Kublais Palastanlage und der sie umgebende Park legten den Grundstein der heutigen Verbotenen Stadt.

Fast alle im zweiten Buch geschilderten Geschehnisse,

Figuren, Schauplätze und Errungenschaften haben eine historische Grundlage oder Inspiration. Bei der genauen Abfolge, den Kausalzusammenhängen und Familienverhältnissen aber nahm ich mir große Freiheiten.

Die Kokachin, die Marco auf seiner Rückkehr nach Persien begleitete, war keine Tochter Kublai Khans, sondern eine Prinzessin aus dem Stamm der Bayaut. Ich habe sie deutlich früher in die Handlung eingeführt, um Marco durch sie und Chinkim enger an die Familie des Khans anzubinden. Auch diese Familie müsste sehr viel größer sein als geschildert. Der Khan hatte fünf oder sieben Frauen und allein mit Chabi vier Söhne und fünf Töchter. Auch Prinz Chinkim hinterließ mehr als nur einen Sohn; seine Homosexualität und seine Zwangsehe mit einer Prinzessin der Song sind meine Erfindung – in Wahrheit hieß seine Frau ebenfalls Kokachin.

Wie gesagt: Für die Doppelgängermotive meines Romans gibt es keinerlei historische Indizien.

Die Belagerung Xiangyangs und die Konstruktion von Trebuchets durch Baumeister Talib und seine Söhne stellt einen Querschnitt verschiedener Quellen dar. Die Spezifikationen der Kriegsmaschine orientieren sich an Man.

Statthalter Tarmaschirin begann seine Karriere in Daniel Wolfs *Das Gold des Meeres,* das unter anderem das Aufeinandertreffen von Westeuropäern und Mongolen der Goldenen Horde in Nowgorod zum Thema hat; sein Werdegang stellt eine plausible Biographie für einen pragmatisch denkenden Mongolen zur Blütezeit des Großreichs dar. Den Staatsapparat, innerhalb dessen er bei mir agiert, muss man sich in Wahrheit als noch deutlich komplizierter denken.

Die Kampagne gegen Südchina und die Kapitulation Hangzhous folgt frei den historischen Fakten, wie sie bei Man und Richard L. Davis wiedergegeben werden, sowie Marcos eigenem Bericht, insbesondere, was die Rolle Bayan Hundertauges dabei angeht.

Kaiserinwitwe Xie Daoqing und ihr Großneffe Zhao Xian wurden nach Khanbalik verbracht. Mei-Li ist ein Amalgam verschiedener Frauenfiguren aus Primär- und Sekundärwerken (in Marcos Bericht taucht gegen Ende seiner Heimreise überraschend eine »Prinzessin aus Manzi« auf). Ihre Schwester Yin ist meine Erfindung.

Die Beschreibung der chinesischen Kultur und insbesondere Hangzhous folgt Gernet. Die Hauptstadt der Song muss im dreizehnten Jahrhundert zumindest für die Oberschicht der lebenswerteste Ort des Planeten gewesen sein. Man kann mit Recht behaupten, dass alles nur Machbare dort auch verfügbar war, und die Lebensweise der Chinesen – mit Kohleöfen, warmen Bädern, Restaurants und einem reichen Unterhaltungsangebot – eher dem Europa der Renaissance oder der frühen Neuzeit entsprach. Die verschiedentlich aufgestellte Behauptung, auf den Märkten Hangzhous habe es sogar Ananas zu kaufen gegeben, klingt mir jedoch nach einem Übersetzungsfehler – für Aufklärung wäre ich dankbar.

Die genannten Heerstärken der Mongolen sind meist Schätzwerte. Ein Gesamtheer von mehreren hunderttausend Reitern kann in diesen Jahrzehnten jedoch als glaubhaft angenommen werden.

Die Kriegszüge gegen Japan, Birma und Vietnam entsprechen einer Mischung aus Marcos Behauptungen und historischen Quellen.

Innerhalb weniger Jahre verließ Kublai nicht nur sein Schlachtenglück, er verlor auch seine wichtigsten Bezugspersonen: seine Frau Chabi, seine Söhne Chinkim und Nomukhan, seinen Lehrer Phags-pa und seinen Kanzler Ahmat, dem er bis dahin bedingungslos vertraut hatte. Ich habe diese Ereignisse dramaturgisch verdichtet und in einen fiktiven Zusammenhang gestellt.

Ahmats Intrigen und das haarsträubende Komplott des

Kriegers Wang Zhu und des Mönchs Gao sind eine Variation des Primärtexts und der Darstellung John Mans. Die Verstrickung der übrigen Figuren, insbesondere Marcos, Kokachins und Chinkims, ist meine Erfindung, ebenso wie Phags-pas geheimdienstliche Betätigungen.

Die Schwierigkeiten, die Kaidu und seine Verbündeten, darunter auch Prinz Shiregi, Kublai immer wieder machten, die Mission nach Karakorum und die Gefangennahme Nomukhans folgen relativ eng den Tatsachen. Dasselbe gilt für Prinzessin Khutulun und den berühmten Silberbaum. Die Verbindung zu Ahmat und den Asbestminen von Dschingintalas (deren genaue Lage nicht bekannt ist) ist hingegen Fiktion. Auch konvertierte Kaidu nicht zum Christentum. Die Schlacht am Ende des Romans wurde ungefähr zur selben Zeit an anderer Stelle gegen einen Verbündeten Kaidus geschlagen, den nestorianischen Prinzen Nayan; der Verlauf der Schlacht ist ein Produkt meiner Fantasie. Der historische Kaidu machte Kublai noch eine Weile das Leben schwer und überlebte ihn um einige Jahre.

Die Rückreise über Sumatra und Sri Lanka entspricht der von Olschki angenommenen Route. Dass Marco Polo sich der Kugelform der Erde bewusst war, ergibt sich fast zwangsläufig aus seiner Beobachtung, dass man Polaris in den südlichen Meeren nicht mehr wahrnehmen könne. Die geschilderten astronomischen Geräte und Hilfsmittel entsprechen den historischen Tatsachen und standen ihm dank Gelehrten wie Guo Shoujing und Jamal ad-Din in Khanbalik auch zur Verfügung.

Für Marcos Behauptung, fast alle Schiffe und ihre Besatzung auf dem Heimweg verloren zu haben, musste ich ebenso eine Begründung finden wie für seinen neuerlichen Einsatz zur See nur wenige Jahre nach seiner desaströsen Rückkehr. Die Bawarij waren in diesen Gewässern eine bekannte Gefahr. Eine unglückliche Liebesbeziehung zu Prinzessin

Kokachin, die zum Abschied bittere Tränen geweint haben soll, geistert durch verschiedene Quellen, lässt sich aber nicht eindeutig belegen. Der Tod der Prinzessin nur wenige Jahre nach ihrer Vermählung ist jedenfalls ebenso grausame Ironie wie Marcos Gefangennahme in einem Seekrieg, in dem es für ihn – verglichen mit dem bereits Erlebten – nicht mehr das Geringste zu gewinnen gab. Der Verlust von viertausend Hyperpyra an den Großkomnenen von Trapezunt findet sich in Maffeos Testament. Die Gesamtdauer der Rückreise habe ich ebenso wie die der Hinreise etwa zwei Jahre verkürzt.

Die Schilderung der Schlacht von Curzola und der Tod Andrea Dandolos folgen den Quellen, ebenso das Treffen Marcos und Rustichellos, auch wenn die genauen Zustände im Palazzo San Giorgio meiner Fantasie entsprangen. Dass Rustichello in die Schlacht von Meloria zog, ist nicht meine Erfindung; dass er es tat, um die Tochter des Grafen Ugolino zu beeindrucken (den Dante in der *Göttlichen Komödie* für seinen Verrat in den neunten Kreis der Hölle verbannte), hingegen schon.

Anfang Juli wurde der Friedensvertrag mit Venedig ratifiziert, Ende Juli der mit Pisa. Wahrscheinlich wurden alle Gefangenen bis Ende August entlassen. Über Rustichellos weiteres Leben ist so gut wie nichts bekannt – er verschwand mit Abschluss seines größten Werks von der Bildfläche. Marco heiratete Donata Badoer (nach anderen Quellen Loredano) und zeugte drei Töchter: Fantina, Bellela und Moreta.

Nicolò Polo starb vor 1300, der unverwüstliche Maffeo vor 1318. Es gibt unterschiedliche Auffassungen darüber, wer der Ältere der beiden Brüder war.

Marco Polo starb 1324. In seinem Nachlass tauchte – neben einer goldenen Paiza und einer buddhistischen Gebetskette – überraschend eine mongolische Boghta auf. Auch entließ er seinen mongolischen Diener Pietro in die Freiheit.

5. Literatur (Auswahl)

Dank den Universitäten von Adelaide und Toronto, dem National Institute of Informatics (Tokio), dem Internet Archive (San Francisco), der Wikimedia Foundation und anderen für den freien Zugang zu Wissen, überall, jederzeit.

Bergreen, Laurence. *Marco Polo: From Venice to Xanadu.* London: Quercus, 2008.

Cigni, Fabrizio. »French Redactions in Italy: Rustichello da Pisa«. In Regina Psaki (Hrsg.), *The Arthur of the Italians: The Arthurian Legend in Medieval Italian Literature and Culture.* Cardiff: University of Wales Press, 2014.

Davis, Richard L. *Wind Against the Mountain: The Crisis of Politics and Culture in Thirteenth-Century China.* Cambridge, MA: Harvard University Press, 1996.

Gernet, Jacques. *Daily Life in China on the Eve of the Mongol Invasion:* 1250–1276. Stanford: Stanford University Press, 1962.

– *Die chinesische Welt.* Berlin: Suhrkamp, 1988.

Hart, Henry H. *Venetian Adventurer.* Stanford: Stanford University Press, 1947.

Haw, Stephen G. *Marco Polo's China: A Venetian in the Realm of Khubilai Khan.* London: Routledge, 2006.

– »The Mongol Empire – the first ›gunpowder empire‹?« In *Journal of the Royal Asiatic Society,* 23, S. 441–469. Cambridge: Cambridge University Press, 2013.

Lane, George. *Daily Life in the Mongol Empire.* Westport: Greenwood Press, 2006.

Man, John. *Kublai Khan: The Mongol King who Remade China.* London: Bantam Press, 2006.

– *Xanadu: Marco Polo and Europe's Discovery of the East.* London: Bantam Press, 2009.
Moule, A. C. und Pelliot, Paul. *Marco Polo: The Description of the World.* London: Routledge, 1938.
Moule, A.C. *Quinsai: With Other Notes on Marco Polo.* Cambridge: Cambridge University Press, 1957.
Münkler, Marina. *Marco Polo: Leben und Legende.* München: Beck, 1998.
Needham, Joseph. *Science and Civilisation in China, Vol. 3: Mathematics and the Sciences of the Heavens and Earth.* Cambridge: Cambridge University Press, 1959.
– *Science and Civilisation in China, Vol. 4, part 2: Mechanical Engineering.* Cambridge: Cambridge University Press, 1965.
Olschki, Leonardo: *Marco Polo's Asia: An Introduction to his »Description of the World« called »Il Milione«.* Berkeley: University of California Press, 1960.
Pelliot, Paul. *Notes on Marco Polo.* Paris: Adrien-Maisonneuve, 1959–73.
Polo, Marco. *Die Wunder der Welt.* Elise Guignard (Übers.). Frankfurt: Insel Verlag, 2003.
Runciman, Steven. *Geschichte der Kreuzzüge.* München: Beck, 1983.
Stanton, Charles D. *Medieval Maritime Warfare.* Barnsley: Pen & Sword, 2015.
Weiers, Michael (Hrsg.). *Die Mongolen: Beiträge zu ihrer Geschichte und Kultur.* Darmstadt: Wissenschaftliche Buchgesellschaft, 1986.
Weatherford, Jack. *Genghis Khan and the Making of the Modern World.* New York: Crown, 2004.
Yule, Henry und Cordier, Henri. *The Travels of Marco Polo: The Complete Yule-Cordier Edition.* 2 Bände. New York: Dover Publications, 1993.

6.
Danksagung

Ich danke zuvorderst meinem Freund und Kollegen Daniel Wolf, ohne dessen Hinweise und Optimismus dieses Buch nicht hätte entstehen können. Möglich gemacht wurde das Projekt maßgeblich durch meine Lektorin Martina Wielenberg und meine damalige Agentin Natalja Schmidt. Ebenfalls danken möchte ich Bastian Schlück, Marieke Storm, Catherine Beck und allen Freunden und Kollegen, die mich während des letzten Jahres mit Rat und Tat unterstützt haben: Peter Bews, Erik Hauser, Giuseppina Agostinetto-Lesle, Hans-Peter Schöni, Juliane Stadler, Guido Dieckmann, Sandra Lode, Thomas Steinbrecher – und nicht zuletzt auch meiner Frau, die für mich da war, obwohl ich dieses Buch schrieb.

Für alle war es eine Reise, die sie nie vergessen würden – an manchen Tagen unvergesslich schön, an anderen unvergesslich grausam.

WOLF SERNO

DIE GESANDTEN DER SONNE

ROMAN

Bagdad, 798: Erfolgreich hat eine Gesandtschaft Karls des Großen, unter ihnen der Arzt Cunrad von Malmünd, Kontakte zum Kalifen geknüpft. Doch die Gesandten ahnen nicht, dass ihre Reise, die wie ein orientalisches Märchen begonnen hat, zu einem gefährlichen Abenteuer werden wird. Denn der Weg zurück wird durch das Mitführen kostbarer Geschenke für König Karl erschwert, darunter ein lebender Elefant.
Der junge Cunrad wächst dabei immer mehr in die Rolle des Anführers hinein – und stößt dennoch an seine Grenzen. Nicht zuletzt bei Aurona, der stolzen Langobardin …

Eine große Liebe,
eine starke Familie und
ein grausamer Krieg

MARIE BUCHINGER

EIN TAL IN LICHT UND SCHATTEN

ROMAN

Die Zeit scheint stillzustehen im Gadertal, im Schutz der mythischen Dolomitengipfel, weit weg von den politischen Verwerfungen Anfang des 20. Jahrhunderts. Enger Zusammenhalt prägt das anspruchsvolle Leben in den Bergen. Auch Elisa, die als jüngste Tochter auf dem Hof ihrer Eltern heranwächst, verbinden freundschaftliche Bande zu ihren Nachbarn, ganz besonders dem jungen Vito.
Dass aus dieser Freundschaft längst Liebe geworden ist, gestehen sich beide aber erst ein, als Vito nach dem Eintritt Italiens in den Ersten Weltkrieg eingezogen wird. Nun bleibt ihrer beider Liebe nur das Warten. Und die Hoffnung.

Farbenprächtig und opulent:
Orient und Okzident im 16. Jahrhundert

JACQUELINE PARK

DAS REICH DER HIMMEL

ROMAN

Istanbul, 16. Jahrhundert. Judah del Medigo, jüdischer Arzt, arbeitet als Leibarzt des Sultans am osmanischen Hof. Dieser gewährt Judahs Sohn Danilo eine große Ehre: einen Platz in der königlichen Hofschule. Dort lernt Danilo Prinzessin Saida kennen, und im Laufe der Zeit entwickelt sich zwischen ihnen eine tiefe Liebe. Doch trotz aller Toleranz am Hof ist eine gemeinsame Zukunft für das Paar undenkbar. Denn bei Entdeckung ihrer Liebe droht ihnen der Tod …

DROEMER